U0928292

珍藏本
纪念版

汉译世界学术名著丛书

十六世纪的无信仰问题

——拉伯雷的宗教

〔法〕吕西安·费弗尔 著

闫素伟 译

2017年·北京

Lucien Febvre

Le Problème de l'incroyance au XVIe siècle

La Religion de Rabelai

根据法国阿尔班·米歇尔(Albin Michel)出版公司 2003 年版翻译

汉译世界学术名著丛书
（120年纪念版·珍藏本）
出版说明

2017年2月11日，商务印书馆迎来120岁的生日。120年前，商务印书馆前贤怀揣文化救国的理想，抱持“昌明教育，开启民智”的使命，立足本土，放眼寰宇，以出版为津梁，沟通中西，为中国、为世界提供最富智慧的思想文化成果。无论世事白云苍狗，潮流左右激荡，甚至战火硝烟弥漫，始终践行学术报国之志，无改初心。

迻译世界各国学术名著，即其一端。早在20世纪初年便出版《原富》《天演论》等影响至今的代表性著作，1950年代后更致力于外国哲学和社会科学经典的译介，及至1980年代，辑为“汉译世界学术名著丛书”，汇涓为流，蔚为大观。丛书自1981年开始出版，历时三十余年，迄今已推出七百种，是我国现代出版史上规模最大、最为重要的学术翻译工程。

丛书所选之书，立场观点不囿于一派，学科领域不限于一门，皆为文明开启以来，各时代、各国家、各民族的思想与文化精粹，代表着人类已经到达过的精神境界。丛书系统译介世界学术经典，引领时代思想，为本土原创学术的发展提供丰富的文化滋养，为推动中国现代学术和现代化进程做出了突出的贡献。

为纪念商务印书馆成立120周年，我们整体推出“汉译世界学术名著丛书”120年纪念版的珍藏本，寄望既利于文化积累，又便于研读查考，同时向长期支持丛书出版的译者、编者和读者致以敬意。

两甲子后的今天，商务印书馆又站在了一个新的历史时间节点上。我们不仅要铭记先辈的身影和足迹，更须让我们的步伐充满新的时代精神。这是商务人代代相传的事业，更是与国家和民族的命运始终紧密相连的事业。我们责无旁贷，必须做好我们这代人的传承与创造，让我们的努力和成果不仅凝聚成民族文化的记忆，还能成为后来人可以接续的事业。唯此，才能不负前贤，无愧来者。

商务印书馆编辑部

2017年10月

目　　录

序言　集体心理及个人理性 …… 1
引言 …… 26

第一部分　拉伯雷是不是无神论者？

卷首语　问题及方法 …… 39

第一卷　同时代人的见证

第一章　好伙伴 …… 49
1　同学 …… 50
2　图阿斯奈的见证：让·维萨吉耶 …… 63
3　维萨吉耶，波旁，多莱 …… 78
4　琉善的追随者艾田·多莱 …… 90
5　拉伯雷，拉伯拉和谢斯诺 …… 105
6　从拉贝鲁斯到夏里德姆斯 …… 111
7　朱尔－恺撒·斯卡利吉和拉伯雷 …… 126
8　结论：关于拉伯雷的传说 …… 148
第二章　神学家和宗教问题辩论家 …… 161
1　加尔文的一封信 …… 161

2　吉约姆·波斯戴尔的想象 …………………………… 168
3　索邦神学院的判决(1543 年) …………………………… 190
4　拉伯雷是尼哥底母的仿效者? …………………………… 195
5　疯子普代伯和《丑闻》(1549 年) …………………………… 197
6　16 世纪指责某人不信宗教意味着什么? …………………………… 201

结论　见证与思想方式 …………………………… 221

第二卷　愤慨与怨恨

第一章　拉伯雷的恶作剧 …………………………… 229
1　教士们的玩笑 …………………………… 231
2　德廉美修道院没有教堂? …………………………… 236
3　卡冈都亚的出生 …………………………… 239
4　“爱是凡事相信” …………………………… 242
5　奥利金的胆量 …………………………… 245
6　拉伯雷与布道者 …………………………… 251
第二章　卡冈都亚的信以及灵魂的永生不死 …………………………… 256
1　一篇著名文章的意义 …………………………… 257
2　否认永恒的生命 …………………………… 264
3　16 世纪的心理:灵魂 …………………………… 271
4　“完全死灭” …………………………… 281
5　拉伯雷的过错 …………………………… 288
6　一人与众人 …………………………… 294
第三章　哀庇斯特蒙的复活和奇迹 …………………………… 304

1 故事来自《福音书》还是《阿孟四子》? …… 305
2 16世纪与奇迹 …… 314
3 在“庞大固埃”之前提出的问题 …… 320
4 拉伯雷的地狱 …… 331

第二部分 信或者不信

第一卷 拉伯雷的基督教

第一章 巨人的信经 …… 343
1 巨人的上帝:创世者与天命 …… 345
2 上帝的无限威力与星相学家的决定论 …… 354
3 话语和精神的宗教 …… 358
4 宗教崇拜和祭司 …… 361
5 真诚的反驳 …… 364
6 拉伯雷在哪些方面表现出基督徒的品质? …… 366
7 巨人讲话时都引经据典,为什么? …… 376
第二章 拉伯雷,宗教改革和路德 …… 382
1 1532年到1535年之间:什么是宗教改革派? …… 384
2 信经与标准:文字 …… 388
3 用信仰释罪 …… 391
4 由爱德形成的信仰 …… 393
5 善行的问题 …… 397
6 释罪,一个微妙的标准 …… 403
7 拉伯雷与德国的那些事 …… 407

8　拉伯雷作品中的路德之风 …………………………… 414

9　拉伯雷感受到了福音书，是通过谁感受的呢？ ………… 419

第三章　拉伯雷，伊拉斯谟和基督的哲学 ………………… 422

1　今天的伊拉斯谟 ……………………………………… 423

2　伊拉斯谟和拉伯雷 …………………………………… 425

3　几处仿效的文字 ……………………………………… 428

4　伊拉斯谟的大胆，拉伯雷的大胆……………………… 431

5　谁是最大胆的？ ……………………………………… 439

6　拉伯雷从何种程度上追随伊拉斯谟 ………………… 446

7　巨人的宗教，伊拉斯谟的宗教………………………… 449

8　拉伯雷是彻头彻尾的伊拉斯谟信徒吗？ …………… 452

第二卷　16 世纪无宗教信仰的极限

第一章　宗教对生活的影响……………………………… 459

1　私生活 ………………………………………………… 461

2　职业生活 ……………………………………………… 470

3　公众生活 ……………………………………………… 474

4　先驱者的问题 ………………………………………… 479

第二章　不信教的基础是不是哲学？…………………… 482

1　思想工具 ……………………………………………… 483

2　两种思想 ……………………………………………… 501

第三章　不信教的基础是科学？………………………… 514

1　文艺复兴时期的古老神话 …………………………… 514

2　印刷术及其效果：道听途说…………………………… 520

3　工具和科学语言的缺乏 …… 524
4　漂浮的时间，静止的时间 …… 530
5　假设与现实：世界的体系 …… 538
6　哥白尼的观点 …… 540
7　世界的体系，是确信还是恐惧？ …… 545
8　16世纪的怀疑 …… 549
9　16世纪的真实 …… 555
10　手工业的思想 …… 560
第四章　不信教的基础是神秘学？ …… 563
1　先驱者的世纪 …… 563
2　气味、滋味和声音 …… 566
3　音乐 …… 576
4　视觉的落后 …… 580
5　对不可能的事物的意识 …… 583
6　自然和超自然 …… 588
7　到处是恶魔的宇宙 …… 591
8　神秘主义和宗教 …… 598

结论　一个愿意相信的世纪 …… 602

参考书目 …… 614

致谢 …… 663

序言 集体心理及个人理性

对16世纪的历史，谁也没有琉善·费弗尔了解得清楚。这是他研究历史的出发点，也始终是他最偏爱的领域。更准确地说，他是从研究弗朗什孔泰(Franche-Comté)的历史起家的。他利用掌握的第一手材料，从研究这个地区的历史当中掌握了方法，建立了学说。有了这些经验和思考，他便踏上了历史学家的征程。他不断地扩大自己的理解范围。与过去的人有关的一切事实，各种各样的事实——政治、经济、宗教、哲学、科学——没有一项对他是陌生的，包括这些历史事件上演的场所。[①] 他是《法国百科全书》的主编，所以在今天的百科知识当中，使人感到费解的一切知识，都在他的兴趣范围之内。谁也没有像他那样，在如此高的程度上综合地思考历史，从而使我们的研究工作大受启发。我们可以想象，他以如此博大的精神研究16世纪的历史，这会对我们产生多么大的教益。

本书是《人类的演进》的第三卷；前面应当已经有过两卷。可是这一卷，内容和形式都与其他两卷不同。在这部集体创作的丛书开始出版的时候，我就说过，整个作品的统一和权威之处，一方

① 《人类的演进》第四卷，"土地和历史，历史的地理引言"。

面在于这项出版计划要网罗所有说明性的重大问题，所有历史的固有因素；另一方面也在于作者知识和能力的统一，作者的水平要尽可能高，尽可能为人所承认。但我也说过，这部丛书的各卷本不会完全一样。在满足首要条件的情况下，每个作者都可以自由地表现自己的特点、个人的研究方式，甚至是个人的天才。如果能请到米什莱(Michelet)作为丛书的作者，我会高兴地张开双臂欢迎他。

但是，我们请到了另一个米什莱，那就是费弗尔。他的条件更好，批判的精神更强，而且也是一个直观能力极强的人，却不会只为创造的天才所驱使。虽然作品风格独特、文笔生动，但在面对历史的史实时，费弗尔却非常谨慎(我在后面还会讲到这一点)。他不惜一切代价，也要"避免最为严重的，最不可饶恕的罪孽，也就是在年代上犯错误"(第 15 页)。他想方设法避免这样的错误，也批评别人在这方面犯的错误。他经常以轻蔑的口吻这样说。[①] 虽然话没有明说，但这是整部作品都在反对的。[②]

然而，避免在历史年代上犯错误，尊重史实的确定时间和空间，"理解并让别人理解"当时当地人表达"愿望、感觉、思想和信仰的方式"[③]，这是一项极其艰难的任务。"历史学家不是什么都知道的人。而是孜孜以求的人。"(第 11 页)"涉及到历史事实时，我们永远没有绝对的信念……我们要孜孜以求。唯有理智可以烛照我们。"我们切不可简单化。我们要提防假设："诱人的假设和经过

① 见于第 84 页，263 页，295 页，324 页，389 页，419 页。(此处所注页码均为法文原文页码，下同。——译者)

② 比如第 299 页，301 到 302 页。

③ 第 15 页，28 页，29 页。

证实的真理是两回事。”①

作为历史学家，费弗尔既深爱着自己的学科，又深信知识之艰难；他是如何对待16世纪的呢？

首先是一个问题：如何设想16世纪对待宗教的态度？16世纪的信仰及其信仰的斗争，在第52卷中专门进行了阐述。但是，这个世纪有没有无信仰？“整个世纪都要重新思考”，要重新找到这个世纪的“意义和精神”②，意见是多种多样的，费弗尔说明了这一点。他是在分析颇有争议的拉伯雷（Rablais）时说明这一点的。他清点了各色各样的拉伯雷：传统的拉伯雷，历史学家笔下的拉伯雷，批评家眼中的拉伯雷。③ 然而，他尤其注重阿贝尔·勒弗朗（Abel Lefranc）的论断，因为阿贝尔·勒弗朗的论断让他感到“震惊”，所以才写了这本书。阿贝尔·勒弗朗从1532年便把拉伯雷看成是一个“基督的死对头，一个战斗的无神论者”（第26页），与琉善（Lucien）是一丘之貉。拉伯雷“在反哲学和反宗教的道路上，比当代所有的作家走得都远”（第218页）。

所以，为了阐述这个棘手的问题，费弗尔把调查的重点集中在拉伯雷身上。在研究“人类的演进”的一套丛书当中，我们竟然同意让一个历史人物，成为整个一卷作品的“中心”，请读者不要对此

① 见于第91页，196页，202页，348页。关于某些历史学家，某些时代，甚至我们这个时代所缺乏的，见于181页，371页，402页，404页，406页，407页。也许，他在这条道路上走得更远，比如他说：“大家通过默认，几乎一致地认为，没有必要，没有办法，甚至没有理由研究现代思想的历史。”见于第231页的脚注。

② 第23页；亦见于第13页，17页，24页。

③ 见于第18页，24页及24页以后的内容，71页，78页，95页到96页，116页，189页。

感到奇怪。这部作品是想进行解释。然而,解释当中就包含着对个人作用的研究。个人可以是一个时代的代言人,也可以是未来的开创者。而我们要知道的,便恰恰是拉伯雷从何种程度上反映了他所处的世纪,又从何种程度上超前于他所处的世纪,甚至超越了他所处的世纪。

费弗尔佩服拉伯雷,说他是"当时最伟大的散文艺术家",是"现代首屈一指的伟大小说家",是"法国仅有的三四个真正有力度、有创新的作家之一"[①]。但他所关注的并不是作家,而是处在当时环境中的人(第 17 页)。拉伯雷是不是一个自由的思想家?是不是从 1532 年开始,便"不再是基督徒"?在他嘲讽一切的笑声里,是否掩盖着"多少个世纪以来谁也不敢想象"的意图?这个标新立异的人,他当时真的独树一帜吗?问题一经这样提出,便的确涉及了整个 16 世纪。

在提出问题和找到答案之间,要经过耐心而严格的调查。

以拉伯雷为个案进行考察,就像预审一个案子。要仔细地掂量一些人的证词,包括朋友的证词,也包括敌人的证词。

费弗尔开始先询问了当时的拉丁诗人。并证明,只是出于深深的蔑视,人们才认为一些讽刺短诗和各种文章是说拉伯雷的,或者只说到了拉伯雷身上一些无关紧要的滑稽之处[②]。而很多真正写拉伯雷的文章都是对他很有利的,而且并没有提出宗教的问题[③]。相反,好像卡冈都亚(Gargantua)、庞大固埃(Pantagruel)和帕尼

① 见于第 24 页,222 页;亦见于第 165 页,243 页,383 页。

② 见于第 60 页,67 页到 69 页,74 页,76 页,78 页到 79 页,89 页。

③ 第 92 到 93 页。

尔日(Panurge)很早就使拉伯雷成了传奇式的人物，是个“为葡萄酒大唱赞歌的人，是个神奇的酒鬼”①。

然后是颇为雄辩的神学家们。神学家们的意见也不一致，争论中的各种说法也经过“尽可能严格的逻辑细细分析”(第143页)。分析的结果是，没有一个人证明拉伯雷的“无神论”是有根据的，没有任何一个人的意见是1550年之前提出的，没有任何一种说法“出于自由的精神”，而且众说纷纭的人们“互相谩骂，互相谴责，却提不出什么好办法”(第141页)；更何况“无神论者”这个词的意思，在当时并不像今天这么明确：“你给它什么意思，它就是什么意思”，而且“各种派别的人在论战中互相指责对方时，是骂得最难听的话”②。

后来又“到了询问拉伯雷自己的时候”(第143页)，也就是他的作品。费弗尔在入木三分的分析当中首先注意到，中世纪的信仰是绝对的，但在这绝对的信仰当中，在对待宗教的人和事上，人们还是比较随便的；在拉伯雷的小说中，时时会有一些“善意的玩笑”，一些“教会的狡黠”，“如果把这些当成是恶毒和阴险的攻击，那就不对了”③。

一些关于灵魂不死和奇迹的文章，路易·图阿斯奈(Louis Thuasne)和阿贝尔·勒弗朗认为是对拉伯雷的攻击，而费弗尔却认为是为拉伯雷开脱。在这一点上，费弗尔再一次指出，中世纪和中世纪的神学对拉伯雷的灵魂观④和小说，以及对奇迹具有持续

① 见于第95页到96页。

② 尤其见于第125页，从第127到128页，139页，159页。

③ 第150页，152页，161页。

④ 第174页，185页。感性灵魂和心智灵魂之间的区别。

的影响,他的小说中充满了奇妙的冒险[①]。费弗尔说,在 1532 年,你可以"自称、自认为是基督徒,但又非常想让忠实的信徒们,让头脑简单的信徒们解除幼稚的恐惧和粗俗的迷信"。

这些结论是否定的。在 1532 年,拉伯雷"还不是宣布新时代即将到来的人,还不是预示着旨在摧毁宗教的理性信念即将产生的超人的先驱"[②]。从这些否定的结论出发,费弗尔进行了积极的研究:当时,拉伯雷对宗教的事物究竟是如何想的?巨人的信条又是什么?

谁提出这样的问题,谁首先就会不无惊奇地觉得,"在拉伯雷最早的作品当中,整页整页的内容都是《福音书》和《圣经》的语录和隐喻"(第 223 页)。正如伊拉斯谟的宗教一样,巨人的宗教(la religion gigantale)不是圣父和圣灵的宗教,而是圣子的宗教[③]。巨人的宗教强调的是神的善意。人们通过祈祷所求助的,正是这种善意。在拉伯雷的小说中,"人们的祈祷宽广而庄严"(第 226 页)。他"一次又一次地援引、引证《福音书》,向别人推荐《福音书》,向《福音书》致敬,为《福音书》欢呼,而且他的口吻总是那么真诚、激动,总是那么庄重和热情洋溢"(第 232 页)。总之,宗教是一种内心的崇拜,首先是一种真诚的意识,与人的法律无关,与习俗相反,与教士和僧侣相对立。"救赎是每个人的事:这是很有现代特色的断言"[④]。费弗尔引证了大量有说服力的文章,那是宗教的

① 第 170 页到 171 页,第 217 页到 218 页。
② 第 221 页;亦见于第 68 页。
③ 卡冈都亚说:"上帝,那是我们的救星。"(第 277 页)
④ 见于第 236 页,277 页,289 页。

文章，是基督教的文章。“不过，那是什么样的基督教呢？”（第 248 页）

是经过改革了的基督教吗？我们能够把拉伯雷看成是新教的教徒吗？在分析了赞成这一说法的人提出的证据之后，我们看到，将近 1532 年时，在拉伯雷还远没有“与一伙不信教的放浪小人为伍”之前，波斯戴尔（Postel）之类的人反而把他看作是“改革异端的支持者”[①]。经过仔细的分析之后，现在我们看到，年轻的拉伯雷怀着充满激情的好奇心，十分关注“德国的悲剧”。从 1530 年到 1538 年间，有些人既胆大妄为，又小心翼翼地试图探索一些新的道路。拉伯雷就是这些人中的一员。[②] 一方面是路德派的气息，同时又有伊拉斯谟的影响：巨人的虔诚“更接近于没有过分的好奇心、经过自由地解释的伊拉斯谟的宗教，而不是经过改革的新教”。他那深刻的人文特征，他的热烈，他的和善，都让我们觉得他更像是路德，而不是伊拉斯谟。[③]

但是，从 1532 年到 1538 年，后来又从 1543 年到 1548 年，“世界向前发展了”，而且发展得很快。拉伯雷也发生了变化。在《第三卷书》（*Tiers Livre*）和《第四卷书》（*Quart Livre*）中，他离宗教改革还远得很，他与“嘲笑教皇的人”，与“日内瓦的加尔文（Calvin）之流的骗子恶魔”和教皇的狂热信徒们都是死对头。但他仍然忠诚于《福音书》。宗教战争正在风雨欲来之际，不愿意忏悔的“老福音书派人士”早就预见到了战争的惨烈。他心中仍然保留着

① 第 115 页，121 页，134 页。

② 第 269 页，273 页，274 页，277 页。

③ 第 258 页，261 页，301 页。

年轻时的理想，也就是被他改造得更加人道的伊拉斯谟的人文主义（第305页）。所以才有一些人从别的角度看待拉伯雷。才有人指责他不信教，加尔文才宣布将他开除出教（第140页）。

通过这一简单的说明，我们可以知道费弗尔是以怎样系统而可靠的方式，了解拉伯雷那深刻的思想的。但是，这本书的内容极其丰富，让我们深入地了解拉伯雷的思想，只是这本书所涉及的各种方面中的一个方面，只是其众多成就中的一个。

费弗尔在历史的长河里徜徉时，一路上遇到了各种各样的阶层、各种各样的人物。我们一边思索，一边跟着费弗尔沿着这条河道而去。河道的走向是一定的，但经过的两边河岸却各不相同，两岸的景色却千变万化。

他一路见到了用拉丁文写作的诗人，那些“大学里的太阳神们”：他以生动的笔触，绘声绘色地描写了这些“献上二行诗和长短诗的骑士们”[①]。我们不知道最值得佩服的究竟是什么：是他学富五车，还是他轻松地旁征博引，透过一篇篇诗文中的假名字，他能知道指的是谁，说的是什么事。而诗人对人的态度是善变的，一会儿好得胜似一家人，一会儿又把人家当成了死对头，过不多久又好上了，全看他们一时的心情好坏，话怎样说对自己才有好处，或者他们的自尊心是受到了别人的抚慰还是伤害。他的分析入木三分，简直就和法官的预审一样。不过，一个好的历史学家对历史事件的分析，和法官对案件的分析有什么不一样吗？

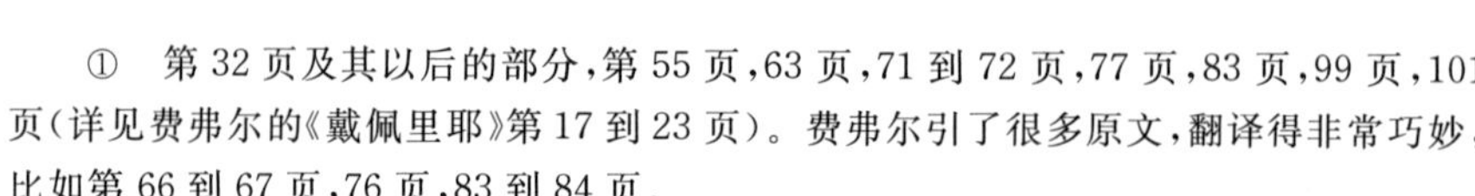

① 第32页及其以后的部分，第55页，63页，71到72页，77页，83页，99页，101页（详见费弗尔的《戴佩里耶》第17到23页）。费弗尔引了很多原文，翻译得非常巧妙，比如第66到67页，76页，83到84页。

他还见到了那些人文派的诗人，真正意义上的诗人——龙沙(Ronsard)，迪·贝莱(Du Bellay)，巴依夫(Baïf)；除此之外，进入他的视野的，还有音乐家，这就让我们觉得有些出其不意了，但也恰恰说明他是一个从总体上关心人类文明的历史学家。

他见到了当时的教授们，寥寥数语便勾画出一个个学者的轮廓(第40页到41页)，尤其是波尔多大学(Collège de Bordeau)的教授们。他见到了印刷工匠，尤其是里昂的工匠们；当时里昂是图书之城，是王城，格里夫(Gryphe)以百兽之王和百鸟之王的混血儿为徽章，做成自己的号旗，在这里呼风唤雨(第42页到43页)。但是也有一些更加卑微的人，那些在十字路口的挡雨披檐下卖书的书商，流动的商贩和货郎(第166页)。他见到了当时的医生，并研究了他们的学说，尤其是费尔奈尔(Fernel)。"在至少一个半世纪的时间里"，人们唯他的马首是瞻。[①]

他见到了当时的传教士，所谓"自由的讲道人"，那些"以朴素而勇敢的态度蔑视当时的恶习的人"(第158页)。他见到了当时的神学家和宗教问题辩论家，这些人的"思想结构"那么与众不同，这些善辩的人习惯了用黑白分明的办法解决问题[②]。他还见到了宗教改革前和宗教改革的人们，我们知道，拉伯雷对这些人很有好感[③]，除了加尔文。而且，由于费弗尔想"建立起拉伯雷的宗教"，与当时的"宗教进行比较"(第294页)，与非宗教的趋势进行对照，所以一方面，他遇到了那些"没有信仰的人"、那些"异教徒"[④]，另

① 第174页及其以后的部分，第187页。

② 第101页，382页。

③ 第104页，105页，115页，121页。

④ 第41页，102页，148页。

一方面又见到了那些过于轻信的人、那些“可怜的傻瓜们”[①]。

我们应当着重说一说这最后一些类型的人。首先应当指出的是，有些人只有几页或者几行字的篇幅，却在费弗尔的笔下栩栩如生。费弗尔在作品中描写了很多人的体貌特征和形象。有学究，比如维萨吉耶(Visagier)，也就是维尔戴尤斯(Vulteius)，“波尔多大学的太阳神”之一，他的生活颠沛流离，“是当时很多文人生活的忠实写照”[②]；比如尼古拉·波旁(Nicolas Bourbon)，“非常迷恋希腊文和拉丁文”，“说起话来洋洋洒洒，却空无一物”；他说苏萨内(Sussannée)是个“心性极不稳定的人，而且性情暴躁，半是学者，半是教育家”[③]。他还描写了一个叫玛克兰(Macrin)的人，一个叫谢拉达姆(Chéradame)的人[④]，一个叫朱尔-恺撒·斯卡利吉(Jules-César Scaliger)的人。费弗尔勾勒出一个令人惊异的朱尔-恺撒·斯卡利吉，说他是个“人物”，是颇有天赋的冒险家，“文学斗士”，一个“骄傲自大的人，喜欢虚荣和张扬”[⑤]。

他还描写了宗教改革的先驱和主要人物，“民族的圣人”勒费弗尔·戴达普勒(Lefèvre d'Etaples)和法雷尔(Farel)只是露了露面[⑥]。但他把伊拉斯谟描绘得纤毫毕现，向我们展示出一个“思想机敏、变化无常、特点明确的伊拉斯谟”，说他是“基督的哲学家”，说他的“人文主义宗教”基本上是“让圣灵的馈赠自己开花结

---

① 第153页，193页。

② 第40页，43页及其以后的内容，第60页。

③ 第71页及其以后的内容。

④ 第72页，75页。

⑤ 第79页，80页，81页，129页，130页。

⑥ 第39页，136页，266页。

果。所谓‘圣灵的馈赠’，指的是爱情，欢乐，善意，耐心，信仰，谦虚”。伊拉斯谟的“现代派”作品与拉伯雷的作品相似之处是那么多——只是他们的思想倾向不一样，这是我们已经说过的[①]。还有卡斯特里雍(Castellion)，“表情忧郁的可怜骑士”[②]。最后还有路德和加尔文：原来的兄弟路德(Luther)那来自“遥远的维滕贝格”的“强有力的声音”，在法国有着广泛的回声[③]。努瓦永的加尔文年轻的时候，“既有活力又有热情”，后来却变得越来越严峻、越来越苛刻，成了塞尔维的刽子手[④]。

他还描写了几个大胆的革新人士，从某种意义上说，那是一些从思想上不入流的人。比如吉约姆·波斯戴尔(Guillaume Postel)，“奇怪的，与众不同的，聪明的波斯戴尔”，“完全是一个天才的疯子，有的时候光彩闪烁，有的时候又疯话连篇”，梦想着世界的谐和，是个“自然宗教的宣传家”，“想以扩大了的基督教，把所有好的东西(好的东西从根本上都是一样的)统一包揽在犹太教、伊斯兰教和基督教当中”[⑤]。博丹(Bodin)也有着同样的忧虑，想用“以科学知识和比较研究为基础的普遍主义，总之一句话，就是以人文主义为基础的普遍主义”，取代天主教。这两个人都是圣西蒙学说的祖先。艾田·多莱(Etienne Dolet)是个“暴躁而敏感的人，目中无人，迷恋音乐，游泳游得非常好，还是个身手敏捷的剑客：浑身

① 第34页，281页及其以后的部分，286页，288页，294页，299页及其以后的部分，306页，382页。

② 第133页，第140页。

③ 第258页，269页，270页，273页。

④ 第102页，118页，120页，140页。

⑤ 第108页及其以后的内容，第118页及其以后的内容，第131页。

天生的蛮力，但是没有调教好，做出事来往往让人不知所以”，他“大声地呼喊说，他厌恶虐待，认为虐待不人道，而且根本就毫无用处”，而他自己却成了遭受虐待的殉教者。还有一个神秘的叫戴佩里耶(Des Périer)的人，“批评家们一会儿说他是改革派，一会儿说他是自由思想家，一会儿又说他是神秘学派或者粗鲁的人”[①]，费弗尔在本作品之后单独出版了一本书，在其中详细地阐明了这个人的精神状态。《洋琴世界》(*Cymbalum mundi*)是“放浪生活的引导”，是“先驱者的书”[②]。

我们现在来谈谈这本书的基本宗旨，研究集体心理是这本书的基本内容，也是历史学家的主要任务。费弗尔在一期“综合研究周”(Semaine de synthèse)上说，如果没有历史心理学的研究，“就不可能有历史”[③]。在这部作品当中，他也说，如果把个人与当时的“道德气候”隔离开来，与时代的“气氛”隔离开来，是不可能理解16世纪的。他认为，问题在于，要搞清楚“1532年的人是如何听到，是以什么样的方式听到和理解《庞大固埃》和《洋琴世界》的”，或者更进一步，我们把话反过来说，“搞清楚当时的人们为什么既听不进去，又不理解”。费弗尔不断地反复说：“我说的是他们，而不是我们”；“不能用20世纪人的眼睛，去读16世纪的文章”[④]。他在本书中，尤其是在最后一部分——16世纪无信仰的极限，换句话说就是：宗教对人的心灵的控制——继续从心理上进行分析，

① 第13页，94页。

② 《奥利金(Origène)和戴佩里耶或者洋琴世界之谜》，第131页。

③ “历史中的感性”，见于《人和自然中的感性》，第十期综合研究周。

④ 第15页，184页，263页，422页。

从而形成了一种模式。世纪的精神状态,世纪的感性模式。精神生活,情感生活:对这个引人注意的时代进行的全面的心理分析,这就是十年的研究工作所取得的成果,难得的、珍贵的成果。

费弗尔不无理由地认为,到目前为止,历史学家们尚没有意识到"感性"的重要[①]。而他却注意到16世纪的人们"性情极其多变",他们"脾气暴躁,反复无常","对外部环境的影响毫无防范",更何况当时的昼和夜、冬和夏之间差别非常明显,所以外部环境的影响就更大[②]。"感觉",这就是世纪的特色(第418页)。于是,他着力表现人们生存于其中的那种神秘气氛。多少个世纪以来,基督教"深入人心,充满了人们的头脑,通过习惯渗透在人们所有的行为和思想当中"。就连时间的节奏也是由宗教来调整的。这是一种耳濡目染、多种形式、无所不在的控制。费弗尔用几页的篇幅,用优美的文字,恰到好处地说明了教会的作用:教会建立在生活的"正中心",包括感情、美学、行业和公众的生活。教会是所有公共情绪的中心,是所有节日、仪式、游行、欢乐的中心,是人们集会的地方,战争时又是人们躲藏和寻求庇护的地方。教堂的钟声宣示着"晨昏的劳作和休息,叫人们祈祷和静思,也宣告有人出生和死亡"[③]。

怎么能脱离公共的信仰呢?怎么能不信宗教呢?一定要有理

---

① "我们没有'爱情'的历史,请大家别忘了这一点!我们没有'死亡'的历史。我们没有'怜悯'的历史。我们没有'欢乐'的历史。多亏了综合研究周,我们才有了一个简短的'恐惧'的历史。这个简短的历史足以说明,像这种感性的历史会具有多么强有力的作用……"上面引证的论述是多么地出色啊。

② 第99到101页,108页,141页。

③ 第308到309页,315页,319到323页。

由(第 420 页)。然而,这些人的精神结构是什么样的呢?他们非常轻信,"极其盲从",没有丝毫批判的精神。预兆,神灵显圣,神奇的征象,奇迹——不管是上帝的奇迹还是撒旦的奇迹[①]——所有超自然的现象,他们不加分辨地一概赞佩,要么佩服得五体投地,要么被吓得瑟瑟发抖。"那时,谁也意识不到有些事是不可能的"(第 406 页)。

肯定也会有人在思考。"但是,他们的思想方法与我们的不一样"(第 135 页)。当时的"神学家"是一些"教条的、有权有势的人",是"我们的主人";在他们的影响下,人们信奉的是推导的逻辑,是"古老的推理机制"[②],甚至到了荒唐的程度。他们只是推理,不需要证据,不需要考虑是否客观,不担心会出现矛盾,所以同一个人的头脑中可以存在着一些对立的倾向[③]。

与教条主义的方法形成鲜明对照的,是随着人道主义的兴起而出现的对话,"自由的、具有解放作用"的对话,标志着思维方式的转折。这一变化使人们的思想变得不那么僵化。费弗尔在作品当中从始至终强调这一点。我们看到,从 1532 年到 1538 年,后来又到了 1543 年(伟大的一年),后来又到了 1552 年,世纪在前进,沿着宗教改革的方向前进[④],人们的思想也变得越来越大胆,"越

① 第 203 到 204 页,第 378 到 379 页,第 405 页及其以后部分。

② 第 135 到 137 页,142 页,181 页,184 到 185 页,382 页。

③ 见于第 263 页,265 页。他在第 151 页的注解当中写道:"以 16 世纪的思考模式为题,可以写成一本很好的书。"

④ 第 106 页,156 页,158 页。

来越出现了一些自由的学说"[①]。"有些人的思想稍微有些不入流，或者摆出一副不入流的样子"[②]；这些人被人称之为"琉善"、"琉善的追随者"、"琉善分子"或者"琉善派"。而且，这些琉善派的人为数众多，照加尔文的说法，他们"表面上看起来赞成教义，内心里根本不在乎，觉得还不如一篇寓言"[③]。

更有甚者，还有一些"战斗的唯理论者"，甚至可以坚定地反对超自然的事，甚至会采用"明显是反基督"的一些做法[④]。

但费弗尔却声称说，"那时候，即使是最聪明的人，最有胆量的人，要想反对为人所普遍接受的宗教，无论是从哲学上还是从科学上，都找不到真正的依据。在这样的时候主张唯理论或自由思想，那无异于异想天开"[⑤]。哲学又怎么样呢？可是哲学没有必要的文字，而"要进行哲学的思考，我们是离不开文字的"，哲学缺乏句法严格的逻辑支持[⑥]。当然有拉丁文。但是拉丁文"能够表达那些尚不十分明确的思想吗？"（第 338 页）哲学在当时只不过是一些看法，一些混乱的、矛盾的、游移不定的看法。之所以游移不定，是因为这些看法还缺乏一个稳定的、坚实的基础。有了基础，看法才能稳固。科学（第 351 页）。看法，哲学："当时的科学？当时的科

① 第 118 页。亦见于第 102 页，153 页。

② 第 61 页，62 页，65 页，93 页，115 页。

③ 第 122 页。亦见于亨利·艾田（Henri Etienne）第 132 到 133 页。

④ 第 46 页，130 页，208 页，247 页。

⑤ 第 324 页。这与前边所说的话看起来是矛盾的，但这只是表面上的矛盾。费弗尔说的"战斗的唯理论"是对宗教事物从反面进行的思考，而不是对自然现象有建设作用的唯理论。

⑥ 第 328 页，第 331 页及其以后的内容。

学也是一些看法”(第371页)。

当时出现了印刷术,的确,但印刷只用来“辑录”:因为当时的人们“在获取世界的秘密,向大自然索取的斗争中,既没有武器,也没有工具和整体计划”(第420页)。他们没有仪器,没有代数语言,甚至连合适的数学语言都没有(第362页)。在一天的那个时刻,在人们的那个年龄上,在历史的那个年代,一切都还不精确、不准确[①]。没有历史感。没有观察和实验,或者即使有也还不够,人们对新的发现缺乏兴趣,即使发现了新大陆,或者哥白尼的新宇宙[②]。

这里简单介绍的一些章节,我们无法说清在事实和思想上,在一些细致和巧妙的说明上,内容是多么丰富。比如,费弗尔说,16世纪不是一个用眼睛看的世纪,眼睛是极好的理性器官,但是16世纪的视觉却落后于听觉和嗅觉。16世纪“用鼻子嗅出微风”,“用耳朵捕捉声音”。16世纪“像我们一样”体验着音乐,“也许比我们体验得更加深刻”[③]。

我们最终又回到了人们的轻信和“社会的原始状态”(primitivisme)。所有的人都或多或少地有些轻信并喜欢梦想,把“自然”和“超自然”混淆在一起。而且不仅仅是没有文化的人,傻瓜和无知的人。心里怀着一个神奇世界的,不只是那些伪学者,不只是那些“边缘的思想家”,比如星相学家,通鬼神魔法的巫师,传达神意的教士,寻找点金石的人,“各种各样的神秘术士”[④],费弗尔对

① 第364页,365页,367页。

② 第369页,392页,422页。

③ 第398页,399页,402页,403页。关于多莱对音乐的酷爱,详见费弗尔的《戴佩里耶》第49页。

④ 见于第246到247页,411页,414页,关于星相学的内容见于第179页,229页。

这些人有着精彩的描写。而且,即使是学者,"也还没有想到自己的任务,自己的作用就是[……]发现规律,深入表面看起来没有任何联系的杂乱的事实,并把它们整理出顺序,分出类别和等级"[①]。

"科学"这个词在这里是"不合时宜"的。

真的不合时宜吗?费弗尔自己说过,这本书产生于一次思想上的"冲击"。他想研究的是"被歪曲了的思想和宗教的历史"[②]。他治学严谨,在对真理的追求当中,非常注重讨论。所以我敢肯定,如果我想就某些问题与他争论,他是会非常高兴的。我对他的作品的佩服会因此而显得更加真诚,更是经过深思熟虑的。

他在结论中说:"如果想把16世纪说成是一个怀疑论的世纪,一个唯理论的世纪,并因此而为它大唱赞歌,那是纯粹的幻想,那是大错而特错。"(第427页)在反对类似的论断时,他说"为创造现代世界而做出了贡献的人,大部分都有着很深刻的宗教感情"。在此之前他指出说:"一个人要与风俗习惯决裂,要与他所属的社会团体的规律决裂,不是那么容易的,不管在人们的想象当中,他是一个多么标新立异的人。"[③]

他对16世纪"深刻的宗教感情"提出了证明,而且是有力的证明。但是,他在这里说明了具有重大影响的精英和个人理智所起的作用吗?

---

① 第409页,411页。

② 见于第13页,17到18页,294页。

③ 第419页,428页,费弗尔引述勒南(Renan)的话说:"开普勒(Kepler),牛顿(Newton),笛卡尔(Descartes)以及大部分为建立现代世界而做出了贡献的人都是宗教信徒。"关于"信教的"笛卡尔,关于他的思想变化,值得说的话很多。我们的确可以把"信教"这个词的意义延展开来。

对今天的读者来说，某些文本“具有当时所没有的意义，对当时的思想家也没有产生像今天这样的影响”，人们“无信仰的状况会随着时代的不同而不同”，而且，由于每个时代的“精神状况不同，科学经验不同，以及每个时代都有自己的特殊理由”，每个时代的自由精神都有着深刻的差别①：这话说得不错。但是，我们把各个时代的自由精神联系起来，便有了历史的基本要素。而且，由于“原始的社会状态”仍然存在于当代，所以我们认为，理智——有建设性的理智——和“科学”从前就已经存在了。

即使拉伯雷所说过的一些反对宗教的话“没有什么社会意义”，尤其是“没有任何约束力”，不过“从历史的角度说，这并不要紧”(第 323 页)，这才是我们觉得可以商榷的地方。拉伯雷肯定地说，“自由的人，出身好、有教养的人[……]有一种向善的本性，这种本性促使他们自然而然地与人为善，远离恶习”；我们也许应当把拉伯雷说的“本性”理解成是自然主义者说的所谓本性，是“生物时代生命的偶像”(第 263 页)。但是，与“反物理”(Antiphysis)对立的所谓“物理”(Physis)的神话，使“本性”这个词有了深刻的意义②，标志着思想上的一个转折。除此之外，费弗尔说拉伯雷有着“不可遏止的求知的渴望”，并引述拉伯雷的话说，当我们要“了解某件事的真相时，我们永远不会仅仅满足于我们所得到的结果，不会满足于对所谓真相的完全了解”，我们的“知性会让我们感到惬意和奇妙的快乐”；费弗尔说，拉伯雷在《卡冈都亚》和《庞大固埃》

---

① 第 16 页，26 页，424 页。

② “‘物理’(就是自然)的最初意义导致产生了‘美丽’和‘和谐’……”，《巨人传》第四卷第 32 章。

中哼唱着“献给科学和人的无限的知识的颂歌”[1]。当费弗尔在说这一切的时候，他不正是在纠正自己在判断上所犯的“错误”吗？也许不应当把拉伯雷的思想排在最前头，作为我们自己的思想的源泉（第424页）。但是，我们自己的思想也不是凭空产生的（proles sine matre creata）。思想肯定是有系谱的，有漫长而必然的系谱，那其中就有拉伯雷的一个位置，而且是一个显著的位置。

在作品当中，我们从很多人的思想都可以看到，理智彻底抛弃了各种各样的传统，有思辨的传统，也有脚踏实地的传统，而且致力于观察和实验。我们在此不用再重提多莱（Dolet），费弗尔引述过他的一篇拉丁文的美文，文中不言而喻地表达了自然规律的思想[2]。不过，我们可以记住费弗尔以当时的医生作为见证所说的话：医生们“从14世纪以来便有了实验的精神，虽然这种精神还很初级，但是已经颇有影响”（第438页）；以及那些“充满了预感的

① 第66页，196页，360页。

② 第379页。“His notis securus ages, nec territus ullo—portento, credes generari cuncta sagacis—naturae vi praestante, imperioque stupendo”（知晓这些之后，你将无忧，亦无惧于任何凶兆，你将坚信一切事物源于具有敏锐特性的优越力量和巨大能力）。亦见于泰勒齐奥（Telesio）的文章：“Sensum videlicet et naturam, aliud praetera nihil, secuti sumus, quae perpetuo sibi concors, idem semper, et eodem agit modo, atque idem semper operatur.”（很明显我们一直遵循感官与天性——此外别无他物，这些永远与其自身相和，总是以同一方式做同一件事，并且总是同样操作。）De rerun natura, in Prooemio.（《物性论》，前言）在其“思想的深处”（第387页），直观的概念是先于表达这些概念的文字而存在的。“语言，思想”：关于这两者之间的关系，见于第334页。利博（Ribot）在《普通思想的演变》（*Evolution des idées générales*）（第192页）中引述了温特（Wundt）就“规律”这一概念的发展所做的一些很有意思的说明：“自然规律被认为是一种规则，一种具有强制作用的东西。但是自然规律的概念形成的过程却是极其缓慢的。哥白尼和开普勒使用的是‘假设’这个词。”

先驱者，列奥纳尔（Léonard），塞尔维（Servet），帕利西（Palissy），布鲁诺（Bruno），还有很多其他的人”。他们不一定能够得到“公众的赞同”①。我们同意这种说法。但是，他又用非常令人佩服的形象的话补充说，“这些人是从精神的牢狱中逃脱出来”的人。所谓“牢狱”，就是指神话的、神秘的环境，信仰的气氛。这种“精神上的逃脱”虽然并没有大张旗鼓，却在历史上有着极其特别的重要性。

如果我们可以把“科学”理解成是时代的知识，而知识本身又具有暂时性的特点，十分显然的是，16 世纪是没有这样的“科学”的。但是，阿贝尔·拜（Abel Bay）很有说服力地表明，只有当人求知的时候，才有了科学的精神。但是人在这时候所寻求的，是为了知而知，而不仅仅是为了与技术无关的生活而知，不是像信仰那样的求知，而是在技术的支持之下，在“来自内心深处的信仰”（foi profonde）的支持之下，只有这样，科学才能够逐渐地建立起来。

“每个文明都有自己的精神工具”，而且这一工具“并不是永远有效，也不会对全人类有效；甚至在一个文明内部演变的有限过程中，也不一定都有效”（第 141 页）。这意思就是说：这一工具对于人类是有效的，但它所代表的只是精神的某种程度，是向未来进步

① 第 393 页。关于哥白尼，亦见于第 374 页及其以后部分。关于“先驱者的重大问题”，关于“猜想到未来的人”，费弗尔引述了洛奥（Rauh）的话：他让这个英年早逝的洛奥来作见证，洛奥不仅因其作品而活在人们的心中，他也在认识他的人们的心中和精神上造成了影响。在讲到精神上的真理时，洛奥说，先驱者未能实现这一真理：“先驱者只能梦想着这一真理”。但是，他们的梦想为真理的实现做了准备。见于第 417 到 418 页。

的过渡。[①] 在集体研究的时代到来之前，学者们虽然“闭门享受自己发现的真理，或者只与朋友分享”[②]，但他们究竟也是在为真理而战。费弗尔不是也谈到“人类理解力的不懈努力”（第 328 页）吗？他不是也在大声地说，今天“再也不会有中世纪的黑暗”了吗？“因此，如果有人告诉我们说：文艺复兴时期，观察的精神再生了。我们就可以回答说，不，这种精神从来就没有消失过。也许只是采取了新的表现形式而已。而且十分肯定地是，这种精神用理性武装了自己。”[③]

① 安布鲁瓦斯·帕雷（Ambroise Paré）说，先辈是“使我们看得更远的瞭望台”。

② 第 386 页，388 到 390 页。

③ 第 357 到 358 页。费弗尔引述过库尔诺（Cournot）的《思考》（*Considérations*）；在这部作品中，有一章是专门论述现代思想和运动的走向的。第一卷里有一章的题目就是“16 世纪的科学进步”（第 116 页到 129 页）。在论述了代数和机械领域的进步之后，库尔诺说，哥白尼的假设是一个链条“中的一环”。库尔诺强调自然科学，他说 16 世纪在“创造发明的独特性上”超过了其他的世纪。高勒利（Caullery）在阿诺托（Hanoteaux）的《法国民族史》（*Histoire de la Nation française*）第十五卷上，在《法国科学史》（*Histoire des Science en France*），吉耶诺（Guyénot）在《17 和 18 世纪的生命科学》（*Les Sciences de la Vie aux xviie et xviiie siècles*）中，都强调了 16 世纪在植物学、动物学、解剖学和人类的生理学方面的进步，以及“直接观察”的作用。关于皮埃尔·贝隆（Pierre Bélon）和隆德莱（Rondelet），关于安布鲁瓦斯·帕雷，关于帕利西（Palissy）及其对公众所做的报告（听这些报告的大都是些令人尊敬的博学之士），关于发现血液循环的各个阶段，请见于高勒利的作品第 37 页到 46 页，49 页，51 页，52 页，54 页，57 页到 62 页。吉耶诺说，“植物学家不得不实践让‘奇迹博士’罗吉·巴共（Roger Bacon）蹲了十二年监禁的建议：放弃抽象的辩证，到大自然中去直接观察，做独创性的工作”，第 10 页。亦见于第 9 页到第 16 页，42 页到 52 页，128 页到 133 页，168 到 169 页，317 页，341 页到 343 页。也请参照费弗尔的作品中第 359 页到 360 页。

有人以《法国十六世纪的科学诗》（*La Poésie scientifique en France au XVIe siècle*，Albert-Marie Schmidt，1939）为题，写过一本厚厚的书，至少说明这在当时是人们普遍的愿望。迪巴尔达（Du Bartas）在一本书的前言中就说过这样的话：“如果我们的理性的

我们可以得出结论说，费弗尔的出发点是反对16世纪已经是“启蒙世纪”的论断，他强调这个“基督教的特色还十分浓重的时代”所具有的宗教特点（第342页），强调了集体信仰和感性的表现。而且几年之前，在报道布莱蒙（Bremond）神父的《法国的宗教感情文学史》（*Histoire littéraire du sentiment religieux en France*）时，费弗尔就说过：“能够让我们真正地、深刻地了解旧法国（旧制度下基督徒的生活）的人不多，但是，能够对各种各样的历史学家和各种趋势保持警惕的人也不多。”①

表面看来，一种新的忧虑让他压低了知识的创造逻辑的重要性，他知道这种重要性，他在这里又认识到了这种重要性，而且在其他的场合下也认识到这一点。我们是通过费弗尔的作品来说明

眼睛被别人的光彩所遮蔽，那便永远无法看清真理……如果海船永远走老路[……]，我们的船队永远也发现不了伟大而富有的美洲……”（第316页）。关于美洲的发现，我们可以提出墨里斯·贝松（Maurice Besson）发表于1933年4月*La Grande Revue*杂志上的一篇十分奇怪的文章《拉伯雷与法国移殖民的开始》（*Rablais et les débuts de la colonisation française*）（第278页到286页）。作者在文中说：“拉伯雷对当时大的思想潮流和愿望知道得太清楚了，不可能看不到使沿海居民感到震惊的运动在当时所起的作用。”他列举了一些与旅行有关的叙述，比如《航海的简短故事》（*Brief Récit et succincte narration de la navigation*）。在给人们的思想留下深刻印象的事件当中，他列举了1550年10月在里昂举办的“第一次殖民展览”。在阿贝尔·勒弗朗（Abel Lefranc）的《庞大固埃的航行》（*Navigations de Pantagruel*）和吉尔贝尔·谢纳尔（Gilbert Chinard）的《十六世纪美国的异国情调》（*L' Exotisme américain au XVIe siècle*）这两本作品为基础，贝松认为“庞大固埃的航线图，就是葡萄牙人的航线图”，不过，因为拉伯雷原来认识卡蒂埃（Cartier），所以也可能是在影射“法国的战船在北大西洋里的最新发现”。见《第四卷书》（*Quart Livre*）的前几章。

① 《人文科学杂志》（*R.S.H.*）第五十二卷，第199页。第196页还提到过圣蒂夫（Saintyves）的一本集子《在金色传说的边缘》（*En marge de la légende dorée*），里面也说到“从很深刻的层次上探索人类的感性”，并指出，“有些离我们很近的人，比如16世纪和17世纪的人，仍然沉浸在不变的奇迹的气氛当中”。

费弗尔这个人。比如从他发表在《历史综合杂志》(*Revue de Synthèse historique*)上的文章，我们看得出他带着惯常的好奇心，在向四面八方探寻。1924 年，他为《科学史》(*Histoire des Sciences*)辩护时说，“一门科学的历史就是一场美好而动人的正剧，其实那也是人类思想的一场永恒的剧”。1927 年，在讲到《人类精神历史的一章》(*Un chapitre d' Histoire d' Esprit humaine*)时，他说，他认为“科学的历史是人类社会一般历史的不可分割的、基本的部分；终有一天，它将成为我们今天还只能在梦中依稀看到的真正的历史”。而且这篇文章所说的，正是“文艺复兴时期美好而勇敢的科学运动”[①]。

为了明白我们的撰稿人既出于直觉，又是有意而为之的理性态度，我们必须说明一点。他是个有天赋的历史学家，历来对抹平差别的偏见持有戒心。他在 1913 年发表的《关于历史心理研究》中就说过：“领会差别至少也与领会相似性一样具有教育意义。我们不能，永远不能被虚假的一致性的特点所蒙蔽……我们的本性

① 《人文科学杂志》(*R.S.H.*)第三十七卷(1924)，第 6 页；四十三卷(1927 年)第 37 页到 60 页。亦见于《思想的逻辑演变关系》(*la filiation logique des idées*)，载《科学杂志》(*R.S.*)第三卷(1932 年)第 97 页到 103 页(哲学的历史和历史学家的历史)。关于科学历史的重要性及其作用，参见《在世界历史的边缘》(*En marge de l' histoire universelle*)第 231 页到 236 页，第 270 页及以后部分；塔纳里(P. Tannery)，《论科学的普遍历史》(*De l' Histoire générale des Sciences*)，载《人文科学杂志》第八卷(1904 年)第 1 页到 16 页；乔治·贝尔梯耶(Georges-Berthier)，《法国的科学史》(*L' histoire des sciences en France*)，载《人文科学杂志》第二十八卷(1914 年)，第 230 页到 252 页，尤其是第 234 页和 247 页；巴什拉尔(Bachelard)，《科学精神的形成》(*La Formation de l' esprit scientifique*)(1938 年)：“当代科学越来越是一种对思考的思考”，一种心理分析，能够让我们避免过去错误的原因(第 250 页)。

就是由矛盾和协调共同构成的。”[①]在这里，他又说：“人并不是模式化的人”；“人是在变的，而且人的变化比我们想象得更大，间隔更短”（第142页）。也许应当说：单数的人和复数的人不一样，信仰的偶然环境和理性的渐进环境不一样。如果我们说：“费弗尔看到了这两种环境，也让别人看到这两种环境的不一样。”我想他一定会同意我们这样说。但是，他不想过多地强调单数的人。他有着非常谨慎的历史意识，他的眼光非常锐利，所以他不强调人的相似性，而强调人的差别，不强调连续性和进步，而强调变化。

他说科学“保持沉默，又在不断地重塑自己”（第346页）：他不否认科学在不断地完善自己，但他并不添油加醋地再去说它。他认为，科学从根本上是在不断变化的，是历史所造就的：科学“是时代的产物”[②]。他说：“每一个时代都会从精神上建立自己对过去的看法”；也许“进步的因素可以悄悄地变成历史的影响”，但是“求知的欲望和利益的驱动，不管多么善变[……]总会促使一个时代的人们去注意历史上在很长时间里为人所忽略了的某些方面；明天，这些方面将再一次为黑暗所吞噬。”（第12页）[③]如果我们说，好奇心和利益的驱动是互相补充的，在历史科学中，任何一点都不

① 《人文科学杂志》第二十七卷，第6页。

② 第13页。同样的说法在第五卷的一段话中所表示的，不是变化，而是连续性。这段话很值得关注，不管它是拉伯雷的原话，还是后人假借拉伯雷之口说的话：“[……]所有潜在的被发明的事物过去是，将来仍然是存在于时间之中；而且正因为如此，古人才称土星为“时间”（Temps），是真理之父，却又是时代的产物。（哲学家们）必然会得到所有的知识，但他们自己和他们的先辈所知道的，只是所有知识当中的一个小小的部分。”根据国家图书馆的手稿补充进最后一章。

③ 下划线是我们加的。

会丧失，所有的因素都会叠加在一起。只有这样，过去才会在复杂的因素当中渐渐显现出来，这样说难道不更恰当吗？这本书，费弗尔的这本好书，通过他提出的深入研究集体心理的模式，以其独到的方式丰富了历史的科学。[①]

亨利·拜尔

① 就连他的参考书目，从选择和分类上也是一种独到的模式。

引　言

好的教材就是好。不过《人类的演进》不是一套教材，不管这套丛书有多么好。因此，如果我借这片园地的一角，承担起审视宗教问题的重任，我想大家不会责备我。在文艺复兴时期，宗教在人们的生活当中占有十分重要的地位。今天，我采用一种怪诞的研究方法，用整整一卷书的篇幅，研究我们可以称之为信仰的另一面，也就是无信仰的问题。

但愿我们这本书的题目不要使读者感到迷惑。我喜欢拉伯雷。但是这本书不是好奇的读者向使他感到开心的作者表达的敬意。换句话说，这不是一本拉伯雷的专著。就我虽谦虚而不失抱负的本意而言，这是一本论述我们的16世纪的意识和精神的论著。

又是一本以此为题的论著？自从有了诠释文艺复兴的专家以来，天下文章一大抄，好像话还没有说尽？——正是因为我不想抄袭先人。并不是因为我喜欢与别人唱反调，喜欢标新立异。而是因为我是历史学家，仅此而已，而且历史学家并不是什么都知道的人。历史学家是探索者。因此，历史学家才对既得的方案提出质疑，必要时，也对古老的诉讼给予修正。

所谓“必要时”——不就是说“始终有必要”吗？我们不要觉得

历史学家的结论没有偶然性。在所有的蠢话当中,某本书“再也不会有人重写”的话,恐怕是最为愚蠢的。或者更为恰当的说法是:这本书,再也不会有人重写,并不是因为它达到了顶峰,而是因为它是时代的产物。历史,是时代的产物。我这样说当然不是为了贬低历史。哲学,是时代的产物。甚至物理也是时代的产物。朗之万(Langevin)的物理与伽利略的不一样,伽利略的物理又与亚里士多德的不一样。是从前者向后者的进步吗?我不反对这样说。历史学家们,我们还是说对时代的适应吧。每个时代都会从精神上建立自己的一片天地。时代在建立这片天地的时候,不仅仅使用它拥有的所有材料,所有继承来的,或者刚刚获得的事实(不管是真是假)。时代在建立自己的天地时,会使用它的天资,它所特有的机巧,它的优点,它的才能和求知欲,使用所有使它与以前的时代不同的东西。

同样,每一个时代都会从精神上建立自己对历史的过去的看法。建立自己的罗马和雅典,自己的中世纪和文艺复兴。怎么建立呢?用时代所拥有的材料——进步的因素由此而悄悄地变成历史的影响。史实越多,差别越大,就越好掌握。由此而产生的好处是不可忽视的。假设两个建筑师天资一样,一个只能用古时候的碎石头和两三根旧梁木施展才华,另一个却可以用漂漂亮亮的大方石,想用多少就有多少,再加上加工好了,只待组装成屋架的方木和圆木来表现自己,两个人盖出来的房子肯定不一样。不过,材料并不是一切。人的天赋也不一样,还有精神品质和理性的方法。而且尤其是求知的欲望和利益的驱动,不管多么善变,总会促使一个时代的人们去注意历史上在很长时间里为人所忽略的某些方面;明天,这些方面将再一次为黑暗所吞噬。我们不要说这是人的本性,我们只能说这是人类知识的规律。

我们的父辈建立了他们自己的文艺复兴。这与他们的父辈的文艺复兴已经不一样。我们继承了这个文艺复兴:我在15岁的时候,便和同学读泰纳(Taine)的书《意大利游记》、《艺术哲学》;到了18岁,我们便以布克哈特(Burckhardt)的思想来养育自己。而且在很长时间里,我的拉伯雷就是热巴赫(Gebhart)的拉伯雷。然而,从1900年到1941年间,发生了多少悲剧,又有多少事物由盛而衰!如果不是我自己明白了这一点(我并不是在讽刺:人非常需要稳定,人在稳定中会感到非常温馨,所以即使从本质上,在所从事的工作中十分明智的人,也会常常从直觉上不明智,对现实视而不见,只看得见他从前所看到的东西)——如果不是我自己弄明白了一些东西,我也会执迷不悟的。1922年,我读阿贝尔·勒弗朗(Abel Lefranc)为校勘本《拉伯雷全集》中的《庞大固埃》写的引言时,突然有所警醒。这个前言使我感到震惊——由此而产生了这本书,我想通过这本书,通过我的反应,提出这个关于无信仰的难题。

* * *

摆在我们面前的,是16世纪几个伟大的思想家。首先是拉伯雷。在内心深处来说,这究竟是个什么样的人呢?是个爱挖苦别人的图尔人,只是继承了奥尔良的让·德·默恩(Jean de Meung)反教会的粗俗激情?还是一个思想深刻的哲学家,是以飞快的速度追赶当代同仁，在批判和无信仰的问题上远远超过了他们，结果谁也追不上的人呢？是阿纳托尔·法朗士(Anatole France)笔下的怀疑论者，向他生活的世纪提出对人来说最为必要、最适合人的本性、最能使人幸福的信仰，也就是“怀疑”的人呢？还是正相反，是阿贝尔·勒弗朗笔下的狂热者，决心引导着人们走向无神论，信奉没有边界的科学？或者与其把拉伯雷说成是充满激情地诠释庞大固埃的人，不如说他淡漠无情，只是个平庸的基督徒，在相信上帝的善良百姓的祭坛上，摆了个不带光环的基督呢？还是把他看成是一个有着新教教徒的激情，但是很快又被酷刑吓住了的人呢？现在我们和帕尼尔日(Panurge)一样：该选择什么，放弃什么呢？如果用权威的说法，那么在这些互相矛盾的看法当中，最受人敬重的至少有十种……

要论述拉伯雷，不能不先说戴佩里耶(Des Périers)。让人觉得陌生的戴佩里耶。痴迷于柏拉图思想的人文学者，在纳瓦尔的玛格丽特(La Marguerite des Marguerites)的王宫里时而受宠，时而失宠；在使法国的宗教改革有了第一本“普及版”《圣经》的勇敢的小组里，他是个积极的活动家；他与自由思想家之王艾田·多莱一起合作，撰写了拉丁文的评注；有几首悲观论的诗肯定是他写的，有几篇轻快、粗俗的故事很可能是他写的；谁也说不清楚他为什么写了《洋琴世界》，在四个世纪的时间里，写这本书的灵感和缘起都是令人难解的谜：在同一个人的这种种侧面当中，你该如何选择？批评家们一会儿说他是宗教改革派，一会儿说他是自由思想家，一会儿又说他是神秘主义者或者放浪形骸的人，你该如何确定他的形象呢？

戴佩里耶是这样，那么他的保护人，纳瓦尔的玛格丽特呢？她是《罪孽的灵魂之镜》(*Miroir de l'âme pécheresse*)中的基督徒，写了故事集《七日谈》(*Heptaméron*)的贵妇人，给布里索奈(Briçonnet)写信的神秘主义者；她还信奉路德的学说，把马丁·路德(Martin Luther)的主日祈祷演说译成了法文；她赞成加尔文，对这个后来写了《基督教教义》(*Institution*)的人，她从一开始就支持；在后来归顺了日内瓦的庇卡底与日内瓦结盟时，她保护了波克(Pocques)和康坦(Quentin)；她渴望神圣的爱情：

> 温馨的爱啊你的眼睛多温柔
> 你的箭射穿了我的心……
> 唉，我是怕
> 不能用足够善良的心去爱……

面对这种种五花八门的特点(想按时代去分类也是徒劳)，该如何勾画出一个鲜活而一致的面貌呢？

除了戴佩里耶之外，还有该如何看待戴佩里耶的保护人多莱的问题。库伯莱·克里斯蒂(Copley Christie)说他是文艺复兴的殉道者。让拜尔(Bayle)青春再现的布尔米耶(Boulmier)说他是自由思想的首屈一指者。不过如果我们相信戴梅索(Des Maiseaux)的继承者纳达纳埃尔·韦斯(Nathanael Weiss)的说法，所有的人都认为他信奉《福音书》。有权威，有信念，有怀疑。但是，他们都是见证人，有的是朋友，有的是对头。所有的文章都在，首先是多莱的作品，他那悲怆的呐喊，《第二地狱》(*Second En-*

fer)和 1546 年发表的痛苦的《感恩歌》(*Cantique*)。从无神论者的多莱到宗教改革的多莱,这两者之间的差距何其大也。不过,各位专家之间的意见根本无法统一。

具体的实例不胜枚举,但足以说明:当我们面对 16 世纪的一个人时,当我们向他和他同时代的人提出问题,力图确定他的信仰时,我们永远无法对他有个肯定的意见,对我们自己的看法也没有把握。由此而提出了使我们忧心忡忡的方法问题。

* * *

我们不能说:唉,要是史料再丰富些,见证人的话再多一些,隐情吐露得再详细些,那该有多好啊! 因为今天,要了解与我们同时代的人,表面看来,我们不是应有尽有吗? 各种唱盘录制了各种吐露隐情的话,各种照片向我们昭示着他们的表情。然而又能怎么样呢? 有些人说,这家伙是滑头。也有的人说,这人是个正人君子。他们说的是同一个人。

实际上,一本专著,如果不介绍背景,只描画一个人的半身像,那会让人迷失方向。一切宗教思想(也可以说一切思想),不管它多么纯洁,多么无私,都会因时代的气氛而染上某种色彩。或者也可以说,时代为一切习俗,一切时代所体现出的特征创造了生存的条件,而这些条件会影响时代的思想。这些生存条件也会使时代的特征具有从前所没有过的,以后也不会再有的风格。

这样一来,问题就清楚了,同时也就划定了问题的范围。作为历史学家,我们在理解一个人,一个16世纪的作家的时候,不能把他与同时代的人隔绝开来,不能借口说他的作品中某个段落,与我们今天特殊的感觉方式相吻合,便武断地按照今天的标准作出评判,不能根据某人对待宗教问题的想法是否与我们一致来给这个人分类,并以此作为办法,把拉伯雷归在某一类里。涉及到16世纪的人和思想,涉及16世纪的“带有时代印记的”(这是加尔文的原话)愿望、感觉、思考和信仰的方式时,一定要准确定出要采取什么样的措施,要遵守什么样的规定,以避免错误中的错误,避免不可避免的错误:以现在的眼光来看待过去的人和事。

拉伯雷、多莱、纳瓦尔的玛格丽特在1530年到1550年间写的某一本书,在我们20世纪的人读来,会有什么样的弦外之音呢?问题并不在这里。问题是,1532年的人是如何听到,是如何看待,是如何理解《庞大固埃》和《洋琴世界》的?让我们把话倒过来说:我们的问题是要搞清楚,为什么同样的人既听不得,又听不懂这些作品?我们会出于直觉地以我们的思想,我们的感情,以科学研究的成果,以我们的政治经验和社会实践去理解这些作品。可是,这些书刚出版的时候,那些在里昂梅西埃街(rue Mercière),在巴黎圣雅克街(rue Saint Jacques)书店的廊檐下翻看这本书的人们,他们从字里行间能看出什么呢?至少在我们看来,他们的联想方式使他们确信,这些作品是永恒的。我们能不能由此而得出结论说,在各个时代,各种理性的态度都是有可能的呢?这是人类精神历史的一个大问题,研究方法的问题因此而变得更加突出,显得更加重要。

* * *

1906 年，弗雷德里克・洛奥（Frédéric Rauh）提出精神领域里的一个大问题，也就是先驱者的问题，也就是因为预见未来而为人所排斥的问题："像历史的其他因素一样，人类的精神信仰在任何一个时刻，历来就是它所能代表的一切。因此，现实的精神真理，即使有人能够更早地对其有所预感，也不会有任何实际的价值，而且肯定地指出这些真理的人也没有理由反对同时代的人。"在讲到对于今天的我们来说，什么是"精神真理"时，他还补充说：人过去没能实现这一真理；人甚至于根本就不应当实现它；"他只能梦想着它"。我们顺便可以说，这个精神学家表现出了很强的历史意识。

我们可以把这种说法从精神领域转到信仰领域，在我们现在的意图当中，这也是最首要的。这个意图与我们这个时代的几种深刻的趋势也是一致的。昨天，我们的老师琉善・列维－布吕尔（Lucien Lévy-Bruhl）研究原始人在哪些方面与文明人的思维方式不一样，为什么不一样。不过，部分原始人在很长时间里仍然是原始人。在各个时代，他们并没有毫无分别地使用同样的思维方式，以形成自己的思想体系和信仰体系。作为真理，这样来表达显得有些粗糙。但是，历史学家在研究各个领域的史实时，为什么不区别对待，而只是让哲学家来这样表达呢？其得失在实际上就那么不值得关注吗？

我们试图恢复我们的祖先在面对宗教事物时的精神状态："我们很愿意提出说，有的时候是理性，有的时候是神的启示。必须做出选择。"要选择么？但是，对于真正的人来说，对于活生生的人来说，这种抽象的概念之争意味着什么呢？勒南（Renan）在《科学的未来》（第41页）中注意到，在非常真诚的信徒当中，常常有些人"会给科学帮很大的忙"，因而得出结论说，人的本性"实际上比所有的宗教体系更加强大"，人的本性"知道找出进行反击的秘诀"。他知道渴望信念的意识中有着怎样的秘密，可他还是补充说："开普勒，牛顿，笛卡尔以及大多数现代世界的创立者，都是宗教信徒。"创立者是，那么先驱者呢？笛卡尔是，那么在笛卡尔之前的拉伯雷呢？

* * *

这是一个十分重要的问题。我们的同时代人不无道理地把现代世界的诞生，与一些伟大人物联系在一起，但他们以证实伟人为借口，坚持不懈地败坏他们；对我们同时代人的这种做法，我们怎么能不感到奇怪呢？只有把这些伟人说成是懦夫，他们才会感到满意。在有着很多英雄的世纪，只有他们是懦夫，他们因为热爱一些互相矛盾的真理，毫不犹豫地付出了生命的代价。有的人津津乐道于展示这种假设的懦弱，由此而满足他们从本能上对精神和精神的伟大而感到的恨，并毫不掩饰自己的快乐。有了勒费弗尔（Lefèvre）和伊拉斯谟（Erasme），他们才看到自己的荒谬。不合常理的学说就像个山坡，会令人情不自禁地向下滑去，而勒费弗尔只是凭着老年人的谨慎，因胆小怕事，才在山坡上收住了脚步。伊拉斯谟之所以不愿意和别人站在一起，之所以有意不与别人的学说同流合污，据说是因为这与他的本性有违，因为他喜欢平静，他希望避免残酷的迫害。很多看起来与思想上的勇敢不大有缘的人，在以宽大为怀的日子，不是也责备受到玛格丽特(Marguerite)保护的人，责备托马斯·莫尔(Thomas More)的朋友，带着如此高傲的口吻，不屑地说他"胆怯"吗？在世纪的另一端，又是胆小如鼠，逃避鼠疫和公众危险的蒙田(Montaigne)使这些人看到了自己的错误。在这两者之间，是拉伯雷按照帕尼尔日仿制的形象：玩世不恭的滑头，厚着脸皮骗吃骗喝的家伙，完全不信宗教，不过很会掩饰，对教会很给面子。或者也有一种新的版本，那就是一个狂热的拉伯雷，不仅奋起反对天主教的教会，也反对基督教本来的信仰；而且，这个拉伯雷出于恐惧，戴着假面具。好像在尘世间，恐惧是理解和理智的天然盟友(而且是个值得称道的盟友)？

我们就这样，把这些人草草打发掉。然而，这究竟是一些包裹在迷雾中的人，他们与陌生的拉伯雷打了一辈子的交道，他们不像17世纪的儿孙们那样看待世界，不把宇宙看成是一种机制，一种仅靠一些小小的刺激便能在熟悉的平面上运动起来的体系；他们把宇宙看成是一种有生命的机体，由暗中的力量，由神秘而深刻的影响所主宰。

平庸的历史中出现的这些奇思怪想，通常是出于个人的忧虑，由那些迷失在无限琐事中的碌碌之人生出来的。我们这本书的抱负，就是用一种更加具有真正的人道精神的观念(恐惧是人心里生出来的感觉，但是更重要的是如何战胜恐惧)来看待英雄辈出的16世纪的精神观念，并用这一观念来代替原来的奇思怪想。这是拉伯雷一个人的专著吗？虽然拉伯雷是个很伟大的人物，但我们不是要写关于他的专著。我们是在寻求一种方法，或者更准确地说，我们是考证问题的症结，包括历史的、心理的和方法的问题。看来我们为此付出了十年的努力。

* * *

现在要说的是，在本书的字里行间保留有我探索的一些足迹，这样做好吗？我本来可以拆掉我开始时作为一个喜欢拉伯雷的读者而搭起的脚手架，不讨论前人写的一些文章，只保留第二部分，甚至只保留第三部分。若是那样，这本书会不会变得太过于专断，会不会变得轻飘飘的，失去那种脚踏实地的感觉呢？这本书的各个部分并不相等，按照数量由多而少，根据考证的分量，最具体的放在下边；第二部分分量已经稍微轻一些，放在中间；第三部分放在最上面，综览全书。这本书的结构就说明思想的探索过程；我感到很高兴的是，在读者看来，这一过程证明这本书不是产生于某种理论上的看法，某种先验的信念。先入为主的做法使研究工作受害匪浅。如果有人把这本书看成是专做论文的人灵感闪现，是抛砖引玉的杰作，是随兴之所至的发挥，我会感到十分遗憾的。从很早以前在斯特拉斯堡，当着亨利·毕莱纳(Henri Pirenne)的面，我第一次接触到阿贝尔·勒弗朗那雄辩的理论时开始，一直到我经不住亨利·拜尔(Henri Berr)的请求，决定照原样发表这本书的那天为止，我始终在探索这本书里的内容。之所以决定发表这本书，是想表示我相信自由思想的命运，以表明我作为一个历史学家的愿望，那就是理解和“让别人理解”，这是我给历史的作用所下的定义，给历史学家的有益的任务下的定义。

第一部分

拉伯雷是不是无神论者？

卷首语　问题及方法

因此，这是一个方法的问题。要认识一个人，要了解一个人的真实面目，历来是非常困难的事。这是不言而喻的。但是，涉及16世纪，涉及16世纪的作家和宗教舆论，人们真的是夸大其词了。从咄咄逼人的无信仰到最为传统的信仰，为了让我们相信种种态度，人们的种种说法随心所欲，太过于轻率了。哪怕是关于各种看法的问题，我们动不动就说那是无法解决的；这些问题也是由我们，也完全是由我们制造出来的吧？我们用自己的思想来代替他们的思想，我们赋予他们使用的字词一些并非出自他们本意的意义。一个错误地提出的问题，可以因此而变成一个提得比较正确的问题。不过，人文主义的16世纪的整个观念都因此而受到了质疑。总而言之，对整个世纪都要重新思考。

要不要以说教的方式来思考呢？以这样的方式来思考人的内心，思考人的意识与确定无疑的事，或者与新出现的疑问之间的论争，那无异于背叛。我们不得不采取的方法是：以一个人为中心来进行考察，我们之所以选择这个人，不仅仅因为他的声名卓著，还因为用来重建他的思想的史料状态，因为这本作品中所包含的一些说明，因为这部作品本身的意义，似乎都在说明，这样的研究必须通过这个人来做。这个人就是弗朗索瓦·拉伯雷。

首先拉伯雷留下了很多文字材料，这些材料所论述的问题正是使他同时代的人产生分裂的问题。心灵和心灵永生的问题，复活的问题，死后的生活的问题。奇迹的问题，造物主无所不能的问题，从自然界的抵抗一直到神的自由意志。

这是主要的。围绕着这些问题，还有些文字涉及数百场其他的争论，同样十分值得关注。而且，这一切都是由一个天才的作家，由当时最伟大的散文艺术家娓娓道来。

第二，虽然我们拥有的拉伯雷个人的、直接的史料并不一定能够满足我们所有的好奇心，但却是16世纪留给我们的伟大作家个人的史料当中最为翔实的一批。现代最伟大的小说家性格强悍，非常强悍，生前就引得人们反应非常强烈。我们收集到这方面的很多证据，有拉丁文的，有法文的，有的是明文的，有的是带密码的（不过密码本失传了），这也自然而然地引起了我们极大的好奇。况且这种好奇是危险的，也是令人失望的。一方面，我们当然很想让这些史料的数量越多越好，所以也就在关于拉伯雷的卷案里附加了一大堆无关的东西。另一方面，我们从这些史料当中能得到什么呢，应当如何处理这些史料呢？是从字面上去理解，还是进行改编？这是属于常识性的问题。这是人们常常说的。当然，要想分清哪些是友谊，哪些是憎恨，哪些是先入之见，哪些是怨恨的言辞，小心谨慎是不言而喻的。但是，要用1530年或者1540年的眼睛去看这些文章，因为这些文章是1530年到1540年的人写的，当时的人和我们写文章的方法不一样。这些文章是按照1530年到1540年的人的想法写的，他们的想法和我们今天的想法不一样。这就是困难之所在，对于历史学家来说，这也是很重要的地方。总

之一句话，为什么选择拉伯雷呢？因为，仔细研究拉伯雷的小说和思想，可以通过作品，了解见证了作品的诞生，使作品诞生的16世纪的全部演变。

* * *

在很长时间里，人们总是对我们说：你想重建《卡冈都亚》的作者思想演变过程，而又不至于过多地迷失方向吗？那就先画一条时代的曲线，重读一遍亨利·奥塞（Henri Hauser）1897年发表在《历史杂志》（*Revue historique*）上的那篇好文章。奥塞在这篇文章中，用确凿的文笔描绘了人文主义和宗教改革并行不悖的演变过程。

这个演变过程分为三个阶段。首先，革新的力量紧密地联合起来，与中世纪的残余势力抗衡。有的人想通过与古老思想的接触而更新自己的思想，这样的人天真地以为，最初的宗教改革者一定也有着同样的愿望，也走在同一条路上。这纯粹是幻想。从1534年或者1535年开始，很多“主张文艺复兴的人”都动摇了。在法国，国王弗朗索瓦（François）完全转变了立场，开始出现最初的严酷迫害，大人物表现出敌视的态度，在法官的挑动之下，战斗的教士们运用了暴力。在法国之外，出现了尖酸刻薄的神学争论，出现了粗暴地抵制自由研究和文化的现象……乐观派看到烧死塞尔维（Servet）和多莱的火刑堆在他们眼前燃起时，感到失望了，开始从战斗中退缩，这场战斗的得失与他们已经完全无关。人文主义与改革，这两者之间的关系好像完全破裂了。拉伯雷也如他的世纪一样。他的每一本书都是世纪变化的一个阶段，他记录下了这一变化，而且他也加快了这一变化。《庞大固埃》发表于1532年，《卡冈都亚》发表于1534年：这是最初表现人文主义的两部作品，拉伯雷自以为受益于第一次宗教改革，也用这两部作品为宗教改革来效力。在发表《第三卷书》（*Tiers Livre*）的时候，一切都变了：1546年的拉伯雷是个哲学家，他对关于教理问答的冲突感到愤怒，但他不会直接对这种事产生兴趣了。1552年的拉伯雷是个拥护法国教会的民族主义分子：他的《第四卷书》（*Quart Livre*）是帮助法国国王与罗马抗衡的。而且法国的国王并不是要捍卫什么信经。他一会儿说普代伯（Putherbe）是疯子，一会儿说加尔文是魔鬼。虽然这两个人的信念相反，但有时候他们的狂热是一样的；拉伯雷对他们同样地反感，远远地抛开他们像疯狗一样的激愤，成了一个真正的追求精神享受的人，沉浸在对美与和谐的幻想当中。

* * *

在很长时间里，人们始终是这样对我们说的……可是突然之间，1932年，《庞大固埃》的一篇具有轰动效应的前言打破了寂静。

拉伯雷是时代的反映？不是，拉伯雷是一个与众不同的人。是18世纪那些无神论者和自由思想家的先驱。拉伯雷远不是热巴赫所描绘的那样一个人，也不是阿纳托尔·法朗士笔下的拉伯雷。拉伯雷是个不轻信的信徒。当时全世界各地一些胆大妄为的人开始梦想完全的宗教解放。拉伯雷的作品表现的是某种皈依，是那些胆大妄为者的皈依……

拉伯雷写《庞大固埃》的真正目的是什么？是为了博取当代人一笑，还是有什么神秘的企图？对这个自然而然的问题，阿贝尔·勒弗朗单刀直入，毫不犹豫地说："这本书的作者在其文学生涯之初，便接受了唯理论的信仰。"还不仅仅是信仰；他在内心深处孕育了一种"秘密的思想"。如果把阿尔高弗里巴大师（Maître Alcofribas）①看成是一个善良的基督徒，与很多人一样，认为宗教改革愿意与人文主义携手，为宗教改革的最初表现所一时迷惑，那就是极大的错误。这个错误使批评家失去了好奇心，没有任何人想到"归根结底，拉伯雷是不是已经不再是基督徒"（第 41 页）。然而，对于阿贝尔·勒弗朗来说，这是毫无疑问的。从 1532 年开始，帕尼尔日的精神之父就已经是基督的死对头，是一个战斗的无神论者了。这个多少有些胆怯的宗教改革的信徒是无神论者？不会吧！是琉善（Lucien）和卢克莱修（Lucrèce）的对手，是啊，拉伯雷"在反哲学和反宗教的道路上，比当代所有的作家走得都远"（第 51 页）。因为"最微小的变化也会成为招认，会背叛他"，所以他保持着不受任何干扰的平静，维持着普罗米修斯的隐喻，从来就没有改变过。"这种讽刺的力量是潜在的，是隐忍的！作家的天才中这个不为人所知的方面，除了所表示的思想和历史意义之外，也使那些用心研究的人一次又一次地感到惊奇"（第 51 页）。

于是热巴赫在 1877 年得出结论说，拉伯雷是一个纯粹的怀疑论者；他的脑子里思考过，他用理性分析过各种不同的学说。"他

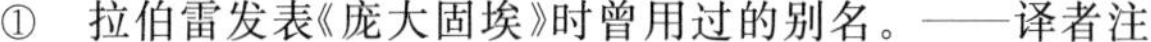

① 拉伯雷发表《庞大固埃》时曾用过的别名。——译者注

后来公开说，他从外部赞成天主教；这究竟是什么意思呢？这是个我们无法解决的重大疑问。”阿贝尔·勒弗朗反驳说，这根本就不是什么重大的疑问。拉伯雷从来就不是怀疑论者。他是个有信仰的人，他是个不肯轻信的信徒，而他的信经是自由思想家的信经，从根本上反对神启说。他有什么与众不同之处呢？那就是他曾声称说，他把所有内行的人都团结在了他的周围，所有在思考中已经有自由思想倾向的人，“所有在世界上梦想着完全的宗教解放的人”。况且，当时有个人就明白了这一点，非常清楚地说：1537年令人费解的《洋琴世界》的作者本身就是令人费解的。在戴佩里耶（Des Périers）的第四篇对话当中，依拉克托（Hylactor）是一只会说话的狗，但是同类们谁也听不懂它说什么，一直到有一天遇到一个老伙计庞法库斯（Pamphagus）——这不正是戴佩里耶徒然地想让拉伯雷－庞法库斯张开他那只手吗？那只手里抓着很多危险而致命的真理。“伟大的讽刺家爽朗的大笑所掩盖的”，我们千万别看错了，“是最为大胆的抱负。荒唐的言行只是一种手段，拉伯雷借以向全世界宣示的，是他无法以其他的方式表达的真理和否定”（第68页）。

拉伯雷是这样。他的世纪也是这样。1532年，里昂出现了一份用法文写的无神论宣言；这份宣言不是给懂拉丁文的精英们看的，而是给广大民众看的；努利（Nourry）和阿尔诺莱（Arnoullet）的印刷厂就是为这些人印制庸俗化的散文体骑士小说或者轻佻的预言和故事。正是这些东西，彻底颠倒了一代代历史学家和博学家所建立起来的16世纪的思想史。就在阿贝尔·勒弗朗发表为《庞大固埃》写的“前言”的同一年，亨利·布松（Henri Busson）在他主编的法国文学中，发表了理性主义的来源及发展的众多论述。我们只要翻一翻这些论述，就会知道，写在封面上的时间范围，第一个日期并不是《庞大固埃》出版的 1532 年，而是多莱在图鲁兹发表第一次讲话的 1533 年。布松说明道：1533 年以前的读者从来没有想到过，在宗教之外，还有必要建立一套形而上的体系，或者道德体系。而且 1533 年只是一个出发点。在此后的十年期间里，帕杜安(Padouans)的弟子们慢慢地、谨慎地，也可以说是狡猾地，将一些可疑的学说引入了法国。“拉伯雷的前两卷作品和戴佩里耶的《洋琴世界》里都没有这些学说”。这是布松的看法(前言，第 14 页)。但是，阿贝尔·勒弗朗却认为，1532 年的《庞大固埃》吹响了自由思想发动进攻的第一声号角……问题便由此而提出。

* * *

在拉伯雷思想意识的无声的反抗当中，难道他真的从 1532 年便有意地筹划了危险的企图，要反对作为启示教的天主教？当时的人们为表达信仰而发生的剧烈冲突，还没有让那么多的温和派人士陷入怀疑主义，而怀疑主义当中是包含着很多新鲜事物的；在 1534 年宗教改革派的揭帖事件发生之前，而且是远在这一事件之前，在 1530 年到 1535 年之间的法国，到处都是新教徒，很多人都信奉伊拉斯谟和他的宗教。在这个时候的法国，历史学家难道真的能够辟出一块“自由思想”的园地，让一群不声不响、信念坚定的人聚集在拉伯雷的身后，心中怀着共同的感情，执着、无情而理智地与基督为敌？

“难道真的……”这种说法本身就有预审法官的口吻。这是在调查一个案件，在衡量证人的证词。有的证词来自拉伯雷的朋友，有的来自拉伯雷的敌人。也有拉伯雷本人通过自己的生活和自己的作品提供的证词。我们要重新接过这个案件。要重新调查以判明是非吗？以批评的眼光来分析事实，会不会让我们把法官的“难道真的……”替换成历史学家的“如何解释……”呢？我们需要更加人文的说法。持这种说法的人知道，人类信仰在发展的每个阶段，本来就是那样的。因此，问题不在于当我们读到拉伯雷的作品中的某个段落时，我们会不会惊呼道：“啊，难道拉伯雷已经是自由思想家了！”而是拉伯雷的同时代人（那些最精明的同时代人）在读到同样的段落时，会不会有同样的感觉。最后，拉伯雷本人，以及除了拉伯雷之外，一个文化水平相当的人，能不能在当时产生“揭示”某种学说的意图。有人告诉我们说，这种学说有否定的一面。但人们不无理由地向我们隐瞒了这种否定的最初内容。

总而言之，在对宗教历史的研究中，采用“难道真的……”的方法会不会走入死胡同？而相反，“有没有可能……”的方法能不能让历史学家找到所有历史的最终谜底：不是有违词源地“知道”，而是要“理解”。我们正是本着这种精神，重新接过问题，首先分析证人和证词的。

第一卷　同时代人的见证

第一章　好伙伴

这是一场审理拉伯雷的官司。审理他是不是无神论者，是不是反基督教。事实可以追溯到1532年，追溯到《庞大固埃》的发表。我们传唤了一些证人，记录了一些证词。我们要有所节制，只拿一篇文章来分析。但这是一篇决定性的文章。难道这只是一篇文章吗？

在知识领域四处探索的优秀博学家路易·图阿斯奈在40年前回答说，是的，那只是一篇文章。20年以前，拉伯雷研究的泰斗阿贝尔·勒弗朗也说是。你看看这篇1533年的文章，在《卡冈都亚》之前，与《庞大固埃》同时代：那就是宣判拉伯雷的第一本书是无神论的文章。而做这一宣判的人是有权威的：你不会不接受约翰·加尔文的说法吧？而且，你读读那些拉丁文的诗。这些诗的作者都认识拉伯雷，与拉伯雷有着密切的接触和往来。他们都能听到他随心所欲的言谈。他们也像加尔文一样，比加尔文略晚一些指责拉伯雷反基督教。你还能怀疑吗？

让我们把卷宗再次打开来，仔细地看一看。我们暂且把主要的证据，把加尔文的文件，这唯一与《庞大固埃》同时代的文件先放在一旁，以后再和其他的辩论家和神学家的文章一起来分析。我们先来听听他的伙伴们，听听“诗人们”说了些什么。有两个著名的博学家异口同声地向我们卖弄他们的证词。

1　同学

怎么办呢？我们要忠实于自己说过的话。当时，那些整天把心思放在二行诗和短长诗上的骑士们形成了一个很奇怪的小圈子，既让人产生好感，又让人觉得讨厌。我们在分析这个小圈子所特有的思想习惯、特有的生活和行动方式之前，不能孤立地去分析一些文件。

* * *

这个小圈子里的情况很少有人知道。也没有人专门研究这一段历史[①]。也许这段历史不值得人们关注？读那些艰涩的散文会让人觉得很烦，而且也不容易读到（现成的文集很少，要到各个图书馆分别去找），让人感觉得不偿失。从这里面找不出什么未经开垦的荒地，好为人类的思想史写上新的一笔。若说能够从中找到一些历史心理的见证，那倒是可以。

所以，让我们回顾一下1530年到1540年间在《高卢之诗》（*Gallia Poetica*）里竞相展示天才或热情的那些人：鲁丹的索蒙·

① 姆拉拉苏（Murarasu）于1928年出版的《法国的新拉丁诗和古代文学的复兴，1500—1549》（*La Poésie néo-latine et la renaissance des lettres antiques en France, 1500—1549*）只不过是一个大概的纲要。

梅格莱(Saumon Meigret de Loudun),我们在后面仍然用他的拉丁文名字萨尔蒙·玛克兰(Salmon Macrin);老尼古拉·波旁(Nicolas Bourbon l'Ancien),香槟的贺拉斯(Horace champemois);有时候也做做诗的艾田·多莱;艾格贝斯的美男子吉尔贝·杜谢(Gilbert Ducher);牵强附会地也自称是贺拉斯的维尔戴尤斯(Vulteius),其实他的法文名字叫让·维萨吉耶(Jean Visagier):这就是所谓的大诗人(姑且这么叫吧),一些"长者";一些"年轻人"簇拥在他们四周:日尔曼·德·布里(Germain de Brie),当皮埃尔(Dampierre),迪曼纳(Du Maine),罗斯莱(Rosselet),里昂人吉约姆·塞夫(Guillaume Scève),卢西塔尼亚人安东尼奥·古维阿(Antonio Gouvea),被人认定是维洛纳的戴拉·斯卡拉(Della Scala de Vérone)的继承人的朱尔-恺撒·斯卡利吉(Jules-César Scaliger);图鲁兹的法学家让·德·布瓦索内(Jean de Boyssoné);我们还差点忘了咄咄逼人的教育家于贝尔·苏萨诺(Hubert Sussanneau)或者苏瓦索奈人苏萨内(Sussannée);都有了,玛克兰在一首颂歌的复歌当中称这伙人是"Brixi, Dampetre, Borboni, Dolete—Vulteique operis recentis author(德布里,当皮埃尔,波旁,多莱和维尔戴尤斯——一部新作的作者)"[①]。他们有着共同的特点,也就是诗人的毛病,而且首先是那种巨大的,令人愕然,却又十分天真的虚荣心……

① 诗人玛克兰用拉丁文把日尔曼·德布里、当皮埃尔、波旁、多莱、维尔戴尤斯这几个人的名字都编在了诗句中。——译者注

对于他们来说，你烧多少香都不为过。对同僚，他们可以大方得很，不过，这当然是要有回报的[①]。我们来听听他们当中的一个人是怎么说的吧，而且这个人还不是最让人瞧不起的，那就是杜谢。若问谁是他的榜样，谁是他的楷模？那就是伟大的玛克兰，世纪的贺拉斯（Horace）。但是，如果是在先祖昆图斯·弗拉库斯（Quintus Flaccus）的面前，贺拉斯也会黯然失色的。——若问谁是他的朋友，谁是他的靠山？那就是里昂人吉约姆·塞夫。啊，作为一个天才的诗人，他要远远地超过卡图尔（Catulle）！……超过多少呢？杜谢是知道的，而且杜谢也说了[②]：与布塞法尔（Bucéphal）水平相当，诗兴大发时，也就超过他一乌龟之距（Ut testiduneos incessus Pegasus，atque－Bucephalus，domini clarus amore sui）……而尼古拉·贝洛（Nicolas Bérault）则是帕拉（Pallas）和九姐妹非常喜欢的：谁要是不相信，那他就是个疯子，得让人用绳子捆起来。圣玛特的查理（Charles de Sainte-Marthe）抵得上费比斯（Phoebus）。谁要想与他一比高下，那就是自找马西雅（Marsyas）的下场（杜谢，117）（PHoebus es，et phoebo tibi si me confero，fiam—Protinus extracta Marsya pelle tuu）。诗人

---

① 然而，过分地真诚在玛克兰来说，是常有的事；他对年轻的竞争对手维尔戴尤斯说："Nec minimus，nec es poeta—summus，sed medium tenes poetas—inter temporis huius...（你并非末流、亦非上流诗人，而只是在这个时代的诗人中占据中等位置）"但尽管如此，他还是安慰说："Brevi futurus maior—si pede quo soles eodem—pergas ludere...（很快，你将变得更好——如果你继续以你通常使用的方式写作）"（让·维萨吉耶，Jo. Vulteii Rhemensis hendecasyllaborum libri IV，in-8°，II，p.60.）

② 杜谢，Gilberti Ducherii Vultonis Aquapersani Epigrammaton libri duo，II，p. 89。

列举了所有的琴鸟，最后以自己总揽全部，给自己戴了一顶大大的高帽子。他还挺客气地说不好意思（同上，第 154 页），而且说自己不好意思的话也很好玩。他向公众推心置腹地说（可是公众历来是逆来顺受，你让他说什么，他就会说什么）：你知道的，诗人们完全是为了名声活着（nosti, famam tantum peti a poetis）。——不过尼古拉·波旁的追求可不一样。为了鼓励后辈，他说："去吧，用功吧，竭尽全力地干吧。在争得你的一席之地之前，要一刻不能停，一时不能歇。这样，你才能让人知道你是一个人物。这样，你才能成为第二个我（Sic vir, sic eris alter ego）！"话说得多好。隔了三个世纪之后，居斯塔夫·库尔贝（Gustave Courbet）站在他的一幅油画前面[①]，说："话是不错……而且，你瞧，提香（Titien），委罗内塞（Véronèse），他们的拉斐尔（Raphaël），还有我……我们就从来没有说过这么精彩的话！"——这倒是真的。只是，库尔贝就是库尔贝。而且他心满意足地盯着看的东西也是一样，"话说得多好"，的确不错。

* * *

当然，奥林匹斯山上的这些自以为是的众神互相都在以怀疑的眼神窥探。谁要是损害了他们的自尊心，那谁可就要倒霉了：粗暴的谩骂，充满憎恨的叫嚣会接二连三地到来，他们会翻脸不认

---

① 波旁，Nicolai Borbonii Vandoperani Lingonensis Nugarum libri octo. Apud Seb. Gryphium Lugduni, 1538 et Halévy, revue des Deux Mondes, 1er juillet 1929.

人,刚才还在天花乱坠地把你捧上天,转眼便污言秽语地要把你打入十八层地狱了。

这是诗歌之争吧。我们是轻信之人,天真的人,所以我们相信这只是诗歌之争。而且一开始的时候,大概的确也有过一些摩擦和争论,但这些摩擦和争论首先是一系列剧本的题材。对于那些没有什么话可说的人来说,一场争论,那岂不是天上掉下了意外好事！首先是事情本身,是用悲剧的方式讲述的。然后还有那些谩骂:有来,有往,有再来,有重复。然后,又开始接二连三地对已经逝去的友谊进行怀念。诚心诚意地解释;曲折的经过(都怪某某……)——最后是破镜重圆。

是谁在利用这些记忆力好得出奇的"诗人们"提供的传记资料呢?这一点,我们是永远不能忘记的。这里当然有一些见证,但首先是诗人的机巧。有的地方也许有真诚的心意,但是,要能够写进二行诗里才行。也有的地方,气愤是真情实感,但表达这真情实感的时候,要能够先引用卡图尔的前半句诗,再用上马夏尔(Martial)的后半句。因为怨恨有可能是真的,但是生气的人照样可以借用贺拉斯或者蒂布鲁斯(Tibulle)某个作品的模式,哪怕肯定会歪曲作者的原意。目的是表明他有文采,说明他也像善掉书囊的奥索努斯(Ausone)一样,也能用十句诗列出二十处典故来。这是本事。有的时候,即使是对手,即使是被骂的人,也会说他是内行,觉得他了不起。

再有就是,话说了也就说了,是永远不能彻底抹杀掉的。光彩如此夺目的珍珠,怎么能毁掉呢！要不然就废黜最初的保荐人:某一首讽刺短诗开始的时候是题辞献给尼古拉·波旁的,后来又成了献给马洛(Marot)的礼物。要不然就把一堆东西都印在一起,只是一篇接一篇,毫无选择:有赞美的呼唤,有憎恨的叫嚣,有含着柔情的反驳,也有满腔怒火的暴发,统统收集在一起。情绪激昂的诗人早就知道,争吵之后会有和解。万一塞巴斯蒂安·格里夫没有等到人家和解的时候,诗人没来得及写上那几句应景的话,就已经把诗集印好了,那就活该吧!读者在诗集的第3页看到作者的赞美把某人捧上了天,到了第30页,这个人又成了猪狗不如的东西、杀人犯,或者至少也是个无神论者。在下一本诗集当中(如果下一本诗集能够出版),再进行解释,再与人清账。

对于我们这些历史学家来说,由此而必须制定的第一个批评的规则就是:千万不要把辞藻华丽的谩骂看得太严重。更何况一场争吵并不是只对冲突的双方有利。朋友和对头都搅了进来,每个人都有份儿。因此,第二条规则就是,为了判断一个诗人指责别人的话,或者被别人指责的话,永远不能只读这一个诗人的作品。要把所有有关人的作品都看一遍,查一查反驳他的人,或者支持他骂人的人是怎么说的。

* * *

老耄的诗神有一堆孩子,其中有一个是尼古拉·波旁,而且是当时最有名望的,他有一天偶然也用了一个公道的词:“无稽之谈”(Nugae)。1533年一本258页的“无稽之谈”,1538年又是一本504页的(里面充斥着“无稽之谈”)。书名让一个作为朋友的同事感到担心了[1]。万一公众要是当真了怎么办？这也不过是无稽的担忧而已。写无稽之谈的东西，也算不上是丢脸的事啊。重要的只有诗的遣词造句和音韵。

诗人是凭运气碰到“诗料”的。诗人要有极大的耐心，要一而再、再而十地反复推敲，用同样的字词说同样的事：只是顺序不同罢了。——你瞧瞧那些标题：de eodem（论同一个他），de eadem（论同一个她），ad eumdem（致同一个他），ad eamdem（致同一个她）……维尔戴尤斯有个朋友叫朱纽斯·拉毕里由斯（Junius Rabirius），1534 年在巴黎出过一本小册子，名叫“De generibus vestium（论服装的种类）”。维尔戴尤斯产生了一个非常可贵的想法：“拉毕里由斯，我的朋友，你对服装发表了那么博学的言论，自己身上却无衣可穿”。（Veste Cares，intrat penetrabile frigus in artus；—villosam cur non dat liber endromidem?）（1536，I，p. 35）这个比喻显得很巧妙，我们可以更进一步：Qui vestes，lanas，telas，aulaea，colores—intus habet，nudus stat sine veste liber...（此书内含服装、布料、纱线、织物、颜料，而本身却赤裸无衣）——让我们再来一次，de eodem（论同一个他）：Vestimentorum rationem nosse laboras（你致力于研究服装的学问）…… 不过，1526 年时，一个重要的人物拉扎尔·德·贝夫（Lazare de Bayf）在巴塞尔不就发表过一本名叫“De re vestiaria（论衣橱）”的

① 古维阿（Gouvéa）用书名开玩笑：Antonii Goveani Lusitani Epigrammaton libri duo，18，Ad nugivendulum；23，ad Borbonium；30，等等。多莱（Dolet）为“无稽之谈”（Nugae）这个词下了个定义，Commentarioum Linguae Latinae，Tomus secundus，1276；Nugae sunt sermones levium reum，ac nullius ponderis，et plerumque scurriles joculatoriique（无稽之谈是轻松主题和无关紧要的谈话，通常粗鄙而诙谐）。

书吗？这本书后来多次重印过。让我们赶快再来看他用的主题，当然是经过调整的，以适合于一个当过大使的人的身份：Romanas vestes docuit qui serica fila—vestitus liber est pellibus exiguis（这本叙述罗马丝线服装的书身着粗制皮革）（I，45）。这一类的例子举多了，我们的脑袋里也就空了，跟这些可怜的家伙们一样。

然而，他们是怀着多么大的激情看守着自己那堆宝贝的破烂儿啊。其实他们本身一无是处，只是懂得某种窍门而已。可是，他们一辈子都在看着会不会有小偷来偷他们的东西，让他们的生活显得如此贫乏的这些无谓的争吵，原因都在于此。某个同僚在偷他的思想，某个同僚在抄袭他的作品。他把人家的想法拿过来，为自己所用。"啊，天才，和无耻的强盗，他们那扬扬格的六行诗"。这是他们当中的一个，一个叫维尔戴尤斯的人印的一本诗集的标题，是他的《十一音节诗集》（Hendécasyllabes，1538，II，52 v°）中的第一部。他是在赞美一个身材高挑的姑娘，他叫她克丽尼亚（Clinia）。她死了，或者是他把她弄死了。在她的死为他提供的那么多做诗的题材当中，我们奇迹般看到了这么一条：啊，啊，她的死让我失去了做诗的材料！（Scribendi materiam sibi morte Cliniae ablatam...）

做诗的材料，是多么地少啊……因此，他们在骂人的时候，很多人都说对方是佐伊罗斯（Zoïle）[1]。你说他是佐伊罗斯，他马上

[1] 佐伊罗斯，希腊文名是 Zôilos，是古希腊的诡辩派哲学家，因对荷马做过激烈而下流的批评而著称，据说他写过一本书，名叫"Homéromastix"（"荷马之患"），想用常识证明荷马说过的话都是荒诞的。——译者注

又说你是，说的时候气急败坏，满腔怒火：这些可怜的人是感觉到了逝者如斯。像马洛这样的人功成名就，用十分巧妙的手法，把“通俗法语”（vulgaire François）推向了诗神之山的顶峰，他们已经听到，六音步诗（les hexamètres）的丧钟敲响了。更何况他们固执己见，维持着团体的规矩。有人稍有逾越，他们就会大呼小叫，说你那是非法的萨福体或者是短长格。[①]

＊＊＊

他们都是中世纪行吟诗人的后人，因此也就是在顾客的眼皮底下求生活的，更准确地说是在监护人的眼皮底下。顺便应当指出，我们要在思想上有所准备，才能够转得过这么一个奇怪的弯来；我们认为，诗中说到“主人”的时候，那是指作者，但对于他们，那是指读者。我们要想到，他们要挣碗饭吃，那是很艰难的。当他们远远地在某座城堡依稀看见锦衣玉食的公主，有人好心地冒险接待他们，他们于是唱起动人的爱情之歌的时候，远在图赖纳地区或者安茹省的一座破房子里，有个人老珠黄的胖太太是他的夫人，身边围着一群孩子，她要想方设法地养活一家人。一个骂骂咧咧的胖妇人，有时候还会有不忠的行为，而且也绝不会以读蒂布鲁斯和贺拉斯的诗为乐事。汉斯·霍尔本（Hans Holbein）的命运就是这样，为了躲避家里的妻儿老小，躲避巴塞尔的烦恼，不惜逃到

① 杜谢，前述所引作品第40页：“cuivis libere poetari licere（任何人均有权自由作诗）”。若要阐述容易的题材，便等于没有学过雕刻，那就别在大理石上去琢磨。“attamen indocti doctique poemata pariunt（然而博学者和无知者同样创作诗歌）”。

了伦敦。

所以他们才会神经质，动不动就生气，为人凶恶。为了一日三餐，他们操碎了心，几乎是被逼不得已地向人讨要，因为需要而卑躬屈膝。很能够说明问题的一点是，每一本诗集里都有10首、12首、20首讽刺门客的短诗：De parasito（论食客），In parasitum（论食客）……这些诗反映了人们心中的压抑和挥之不去的顽念：一辈子有饭吃，不向任何人伸手乞求，用不着一天从早到晚赔着小心阿谀奉承也可以养活自己……尽管有对头骂他们是穷光蛋，但他们都一再声称说，“自己祖上很有钱”，只不过命运不济，家境才破败了；这一点也反映出他们心中总愿意“自己家里”是有钱人。我们从很多确实的迹象可以猜出，他们心中暗暗地恨那些有钱的资产者，恨那些在他们唱过赞美歌之后，往桌子底下扔一块骨头作为报酬的人[①]。在“被逼无奈”的人心中，那是多么大的蔑视啊：

一想起来，便觉得奇怪

还没有见过颜色，便思青想黄

① “De miseria poetarum（有关诗人的贫苦）”是诗歌中常见的题材。见于前面引述波旁的作品第394页。Ad. Paulum Ant. Gada. Gnium：《quoties quisque est hodie hominum praedivitum—qui non bonum coquum qut equum aut tibicinem, aut—malum scortum bono poetae praeferet?》（当今的富人中有谁不是更喜欢好厨师、马匹、吹笛者甚或坏女人，而选择好诗人呢？多久才能出现这样一个人呢？）亦见于布瓦索内（Boyssoné），《让·德·布瓦索内大师的三个百人团》（*Les trois Centuries de maistre Jehan de Boiyssoné, d' régent à Tholoze*, XLV, iii）：“如果学者贫而穷——那么绞尽脑汁又为何来——如果现在只看重钱财？”抱怨归抱怨，无私归无私：“你吝啬的机巧接受了天赋——只有无欲才能成就你的睿智”。

一向只在摆弄泥巴的人
却想说说金子的成色好坏……

对于这些粗俗的文盲们，必要的时候可以对他们极尽奉承之能事，但他们是什么样的货色，诗人的心中却看得很清楚。因为，我们可以再引布瓦索内在探讨图鲁兹的富人时所说的一段话：

你想要个有钱人作朋友，
那就去找诺莱，朗斯福克或者贝努依，
如果你想要个有钱的朋友，
那就把他们当你的朋友……①

因此，钱越多，诗人的热情就越高。某一首短诗的赞助者在第二版的时候更换了名字。一开始时在诗中被赞美的人是不能够抱怨的。他给的钱，只能让他享有从第一版到第二版本之间这一段时间。杜谢要更高雅一些，把一本诗集同时献给两个赞助人：卷首的献词给一个人，题词再给另外一个人。总共有两个卷首献词，这样一来，四个赞助人便可以永垂不朽。当然是如果这些人出手大方的话。

另外，这些整天忧虑不断、受到极大伤害、动不动就生气的人，有时候也是很好的伙伴，互相之间也帮忙。有很多材料可以看出这种两面性，只要看看杜谢的作品便可以发现这一点。杜谢对里

① 见于前面所引布瓦索内的作品，I，XXVI，p. 105；III，L，p. 143。

昂一个确实有钱的大佬说(《讽刺短诗集》,II,p. 150):"是尼古拉·波旁让我注意到你的。如果没有他,你的名字永远不会进入我的诗集。公平地说,你欠他一份人情!"遇到威胁时,他们会团结起来,一致对待共同的敌人,形成一个共同的整体。前边是功成名就的人,收入高的人,"有油水的人",后面是羡慕他们,窥探他们的位置,等着有朝一日把他们当挡箭牌使用的人,是一些收入菲薄的人。这些可怜的人就像布鲁日尔(Breughel)版画中的人物一样。传说的情形可以从萨瓦的诗人、拉伯雷的肉食长官、塞克斯的安托万(Antoine Du Saix)的诗中略见一斑(是一个教师的画像?):

哪怕他是朱庇特的表兄弟,
他得到的报酬也只像一条狗,
而且他的衣服也常常像个仆从,
比马鞍子上的布还破烂,
教书人就是这么一副可怜相……[①]

* * *

除此之外,他们还有一些其他的品德。首先是相信自己做的事,甚至是自己说的话。他们像设身处地的演员一般真诚。对于自己自吹自擂的话,他们是最先信以为真的人。当你的愁苦遭到

① CLXXI,第72页。(注中罗马数字指的是本书后面所附《参考书目》中的顺序编号。——译者注)

别人粗暴的嘲弄的时候，你就会用高傲来养育自己。这些可怜的人认为自己的使命非常崇高，这对他们的心理是个支撑，也使他们冬天在没有火的陋室中有勇气写诗；屋里冷得连墨水都冻住了。在讲述这样的生活时，他们带着苦涩的笑。其次是他们相信自己想象的美，相信文学具有至高无上的功效。多么天真的信仰啊！他们无疑是一些追求利益的人，但他们指望靠自己搭起来的一座高高的祭坛而活下去。他们不仅仅是一些追求利益的人。他们带着肯定无疑的热情，赞美自己的信仰。他们时刻准备着为了自己的人道主义信仰而受苦受难。这是他们美好的一面，有了这一面，尽管他们有着那么明显的毛病，他们还是值得让我们研究。

与卡冈都亚和庞大固埃同时代的所有人，他们在地球上有个值得祭拜的上帝，那就是人道主义的上帝，伊拉斯谟[①]。在欧洲，人们到处都在祭拜伊拉斯谟。法国除了伊拉斯谟之外，又给自己矗立了一个民族的圣人，那就是雅克·勒费弗尔·戴达普勒（Jacques Lefèvre d'Étaples），好人法布里（Fabri）；而且即使在索邦神学院[②]以进为退，把勒费弗尔当作可疑的家伙穷追不舍的时候，法国人也没有舍弃他。大部分人都明确地表示了他们作为宗教改革

① 杜谢对伊拉斯谟的对头所表示的气愤便是例证："Musarum regem quicunque negarent Erasrum—Hoc saltem norint, se in solem meiere（那些否认伊拉斯谟是缪斯之王的人甚至不知道他们在向太阳小便）！"（见于前面所引作品 II，Ad. Gdofre. Beringium）。对于勒费弗尔来说，取与舍的选择也很难。亦见于玛克兰，De obiru Fabri Stap., Salmonii Macrini juliodunensis, Cubicularii regii, hymnorum libri sexa d, Jo. Bellaium S. R. E. Cardinale; ampliss, 119。

② 索邦神学院（La Sorbonne）本来是罗贝尔·德·索邦（Robert de Sorbon）于1257年为让穷人的孩子能够上学而设立的一座学校，后来成了神学院，以及宗教法院。当时在宗教事务方面有着极高的权威。——译者注

派的信念。我们不说他们是被改革了的人，但他们没有想到肯定会有的不合逻辑的地方。因为，1530 年在里昂或者巴黎用拉丁文写诗的诗人提出要求，希望有所有的人都看得懂的法语的《圣经》、法语的《诗篇》、法语的宗教仪式，这难道是合乎逻辑的吗？他们才不管这些呢。他们只是在捍卫自己的思想，甚至大声地援引基督，有时候索邦神学院，也就是议会，听到了他们的声音。他们也有自己的小殉道者。以后他们也会有自己的大殉道者的，那就是艾田·多莱。多莱是个牺牲者，很多人早就抛弃了他，在世纪快结束的时候，他是欠债还钱，而很多人却早已把这账一笔勾销了。但是，写过《卡米纳》(*Carmina*)和《评注集》(*Commentarii*)两本诗集的他，仍然是他们的殉道者。因为，他的缺点也是他们的缺点。只不过他把这些缺点更加放大了。而且，他把他们的美德也放大了。

我们可以对他做个简单的描绘，不敢说是完整的介绍。在本书写到这里，这个简单的介绍并不是毫无用处。有了这个简单的介绍，随着一些人物逐渐出现，我们可以更好地把这些人物与别人进行比较，因为我们仔细掂量这些人所提出的见证，因为这些人是拉伯雷的朋友或对头。只不过——按照我们刚刚建立的规则——，朋友可以成为对头，对头也可以成为朋友。

2　图阿斯奈的见证：让·维萨吉耶

我们现在可以回来再看图阿斯奈的发现。阿贝尔·勒弗朗曾接过图阿斯奈的发现，并给予了补充。图阿斯奈的发现大都集中在1536年至1538年期间。这几年在里昂和巴黎出版了大量的诗集。正是在这其中的一本诗集当中,在1537年非常时髦的一本拉丁文的诗集当中,图阿斯奈首先发现了证据,证明在当代人的心目当中,拉伯雷——塑造了庞大固埃和卡冈都亚的拉伯雷——毫无疑问地是一个不折不扣的无神论者。

维尔戴尤斯(Vulteius)的名字被图阿斯奈用法文说成了“伏尔戴”(Voulté),是从贺拉斯的作品中拿来的一个名字;没有哪个聪明人想到会叫他法西奥(Faciot);他也就叫“维萨吉耶”而已,这只有他自己知道为什么[①]。维尔戴尤斯是一个二流的诗人,他的生活与同时代的文人们毫无二致。他出生于武济耶(Vouziers)附近埃纳的万迪(Vandy-sur-Aisne),在诗集里他说自己是兰斯人(Remensis)。好像在巴黎读过一个艺术的学位,后来为了生活而当了老师。波尔多的行政长官想在城里设置一所大学,相当于列日(Liège)的圣热罗姆学院(Collège Saint-Jérôme)或者梅兰希通(Melanchthon)时代的维滕堡大学(Université de Wittenberg)。当一大群巴黎的大师来到加龙河边的波尔多的时候,新学院的第一任院长让·德·达尔达(Jean de Tartas)又聘用了维萨吉耶。在签的合同上,我们看到给受聘人的待遇(每年40里弗)比其他的大师待遇高。是由于对古希腊文化的特别重视吗?总之有了这件事,在三年的时里,有很多事就说不清是什么时候发生的了,而且也出现了不少需要解决的谜。我们只知道维萨吉耶后来发表了一

① 从一首藏头诗“ad Maecenatem”里面,我们看出来是“万德的让·维萨吉耶”。见于《法国文学历史杂志》第一期,第350页(R. H. L. F., I, p. 350)。

些对让·德·达尔达带有恶意的作品①。我们没有证据说明，在安德烈·古维阿(André Gouvéa)当院长时，他仍然在吉耶讷学院任教。按照蒙田的说法，古维阿是法国最伟大的院长。他是老第奥高(Diogo)的侄子，葡萄牙的博学家和教育家，圣巴伯(Sainte-Barbe)主要的反动分子，于1534年4月带着一班新的人马，接替了达尔达的职务。新的班子成员有：两个姓布沙南的人(Buchanan)，让·热力达(Jean Gélida)，艾利·维奈(Elie Vinet)，安托万·德·古维阿(Antoine de Gouvea)。学院一开始的时候，就已经有着改革的虔诚气氛。维萨吉耶至少在这里可以认识一些很引人注意的人物，比如总是忧心忡忡的布里塔努斯(Britannus)，对什么事都担心，朝三暮四，口头上永远挂着：Homo sum miser, et peccator inanis; sum quod sum, grato munere caelicolum(我是不幸之人，是无用的罪人；我就是拜神所赐的我)②；再比如留长胡子的塞贝德(Zébédée)，谁也无法说服他把胡子剃掉；这是个自视甚高的人，爱争吵，动不动就暴跳如雷，后来成了瑞士

① 关于达尔达，见于Courteault, CDVIII。维萨吉耶首先是为钱的事怨恨达尔达，见于CCLXXXIX, I, 39："Quod cunctos spoliet nummis Tartesius, illud miranis?"(达尔达抢了所有人的钱币，你对此感到吃惊吗?)但他的怨恨也有别的原因(同上，I, 51)：《Tu mihi qui imperitas aliisque vicarius ipse es, si me vis servum, sis herus ipse prius...》(你命令我，而你自己又服务于他人，若你欲使我为奴，你自己要首先成为主人)亦见于CDXIV, 60—61。

② 见于前面所引维萨吉耶的作品，I,22。我们有一些布里塔努斯的书信，可惜的是上面没有注明日期(Britannus, Roberti Britanni Epistulae. – Roberti Britanni Carmina, et Rob. Britanni Atrebatensis Epistol. Libri II)。布里塔努斯是一个朝三暮四的人，他根本就不能把自己的思想确定在一个点上。见于前面所引作品I,II,11,19,35,81和II,138。

法语区的牧师，为加尔文惹尽了麻烦；再比如教育家马图兰·科尔迪（Mathurin Cordier），一举一动慢慢腾腾，像个老学者，实际上像自学成材的人一样，性格各色，固执[①]。

可以肯定的是，维萨吉耶想学法律，便到图鲁兹让·德·布瓦索内的学校来，在这个自由派法学家的学校里，认识了图鲁兹的人。这是个非常混乱的地方，对那些“在信仰上声名狼藉的人”极尽迫害之能事，大学里的教师按照民族分成各种派别，造反的学生受到残酷镇压。他是在这个时候认识的多莱？还是晚些时候在里昂认识的呢？不管怎么说，在1536年的夏天，维萨吉耶仔细关注着在印刷大王格里夫的印厂里印制的第一本诗集《自由体讽刺短诗集，第二集》（*Epigrammatum libri II*）：Castigat Stephanus, sculpit Colinaeus, utrumque Gryphius edocta manu menteque facit（艾思田[Stephanus]修订，科林[Colinaeus]设计，而头脑灵活、经验丰富的格里夫[Gryphius]两者皆可）（I, 54）。在给声名显赫的洛林红衣主教的献词当中，有一段对艾田·多莱的溢美之辞，说他是个天才（juvenis de lingua latina optime meritus）（极为出色地呈现拉丁文的年轻人），说法国将因他而受到赞美（ad publicam omnium linguae latinae amantium utilitatem）（为所有拉丁

① 关于塞贝德，见于古维阿的CC, LIX, 第23页：《Nec voces hominum, ne te decreta senatus-Ut barbam ponas, ulla movere queunt.》（人们并未提起，甚至任何元老院的法令都无法使你放弃你的胡须）。关于科尔迪，见于CCLXXXIX, I, 47：Cordatus linguae, morum vitaeque magister—Corderius censor crimina cuncta motat（道德与生活的大师科尔迪慎于言语，如监察官一样看待一切罪恶）。或者I, 48经常为人所引用的一首诗：Te docuit Christus spernere divitias（基督教你蔑视富人），等等。

文热爱者的普遍利益)。

* * *

这就是在里昂这个诱人的环境当中的维萨吉耶。他由此而了解了强大都市的秘密。那里有商人和银行家，他们从四面八方赶到都市里来参加一年四次的庙会，有来自佛罗伦萨的、吕基的、威尼斯和热那亚的，施瓦本和瑞士德语区的，有美第奇(Médicis)的经纪人，也有福盖(Fugger)——富得无人不知的加戴尼(Gadaigne)、大方得无人不晓的克勒贝格(Kleberger)等人的经纪人。那里有制造商和发明家；两个皮埃蒙特地区凯拉斯科的人，图凯蒂(Turauetti)和纳里兹(Nariz)与一个叫伏塞尔(Vauzelles)的法国人联合起来，也正是 1536 年在里昂建立了丝绸厂，置办织布机，吸引了一些工人。里昂还是王都，王室的议事会议一开就是几个星期；那里有王室，有风情别致的军队，有骑马的朝臣组成的流动马戏团，坐在四轮车上的贵夫人、仆从和小丑、骑乘的和驮运货物的牲口，如此等等，也正是在 1536 年的 1 月份纷纷涌入位于索恩河和罗讷河之间的这片半岛地带，在这里大张旗鼓地安置下来：

里昂，是都城中的都城
人声鼎沸，遍地金银和财产……
因为在那里能够看到伟大的国王，
还有王后，主教和红衣主教，

这是国王的三个孩子，显赫的贵族
享受着威力无比的国王的信任。[①]

这些人春天从克勒米耶(Crémieu)到圣谢夫(Saint-Chef)和蒙布里松(Montbrison)去游玩，秋天又从瓦伦西亚(Valence)到阿维尼翁(Avignon)去玩。但是议会和议会里的文人们要留在里昂。里昂是书城，那里有一百多家印刷厂整日忙着印书，书商们也在有钱的出资人的密切监视之下，日夜兼程地忙碌着。印成法文的大量图书从他们的作坊里流向市井，有宗教图书，大众读物，用市井散文体改编的骑士故事小说，民间验方和偏方，版画优美的植物图册。所有这些作品养育着为新颖事物敞开大门的书商们；这些书商组成了一个五彩缤纷的小天地，活跃，独特，动荡，像一块磁铁，像一支给人以光明和温暖的火炬，把各地的文人吸引了过来。大家都在书店里找到了自己，发现了自己，学会了爱，学会了恨，比如符腾堡人格里夫的书店，蒂宾格(Tubingue)附近赖特林根(Reitlingen)的塞巴斯蒂安·格里夫，纹章上有狮身、鹰翅、马头样神兽的印书商，从1522年底在里昂定居，从1528年开始为自己干，正是他普及了阿尔德的活版印刷，不懈地传播着伊拉斯谟的手稿[②]。他的印刷厂里有20个著名的印刷工和校对员，有阿尔西亚(Alciat)，也有萨多莱(Sadolet)，有拉伯雷也有多莱，以及苏萨内(Sussanné)、巴杜埃尔(Baduel)、霍特曼(Hotman)、博杜恩(Bau-

① CXII, II, xx, 133。
② 参见I, 第八系列。

doin)、吉朗(Guilland)、杜谢(Ducher),等等。这里是当地以及来自各地的思想家们聚会的地方,马洛,玛克兰,墨里斯·塞夫(Maurice Scève)和他的侄子吉约姆·塞夫,让·德·布瓦索内,尼古拉·波旁,巴戴勒米·阿诺(Barthélémi Aneau),以及其他的很多人,包括法国人和帝国的人。这些人经常到格里夫的书店里来,加入围绕着里昂的出版社不断分分合合的小圈子。况且,通过翻阅最新出版的图书,知道法国、荷兰、德国和意大利都有哪些最前沿、最新的思想:对于那些在外省的家乡默默无闻的新出道的人来说,这是多美的梦啊,人们对精神之都雅典怀着多少隐隐的激情愿望啊。但是,这里所谓的精神之都,并不是指我们今天说的罗讷河边的雅典,在当时还是索恩河边的里昂,是克莱芒·马洛(Clément Marot)用狮子所比喻的里昂[①]。

不管你怎么念叨
里昂和里昂的残酷
我还是觉得里昂
有着更多的正直和高尚
我去过成千上万次……

① 见于布瓦索内《让·德·布瓦索内及其友人的未发表的通信》(*Lettres inédites de J. De B. et de ses amis*)1896, 361 页, 布瓦索内写给布里塔努斯的信,365 页,写给墨法(Mopha)的信,1897 年,181 页,维尔戴尤斯写给布瓦索内的信;亦见于维萨吉耶, Joannis Vulteii Rememsis Epigrammatum libri IIIm Ejusdem Xenia, 维尔戴尤斯写给让·德·班(J. de Pins)的信, 里昂, IV d.,1637 年 5 月。

＊ ＊ ＊

让·维萨吉耶步很多人的后尘，也在1536年来到这里，加入了这个动荡的文学世界，了解了这个世界里的秘密。但他在这里待的时间并不长，因为他的诗集8月份发表，9月份他便回到了图鲁兹，回到了布瓦索内的身边。不过四个月之后，出现了悲惨的曲折：1536年12月31日，多莱在里昂用匕首杀死了画家龚潘（Compaing），他自己说是正当防卫。但不管怎么说，这是一件十分恶心的事。杀人犯在大山里仓皇逃命，企图到巴黎去为自己辩护；同时，维萨吉耶为了友谊不惜两肋插刀，立刻动身去里昂。等他到里昂时，朋友已经逃得不见踪影；他又立刻动身去巴黎，到巴黎时不早不晚，他来得正是时候。多莱于2月9日得到了国王的饶恕，老师和朋友们奉宴为他压惊，多莱在宴会上成为众人瞩目的焦点。维萨吉耶正是在前一天晚上赶到巴黎的。《评注集》（*Commentaires*）的作者在讲这件事的文章当中，对这个文学上的新来者说了一句溢美之辞——Vulteius non parvam—De se spem praebens doctis（维尔戴尤斯向博学者展示了他自己非同小可的希望）——在他的安排之下，吃饭时与维萨吉耶坐在一起的有伟大的布戴（Budé），尼古拉·贝洛（Nicolas Bérault），达奈斯（Danès），图森（Toussain），萨尔蒙·玛克兰（Salmon Macrin），尼古拉·波旁（Nicolas Bourbon），当皮埃尔（Dampierre），克勒芒·马洛，以及弗朗索瓦·拉伯雷，医术的荣耀和光荣（Franciscus Rabelaesus, honos et gloria certa—artis paeoniae, qui vel de lumine Ditis—exstinctos revocare potest et deddere luci）（弗朗索瓦·拉伯雷，

医术的荣耀和光荣，他能将逝者从阴间召回并使之恢复于日光下）——因此，维萨吉耶当时就已经认识这个著名的人，至少是从他那次到过里昂之后就认识了。我们在1536年的诗集当中找到了一首“致拉伯雷”（Ad Rabelaesum）的诗（1537年的版本收录了这首诗）。在诗中，维萨吉耶批驳污蔑拉伯雷的人，热情地为他辩护。“拉伯雷啊，你的诗把真理表达得有声有色，而有人却说你的心为愤怒所染——谁说你的文字当中透着怒火，谁就是在说谎。拉伯雷啊，你说，你是在赞颂愤怒吗？不，是他，是佐依尔（Zoïle）写了那些带着怒气的短长格诗。你写的文字不是愤怒，你的文字表现出欢乐……”①拉伯雷的名字在拉丁文中最明确的翻译是Rabelaesus，从读音上容易让人想到别的意思：Rabie laesus②。这种中学生的玩笑，在当时是很时髦的，其影响大概不会很快就消失。我们只举一个例子，未来的莫城之鹰整个青年时期都被人称为“Bos suetus aratro”③……维萨吉耶1536年对反拉伯雷的文字游戏感到不安。他为人们伪称是“愤怒的拉伯雷”辩护。他的愤怒是反对谁的呢？有人说是反对朱尔-恺撒·斯卡利吉。这一点我们到后面再说。总而言之，在这本1536年的诗集当中，没有一句话是指责拉伯雷，或者对拉伯雷不信任的，而诗集的作者从1532

---

① Ad Rabelaesum：Qui rabie qsseruit laesum，Rabelaese，tuum cor—adjunxit vero cum tua Musa sales.—Hunc puto mentitum，rabiem tua scripta sonare—qui dixit：rabiem，dic，Rabelaese，canis？ Zoïlus ille fuit，rabidis armatus iambis；—non spiramt rabiem sed tua scripta jocos.—Visagier，Joannis Vulteii Remensis Epigrammatum libri II，I，61.

② 拉丁文大意是“怒气伤人”的意思。——译者注

③ 拉丁文大意是“习惯了反复耕地的牛”的意思。——译者注

年开始,便读了《庞大固埃》,因为,在他与之往来的人当中,大家不可能不知道这本书。但是,他远没有把让·迪·贝莱的医生当成一个值得怀疑的小丑,反而认为他是一盏指路的明灯,而且不仅是医学上的明灯,也是民法的明灯:Civili de jure rogas quid sentio, Scaeva? —Hoc verum noster quod Rabelaesus ait(塞夫,你问我如何看待民法?我们的拉伯雷所说的均是真实的)(1536, II, 167)。

* * *

然而,维萨吉耶是个虔诚的基督徒。与当时所有的诗人一样。费尔迪南·布依松(Ferdinand Buisson)从前写过很多非常中肯的文字[①]。维萨吉耶在诗中也有很多地方提到基督,在当时的很多诗集中,基督(CHRIST)都是印成大写,"以表示对永恒而普遍的基督教的敬意"。在1536年的《讽刺短诗集》(*Epigrammes*, I, 72)当中,有很多二行诗,像祷文一般:"Christus promissus..., conceptus..., natus..., passus..., crucifixus...(基督被预示……被孕育……降生……受难……被上钉十字架),"用"扬抑抑格"和"扬扬格"的诗句从头至尾地表达了十字架之路。一首音韵很美的诗(I, 70),歌颂了基督的使者勒费弗尔·戴达普勒(Lefèvre d'Etaples)和基督本人,"基督,是那个谦虚的老人的欢

① 卡斯特里雍,《他的一生及其作品》(*Sa vie et son oeuvre*),1515—1563, I, 52—58页。亦见于亨利·奥塞《关于法国宗教改革的研究》,32页。

乐，基督是那个颤颤巍巍的老人的庇护之所”：

> *Christus, perfugium senis trementis*...（基督，那个颤颤巍巍的老人的庇护之所）
>
> *Quod fert pectore fert in ore Christum*（他所铭记于心的即是他嘴边所念的基督）

另外一首诗（II，129）用两句表达了勒费弗尔的遗愿：

> *Corpus humo, mentemque Deo, bona cuncta relinquo*
>
> *Pauperibus: Faber haec, cum moreretur, ait.*（我将躯体留给大地，精神献给神，所有财物留给贫者：这些即为勒费弗尔谢世时所述。）

然后突然间，在一首热烈赞颂自己的名誉遭受玷污、又反过来玷污别人的热拉尔·鲁塞尔（Gérard Roussel）（I，13；II，113；II，168）的诗之后，是一首赞美弗朗索瓦国王及其顺应天时的诗（I，II）：你重修了神庙，但是你并没有拆毁父辈的建筑（tu nova sacra facis；servas，Francisce，priora）。这首诗1536年8月或者9月发表于里昂，表现出一种相当明确的思想状态，完全是协调神学（irénisme）的论调。“你捍卫父辈建造的一切，不让人拆毁；你不让庸俗的人蔑视祖先的规矩：你对他们说，蔑视祖先的规矩就是犯罪——而且你用圣火摧毁煽动宗派的人，清除高卢那些该死的败类……”这是发表于1536年8、9月间的一首诗；是1534年10月的揭帖事件[①]及以后发生的一些事的最后回声。

Nec pateris patrum facta priora mori,
Nec priscos veterum ritus contemnere vugus
Permittis, terum sed scelus esse doces...
（不许诋毁祖先的行为
不许群众蔑视旧日的习俗
让他们知道这样做是罪恶）

让我们觉得他是一个情感稳重的人，保罗三世作为圣保罗的代言人被提到台前来（interpres Pauli Paulus sensu abdita monstrat（保罗的代言人保罗以理性揭示潜藏的意义），I，75），他歌颂保罗三世；王家学院“这座用有生命的石头建立的体操馆”落成（stand vivi lapides operis，I，65），他也以同样的心情唱颂歌。虽然他攻击僧侣，但他马上又对好、坏僧侣做了区分：“宇宙间再没有比僧侣更坏的东西，宇宙间再没有比僧侣更神圣的人”（II，151）。即使在面对人道主义的死敌，残暴的贝达（Béda）时，诗人的话也还是有节制的：“贝达，你轻率地做出判决，伤害了正义之人；而且不仅仅是正义之人，你的决定也伤害了你自己”（II，149）。

① 所谓“揭帖事件”（affaires des Placards）是指1534年10月17日到18日的夜里，基督教新教派的人在将一些揭帖一直贴到了国王卧室的门上，既反对天主教所谓的“变体论”（圣餐中葡萄酒和面包变成耶稣的血和身体），也反对路德派的学说。为对此做出反应，弗朗索瓦一世公开表明自己的天主教信仰，从而开始了对新教教徒的迫害。迫使很多新教的教徒逃离家乡，也包括加尔文。——译者注

Dum tua, Beda, levis vexat sententia justos

Plus tibi quam justis haec lingua nocet...

（贝达啊，你的轻率言语伤害了正义者的感情

与正义者相比，你自己更受伤害）

这是因为维萨吉耶不愿意向不公正的行为妥协。他针对陌生的人，批驳过好几次这种行为，他要果断地把不公证的人推向火刑堆（I, 46）：Nonne times flamman, carnificisque manus?（你不惧怕火焰和刽子手的手吗？）他好像是自称无神论者布里昂·德·瓦勒（Brilland de Vallée）院长的好朋友，而且还把一首情真意切、口吻中肯的诗（《讽刺短诗集》, 1537, IV, 257）题辞献给另一个有名的无神论者，一个经历过多少惊涛骇浪的可怜的人，已经风烛残年了的阿格里帕（阿格里帕，《讽刺短诗集》, 1537, IV, 257）：

Post tempestates, dubiae post somnia vitae,（经过风雨，经过不定生活的梦想）

Agrippam parta mors requiete rapit;（死亡夺走阿格里帕，而他也得到安宁）

Et cui nulla fuit misero per regna vaganti

Patria, cum superis gauder habere domum...（这个不幸的人游走在王国中，却没有祖国，他将乐于在天国拥有家园）

然而，在发表1536年的《讽刺短诗集》两年之后，这个温和的

自由派人士，在理论上有些摇摆的评判人，又在巴黎的科林出版社(Colines)发表了四本装潢精美的八开本十一音节诗。1904 年，图阿斯奈正是在这些诗集里发现了不可辩驳的证据，证明拉伯雷不信教[①]。阿贝尔·勒弗朗在复述图阿斯奈的论断时说，三首诗让我们“毫无疑问”地看到了拉伯雷“对宗教的真正观念”。在基督徒维萨吉耶的复仇的文字当中，这几首诗成了“可怕的檄文”。诗人在这里认为《庞大固埃》的作者“指责说，一切基督的信仰都是愚蠢的轻信。拉伯雷对宗教的亵渎以及不信教的态度(这两种假设——批评者注)很少受到如此激烈的谴责”。毫无疑问的是，在 1536 年到 1538 年间，拉伯雷与维萨吉耶的决裂完全是由于“宗教的原因”。

读过这一段文字之后，我们赶紧去看 1538 年这本具有报复作用的《十一音节诗集》(*Hendécasyllabes*)；我们激动地打开这本难能可贵的保留有证据的书。但令人失望的是，拉伯雷的名字在整本诗集中一次也没有出现过。

* * *

这也不要紧！拉伯雷当时不叫拉伯雷。有人说，有一段很长的诗(第 10 页)，是抨击不信教的异端分子琉善的(in quemdam irreligiosum Luciani sectatorem)(反对不信教的某琉善追随者)。还有一首又长、口吻又激烈的诗(30 页)，也是在批驳像猴子一

① 见于路易·图阿斯奈的《拉伯雷研究》第 315 页。

样的琉善。最后还有一首(第 71 页),是诅咒“异端分子琉善”的,口吻有意特别地粗俗。毫无疑问,狂热的琉善,琉善的追随者就是拉伯雷。肯定是,就好像他的名字白纸黑字,清清楚楚地印在科林出版社精美的印纸上一样。帕尼尔日会说:“那还用说?”

我们首先提出几点小事。图阿斯奈根本连提也没有提《异端分子琉善》这首诗,他认为有两首讽刺短诗能够说明问题,阿贝尔·勒费朗认为有三首。我个人则认为有五首,是在别人所列出的抨击性的诗后面,再加上 in quemdam poetam(反某诗人)以及另外一首奇怪的献给吉约姆·塞夫的诗。这两首诗分别在 1538 年出版的诗集第 28 页和第 42 页。两首,三首,五首,但愿老天保佑,明天别再有人提出七首来。但总而言之,我反反复复地读了维萨吉耶那些枯燥无味的“诗”。

* * *

献给吉约姆·塞夫的那首诗,为什么到目前为止,谁也没有看出来呢? 这是一首关键的诗。“维萨吉耶问道:谁是琉善的追随者呢? 难道是诗人托尔托纽斯(Tortonius)? 难道是忘恩负义的同学? 我的《十一音节诗集》中提到的佐依尔又是谁呢? 塞夫啊,你问也是白问,我不会告诉你的。因为,不久的将来,他们会用自己的诗暴露自己,我的诗只不过事先揭露了他们的丑行……请不要怀疑,他们自己对自己,会比我对他们更加严格。我还顾惜他们。我还将他们的名字保密。我只是谴责他们的过错。他们自己会告诉你他们叫什么名字,以及他们犯了什么错误……”①

1538年的塞夫假装是个知道底细的人,但我们比他了解得更清楚,我们知道维萨吉耶有意向他隐瞒的是什么。如果说诗人托尔托纽斯和佐依尔是一个人,这个人就是博尔博纽斯(Borbonius),也就是尼古拉·波旁,那么极有可能“忘恩负义的同学”和“琉善的追随者”也是同一个人,那就是……艾田·多莱。

3　维萨吉耶,波旁,多莱

波旁,多莱:维萨吉耶1536年的《讽刺短诗集》中到处都是这两个人的名字。而且到处都是对这两个人的赞美。从为洛林的红衣主教写的前言开始,一直到第二卷的结尾,都是这样;维萨吉耶在这份前言中极尽赞美之能事,把年轻的多莱的拉丁文捧上了天,说这是一本天才的作品(at quod opus? quam minime a juvene exspectandum? quantae diligentiae? quanti laboris? quam exacti judicii?)(多好的一部作品!对年轻人的期望多么微小!多大的努力!多大的付出!多么完美的观点!)。到第二卷结尾之

① Ad G. Scaevam:“—Quis sit simius Luciani;—quis Tortonius ille sit poeta,—ingratissimus ille quis sodalis—quis sit Zoïlus in meis libellis—undeno pede syllabaque factis—undena, licet usque me roges, id—non dicam tibi Scaeve; nam brevi se—prodent, carmine seque vindicapunt—quorum crimina carmine ante risi.—In se, non dubite, severiores—fient quam fuero hactenus. Pepersi—horum nominibus; scelus notavi.—Nomen, crimine cum suo, docebunt”(Visagier, Jo. Vulteii Rhemensis hendecasyllaborum libri IV, 42).

前，有二十多首诗，有长有短[1]，但都表明维萨吉耶对年轻的人文学者怀有敬佩、爱慕和温情。开始时的说法（第8页）简直像是恋人的表白："啊，征服他吧！"（Huic uni placuisse，prima laus...）与此相应的是第II页显得有些荒唐的愿望："天哪！让我与他一样吧！"（O Deus，a similem me daret esse ，Deus!）更不用说前后压韵的定义："善良的演说家，善良的诗人，还有谁能像多莱那样身轻如燕"（orator bonus et bonus poeta，si quisquam fuit，unus est Doletus），或者最后（II，152）那句心醉神迷的赞颂："啊，你的身体多么美啊！啊，你的心灵多么高尚啊！啊，我们情不自禁地要说：多么美好的完人啊！"（Tam pulchrum est corpus，mens est tam pulchra Doleti—Totus ut hoc possim dicere：pulcher homo est!）

至于波旁，虽然受到的赞美少一些，但这个算得上是爱国者的人，也没有什么可抱怨的。他1503年出生于香槟的旺德夫（Vandoeuvre），父亲是个铁匠；他比维萨吉耶大几岁。早年便因出口成诗而闻名，在亚眠（Amiens）、特鲁瓦（Troyes）和朗格勒（Langres）当过教师。1529年，纳瓦尔的玛格丽特（Marguerite de Navarre）接待了他。1533年，他在巴黎的瓦斯高桑（Vascossan）出版社和巴塞尔的克拉唐德（Cratander）出版社，以《无稽之谈》（*Nugae*）为题发表了一本诗集，但诗集一问世，便给他惹来了很大的麻烦。

---

① Visagier，Joannis Vulteii Remensis Epigrammatum libri II，l. I，pp. 8，11，12，13，16，26，29，51，53，73；l. II. pp. 1，102，106，110，134，152，158，161，173.

* * *

因为自从1533年4月1日还在特鲁瓦时写的前言开始，他便表现出劝人信教的热忱（克拉唐德版本，A3）。他与奥尔良的通信人路易·德·勒德瓦尔（Louis de l'Estoile），也就是吕西于斯·斯戴拉（Lucius Stella）谈到对死亡的恐惧。他情绪激烈地说："什么，你说什么？难道你对基督的信仰就那么脆弱，一想到死亡便胆战心惊？你在圣书上花费了那么多的精力，那么多的时间，难道是徒劳的吗？"他又絮絮叨叨地阐述了一些正统教和圣保罗教派的主题：上帝的儿子如何以自己的死避免人的死；上帝如何以自己的死让造物主与所造物之间重归于好，等等。但总体上来看，丝毫没有异端邪说的影子。同样，他借基督之口，夸夸其谈地说了下面的话（f0 B4），有谁会因此而责备他呢：

Aerm terra，*fredum*，*sylvae*，*mons*，*ignis*，*Olympus*，（空气，大地，海洋，森林，高山，火焰，奥林匹斯山）

Omnis transibunt，*set mea verba manent*...（一切终将消逝，但我的文字将留存下去）

同样，他说一个教士（C3）像个猴子一样叨叨咕咕（non aliter turpis simia labra movet），也没有什么了不起，况且这样说也算不上是别出心裁。但他激烈地抨击僧侣们的傲慢（E3），就是不太招人喜欢的了："现在的僧侣数不清，他们都说自己受命于天，都把自己看成是神仙。"有人不无目的地赞美伟大的伊拉斯谟，赞美虔诚的热拉尔·鲁塞尔，赞美可疑的米歇尔·达朗德（Michel d'Arande）——虽然由于玛格丽特的恩宠，他成了“三座城堡”（Trois-Châteaux）的神圣主教，但他仍然是个可疑的人（I[6]）——已经使索邦神学院感到不快了，这是已经有人指出了的：“教士啊，战胜肉体，战胜世界和魔鬼吧！教给人们如何从有生命的信仰当中找到信仰的根据吧（vivae justitiam fidei）！让人民看看何为天国，何为死亡之路，何为救赎之路。”鼓励和赞美也许并不完全是无私的。他在稍后一些地方感叹道（M[4]）：愿神准许我生活在那里（O mihi concedant unà isthic vivere tecum），在你的教区，与你在一起。但无论如何，他不该在一首歌唱上帝的颂歌中（L[6]和瓦斯高桑出版社版本的 l[8]），不仅激烈地抨击经院学派的逻辑（nil tenebamus，nisi syllogismos arte—contortos variosque nodos）（我们什么也没有，除了牵强附会的狡猾推论和各类纠纷），而且也像路德一样，攻击罗马的雌狼①，披着猩红袍服的雌狼（lupa purpurata，lerna malorum）（紫袍母狼，邪恶者的鸨母），而且，也许更不应该的是，他还用人们想说而不敢说的话，攻击了那些僧侣们：“贪婪、荒淫的东西，只知道吃，被奢侈毁掉了灵魂”（gens rapax，vecors et amica ventris—perdita luxu）。而且他的抨击包罗万象：对偶像和圣人这些假神的崇拜（saxeis stabant simulacra templis—sacra dis falsis et isdem deabus—unde diversis variisque festis—cuncta fremebant—in statis poni pietas diebus）（在石制神庙中竖立着献给舛误男神和女神的像，在各类不同节日中他们均要求在固定的

① 传说罗马的创建者是靠吃狼奶长大的一对兄弟。——译者注

日期被展放以示虔敬)。但是,根据他的说法,教士禁欲,却正毁于欲望(nuptiis mire vetitis, libido—foeda revixit)(令人惊奇的是,在婚姻被禁止后,罪恶的欲望复苏了)。最后则是对国王,对“三种语言”的学士院和对基督的信仰的正当赞美(Laus Deo Patrim Dominoque Christo—spiritu cujus bona cuncta fiunt!)(献给神父和我主基督的赞美,一切因他的灵魂而变得美好!)。但对圣母玛利亚,却只字未提。

实际上,像这一类的大胆行为很难说不会引起别人的反应。更何况最后一首献给被钉在十字架上的基督的诗(瓦斯高桑出版社版本 m^2)阐述的是路德派的主题,说的是无法做好事,而且眼看着上帝为他受苦受难而感到绝望的基督徒:“虔诚的基督啊,你那巨大痛苦的原因,是我,是卑劣和大逆不道的我。我彻底地厌恶了自己,活着让我觉得恶心。但是,你的声音立刻又激起了我的勇气:有罪孽的你们,都冲着我来吧!我用我的伤口来治愈你们的伤口……”波旁曾在国王的监狱里小住过,我们对此丝毫不感到奇怪。虽然玛格丽特进行了干预,但是需要时间,而且洛林红衣主教交了保证金,巴黎议会才在国王的明确命令之下,于 1534 年 5 月释放了有罪的诗人。于是,波旁认为还是小心为妙(我们不要忘记宗教改革派的揭帖事件发生的日期正是 1534 年 10 月的 17 日到 18 日),到英国去住了一段时间。他成了安娜·博林(Anne Boleyn)的座上客,我们看到他对克伦威尔(Cromwell)和克雷默(Crammer)毕恭毕敬。他先后当过很多有名的年轻贵族的家庭教师。与这些名人来往,除了经历过不少怪事之外,他还得到了令人生气的运气——至少让我们感到很生气:啊!如果拉伯雷有这样

的运气就好了！如果拉伯雷能够遇到霍尔本（Holbein），并从他那里借来生花的妙笔，让他像戴着桂冠一样，那么妄自尊大的态度也会显得自然一些，那该有多好啊。

* * *

尼古拉·波旁，日尔曼·德·布里，萨尔蒙·玛克兰。这是16世纪的三位著名诗人，三个博学之士，三位虔诚的人。这就是维萨吉耶的选择。他说明了自己为什么选择波旁，因为三个人当中，只有波旁是流亡国外的，所以选择他的理由也就说明得更加仔细（Borbonium expulsum Gallia tota dolet）（全高卢都为流放的波旁悲痛）。或者：Anglia me lacerum retinet, vestique poetam; plus peregrina favet quam mea terra mihi（英格兰收留了衣衫褴褛的我，并给我诗人的装束；异邦比祖国对我更好））。另外十首诗也证明万迪（Vandy）的军人对旺德夫的贺拉斯是虔敬的，万迪的军人就是维萨吉耶，旺德夫的贺拉斯指的是波旁。无论从哪个方面看，这两个香槟人都是一致的，包括他们的兴趣、他们的天才、他们的朋友。看起来他们应当是一致的，但实际上又怎么样呢？

谁想得起来去认真地读读1533年巴黎出版的（也就是瓦斯高桑出版的）诗集《云》（*Les Nuages*），谁就会发现一首“致维萨吉耶”（Ad J. Visagerium remensem）的诗（f° 05 v°），里面已经表达了一种略微显得有些矛盾的感情：

“你把我的《无稽之谈》（*Nugae*）捧上了天，你那过分的赞美，压得我喘不上气来，你用心何在呀？请相信我的话，做这些无聊的诗，你比我强，一定是这样，因为你又出版自己的诗集，又在读我的诗。”是担心不明不白地被人抄袭？这很有可能。而且，怕被人抄袭的担忧在1533年的诗集中比比皆是。波旁对自己的诗看守得很严。谁想趁着夜黑风高来偷他的，那谁就要倒霉：Cum mihi surripias noctu mea carmina，Rufe...（鲁福斯，因为你在夜间将我的诗作盗走）（Bâle，Cratander，B 4 v⁰）

但是，有一回波旁从英国回来，立刻把一本特鲁瓦（Troyes）写了前言的诗集（Opusculum puerile ad pueros de moribus）（一部写给青少年、有关道德的幼儿琐事）拿到里昂（1536年9月1日），既表明了诗人虔诚的感情，又说明这是最新的发现：他刚刚遇到了一个杰出的天才，这可是少有的事。波旁这个充满激情的基督徒，用他在1536年10月5日写文章义正词严地谴责无神论者和不信教者的那支笔，表达了他与崇高、纯洁和俊美的多莱面对面时所感到的欣喜：那时刻与他从前第一次拜见伟大的布戴时一样令人难忘。波旁一定是付了账的。多莱大概在里昂的文学圈子里引见了他。但是，我们不得不承认，波旁对多莱出手十分大方……[①]

关于这个问题，有一天在格里夫那里……不过，我们还是听听波旁是怎么说的吧，不是在这件事发生后的第二天，而是在两年之

---

① 这是他明确说了的：“De Amicis Lugdunensibus，ad Steph. Doletum（有关在里昂的朋友，致斯戴夫·多莱）：Quos mihi Lugduni tua conciliavi amicos—fides，Colete，et gratia—efficiam ut chartis mandata fidelibus olim—aeterna vivant nomina（多莱，对于你的忠诚为我在里昂赢得的朋友，谢意应被表达，故此在我忠诚的作品中他们的名字将流传不朽）”（ibid.，p. 40）。

后，在1538年是怎么怎么对我们讲述这件事的吧：那是在他做了很多增补的《短诗集》的版本中，他说："从英国回来后，我来到了里昂。我走进著名的书商格里夫的书店里：喂，有什么新东西吗？他递给我一本题为《讽刺诗集》(*Epigrammes*)的书。我贪婪地读着，翻着这书本。长篇大论有什么用？我在里面发现很多从我的《无稽之谈》中抄来的诗句，以及改头换面的句子和偷来的主题——所有这一切又与一个低能儿的无聊蠢话乱七八糟地混在一起。我现在还不提这个人的名字，但如果他一意孤行，我就要揭露他，让这个强盗，这个无耻的小偷搬起石头砸自己的脚。[①]"波旁还算好心，只是指出了1536年出版的这本诗集的书名和出版者，而没有点出维萨吉耶的名字，还算为人宽厚！况且，这是第一首诗，后面还有很多抨击和讽刺诗：一样的，偷来的诗(in eundem, in versificatorem furacem)(同样地，反剽窃诗人)："来吧，我在这儿呐，别以为我死在海上了，死在英国人那里了！我来收回我的笔，被你偷走了的那支笔！"波旁滔滔不绝地说了又说。我们都想与维萨吉耶一起嘲笑他如此公然地炫耀自己戴着桂冠的肖像，禁不住叫道：Tu loqueris semper, semper at illa tacet!(你不停地讲，而她总是沉默)

① Poregre agebam Lugduni, a Britannia—reversus nuper, et officinam Gryphii,—typographi inclyti, ingressus, hominem rogo,—statim, novorum ecquid librorum excuderet? —Libellum tum profert, titulo Epigrammaton.—Lego, percurro avidissime: quid pluribus—verbis opus? Invenio illic e nugis meis—surrepta carmina innumera, et sententias—alio tortas et argumenta pleraque—adsuta ineptiis nebulonis illius! Nunc bomini parco, olim nominabitur—spergit; et suis pictum coloribus—videbit se, improbum os, lavernio impudens! —CIX, pièce LXXVII, p. 250. Autres pièces, *ibid.*, p. 251, LXXVIII et IX; 252, LXXXV; 288, XXXIII; 289, XXXVI; 460, LXII, etc.

＊＊＊

从1537年，维萨吉耶开始反击。首先，他在里昂帕芒蒂埃(Parmentier)出版社出了《讽刺短诗集》的第二版，这次是四卷本。他先是从前面两首诗(按照1536年版本的顺序)中删除了带有讨好口吻的献词，删除了所有对波旁的赞美之辞：Grata bonis sunt, grata malis tua carmina(你的诗作取悦好人，也取悦坏人)。在1536年的版本上，曾经是"献给诗人波旁"(ad Borbonium poetam)的赞美诗，而到了1537年的版本上，就成了"献给诗人马洛"(ad Marotum poetam)的赞美诗了。是耐心起了作用。1536年的维萨吉耶，在谈到香槟的波旁时说："Ut nunquam tulerit Campania Belgica vates(香槟从未出过如此优秀的诗人)"。1537年的维萨吉耶在谈到他的民族诗人马洛(Marot)时说："nunquam tulerit praeclara Gallia vates(高卢从未出过如此优秀的诗人)"。从1536年到1537年，至少有八首诗就这样从波旁变成了马洛。其他的则出于已经让吉尔贝·杜谢感到开心的不幸，从波旁变成了多莱[1]。事实上，当第二年维萨吉耶与艾田·多莱决裂时，一定很后悔改变了1536年那首有名的诗的献词对象(I,67)：Gallia tres habuit doctosque piosque poetas(高卢有三位博学虔诚的诗

① Ducherm Gilberti Ducheri Vultonis Aquapersani Epigrammaton libri duo, 101："Dum Laudare duos ille poetas—Vulteius voluit, messuit antheriacum.—Illorum alter eum plagii condemnat, et alter—scripta ejus gerrha qualiacunque vocat... nunc, pasce lupos immites mitis..."(当诗人维尔戴尤斯希望赞誉两位诗人时，他得到的是幻灭。其中一位控诉他剽窃，而另一位说他的作品一派胡言……现在以仁慈喂养残酷的狼吧……)

人)——这首诗开始时是献给波旁、德·布里和马克兰的。到了1537年,变成了献给多莱、德·布里和马克兰,同时也改了两句诗。1536年,维萨吉耶为流放在英国的波旁抱怨:Lingonis ora gemit, Charitesque, novemque sorores—Borbonium expulsum Gallia tota dolet(朗格勒在哀叹,不仅优雅三女神和九姐妹,而且整个高卢都在哀叹被放逐的波旁);到了1537年,他为因龚潘的案件而亡命在外的多莱抱怨:Hunc Genabum, Charitesque, novemque sorores—et Stephanum expulsum Gallia tota dolet(不仅奥尔良、优雅三女神和九姐妹,而且整个高卢都在哀叹被放逐的多莱[Stephanus])。紧接着又是一系列的抨击,以清楚无比的题目,一直延伸至新诗集的第三卷和第四卷。In nugatorem poetam(反名不见经传的诗人);in quemdam poetam malum(反某邪恶诗人), in quemdam ridiculum poetam(反某荒谬的诗人), de eodem et suo imagine(有关同一人及其肖像);in eundem furacem qui alium furti accusabat(反同一人——控告他人偷盗的窃贼);in eundem qui, simulacrhorum osor, se sculpi jussit(反同一人——憎恶塑像却下令为他自己塑像)。——一场口诛笔伐的战争。其他的短诗直接就说是:In Gorgonium(反格高纽斯),而且里面极尽讽刺之能事。

到了1538年,在《十一音节诗集》(*Hendécasyllabes*)当中,口吻又变了。维萨吉耶假装承认抄袭:"我从你那有名的诗集中抄了些句子?就算是吧。我承认。我拿信任来冒险。那又怎么样呢?对你又有什么伤害呢?我只不过传播了一些已经很有名的诗……"而且嘲讽的意味更加明显:"普天下知名的一个作者,难道我能够消除他的影响？"在此之后就是直接的攻击："你说有人抄袭了你的诗？你是想说别人的诗？Tuas inepte？Rides！Pelisso negat，et negat Perellus，negant scrinia nuda pradiani，compilata nua rapacitate！（你自己的，傻瓜？你在玩笑？佩里索[Pelisso]否认，佩莱鲁斯[Perellus]也否认，被你的贪婪窃取的普拉迪亚努斯[Pradianus]的空盒子也否认！）"这是最后一次交锋。憨厚的人已经感到气力不支了，而且从第三卷到第四卷，我们已经看到满篇的抒情味："行了，诗人波旁呀，你说，是谁告诉你说我想伤害你？"这话问得很是滑稽，而且维萨吉耶也不乏幽默之感……①不过，说什么也要找个替罪羊吧。这是游戏的规则：Quis auctor dissidii fuit？（谁是争吵的始作俑者？）——这是骂人的一个好借口：

> *Vae illi qui male vult tibi，Poeta*；（唉！诗人，那些希望你病痛的人啊）
>
> *Vae illi qui male velle te mihi optat*；（唉！那些企图让我希望你病痛的人啊）
>
> *Communem，rogo te，puttenus hostem*！（我请求你，让我们对付共同的敌人吧！）

滑稽的是，就在同时，维萨吉耶在写给一个朋友的《题词》（Inscription，29 v⁰）中说："你向我发誓说，波旁对维萨吉耶和对他自

① "Quoeso，dic nihi，Borboni poeta，—quis dixit male velle me tibi？—quis auctor dissidii fuit？（行了，诗人波旁，告诉我，是谁告诉你说我想伤害你？谁是争吵的始作俑者？）"Visagier，Jo. Vulteii Rhemensis hendecalyllaborum libri IV，89，v⁰.

己一样好？我很难这样认为……但我还是愿意相信：你知道那唯一的原因是什么吗？那是因为他根本就没有理由埋怨我！"然而，波旁在《无稽之谈》中也演了一场与维萨吉耶在《十一音节诗集》中上演的一样的戏。他先是咒骂，然后又祝福。或者更准确地说，他一会儿祝福，一会儿诅咒，让人看起来他并不觉得为难。在第五卷再版的两首诗（in Poetam furacem）再一次提出已经为人所知的谴责（第 288 页和第 289 页），紧接着让人感到吃惊的是，他又与人家言归于好了（Jo. Vulteio amico，第 314 页）。在第八卷也是这样，最后一首诗名为"In quendam alienorum carminum suppilatorent et corruptorem（反某个对他人诗作的扰乱和讹用者）"（第 460 页）。在此之后，另外两首诗里再一次提到了兰斯的维萨吉耶的名字（第 451 页，474 页）："把一切都忘记吧！是一个恶人想挑拨我们之间的关系，我们忠诚的友谊，会让流氓感到失望吧"（at sceleratum hominem，stabili fallamus amore；ill potest falli non meliore dolo...）（把一切都忘记吧！是一个恶人想挑拨我们之间的关系，我们忠诚的友谊，会让流氓感到失望吧；没有更好的方法能使之失望）。"流氓"（sceleratum）这个词，以及最后戛然而止的"多罗"（dolo）让我们想到某个人的名字吗？不过第二首诗里说的不只是一个"恶人"；想破坏两个诗人之间的友谊的，是"一些亵渎宗教的人"（impii hounculi）：impii homunculi，qui ont voulu ruiner l'amitié des deux poètes：Vides，amice Vultei，quibus illi artibus—nituntur impii homunculi cavellere—amicitiam nostram?（想破坏两个诗人之间的友谊的，是一些亵渎宗教的人 ：你看到了吧，我的朋友维尔戴尤斯，那些亵渎宗教的人使用怎样的手段设法

讥讽我们的友谊）“亵渎宗教”这个词所指的，是“友谊”这种神圣的感情，而不是宗教。这场两个英雄之间的闹剧，就这样以两个人和解，共同谴责别人而收场了，两个人都很坦率，都不想把自己煞费苦心的作品丢掉哪怕只字片语，所以我们才得以完完整整地观看了这场闹剧，闹剧是在格里夫书店里开场的，最后结束于——还需要我们明确说出来吗？——多莱的家里。无论如何，如果在这一点上有疑问，那么在另外一点上是毫无疑问的：维萨吉耶对吉约姆·塞夫说的“忘恩负义的伙伴”（ingratissimus sodalis），就是多莱。不过，让图阿斯奈感到困惑的，更为严重的是使阿贝尔·勒弗朗感到困惑的，难道不也是这个塌鼻子的琉善吗？是琉善，而不是拉伯雷。

4　琉善的追随者艾田·多莱

维萨吉耶在刚刚迈入诗坛时，曾怀着真正热烈的友情追随多莱。从他自己的描述当中，我们知道，当朋友遇到危险时，他是如何急急赶来帮忙的。这样做的并不只他一个人，多莱的其他伙伴，有知名的前辈，也有正在出名的后来者，大家都同样用心良苦地让人家饶恕他。他们成功了。他们在取得胜利后，互相祝贺，互相拥抱。但是有人打破了和谐，有人挥手驱散了别人时刻准备着对他表示的莫大佩服和无限忠诚。有人用其全部的热忱正在准备着如火山爆发一般的恨。1538 年出版的诗集异常的多；在这一年所有拉丁的诗人们集合在一起，群情激昂，反对他，反对多莱。从天主教徒苏萨内，一直到爱嘲笑人的古维阿，无一例外，苏萨内把他叫做是“三斗米”(Medimnus),并对他大加讨伐[①];古维阿则嘲笑说:“我就不用赞美多莱了;他自己就把自己夸上了天,还用得着我吗?”[②]——所有的人,就连吉尔贝·杜谢也不例外;吉尔贝·杜谢谴责“疯狂的像西塞罗一样的克洛阿库斯(Cloacus)”,“诽谤伊拉斯谟的家伙”,这实际上说的就是多莱[③]。就连尼古拉·波旁

① 我想没有人提到1538年《反对三斗米》(*In Medimnus*)中的诗句(Medimnus是希腊的度量单位,相当于三斗之量)。诗的口吻非常激烈(Sussannée, Huberti Sussanei, Legum et Medicinae doctoris, Ludorum libri nunc recens conditi atque aediti, 16;16 v⁰; 34)。在这本诗集中,这首诗对维萨吉耶充满了溢美之辞。因此我们可以认为,苏萨内是站在维萨吉耶一边的,他所批驳的“辞藻华丽而浮夸的梅维于斯(le rhéteur Mevius, III, 25 v⁰;27 v⁰,等等)”,不是别人,正是波旁。

② Quis te non laudem, credo, Dolete, requiris? —Id me tu melius facias(见于古维阿前述所引作品第16页)。

③ 我认为人们也没有提到过杜谢的这首“De Cloaco et Duro(论克洛阿库斯[Cloacus]和杜鲁斯[Durus])”。按照我们前边已经提出的反复吟咏的规律,这首诗是与一系列以同一主题为内容的小诗联系在一起的(毕达哥拉斯,西塞罗和涅夫维尔[Neufville]的灵魂在多莱身上转生)。这些小诗大概是与多莱1534年出版的《卡米纳》(*Carmina*)中第二十九首诗:“ad Villanovanum defunctum(致逝去的维拉诺瓦努斯)”联系在一起(Stephani Doleti orationes duae in Tholosam. Ejusdem Epistolarum libri II. Ejusdem Carminum libri II. Ad eundem Epistolarum amicorum liber)。杜谢1538年的诗后面还有一些其他的措辞“很严厉”的诗(Ducher, Gilberti Ducherii Vultonis Aquopersani Epigrammaton libri duo, 12, 104, 105)。在1539年至1540年的这两本诗集中重印了的,还有两首古维阿“致多莱”(ad Doletum)的诗(Antonii, Goveani Lusitani Epigrammaton libri duo, 第22页和第31页;Antonii Goveani, Epigrammata. Ejusdem epistolae quatuor, I, LV et II, XXIII)。马洛也参与了这场争吵,他的第一首讽刺短诗发表于1538年:“罗马西塞罗的高尚精神——从天上来到人间——进入了多莱的身体……”最后,拉伯雷,或者更准确地说是拉伯雷作品的出版者,于1542年说:“维拉诺瓦努斯(Villanovanus)的精神因这些令人失望的劳作而生气了”,等等(见于都昂的《艾田·多莱及其宗教观》第369—371页)。Durus就是多莱,这是毫无疑问的。除了文字上的接近之外,需要指出的是他在1538年出版的印刷题铭:“Durior est spectatae virtutis...(较为坚强的人具有被印证的美德……)”。多莱在1536年的《评论集》(*Commentaires*)中为Durus下了一个定义,读来很有趣(Commentarium Linguae

也不例外;1536 年的时候,尼古拉·波旁在"Opusculum puerile(幼稚的琐事)"当中,对多莱还充满了溢美之辞,到了 1538 年,在"无稽之谈"中,便连他的名字也不愿意提了。科普莱-克里斯蒂(Copley-Christie)也没能收集起这一连串艾田·多莱的奇怪的画像:个个都是一致的、和谐的,比如苏萨内的"三斗米",脸上的表情像黄杨木雕,瘦骨嶙峋,眼里透着怒气,说话结结巴巴,穿着一件西班牙式的短上衣,让来拜见他的人感到奇怪;比如古维阿所描绘的多莱,脸上的表情也是木然的,眼中燃烧的怒火让人不敢与他打趣,不敢嬉笑,不敢向他讨饶,他的身体像鬼怪,也许是罗马的西塞罗灵魂转世——但更主要的是为了容纳他的品德和效率,为了让他的品德和效率首先消匿在这一堆肉当中①……一系列现场抓拍的真实照片。与 1535 年一个反西塞罗的年轻人寄给伊拉斯谟老年的秘书吉尔贝·古赞(GilbertCousin)的描述不谋而合。这个年轻人描绘的多莱刚刚三十岁,但是因为早年秃顶,宽阔的前额上布满

Latinae, Tomus secundus, col. 528):"asper, vel agretis, vel crudelis, ferreus, inhumanus(粗鲁,野蛮,残酷,凶悍,不人道)"。关于 16 世纪"灵魂转世"的说法,请见于后面第二卷第二章。

① Sussanneaeus, Huberti Sussannei, Lugum et Medicinqe doctoris, Ludorumlibri nunc recens conditi arque aediti, f⁰ 16. Quem buxueus vultus macerque, et oculi truces—et proferentis tertiata vocabula—flagrare felle livido satis indicant. (In Medimnum)—Autre; ibid., 16 v⁰: Extabet atra macie, et exili toga—tegitur Medimnus, etc. —Cf. Gouvea, op. cit., I, 27 et II, x. "Tuum os hic rigidum, minqx, severum,—os dirum, os tetricum, os catonianum—romani fugiunt sales, jocique. "—Cf. aussi Gouvea op. cit., I, 31, 难得的一首不乏机智的小诗:"Pythagorae, Dolete, placet si dogma renati—non mirum est animam si Ciceronis habes. —At tantam molem et tantos difusa per artus,—virtutem certe perdidit ille suam. "(多莱,如果毕达哥拉斯的理论有效,那么你拥有重生的西塞罗的灵魂也不足为奇。但是在如此体积和如此巨大的肢体中散播,这的确损耗他自己的力量)。

皱纹，脸色青白，眉毛像两堆乱草，短上衣也就到腰部以上，所以让人看起来像个四十多岁的人[①]。尽管如此，他还是很有魅力，性子暴烈，敏感，狂妄自大，迷恋音乐，游泳游得很好，也是个身手敏捷的剑客，力大如牛，只是调理得不好，行为常让人觉得无所措手足。科普莱－克里斯蒂会说他是个“文艺复兴时期的殉难者”，而布尔米耶会说他是“自由思想的殉难者”。但他首先应该是艾田·多莱的受害者。

对走向成熟的这些年头，他是怎么想的呢？所谓成熟，也就是接近结束了。他死于三十七岁。根据1534年夏天他在里昂格里夫的书店用拉丁文出版的《演讲录》(*Orationes duae in Tholosam*)中的说法，他不偏向任何一方。他坚持父辈的宗教，坚持既定的传统，对一切“新颖之事”怀有戒心。但是，他的精神获得了解放，他愿意从好的方面看待人以及人的行为。《演讲录》中有一段很美的文字，就是在讲述1532年被火刑活活烧死的卡图尔斯的让(Jeau de Caturce)所遭受的痛苦的那段文字当中，他淋漓尽致表达了他对残酷迫害的恨恶，而且那种迫害根本就是不人道的。他一开始就写道[②]：“我请求你们相信，我根本不属于路德派这个

① Togulam gestabat hispanicam, vix nates contingentem, eamque crassam et attritam. Vultus adeo funesto quodam atroque pallore ac squalore... ut dicas ultricem Furiam pectori adfixam. ——而且还预测他仍将会受到折磨：“Nam et hoc accidere solet atheis.(因为这通常发生在无神论者身上)”(G. Cousin, Gilberti Cognati Nozereni Opera argumenti, I, 313；科普莱－克里斯蒂翻译成《艾田·多莱，文艺复兴的殉难者》(Etienne Dolet, le Martyr de la Renaissance), 214)。不要把奥托努斯(Odonus)写兰多(Lando)的话也记在多莱的账上：“关于其他的大师，我只承认基督和西塞罗；有了基督和西塞罗，我就足够了……”这种混淆曾多次发生。

② 见于前面所引科普莱－克里斯蒂的译本第103页。

大逆不道的、顽固的人的教派；我最讨厌的就是新的教条和体系；我最想谴责的就是这些东西。我最尊重和崇敬的是经过多少个世纪考验的唯一的信仰和教礼，那是一代代的圣人和虔诚的人们留传给我们的，是我们的祖先所承认，所接受了的……但是，为什么图鲁兹以残酷为乐呢(一定是魔鬼使然吧)？你们也看到了，最近有一个人——我就不说他的名字了——在图鲁兹被判了火刑。有可能他说过大胆而激烈的话。甚至有可能在某些情况之下，他的行为活该遭受异端分子的惩罚。然而，当他愿意悔过时，一定要阻止他挽救自己的肉体和灵魂吗？难道我们不知道，任何人都有可能犯错误？他落入了深渊，当他极力从中摆脱出来的时候，当他想找个稳妥的避身之处时，为什么，为什么我们万众一心地拒绝他，就没有一个人向他伸出援助之手，让他靠上苦海之岸呢？”

这篇文章中所表现出的真正的自由精神是很少见的，文章以正义和慈悲，以宽厚和安详的基督教，来反对图鲁兹宗教裁判所的法官和行政官员们所推崇的迫害人的基督教；一个人道主义者想借此把基督与远古所给予我们的重要的历史教训调和起来。而且，文章的作者超脱于冲突之外，同时又表现出了基督徒的情感。我们能说 1534 年 11 月 9 日写给巴黎的另一封信表达的也是同样的情感吗？就在 11 月 9 日之后的第二天，就在默贝尔广场(place Maubert)，三个异端分子将被送上了火刑堆，十二年之后……改革派的人又在这里受到严厉的惩处，“愚蠢的教派，怀着狂热的激情，一心只想向世人炫耀”，他们以荒唐的行为，再次挑起憎恨和迫害的狂潮……多莱归结说，“在这些悲剧当中，我扮演的是一个观众的角色。我为这种局势感到痛心，我可怜那些不幸的受害人，但是也有些人思想顽固，他们固执己见，不惜冒生命的危险，到了可笑和让人难以忍受的地步，我也对这些人嗤之以鼻。”对于基督徒的信念，他就是这样轻描淡写，一带而过[①]。我们还用说《卡米纳》(*Carmina*)中的一首诗是如何谈到对基督教的感情的吗？其实这是一首很好的诗，见于1534年格里夫出版的《演讲录》(*Orationes duae in Tholosam*)一书。诗中说的是关于死亡的主题——人们不应当害怕死亡，而是应当希望死亡，或者至少应当怀着泰然的心情等待死亡(Exspectandam esse mortem)。多莱问道：不愿意以生换死的人，那不是发疯，不是愚蠢吗？谁会不愿意从肉体这个监牢当中解放出来呢？——这种说法其实没有什么特别的地方。不过文章的结尾是这样的：“死亡？我们不要害怕它的打击。死亡要么可以让我们丢弃感情，要么可以让我们到更好的地方去，得到更好的境遇。只不过，条件是我们对极乐世界所抱有的希望不是徒然的[②]。”

在这一点上，我们也许不能过分地认为这就是不信教的表现。在一些比多莱更加货真价实的基督徒们所写的文章当中，虽然言

---

① 见于前面所引科普莱-克里斯蒂的译本第198页。关于多莱的真实思想，请见于“Stephani Doleti Galli Aurelii liber. De Imitatione Ciceroniana adversus Floridum Sabinum. Confutatio maledictorum et varia Epigrammata”第37页。写得非常出色的一段：“对教条是不能争论的！你想对教条做出安排的时候，你会发现你根本无从捉摸它(Dum religionem vellunt elimant, perpoliunt)。这就是路德的好奇心所带来的奇妙结果……”——令人无从捉摸的立场。

② “*Ne mortis horre spicula quae dabit—sensu carere, vel melioribus—locis tegi et statu esse laeto—Elysii est nisi spes inanis.*”——布松指出说(CDXXXIX, 130, n. 4)，这个剧本在第一卷概述了Tusculanes的理由。详见后文朱尔-恺撒·斯卡利吉论述。斯卡利吉没有把肉体当成是一堆破烂或者当成是监狱，而是赞扬了肉体的结构之美。

辞“优雅”(nisi)，但也表示出了一种怀疑的意见。这都是从这些人用拉丁文写的笔记当中摘录出来的。如果需要另一种说法的话，那就可以说：否则，总而言之是否则，往好处去想，我们也可以把这首诗看成是一种帕斯卡式的粗俗的担保形式——一种愚蠢的预示。尽管如此，这首诗所表示的意思说不上特别的虔诚。而且，我们怎么能注意不到，在 1543 年的《卡米纳》第一卷所包含的 40 首诗、第二卷所包含的 19 首诗当中，没有任何一首是受宗教或者基督教启发而写成的——有两首是例外，而且这两首都是写给圣女玛利亚的(De laudibus Virginis Mariae)。而且似乎是出于偶然，这两首诗都在诗集的最后。不过，最后一首诗是献给诗神的(ad Musam)。因此，最后占了上风的，是文艺复兴。

* * *

这就是《评注集》(*Commentaires*)的作者所坚持的微妙而特别的立场，对于当时有教养的人们来说，他的立场大概是很难理解的。他有自己独特的立场，结果招致来自各方的批评。要想继续保持这一立场，就要保证有人支持，或者要有狂热的献身精神。他决心以自己可恶的精神，让所有的人都感到厌烦。他在《评注集》第二卷写给布戴(Budé)的题辞当中说，普天下之人都把多莱丢在了脑后，只有多莱自己救了多莱。在龚潘(Compaing)被杀死之后，所有曾致力于把他从监狱中解救出来的人看到这话，都惊讶得瞠目结舌……

关于维萨吉耶的反应，只要翻开 1538 年的《十一音节诗集》

(*Hendécasyllabes*)就可以知道。在这本诗集的一开始(I,9),就有一首名为《忘恩负义的人》(In quemdam ingratum)的诗,向我们明确表示了他的愤怒。诗中并没有指名道姓地说多莱,但是,谁能看不出来呢?"你的生命是朋友们给的,你竟敢说,在你不幸的日子里,他们都没有尽到做朋友的职责!你竟敢对所有的人抱怨说你被抛弃了!忘恩负义的东西,大家对你的爱,你就这样来回报吗?可是,当你忧心忡忡,有如丧家之犬,走投无路的时候,如果没有人帮助你,你说,卑鄙的杀人犯,你会落到什么境地啊?"紧接着是一段悲惨的回顾,令人想起默贝尔广场(place Maubert)上的火刑堆。倒霉的多莱一向让人联想到极刑:"狗和狼不会啃光你的四肢吗?如果你还有亲属来看你遭受极刑,来看你被处决——就像你父亲的下场一样——,他们会在你四周围成一圈,你那无耻的眼睛会看不到他们吗?①"

这是第一首诗。后面还有。在第二卷,维萨吉耶追问吉约姆·塞夫。多莱发誓说过爱他吗?算了吧,多莱只爱他自己。而且,他不像有理智的人,不像正常的人那样自爱,quibusque mens est integra sana, pura, simplex(那些拥有完整、成熟、纯洁和单一思想的人)——他是个性情冲动的倒霉蛋:hunc cuinemo placet, placetque nulli……(没人取悦于他,他也不取悦于任何人)

---

① 拉丁文原文:"Tibi nemo si vaganti—incerto pede et anxio adfuisset—dic, o dic ubi nunc miser jaceres?... Canibus lupisque praeda—essent non tua membra? —Et superstites si—parentes tibi forte aui adfuissent—dum spectaclula talia exhiberes—et jussas lueres, misere, poenas—exemplo miseri tui parentis—nonne illos oculi tui impudici—vidissent tibi proximos?"VISAGIER, Jo, Vulteii Rhemensis hendecassyllaborum libri IV, f°9。

在第三卷,作者又进了一步。维萨吉耶将字母顺序颠倒了一下,杜撰出一个名字,用来指多莱:Ledotus。"从前你曾声称说,我是你最伟大的,最好的朋友……现在你又相反,突然放弃了对我们的爱。可是你没有任何理由来解释你的变化,要不然就说我与你不一样,说你没有理的时候我不赞成你……我要的是我可以赞成的朋友!"在第四卷有好几首诗(91 v°,92,96,96 v°),又将旧话重提:多莱,最可恶的人。这有什么奇怪的呢?他父亲就是个罪大恶极的家伙,他怎么能够是个好人呢?[①] ——而且仍然不忘以辛辣的口吻重提旧事:"你之所以还活着,那是由于你正在伤害的这些人曾施过援手……"

让我们综述一下。对于内行的人来说,《十一音节诗集》之所以口吻辛辣,是因为诗集中反映了维萨吉耶与波旁和与多莱的两场争吵。其他的知名人物却连提也没提。没有任何一点与拉伯雷有关,没有任何一点能够与拉伯雷联系在一起。除了路易·图阿斯奈和阿贝尔·勒弗朗所注意到的那两首诗:"猴子琉善"(in Luciani simium),"宗派分子琉善"(in Luciani sectatorem)。现在,我们应当来研究一下这两首诗了。

* * *

一共是几首诗呢?是两首还是三首?阿贝尔·勒弗朗说是三

① 拉丁文原文:"Nam tuo parenti es—natus ipse silillimus;sed esset—cette res nova si mali parentis—esses filius optimus virorum"(因为你生来与你的父亲很相似,而的确不为人知的是你作为邪恶父亲之子是否是最好的人)VISAGIER,op. cit.,f° 91 v°。多莱对自己的家庭一向守口如瓶,难道这就是原因吗?

首。图阿斯奈忽略了《十一音节诗集》第三卷(79 v°)中一首名为“宗派分子琉善”的檄文:以夸张而激烈的方式对一个卑鄙的杀人犯发出粗俗下流的诅咒:“肮脏而罪恶的家伙,你专门培养恶习,你心中装的,只有伤风败俗的东西,你是上帝的对头,你就听着我要给你的惩罚吧!”下面紧接着列举了维萨吉耶想让这个罪大恶极的琉善异端分子遭受的一系列令人发指的刑罚。但是,没有任何一点,没有任何特别的地方可以让我们觉得这首诗说的是拉伯雷。在这首诗的最后,作者希望恶人的灵魂被彻底消灭,他也主张应当这样,以便为他欺骗的人做个榜样。最值得关注的是另外两首。

一首是《十一音节诗集》第一卷的“不信教的异端分子琉善”(In quemdam irreligiosum Luciani sectatorem, f°10),紧接在我们前边已经评论过的针对多莱的那两首“忘恩负义的人”(In quemdam ingratum)之后。这首诗的位置也是一个值得关注的具体细节。然而,我们在这里看到一个明确的特点:在维萨吉耶的诗句当中,受到指责的琉善派的教徒每次遇到“基督”(CHRISTUS)这个词,都会嘲笑一通:“‘基督’,多么好的拉丁文啊!多么纯的拉丁文啊!好像拉丁人从来没有说过这样的名字吧!”对此,维萨吉耶气愤道:“你就笑吧,琉善的追随者,我不会跟着你走,信奉你的教条的!是上帝让他的儿子为了挽救人类而牺牲了自己;是亚当把人类送进了死神那贪婪的口中;否认天上有上帝,否认罪恶的亚当,否认至高无上的审判和罪有应得的惩罚:那是疯狂!你要当心,你要当心,忏悔吧,你,趁现在还来得及……”紧接着又是对可悲下场的预言,而每次提到多莱,总会说他不得好报:“如果你不忏

悔，短期内你必死无疑。这是注定了的，卑鄙的罪犯……你必死无疑，你不得好死！”①

十分抱歉，多莱的名字自然而然地来到了我的笔下……但图阿斯奈说那是拉伯雷，阿贝尔·勒弗朗也步其后尘吗？像超级西塞罗式分子，作为拉丁学者那么讲究纯粹，像个狂热的人文主义者那样爱憎分明，仅仅因为基督的名字不属于经典而绝不提他……这难道是弗朗索瓦的所作所为吗？宣扬伊拉斯谟学说的虔诚信徒，据说1532年给萨里尼亚克（Salignac）写过信，对西塞罗的信徒们最为讨厌的伊拉斯谟表示爱和感激之情，天啊，他怎么会做出这样的事来！或者是多莱的行为吧。是《西塞罗的模仿者》（*De imitatione Ciceroniana*）的狂热的作者的行为吧。梅戴（Maittaire）早就在为书商所写的详尽的笔记中说：多莱在任何一首诗中都没有提到过基督。他用过上帝（Deus）、朱庇特（Jupiter）、神（Divi）、至高无上的主（Superi）这些词，但是从来没有用过“基督”这个词。在维萨吉耶的诗集中，“不信教的异端分子琉善”这首诗紧接着排在两首“忘恩负义的人”（in Ingratum）之后，并不是没有道理的。“忘恩负义的人”和“琉善分子”指的是同一个人，就是多莱。多莱是个超级西塞罗分子。多莱是个该死

① 拉丁文原文：“In libris quoties meis loquor de—Christo, hoc sit quasi nomen haud receptum—rides...—Dicis nec latio fuisse in ore－nomen...—Nec te, bellua aaeca, poenitebit—in caelo esse deum optimum negasse—qui natum voluit suum mori, ne—humanum misere genus periret? —Actum est, heu miser! Ah miser, peristi!” VISAGIER? op. Cit., f[os] 10—11。

的家伙。

但是,“猴子琉善”(In Luciani simium)这首诗(f°30 v°)又是说谁呢? 这首诗中也说了一个“卑鄙的罪犯”(o sceleste)。让我们从本义上来看看这个词的真正意义。“scelus”是杀人犯的意思;1538年,多莱并不是第一次犯杀人的事。但是,据我们所知,拉伯雷却从来没有杀过人。——然而,这个“卑鄙的罪犯”对自己的行为根本没有悔过的表示,根本不听爱他的人对他的苦苦相劝,反而向着死路急奔而去。见过多莱的人都说他总是急急忙忙,火上房了一样:“*Ah, te – pergis perdere, et in dies furorem – exauges magis ac magis*; reprensus – nec mutas, pudor, osceleste, mentem! (啊,你继续走向毁灭,你的狂暴与日俱增;你虽遭非难但并未改变思想,哦,邪恶的人,真可耻!)”——而且更有甚者,这个厚颜无耻的家伙说,谁要是不跟随他走上迷途,谁就是“人渣”(*eos qui – nlunt criminibus tuis favere – nec laudare tuas opiniones...*)(那些不愿支持你的罪行也不赞同你的观点的人)——与勒道图斯(Ledotus)如出一辙:他之所以与维萨吉耶闹翻,就是因为维萨吉耶不愿意追随他,“nam amicos volo quos probare possim! (因为我希望我的朋友是我能欣赏的人)”——然而,他想让朋友们相信的是,万物终有一死;世间命运统管一切。没有永恒,也没有永生。上帝是根本不存在的。人与兽没有任何区别……这就是这个卑鄙的家伙所唱的高调。有些不幸的人天天到他家里来,听他说教,他便把这些东西灌输给人家:“*Quae doces miseros, tuam domum qui – et colloquia qui in dies frequentant*

（你将这些教给那些每天聚在你家里谈话的不幸之人）”[①]。况且，这个琉善的追随者是个伪君子。如果有人质问他，而且这个人又不是与他一伙的（*qui non de grege sit tuo*），他便假装出一副基督徒的样子，谴责琉善，说明他为什么憎恶琉善，说他天天都在致力于更好地讨好基督：causas - dans cur oderis ipse Lucianum - Christo cur studeas placere soli（你为何憎恨琉善，为何只是渴望取悦基督）（30 v°）[②]。但是，只要有一伙的人与他搭话，他会露出多么会心的笑啊！Belle te simulasse Christianum rides（你为伪装基督徒而会心地笑）！够了，维萨吉耶归结说，这些卑鄙的伎俩。上帝会惩罚你，上帝的严厉惩罚会让你招认的：“我不是人，我是狗（Vixi, non homo, sed canis）。作为诗人的维萨吉耶预言很准，他也的确对我预言过无数次的灾难……悔之晚矣！”

在这首言辞激烈的诗中，没有任何一点与拉伯雷有关，所有的地方都让我们想到多莱。还有《十一音节诗集》第一卷中的第四首诗（f° 28），题目只是一个简单的“关于某诗人”（In quemdam Poetam）。“你会问，那么基督呢？我爱基督胜过爱我的眼睛！他的

① “猴子琉善”（In Luciani simium）中有这样的诗句：“Adductus precibus meis, parentis—vel Christi potius cruce（为我的祈祷者、甚或为我父亲基督的十字架所指引）”，性急的读者可能会以为，这里说的是琉善派教徒的父亲，是父亲与维萨吉耶共同祈祷。不过诗中的 parentis（父亲）指的是“基督”（Christi）。

② “Omnia monibus, omnia interire:—fato obnoxia cuncta; sempiternum et—immortale nibil; Deum esse nullum; —nos nil dissimiles putasque brutis...—Sunt haec impia, belluina, vana—quae doces miserros, tuam domum qui—et colloquia qui, in dies, frequentant.”（所有事为所有人，一切被停止：可信的命运遭妨碍；没有什么是永恒永生的；神不是什么；你认为与动物不同的我们什么也不是……这些是不敬的、卑劣的、错误的——你将这些教给那些每天聚在你家里谈话的不幸之人）VISAGIER, op. cit., 30 v°.

十字架永远在你的唇上，以基督的名义，你能忍受火刑，侮辱，死亡，毒药，嘲笑，谩骂，打击。你以他为誓。但实际上，你只是个大逆不道的诗人。谁深刻地了解你的思想，你刻毒的语言，你的作风，你的违法行为，你的投机行动，总而言之，谁了解你罪恶的一生，谁就会说，普天之下，再没有比你更令人厌恶的人了……"然后又说到信念的不满："你以为基督从来就不曾有过，你以为基督从来就没有为挽救人类而受过酷刑，你不相信他曾经被出卖过，被掩埋过，你难道就是这样爱基督胜过爱自己的眼睛吗？"[1]而且谩骂还不够，维萨吉耶用下面两句诗归纳了自己的感情。两句"相同"(in eundem)的诗。"把你当人吗？算了吧！"(Nam tu，nec hoinem sapis，nec ipse es！(你似乎不像人，你本身就不是！))

我们可以反复读这些诗，读上二十遍，这些诗指的显然是同一个人，词语，咒骂，缘由不断地变换。每个字说的都是多莱——我的意思当然是指死对头们所描写的多莱。没有哪一个字说的是拉伯雷。

那么拉伯雷呢？拉伯雷是个粗俗的人，是个有偏见的人，谁不赞成他那咄咄逼人的、强烈的唯物主义思想，他就骂谁。因为幻想破灭，他是个不幸的人，狂热地宣传自己的主张，愿意让人相信他的学说。可那又怎么样呢？他是个厚脸皮的人，性情狂热，是个人人都知道的愿意宣传自己的主张的人，怎么又成了《洋琴世界》里名叫"庞发古斯"(Pamphagus)的狗了呢？《洋琴世界》中的这条狗知道真理，却不愿意向人透露丝毫。

---

① Christum credere non fuisse natum，hoc ne plus oculis te amare Christum？

再有，同时代的人为什么对拉伯雷一声不吭呢？他们争先恐后地对多莱和维萨吉耶之间的争吵大加评论，这么好的机会，他们不可能放过的。如果拉伯雷和维萨吉耶之间有过不和，这些不管是从本性上，还是从工作上说，都惯于搬弄是非的人，难道会不知道？因为，让我们再读一读当时的文章。问题所涉及的，是两个亲密的朋友，两个感情很好，来往很频繁的朋友之间的决裂。维萨吉耶不止一次地想说服朋友改宗，他试过一百次（centies）。在里昂人文主义的这个小圈子里，他们两个人都是显赫的公众人物，身边都有朋友，也都有对头，他们的决裂会闹得满城风雨；可是为什么没有任何动静呢？为什么没有产生任何反应，没有一首讽刺的短诗，没有一个人试图让他们和解？谁了解这些人，了解他们的虚荣，他们天真的信念，他们以为这些争端对于普天下的人来说至关重要，谁了解这些，谁就会知道当时众人的缄默是无法解释的。拉伯雷的无神论在1537年的时候并没有让诗人维萨吉耶感到担心，可是到了1538年，维萨吉耶就像突然睁开了眼睛一样，猛地注意到了这一点？难道这一发现只有维萨吉耶本人感到惶惑？他的朋友苏萨内，在里昂与他来往频繁的虔诚的苏萨内，会在《游戏诗集》（*Ludi*）里若无其事地发表那首著名的小诗（f°41）吗？《游戏诗集》恰恰也是在1538年印行的，苏萨内在诗中说，他在蒙伯利埃病了，只有见到亲爱的拉伯雷，只有拉伯雷来到他的身边，他的病才会真正地治愈。拉伯雷从1537年9月到1538年4月在蒙伯利埃教书，这是大家都知道的，他也在公众当中很得宠，好像没有任何人注意到拉伯雷会是维萨吉耶批驳“琉善的追随者”时所说的那种大逆不道的人。真要有很能说服人的理由，我们才能够与图阿斯奈

有同感。

5　拉伯雷，拉伯拉和谢斯诺

但是，有人会说，法国的琉善，按照常规，不一向指的就是拉伯雷吗，在各种场合下所说的，不都是拉伯雷吗？——当然，有人故意把萨莫萨特（Samosate）说成是希农的拉伯雷（Chinonais）[①]。可是，这不是自说自话吗？

如果需要证明的话，加尔文就可以证明。他说伊壁鸠鲁式的琉善分子是地狱之门的守护者；1550 年，他认为应当从这些门进入地狱的，不只是拉伯雷，还包括像戴佩里耶、安托万·德·古维阿这种人，以及很多无名的人。他明确说了（paucos nomino）（我指名道姓地说过的一些人）。不过还有别的证明……1544 年的《原谅尼哥底母的仿效者》（*Aux Nicodémites*）和从前的一样，也是在安托万·福梅（Antoine Fumée）的一封信里，我们看到，凡是提到“琉善分子”时，用的也都是复数。有人用“琉善”这个名字来指伊拉斯谟，有人用它指戴佩里耶，指所有在一定的时候思想不入流的人，或者假装出一副不入流的样子的人。这是一个统称的名字，而不是指某一个人的名字。

图阿斯奈之所以把拉伯雷看成琉善的追随着，是因为有其他的原因。维萨吉耶 1538 年 12 月在科林出版社（Collines）出过一本《讽刺短诗集》（Inscriptions）；在这本诗集的一开始，正巧有一

① 拉伯雷祖籍希农（Chinon）。——译者注

首名为“致拉伯拉”(Ad Labellam)(f°6)。我们猜得出,在博学的图阿斯奈翻阅的版本上(他查阅的是国家图书馆的藏书),16世纪有人在拉丁文的名字旁边注上了弗朗索瓦·拉伯雷的名字。

然而,维萨吉耶笔下的拉伯拉,是个极其好奇的人,他的好奇心简直令人难以忍受。我们可以说那是个极端不知趣、极其讨厌的人。维萨吉耶责备他说,“你什么都想知道:我是谁,我怎么样生活,我父亲是个什么样的人,我的家乡在哪里,我的家庭如何。你想知道我姓甚名谁,我的女朋友叫什么,我的生活水平有多高,我吃什么,用什么样的餐具,我过去和现在的爱情是否幸福。你想知道……”但是这时候,维萨吉耶的灵感太丰富了,有一句诗,我们从法语就可以看懂他的意思。在此之后,又是理所当然的结尾:“你什么都想知道,但是,拉伯拉,在你什么都想知道的激情当中,你想知道的没完没了,或者说你想知道的太多了”(*non satis et nimium scire, Rabella, cupis*)。

拉伯拉就是拉伯雷……这是图阿斯奈自己想象出来的。拉伯雷好奇,很好奇,过于好奇,这都是可能的。甚至很可能。至少这一点与我们对拉伯雷的一个想法是符合的:他对知识有着不可遏制的渴望。但是我们看到还有另一讽刺短诗,另一首诗,使事情变得更加复杂了。

* * *

有一个名声不太大的诗人,是维萨吉耶的朋友,或者说几乎算得上是朋乡,名叫勒戴鲁瓦·尼古拉·谢斯诺(Rethélois Nicolas

Chesneau)，拉丁文是“盖尔库鲁斯”(*Querculus*)，是阿登省图特隆人(de Tourtelon dans les Ardennes)。他是吉斯(Guises)的主顾，反对宗教改革的热心的天主教徒，兰斯圣桑扶利安教务会的长老，此前曾用拉丁文写过几本书——尤其为人所知的有1553年在巴黎里查出版社印行的《讽刺短诗集》(*Epigrammes*)和《十一音节诗集》(*Hendécasyllabes*)①。维萨吉耶的《十一音节诗集》印行于1538年，两本诗集相差十五年的时间。的确，那么相差的只是出版日期吗？总而言之，在谢斯诺的《十一音节诗集》中，也有一首“致拉伯拉”(In Rabellam)。所以图阿斯奈便以此为证据，马上归结说：“谢斯诺与伏尔戴事先商量好，也写了一首小诗，而这首诗只不过是在伏尔戴的讽刺短诗的基础上进一步展开。我们把两首作品比较一下就可以知道，两诗的作者在写诗之前，一定是商议过的。”

我们可以更加谨慎一些，认为谢斯诺的讽刺短诗只不过是对维萨吉耶的作品的改编，是在维萨吉耶的作品的基础之上进一步的发展、扩大，像是把短诗拉长了一样。勒戴鲁瓦说，你想知道城里人们是怎么说闲话的吗？你只要请拉伯拉吃顿晚饭，你就什么都知道了。什么地方出了什么事，包括教堂里，广场上，大人物的公馆里——国王的菜单，重要的谈判，夫妻的争吵，通奸，姑娘的爱情故事，还有堕胎，请拉伯拉吃顿饭，就没有你不知道的了！而且这个拉伯拉，纯粹是个寄生虫！——从这里开始，我是努力完全按照原文在翻译了：“他在邻居老爷家吃中饭，吃晚饭，过夜。邻居老爷喜欢哈哈大笑，拉伯拉式的人物越多，他就越高兴，让这些冠冕

① 《拉伯雷研究杂志》(*R.E.R.* IV, 1906, 338, n.2)。

堂皇的贼与他玩,吃他喝他,伤害他。可是,如果饭桌上没有两三个拉伯拉式的人物,他便吃不下饭。”最后的斥骂是:“拉伯拉!你只不过是个话匣子,可怜虫,没用的东西,对于善良而纯洁的人的名声来说,你是毒药和瘟疫。你的舌头上涂着蝮蛇的毒汁。你的舌头比毒性最厉害的毒药更加危险。你的舌头会斩杀神人,一往无前。你的舌头像灌了铅,不知羞耻,拉伯拉呀,相信我,除了你的舌头,你什么也不是!”

这是拉伯雷吗?我们需要指出的是,有一点令人感到相当困惑。这个大人物家的食客,这个什么事都想知道的絮絮叨叨的人,背后说人闲话、搬弄是非、言语刻毒的家伙,不正是发了疯的普代伯笔下的拉伯雷吗?与维萨吉耶1538年的讽刺短诗中的描写仿佛一样,只不过借助于1549年的《泰奥蒂姆斯》(*Théotimus*),又改编过,修改过。① 这是什么时候的作品呢?图阿斯奈的说法根本不可信。我们没有任何证据说谢斯诺是“与伏尔戴事先商量好”才写的那首诗。相反,我们知道当时的诗人们是如何小心翼翼地防备别人剽窃自己的作品。而且,我们对谢斯诺和维萨吉耶之间的关系一无所知,对谢斯诺和拉伯雷之间可能的关系一无所知。谢斯诺在什么地方见过维萨吉耶和拉伯雷?有人会说,肯定是在吉斯的出版社里。所以他们之间很可能互相嫉妒……我倾向于认为那首诗写于维萨吉耶死后(1542年),与《泰奥蒂姆斯》同时(1549年)。差不多与拉伯雷的死同时(1554年4月份?谢斯诺的《十一音节诗集》出版于1553年)。更何况“邻家老爷”又是谁呢?是红衣主

① 详见后面第二章第五节关于《泰奥蒂姆斯》的论述。

教迪·贝莱。我们需要指出的是，迪·贝莱的失宠并不像人们所说的那样，始于亨利二世上台时，也就是1547年的4月。罗米耶(Romier)已经明确说明了这一点。而是始于1549年的春天，而且只是从这一时期开始，人们对红衣主教的批评才开始口无遮拦。

无论如何，我们可以注意到一点。谢斯诺笔下的拉伯拉和维萨吉耶笔下的拉伯拉一样，也不是个无神论者，不是个只会鼓吹教条的大逆不道者。那又怎么样呢？图阿斯奈声称说，拉伯拉就是维萨吉耶说的那个拉伯拉，而维萨吉耶笔下的拉伯拉，与谢斯诺说的拉伯拉是同一个人。后来拉贝尔·勒弗朗也步图阿斯奈的后尘，做如是说。就算是这样吧。但是，为什么说谢斯诺笔下的拉伯拉就是拉伯雷，而且也就是维萨吉耶所说的那个琉善(Simus Luciani)呢？在一本诗集中，有三首无名作者的诗谩骂一个琉善分子，说他是基督的敌人，是个大逆不道的魔鬼。在同一年出版的另一本诗集中，我们也看到同样的讽刺诗，描写出同一个饶舌的人——后来又有诗人把这种形象拿过去，把饶舌的人又写成一个寄生者，一个诽谤别人的人。怎么说呢？这些诗集中所说的是同一个人，是拉伯雷——是因为拉伯拉就是拉伯雷吗？因为，谢斯诺的拉伯拉，在谢斯诺的笔下也叫拉布拉(Rabula)[1]：*dico te rabu-*

① 关于拉布拉，请参见 CXLIX, II, col. 561："Rabulam a rabie dici volunt, ut is sit rabula qui in negotiis agendis acer est, et rabiosus."(据说"Rabula"源于"rabies(疯狂)"，因为拉布拉(或奸诈的鼓吹者)是在处理纠纷时狡猾疯狂的人)在人文学者的笔下，这是个很常用的词。伊拉斯谟说法雷尔(Farel)是"homo rabula, effreni tum lingua tum calamo"(奸诈的人，使用放肆的语言和笔触)(CLXXIV, V, 537)。波斯戴尔(Postel)用这个词指反对崇拜玛丽亚的"新福音书分子"(les Cénévangélistes)(CCCLX, 35)，等等。

lam，*rabella*，*scurram*（拉伯拉，我说你是奸诈的鼓吹者，游手好闲）。谢斯诺的拉伯拉语言刻毒：*Lingua es vipereo cruenta tabo*（你以刻毒的行文使用残酷的语言）。不过 Rabelais（拉伯雷）难道不正是 Rabis laesus（强烈地伤害别人）的意思，而且维萨吉耶所说的 *Luciani sectator*（琉善教派）的言语，不正是“很有敌意”（*inimica lingua*）的意思吗？由此及彼的联系就是这样形成的。图阿斯奈相信了这一联系。他又以其他不太坚固的证据为基础，写出了他的文章《伏尔戴与拉伯雷决裂的笔记》（Note sur la rupture de Voulté avec Rabelais）。谁也没有想到对他的论断提出异议。不，有一个人于 1906 年提出了合乎情理的不同意见：“‘致拉伯雷’（Ad Rabellam），‘关于拉伯雷’（In Rabellam），‘不信教的异端分子琉善’（In quemdam irreligiosum Luciani sectatorem），‘猴子琉善’（In Luciani simium）这几首诗所说的，并不一定是同一个人物。”这个人就是拉贝尔·勒弗朗，他写过一篇关于圣玛特（Sainte Marthe）和疯狂的普代伯（Putherbe）的文章，很有新意。不同的意见就是在这篇文章中提出来的。无疑，他当时的思路是对的——如果他坚持自己的思路，那他一定也可以得出结论说，维萨吉耶三首“反对琉善”的诗，说的是艾田·多莱，而不是弗朗索瓦·拉伯雷。然而，如果追随琉善的人，如果琉善教派分子是书商，而不是阿尔高弗里巴（Alcofribas），那图阿斯奈的一整套东西还站得住脚吗？不仅图阿斯奈的一套理论站不住脚，即使我们假设维萨吉耶的讽刺诗“致拉伯雷”（Ad Rabellam），谢斯诺的讽刺诗“关于拉伯雷”（In Rabellam）说的真是拉伯雷，那不仅我们，任何人也无法在其中找到一点点借口，进而声称说：你看，维萨吉耶认识拉

伯雷，谢斯诺与拉伯雷站在同一条战线上，在他们的心目当中，“拉伯雷首先是个无神论者。”

一切都烟消云散了。在我们之前，任何人都没有像维萨吉耶清楚地描写1538年的多莱那样，描写过拉伯雷：“他是基督的对头。他否认基督的启示。”——尽管如此，我们难道不能提出一个问题吗？如果图阿斯奈没有说过加尔文在1533年写过一篇反对拉伯雷的文章，如果他没有利用自己的权威，把维萨吉耶于1538年谴责多莱无神论的讽刺诗套在拉伯雷的头上，如果他没有犯这些严重的错误，谁又能认为拉伯雷1532年是个宣传无神论的人呢？拉伯雷的这种形象也许很特别，但是并不真实。

6　从拉贝鲁斯到夏里德姆斯

我们已经认识了尼古拉·波旁。波旁是个善于说一大堆毫无价值的废话的人。图阿斯奈忘记了考查他与弗朗索瓦·拉伯雷的关系，我们也跟他一起忽略了。

乍一看来，他们之间的关系不多，而且十分淡漠。旺德夫的太阳神（波旁）只有一首诗是写给医生兼诗人的拉伯雷的。这首诗第一次出现于1538年的《无稽之谈》（*Nugae*）中①，翻译成法文是这样：“我现在很少遇到迪科斯戴（拉特拉努斯），迪曼纳和圣加莱了。他们在宫里忙着紧急的，重要的事。是时代使然吧。亲爱的拉伯雷（拉丁文原文是 *mi Rabelaese*），既然我肯定要走了，要去我想去

① XCIV^bis。

的地方（更准确地说是我的命运要我去的地方），请你替我向他们致意吧。”仅此而已，内容并不多。只不过是出于友情，托人办点事。甚至连友情也算不上，是出于客气。对他委托的人一句赞扬的话也没有。凡是知道当时的习俗的人，都会觉这首诗未免太冷漠了一些……然而，对波旁来说，见拉伯雷的机会也许不会少。他在里昂生活过，而且有两次正巧也是拉伯雷在里昂的时候。两个人有过友情，有过共同的事业。在巴黎多莱的宴会上，他们两个曾经坐在一起。因此，波旁给拉伯雷这个有名的医生只写了一首像张名片一样的诗，让人觉得很是奇怪。他没有用笔名给《巨人传》的作者写过其他的诗吗？如果我们知道这伙人的习惯，那我们就会提出这样的问题。

* * *

朗克多克有个很有名的博学之士，就是德·桑蒂（De Santi）博士（我们后面会再提到这个人），他从 1922 年便在《拉伯雷研究杂志》上发表的一篇文章中提出说，在 1533 年的《无稽之谈》（*Nugae*）中，有一首题为“关于拉贝罗姆”（In Rabellum）的诗很奇怪[①]：“拉贝鲁斯（Rabellus）啊，你怎么会有这样的想法呢？你不断地引诱我们的学生，让他们偏离体面的任务，放弃学习人和神的文

① 这首诗见于 CVI，f° 17 v°；CVII cahier i，f° 7 v°；CIX. III，ix，153。因此，德·桑蒂说波旁在《尼古拉·波旁八音节诙谐短诗集》中用“拉贝拉埃索姆”（*In Rabelaesum*）代替了“关于拉贝罗姆”（In Rabellum），这说法是不对的，两首诗一首在 247 页，一首在 153 页。

学……你是想让他们把正直的青春浪费在你那败坏的道德，你那包藏在隐晦之中的诙谐，你的无聊废话，你只图得到稿费而杜撰出来的文学，你的野蛮行径，你的垃圾和粪水当中吗？啊，请相信我，让我们的学生好好守着美好的品德吧。否则，你这个狂躁的疯子，你就不怕诗神们在你的逼迫之下，反过来在普天之下追击你，让你患上狂犬病：*ac ne te in rabiem inferant*，*Rabelle*！（拉贝鲁斯，不要像得了狂犬病一样！）”

德·桑蒂博士说，毫无疑问，这里说的就是拉伯雷，就是拉伯雷用通俗语言写的文学，就是《格朗特和巨人卡冈都亚伟大而无可估量的传记》（*Grandes et Inestimables Chroniques du Grant et énorme Géant Gargantua*）（第一版出版于1532年），以及《大名鼎鼎的庞大固埃可怕而可怖的史实和英雄事迹》（*Horribles et espoventables faicts et prouesses du très renommé Pantagruel*）（1532年）。也许还包括《庞大固埃预言记》（*Pantagruéline Prognostication*）（1532年底）。波旁是个教育家和道德说教家，他认为对于青年人来说，所有这些书都是很危险的，都会干扰青年人的学习……我们可以很清楚地看到，性情虔诚而又激烈的波旁完全信奉宗教改革的思想，对拉伯雷用通俗语言写的文章感到气愤。我们还看到，作为一个迷恋希腊文和拉丁文的“诗人”（vates）他绝不愿意接受这样的丑闻：一个高水平的人文学者，一个真正的学者，怎么能在格里夫出版社出版玛纳迪（Manardi）的书信，出版希波克拉底（Hippocratie）的格言，甚至还出版库斯庇迪斯（Cuspidius）的遗嘱……而且对文学毫无尊重之心，竟突然想起在专门出版民间无聊读物的努利出版社（Nourry）出版一些像《庞大固埃》之

类的书,在一个并不是很聪明的人文学者心目当中,这都是些多么令人鄙视的书啊。这显然是出于对利益的追逐(*libri quaestuosi*)。17世纪、18世纪和19世纪的批评家——从拉布里耶尔(La Bruyère)到拉马丁(Lamartine)为我们留下了那么多令人愕然的评价,他们根本没有理解拉伯雷作品的真正意义、价值、作用,以及从某种意义上说,他们根本没有理解拉伯雷作品的尊严。让我们想想这一切带来了什么样的后果。伏尔泰(Voltaire)曾经说:"只有兴趣奇怪的少数几个人才有兴致听别人说到这部作品,才看重这部作品。全国其他的人都对拉伯雷的玩笑嗤之以鼻,都会蔑视他的作品。"而抒情诗人埃尔维(Elvire)则认为,他觉得拉伯雷只是"中世纪隐修院的粪坑里生出来的有毒的臭蘑菇,是不守规矩的修道士们养的一头公猪,在肮脏的猪圈里自得其乐,把他吃的残渣剩饭溅得满脸都是,代表了时代的风俗和语言"。实际上,这些人都是唱哀歌的诗人……诗人波旁在1538年的时候,没有预感到他会有如此出色的后继者。

除此之外,如果"关于拉贝罗姆"(In Rabellum)说的真是拉伯雷,其实这是很可能的事,这也证明拉伯雷用通俗语言发表的那些作品很受欢迎,不过这个证明很奇怪,而且也令人感到十分气恼。另外我们还应注意到,"关于拉贝罗姆"(In Rabellum)中把"拉贝鲁斯"(Rabellus)和狂犬病(le rabique)放在一起,这是诗的结尾。然而,我们前边提到过维萨吉耶1536年写给拉伯雷的诗,1537年这首诗又再版了;这首诗的主题是什么呢?"拉伯雷啊,有人说你的心患了狂犬病,他是在撒谎"……说这话的人是谁呢?德·桑蒂博士说:这个人就是朱尔-恺撒·斯卡利吉。我们后边会再次说到这个人。德·桑蒂把人们的注意力吸引到“关于拉贝罗姆”(In Rabellum)这首诗上,可他没有想到波旁。1533 年,波旁与斯卡利吉是有联系的。

* * *

现在,我们应当来考察一下与波旁的诗集同时代的其他文集。1538 年,巴黎的科林出版社出版了一本名为《游戏诗集》(*Ludi*)的作品,作者的名字是于贝尔·苏萨内,或者叫苏萨诺,这个名字我们前面已经提到过了。于贝尔是个性情暴烈、心绪无常的人,一半是学者,一半是教育家,一生经历动荡,其生平为人所知的不多。我们看到他在 1531 年崭露头角;我们很奇怪的是,人们怎么会把他当成一个人文学者,他对夏尔特尔修会的权威皮埃尔·库斯突利耶(Pierre Cousturier)极尽谄媚之能事,在反对路德、勒费弗尔、伊拉斯谟及其信徒们的斗争当中,是索帮神学院最好斗的导师之一。[①] 第二年,我们看到他在向贝达(Beda)献媚。在此之后又过了两年,到了 1534 年,他把皮埃尔·罗塞(Pierre Rosset)的一本《基督》(*Christus*)题辞献给国王弗朗索瓦,书的前言大量引用了《圣经》中的话,包括大量“列王记”、“诗篇”、“使徒保罗”、“使徒约

① 波旁在《无稽之谈》(*Nugae*)中攻击过他(CVII, f° 12 以及 CIX, 第 143 页): *in Sutorem Erasmi obtrectatorem*(反苏托尔,伊拉斯谟的诽谤者).圣维克多的图书中有这本书: *Sutoris adversus quendam qui vocaverat eum friponnatorem, et quod friponnatores non sunt damnati ab Ecclesia*(苏托尔,反对叫他流氓的人,认为流氓不会被教会判刑)。

翰”、“箴言”中的语录。又过了两年，他主编了一本《西塞罗词典》（*Dictionarium Cicéronianum*），于1536年赏赐给了科林出版社，他向古当斯（Coutances）的主教菲利普·德·高塞（Philippe de Cossé）讲述了他的部分生平：他如何在巴黎向公众讲授维吉尔（Virgile）和西塞罗（Cicéron）；他是如何认识了法国的贺拉斯玛克兰，又通过玛克兰认识了古当斯的主教的；以及他如何喜欢上了一个布列塔尼的贵族，并与他在西部游历。后来，他又回到布尔日（Bourges），到了里昂，作为校对员受雇于格里夫出版社，并在这家出版社认识了多莱。在此之后，他又走过蛮子之国意大利，到了都灵，讲授西塞罗的学说，在意大利的帕维亚（Pavie）给一个大学校长讲过理论，给年轻人上过课，在曼图亚（Mantoue）朝觐过维吉尔的遗迹……这一切大概都是确切的——但却不乏修饰。比如苏萨内对他的意大利之行就没有怎么说。但是我们知道，他当过学校总监的助理，可是在1536年8月，在与人打架之后不得不逃离了都灵。他性情暴烈，是干得出这种事的。因为，四年之后，格雷诺布尔城虽然还记得他第一次在这里的时候犯下的劣行，还是聘用了他，但后来不得不又开除他。档案上是这样说的：“此人品行不端，一本书只讲两三章，又讲另一本，而且亵渎上帝，常常喝得醉醺醺的，不能为孜孜以求的学生们树立师表，经常与人打架……”如此看来，他与朱尔-恺撒·斯卡利吉臭味相投，也就毫不奇怪了，他出版朱尔-恺撒·斯卡利吉以激烈的言辞抨击伊拉斯谟的第二本书（在出版这本书之前，他与作者谈过一次话，这是他在前言中说过的）。这本书于1535年9月25日完成编辑，由苏萨内负责，大概于1536年底出版，标注的出版年份是1537年。伊拉斯谟也死于这个时候。苏萨内在1538年的《游戏诗集》(*Ludi*)中，为他写了一首字斟句酌的讽刺诗，言辞虽然激烈，却仍不失谨慎："在大地上，一片云始终遮住了你的天空。现在，你的天空是完整的了，晴天朗日，万里无云"(*divina in terris per nubem ex parte videbas; omnia nunc clare, nunc sine nube vides...*)。

他就是这样一个人，想方设法躲在刑事长官让·莫兰(Jean Morin)的羽翼保护之下，却因西塞罗而与多莱，甚至与斯卡利吉有了思想上的共同点，虔诚地乞求圣母玛利亚的保护——而且向拉伯雷的医德表示敬意。他的这首诗经常为人所引用，也就是"*Ad Rablaesum cum esset in Monte Pessulano*(致Pessulanus山上的拉伯雷)"。他在谈到自己时说："在医生云集的圣城，于贝尔的身体却日渐衰弱。他的病痛无药医治。拉伯雷啊，只有你才有这样的本事——正如他自己所想的那样，见不到你，才是他唯一的病痛。你那宁静的表情让他心安，一看到你，他浑身上下的疲惫便烟消云散。"这首诗在《游戏诗集》的第41页，所表示的不仅仅是客气、讨好。然而，在第8页的8 v°和第39页的v°(且不说第37页还有一首名为"关于拉布拉姆"(In Rabulam)的诗)，有三首名为"关于鲁贝洛姆"(In Rubellum)或者"致鲁贝洛姆"(Ad Rubellum)的诗。我们先来看最后一首：Occurris nulla non potus luce, Rubelle; qui te non potum, te bene mane videt! ——我们不用再费力把这首拉丁文的诗译成法文，因为已经有人翻译过了，那就是龙沙(Ronsard)在有名的《拉伯雷的墓志铭》(*Epitaphe de François Rabelais*)中翻译的那首诗。《拉伯雷的墓志铭》出版于1554年11月底：

只要是在上午,太阳所照到的他,
没有哪一天不是醉醺醺的……

这是拉伯雷吗?如果苏萨内笔下的酒鬼鲁贝鲁斯(Rubellus)所指的不是希农的拉伯雷(Chinonais),那就奇怪了。另外两首诗“关于鲁贝洛姆”(In Rubellum)和“致鲁贝洛姆”(Ad Rubellum)没有谩骂的意思,只是表示了一个道德说教家心怀忧郁的指责,对一个行为可疑的人感到悲哀而已:“鲁贝鲁斯(Rubellus)啊,我知道你在自己家里都干了些什么事——你干的那些事要用黑盐揉过,用乌贼的墨汁染过才能够蒙蔽视听……这我知道,但我就不必用它们污染洁白的纸了。”或者,“刻苦的加图(Caton),刻苦的西皮阿(Scipion),他们是你的伴侣吗?不,鲁贝鲁斯(Rubellus)。如果你喜欢基利纳斯战神,那你就去寻找吧,从他们当中,你才能够找到你的伴侣。找到一个,两个?不,是成千上万。”“关于拉布拉姆”(In Rabulam)的格调也是一样的:“如果今天有人谴责你的文章,你会抗议,你会说,我要留待后人评说。而且你怪罪时代不公平!从前的提摩太和维吉尔并不像你这样。而且伟大的阿佩莱斯(Apelles)也提出要把他的画展示给人民。可你却拒绝。因为只有你自己才喜欢你写的东西。”[①]因此,作者没有谩骂。只不过本

① In Rubellum:Plus satis scio quae domi, Rubelle,—patrasti, sale defricanda nigro—et loliginis allinenda succo.—Sed nolo niveani inquinare chartam. CCLXXX, f° 8.—Ad Rubellum:Cum Catone gravi atque Scipione—non satis tibi convenit, Rubelle.—Quirinalia si sapis, requires.—Illic, reperies tuos sodales... (8 v°)—In Rabulam.:Reprendi non vis hodie tua scripta, sed inquis:—judicium melius, postera secla ferent.—Et quasi judicio careant, tua saecula damnas.—Mens diversa—Titis Vergiliisque fuit, etc. (37).

来寄厚望于某人，却突然发现希望破灭了，所以口吻中透出心中的忧郁而已。斯卡利吉在“关于比比努斯”(in Bibinum)的某些诗中也是这种口吻。波旁在“关于拉贝罗姆”(In Rabellum)中的口吻也是这样。

* * *

仅此而已吗？在仔细读尼古拉·波旁的《无稽之谈》——1538年的《无稽之谈》——时，我偶然看到一首很奇怪的诗(CXXXII，417页)。据我所知，这首诗从来没有引起过拉伯雷的朋友们的注意。诗中说的是一个名叫“夏里德姆斯”的人(Charidemus)，译成现在的法语可以是“民众所喜欢的”，甚至于可以像拉布里耶尔那样，译成“流氓的魅力”(Charme de la Canaille)。经过转译之后，这首诗的意思是：

“夏里德姆斯啊，很多最近见过你的人都说，你想出版一本新书。为什么不呢？从前，你总是有新书出版的。而且你名声卓著。不过，夏里德姆斯啊，这本新书的主题，还没有人能够说得清楚。有些人以为是关于基督、关于妖术、关于恶鬼的伟大奥秘。有些人以为是对宝石精髓的揭示，是讲天体，讲哪天该与美人交接，哪天不该。有的人说是讲蘑菇和甜菜及其功效的；也有的人说是讲蚕豆和其他蔬菜的。还有的人想让你论述麻风病或者令人厌恶的疥癣，这是你很熟悉的两种病患。请相信我，说什么都好于歌颂巨人的可怕战争，或者山叠山。可是问题不在这里。请听听我的猜测，请让我为了你的利益告诉你：你要说的是一群鹤，以及你的父辈小矮人如何勇敢地抓住它们！”[1]

巨人？巨人的可怕战争？还有，为什么人们那么贪婪好奇，人们的猜想包括妖术和植物，以及天文，医学和许多其他的奥秘？拉伯雷这个名字就在我们嘴边。我们要指出的是，波旁的诗在1533年的《无稽之谈》中并没有。因此很可能这首诗写于1534年到1538年之间。在这段时间，拉伯雷自发表了《卡冈都亚》之后，有可能想出版一本新的书？《卡冈都亚》是1534年10月开始上市的。

再说，用自由体翻译的原话说，还有射向“流氓的魅力”的其他的箭。他是研究古希腊文化的学者。他是，或者自诩是柏拉图哲学的信徒。他自称是又一个希波克拉底(Hippocrate)。这是已经后加进1533年的《无稽之谈》中的三首诗所告诉我们的。其中一首说：“夏里德姆斯自命为希波克拉底，让自己成为哈波克拉戴斯(Harpocrate)不是更好吗？”神话中的哈波克拉戴斯将一根手指放在嘴唇上，代表的是缄默。另一首诗嘲笑道：“夏里德姆斯编了一

---

[1] Multi qui nuper tecum, Charideme, fuerunt—edere velle novum te retulere librum.—Credibile est isthuc: quid ni? Nam emittere libros—consuesti jam olim, magnaque fama tua est.—Set quo argumento...—adhuc dicere nemo potest.—Arcana exspectant alii, de nomine Jesu,—de magica arte alii, de cacodaemonibus—de geniis alii gemmarum, etc...—Crede mihi, hoc melius quam si horrida bella Gigantum—aut caneres montes montibus impositos...(n° 132, p. 417).—Cf. la pièce suivante(法文): Scribere te dicis, Charideme, immane volumen—qualeque viderunt secula nulla prius—Set tibi scribenti quum saucia mens sit in aegro—corpore, quod veluti putre cadaver babes,(夏里德姆斯，你说你在写一部前人从未见过的巨著，但写作的你在病态的身体中拥有病态的思想，你的身体就像你拥有一具正在腐坏的尸体)etc.—(n° 133 p. 418).

套希腊文语法，对公众吹嘘，向所有的人展示，一段段地背诵给人听。”第三首诗抨击道：“你是愚蠢之子，没有文化的人物，无耻之徒，跟语法学家在一起时，你与人谈论柏拉图的哲学。懂柏拉图的人来了，你就又成了语法学家。”这些文章多么令人愕然啊！那是希波克拉底吗？那是拉伯雷！那是柏拉图吗？那是拉伯雷！那希腊语法又是怎么回事呢？的确。然而，这里所说的巨人、妖术、植物学……这分明就是拉伯雷！

* * *

不，这不是拉伯雷。因为，在1538年的《无稽之谈》中，还有两首诗，是1533年的《无稽之谈》中所没有的。诗人在这两首诗中说，某人抱怨在我们的诗中受到了摧残。这个某人的名字就是，或者几乎就是夏里德姆斯。如果他从品行和名字上都像是夏里德姆斯，那他活该如此，错误并不在波旁！这个某人是谁呢？第二首诗指名道姓了。他叫让·谢拉达姆(Jean Chéradame)。波旁在这首诗里指名道姓地斥责他：“有人对你说，我借谢拉达姆之名，败坏了你的声誉。如果这些人让你相信了他们的话，那我有什么办法？你是个轻信的人，你的轻信难道该由我来负责吗？”[①]黑暗越来越

① In quempiam：Se queritur quideam perstringi carmine nostro—nomen habens ferme quod Charidemus habet.—Nomine si par est Charidemo et moribus，iste—ne mihi set vitio vertat uterque sibi(关于某人：如果某人抱怨在我们的诗中受到了摧残，这个某人的名字就是或者几乎就是夏里德姆斯。如果他从品行和名字上都像是夏里德姆斯，前者错误并非在我，两者终归是他自己)(VII，LX，391).亦见于下一首：“Jam

深沉。

“谢拉达姆”这个名字能说明什么呢？叫这个名字的人是个诺曼底人，一个具有神秘主义倾向的希伯来语学者。安巴·德·拉图尔（Imbart de La Tour）在写《宗教改革的起源》（*Origines de la Réforme*，III，289）时，注意到了这个人，因为，安巴·德·拉图尔发表过一篇关于狄俄尼悉俄斯（dionysienne）的神秘学的论文，文章的题目是“希伯来入门”（Alphabet hébreu），不大引人注意。他寻求的是象征，在作为神圣语言的希伯来文字当中，象征俯拾即是，甚至在组成字词的字母当中也有：什么都是有意义的，有的字母象征的是上帝的存在，有的字母象征的则是基督，如此等等。诗中的人物也吸引了德拉鲁埃尔（Delaruelle）的注意。当时德拉鲁埃尔正在研究1514年到1530年间巴黎的希腊学研究是如何起步的。因为他于1521年在古尔蒙出版社（Gourmont）发表了一本希腊文语法，后来又于1523年出版了一本克拉斯东（Craston）的希腊词语汇编。在写给特鲁瓦的主教，国王的忏悔师吉约姆·普迪（Guillaume Petit）的题辞当中，他告诉我们说，因为他在学希伯来文之前学过医学，所以他给自己起了个绰号，叫“希波克拉底”。因此，他在出版的希腊词语汇编上才又加上了这样一句题辞：“希波

cedo tibi；quid tum？ tu Charidemus fies—ipsissimus：sic cera est dignus cerite”（那么我同意你；那又怎么样？你十分坚信你是夏里德姆斯：那么这适合降低身份的身价低下者）（LXI）. Ad J. Cheradamum 在第 VIII 同 LXI 卷 460 页：“Qui tibi dixerunt Charidemi noine ficto—carminibus famam me lacerare tuam—ii fecisse fidem tibi si potuere, quid ad me？ Credule, credulitas num tua culpa mea est？”（有人对你说，我借谢拉达姆之名，败坏了你的声誉。如果这些人让你相信了他们的话，那我有什么办法？你是个轻信的人，你的轻信难道该由我来负责吗？）

克拉底，永不追悔的数学和语言学教授”（Hypocrates, Matheseos et Linguae Professor haud poentiendus）。我们需要补充说明的是，1528 年，他在古尔蒙出版社首次推出了希腊喜剧作家阿里斯托芬（Aristophane）的法文本作品，同一年又出版了琉善（Lucien）的《诸神的对话》（*Dialogues des Dieux*）。在此之前的 1527 年，柏拉图的对话集《论名称的恰当性》（*le Cratyle*）。

那么，拉伯雷与夏里德姆斯是什么关系呢？与希波克拉底是什么关系呢？与柏拉图又是什么关系？拉伯雷的影子没有了，消失了，蒸发了。拉伯雷没有了，只剩下阿让唐（Argentan）塞埃教区（diocèse de Séez）的谢拉达姆，这个谢拉达姆在特鲁瓦和朗格勒有些关系，有可能导致他与香槟的波旁发生冲突。[①] 那么巨人呢？巨人也就没有了。只能这样。总而言之，那也可能是一个现成的说法，只不过让人想到希腊奥萨（Ossa）高大的皮利翁山（Pélion），这也没有什么特别出奇的地方……再者说，事实情况也是这样，让·谢拉达姆并不是个神话人物。而且，还有一首名为“关于夏里德姆斯”（*In Charidemum*）的诗，更加让我们确定了的确有这么个人物，让他实实在在地站在我们面前（第 VII 卷，CXLVII，423）。从前，当谢拉达姆当着小同学们的面，向一个漂亮的少女献殷勤的时候，他故做出一副讨人喜欢的样子，一副才华横溢的样子。现在，他有了一个令人垂涎的妻子，便想躲开所有人的眼睛，以至于邻居们按照当时的习俗，问他妻子如何调教丈夫，丈夫的行

① 其中包括特鲁瓦的主教吉约姆·普迪，以及朗格勒的主教米歇尔·布德（Michel Boudet）。谢拉达姆把他的一部作品题辞献给了两位主教。

为是否勇敢的时候，可怜的妇人回答说："我不知道！他的整个身心都在研究天体星相！"拉伯雷是个星相学的新手？当然，他的预言在那摆着，而且他也曾预言未来……不过"夏里德姆斯"（Charidemus）把妻子搞到了手（*nunc uxore potitus expetita*），此前他只是她的追求者。而弗朗索瓦·拉伯雷从1527年到1536年间是个教士，是个背教的僧侣，后来又成了圣莫尔（Saint-Maur）的一个议事司铎，一直到自己的末日，如果有孩子，也只能是私生子。他只能有个姘妇。而且天知道，如果小伙伴们对这个姘妇提出质疑，会怎么称呼她。拉伯雷根本不能像个自由人那样，拥有合法的妻子（uxor）。[①]

在拉丁学者这个小小的圈子里，一些人互相间的抨击向我们指出的，真是一条十分奇怪的路：波旁的《无稽之谈》从1533年便在"关于夏里德姆斯"（In Charidemum）中字斟句酌地首先说了一通恶言恶语。我们翻开维萨吉耶1536年在格里夫出版社出版的两卷本《讽刺短诗集》，在第32页有一首"In Cheradaemum"（原文如此），好像先就把后来波旁的两首讽刺短诗很好地综合在了一起："肮脏，下流，害人，见不得人，心怀怨怼，无知且无用：是啊，可是谢拉达姆（Cheradaeme）恋爱了。他到处引人发笑，每个人都把他当笑料，他向粗俗的人出卖他的名声。是啊，可是谢拉达姆恋爱了……"这时候维萨吉耶还没有与波旁闹翻。

---

① "夏里德姆斯"是个大胡子（CIX, p. 383; in Charidemus barbatulum），而且波旁对他妻子作了十分露骨的描写（Nibilque homo est Charidemus, et Scortillum habet,—dignum patella operculum.（夏里德姆斯不大像人，他有个荡妇，壶与盖正合适）同上文，第30页）。

* * *

可是不管怎么说，面对着《无稽之谈》中的诗，我们还是觉得不满意。谢拉达姆这个人是有的。谢拉达姆写过一本希腊文语法。谢拉达姆对神秘学的东西感兴趣。可是那些巨人是怎么回事呢？是谁关心哲学和植物学呢？当可怜的谢拉达姆抱怨别人对他的指责时，为什么欲说还休地矢口否认呢？波旁通过巧妙的文字游戏，是想一石两鸟吗？1533 年，他拿谢拉达姆寻了开心，到了 1538 年，又用同一个名字指另外一个人，并想由此而制造"我没有说过这类闲话"的证明吗？

不管怎么说，我们要注意到一点：这些诗中所说的，不过是一些笑料。没有任何一点涉及信教或者不信教的态度。然而，波旁同情宗教改革，从性情和爱好上来说，他很容易表现出狂热的情绪；对于他来说，问题算是提了出来。从 1533 年开始，他的《无稽之谈》（巴黎，瓦斯高桑出版社，f° C 6 v°）便向我们展示了一个时时把基督挂在嘴边的虚伪的琉善分子的形象。可是他不管是心中还是口中，却时时挂着琉善："我现在知道你是什么样的人了，*nunc, qui sis, scio; fers in ore Christum, fers in pectore et ore Lucianum*（把基督挂在嘴边，把琉善放在心中和口中）。"维萨吉耶后来在 1531 年的《讽刺短诗集》中也照搬了这种说法，不过他说的是勒费弗尔（Lefèvre）："Quod fert pectore, fert in ore: Christum...（他放在心中和挂在嘴边的是：基督）"（I, 70）。这个琉善分子又是谁呢？是拉伯雷？我们没有任何证据这样说。也没有任何证据反对这样说。你可以说是拉伯雷，也可以说是我们所知道的与拉伯雷同时代的很多其他人，或者是许许多多在暗中传播琉善思想的无名之辈。再者说，“传播琉善的思想”这种说法，在当时宗教论战频仍的年代，在不同人的笔下，应当说意思相差很大。一个像伊拉斯谟这样的基督徒“传播琉善的思想”，会让路德这样的基督徒或者像贝达这样的基督徒感到极其可恶。路德和贝达在憎恨当中达到了和解，可他们会从各自的观点出发，言辞激烈地谴责信奉自由派信经的基督徒，谴责出版新约全书的人，谴责努力使时代的基督教变得更加有生命力、更加丰富的人。即使1533年的《无稽之谈》中所说的琉善分子和同一本诗集中所说的拉贝鲁斯一样，指的真是我们的朋友弗朗索瓦·拉伯雷，诸如热巴赫之类的人为我们留下的拉伯雷的传统形象也不会改变丝毫。因为这个福音史家是绝不会与狂热分子同流合污的。他不会追随法雷尔的后尘，去做一个无视传统的人。他一辈子都在毫不掩饰地想把柏拉图式的高尚的人文思想和琉善式的诙谐和愉快的戏谑统一在一起，形成伊拉斯谟式的虔诚。

7　朱尔-恺撒·斯卡利吉和拉伯雷

有一些文章是图阿斯奈提出来的，阿贝尔·勒弗朗接了过来。还有别的文章。而且这些文章也提出了同样性质的困难。在《拉伯雷研究杂志》的两篇文章里，我们已经提到过的一位博学之士，德·桑蒂博士让我们注意到很多讽刺短诗（可惜这些短诗没有注明写作日期），都是文学斗士，性情急躁的朱尔－恺撒·斯卡利吉在讽刺一个名叫“巴利耶努斯”（*Baryoenus*）或者“巴勒努斯”（*Baroenus*）的人。我们在大部头的《朱尔－恺撒·斯卡利吉诗集》（*J.-C. Scaligeri Poemata*）中看到了这些诗。这本诗集是约瑟夫·斯卡利吉在父亲死后，于1574年出版的。在这本拼凑起的诗集中，有很多针对多莱的诗：《杂诗集》（*Farrago*）中有四首，《依波纳克斯》（*Hipponax*）中有四首。与针对“巴利耶努斯”或者“巴勒努斯”的诗相比，这算不上多。针对“巴利耶努斯”或者“巴勒努斯”的诗在《杂诗集》（*Farrago*）中有九首，在《蜂鸟》（*Archilochus*）中有两首，还不算在一首名为“阿达”（Ata）的诗中一段很长的议论。另外，还有大量的诗与前面所说的诗有联系，说的是一个名叫“毕毕努斯”的人（可以说是属于同一种类型的化名）。在《杂诗集》中至少有四首，在《蜂鸟》中有三首，《依波纳克斯》（*Hipponax*）当中有三首。如果“毕毕努斯”、“巴利耶努斯”和“巴勒努斯”指的是同一个人，那么针对他的诗总共有二十五首之多，其言辞之中都带有斯卡利吉所特有的激烈，虽然名字不一样，但好像说的都是同一个人，一定是刻毒的斯卡利吉最憎恨的两三个人之一吧。

* * *

这个见证人并不是一个多么了不起的人。他叫贝努阿·波尔多那（Benoît Bordone），是个趾高气扬，虚荣而爱吵吵的家伙，1484年4月27日出生于里瓦（Riva）的加尔达湖（le lac de

Garde)边，他父亲是维罗纳一个专门画小彩画插图的画家。贝努阿・波尔多那在帕多瓦(Padoue)生活了很长时间，后来又到了威尼斯(Venise)，住在斯卡拉区(della Scala)[①]——他的笔名中的"斯卡利吉"(Scaliger)由此而来，也正是由于此，朱尔－恺撒产生了一种可笑的想法，说自己是维罗纳的斯卡利吉(Scaliger de Vérone)的后代——这个天资相当不错的冒险家作为阿让(Agen)的主教安托万・德・罗维(Antoine della Rovere)的随从来到法国。这大概是1524年的事。这个意大利人结了婚，从而定居在加龙河畔。真是远道来的和尚会念经，他马上焕然一新，为自己编造了一段英雄的过去，对人说他在拉韦纳(Ravenne)的战事和英雄事迹，说他父亲和一个兄弟便死在那里的战场上。他说自己的祖先是贵族，与贵族联姻，并散布说波尔多那(Bordone)是一块领地的名字，他便是领主，自命为"波尔登"(Burden)。他大概给自己封了个所谓的帕多瓦艺术大师的称号，并在这个假称号的帮助之下，最终于1529年得到了入籍证书，使他一跃而成为布尔多尼(Bourdonis)的朱尔－恺撒・德・勒斯卡尔(Jules-César de Lescalles de Bourdonis)，出生于维罗纳(Vérone)，在阿让生活了四年的医学博士。[②]

我们知道，他为了让别人知道自己是如何攻击伊拉斯谟的，便说伊拉斯谟是娼妓的儿子，是酒鬼，如此等等，还写过两首谴责伊

① 关于朱尔－恺撒的出身，详见阿吕(P. Allut)的《桑福利安・香皮耶传记及书目研究》(*Etude biographique et bibliographique sur Symphorien Champier*)。

② 见于弗朗索瓦一世户籍册，I，640，n° 3352。亦见于德・桑蒂的《拉伯雷和朱尔－恺撒・斯卡利吉》(*Rabelais et J.-C. Scaliger*)。

拉斯谟的诗，一首在1529年寄到巴黎，由皮埃尔·维杜（Pierre Vidoue）于1531年9月1日印行；另一首完成于1535年9月25日，是由苏萨内于1537年提交给由同一个书商皮埃尔·维杜印行的。这本诗集出版时，伊拉斯谟已经死了。因此，为了显得公平，斯卡利吉在1539年的《滑稽韵律诗》（*De comicis dimensionibus*）（第55页）中为死去的伟人流了几滴虚伪的眼泪。但他在同一年的《英雄》（*Heroes*）中（第23页），还是发表了一首令人愕然的二行诗："你这就死了，伊拉斯谟……你就这样离开了我，未能与我的爱和解！"（*at quid me linguis, Erasme,—ante meus quam vit conciliatus amor?*）。然而，博学的德国人躲过约瑟夫警觉的审查，发表了一本施洛恩（Schelhorn）的"Amoenitates Litterariae（文学的乐趣）"，是关于朱尔－恺撒的书信资料[①]，只要打开这本书，就会对他的举止有个正确感的感觉。因为，我们从中（VI，第508页）能够看到斯卡利吉揭发伊拉斯谟的两封信，一封是写给巴黎大学的校长的，另一封（第522页）是写给贝达亲启的，贝达被说成是"学识渊博的人"（*vir doctissimus*），说他应该尽快采取行动，处理一个不信教的家伙，这个人想熄灭宗教之火的火炬（*religionis nostrae lumina exstinguere*），不仅如此，他还欺骗很多头脑简单的人，用异端邪说诱惑他们（*ejus fallaciis jam illecti sunt nonnulli qui, quam quod erant, aliud esse mallent*）。

他这丑恶的行为，连宗教狂热的借口都可以不要了：他原来在帕多瓦是彭波那齐（Pomponazzi）的弟子，能说自己是严格的天主

① CCLXX。

教徒吗？按照他儿子约瑟夫的说法，在波洛尼亚（Bologne）的时候，他开始时的确是跟邓斯·司各脱（Duns Scot）学习的，那时他说自己是方济各会的修士，后来又想当教皇（原文如此！）。可是在阿让，他于1538年因异端邪说而受到起诉，死时算得上是半个路德教派的分子。我们分明看到，这一切都可以使他作为一个最为正统的天主教徒，成为向伊拉斯谟挑衅的头号人物！而且，这个朱尔－恺撒是个怪人，是个“人物”，而且并不是没有优点：他像帕尼尔日一样通晓多种语言（至少他自己这么说），非常喜欢稀有植物，让人从普罗旺斯给他带过来，他照着描图，好准确地画下来；他是个喜欢医术的医生，善于卖弄，是个没有廉耻的讼棍，精神总是很紧张，总是慌慌张张，总是很激动；约瑟夫说，阿让的人们不是爱他，而是怕他。可是，这个“光头”（好像他在帕多瓦时的绰号叫“光头”）却是仪表堂堂、说一不二的，他的威严、他的表现让所有的人感到折服。他的儿子天真地说：“他很吓人，总是大喊大叫，所以别人都怕他！”不过，我们还是不要受此蛊惑，尤其是不能把这个维罗纳的告密者拼命叫喊的话都当成真话。①

然而，他的诗里都说了些什么呢？这人是个僧侣，或者更准

① 《斯卡利吉二三事以及斯卡利吉的真话》（*Scaligerana, ou bons mots de J. Scaliger*）（科隆，1695年）：关于斯卡利吉的家庭及抱负，第72页；对宗教改革的同情，第9页和第357页；与伊拉斯谟的关系，第140页；对多种语言的通晓，第239页；关于他的导师彭波那齐，第320页；关于教会野心，第353页；对植物的爱好，第359页；对艾斯库隆（Escuron）的恨，第364页。亦见于帕特里（Patry）的《吉耶讷的新教改革之初》（*Les Débuts de la Réforme protestante en Guyenne*, 1523—1559, XXXII），书中生动地描绘了宗教改革时期与斯卡利吉一起生活在阿让的人们。

确地说是一个弃教的僧侣，先后背叛过两个修会，他是作家和人文主义者，会作一些短长格的诗，与斯卡利吉的短长格的诗唱和，善于恶意中伤、诽谤，是个捣乱分子，而且，也自然而然地是个不信教的人。而且还是个真正的酒鬼，他的化名本身好像就说明了这一点。对于一个像德·桑蒂博士这样富于想象力的人来说，这还不足于让他说，这个酒囊饭袋似的“巴利耶努斯”就是拉伯雷吗？

* * *

初一看来，这两者之间的比较结果令人不知所措。被朱尔-恺撒当作取笑对象的“酒囊饭袋”(Sac-à-Vin)或者“巴利耶努斯”(Baryoenus)，开始时是个僧侣，远离了俗世。这与拉伯雷一样。一个可恶的僧侣，1538 年受过伤害的斯卡利吉对这样的人怀着深仇大恨。他对我们说，僧侣为世界所带来的好处，还不如死尸多。死尸至少还可以使土地变得更加肥沃，而僧侣只会贪婪地吃，会把大地的肥力耗尽(*mortuus impinguat steriles laetamine sulcos*；—*at monachus*，*segetum munera rodit*，*ineres*)。而且还不仅仅如此，巴利耶努斯当过两次僧侣，与拉伯雷一样，斯卡利吉明确地对我们说，而且他说的很多细节德·桑蒂并没有引用，也许是没有很好地理解一两句诗的意义。讽刺短诗 V(第 194 页)翻译得很正确，从诗中我们的确可以看到如下的细节：“他原来是穿褐色衣服的方济各会修士，改宗换教，又穿黑衣服了。一个坏人不可能成为一个好的方济各会修士。再次成为黑衣修士的时候，他只是换了

换衣服的颜色吗？不，他原来是，现在仍然是一个黑色的人。”[①]一个令人不知所措的细节：拉伯雷正是先穿方济各会修士的褐色僧袍（*phaios*）；后来又穿上了本笃会修士的黑色僧袍……

我们再接着往下看。这个曾经两次弃教的人变成了无神论者。因此，对于修道院来说，世界上再也没有这个人了。现在，对于所有的人来说，他都等于是死了，完全死了（*At nunc, cum est atheos, jam vero est mortuus orbi—atque orbi, atque Deo, corporeque atque anima*）。

后来，斯卡利吉归结说：*bis monachus, tandemque atheos*（两度为僧侣，最终成为无神论者）。当他写悼词的时候，当他指责巴利耶努斯的出身时（《诗集》，第194页），他也提到这个恶人是不信教的。因为，“恶”是他最大的特点。从儿时起，到变成年轻人，再到变成老人，他不仅一向是酒馆里的常客，而且他最明显的标志就是“狂暴”（*rabies*），他把疯狂发泄成损人名誉的诗、有毒的短长诗，针对所有的事和所有的人，上帝和魔鬼都不能幸免（*qui mundum atque Deum laceravit vocibus atris,—si bonus est, bonus et Cerberus esse potest*）（如果用恶毒语言诽谤世界和神的人是好人，那么刻耳柏洛斯也有可能是好人）。总而言之，这是一个讽刺和污蔑的能手。如果有人给他看辛辣的诗句，他的第一反应

① “Fit niger ex phaeo Baryaenus transfuga funis;—nequam hoo non potuit chordiger esse bonus”——德·桑蒂的翻译很是奇怪：“巴利耶努斯穿上了黑色的僧袍”，Phaeus 就是希腊文的 phaios。福斯利尼（Forcellini）是按照 fuscus, subniger 的意思翻译的。下一句德·桑蒂的翻译是：“僧侣永远也不会成为好人”，我担心他是把 nequem（没用的人）当成 nunquam（从不）了。

就是寻思人家是不是抄袭了他的。德·桑蒂博士马上想到我们前边说过的维萨吉耶的讽刺短诗:“拉伯雷啊,谁说你的文字当中透着怒火,谁就是在说谎……”毫无疑问,佐依尔,就是斯卡利吉。如果德·桑蒂更了解大学的太阳神们的情况,他会想到——我们现在替他想到了——,尼古拉·波旁在1533年到1534年间似乎与斯卡利吉的关系非常密切,斯卡利吉1533年在瓦斯高桑出版出过一本讽刺短诗集,在这本诗集的前言当中,波旁对斯卡利吉极尽赞美之能事,他在自己的诗中,仿效“角斗士”写给色纹(Ch. Sevin)的题辞以及给萨瓦的路易丝(Louise de Savoie)写的墓志铭——波旁是维萨吉耶的死对头,是1538年“抄袭”维萨吉耶的人:说来说去,我们还是在这个小圈子里面转……[①]

需要指出的是,从一份无可置疑的资料——给萨里尼亚克的信——,我们可以看出,1532年以前,拉伯雷曾经认识斯卡利吉[②]。然而,“由于斯卡利吉从1524年到他去世的1558年期间从来没有离开过阿让”,那一定是拉伯雷到过阿让,大概是在1527年到

① CCLXVII, ép. 84, 265:斯卡利吉致波旁,阿让,1533年10月1日;第一封信。请参见CCLVII,第v°首,题目是:Nic. Bordonii ad R. D. J. Salazarium. Archid. Senonen.: En tibi, Scaligeri mitto nova carmina, Praesul—carmina quae mira dexteritate fluunt.—Et quae Nasoni tenero si lecta fuissent—Dixisset, Salve frater, et alter ego.(尼古拉·波旁致尊敬的主约翰·萨拉扎尔(Salazar)——桑斯(Sens)副主教:以完美技巧行文的诗作的领唱者,我在此发给你斯卡利吉的新诗。如果将它们读给敏感的纳索,他将说“你好,兄弟,另一个我”。)(Paris, Collège de Beauvais, X Cal. April. MDXXXIII)。虽然是客气,但约瑟夫还是说(《斯卡利吉二三事以及斯卡利吉的真话》第127页):“Docteur et Borbonius, poetae, nullius nominis.”(多莱和波旁是无名的诗人)这大概是波旁给多莱的赞美所付出的代价?

② 因为他向伊拉斯谟揭发说拉伯雷是无神论者。详见后文。

1531年间，正如他自己在1536年的《为背教陈情》(*Supplicatio pro apostasia*)中所说的那样，这期间他“在很多地方，穿着古老的教士的袍服行医，长达数年”(presbyteri scularis habitus assumpto, medicinae praxim in multis locis per annos mutos exercuit)(玛蒂-拉沃出版社，III，337页)。这样一来，如果我们了解斯卡利吉，了解他强烈的嫉恨心，了解他对本地医生不断的谩骂——而且，“所有在法国行医的人，从费尔奈尔一直到在阿让行医的无名小辈们，没有不被他骂得狗血喷头的”——，那么，一切就都清楚了。

拉伯雷是医生，也没有摆脱与行医的同行们一样的命运。①

* * *

我们承认，这一切都为我们留下了深刻的印象。只是还有几个困难之处……第一，在德·桑蒂引用并分析的十首讽刺短诗“关于巴利耶努姆”(In Baryoenum)当中，没有一句话说巴利耶努斯是医生，除非有错的地方。

我意思是说，博学的德·桑蒂以为正相反。他在第一篇文章里便评论斯卡利吉的一首讽刺短诗(《蜂鸟》，第350页)时归结说：“很明显，拉伯雷不是作为一个文人对待的，而是医生，是卖野药的游医。”此说不妥，我觉得应当翻译成：“巴利耶努斯说：恺撒不

① 拉伯雷曾大胆地向一个名叫布斯梯于斯(Nic. Boustius)的人写信说，他与所有的同行们关系都很好，只有一个人是例外！(J. C. Scaligeri Epistolae et orationes..., ép. 50, 171)。

考虑利益,只专心文学。恺撒是个傻瓜。忽视利益只研究文学!不过抽人的血,等于是掏人的钱,虽然血只是次要的,如果血是主要的,或者甚至是唯一的,那就更不用说了。然而,恺撒在狂妄当中却忽略了这一点:不怕贫穷去当个孱弱的书生,岂不是脑子有病?——就这样,巴利耶努斯鼓起腮帮子,吹着喇叭,在庸医布鲁库斯(Brucus)和西鲁斯(Syrus)的簇拥之下,走过广场,穿过大街,这些人连话语带行动,都是可以出卖的。巴利耶努斯说话大嗓门,嘻嘻哈哈,整个论坛的会场上都是他的笑声。可是,当他看到恺撒毫不理睬他蛮横的脾气,看到恺撒听见他的粗俗话语像平时听到赞美的言辞一样,可怜的巴利耶努斯气恼得不得了!"我们可以反复地看这首诗:其中没有一个字说巴利耶努斯是医生。你可以与两个庸医在一起,可是自己并不一定就是医生!在其他的诗里面,根本连提也没有提。背教的僧侣,气急败坏的诽谤者,不信教的人:不能再说他是医生或者卖野药的游医了吧。至少不能肯定地说他是。

还有其他的方面。有两首讽刺短诗,如果说的是拉伯雷,那会显得很奇怪。一首(《杂诗集》(*Farrago*),第 194 页)给出了一个关于巴利耶努斯的出其不意的细节:曾两次背教的,是屠夫的儿子:*e lanio, inter grunnitusque boumque cruores—natus*...(生于处在家畜的呻吟和鲜血中的屠夫家庭)拉伯雷是屠夫的儿子?这真是新发明。我这时回想起(对这些资料如此了如指掌,我都觉得不好意思了)他 1538 年在巴黎科林出版社印行的维萨吉耶的《铭文诗集》(*Inscriptiones*)中有一首诗(f°)。诗里说的是一个名叫鲁鲁斯(Rullus)的医生:"你父亲是屠户,你跟他并无区别。只不过，他杀死的是畜生，你害死的则是人……”这首无名的小诗在诗集中恰恰排在谴责拉伯拉（Rabella）超级好奇的讽刺短诗 *Scire cupis qui sim*（你想知道我是谁）前边……

另外也很奇怪的是，斯卡利吉以碑文的形式所描绘的巴利耶努斯的末日：“巴利耶努斯的尸骨长眠于此，涤罪的火焰终于战胜了他。水不能溶解这个邪恶的坏蛋。一条狗大概啃光了他的骨肉……”一首意义晦涩的诗。[①] 大无畏的德·桑蒂告诉我们说，这首诗表明“创作《庞大固埃》的作者死后，在外省所流传的，是什么样的传闻”。“在外省”，这种过时的说法是多么的可爱啊！可是，哪怕稍微解释一下，也能够解决我们的问题。在“斯卡利吉收集人们的闲言碎语”的阿让，有人说“拉伯雷被水淹死了，可是水也为他而感到耻辱，把他抛上了岸，一条狗啃了他的尸体”。也许有这事，但是，我们想知道阿让的人们究竟是如何说长道短的，而不是想通过一首诗去了解人们的说法，因为有人是用当地人的闲话来解释这首诗的意思的……再者说，是时候了，我们要提出一个有力的证据来反驳。

＊　＊　＊

为什么德·桑蒂博士一边读着斯卡利吉那些乏味的诗，会突然注意到其中的某一些呢？为什么他把这些诗与拉伯雷联系在一

① De Baryaeno monacho：Hic domita ossa piis Baryaeni sunt sita flammis.—Tetrum non potuit diluere unda nefas；omnia dente canis rosit.

起呢？因为他把巴利耶努斯(Baryoenus)译成了“酒囊饭袋”(字面上的意思是“因酒而沉重”)，这一下便让人想到了人们传闻中的拉伯雷：“天天上午，太阳出来时，他总是醉醺醺的……”可是，为什么不考虑人名的拼法呢？

到目前为止，我们是有意像德·桑蒂一样，把人名都写成“巴利耶努斯”(Baryoenus)。[①] 实际上，在朱尔-恺撒印行的诗集当中，每次出现这个名字时，都是“巴利埃努斯”(Baryænus)，在以罗马字母编排的题目上就是这样，字母印得非常清楚。用斜体字印的正文当中也是这样。如果怀疑，只要看《朱尔-恺撒·斯卡利吉诗集》第 191 页第二行的文字：“Male poenitere... artis et operæ”，只要比较“poenitere”中的“oe”和“operæ”中的“æ”就可以知道，这两者是不一样的。或者还有(第 194 页 1，22)“Quem Gangrænarum foetida prostibula”一句当中两者的区别也很清楚。这样一来，不就没有什么“酒囊饭袋”了吗？因为，斯卡利吉是懂希腊语的，以希腊文为基础组成的一些词，比如 barus 和 oinos，在斯卡利吉的笔下都不会成为巴利埃努斯(Baryænus)！

德·桑蒂对文字是注意了的。但他认为朱尔-恺撒在手稿中写的是“拉比约努斯”(Rabioenus)，而不是“巴利耶努斯”(Baryoenus)，而且“大概是约瑟夫·斯卡利吉在怀着虔诚之心修改父亲的文集手稿时，把‘拉比约努斯’(Rabioenus)改成了‘巴利耶努斯’(Baryoenus)，而并没有想到这其中会有什么疑问”。这只是没有

① 见于古维阿(Gouvea)，CC，10，其中有一首诗叫 ad Barenum Ciceronianum，是德·桑蒂所不知道的，而且也没有什么意义，诗中给出了这个名字的另一种拼法。

什么根据的假设。可是如果是为了说拉伯雷的“狂暴”（rabies），那为什么是“拉比约努斯”（Rabioenus），而不是“拉比努斯”（Rabienus）呢？

然而，自命不凡的朱尔－恺撒的诗句“fit niger ex phaeo Baryænus transfuga funis（叛教者巴利埃努斯的着装从暗色变成黑色）”不断地在我们的头脑中出现。我们又取来八开本的厚厚的《朱尔－恺撒·斯卡利吉诗集》，翻开一看，里面的资料，都是在很久之后（1574年），由一个并没有多大把握的继承人，一股脑交给出版社印行的，文件上都没有标注日期，让我们摸不着头脑……我们翻开这本书，找到“关于比比努斯”（in Bibinum）里面的诗。

* * *

Bibinus（比比努斯）是谁？是本毕努斯（Pimpinus）的双胞胎弟弟——安托万·德·古维阿曾在1539年的《讽刺短诗集》（*Epigrammes*，n°，XLV）中歌颂过他的关于酒神的话——还是一个真正的、为人所知的人物呢？德·桑蒂根本不曾有过疑虑。比比努斯就是拉伯雷。又是拉伯雷。

实际上，在《依波纳克斯》（*Hipponax*）的第445页和446页，两首斥骂这个酒鬼的诗好像说明这个人就是巴利埃努斯（Baryænus）。比比努斯和巴利埃努斯（Baryænus）一样，也是一个造了反、脱离了教会的僧侣（*Bibinus ille，factiosus et durus*）（比比努斯，那个搞派系且残酷的人）。当这个人还是僧侣时，斯卡利吉把他描绘成一个才华横溢的人，像一盏照路的明灯。背教之后，他成了牛角灯里的一个小小的火头（*cuculla cum pudore deposita*）（羞耻地将僧衣交出）。而且最后，他成了一头只会制造肥料的猪（*opipis porcus auctus in sacris*）（在丰盈的圣物上被养大的猪），脑满肠肥，浑身的肉，荒淫堕落。他还是一盏灯，只不过灯火熄灭了。后面还有同样主题的诗（第455页），而且有一句诗跟前面有共同之处（*diris monota cum lateret in claustris*）（当他隐居时，便藏于可怕的修道院中）。斯卡利吉是把僧侣与还俗的人相对照的，僧侣在修道院里克制忍让，或者更准确地说，是受到限制，不得不忍让，听文人的话及其鼓励，不吵闹，不打架。还俗的人离开了修院，在名声狼藉的街上到处跑，混迹于垃圾当中，要不然就喝得酩酊大醉。因此，《依波纳克斯》第456页的讽刺短诗“关于某人”（in quendam）也许指的是同一个比比努斯。斯卡利吉问道：“从前对你赞美有加的学者们，现在让你蒙受了极大的耻辱，你对此感到奇怪吗？可是从前，你平和，朴素，虔诚而和蔼，赢得了所有人的心。现在……”后面，斯卡利吉向我们描述了这个人是如何可恶，他言语下流，总是贪得无厌，嫖妓，赌博，酗酒，叛逆，还有什么坏事他不干呢？“被你吓跑了的人，都躲着你，你感到奇怪吗？”（*quos tu fugasti, te fugare miraris?*）

这些诗当中有一两首不乏诙谐。比如在《依波纳克斯》的第448页，比比努斯向上伸出两只胳膊，乞求道：“主啊，你创造了黄金时代、白银时代、青铜时代、黑铁时代，你什么时候创造纯酒时代呢？”不过通常，斯卡利吉的激烈言辞根本就没有什么理由。“你不认识比比努斯吗？他的特点是：撒谎，恶毒，无耻，他是变节者，酒鬼，他大逆不道。他不仅从言语上否认上帝，更从行为上否认上帝。”(《杂诗集》(*Farrago*)，第211页)。可是，这不正是巴利埃努斯(Baryænus)的特点吗？不正是传说中的拉伯雷的特点吗？但是还有恶毒。这两者之间的对比十分奇特。我们看到图阿斯奈把维萨吉耶的某些诗套在拉伯雷的头上，后来又把谢斯诺所说的对什么事都十分好奇的人说成是拉伯雷。然而，斯卡利吉“关于比比努斯”(In Bibinum)当中有一首的题目就叫“好奇的人”(le Curieux)(“蜂鸟”，第356页)：“比比努斯对所有的人都评头品足。他赞成的人很少，他污蔑的人很多。”斯卡利吉谴责说，总管别人的闲事的人，内心深处永远是个流亡者(*rgnans foris, sic intus est exul sibi*)。另外，德·桑蒂在针对斯卡利吉的一部科学批评作品(*Exotericarum exercitationum liber... de subtilitate*)当中，看到有对“江湖医生”(*quidam semimonachus*)的谴责。一个只能算是半个僧侣的人，再也没有什么新鲜货色，把斯卡利吉已经听他当面说过的污蔑言辞再次捡起来，攻击当医生的斯卡利吉：说的是关于医学上的一个难点，也就是关于用黄金制成的膏剂治病的效果。当然，斯卡利吉用惯常的刻薄言辞，说他的同行是江湖骗子，是卖野药的游医。德·桑蒂说，这是一个走新路的医生和一个自诩不属于任何学派的医生，与一个信奉中世纪盖仑理论的保守医生之间的对立。这个保守医生就是拉伯雷？那么，这个与卡东(Cardon)有争执的“半僧侣”(semimonachus)就是比比努斯(Bibinus)，如果比比努斯是巴利埃努斯(Baryænus)，那就要修正一下我们刚才的观点了：巴利埃努斯(Baryænus)真的是个医生吗？

＊ ＊ ＊

德·桑蒂以医学为基础，在分析中发挥了自己的特长。其实在很多时候，他本来还可以分析得更加透彻。比如《依波纳克斯》当中有两首诗斥骂一些拥护盖仑医学学说的人（第401页）。一个人名叫“高苏斯”（Cossus），另一个人叫“鲁贝留斯”（Rubellius），诗的题目是“*Rubellio, altero galenista*（致鲁贝留斯——又一个拥护盖仑学说的人）”。“鲁贝留斯”是个经典的名字；我们在《青春》（*Juvénal*，VIII，第39页）也看到有这个名字，而且“高苏斯”（Cossus）也一样（VII，第144页）。朱尔－恺撒手头无疑也有一本《青春》。不过总而言之，“拉贝鲁斯”（Rubellius）和“拉伯雷”（Rabelais）的差距，比和巴利埃努斯（Baryænus）之间的差距不是要更小一些吗？如果加利安说过，“偶数就是奇数”，那么这个拉贝鲁斯也会像重复福音书中的话一般说，“假如上帝的意愿如此，那就这样吧”（*sic atque si Deus mandet*）；拉贝鲁斯也会可怜斯卡利吉：*Foves aqhuc ne barbaros Avicennas*（你不是还喜欢那些阿维塞纳的拥护者吗？），他会问斯卡利吉[1]：*et sordidatos atque hirtos*？（那些肮脏可怕的野蛮人？）如果在看这些晦涩的材料时一带而过，甚至可以认为斯卡利吉是在责备拥护盖仑医学学说的人也赞同司各

[1] Julius Scaliger, Vavicennae lectionem medicis omnibus tanquam pernecessariam commendabat, nec quenquam in magnum mecicum evadere posse existimabat, qui tam doctum opus non legisset.（朱尔·斯卡利吉作为基本原则推荐所有医生都应读阿维塞纳，他认为任何人不读这部博学的著作就不能成为伟大的医生。）CCLXXI, 41.

脱(Scot)的错误,这用在原来曾经是方济各会修士的拉伯雷身上倒是很合适:*nec excidere ment de tua*, *durus—fallacia argumenta quae Scotus fudit*;—*nigris et in recessibus lates stulte*(你没有毅力从你的思想中除去斯科特灌输给你的谬论;你愚蠢地藏在角落)。但是,细读之下,我们知道这些话都是在说拥护盖仑医学学说的人,而且,被指责有司各脱思想(Scotisme)的人,是朱尔-恺撒。对此,读过《斯卡利吉二三事以及斯卡利吉的真话》(*Scaligerana*)的人,丝毫不会感到奇怪。①

那么,鲁贝留斯呢?拉伯雷——或者在当时很有名的那个医生,多莱称他"鲁埃留斯"(Ruellius)②,也许是维萨吉耶说的那个鲁鲁斯,父亲是屠户的那个鲁鲁斯?简直乱成一团了。德·桑蒂则回忆起在《朱尔-恺撒·斯卡利吉诗集》中,斯卡利吉对一个名叫加尔伏斯(Calvus)的人描写得淋漓尽致,说他一无是处,蔑视宗教;《杂诗集》(第156页)中说:Tartara dissidiis, coelum impietate lacessit(他以吵闹骚扰塔尔塔鲁斯,以不恭挑衅天神)。然而,在《斯卡利吉二三事以及斯卡利吉的真话》(1695年,第364页)当中,约瑟夫·斯卡利吉向我们介绍了一些这个加尔伏斯的情况。

---

① "朱尔·斯卡利吉之所以精通逻辑学和经院神学,是因为他曾想当教皇,好向威尼斯人开战,从威尼斯人手中夺过他的维罗纳大公国。因为他考虑过加入方济各会,希望从方济各会的修士成为主教,再从主教当到教皇。所以他在波伦亚时,用功地读过司科特的作品。"CCLXXI, 353。

② *Commentarii*, *t. I*, *col. 1158*: *Ex medicorum Schobs ad certamen concurrunt Symphorianus Campegius*; *Jacobus sylvius*; *Joannes Buellios*; *Jo. Copus*; *Franc. Rabelaesus*; *Carolus Paludanus*(这些人是来自医学学校相互竞争的人:*Symphorianus Campegius*; *Jacobus sylvius*; *Joannes Buellios*; *Jo. Copus*; *Franc. Rabelaesus*; *Carolus Paludanus*).

加尔伏斯就是让·艾斯库隆(Jean Escuron),是《第四卷书》(*Quart Livre*,XLIII)中的那个“高尚的医生斯库隆”(Scurron),为纳瓦尔的玛格丽特(Marguerite de Navarre)当过很长时间的医生,后来在蒙伯利埃大学当老师,死于1556年。约瑟夫也继承了父亲的恨,他写道:“Ignarissimus vir, Pharmacotriba, id est(一个专门捣药的人), verius quam medicus(他是极其无知的人,实应是捣药者而不是医生)”。因为艾斯库隆与斯卡利吉同一个时期在阿让当医生,所以斯卡利吉才会如此恨他(*inde irae*)。德·桑蒂说,艾斯库隆与斯卡利吉一样,也开了一所学校,“抢了他的学生或者主顾”。[①] 这真是黑暗中照进来的一线光明!拉伯雷到过阿让。开始时他先是与斯卡利吉来往。后来则离开了他,与他的对头好上了。而且当艾斯库隆于1528年当了蒙伯利埃大学的教授时,拉伯雷也跟着师傅一起来到了这里。这仍然是德·桑蒂确认的。1530年9月7日。拉伯雷在注册簿上登了记,声明他的导师是“*egregium dominum Joannem Scurronem, doctroem regentemque in hac alma Universitate*(杰出的教士约翰·斯库隆,这所慈善大学的教师和管理者)”。不过同时,“关于比比努斯”(in

① 关于加尔伏斯(Calvus),见于CCLXIV, 309, 311, 317, 319, 320, 25, 27, 34。关于艾斯库隆(Escuron),见于CCLXXXI, 364:Scirrhonius ignarissimus vir(Scirrhonius是极其无知的人)... Is est Calvus, ille carminibus patris decantatissimus(这是加尔伏斯,在我父亲的诗作中经常提及的那人)。“艾斯库隆”(Escuron)的写法来自XXXIV, t. V, p. 8, nº 15.079。维尔戴尤斯(Vulteius)写过一首充满溢美之辞的诗ad Jo. Ischyronium:*De Henrico Rege Navarrae Lutetiae febricitante*(关于在巴黎发烧的纳瓦尔的亨利王). CCXCII, 4 vº. 两年之前,在他的第一本讽刺短诗集中,他向斯卡利吉射出了一箭:CCLXXXIX, II, 163:他射出的箭击中了目标。斯卡利吉则用口代箭,要把普天下的人都统统射死……

Bibinum)这首诗(《依波纳克斯》,第451页)不也就得到解释了吗:“当比比努斯常到我家来的时候,我们说一样的话,想一样的事,有一样的心。我们像朋友一样争论,可我们是兄弟。自从他走后,这个可恶的滑稽鬼,我们更像兄弟,更像同一个父亲的儿子。我们之间没有恶意的争吵,没有不和。他不愿意来了,我也不愿意让他来了……”

应当承认,这一切组成了一个令人不知所措的故事,其中的情节和资料似真似假。如果这一切都是真的,那会令人多么高兴啊!我想说的是,如果这一切都是真的,黑暗的拉伯雷之夜会得到烛照。而且德·桑蒂又是那么着急,那么深信不疑,让我们时时刻刻觉得是在被他拉着往前走。这个还俗了的医生,从前是个受人尊敬的人文主义者,现在却成了酒馆里的常客,可是,这个人就是拉伯雷……只能是拉伯雷……然而,约瑟夫·斯卡利吉却只字未提。加尔伏斯这个化名指的是谁,约瑟夫告诉了我们,可巴利埃努斯(Baryænus)这个人指的是谁,他却什么也不说。再说,在《蜂鸟》(*Archilochus*)当中(第356页)还有这样一首短诗:“为什么比比努斯对所有的恶人都以笑脸相迎呢?这只是偶然的吗?他的叔叔,他的兄弟,他父亲,他姐姐,他侄子在图拉(Tulla),在西农(Cynon),在费里吉努斯(Fereguinus),在卢西斯(Luscuis)也对所有的恶人笑脸相迎……”他这是把比比努斯全家都介绍给我们了。我们已经半信半疑地关注过巴利埃努斯(Baryænus)的当屠户的父亲。可是斯卡利吉是在哪里,又是如何认识了拉伯雷的叔叔、兄弟、父亲、姐姐、侄子的呢?拉伯雷在希农的家人笑脸相迎的这些陌生人又是谁呢?从加尔达湖(le lac de Garde)边移居到加龙河畔

的意大利人文学者在阿让的街廊里不会天天遇到这些人吧？这些材料当中的困难之处有多少啊，这些困难，德·桑蒂连提也没有提。

最后，“关于巴利埃诺姆”（in Baryænum）这首诗没有提到关于当医生的事，“关于比比努斯”（in Bibinum）当中也没有。如果“诗练习”（Exercitationes）中的“半个僧侣”（semi-monachus）就是拉伯雷，那么他和斯卡利吉之间有科学上的分歧，有学派和理论上的争论。为什么在“关于比比努斯”（in Bibinum）中对此只字不提呢？这些诗里没有提到过拉伯雷用通俗语言写的《卡冈都亚》、《庞大固埃》，“关于巴利埃诺姆”（in Baryænum）的诗里也没有。比比努斯（Bibinus）和巴利埃努斯（Baryænus）是作家，而且写了很多东西：Uno in Baryænus plus die facit scripti—quam bis trecentis a viris legi possunt（巴利埃努斯一日内所写下的，五六百人都看不完）...我们可以把下面三句诗说成是对拉伯雷的讽刺：nam dictionis fluctuantis insanae—si membra contempleris atque suturam—furiosa Orestae somnia esse jurabis（如果你研究那些文字变化无常的章节以及它们是如何连接在一起的，你会断言那是俄瑞斯忒斯的噩梦）...可是在后面我们马上又看到巴利埃努斯（Baryænus）所写的，是诗：Quin，de seipso subdidit sibi versus—nomen suorum inscriptitant amicorum（的确，他为自己创作有关自己的诗句，用朋友的名字代替自己的名字）——而且，在“蜂鸟”（Archilochus）当中（第 354 页），巴利埃努斯（Baryænus）的另一首诗 De mutuis laudatoribus（有关那些相互赞赏的人）中所说的，也是诗。然而，拉伯雷写过拉丁文的诗。我们知道丰特夫罗（Fontevrault）17 世纪有整整一本拉伯雷写的拉丁文的诗。但是

说到底，拉伯雷之所以成为一个为人瞩目的人物，并不是因为他会写拉丁文的诗。

事实上，我们无法不产生这样一种印象，也就是巴利埃努斯(Baryænus)和比比努斯是与斯卡利吉关系比较密切的人。是阿让人，这样就可以说明为什么用化名。凡是远处的人，斯卡利吉都会指名道姓。比如伊拉斯谟，比如多莱。对那些有可能天天见面的人，他才用化名。

* * *

把这一切都按照情理表述出来之后，我们感到很不幸。我们多么想用特别具有表现力，特别生动的文本填补拉伯雷生平上的一大空白啊。我们多么想用令人可信的原因，来解释传说中斯卡利吉为什么恨拉伯雷。但是，现在我们不得不保持慎重的看法。诱人的假设和得到证明的真理是两回事。

拉伯雷去过阿让，这我相信。他一定曾经认识斯卡利吉，否则不会有那封“致斯卡利吉的信”[①]。阿让的名医斯卡利吉有可能不喜欢拉伯雷对待医学的态度，如果喜欢，那才奇怪。艾斯库隆在这两个人之间起到了一种联系的作用，后来又让他们反目成仇，这也是可能的。我考虑到(后面我们会再详细分析这一点)的是，斯卡利吉影射过当时的新琉善们，以及厨房里的狄雅戈拉斯(Diagoras de cuisine)——这些影射是德·桑蒂从1554年的“诗练习”

① 关于这封信，详见后文第二章第6节。

(Exercitationes)中发现的,而且用的是“普代伯”的原话。我也考虑了斯卡利吉在把他的《关于失眠的论文的评论》(*Commentaire sur le traité des insomnies*)题辞献给阿莱斯莫(Alesme)的顾问时所说的夸大其辞的话,这些话所指的那些人手里和心里只有琉善和亚里斯托费斯的作品,他们所品味的,不是文笔的优美,而是思想的尖刻(Propter acerbitatem sententarum, si modo sententiae eae, ac non venena sint vocanda)(关于尖刻的思想,如果那些东西可被称作思想而非毒害的话)。阿让的涅斯托尔(Nestor d'Agen)[①]刚刚费尽九牛二虎之力,才从法官的魔爪中逃了出来[②],呼吁法律惩处大逆不道的人。可他向布里昂·德·瓦勒求救的声音是多么的平淡啊。这都是约瑟夫·普律多姆(Joseph Prudhomme)的浮言巧语,而且约瑟夫·普律多姆又厚颜无耻地否认了:nimis secure vivimus hodie... Hanc vacamus libertatem(今天我们生活在太多的安全中……我们称之为自由)! 况且,我没有忘记,斯卡利吉的《关于失眠的论文的评论》也为论述《睡眠预测》(*Divination Somniale*)的《第三卷书》第十三章提供了材料,这是普拉达尔(Platard)在《拉伯雷的作品》(*Oeuvre de Rabelais*)中所指出的。尽管如此,尽管有以上这些内容,但仍然有一些诗与此有矛盾,仍然有一些断言需要做出说明,仍然有一些只字未提的事需要做出解释。唉! 谁能够真正地“证明”这些资料当中所说的不是拉伯雷,谁就能得到,也让别人得到谨慎批评的教训。

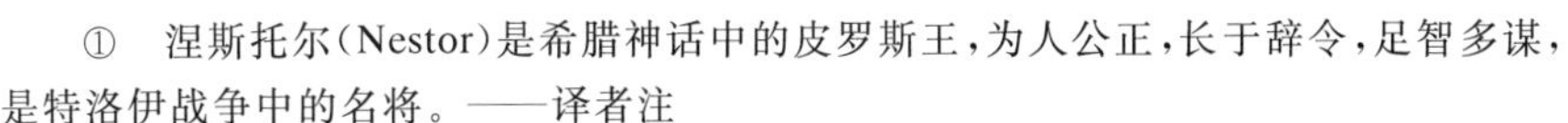

① 涅斯托尔(Nestor)是希腊神话中的皮罗斯王,为人公正,长于辞令,足智多谋,是特洛伊战争中的名将。——译者注

② 关于这些诉讼案件,详见帕特里(H. Patry) DX,第 xxxix 页。

8　结论:关于拉伯雷的传说

我们转了一大圈。也许我们转的这一圈太大了。不过,我们既然已经做过这些枯燥无味的考证,我们想在此后很长一段时间里,能够感觉到没有必要再做这样的工作。另外,如果不能穷尽对我们所知道的所有资料,我们怎么样做出结论呢?结论好说,可是怎么说呢?

要清清楚楚地说。我们细细地分析了“诗人”的文稿。这些文稿为我们留下了关于1532年的拉伯雷的一些无法辩驳的证据。那就是明确地题辞献给拉伯雷的一些诗,或者是指名道姓地说到他的一些诗。这些证据都是对拉伯雷有利的,1536年维萨吉耶为拉伯雷辩护,洗清了指责拉伯雷疯狂的说法。1537年玛克兰在赞美诗当中也对拉伯雷有溢美之辞。多莱也有一首有名的诗,讲到拉伯雷在里昂当众解剖尸体,把拉伯雷列为当代最伟大的人道主义医生之一,另外还有一首赞美多莱的宴会的诗,也同样很有名;在这首诗中,他还有一条关于拉伯雷的注,也对拉伯雷赞美有加。除此之外,还有苏萨内的一首诗,说拉伯雷是蒙伯利埃的神医,能起死回生。吉尔贝·杜谢于1538年盛赞作为哲学家的拉伯雷。波旁1538年的《无稽之谈》虽然不是特别热烈,但对待拉伯雷,用的也是十分恰当的家常口吻。在所有这些真正提到拉伯雷的诗当中,都没有提出有关宗教的问题……

另外,好几个诗人在作品当中用化名提到的人,有可能是拉伯雷,而且大概也真的就是拉伯雷。比如波旁1533年的“关于拉贝

拉姆”(In Rabellam),这首诗表达的是一个人文学者因名声卓著的同事竟然忘乎所以,用通俗语言为“可怜的偶像”们写小说而感到的气愤。诗中所表达的反感肯定不是信徒的反感,不是一个半路德教分子对不信教的人所表示的愤怒。在1533年的时候,波旁是唯一不把《庞大固埃》看成是反对索邦神学院的福音主义的有力补充。再比如,1538年,苏萨内《游戏诗集》中有三首“关于鲁贝洛姆”(In Rubellum)、一首“关于拉布拉姆”(In Rabulam)的诗。甚至于1538年,维萨吉耶的《铭文诗集》(*Inscriptiones*)所描写的那个奇怪的拉伯拉(Rabella):他什么都想知道,对任何事都不怀疑,无论如何对基督教是没有任何怀疑的。另外,我们对波旁1533年,尤其是1538年的“关于夏里德姆斯”(*In Charidemum*)中的一些诗句,对斯卡利吉的“关于巴利耶努姆”(In Baryoenum)和“关于比比努斯”(in Bibinum)中未标明日期的一些诗提出了无法解答的问题,但我们同样注意到夏里德姆斯(Charidemus)并不是唯一因其宗教观点而受到指责的。巴利耶努斯和比比努斯在两三个地方被指责为无神论者,但这仅仅是语言上的客气呢,还是以牙还牙?

剩下的还有几首讽刺短诗,不是太多,里面说了一些无宗教信仰者,同时还说他们是虚伪的人,但在提到这些人时,只是说“琉善分子”、“琉善教派的人”或者“无神论者”。这些人声称自己信奉基督,但在内心深处信奉的,只是琉善。波旁从1533年开始,便在窥测着这些妖魔。他用模糊的言辞揭露这些人。在1538年的《无稽之谈》当中,他又一次提到这些人,而且只是到了这时候才明确地说出了他的怨恨。“这些恶毒的人叫喊道:上帝是不存在的;人死后一无所有(第449页);如果有上帝,那么怎么会有那么多的罪恶呢？（第 303 页）根本就没有天意；人世间的一切都是偶然的。（第 477 页）"1536 年，维萨吉耶为一个大逆不道的人挖了一个"坟墓"，这个大逆不道的人名叫安托万（Antoine，I，24）；他还质问另外一个人，或者另外两个人，如果攻击上帝的卡诺斯（Caneus）和卡诺西斯（Canosus）是两个人（I，46，II，159）。最后，在 1538 年的《十一音节诗集》中，他发出了最严峻的三次谴责"不信教的异端分子琉善"（In quemdam irreligiosum Luciani sectatorem，F°10）、"猴子琉善"（In Luciani simium，F°30 v°）、"宗派分子琉善"（In Luciani sectatorem，F°71 v°）。全部就这些了。多莱的作品当中什么也没有。杜谢的作品中也没有。1539 年到 1540 年间古维阿的作品当中也没有。苏萨内的作品中也没有。然而，在我们所掌握的不多的一些文本当中，只有维萨吉耶《十一音节诗集》中的一些诗看起来意思明确。如果诗中提到的人，指的并不是同一个人，那么一切都好像向我们说明，至少其中有一个人说的是艾田·多莱。维萨吉耶曾经十分喜欢多莱，但这时却对他恨得咬牙切齿。这恨要么使他看清楚了原来的朋友真正的思想状态，要么激励他对新的对头发出特别严厉的指责……这些指责是针对拉伯雷的吗？可他为什么要指责拉伯雷呢？如果拉伯雷就是维萨吉耶的《铭文诗集》（*Inscriptiones*）中的拉伯拉（Rabella），可没有任何一点描写说明拉伯拉是个无神论者，或者是个大逆不道的人。这个人为什么是拉伯雷，而不是另外一个人呢？当时在里昂这个小圈子里，琉善分子肯定不少！我们在此只举一个例子，不多说，因为后面我们会再次提到他。博纳旺图尔·戴佩里耶 1538 年的《洋琴世界》严厉地追究了他。人们对博纳旺图尔只字不提，这种如此神秘的缄默气氛，真是不正常。我们只说他与维萨吉耶可能的关系。对多莱的《评注集》(*Commentaires*)，从某种意义上说，维萨吉耶佩服得五体投地，甘心情愿地成了吹鼓手。他甚至于翻来覆去地讲这事。博纳旺图尔也致力于此。可是在维萨吉耶卷帙浩繁的作品当中，连提也没有提到过博纳旺图尔，连一首二行诗也没有。维萨吉耶热情地为被流放的马洛辩护。博纳旺图尔也为了他的老师四处奔波，向国王弗朗索瓦求告，当说客，找人求情，采取行动。可是在维萨吉耶饶舌的作品当中，连一首写给博纳旺图尔的二行诗也没有。维萨吉耶和博纳旺图尔一样，也是书商兼出版商帕芒蒂埃家的常客，是塞巴斯蒂安·格里夫的书店里的常客。维萨吉耶和博纳旺图尔都为女王玛格丽特效劳，都致力于将《罪孽的灵魂之镜》(*Miroir de l'Ame pécheresse*)译成拉丁文。维萨吉耶和博纳旺图尔一样，与漂亮的修女斯高拉斯蒂卡·贝克托尼亚(Scolastica Bectonia)有关系，等等。可是维萨吉耶在那些触景生情的诗作当中，只字不提博纳旺图尔，连一句赞扬或者是反对博纳旺图尔的二行诗也没有。这真真正正是多么奇怪的缄默啊！既然要毫无根据地讲故事，那还不如把旺德的太阳神(Apollon de Vandé)那些匿名诗中的一首(或几首)看成是说博纳旺图尔的，而不是说拉伯雷的，而且也许这样说会好得多。但这两种说法都是没有根据的。[①]

① 详见于琉善·费弗尔的《奥利金和戴佩里耶，或者"洋琴世界之谜"》(Origène et Des Périers, ou l'énigme du Cymbalum Mundi)。

＊＊＊

现在，我们把苏萨内“关于鲁贝洛姆”（In Rubellum）或者“关于拉布拉姆”（In Rabulam）中的诗一首首地摆放在一起，一首首地联系起来，便成了波旁所描绘的拉伯拉（Rabella），以及谢斯诺所仿画的另一个更加淡雅些的人像，以及最后德·桑蒂博士向我们揭示的斯卡利吉的诗中所描绘的又一个人物。德·桑蒂博士所拼凑出来的图像很有连贯性。这是一个僧侣，开始时还堪称楷模，是一个受到所有人尊重的僧侣（*rara avis*）。后来他还俗了，自我解放了，他改变了自己的作风和生活方式，开始酗酒和放浪，不再写博学的文章，他开始写一些……一些拉伯雷式的文章，同时，他放任自己贪婪的好奇心，放任自己强烈的憎恨之情，说别人的坏话，发泄自己恶毒的怒气。总而言之，这是拉伯雷的一幅漫画，衣冠不整，虽然十分夸张，但与传说中拉伯雷的形象十分接近。但是，我们能够用一些陌生人的资料，拼凑出一个人物，然后再把这个人物与传说中的人物联系在一起，而这个传说中的人物形象又……因为，说到底，拉伯雷的传说是一个十分特殊的问题，我们回溯以往，颇能看出当时人的心理。

＊＊＊

说到底，我们要有勇气承认：尽管有了那么多的新发现，做了那么多巧妙的假设，那么多很好的研究工作，我们仍然既不能清清楚楚地看到真实的拉伯雷，也看不到精神上的拉伯雷。你想看到一个真实的拉伯雷吗？可我们看到的只是一些奇幻的画像，而且画得并不出色。要不然就是科勒编年史（Chronologie Collée）中那个郁闷的画像：一个干瘪的老头，皱着眉，眼睛明亮，显得有点奸诈。拉伯雷从精神上又是一个什么样的人呢？成名之前的塔巴汗（Tabarin）[①]，一个用自己的闹剧换口饭吃的食客，而且还是个毫无节制的酒鬼，晚上便写一些垃圾作品。要不然就是个博学的医生，一个人文主义学者，具有惊人的记忆力，熟读很多古老的文本，具有强烈的好奇心。甚至于是一个伟大的哲学家，戴奥多尔·德·贝兹（Théodore de Bèze）和路易·勒卡隆（Louis Le Caron）就是这样来描写他的。艾田·杜谢（Etienne Ducher）说他是哲学家之王：

> *In primis sane Rabelaesum, principem eumdem*
> *Supremum in studiis Diva tuis Sophia...*
>
> （智慧女神，在对你的追寻中，拉伯雷的确是处在最前列的高贵领袖）

我们的曾祖辈比我们幸福。他们用不着在两种形象当中做出选择。他们是一概接受的，不管是令人尊敬的形象，还是另一种。更何况他们并不把这两种形象拉在一起，进行比较。当他们在戴

① 塔巴汗（Antoine Gérard Tabarin，1584—1633），法国街头艺人，笑剧作家，曾对莫里哀的艺术具有启示作用。——译者注

斯梯萨克（d'Estissac）家，或者在迪·贝莱家，或者在艾格莫尔特（Aigues-Morte）国王的随从当中见到这个博学的人物，见到克洛德·夏布依（Claude Chapuys）列为审察官之一的弗朗索瓦·拉伯雷先生的时候：

> 拉伯雷谁也不像，只像他自己，
> 他的学识可为天下先，

当我们的曾祖辈在这些地方，以及在很多其他的知名地方见到一个希腊学者，一个医生，一个伟大的诗人（不管是格律诗还是散文诗，是用希腊文还是拉丁文写诗的诗人）——当时最有名望的文学家和博物学家（从吉约姆·布戴到让·迪·贝莱，以及年轻的戴奥多尔·德·贝兹），大嗓门的多莱以及很多同样名声卓著的人为之欢呼，为之赞美的诗人——时，他们会脱帽向“博士先生”致敬，并时刻期待着他天才的口中会说出振聋发聩的名言。但是，等他们有空的时候，他们会读《卡冈都亚》或者《庞大固埃》吗？别人让他们笑，他们就会笑。他们没有那么多鬼心眼儿，他们敞开着胸怀，就像在赶集的时候围着卖艺人看热闹的百姓。他们笑着，自然而然地由作品想到人：这个贪杯的家伙，真是个酒鬼！要说从书想到写书的作者，我们需要指出的是，拉伯雷自己也在不断地让天真的读者这样做。他在书中不是在不断地说到“我”吗？他的“我”不是叙述帕尼尔日圣迹的无人称的叙事者。那是在演出时站在后台的一个同事，是要把戏的幕中人：“好心的人们，上帝在救你们，你们要当心啊！你们在哪儿呢？我怎么看不见你们！等我戴上眼

镜……哈哈，原来在这儿呐，我看见你们了！……”那么，当他们把拉伯雷当成酒鬼和小丑的时候，他们并不是张冠李戴，更不是为历史档案提供真实的证明。他们所想到的拉伯雷，的确就是一个酒鬼和小丑，因为他就代表了拉伯雷小说中的狂欢滥饮和玩笑戏谑。“真实的”拉伯雷——不管是在喝酒的时候，还是沉湎于其他的声色当中的时候，不管是有节制还是无节制——在他们的心目当中是不存在的。他们心目当中唯一的拉伯雷，是他们仿照书中以及书中的人物随心所欲地创造出来、杜撰出来的拉伯雷。拉伯雷塑造了卡冈都亚、庞大固埃和帕尼尔日(Genuit autem Gargantua)，卡冈都亚反过来又按照自己的形象塑造了一个……拉伯雷。对于这些不大会感到厌烦的读者，这些天真的，而且对于文学创造并没有什么特别想法的大孩子们来说(他们是不会对自己提出有关文学创作是怎么回事的问题的)，这就是唯一的、真正的拉伯雷。即使是龙沙(Ronsard)或者迪·贝莱也是这么认为的。

* * *

因为，这两个拉伯雷的见证我们都有。在1553年的年末，或者1554年的年初，拉伯雷死了。龙沙立刻为他写了墓志铭：

> 好心的拉伯雷，
> 只要活着就要喝酒。

他用露骨的言辞，描写了醉倒在杯盘碗盏当中的好汉：“他毫不羞耻地倒在一片油腻的碗盏之中，沾了满身的酒渍，就像一只沾了满身污泥的青蛙。”[①]我们觉得这描写很是逼真。可我们忘记了在1555年的《混合诗集》（*Meslanges*）中有一首“奥德莱特给科利冬的赞美歌”（Odelette à Corydon）；在这首诗当中，龙沙在描写自己时，也是这种相似的姿势，说是“仰面朝天”地躺在

酒杯和残渣剩饭当中。

至于迪·贝莱……1549年，当他谈到“不蔑视自己的母语的法国学者们”时，说有个名人“是重生再世的亚里斯托费斯，而且模仿琉善的鼻音时几乎可以乱真”，一个细心地将低级的模仿者与这个伟大作家不可模仿的风格进行对照的人，低级的模仿者们想“从他的树上偷偷剥下皮”，贴在他们自己的被虫蛀了的木头上，可他们的文笔是如此累赘，“如此荒唐，要有别的办法，才能让德谟克利特（Démocrite）不笑出声来”。他把自己赞美的人与法国的两个杰出人物进行比较，一个是吉约姆·布戴，一个是拉扎尔·德贝夫（Lazare De Bayf）：伟大的思想家，也是伟大的人，而且有着很高的社会地位。[②] 有一年，同一个作者在列数“作

---

① 关于细节，请参见施维尼兹（Schweinitz）的《龙沙的墓志铭诗，历史学及文学研究》（*Les Epitaphes de Ronsard, étude historique et littéraire*）、瓦加奈（Vaganay）的《拉伯雷之死与龙沙》（*La mort de Rabelais et Ronsard*）以及洛莫尼埃（Laumonier）的《龙沙为拉伯雷写的墓志铭》（*l'Epitaphe de Rabelais par Ronsard*）。这首诗首先印行于《小树林》（*Bocage*），于1854年11月27日出版，1560年又在《龙沙诗选》中出了不同的版本。见于瓦加奈的作品第145页的复印件。

② 《辩护与说明》（Deffence et illustration, éd. Chamard, 331）。

诗的孩子们”时说：

> 用十四行诗，用赞美歌，
> 用哀泣的悲歌
> 让古人在死亡的
> 园中再生。

在美惠三女神的三个宠儿，也就是卡尔(Carle)，希洛艾(Héroët)和圣日莱(Saint Gelais)之后，又临时决定把有用而且和气的拉伯雷也算进来[①]。如果拉伯雷是个下流的小丑，是为公众所蔑视和厌恶的人，他是不会以如下的溢美之辞提到拉伯雷的：

> 一个博学多才的人
> 在法国第一个
> 反对聪明的无知
> 让德谟克利特在法国获得了新生……

拉伯雷去世了。他刚一去世，批评界盛赞他，诗人也特别地夸奖他，把一些充满了讽刺意味的拉丁文诗归在他的名下，借他的口说：“我就是饕餮汉庞发古斯(Pamphagus)，你看我躺在地上，挺着个硕大而沉重的肚子……睡觉，吃饭，喝酒，玩女人，嘲笑别人，这

① 《奥利夫》(*Olive*)第二版，1550 年。以及给马克兰的关于道德赞的《讲话》，1552 年。详见于玛梯·拉沃(Marty La-Veaux)《拉伯雷全集》，第二卷，35 页。

就是我活着的时候所崇敬的事，是我唯一崇敬的事。”①

这就是令人惊异的拉伯雷。这就是我们觉得神奇的拉伯雷。我们摸不着头脑，只能想象出一些人们互相怨恨、互相竞争的故事来——好像那不是一个作家在写作的时候露骨地描写的一个酒囊饭袋的文学形象，而是警察局里一个名叫弗朗索瓦·拉伯雷的医生行为不端的档案材料。而且我还想说的是，当时同样善于嘲弄人的克莱芒·马洛（我们姑且只举这一个例子）也有过一样的传说，也受过一样的教育。让我们回忆一下与弗朗索瓦·拉伯雷同时代的人，他们都是很任性的人，不怎么顾及外界对他们的印象，性情极其多变，动不动就大发雷霆，就互相谩骂，就拔刀相向，过后又互相拥抱、互相吹捧。所以才会有那么多无谓的争吵，恶毒地指责别人剽窃，呼吁上帝和人们惩罚恶人。紧接着又虔诚万分，又发了疯似的把人比作荷马（Homère）、品达（Pindare）、维吉尔（Virgile）和贺拉斯（Horace）。充满强烈反差的生活必然会导致这样的结果。而且其显著的特点远不是我们所能够想象得到的。我们的家里现在有电灯，我们无法了解日与夜之间真正的反差。现在的人们发明了千千万万的新东西，在正常情况下帮助我们缓解冬夏之间的差别。可是他们，冬寒夏暑，他们都得忍着，几乎没有任何办法缓解，而且要忍多少个星期、多少个月。生活条件变得平和

① CLXVI, 56 v°。这首诗后面接着还说：“其余的谁不知道？我心中有治病救人的艺术；我甚至懂得如何让人笑。因此，旅行者啊，请不要流泪，如果你想讨好我的亡灵。”我想指出的是，从这些描写当中，我们很难想象，列奥纳尔·戈梯埃（Léonard Gaultier）为我们描画的那个干瘪的老头会躺在地上，“挺着个大肚子”。也许是他后来又变瘦了。

了，脾气也会变得平和，这两者是互相联系的，是互相作用的。不过我们的神经也同样地被磨蚀了。我们吃水果吃得太多，正像《圣经》里说的那样，水果吃多了，我们的“牙齿受了刺激”。那么他们呢？他们不是感到腻烦的人，根本不是。我们姑且只举一个例子吧，他们根本无法抵抗声音对他们强烈而震撼的冲击！正好比诺埃尔·迪法依（Noöl Du Fail）在《厄特拉佩尔的故事》（*Contes d'Eutrapel*）中所描写的克勒芒·雅那坎（Clément Janequin）的叙事合唱曲《玛利尼安战役》（*Bataille de Marignan*）对当时人们所产生的作用。[①] 谁也无法摆脱那强有力的，幼稚的音乐所带来的震撼，谐音模仿出“战争的声音”，在声音的激励之下，人人都忍不住要“看看鞘中的剑，踮起脚尖，好显得更加勇敢，个子更高大……”

这些心智简单的人，他们会毫不掩饰地表露自己的内心。而我们却会极力地掩饰自己。

* * *

这些事都值得思考。我们这本书本来是要研究历史心理学的，或者至少是进行历史考证研究的。可是这些事告诉我们，若论人的感觉、思想、说话方式，16 世纪的人与我们之间，的确没有任何共同之处。这样说的言外之意就是：他们让我们摸不着头脑。

① CLXIX，II，第 124 页。亦请参见后文第二部分第二卷第四章第三节“音乐”（399 页）。

从17世纪和笛卡尔以来,一代代的人为我们将空间进行了清点、分析和组织。给了我们一个模式固定的世界,其中的每件事、每个人都有完全划定的界限。也是从17世纪以来,一代代的人也曾致力于把时间划分得越来越明确,为我们的行动划出了硬性的框框。所有这些工作在16世纪刚刚开始。因此,这些努力的结果还没有在人们心中产生一种强烈的逻辑上、结构上和统一性上的需要。现在的我们认为,一定是或“此”或“彼”,但不能同时既是“此”又是“彼”。一定是“这儿”或者“那儿”,但不能同时又在“这儿”,又在“那儿”。我们要从上述说明当中得到启示,谨慎地对待我们在后面所注意到的事实。

第二章　神学家和宗教问题辩论家

我们现在先把拉丁诗人们放在一边,也许有点失望,因为我们的好奇心没有得到满足,而是更加受到了刺激。这些大学里的太阳神们没有为我们解决什么问题,反而制造了更多的谜。我们现在去敲敲神学家和宗教问题辩论家们的门,看看情况会怎么样。这是些不一样的人,虽然有些神学家和宗教问题辩论家也用拉丁文写过诗。这些人的性情不一样,习惯不一样,所以如果我们想了解他们,正确地评价他们的见证,就要在其他的方面小心谨慎。也许,在与这些人攀谈的时候,我们可以进一步,可以更好地防止因专业精神而造成的歪曲。我们来看是不是首先应当重申,我们也要把这些人当作 16 世纪的人来看待,和与他们同时代的诗人一样。虽然有些表面现象相差不多,但 16 世纪离我们已经那么遥远,尤其是人们的心理结构,与我们的差别是那么大。

1　加尔文的一封信

1533 年的多事之秋,在巴黎福音书派的教徒当中,人们开始注意到一个刚刚从奥尔良和布尔日大学毕业的年轻人。他叫约翰·加尔文,是努瓦永(Noyon)人,刚刚用拉丁文名字发表了一本评论集,对塞内卡(Sénèque)的《论宽恕》(*De clementia*)进行评论。

当时已经不是平和神学的时代了。索邦神学院动员起所有的帮凶,对付那些“感觉不好的人”。在学院区,空气中都有一股火药味。5月份,国王有令,贝达和几个与他一伙的博士被流放了。加尔文则与富商艾田·德·拉福日(Etienne de La Forge)过往甚密。艾田·德·拉福日后来因异端邪说而被烧死了。他与自由派的大学老师们来往也很密切,这些人集聚在国王的医生,一个名叫吉约姆·高普的巴塞尔人(Quillaume Cop le Bâlois)的周围。他的儿子尼古拉(Nicolas)被怀疑有新思想,刚刚被选为大学一年一任的校长。加尔文与这些很有活动能力、消息又很灵通的人混在一起,在10月末的时候,给奥尔良的朋友弗朗索瓦·达尼埃尔(François Daniel)写了一封信,信中讲到很多细节[①],详细讲述了大学被国王查封之后,所召开的几次令人难忘的会议之一的情景(10月24日的会议),会议毫不留情地谴责了神学家,国王说这些神学家因为把两年前的一本可疑的图书列入书目而有罪。这本书就是纳瓦尔的玛格丽特的《罪孽的灵魂之镜》(*Miroir de l' âme pécheresse*)。玛格丽特是弗朗索瓦国王的亲妹妹。[②] 然而,就是

① 见于 Cf. DXVIII, X, 6, col. 29 - 以及 DVII, t. III(经过与原文核对)。

② 关于这件事,请见于前面所引德利尔(Delisle)的作品。大学的教师们第一次于10月27日发誓说自己无罪(nunquam condempnasse neque scire condempnatum librum)(他们从未谴责该书,亦不知该书应被谴责)。校长签字之后,带头签字的是神职人员。后来到了11月3日和8日,他们又背弃了自己的誓言(Faculatas unanimiter conclusit non condempnasse, reprobasse neque approbasse dictumlibellum per se aut deputatos ejusdem)(教师们一致断定他们没有通过自己或他们的代理人谴责、不满或赞同所说的书)。《庞大固埃》就更不用提了。另外我也不相信1533年《庞大固埃》曾遭到过禁止。详见后文。

在这封信中，图阿斯奈用干干脆脆的口气说，有证据说明，心明眼亮的加尔文从1533年便识破了拉伯雷暗藏的企图，毫不含糊地谴责拉伯雷是基督最恶毒的死对头。后来勒弗朗也明确地这样说。

1533年，加尔文二十四岁。他还没有与童年时的教会决裂。问题不是这样提出来的。不过他心中已经在酝酿他的朋友，校长吉约姆·高普在明年的万圣节所要发表的讲话，这篇讲话将会使神学家们感到气愤，并不是因为异端邪说（讲话中并没有异端邪说），而是因为对经院派的激烈攻击。再说，年轻人既不缺干劲，也不缺热情。有人甚至说他还很有魅力，现在阿诺（Hanau）的瓦隆教堂所保存的加尔文的头像十分俊俏，有人说年轻时的加尔文就是那个样子[①]。或者列奥纳尔·利穆赞（Léonard Limousin）制作的纹章头像也与真人相去不远。与未来的宗教改革者通信的奥尔良的弗朗索瓦·达尼埃尔则不是一个狂热分子，不是一个性情激烈的人，也不是个苦行僧。后来他没有跟随加尔文参加宗教改革，仍然留在奥尔良，仍然是天主教徒。他后来有个朋友，也叫弗朗索瓦，但这个名字丝毫没有愁苦的意思，因为这个人就是弗朗索瓦·拉伯雷。所以我们不能不想到的是，通过达尼埃尔，如果拉伯雷和加尔文在奥尔良没有见过面，那么至少他们也互相友好地听说过对方……

这是一些很难说清楚的细节。但不管到底怎么样，加尔文于

① 都梅格（D. Doumergue）的《加尔文图像集》说这是加尔文的标准像。除了宗教改革历史博物馆1929年征集到的一幅加尔文的很不怎么样的画像之外，并没有其他的加尔文年轻时的画像（《新教历史协会公报》，1938，379页）。

1533 年的 10 月份给达尼埃尔和他的朋友们寄过一封带有青春气息，同时又充满了火药味的信。根据图阿斯奈的说法，信中揭露说，《庞大固埃》是一部下流和大逆不道的作品。一个博学之士哪怕说得不对，别人也会相信的。尼古拉·勒克莱克（Nicolas Le Clerc）是圣安德烈德萨尔（Saint-André-des-Arts）的本堂神甫，是个对新思想绝不容情的人，诺埃尔·贝达不在的时候，他是强硬派的领头人——诺埃尔从 5 月 18 日就被流放了，12 月底之前回不到巴黎来[①]——，实际上，加尔文在间接地综述尼古拉·勒克莱克的根据时，借他的口说，由于列了一份邪恶图书的书单，他认为在这份书单上应当谴责的，不是一个无可指摘的女人的作品，而是一系列下流的图书。而且他还给出了书名，《庞大固埃》、《西尔娃》等等（se pro damnatis libris habuisse obscaenos illos Pantagruelem, Sylva Cunnorum, et ejusdem monetae），加尔文紧接着又说："Omnes tamen fremebant obtendere ignorantiae speciem"，翻译过来，意思应当是："看到他以不知道为借口，所有的人都感到气愤了"……

意思是很清楚的。图阿斯奈和勒弗朗说得不对，并不是加尔

① 这里说的是鲁塞尔（G. Roussel）的布道辞。详见德利尔（Delisle）的《巴黎神学院 1505 年—1533 年会议记录的说明》（*Notice sur un registre des procès-verbaux de la faculté de théologie de Paris pendant les années 1505—1533*）。德利亚（Driart），《巴黎纪事，1522 年—1532 年》（*Chronique parisienne, 1522—1532*）第 163 页。等等。勒克莱克于 1534 年 3 月和贝达同时被逮捕。同上，第 166 页。倒霉的《西尔娃》（*Sylva*）是什么作品呢？是帕尼埃（Pannier）说的尼维赞（Nevizan）的那本《新婚的西尔娃》（*Sylva Nuptialis*）吗？（《新教历史协会公报》，1931，550 页，注 2）

文对《庞大固埃》提出了质疑[1]，而是被加尔文嘲笑的勒克莱克。当然，我们不能说努瓦永的加尔文对阿尔高弗里巴从内心深处多么有好感。虽然在这个时期，很多幻想都还是可能的。拉伯雷是个博学的医生，是个希腊文学者，如果能让拉伯雷与自己一起反对经院哲学的流弊，加尔文很有可能会觉得是值得庆幸的事，同时，如果加尔文已经读过《庞大固埃》，那么有可能他不由自主地像路德按照自己的标准衡量伊拉斯谟一样，也想说"你不是个信教的人！"(Du bist nicht fromm！)这样一来，如果说加尔文与勒克莱克是一伙的，那恐怕与事实有点距离。加尔文在给奥尔良的年轻人写的信中，是在谴责和揭露勒克莱克。更何况，勒克莱克并没有说《庞大固埃》大逆不道，而是说它下流。当时的人们就是这样，具有严酷的性情和自尊的腼腆[2]，哪怕是索邦神学院的教师。只不过，正因为圣安德烈德萨尔的本堂神甫是索邦神学院的教师，所以性情激烈的他才会如此严格。勒克莱克从《庞大固埃》中所嗅到的，不是无神论。他从中只是清清楚楚地感觉到，与圣维克多图书馆的常客们为敌的人心中的恨，以及一个自由思想者对福音主义者的同情之心。虽然这些福音主义者从来没有被人认为是支持下流行径的人，但复仇的《庞大固埃》一出版，他们就接受了，他们向别人宣传这本书，推荐这本书，把这本书放在自己的书架上，保留着。

① 阿贝尔·勒弗朗，《庞大固埃研究》(*Etude sur Pantagruel*)，LIV。"加尔文引证了《庞大固埃》和好几本其他的图书，并说这些书下流。"后面还有："大家都知道加尔文的最初评价是有敌意的。"

② 详见图阿斯奈有关这方面的一条注释(《图书馆杂志》，XIV，1904，281—304)。伊拉斯谟的《对话录》(*Colloques*)，教士的布道辞，等等。

* * *

奥利维唐(Olivétan)是努瓦永人,是加尔文的朋友和亲戚,于1535年在纳沙泰尔(Neuchâtel)的皮埃尔·德·纹格勒(Pierre de Vingle)出版社出版了第一本法文版的改革派《圣经》。1539年他死的时候,书架上留下了六本"通俗语言"的著作[①]。在这六本著作当中,就有一本《庞大固埃》。但是,1533年8月,高兰特出版社(Corinthe)便出版了一本反天主教的小册子,后来纳沙泰尔的各出版社印行了很多这类的图书,迪福尔(Th. Dufour)在过去曾把这些书都辑录在一本非常有名的《书目》当中。当加尔文10月份给奥尔良的朋友们写信时,也许在艾田·德·拉福日家或者在别的地方曾经见过这本小册子。小册子是著名的牧师,1534年改革派揭帖的作者安托万·巴库尔(Antoine Marcourt)写的,小册子的题目是《商人之书,对所有的人均颇为有用,由精通此类事务,即将与庞大固埃老爷为邻的庞大波尔先生(sir Pantapole)撰写》。[②]

"即将与庞大固埃老爷为邻":这种说法很有象征的意义。如此说来,在当时,觉得自己或者主张自己与拉伯雷和拉伯雷小说中的巨人为邻的,是主张宗教改革的人,是革新的人,是反天主教的人。虽然加尔文后来被开除出教,但是他们是不会轻易放弃对自

---

① DVII, t. VI, 23 et DXVIII, t. X, b. 367。

② 关于安托万·马库尔,请见于DXXI,第46页和第106页;尤其是LXXX。根据贝尔都小姐的分析,《商人之书》(*Livre des Marchands*)中所有影射拉伯雷的文字,都是由维莱(Viret)在1534年之后才删除的。

己的这种看法的。在《拉伯雷研究杂志》(IV，224)从前发表的一篇文章当中，亨利·毕莱纳(Henri Pirenne)曾指出说，当时拉伯雷的作品在荷兰很是时髦，在这个乞丐遍地的地方，圣阿尔德龚德的马赫尼克斯(Marnix de Saint-Aldegonde)成了《庞大固埃》的模仿者，甚至是抄袭者。马赫尼克斯算得上是半个弗朗什-孔泰人。而且我引证过勃艮第的几件事，也与“远方”的这些事有相似之处。除了马塞尔·巴塔永(Marcel Bataillon)讲到的那些事之外[1]，在1550年反正统的西班牙还有其他的一些事实。这些见证都在支持着我们的论断，说拉伯雷不是个反基督教的人，而是同情宗教改革，赞成宗教改革的人，或者至少是赞成在法国刚刚显露端倪的宗教改革，也就是福音教运动的人。

因此，人们的结论下得太早了。加尔文并没有指责拉伯雷。至少在1533年没有。只是索邦神学院的一个神学家，只是我们的勒克莱克老师，在指责拉伯雷的同时，公开地承认自己粗俗、虚伪而已：omnes fremebant eum obtendere ignorentiae suae speci-

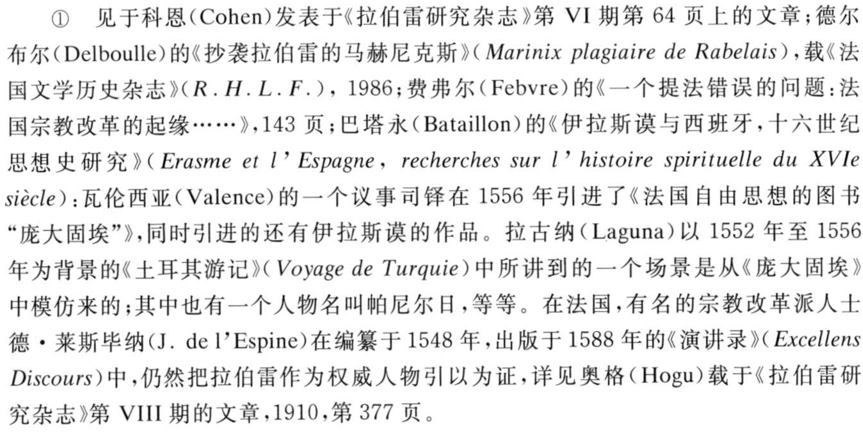

① 见于科恩(Cohen)发表于《拉伯雷研究杂志》第VI期第64页上的文章；德尔布尔(Delboulle)的《抄袭拉伯雷的马赫尼克斯》(*Marinix plagiaire de Rabelais*)，载《法国文学历史杂志》(*R.H.L.F.*)，1986；费弗尔(Febvre)的《一个提法错误的问题：法国宗教改革的起缘……》，143页；巴塔永(Bataillon)的《伊拉斯谟与西班牙，十六世纪思想史研究》(*Erasme et l'Espagne, recherches sur l'histoire spirituelle du XVIe siècle*)：瓦伦西亚(Valence)的一个议事司铎在1556年引进了《法国自由思想的图书“庞大固埃”》，同时引进的还有伊拉斯谟的作品。拉古纳(Laguna)以1552年至1556年为背景的《土耳其游记》(*Voyage de Turquie*)中所讲到的一个场景是从《庞大固埃》中模仿来的；其中也有一个人物名叫帕尼尔日，等等。在法国，有名的宗教改革派人士德·莱斯毕纳(J. de l'Espine)在编纂于1548年，出版于1588年的《演讲录》(*Excellens Discours*)中，仍然把拉伯雷作为权威人物引以为证，详见奥格(Hogu)载于《拉伯雷研究杂志》第VIII期的文章，1910，第377页。

em.—Omnes(所有人都抱怨他掩盖了自己无知的特点——所有人),也包括加尔文,加尔文也被气得“浑身发抖”了。

只是,如果我们把这篇资料放在一旁,能够证明拉伯雷不信教的最早的证明材料是1538年的。然而,我们不仅仅需要证明拉伯雷信奉唯理论,宣传不信宗教,与人结盟反对基督教。因为从1532年发表《庞大固埃》之后,他本来就是这样一个人了。1538年的一些文本,或者1538年以后的一些文本又说明了什么呢?如果有这样的文本,我们会考虑的。不过,从1532年到1538年,世界向前发展了。而且发展得很快。1533年10月,发生了马赛的会见;1534年3月,亨利八世被开除出教会;10月发生了宗教改革的揭帖事件;1535年1月,取缔印厂的法令公布;6月,奥利维唐的圣经出版;1536年3月,巴塞尔出版《基督教教义》(*Institutio Christiana*);7月,伊拉斯谟逝世……我们不用再说了。我们不用一直说到1538年1月或者2月巴黎莫兰出版社出版《洋琴世界》;或者另一方面,加尔文于这年的年底在斯特拉斯堡创建法国第一个改革派的教会。这几件事就足够了。这些事告诉我们,在动荡不安的16世纪,人们在生活当中都有着两种面孔,思想的生发快如疾风。因此,我们不能将各种气氛混在一起。

2　吉约姆·波斯戴尔的想象

从1532年到1543年,因为我们把加尔文的信排除在外,对拉伯雷的作品和不信教的问题,我们在神学家、哲学家和宗教问题辩论家当中找不到任何反映。而且顺便说一说的是,如果图阿斯奈和勒弗朗引述的拉丁文诗人们在诗中谈到了阿尔高弗里巴及其小说，那么在俗的教徒和教外的人要比信奉各种学说的博士和神职人员应该更早地知道这些事。不管怎么说，这是让人很吃惊的。我们分析过的维萨吉耶、波旁、苏萨内的诗文全部是集中出现于1536年到1538年间。在这一期间，宗教学者们当中却没有任何反映。只是到了1543年，在这个伟大的年头，哥白尼出版了《天体运行论》(*De revolutionibus orbium coelestium*)，维萨里(Vésale)的《论人体的结构》(*De humaini corporis fabrica*)也问世了。只是到了这一年，学者们当中才有人站出来说话，我们才看到吉约姆·波斯戴尔(Guillaume Postel)揭露了几个宗教改革的知名的变节分子，这些人不久之前才成了彻底的无神论者。比如可恶的《三个预言家》(*Trois prophètes*)的可恶作者维拉诺瓦努斯(Villanovanus)；比如《洋琴世界》的作者，《庞大固埃》的作者，《新岛》(*Nouvelles Iles*)的作者。这个大逆不道的四人帮，这些迷了路的孩子们。①

① 《*Addam secretoria mysteria et scopum ad quem tota isthaec nova professio collimet, palamque fiet non satis habere quicquid usquam terrarum perfidi dogmatis assertum fuit, id mordicus tutari hanc factionem, nisi etiam tam directe quam indirecte (ut aiunt) nget Deum atque de suo Caelo ejecere conetur... Id arguit nefarius tractatus Villanovani de Tribus Prophetis, Cymbalum Mundi, Pantagruellus et Vovae insulae, quorum authores olim erant Cenevangelistarum antesignani.*》(我应该补充更为神秘的异教以及所有新信条所导致的结果，众所周知这一教派不愿顽强地捍卫在世界任何地方出现的任何反叛教义，但它既直接又间接地(如他们所说)否认神并试图将他从他的天界排斥掉……这在可恶的著作，维拉诺瓦努斯的《三个预言家》、《洋琴世界》、《庞大固埃》和《新岛》中有所表现，它们的作者曾是新福音书分子的领袖)(Postel, *De rationibus Spiritus Sancti lib. II, Gulielmo Postello Barentonio authore, 72*).

维拉诺瓦努斯,也就是米歇尔·德·维尔诺夫(Michel de Villeneuve),又名米歇尔·塞尔维(Michel Servet),刚刚于1542年在里昂于格·德·拉波特出版社(Hugues de la Porte)出版了一本《圣经》,拉丁文本是桑特·帕尼尼(Sanctes Pagnini)的,因里面的注释而成为禁书。可怜的塞尔维,人们执意不承认他的这个名字,或者把他与另一个维拉诺瓦努斯(Villanovanus)混在一起,也就是西蒙·德·诺夫维尔(Simon de Neuvfville),是多莱在帕多瓦的老师。但是对这个西蒙·德·诺夫维尔,我们一无所知。不过人们都说《论三个冒名顶替者》(*Traité des Trois Imposteurs*)是塞尔维写的,没人说是西蒙·德·诺夫维尔写的。当然有可能是塞尔维,也有可能是很多其他的人,包括阿威罗伊(Averroès)和弗雷德里克二世(Frédéric II),乔达诺·布鲁诺(Giordano Bruno),康帕内拉(Campanella)和弥尔顿(Milton),以及薄伽丘(Boccace),马基雅维里(Machiavel),阿莱廷诺(Arétin),彭波那齐(Pomponazzi),奥希诺(Ochino),拉伯雷。竟然有这么多的大师参与这篇神秘论文的写作。令人感到最为好奇的是,竟然也有人说这篇论文是波斯戴尔写的①,这是波斯戴尔在1543年怎么也不会想到的……

① 见于马香(P. Marchand)的《历史词典》中 Impostoribus 词条。塞尔维因自己拉丁文的名字 Villanovanus 而吃了不少苦头。莫吉(Maugis)在《议会的历史》第二卷328页不承认他,说是“其他的外国人,是星相术士,而不是医生”。科普莱－克里斯蒂把他说成是西蒙·德·诺夫维尔。加尔文(Joannis Calvini Opera quae supersunt omnia, VII, 1152)说:“每个人都知道,阿格里帕,维尔诺夫,多莱及其同伙一向都在傲慢地谴责福音书”,其中的“维尔诺夫”指的是塞尔维吗?后来(1185)他又说:“有个名叫米歇尔·塞尔维的西班牙人假装是医生,这个人又名维尔诺夫。”事情并没有那么肯定。有可能加尔文想到的是诺夫维尔。亦请见于后文。

《洋琴世界》是众所周知的。书的作者也是无人不晓。至于《新岛》这篇神秘的论文，难道是法文版改编的托马斯·莫尔的《乌托邦》（*Libellus vere aureus de optimo reipublicae statu, deque nova insula Utopia*）？还是《庞大固埃的弟子》（*Disciple de Pantaguel*）呢？至少从1538年开始，《庞大固埃的弟子》这本书便一再出版，副标题是"庞大固埃的弟子帕尼尔日在陌生而奇怪的海岛上旅游和航行记"。但是，我们看不出这里会牵涉到用法文改编的《乌托邦》，而且，我觉得，东拼西凑而成的《庞大固埃的弟子》[1]又怎么能够触动波斯戴尔的激情呢？吉尔贝尔·谢纳尔在《16世纪法国文学中的美洲情调》中，偶然提到1533年在巴黎的科林出版社出版的一本书《大西洋新发现的海岛提要或文集》（*Extraict ou recueil des Isles nouvellement trouvées en la grand mer océane*）。这是一个名叫安托万·法布尔（Antoine Fabre）的人用法文整理的《十卷书》中的前三卷，另外还有第四卷的一个提要以及根据科戴兹（Cortez）所写的墨西哥的两篇故事。《十卷书》的作者是安日拉的皮埃尔·玛蒂（Pierre Martyr d'Anghera）。前三卷的译本是题辞献给昂古莱姆公爵的，关于墨西哥的故事是献给法国的玛格丽特的[2]……然而，这本书中有好几段引起了谢纳尔的注意。他尤其提到一段文字，描写的是伊斯帕尼奥拉岛（Hispaniola）上

① 吉尔贝尔·谢纳尔（G. Chinard）《16世纪法国文学中的美洲情调》（*L'Exotisme américain dans la littérature française du XVIe siècle*, 261）。

② 国家图书馆有这本书，为内部藏书。拉伯雷见过这本书吗？里面有一段叙述，说"印第安人更看重铁制的斧头，把几块金子放在一边不管"，这有些让人想起拉伯雷在《第四卷书》的前言中所讲的古雅特里斯（Couillatris）的故事 。

的人的天性(第23页),法布尔把这种天性提高到远古祖先的尊严的高度,说是"善良的蛮人"的尊严。伊斯帕尼奥拉岛上的土著们正处在黄金时代。他们本身就是心地善良的人,不知道世上还有恶人。"他们的家既没有篱笆,也不关门"。恰恰相反,他们的"花园是开着的,他们没有法律,没有账册,没有法官。但是,正义来自他们的本性,有人以损害别人为乐时,他们也会从本性上弃绝这样的恶人和不正义的人"。

难道是这些地方吸引了波斯戴尔的注意?严格来说,我们可以这样假设。在批驳不信教的人时,在同一章相隔比较远的两处地方,他也对放浪的人进行了例行的谴责,说他们也相信福音书,但"条件是在生活中完全不受福音书的限制,不放弃任何欲望"。他明确地说明了他谴责的对象,那就是德廉美修道院(Thélème)[①]:"*ut interpretatus est Christomastix in Abbbatia Thelemeton ludoque pillae palmariae*(因为基督的苦难在德廉美修道院和网球场被诠释)"。只是我们不明白,天主教徒皮埃尔·玛蒂的书译成法文怎么能与宗教改革分子的书列在一块,而且这些宗教改革分子很快又变成了鼓动人们不信教的人。显然,波斯戴尔让我们感到吃惊的,还不只是这一件事。如果我们想正确地评价阿贝尔·勒弗朗注意到的这份资料的价值,我们必须首先看

① *Qua enim Luterani habent ecclesia, eadem habent authoritate ab ecclesia traditum posteritati Evangelium impii verbis crebro Evangelii professionem sibi adscribentes, ut sub eo tamen ira vivant (ut interpretatus est Christomastix in Abbatia Θελημητων ludoque pillae palmariae) ut velint, nec libidini quicquam substrahant*. 对于波斯戴尔来说,是路德派的教徒杀死了德廉美修士的基督。阿贝尔·勒弗朗1913年指出了波斯戴尔的这段文字(《16世纪杂志》第一卷,259页)。见于CCCLX,第74页。

看波斯戴尔当时所处的环境。

让我们从头至尾地再读一遍引述有关资料的这部奇怪的著作：Alcorani seu legis Mahometi et Evangelistarum concordiae liber（可兰经或穆罕默德信条与福音传道者的和谐之书）。这并不是一件令人愉快的任务。波斯戴尔的拉丁文是最难懂的。作品一开始，这个东方学者便说，他只花了极短的时间，便写出了他的伟大作品《和谐万邦》（*De Orbis concordia*）①，而且那是在滴水成冰的冬天，他需要不时地用嘴里的热气哈哈蘸水笔，否则墨水就会冻成冰，他也就没法写下去了。艰苦时代伟大而勤奋的作家们！不过我们似乎觉得在《可兰经之和谐》（*Alcorani Concordia*）的字里行间，仍然还有很多没有化开的冰碴。另外，这本书是波斯戴尔自己出钱，请一个二流的书商印行的，看起来很是一般。文字没有分段，小小的印张上没有留空白，密密麻麻的斜体字，尤其是没有标点。然而，这是一部重要的作品。在16世纪的思想史上，人们没有给予它应得的地位。不过今天，有谁会对这种晦涩的思想感兴趣呢？谁会费尽心力地去读这个奇怪的、不同寻常的、聪明的波斯戴尔的作品呢？

* * *

从道德上统一宇宙。让各个国家、各个大陆所有教派的所有

① CCCLX，第5页，波斯戴尔说："人们会指责我匆忙成书。但是，我的研究是为了为人服务，而不是为了荣誉。"（aestimationi non studeo; juvandi animo non gloriae causa acceleravi.）不管怎么说，他的研究不是为了心急的读者而做的。

人，在一个完全统一的教会里成为亲兄弟。通过说服的力量，通过理性使人信服的力量[①]——“显而易见的理由”（ratione evidentiae），这是路德的原话——，让新教教徒和天主教徒，犹太教徒和信奉穆罕默德的教徒，不信神的人和偶像崇拜的人，让美洲新大陆的人们，非洲新大陆的人们，让东方神秘帝国的人们，让所有长着同样器官的人们在广泛的天主教中融为大同，毫无保留，毫无敌意，天主教的教义是如此之广泛，可以与公正的上帝在所有人心中形成的自然的、先天而生的宗教融合在一起。超越各种教条互相矛盾的差别，求助于这些人的基本感觉和本能的倾向：对造物主心怀感激的心情；希望比死亡更加强大，有了希望我们才能够设想，才会有愿望，作为至高无上的报答，在心中拥有上帝，永生不死；最后不诅咒，不排斥，不弃绝任何人，而是把获得了新生的天主教徒和从错误当中解放出来的新教徒，以及重归信仰之路的人们统统团结起来，把那些悲悯、宽容的土耳其人，尤其是掌握了那么多自然法则的犹太人团结起来。总而言之，让所有的分歧都在理性的大旗下和解，理性就是基督的法律，曾经轮流启发了各种宗教的创始人，预言家，先王，哲学家，历史的所有世纪，人世间的所有人种，世纪的所有宗教。这就是信奉世界主义的吉约姆·波斯戴尔的美好希望，这希望中摆脱了天启论的空想，由于人们敢想敢做，所以有了新的地理发现，基督教的传播得到了发展，如雨后春笋般的各种异端教派也证明宗教生活有了新的景象。这一切使中世纪一位论

① CCCLXIII 当中有很多文章讲到波斯戴尔所说的“理性”（Ratio）的意思（第 27 页，29 页，34 页，等等）。

教派的古老梦想变得更加丰富。

这就是人们的幻想。人们深信终有一天，能够在叙利亚已经成为使徒大本营基地的亚当的坟墓上，感觉到各国人民万众一心，在国王之王耶稣的统治之下，融合成一个教会、一个民族。这个农民的儿子就是这样在劳作、施行和四处奔走中消耗着自己的生命。他十四岁就成了孤儿，有时候在乡村当小学教师，有时候又在博斯农庄里当长工。后来，到了1525年，他十五岁时，在圣巴伯（Saint-Barbe）当了仆人，从弗朗索瓦一世家到费尔迪南（Ferdinand）家，从玛格丽特（Marguerite）家到卢瓦约拉（Loyola）家；有时他是猎物，有时又是红人儿，但不管到哪儿，他都是一个贫穷的青年，营养不良，享受不到任何生活的舒适，没有时间睡觉。这些不幸而孤独的思想家们个个神经紊乱。对此，我们不能感到奇怪[①]……在威尼斯，别人把他当作疯子，因而宽恕了他。在罗马，他被宗教裁判所关押了四年。在里昂，他因圣职人员的投诉而受到追捕。最后，由于法国议员带有同情心的宽恕，他被收进了圣马丁戴尚（Saint-Martin-des-Champs）的隐修院。当时一个少有的作家弗洛里蒙·德·拉埃蒙（Florimond de Raemond）塑造了一个人物的形象，让我们看到了这种背景之下的波斯戴尔：他留着长长的白胡子，神色

① 戴毕永（P. Des Billons）在《对波斯戴尔的新的说明》（*Nouveaux éclaircissements sur G. Postel*，第96页）中很有人情味地说，波斯戴尔年轻时受尽了贫穷之苦。他拉了十八个月的痢疾，身体弱不禁风，只靠从狂热的激情中生出来的力量，只靠对科学的强烈的热爱支撑着，这种热爱就像身体在发高烧一样，在激励着他的肌体的同时，也在伤害着他的肌体。关于波斯戴尔的梦想，详见前文所引格瓦卡拉的作品。格瓦卡拉尤其描写了一个自以为得到神启的人，一个能够活一千年（第19页），为基督当传令官的人（第4页）。

严峻，眼睛像红宝石一样神光四射。当他主持祭礼时（他是教士），到了祝圣的时候，他的苍苍白发中简直会冒出烟火来——“他对神秘的事是那么向往”。[①]

他是一个精神有问题的天才人物，有宗教的幻象，也有谵妄。他自以为永生不死，经常对人说基督在他心中和他说话；但是，他的头脑文思泉涌，却又令人难以捉摸，远在圣西蒙之前便酝酿着社会改革的思想，其中又混合着某种隐隐的基督教社会主义的预感。有人把他介绍给弗朗索瓦国王，由于国王的帮忙，他才于1535年和拉福莱斯特（La Forest）的大使一起周游东方，游历了希腊、小亚细亚、叙利亚的一部分，学习了通俗希腊语、土耳其语、阿拉伯语、科普特语、亚美尼亚语，经过千难万险，受尽了饥寒交迫之苦，到各地的寺院中去求取圣书的手稿。回到法国后，弗朗索瓦一世于1538年3月6日任命他为法兰西学院的希腊文、希伯来文和阿拉伯文讲师。同一年，他以研究十二个字母的方式，发表了第一部比较语法的探索之作。他写了一部阿拉伯语的语法，成了无可争议的东方学研究大师，巴黎东方学者的领军人物。

但好景不长。自从他从东方回来之后，宗教问题比语言学和东方学问题更让他心神不安。他不仅仅像当时的很多人那样，因为看到基督教分成很多教派、互相争斗而痛苦，而且，自从周游过东方各国之后，他的视野突然变宽了，他看到世界上的基督教只占少数，还有很多地区，甚至连统计数据也没有，那里的信

---

① 弗洛里蒙·德·拉埃蒙，《出生的历史，本世纪邪教的进步与没落》（*L'Histoire de la naissance, progrez et décadence de l'hérésie de ce siècle*）。

众和天地远比基督的天地宽广。如此看来，问题便不仅仅是要把自称是信奉基督的各种教派协调统一起来，而是要协调整个人类。

因此，波斯戴尔很早便自然而然地成了追求普遍主义的先驱者中的一员。在这些人当中，博丹是世俗学者中的典型[①]，但是博丹所关心的是政治制度（详见他的《共和》[②]），是比较法律（详见他的《司法的世界分布》[③]），是宗教（详见他的《宗教性质七人对话录》[④]），他想在这些领域用普遍主义取代天主教，他认为天主教已经名声扫地，而普遍主义是以科学知识和对事实的比较研究为基础的。简单说，他的普遍主义以人道为基础，并因此而锻造出一条长长的链条中最初的几个环节；这根链条首先把他与莱布尼茨联系在一起，梦想人世间的政治宗教组织。然后又超越了莱布尼茨，与昂房丹（Enfantin）和信奉圣西蒙的人们联系在一起，这些人也在时时刻刻地做着东方的梦。波斯戴尔走在所有这些人的前面。从 1540 年开始，正如戴维（Thevet）所收集到的一首平庸的十四行诗中，有一句很美的诗所说的那样：

“他心中在思考着世界的和谐。”

① 关于这一点，详见费弗尔（Febvre）《让·博丹的普遍主义》（*L' Universalisme de Jean Bodin*, R.S. VII, 1934）。

② *République*.——译者注

③ *Juris Universi Distributio*.——译者注

④ *Heptaplomeres*.——译者注

* * *

然而，1543年的《可兰经之和谐》（*Alcorani Concordia*）是与波斯戴尔的伟大意图直接联系在一起的。这是一部声讨宗教改革派的檄文，说宗教改革派是挑唆分裂，是为不信教做准备。波斯戴尔在题目上说他们是Evangéliste（福音书分子），在文章里却说他们是Cénévangéliste（新福音书分子）。在写给克洛德·多戴（Claude Dodée）主教的献辞当中，他解释说："'福音书分子'（Evangéliste），我用的是一个在日尔曼流行的词，这是新的教派用来指称其传教士的词。我甚至于还用了'新福音书分子'这个词，根据不同的拼法，我表示的是Cenevangelistas，id est vanos（Cenevangelistas，那些空洞的人）或者Cenevangelistas，id est novas（Caenevangelistas，那些新人）。"[①]这种双重的文字游戏完全符合当时人们所喜欢的学究的风气。

《可兰经之和谐》（*Alcorani Concordia*）应该是波斯戴尔的宏篇巨著《和谐万邦》（*De Orbis concordia*）中的一部分。波斯戴尔指望依靠这部著作实现他的宏伟蓝图的第一部分。他在Cosmographiae disciplinae compendium（宇宙研究概论）的献辞中确定了这一蓝图，也就是用理性清楚地、明确无误地说明天主教的基

① 《*Utor ea voce more germanico. Concionatores enim suos Evangelistas nuncupat novi cultus factio. Ad quem vocem adludens, nunc Cenevangelistas, id est vanos, nunc Caenevangelistas, id est novos, appello.*》（*Op cit.*, p. 4）.

本信条①。他的第一本书致力于证明几个较难证明的真理，比如三位一体，从零开始的创造，死而复生以及灵魂的永生不死；第二本书对基督最危险的对头穆罕默德的错误进行了例行的批驳；第三本书提出了各个民族和各种宗教共同的原则；在出版了以上三本书之后，他在第四本书中提出了关于道路和手段的问题。如何使伊斯兰教派的死硬分子明白真理？如何让异教徒明白真理？所谓异教徒，指的不仅仅是印度人、犹太人，也指分裂宗教的人，由那些新福音书分子组成的新的基督教派，正因为这个教派与真正的基督教近在咫尺，所以才更加危险。《可兰经与福音和谐》(*Alcorani et Evangelistarum concordia*)是第四本书的最后一部分。波斯戴尔之所以把这一部分从整体作品中提了出来，是因为这部作品在巴黎，尤其是在索邦神学院经受了很多的挫折——他在作品的第8至11页详细描述了这些挫折——，最终是让·奥波兰(Jean Oporin)主动提出出版这本书。然而，波斯戴尔不可能体面

① Primum, ut toti orbi terrarum, sed ante omnia Latini Romanive regni alumnis redderem rationem earum rerum quae, hactenus, credendae fuere, postea autem intelligendae sunt, et in Religionis toti generi humano clarissimae, qualis sola christiana est, unione et consensu sunt habendae. Alterum, ut illis gentibus quae sunt Latinae hujus (ant Japetinae) linguae usu destitutae, arabicae videlicet atque syriacae (ipsius Christi propriae) usu coactae, hoc ipsum rationis beneficium, cum Evangelii per typographiae artem multiplicati luce, etiam conferatur.(首先，我要向全世界尤其是拉丁或罗马势力影响下的人说明所有他们到现在为止不得不相信而今后会理解的事物，以及他们通过与全人类都能完全理解的宗教——也只有基督教——结合并认可所能拥有的事物的理性基础。其次，我希望理性论证的同样利益与福音书的光辉——印刷术使之出现许多抄本——一同被传达给那些被剥夺了拉丁文(或贾菲斯语)使用权的民族，比如那些仅限于使用阿拉伯语和基督自己的语言叙利亚语的民族。)(CCCLIX，献辞)

地将一本系统地批驳宗教改革分子的书交给巴塞尔一个宗教改革分子出版，这一点他自己也说明了（第 12 页）。因此，他自己承担费用，而且是冒着莫大的风险，在巴黎印行了这本书。

这些细节并非没有用处。波斯戴尔知道，拉伯雷也知道，但是除了他们之外，除了当时的思想变化之外，很重要的是要知道，《可兰经之和谐》（*Alcorani Concordia*）并不像我们最近习惯于说的那样，是一本批驳帕多瓦人的书，批驳那些以亚里士多德为根据的无神论者的书，尤其是批驳彭波那齐及其同伙的书。自从有了那本矫揉造作的书之后，我们总是很想把这个时期非教派的思想运动综述到，归结到彭波那齐的思想轨迹上来。波斯戴尔后来才会顾及这些信奉亚里士多德学说的人，尤其是 1552 年在 Liber de causis... contra Atheos（关于对无神论者审判的书）和 Eversio falsorum Aristotelis dogmatum（摈除亚里士多德错误信条）当中。不过在 1543 年，当他指责《庞大固埃》时，他所针对的是宗教改革，正如他曾指责福音书分子，指责所谓的新福音书分子一样。这一点，我们应当现在就明确地指出。①

因此，波斯戴尔首先指出，在所有被天主教弃绝的书当中，《可兰经》是一本典型之作，他发现《可兰经》的理论和新福音书分子的理论之间，存在着奇妙的一致性。作为东方研究学者的波斯戴尔

① 因此，我并不同意雷诺戴（Renaudet）的意见。雷诺戴在《现代社会的起源，文艺复兴和宗教改革》（*Les débuts de l' âge moderne. La Renaissance et la Réforme*, p. 547）中说，波斯戴尔从 1542 年开始，便在 De Orbis concordia 中批驳阿威罗伊主义分子，被任命为王国教授的维梅卡迪（Vimercati），同时也就批判了彭波那齐及其意大利的阿威罗伊分子。

认为，新福音书分子是路德的后裔，是穆罕默德的私生子。通过阅读大量的文本，我们得知这些异教徒为什么具有相似之处(quid inter Mahumetanos et Cenevangelistas intersit)(伊斯兰教徒和新福音书分子之间所存在的相似之处)。波斯戴尔列了一份清单(第21页)，杂乱无章地列出《可兰经》中的二十八项建议，这些建议都可以出自新福音书分子之口(non valent aut prosunt ulli atiena opera; patroni et intercessores non valent aput deum; Mariam non debere coli aut honorari)(没人能受助于或受益于他人的成果；在自身面前守护神和代理主教不再强大；马丽亚不应被崇拜或尊敬)……不过有些建议更值得关注，波斯戴尔对这些建议的解释也同样很值得关注。比如对第十条建议的解释[①]：nullis miraculis opus esse ad confirmationem religionis(宗教信仰无需奇迹来证明)。对第二十七条建议的解释：Hominem frequenter destitutum libero arbitrio dicit et fatum non raro fortunamque cum Deo confundit [Muhamedes]…([穆罕默德]常说人类被剥夺了自由意愿，他并非偶尔地将宿命与命运与神混淆)

* * *

新福音书分子和穆斯林一样，公开亵渎宗教，由此我们可以理解，他们说自己的理论是基督教的理论，所以就更容易过渡到最为

① 波斯戴尔在该书第37页论述了这个建议。他认为，新福音书分子在声称奇迹是伪奇迹，是魔鬼奇迹的同时，也颂扬了恶魔的能力。第二十七条建议在第70页及其以后部分进行了论述。

明显的对宗教的亵渎。波斯戴尔揭示了这两者之间的过渡。新福音书分子不仅仅宣示异端学说，而是亵渎宗教。这是他的作品第二部分的题目。而且，正是在这第二部分，他在指出新的教派所追求的目标的同时，也指责拉伯雷，指责维拉诺瓦努斯（塞尔维），指责戴佩里耶和《新岛》（*Novae Insulae*）的作者，这些人从一开始就是有名的宗教改革分子（quorum authores olim errant Cenevangelistarum antesignai）（他们的作者曾是新福音书分子的领导者）。因此，波斯戴尔认为，拉伯雷对宗教的亵渎，并不是什么特别的事，也不是什么了不起的事。拉伯雷思想中的福音书主义，只不过是他所揭露的从福音书主义滑向亵渎宗教的变化的显著见证之一。

不过，对于波斯戴尔来说，什么是对宗教的亵渎呢？在看到他的论述的时候，我们感到很是惊讶，或者更准确地说，如果我们丝毫不了解当时人们思想和论理的方式，我们会感到十分惊讶。我们尤其得知[①]，与福音书分子一起宣称："基督徒应当只相信《圣经》中所说的事。"或者与无神论者一起嘲笑说："千万别相信福音书。"这两者其实是一样的。波斯戴尔对这一点的论述当然很巧

① Prima ea adsertio, nil praeter ea quae in Canonicis Scripturis habentur, esse credendum, statim Evangelium non esse credendum suadet (p. 73).—波斯戴尔是这样理论的：Nam si nil est tenendum pro articulo fidei praeterquam quod est in Novo Testamento scriptum, nusquam ibi reperias hos esse Evangelium potius quam quidvis aliud... Est igitur prius quam Evangelio Ecclesiae credendum, alioqui negaretur Deus, quod secreto faciunt etiam verbis qui sunt mysteriorum peritiores...（如果除去写入《新约》的就没有什么作为信仰的条款被坚持，那么你在任何地方都不会发现那是福音书而不是其他……因此，以前我们相信福音书，我们必须信任教会，另外，神被否定，这是那些更熟悉神秘崇拜的人以自己的方式秘密从事的。）

妙,也不乏洞察力。让我们再来看一看他的论述,因为他的论述也许再现了当时自由思想家秘而不宣的反对意见。“你说《新约全书》中的内容?就算是吧。但是,我们所说的《新约全书》,就是福音书,而不是别的文章……由此得出结论:在相信福音书之前,要相信教会”……只是,这种推论的方法使我们认为,根据波斯戴尔的揭示,《庞大固埃》对宗教的亵渎,只不过是一种推导出来的亵渎,而不是明摆着的。而且是由那些奋起反对经院哲学的人从十万八千里之外的事实推导出来的;我们可以看到,这些人深谙最为机巧的逻辑学的渊源,而且巧妙地运用这种逻辑,以使他们的直觉更有分量。这是波斯戴尔经常使用的方法,因为他再一次高高在上,一边谴责宗教改革人士,一边列数[①]这些与穆罕默德一路货色的人臭名昭著的罪行,比如抛弃教会的传统,让上帝成为罪孽的作者,声称说教会有错误需要纠正(波斯戴尔指出说,这是对上帝的最彻底的否定,因为一切都是联系在一起的),最后是否认自由意志,不承认人的一切美德,让人丧失从善如流的勇气。这就是这些反对基督教教义的人最恶劣的主张。因此,《庞大固埃》是公开地、明目张胆地宣称不信宗教。不过,路德的《意志奴役论》(*De Servo Arbitrio*)也是一路货色。这样一说,波斯戴尔指责拉伯雷的意义大概也就受到了局限。至少我们不会再觉得拉伯雷是一个与当时

---

① Falsa in sacris esse adversare, Deum negare est. Si enim, vel in iota una, gratia spiritus sancti permisisset aberrate non tantuin Evangelistas, sed legitime coacta Concilia, falsa Christus promisisset...(断言宗教中有错误就是否定神。因为如果圣灵祈祷不仅容许福音传教士还准许合法召集的会议在更为轻微的细节上偏离,基督可能做出了错误的承诺)(p. 75)。

的很多人不一样的人，拉伯雷只不过是一个有着大胆思想的人，他坚定地相信常识，不大倾向于神秘学的感情流露和神学的奇思妙想。而且，他以一系列一般的思想为基础，批判这些思想，而且这些思想也帮助他批评别人。在否定传统思想的道路上，他是一个走在世纪前面的革命者。他的思想名副其实地前所未有吗？不管吉约姆·波斯戴尔有多么大的洞察力，他从拉伯雷身上并没有看到这一点。他并没有把谴责的矛头单独指向拉伯雷。他只不过是把拉伯雷放在被谴责的人之列而已。

* * *

我们尽可以放心大胆地强调这一点，而且，既然我们在这场指责拉伯雷为反基督教而积极活动的重大官司当中，把波斯戴尔列为证人，我们就要尽可能地澄清他那举足轻重的证词。波斯戴尔对我们说，《庞大固埃》的作者完全相信了福音书主义的思想，而且是这个教派的领袖之一(antesignani)。这种说法也许是不对的，或者更准确地说，这种说法不甚明确。不过，他之所以这样说，不就是为了支持——至少是为了支持——拉伯雷从1532年便是无神论者的论断吗？波斯戴尔又补充说，即使在《庞大固埃》之后发表的《卡冈都亚》当中，拉伯雷也自称是站在福音书一边的，虽然别人可以按照自己的意思解释他这一说法。我们同意，而且我们在后面将以略微不同的方式来解释这一点。最后，波斯戴尔指责拉伯雷宣称说大自然本身就是善良的，并向“自由的，出身良好”的人们宣传“想干什么就干什么”的可耻道德观。我认为，从这些前提出发，我们可以推导出无限的结果，而且波斯戴尔是不会不这样做的。但是这些推导出来的结果能为我们换来一个咄咄逼人的、作为自由思想家的拉伯雷，一个热巴赫笔下的拉伯雷，或者一个斯达菲(Stapfer)笔下的拉伯雷吗？热巴赫笔下的拉伯雷并不以自己是革命者而自夸，而斯达菲笔下的拉伯雷却把自己说成是个宗教改革分子。

此外，波斯戴尔是到了很晚的时候才把拉伯雷看成一个危险人物的。《可兰经之和谐》(*Alcorani Concordia*)是1543年的书。五年之前，1538年，波斯戴尔把《论起源》(*De originibus*)题辞献给迪・贝莱红衣大主教，盛赞支持艺术事业的迪・贝莱对当代高尚的人们是如何出手大方。他说："我只想让人类知识各不同领域最为出色的人享受你的关怀。他们每次遭遇不幸时，都会寻求你的帮助……保罗・乔诺维奥(Paolo Giovio)，拉伯雷，毕果(Bigot)以及很多博学多才的人，都曾切实得到过你的好心恩泽。难道还有必要在此重提吗？"这是很令人关注的一份资料[①]。这份资料至少可以证明，在1538年，拉伯雷，写《庞大固埃》和《卡冈都亚》的拉伯雷，并不是一个让吉约姆・波斯戴尔感到非常气愤的人。否则波斯戴尔不会把他与很多受迪・贝莱保护的人混为一谈。在1538年到1543年间，波斯戴尔改变了对拉伯雷的看法，或者更准确地说，他改变了对拉伯雷的作品的看法，因为他再也不提拉伯雷。我们能找到这一变化的个人原因吗？

① CCCLII，F° Aii：Nolo hic attingere propensum illum tuum animum in Jovium，Rabelaesum，Bigotium ac tales absolutae eruditionis viros.

波斯戴尔的《阿拉伯语法》(*Grammatica arabica*)是在巴黎由出版《可兰经与福音和谐》(*Alcorani et Evangelistarum concordia*)的同一家出版社出版的,而且很可能也是同一年出版的。在这本十分值得关注的语法书的前言当中,我们注意到有一段很奇怪的文字①。波斯戴尔好像常有些大胆的思想,而且我们很难衡量他这思想的意思。他以这样的胆识,向我们指出伊斯兰教巨大的、“天主教”的扩张。

他说,这种宗教在天下分布如此之广,如果我们把世界分为三个部分,那么只有其中的一个还没有被它占领。伊斯兰教不是占领了除努比亚之外的整个非洲吗;整个亚洲,从南到北,从东到西;而且现在又咬住了欧洲的东部和地中海沿岸地区,已经掌握了希腊。伊斯兰教几乎遍布天下。因此,表达这一宗教的语言——阿拉伯语便成了普天之下的语言。但是,要想游历地球上这么多的国家,与如此众多的人谈话,仅仅了解这种语言是不够的。阿拉伯语是东方学的学者们掌握东方科学的钥匙。我们的很多东西都是来自于阿拉伯人!首先是天文学和医学。在这里,波斯戴尔开始

① 波斯戴尔的《阿拉伯语法》前言原文如下:Usque adeo orbem totum occupavit [Muhamedica religio] ut, si trifariam in que aequalia totam habitabilem divides vix una pars extra hanc possit reperiri. Habet totam Africam, praeter Nubianam illam regionem quae a Praestano Christiano incolitur. Tota Asia, a nostris litoribus per antipodes usque ad illam partem quae in occidua nostri hemispherii parte est, hac uti. Quos enim primos hominum sua navigatione orbem totum ab occidente per antipodes in ortum lustrando Magellanus ultra Americam reperit in majoribus Moluccarum insulis—illi nugas Muhamedis observant... Jam et in Europam haec pestis grassatur, occupatque totam Graeciam.

猛烈地攻击盖仑医学的信徒们①。“这些新派人物想得到博学之士的声誉，便嘲弄别人，在说别人的坏话而感到满足的同时，他们声称说：我坚持认为，当代没有任何一个关心科学和科学应用的人，不是先从盖仑的理论中汲取，在实践上又师法于阿拉伯人的。”我们知道，拉伯雷非常佩服盖仑。因此，我们可以想象，这一段话是不是在暗中影射迪·贝莱手下的人和掌玺大臣普瓦耶（Poyet）的保护人之间在巴黎或者圣莫尔（Saint-Maur）的一些争论②，至少是他们之间的一些谈话；而且我们应当还记得，卡冈都亚在写给庞大固埃的信中，嘱咐儿子去看希腊医生、阿拉伯医生和拉丁医生；在法国没有任何人学习阿拉伯语的时候，他鼓励儿子在学习迦勒底语的同时，也要学阿拉伯语。而且拉伯雷也在某个地方提到过这个卡拉米斯（Caramith）的主教，说他“在罗马时是他的阿拉伯语老师”。

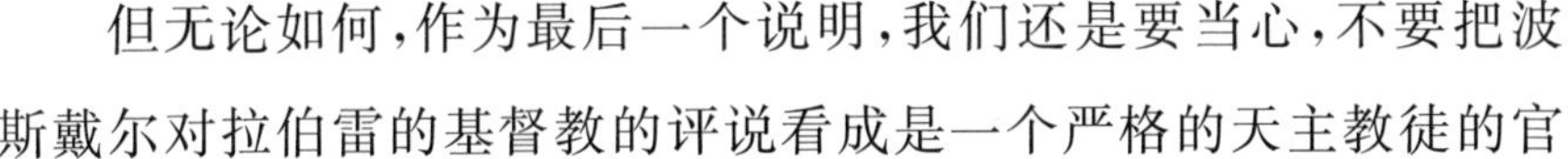

但无论如何，作为最后一个说明，我们还是要当心，不要把波斯戴尔对拉伯雷的基督教的评说看成是一个严格的天主教徒的官

① Astrologiam et rei medicae praxim illis debemus. Nugentur quicquid velint nescio qui *neoteristae* qui, maledicendi quadam libidine sibi nomen redimere eruditionis volunt, quum tamen... nullus sit hodie virorum doctorum et in melioris notac praxi excercitatorum, quin postquam egregie a Galeno hausit ipsam theoriam versetur in Arabibus? 一后面还有：Quam multa... Arabibus solum, non Galerie debemus? Nolo recitare omnium medicinarum temperamentum: saccharum, rhabarbarum turbit, sene, manna, etc.（有多少事物我们要归功于阿拉伯人自己，而不是盖仑？我不想细数每种药物的正确比例：糖，大黄，甘汞，番泻叶，甘露，等等。）

② 大约从 1530 年开始，这些争论便在医学领域非常激烈地存在着。详见 Novae Academiae Florentinae opuscula adversus Avicennam et medicos neoteriscos qui, Galeni disciplina neglecta, barbaros colunt, Lyon, Griphe, 1534；巴黎国家图书馆，Te^{139} 6。或者 Joannis Mesue... adversus neotericos multos medicos defensio, G. Puteano Blangiaco medico autore, Lyon Rose, 1537；巴黎国家图书馆，Te^{151} 46。

方评语。如果我们不站在波斯戴尔的观点上，便不能理解他的文章。波斯戴尔的观点是颇为特别的，他是康帕内拉的先驱，宣扬自然宗教，主张将基督教扩大开来，在其统一之中囊括所有的宗教，包括犹太教、伊斯兰教和基督教的精华（而且这些东西从根本上就是一致的）。具有讽刺意味的是，以使徒自居的哲学家波斯戴尔，肯定会对《庞大固埃》中的琉善主义感到不快。他心中大概在怨恨拉伯雷，怨恨拉伯雷的聪明用得不是地方，怨恨他没有把力量用在宗教建设的积极事业上，而且尤其是怨恨他为宗教改革推波助澜。波斯戴尔，以及后来的康帕内拉和很多其他的人都从内心深处憎恨宗教改革，因为宗教改革打碎了古老的基督教世界的统一，使统一的基督教分裂成互相对立的教派，这使以宗教统一为己任的奇怪的使徒波斯戴尔的任务更加难以完成。不过，他说拉伯雷"向基督发动攻击"，我们有必要大惊小怪吗？他还把路德说成是"反基督分子之王"，那又该如何看待呢？

* * *

但是，我们并不能因此而推导说，波斯戴尔的判断是荒唐的。他谴责的是一种变化，是很多宗教改革人士的思想滑向越来越自由的学说，加尔文很可能掩饰了这一切。但是这种变化是确实存在的。有人知道这种变化，有人像波斯戴尔一样看到了，也以自己的方式谴责了这种变化；是以他自己的方式，与波斯戴尔不同的方式进行了谴责，因为我们可以想见，这种谴责并没有对宗教改革提出质疑。这个人就是约翰·加尔文。

《原谅尼哥底母的仿效者》(*Excuse aux Nicodémites*)是在《可兰经与福音和谐》(*Alcorani et Evangelistarum condordia*)之后一年问世的。如果认为加尔文不知道波斯戴尔对宗教改革的猛烈而危险的攻击,我认为那一定是幻想:波斯戴尔虽然早于议事司铎冉森(Janssen)很多年,但从思想上却是冉森直接的先驱,波斯戴尔也与冉森具有同样的论断,在《可兰经之和谐》(*Alcorani Concordia*)的一段文字当中,赞颂宗教改革之前日耳曼的天真无邪,宗教改革之后那里却世风日下,恶习和犯罪充斥人间,法国雇佣的德国步兵发生了不容置疑的变化,从前老实而虔诚的人,在改革派教义的影响下,变成了毫无顾忌的蛮子①。因为,波斯戴尔深谙对手的弱点,把重点放在改革派人士的道德观上。他说,那些宫廷的新福音书分子,利用"信仰就是唯一的理由,可以用来解释一切"的理论,来为自己的恶习开脱。在波斯戴尔的话当中,有明察秋毫的说明,也有很多带有偏见的指责②。他的说明可以让我们以令人可

① 前面所引作品第 70 页:Caeterum, quis non novit inter Germanos, longe ante isthaec tempora, fuisse summam innocentiam? Certe... antequam isthaec cocionatorum licentia ita grassaretur... Erat ante hanc factionem Germanus miles non saepe in alieno rapiendo abstinentior quovis sanctissimo monacho... O utinam pereant, aut convertentur, qui quicquid erat in Europa generosi una commisere. Ve ve Germaniae et ejus vicinis!(此外,谁不知道在这之前日耳曼人是天真无邪的典范?的确……在传教士许可发展之前……在这一教派之前,日耳曼士兵不常进行劫掠,而是比最虔诚的修道士更有节制。哦,让那些已赢得欧洲所有高贵之物的人消失或被转变吧!悲哀!为日耳曼及其邻邦悲哀!),作为冉森先驱者的波斯戴尔真是个很奇怪的人。

② 前面所引作品第 112 页对嘲笑"最后的审判"的宫廷新福音书分子们有一段很长的阐述。他们嘲笑说:Ubi est promissio aut adventus ejus? ex quo enim patres dormierunt, omnia sic perseverant ab initio creaturae nil aliud familiarius hodie audias ab qulicis Evangelistis qui jam virus suum toto in orbe Christiano dete sparsere.(它在

信的方式重新勾画出当时相当常见的宗教变化状况，尤其可以让我们复习古老的理论，我们怀着冷漠的理性主义，很容易把这种理论想象成天主教的，而不是福音书派的。我情不自禁地想，波斯戴尔的“宫廷新福音派分子”是在一年之前预见到了那些优雅的大法官们的态度，而且他们的预见分毫不差。加尔文后来断然地弃绝了这些大法官，好像他们暗中怀着不可告人的信仰一样。把话说明白了就是，如果《可兰经之和谐》(*Alcorani Concordia*)不是加尔文先生的《原谅尼哥底母的仿效者》的根源之一，不是导致加尔文写了这本书的原因之一，那就奇怪了[①]……

3　索邦神学院的判决(1543 年)

1543 年，波斯戴尔和其他一些人发现，《庞大固埃》和《卡冈都亚》都不能作为让人深入学习基督教教义的教科书，对此，我们没有必要天真地感到惊异。有一个著名的权威机构负责把这件事告

哪里被预示或它将在哪里出现？因为如果我们的父亲在沉睡，一切事物会自创立之始一直存在：你们所听到的只是一般由谄媚的福音传教士所讲的，他们已在整个基督教世界传播他们的有害思想)后面，波斯戴尔又谴责这些人道德败坏，说 qui Evangelium in libertatem convertant, interpretationibusque contorqueant(那些人将福音书转变为自由，也在用他们的解释歪曲它)，其他值得关注的反驳别人的评断的言辞还有：Omnia semper sic fuisse, et Christum nil in orbe immutasse praeter verba(所有事物一如既往，而世界上的基督除了言辞上也没有改变)(第 105 页)。

① 波斯戴尔当时拥有很多读者。路德读过他的书，而且很愿意引述他的话。加尔文读过他的书，这我们看得出来。拉伯雷读过他的书。波斯戴尔在《和谐万邦》第一卷第七章当中讲了“大个子潘”(le grand Pan)的故事，看起来很像是拉伯雷恶鬼故事的源泉。

诉大家，那就是巴黎神学院。然而，我们只说波斯戴尔，他虽然在《可兰经之和谐》(*Alcorani Concordia*)当中详细讲了与这个著名机构的争吵，虽然他对巴黎神学院说了一些苦涩而大胆的话，但是另外，他也很在意地表现出他与正统机构的往来，并向人招摇这些关系。他不仅赞美一些虔诚的主教，比如拉沃(Lavaur)的主教乔治·德·塞尔夫(Georges de Selve)，或者阿夫朗什(Avranches)的主教罗贝尔·色诺(Robert Ceneau)；罗贝尔·多戴(Robert Dodée)主教就不用说了，这本书就是题辞献给他的。不过，波斯戴尔说与马拉鲁斯(Mallarius)医生，也就是马雅(M. Maillard)先生，和有名的多明我修士奥利于斯(Orius)，实际上就是宗教裁判所的法官马蒂厄·奥利(Mathieu Orry)，以及另外一个很有名的天主教医生戈德弗洛杜斯·蒂特尔马努斯(Godofredus Titelmanus)关系非常好(*insigni vir pietate*)(拥有高贵责任感的人)[①]……我们甚至可以说，与索邦神学院的不和，导致他与天主教神学家的来往更多。神学院从1542年的圣诞节到1543年3月期间(按照我们的日历推算)审查过一些图书，把邪恶的图书列成一份目录。也许，波斯戴尔看到这张目录的第六十四条上是《巨人传》(*Grandes Annales très véritables des gestes merveilleux du Grand Gargantua, et Pantagruel roy des Dipsodes*)，不会感到惊奇吧。

---

① 波斯戴尔，Alcorani...et Evangelistarum concordiae liber...(《可兰经》……与福音传道者的和谐之书……)，第62页，乔治·德·塞尔夫(G. De Selve)；第76页，罗贝尔·色诺(Rob. Ceneau)；第76页，戈德弗洛杜斯·蒂特尔马努斯(G. Titelmanus)；第2页，罗贝尔·多戴(Cl. Dodée)；第9页，马雅(Maillard)；第10页，马蒂厄·奥利(Ory)，等等。

* * *

在这个时期，拉伯雷的作品问世已经有一段时间了，是谁让索邦神学院注意到了这部作品的呢？我们马上想到一个假设。1542年的7月底或者8月初，宗教裁判所的裁判长下令在里昂逮捕多莱，并将他关进总主教府的监狱。他的官司进入预审阶段。10月2日，他被判处火刑。多莱向巴黎议会提出上诉。案件再审。国王发出赦免函，这个人文主义的印书商得救了，但条件是他要发誓弃绝错误，而且亲眼看着把他印行的或者在他家里找到的邪恶的书籍烧掉[①]。实际上，阿让特雷的迪·普莱西（Du Plessis d'Argentré）于1543年的2月14日公布了一份议会的命令，要求根据宗教裁判所裁判长的要求和国王赦免函的规定，把他所印行的十一本书（命令中列举了书名）以及梅兰希通作品集（Oeuvres de Mélanchthon），日内瓦的一本圣经和加尔文的一本《基督教原理》在巴黎圣母院前的广场上隆重烧毁。[②]

① 科普莱-克里斯蒂，《艾田·多莱，文艺复兴的牺牲者》（*Etienne Dolet, le Martyr de la Renaissance*）第400页及其以后部分。而且，关于多莱的官司的事，科普莱-克里斯蒂所说的并不多，也都是过时了的话。

② 阿让特雷的迪·普莱西，*Collectio judiciorum de erroribus*, II，（错误审判集II）第一部分，第135页。命令中所针对的是：《国王的功勋》（*Gestes du Roy*）（科普莱-克里斯蒂目录中的第18本书）；多莱的《讽刺短诗集》（*Epigrammes*）（目录中的第一本）；《基督徒加图》（*Caton chrétien*）（目录中的第三本）；《鼓励阅读圣经》（*Exhortation à la lecture de la Sainte-Ecriture*）（目录中的第49本，详见斯图莱尔（R. Sturel）的《根据未发表过的作品对艾田·多莱所记的笔记》（*Notes sur Etienne Dolet d'après les inédits*））；《生命之泉》（*La Fontaine de Vie*）（目录中的第53本）；《法布尔·斯达布尔的五十二个星期天》（*les 52 dimanches comp. par Fabres Stapul*）（目录中的第43本）；《伊拉斯谟的基督徒骑士》（*Chevalier chrétien d'Erasme*）（目录中的第48本）；《法文本新旧

在这些书当中，没有多莱于1542年印行的《卡冈都亚》和《庞大固埃》。而这些书，调查人员肯定在里昂梅西埃街（rue Mercière）多莱的书店里找到过一些。不过，不正是多莱事件使索邦神学院注意到拉伯雷的两本书的吗？[①]议会没有把这两本书定为邪恶的书，但索邦神学院有可能觉得这两本书邪恶。但不管怎么说，索邦神学院不是根据多莱的印象来进行判决的：阿让特雷的迪·普莱西列出的书名就是证明。在普隆（Plon）书目的第98页第42项所列的书名，指的正是1542年在里昂印行的没有标明发行地点的版本。[②]正是在这个版本当中包括有“印行者告读者文”，多莱在这篇前言当中受到了激烈的谴责。奇怪的是，多莱的版本（据说拉伯雷对这个版本感到很生气，因为多莱在里面抄录了一篇未经删节的文章）没有被严格地审查扣押，而且相反，索邦神学院的法官们是根据1542年里昂的版本进行过修改，据说内容变得和缓了的另一个版本行判决的。另外，索邦神学院1533年已经对《庞

约全书目录》（*le Sommaire en français du vieil et N. Testaments*）（目录中的第42本）。阿让特雷的迪·普莱西的命令中列出的索邦神学院1542年12月到1543年3月的审查目录另外还提到多莱印行的新约全书（第36本）以及法国协会希望阅读圣书的简短讲话（Brief discours de la République française désirant la lecture des livres de la Saite-Ecriture）（第61本）。详见前面所引斯图莱尔的文章。拉丁文《加图》（Cato）是单独遭到禁止的一本书（1542年9月23日阿让特雷的迪·普莱西，229）。

① 虽然我们并不强调，但顺便还是应当指出，在1541年和1542年，冯特弗洛尔（Fontvrault）女修院的院长就一个理论问题向索邦神学院咨询，多次向巴黎派过代表。详见前面所引阿让特雷的迪·普莱西的作品第II部分第132页至133页。然而，当问题涉及冯特弗洛尔，所说的又是拉伯雷的时候，我们总是需要格外注意的。

② 书名是这样的：“*Grands Annales ou Croniques Très véritables des Gestes merveilleux du grand Gargantua et Pantagruel son fils. Roy des Dipsodes: enchroniquez par feu Maistre Alcofribas abstracteur de quinte essence*. 1542”。索邦神学院只不过照抄原名，简化了一下而已。

大固埃》做出过判决,为什么要按照今天流行的学说,再一次做出判决呢?话说到这里,我承认,阿贝尔・勒弗朗认为肯定无疑的1533年的判决,我始终觉得颇有疑问①。也许这件事在勒克莱克(Le Clerc)的头脑中算是解决了。不过要说有过一道谁也没有见过的命令,确实地,正式地对这本书做出过判决,而且是一本1533年就被禁止,后来又在很多不同的地方印行过多次的书,这就令人难以理解了。因此,我很赞同戴・麦索(Des Maiseau)对拜尔(Bayle)的批评意见(v° Navarre, IV, 961, col. 6)。勒克莱克是专门查访书店的议员,他把在各出版社发现的新书编成一本目录。"他把这些书分成两类:一类是坏书,另一类只是可疑的书,因为这些书没有作者的名字,而且是不顾议会的法令,没有得到神学院的许可印行的……他把《罪孽的灵魂之镜》(*Miroir*)列入了目录的第二类。"我们要不要补充说:《庞大固埃》大概借了《罪孽的灵魂之镜》的光,也入了另册。

最后一点说明:在《经调查过的图书目录》(Catalogue des Ouvrages visités)中所列出,1542年又受到索邦神学院指责的所有图书,作者都是宗教改革分子,或者至少是同情宗教改革的人。《庞大固埃》和《卡冈都亚》也在其中;被列入目录的还有阿维尼翁的弗朗索瓦・朗贝尔(François Lambert d'Avignon)、加尔文、伊拉斯谟、马洛、厄高朗帕德(Oecolampade)、布塞尔(Bucer)、让・布恩

① 我们可以把德利尔区分《罪孽的灵魂之镜》(*Miroire*)的话(前面所引作品第37页)用在区分《庞大固埃》上:"很有可能一些博士确实查禁了这本书,不过可以肯定的是,官方好像并没有做出判决。"11月3日神学院对《罪孽的灵魂之镜》中的几首诗明确表示了意见。

兹(Jean Brentz)、布根合根(Bugenhagen)、慈运理(Zwingli)、梅兰希通的书,以及很多翻译成法语的圣书。由于索邦神学院的关照,拉伯雷又一次与宗教改革的智囊人物(cenevangelistarum antesignani)列在了一起,而不是被列入乌合之众的自由思想家当中。而且多莱也是一样,1543 年被官司缠身的,不是"无神论者"多莱,而显然只是一个宗教改革派的异端挑唆分子。

4　拉伯雷是尼哥底母的仿效者?

然而,加尔文的一部论战性的作品《原谅尼哥底母的仿效者》(*Excuse à Messieur les Nicodémites sur la complainte qu'ilz font de sa trop grand' rigueur*)发表于第二年,也就是 1544 年。阿贝尔·勒弗朗就是从这本书中找到一段大家都知道的话,用在拉伯雷身上的。

在《加尔文全集》(*Opera Calvini*, col. 600)第六卷中,这篇文章长达 15 页,是对尼哥底母的仿效者——这些没有信仰的人——所做的批判性的描述。有的人宣讲信仰只是为了浑水摸鱼。有的人是"高雅的大法官",很愿意在太太们面前对福音书高谈阔论,但条件是他们的宗教热情"不至于影响吃喝玩乐"。我们想顺便指出的是,这种说法几乎从文字上与《可兰经之和谐》(*Alcorani Concordia*)一样,与波斯戴尔对不信教的人的抨击一样。与太太们聊福音书,这句话不是很像德廉美修道院的人说的话吗?还有那些待在书房里的人,"把基督教的学说一半改成哲学"。他们悠哉游哉地期待着改革,"但是自己不会尽心尽力"。说到这里(col.

602)，加尔文突然大发雷霆，暴露了他内心深处的感情："这伙人几乎都是文人；并不是所有的文人都像他们。因为，如果人文科学会导致扑灭基督徒的热情，让他们背离上帝，那么我很希望所有的人文科学都从地球上灭绝！"最后，还"有商人和普通老百姓，他们要相处，如果不搅扰他们，他们是不会失和的"。在描述了一番聚集在尼哥底母大旗之下的人们之后，加尔文又简单地影射"琉善分子或者伊壁鸠鲁分子，这些人表面上相信福音书中的话，而内心深处却根本不在乎，只把上帝当成神话"。

阿贝尔·勒弗朗说，毫无疑问，加尔文所针对的，就是拉伯雷。人们不是二十次、一百次地说拉伯雷是"法国的琉善"吗？也许吧。不过，加尔文的这些文章也和我们前边分析过的维萨吉耶的讽刺短诗一样。我们不要把琉善主义说成是拉伯雷的专利。而且我们尤其不能说加尔文在《原谅尼哥底母的仿效者》的"很多段落"中所"针对的显然就是"拉伯雷。有哪些段落呢？我们也不能说加尔文在谈到琉善分子时，心里想到的就是拉伯雷。其实，我们没有必要在《原谅尼哥底母的仿效者》中到处去找与《庞大固埃》的作用有关的段落，因为加尔文只在一处地方讲到琉善分子，而且是为了说明他不想多谈这一点。也许加尔文在《原谅尼哥底母的仿效者》一文里的其他地方说到了拉伯雷。但这就意味着他把拉伯雷说成是尼哥底母的仿效者，而不是琉善分子。我们再一次说，加尔文在《原谅尼哥底母的仿效者》一文中并没有指名道姓地提到拉伯雷。加尔文在 1544 年的论战中还没有针对具体的人，还只是泛泛而谈。

而且，这是我们一而再、再而三地强调的事。就算加尔文

1544年在谴责“蔑视上帝的人”时，所想到的是拉伯雷，可是1544年，《庞大固埃》已经出版了十二年之久。1532年出版的书，到了1544年，在人们的心目中已经与刚出版时不一样了。从1532年到1544年之间，很多人文学者的思想发生了极其重要的变化；反基督的理性主义在某些领域进步非常之快，伊壁鸠鲁分子的座右铭是：“活着，喝酒，玩乐”，亨利·奥塞说，我们不知道，当安托万·福梅[①]在说这些人是“πανοῦργοι”时，他是想说这些人是“无赖”还是“帕尼尔日式的人物”——反过来，加尔文因此而被感动了，他的感动表现在他对曾经以其他的方式评判过的作品进行反思：这是完全可能的；可问题就在于，在1533年和1535年，加尔文是不是已经在用1544年和1550年的眼光来看待《庞大固埃》和《卡冈都亚》。

5　疯子普代伯和《丑闻》(1549年)

然而，五年过去了，到了1549年，才出现了《泰奥蒂姆斯》(*Theotimus*)。在波斯戴尔和索邦神学院之后，加布里埃尔·德·布依－埃尔博(Gabriel de Puy-Herbault)又出来指责拉伯雷，说拉伯雷是个彻头彻尾的不信教的人，并同时说，日内瓦才是他的真正的祖国，丝毫不顾约翰·加尔文是不是为庆祝浪子回头做好了准备。但是，加布里埃尔·德·布依－埃尔博之流的目的

---

① 见于他1542年或者1543年写给加尔文的信。详见Calvin, Joannis Calvini Opera quae supersunt omnia, t. XI, pp. 490—494。

是要使用一切手段打击拉伯雷，哪怕攻击拉伯雷的理由是互相矛盾的。“无神论者”和“路德分子”：16 世纪有狂热信仰的人要想败坏自己的对手，会毫不迟疑地使用这两个互相矛盾的词。冯特弗洛尔性情狂热的教士就是这样，言辞激烈地谴责拉伯雷写的书，说拉伯雷的书令人愤慨。但是，他并没有责备拉伯雷弃教，他只指责拉伯雷的哲学。

“是哪个狄雅戈拉斯（Diagoras）能更多地从反面理解上帝？是哪个狄蒙（Timon）能够更恶毒地诅咒人类？”其实，普代伯对狄雅戈拉斯是不怎么关心的。他最喜欢干的事，是诽谤。拉伯雷是个下流的专写诽谤文章的人，专门污蔑好人，而且还是个厚颜无耻的家伙。“会说漂亮话，靠嘴皮子活着。如果他只是个寄生虫，那别人还能够忍受他，可是他还自甘堕落，天天酗酒，大吃大喝，生活放荡，嗅着厨房里的味道，模仿长尾巴的猴子，而且他的无耻行径不仅玷污他的文章，他还口吐毒汁，渐渐污染了整个国家；他毫无分别地污蔑和谩骂所有的修会；他攻击好人，攻击虔诚的研究和人们的名誉；他嘲弄人，毫不知耻，不讲道德，——像这样的人我们能够忍受吗？闻所未闻的是，我们的一个主教，从地位和学识上都名列前茅的人竟然保护他，供养他，与这个挑战善良的风俗和公共美德的人一起吃饭，一起谈话。我要说的是，他是人们的公敌，他是邪恶而腐败的家伙，巧言令色，毫无理性。”①

① 这是布依-埃尔博的《泰奥蒂姆斯》（*Theotimus*）当中第 180 页到 183 页的一段文字。在整本都是用正体铅字印刷的书中，只这一段文字是斜体的（Gabrielis Puterbei Turonici，professione Fontebraldaei，Theotimus sive de Tollendis et expungendis malis libris iis praecipue quos vis incolumi fide ac pietate plerique legere queant，livre III，勒弗朗在 1906 年的第 IV 期《拉伯雷研究杂志》第 339 页翻译了这段文字）。

这通抨击很有气派。不过疯子普代伯所攻击的，首先是拉伯雷的品行和拉伯雷爱嘲弄人的厚脸皮。不信教只是顺便提了一下。加布里埃尔兄弟不是想为上帝复仇，而是为受到讽刺诗人毫不知耻地攻击的正直的人们复仇。不过正因为如此，在确定了这一攻击的真正方向的同时，不也明显地减轻了这一攻击的意义了吗？阿贝尔·勒弗朗不是证明说，冯特弗洛尔的修士是泄私愤的工具吗？他说的是圣玛特那些人的私愤吗？而这些人的大本营在冯特弗洛尔，圣玛特的高谢（Gaucher）是修道院的医生。1551年他死后被埋在修道院的祭坛里，好像他生前对据说是弗朗索瓦·拉伯雷的父亲安托万·拉伯雷（Antoine Rablais）怀有刻骨的仇恨。也许他是性情暴躁的霹雳火（Picrochole）的原型？不管怎么说，当疯子普代伯谩骂拉伯雷时，他并不是以一个研究理论的历史学家的名义出现的。在他批驳坏书的文章中，他只指名道姓地说了一个人，那就是拉伯雷。不容置疑的是，这完全是出于个人的原因。[①]

* * *

言辞激烈的《泰奥蒂姆斯》是在加尔文的《丑闻》（*De scandalis*）之前不久出版的。加尔文发表于1550年的《丑闻》言语同样激烈，但是不带个人的私利。不过“日内瓦的骗子”指名道姓地说出

① 除我们前边提到过的勒弗朗的文章之外，《拉伯雷研究》第IV期，第347页的文章也可以让我们清楚地看到圣玛特的查理直接参与了对拉伯雷的攻击。

了拉伯雷的名字。他说（t. VIII，col. 44），拉伯雷还不属于那些死硬分子之列，不像阿格里帕，不像西蒙·德·诺夫维尔（Simon de Neufville），不像多莱，这些人历来目空一切地谴责福音书，无比恶毒地中伤上帝的儿子，宣称说人和狗、和猪没有任何不同之处。拉伯雷与戴佩里耶一样，与古维阿一样，开始时是欣赏福音书的。他和他的同伙只是到了后来才变得盲目的……他们在亵渎的笑声中走上了不信宗教和唯物主义之路。

我们不用看后面了。这篇文章是完整的，是典型的。相对于这篇文章中所说的事，后来的人没有任何新的补充。后来的人都是在重复这里的话。他们所说的话并不会让人觉得更加可信。恰恰相反，加尔文还考虑到拉伯雷过去曾经是同情宗教改革的人，所以对他还算公正，这使他最终的指责显得更加可怕。而且加尔文的指责多么清楚准确啊！拉伯雷，古维阿，戴佩里耶，这些人的目的是“要废除人们对上帝的崇敬”。他们毫不迟疑地说：“所有的宗教都是人的头脑想象出来的，是我们一定要有个上帝，好相信我们愿意相信的东西。希望永生不死，那是哄傻瓜的话，说有地狱，那是骗小孩子的。”指责是完整的，发出批评的人对自己的话信心十足。[1] 虽然后来有两个、十个人重复加尔文说过的话，但这都不要紧。像艾田、卡斯特里雍之流和许多其他人，对宗教改革者加尔文

---

① 加尔文对自己的信心太足了。因为，为什么提到古维阿呢？约瑟夫·斯卡利吉已经提出过这一问题：“Gouveanus fuit doctus Lusitanus. Calvinus vocat illum atheum, cum non fuerit. Debebat ilium melius nosse.”（古维阿是一个博学的葡萄牙人。加尔文称他为无神论者，而他不是。他应该很了解他的。）（Scaligerana. . . , 175）亦见于后文第二章第 6 节关于古维阿的论述。

在 1550 年所说的话没有补充任何新鲜东西。加尔文的话已经说得比任何人都严格、都激烈、都肯定。[①]

话已说尽。但都是说给谁听的呢？到目前为止，我们一条条分析了所提到的见证。我们字斟句酌，我们了解了这些资料发表的背景，了解了有关作者的个人情况和思想状态。有些我们认为是不恰当的，因此放弃了。比如 1533 年的见证，1538 年的见证，还有其他的一些见证。我们如何利用 1550 年的这篇“重要文章”呢？再一次指出它在日期上的差距吗？再一次指出，加尔文和波斯戴尔都说拉伯雷开始时是“欣赏福音书”的吗？这都是次要的争论。加尔文的文章提出了另一个问题，是原则的问题，或者说，是方法的问题。

6　16 世纪指责某人不信宗教意味着什么？

1936 年前后，如果巴黎一个小资产者在一些政治性的会议上高谈阔论，频繁出入，饶舌的人便会说：“这是个危险人物。”如果是

① 相对于这篇文章来说，关于《申命记》第十二章的第三次讲道（1555 年 10 月 16 日）没有任何补充的内容。加尔文说：“一个人，一个过分虔诚的人想在一个国家建立一个新的宗教”。这种人（这种自信真可怕）“应该毫不留情地被处死：上帝要求处死他！”还有一个人，出于愚蠢的虔诚，想歪曲真理，把真理变成诺言：“这种人应当去死！”不过“如果有个粗人，不怀好意地嘲笑圣书，比如那个叫庞大固埃的魔鬼以及所有的垃圾和下流坏子。”庞大固埃之流“并不打算建立新的宗教。但是，污蔑和败坏庄严的上帝的，歪曲了宗教的，是一些疯狗。难道要顾惜这些疯狗吗？可是，有一些红衣主教支持他们，为他们提供了方便。我们在印刷精美的书中看到红衣主教们的名字，这些书既嘲笑了上帝，又嘲笑了穆罕默德！”这些红衣主教们的身上都散发着戴奥蒂姆斯的气味！（见于加尔文关于《申命记》的布道演讲录）

在1900年，饶舌的人会压低声音，用同样的口吻说："这人是个无政府主义者"，而且会抬高嗓门，大声地说道："先生是个共产主义者！"这关系到当代我们首先关心的一些社会问题。在16世纪，普天之下唯一重要的，是宗教。如果一个人声称自己的想法与所有的人不一样，如果一个人说话大胆，动不动就批评别人，那人们一定会说他："不信宗教，亵渎神灵！"最后便是："无神论者！"

于是，情况便成了这样：当时的一个、两个、十个作者都说："你说某某人么？他是个无神论者！他写的书是纯粹的无神论的宣言！"难道我们就能无动于衷地得出结论说："这是他们说的。既然他们这么说，那他们一定是心中有数的。因此，某某人当时就是个无神论者。"

让我们来听听一个严肃的人的心里话吧。这个人就是洛桑的宗教改革者维莱。维莱是个谨慎、稳重的僧侣，在长长的一生当中，始终保持着一种很特别的瑞士法语地区人的那种精明。然而，在1564年，与很多同事们一样，他也因理性主义的发展而感到六神无主。在《基督教训言》（*Instruction Chrestienne*）第二卷的最前面，有他"写给蒙伯利埃教会的一封信"[①]。他说，有一些相当可恶的魔鬼根本不相信基督，他们说，在人的肉体死亡之后，不会有永恒的生，也没有永恒的死。他们当中有人自称是自然神论者，这意思就是说，他们不是无神论者，因为他们认为，无神论，就是没有

① 在这个宗教改革者的文选《皮埃尔·维莱自画像》（*Pierre Viret par lui-même*）中也收录了这封信。洛桑，1911，第235页。同一部作品的第236页至237页有同一个维莱1565年的《代理》（*Interim*）当中一段很奇怪的文字，说的是无神论者如何模仿善良的天主教徒。

上帝，而他们则承认创造了天地的神。可是，他们对基督和基督的学说一无所知。维莱又明确地说，这些人想错了。他们的的确确是无神论者。“因为，当圣保罗在写给以弗索人的信中称那些不信教的人是无神论者的时候，他说的不仅仅是这些人没有上帝，这些人否认一切神性，也包括那些不了解真正的上帝，不相信真正的上帝，而是相信其他的神的人。”①

这篇文章说得最清楚，意思表达得最为醒目。让我们把它翻译成现在的话。维莱说，无神论者比自然神论者更可恶。通过这些哲学家的抗议，我们看到了什么呢？他们有一个上帝，而且根据有些人的说法，他们宣称的是“灵魂不死的观点”②。对于我们来说都一样，他们的上帝不是我们的上帝。他们不是我们这个宗教的。我们要弃绝他们。没有必要再做无益的分别。我们只管把他们当作最坏的人，那样效果会更好一些：他们是无神论者。这就是16世纪所有宗教问题辩论家思考问题的方式，其他的时候这样的人也有。我说是的宗教问题的辩论家，因为说到底，我们不能总是认为像维莱、加尔文、卡斯特里雍之类的人，以及敌对阵营里的疯子普代伯之类的人，所有这些伸着拳头准备打架的人都是认真的，一丝不苟的思想史学家，都愿意对同时代人的感情做到心中有数。他们都是宣传活动家。我甚至想说，他们都是善于说教的人。而

① 维莱又在后面补充说：“一般人们用这个名称（无神论者）不仅指那些什么神都不信的人——如果真的有这样不幸的人——，而且也指那些像自然神论者一样嘲弄所有宗教的人。”

② 莫尔（More）的空想家最憎恨的两种态度是：无神论和否认永生不死。虽然他们还只是禁止无神论者担任公共职务，不让他们扩散错误。（De religionibus Utopiensium, éd. Froben, 1518, p. 140）

且都是很内行的说教者。他们知道要想吸引听众的注意，就该扯开嗓子大声地喊:“狼来了!”即使，甚至尤其是他们说的“狼”其实只不过是一条没有主的狗。无神论者，这个词让我们想到16世纪。当时这个词并没有明确的定义。在使用的时候，你想让它有什么意思，它就会有什么意思。维莱已经毫不含糊地说了，在我们前面所引的一段话中，他甚至说，“那些迷信的人，偶像崇拜的人，都可以被说成是无神论者”。当龙沙说胡格诺分子是无神论者的时候，也与这些人一样。安托万·德·拉洛施尚迪耶(Antoine de La Roche-Chandieu)，也就是扎马利(A. Zamarie)，在用下面的诗反驳龙沙时，也不例外:

> 放任习性的人就是无神论，然而信徒
> 也是这样，只不过是另一种无神论而已;
> 信徒相信上帝，上帝也相信人，
> 尽管人虽然有信仰，却也会纠缠上帝。

他还对龙沙针锋相对地说:

> 无神论者就是撒谎的人，说是要维护罗马教廷，
> 其实根本不把教廷放在眼里，还说教廷虚伪。

要想恰当地确定“无神论者”(athé)这个词的意义，或者更准确地说，要想准确地说出“无神论”(athéisme)的特点，并非易事。这个题目启发了学者拜尔，当然还有其他的一些学者，不过拜尔受到的启发使我们感到很高兴，他是个很精明的人，但是不愿意锋芒毕露，只不过恰到好处地能够让我们看到他的聪慧，指出各种不同等级的无神论之间的差别，“有的是菜市场里学者的无神论”①，或者还有证明上的不便之处，需要严格，需要信心，需要不信宗教大师们的哲理和文化，需要宗教的天然敌人②……不过，如果“无神论者”只是一个骂人的词，用来让那些忠诚的听众们身上起一层鸡皮疙瘩，那么如果还想确切地定义这个词的意义，那不是有些幼稚吗？

* * *

如果不这样来看待这些事，那么，我们怎么理解 16 世纪那些充满了矛盾的人们呢？而且首先，怎么解释他们毫不知羞耻地用这个最恶毒的词“无神论者”来互相谩骂呢？

你说拉伯雷是无神论者吗？好吧，不过，在 1532 年③，里昂有个法国人，一个人文学者，给伊拉斯谟写了一封有名的信。这封信就是所谓“写给萨里尼亚克的信”，今天我们知道真正的收信人是

① 拜尔（P. Bayle），《历史及批评词典》（Dictionnaire historique et critique，5e éd.，V，324 a），见于塔莱（Thalès）：菜市场里的学者们分了三种无神论。第一种坚持说没有上帝；第二种说世界不是上帝创造的；第三种认为上帝创造世界是大自然决定的，并不是上帝自由意志的推动。

② 同上，第五卷第 287 页，塔基丹（Takiddin）以及第三卷第 358 页，赫伯（Hobbes）。

③ 艾思田（H. Estienne）知道比这个更厉害的。详见他的《为希洛多德的辩护辞》（*Apologie pour Hérodote*，II，373），里面有个小故事，说的是帕斯坎（Pasqin）被人骂。他的朋友们问他：“他们说你什么了？胆小鬼？撒谎者？投毒者？”帕斯坎回答说：“比这个还要难听。”“那就是亵渎圣物？杀亲？鸡奸？无神论者？”“比这些难听多了，难听一千倍，一万倍……他们说我是教皇！”不过对于艾思田来说，在骂人的话当中，“无神论者”还是属于“正常”的。这可真让人吃惊！

谁，这已经无可怀疑。[①] 除了信的作者对伊拉斯谟所表示的尊敬、佩服和虔诚的感谢之外，信中还说了些什么呢？里面有一段很奇怪的讲朱尔－恺撒·斯卡利吉的话。冒险家斯卡利吉刚刚发表了一份言辞激烈的谤文，攻击伟大的人文学者伊拉斯谟。伊拉斯谟不认识对手，以为那个响亮的名字是个化名，以为阿勒昂德（Aléandre）是谤文的作者。给他写信的人说："你醒醒吧，我认识这个斯卡利吉。的确有这么一个人。他在阿让行医。是个魔鬼，而且还是个名声很坏的人。不是说他作为医生名声很坏，他的医术不错，而是作为一个信徒。他是个少有的无神论者。"

写这封信的人，就是拉伯雷！因此，在1532年，也就是发表《庞大固埃》的同一年，拉伯雷因害怕而不敢露出自己的真面目，用化名写信指责斯卡利吉是"无神论者"！斯卡利吉很快便回击了。而且，他根本不用发挥多大的想象力，便知道怎么说。[②] "我是

① 原件存于苏黎世市立图书馆的《文库》（Thesaurus Hottingerianus，IX，569）。详见艾明贾（Herminjard）《法语国家宗教改革者通信集》（*Correspondance des Réformateurs dans les pays de langue française*，III，413）。齐辛（Th. Ziesing）《伊拉斯谟还是萨里尼亚克？》（*Erasme ou Salignac*？1887，）。厄拉尔（A. Heulhard），《一封有名的信，拉伯雷致伊拉斯谟》（*Une lettre fameuse*，*Rablais à Erasme*，1904）。福斯特曼和坎特（Forstemanne et Gunther），Briefe an Des. Erasme，p. 216。达朗（L. Talant），《拉伯雷与宗教改革》（Rablais et la Réforme，第265页及其以后部分）。亦见于《拉伯雷全集》（Rablais，Les Oeuvres，éd. Marry-Laveaux，III，323）。

② 至少如果我们在前面所说的 *bis monachus tandemque atheos*（两度成为修士，最后又成了无神论者）指的的确是拉伯雷。亦见于他抨击卡尔丹（Cardan）的文章，他指责卡尔丹不信教。亦请参见 J. Caesaris Scaligeri Epistolia duo... 中他写给贝达的信。在这封信里，他说伊拉斯谟是"obscaenum sceleratorum latrunculorum，qui in veram religionem nostram grassati sunt caput"（肮脏下流的人，那些攻击我们真正宗教的无赖和匪徒的领袖）。

无神论者？不像你那么无神论吧！”用的是西塞罗风格的修辞手法。

我们来看多莱，1543 年，多莱在揭帖事件的第二天，看到一些琉善分子被活活烧死，只是轻蔑地耸了耸肩，说：可怜的傻瓜们，不过是一些宗教上无谓的争吵而已，干嘛要那么认真，连命都送掉了！就是这样一个超脱的多莱，一年之后又那么激烈地责备伊拉斯谟，而在此之前不久，拉伯雷又丢人地告诉伊拉斯谟说，他发现斯卡利吉是个无神论者；伊拉斯谟不可能不知道多莱的声名，不可能不知道他的秘书，也就是诺兹鲁瓦的吉尔贝·古赞(Gilbert Cousin de Nozeroy)，1535 年底从一个名叫约阿拿·安吉鲁斯·奥托努斯(Johannes Angelus Odonus)的陌生的年轻人手里接到过一封奇怪的信[①]。那么这个可疑的帕多瓦人多莱，“无神论者多莱”，也在 1535 年指责伊拉斯谟是无神论[②]，而且口吻极其气愤。“他的思想是从哪里来的呢？还不是从琉善这个最会咬人，最无耻的作者的书中来的？琉善不信宗教，不信上帝，动不动就嘲笑所有的事物，不管是宗教的，还是世俗的事物。”多莱的气愤不是很神奇吗？我说的确是：无神论者多莱。我并没有轻率地对待这个形容词。我只不过没有分辨地参照了加尔文、艾田、维莱、卡斯特里雍等人的指责而已……我们可以再举一个人的名字，便不再赘述。那就是布里昂·德·瓦勒，他先是桑特(Saintes)的法官，后来又在波尔多当法官，据说这个人是 16 世纪理性主义活动

① 详见前文第一章第 4 节。

② CXLVIII，第 79 页，亦见于 CDXXXIX，第 11 页。

家之一。[①] 他大概只是一个自由思想家,是个喜欢圣保罗的基督徒,而且和卡冈都亚一样,时刻准备保护"善良的宣讲福音书的人"。不管怎么说,他是拉伯雷的朋友,拉伯雷在小说中两次提到过他。是布里昂想到让酒鬼之王(roi des Dipsodes)来审判贝斯古(Baisecul)和于梅维斯纳(Humevesne)的挠头官司。[②] 也是他,"这个如此好心,品德如此高尚,如此有学问,如此公平的法庭庭长",在《第四卷书》的第三十七章,在祭祀的行列中,通过数名字的音节是单数还是复数,来判断是左边还是右边的驼子是假装的。顺便说说,这也许不是参加祭祀的最好的方式?然而,这个没有偏见的思想家好像非常害怕打雷,一遇雷雨,便吓得要躲到地窖里去。他的朋友安东尼奥·德·古维阿有一天想起来嘲笑他:"一打雷,布里昂·德·瓦勒便四脚着地地逃进地窖里。他想,地窖里没有上帝!"在这件事上最滑稽的是,古维阿是《丑闻》(*De scandalis*)中所说的无神论者之一。[③] 是加尔文指名道姓地说过的一个人,

① 关于布里昂·德·瓦勒(Briand de Vallée),见于前面所引布松的作品第114至116页。我不大信服布松把布里昂视为一个著名的理性主义者的理由。高利耶(Gaullieur)《吉耶讷中学的历史》(*Histoire du Collège de Guyenne*,157)说他是受内拉克(Nérac)影响的宗教改革者。他提到这个人曾创立过一个保罗书柬读书会,每个月的第一个星期天聚会,为此他出让了部分财产。读书会的活动由于国王的命令而停止了(1540年?)。布松的儿子公开拥护加尔文,1569年4月6日与546名其他的宗教改革分子一起被判处游街示众和上断头台。

② 《庞大固埃》第十章,"他们当中有个人叫迪杜埃(Du Douhet),是最有学问,最专业和最谨慎的"。

③ 关于古维阿无神论者的名声,详见前面第二章第6节。另外还可参见拜尔(Bayle)、姆尼埃(Mugnier)、布松(Busson)(114)。布里昂·德·瓦勒的讽刺短诗在文集的第9页。原文说的是 trepido(慌乱),而不是 propero pede(匆忙赶路)。学者们从拜尔开始,便以讹传讹。

同时说到的还有拉伯雷和戴佩里耶，说他们旨在“消除一切对上帝的尊敬”。总而言之，他的二行诗并不特别恶毒。不过布里昂理解错了。可是他，作为一个不信教的人，一个可疑的人，为什么要急急忙忙地指责古维阿呢？当然是指责他是无神论者。“安托万·古维阿是犹太人的儿子，他相信在天上和地窖里都没有上帝！”

我们看得出来，在这些获得了解放的人所写的散文或者诗中，上帝令人奇怪地成了宪兵。而且这些无神论者好像动不动就对别人的无神论感到愤慨。

* * *

有人会说，就算是这样吧。在 16 世纪，所谓的无神论并不一定真的就是不信宗教。这个词至少有不轻信的意思。怎么能说拉伯雷、斯卡利吉、多莱、布里昂·德·瓦勒这些人是那个时候基督徒的楷模呢？

我们把拉伯雷放在一旁。也可以把多莱放在一旁。那斯卡利吉呢？可是说到底，我们从帕特里发表的资料中看到，1538 年，斯卡利吉在阿让因宗教异端而被起诉。贝兹在《教会史》(*Histoire ecclésiastique*, I, p. 15)中说，斯卡利吉为自己的孩子找的家庭教师是个路德教信徒，叫菲贝尔·萨拉赞(Philibert Sarrasin)，当时这人逃跑了。斯卡利吉之所以活了一条命，完全是因为波尔多三个议员的面子：拉夏萨尼(La Chassagne)，阿尔诺·勒费龙(Arnoud Le Ferron)，还有一个就是布里昂·德·瓦勒。而且不管怎么说，斯卡利吉孝顺的儿子约瑟夫的话可以证明。他在《斯卡利吉全集》

(1695 年版第 9 页)中说:“我父亲最初的激情来自于他对宗教的感情。”后面(第 357 页),他又说:“我父亲在死之前四年,已经是半个路德教的信徒了。他天天看到的,是越来越多的流弊。”而且,不用说,“他憎恨僧侣”。这就是斯卡利吉。可是,布里昂·德·瓦勒也是反基督的,或者也是无神论者,他不是通过遗嘱建立了一个以讲述圣保罗为业的教职吗？还有卡斯特里雍呢？还有路德呢？还有很多有这种感觉的与他们一样有影响的人物呢？

我们稍微关注一下卡斯特里雍吧。卡斯特里雍是指责拉伯雷的人之一。1554 年,当阿尔高弗里巴先生在尚贝尔的悲惨事件之后不久逝世时,卡斯特里雍正奋起反对那些想方设法把塞尔维说成是无神论者的人。他在 1614 年才出版的一部作品当中——由于迟后出版,作品所起的作用少了许多——写道:“人们巧妙地散布了这些污蔑之辞,使很多基督徒把塞尔维看成是又一个拉伯雷,又一个多莱,又一个诺夫维尔,认为他也和他们一样不相信上帝和基督。”[1]拉伯雷,多莱,诺夫维尔,我们不是已经见过这个象征性的三人组了吗？是见过,是在 1543 年吉约姆·波斯戴尔的作品当中(差的也就是多莱),以及 1550 年加尔文的《丑闻》当中。我们把

① “Ita ut putent homines Servetum aliquem fuisse Rabelasii aut Doleti aut Villanovani similem, qui nullum Deum aut Christum, haberet。”布依松在《塞巴斯蒂安·卡斯特里雍的生平及作品》(Sébastien Castelion, sa vie et oeuvre, I, 45)中,从卡斯特里雍的“Contrat Libellum Calvini”中引了这段话,并做了极好的论述。塞巴斯蒂安·卡斯特里雍的作品写于 1554 年,到了 1612 年才问世,拉伯雷及其同时代的人都没有看到这部作品。在勒弗朗收集到的可信的文本当中,只有波斯戴尔的作品(1543 年),只有《泰奥蒂姆斯》(1549 年)和《丑闻》(1550 年)是直接涉及拉伯雷的。我们知道他是如何对《泰奥蒂姆斯》和对加尔文的《丑闻》做出反应的。

名单从头至尾再过一遍，把每个讲道者都数一遍。版本多少有些不同，但差异非常之小。拉伯雷的名字让人想到博纳旺图尔。不过，诺夫维尔也让人想起多莱，或者反过来。只不过是老师和弟子的关系。更何况我们对西蒙·德·诺夫维尔（Simon de Neufville），也就是"维拉诺瓦努斯"（Villanovanus）的情况几乎一无所知，只有多莱了解他，而多莱又不会把他说成是无神论者。我们根据弟子得出老师的结论，而弟子的观点本来就值得商榷，对老师我们又一无所知，一般人说他是"理性主义者"，就像我们假设多莱的思想一样。[①] 这是宗教辩论家们的随意性所导致的结果。我们作为历史学家，难道要为他们负责吗？

因此，塞巴斯蒂安·卡斯特里雍也非常郑重地使拉伯雷成了一个既不相信上帝，更不相信基督的人（*Qui nullum Deum aut Christum ... habent*）。这难道只是还其本来面目吗？我们打开《为希洛多德的辩护辞》第十四章，里面有一段情绪激昂的文字，揭发新琉善分子拉伯雷。[②] 是又一个揭发。我们不要满足于只是看看艾思田的抨击，我们也寻着他的思路走一走。在1566年这份推迟发表的文本当中，他论述的是"对宗教的亵渎和诅咒"。在他一股脑地指责（第182页）的人当中，有的是因为心怀不满而诅咒："我再也不信上帝了！"有的是因为过分地礼貌，称呼教皇"圣父"。

① 关于埃诺（Hainaut）的西蒙·德·诺夫维尔，详见布松《法国文艺复兴时期文学中的理性主义起源及发展》第75到76页。关于他和多莱的关系，见同一作品的第122页，以及科普莱－克里斯蒂《艾田·多莱，文艺复兴的牺牲品》第25页及其以后部分。

② "从弗朗索瓦·拉伯雷身上，我们又看到了新世纪的琉善，他们都有着讥笑各种宗教的思想。"艾思田，《为希洛多德的辩护辞》，I，第189页。

他急扯白脸地说，这些人会开些可恶的玩笑，看到有被吊死的人时，他们大叫“把绳子再拉高一点”（Sursum corda）；看到一杯葡萄酒，他们说：“这是虔诚的人才能喝的”（Quia pius est）[①]；或者，看到一瓶日照极好的年份葡萄酒，他们会说：“Spiritus vitae erat in rotis（生命的精神在轮回中）！”在此之后，他又开始说到拉伯雷，并按照常规，把他与戴佩里耶联系在一起：两个大逆不道的人，想让人们既不相信上帝，又不相信天命，“就像可恶的卢克莱修（Lucrèce）一样”。宗教所说的一切都是靠不住的，所有说生命永恒的话都“是骗人的，都是为了让可怜的傻瓜们心怀无谓的希望”，所有关于地狱和最后的审判的说法都是吓唬小孩子的……总而言之，他们的说教归结起来，就是“所有的宗教都是人凭空想象出来的”。

一篇雄辩的控诉辞。只是，亨利·艾思田的父亲罗贝尔便对拉伯雷恨之入骨，在 1553 年就说过应当把拉伯雷拉上火刑堆。[②]亨利继承了父亲的恨，并写出了声讨的檄文（也许是为了表现他的愤激之情），可他没有想到，他自己有一天也会因为印行了一本“臭名昭著”的书，而在枢机主教会议上被提名。据让·塞内比耶

---

① 旧时的玩笑话。见于维莱（Viret）《一百年来被掩盖的真理》（*La Vérité cachée devant cent ans*）：“教士舔了舔酒杯和手指，说：‘这是虔诚的人才能喝的！’”

② Atque hujus modi quidem doctores pro Christi Salvatoris pura doctrina, facile libenterque accipient doctrinam scelerati impiique illius hominis, ac plane athei, *Fr. Rablesii*, ejusque libros qui non minus impie quam insulse *Gargantuae ac Pantagruelis* nomine sunt inscripti.（还有一些这类的博学之人，他们不是接受我主基督的纯粹信条，而是轻易地接受那个邪恶凶残的弗朗索瓦·拉伯雷——很明显一个无神论者——的信条和他名为《卡冈都亚》和《庞大固埃》的书，这些书的邪恶判断力极为严重。）CXCVII，前言。

(Jean Sénébier)说[①]，牧师协会的登记簿上说，“人们在欧洲都称他是日内瓦的庞大固埃，无神论者之王”！在16世纪，的确是动不动就可以说某人是无神论者，或者是某某处的庞大固埃。我们暂且不提这些。艾思田的文章当中有一句话，阿贝尔·勒弗朗以为可以断章取义。也许他没有想到，这里有一点是不可忽视的。艾思田写到，拉伯雷、戴佩里耶之流的目的，是“通过多次含沙射影地嘲笑和挖苦前人的无知……再来向我们的花园里扔石头……也就是说，中伤真正的基督教”。真正的基督教，我们听话听音，那就是亨利·艾思田的基督教。

这个句子很有意思。这句话首先表现出，艾思田在自己的理论框架当中很难解释为什么卡冈都亚和庞大固埃会多次谴责天主教的“弊端”。这句话也透露出一些很滑稽的弦外之音。拉伯雷开始时同情宗教改革，贝兹开始时那么自信地吹嘘拉伯雷的天才和哲学（当时他还没有与日内瓦的宗教站在一起）[②]。他们之所以突

① 让·塞内比耶，《日内瓦文学史》（日内瓦，1786年，8开本，第一卷，第364页）。关于正统的新教为什么认为亨利可疑，详见《斯卡利吉全集》中（第145页）一段奇怪的见证：Semel erat paratus apostatare. Volebat manere Parisiis... Rogavit regem ut liberet sibi excedere Geneva, et procuraret infringi testamentum patris Roberti, quo dederat sua bona filio H. Stephano, ea lege ut maneret Genevae. Rex non obtinuit, quia Genevenses voluerunt servare leges suas...（他曾打算离开。他要在巴黎生活……他请求国王允许他离开日内瓦并取消他父亲罗伯特的遗嘱，他通过遗嘱将他的财产留给他的儿子H.艾思田，条件是他的儿子要留在日内瓦。国王并未实行此事，因为日内瓦人要维持他们自己的法律。）

② 贝兹的二行诗写得多好啊：“Qui sic nugatur tractantem, ut seria vincat—seria quum faciet, dic, rogo, quantus erit”（当以取乐方式胜过那些探讨重大问题之人的人自己要处理重大问题时，他将多么伟大！）这首诗刊录在1548年的《朱尔－恺撒·斯卡利吉诗集》（*Poemata*）上，后来又被删除了。

然又觉得拉伯雷讨厌、可恶,那是因为他不仅仅向教皇的花园里扔石头了……

然而,《为希洛多德的辩护辞》第十四章的最后又说了些什么呢?这一章的最后抨击了另一个重要的亵渎宗教的人。这个人就是塞巴斯蒂安·卡斯特里雍。对,就是这个倒霉的用法语翻译《圣经》的塞巴斯蒂安·卡斯特里雍。他在翻译《圣经》时,胆敢使用俗语,艾思田夸张地说,是用"乞丐的话"。卡斯特里雍是出于恶意,纯粹是出于恶意,好惹人发笑,以损害《圣经》。是不信教的人"故意寻求这种说法,好让人们嘲笑如此严肃、如此神圣的东西……"卡斯特里雍还算运气不错,因为艾思田没有把他当无神论者对待。龚拉·巴迪于斯(Conrad Badius)便没有那么节制。《生病的教皇之喜剧》(*Comédie du Pape malade*)当中,有个化名叫帕尔沃·卡斯特罗(Parvo Castelo)的人,明眼人一看就知道指的是谁。这个卡斯特罗在剧中说:

> 如果我不是为教皇的政治唱赞歌的人,

撒旦紧接着说:

> 那你是谁,啊,善良的无神论者!

这就是帕尔沃·卡斯特罗,虔诚的基督徒卡斯特里雍,故意把拉伯雷、多莱、诺夫维尔抛进了无神论者的地狱,可是在地狱里,他也与这伙人为伍了。[①] 至于亨利・艾思田，他并没有与《异端分子论》(*De haereticis*)的作者卡斯特里雍恋战太久，很快便把矛头指向了另一个不信教的人，一个大逆不道的人和一流的罪犯，可恶的波斯戴尔。这个波斯戴尔“不满足于对一些人大放厥词，亵渎宗教，……还要把这些话印成书！”[②]

＊＊＊

如果我们相信这些人的话，他们都是不信教的人，都是异教徒，而且说到底，从大到小都是无神论者。我们想到布鲁日尔(Breughel)的木版画，大鱼吃小鱼，一群群的鱼按照大小，都落在别人的嘴里，都是别人嘴中的食。这也许是律师或者宗教问题辩论家的手段。也许是。但还有别的原因。对这些原因，人们从根本上都忽略了。这个别的原因就是当时的人们习以为常的思维方式。这也证明了他们的教养。也是他们的操守。比如在很久之后，加拉斯神父(Père Garasse)在《才子的奇怪见解》(*Doctrine curieuse des Beaux Esprits*)当中，向读者披露说，路德达到了“无神论的极致”，而且这个“肉体凡胎，浑身肥油”的人说，“灵魂的永生不死只不过是纯粹的幻想”[③]。吉・帕丹声称说，耶稣会的

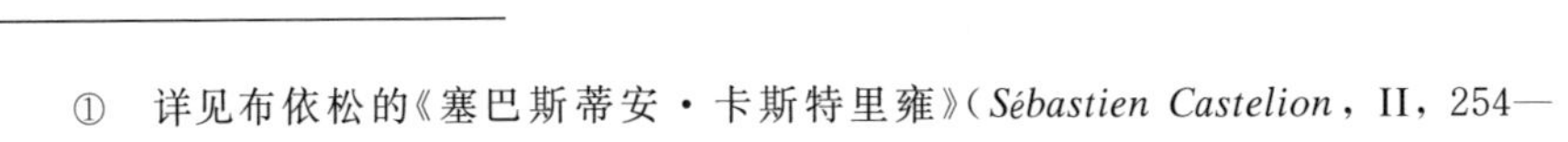

① 详见布依松的《塞巴斯蒂安・卡斯特里雍》(*Sébastien Castelion*, II, 254—255)。

② 亨利・艾思田，《为希洛多德的辩护辞》，第一卷第192页，第二卷第187页。

③ 加拉斯神父，《才子的奇怪见解》第214页和第877页。在第251页，他说伊拉斯谟和慈运理是“无神论的两只雄鸟”。

会士们对加拉斯神父感到羞耻，他还检举说，彭波那齐和高乃依·阿格里帕都是现身为人形的魔鬼，而且还厚颜无耻地说，他们写的东西，他一行也没有读过。[①] 只是，我们来看严肃的迪佩隆(Du Perron)红衣主教是怎么说的。这是个有影响的人物，是个有学问的人。迪佩隆也完全和加拉斯一样说[②]："路德否认灵魂的永生不死，并说肉体死了，灵魂也就死了……他把这一点算在了罗马教会亵渎宗教的账上，说罗马教会相信灵魂的永生不死……"

拜尔想把事情搞清楚。他想过这些荒唐事的借口究竟是什么。最后得出的结论是，对人死后灵魂的状态这一有争议的问题，路德大概表现得有些犹疑。[③] 这些灵魂会处在睡眠当中，一直等到审判之日的到来吗？路德在一封信中好像并没有完全抛弃这种观点。更何况这也是好几个神父的观点。是处在睡眠当中！可是，处在睡眠中的灵魂看不到上帝吗？路德不让这些死人的灵魂看到上帝。这就足够了。路德否认、蔑视灵魂的永生！因此迪佩

① 见于前面所引加拉斯的作品 I, VIII section X。毫不奇怪的是，加拉斯本人也被指责是无神论者。见于夏波奈尔(Charbonnel)《意大利十六世纪的思想和自由派潮流》(*La pensée italienne au XVIe siècle et le courant libertin*, 351, n. 1)。这是多么幼稚的游戏。

② 迪佩隆(Perroniana)，《路德》(*Luther*, éd. De 1669, p. 202)。

③ 见于巴什莱(Bachelet)的《瓦康、孟日诺和阿曼的天主教神学词典》(*Dictionnaire de théologie catholique de Vacant, Mangenot et Amann*, II, col. 657)中的词条"灵魂"。亦见于诺埃尔·瓦鲁瓦(Noël Valois)的《文学史》(*Hist. Littér.*, XXXIV, 551 et suiv.)。并参见布洛什(Bloch)在《所罗门王的墓外生活》(*La Vie d'outre-tombe du roi Salomon*)第 353 至 354 页的引用。

隆恬不知耻地撒了谎吗？不，他是在由此及彼地推理[1]，从他的心里来说，他的想法是对的。他是在推导。他按照规律，因此也就是合理地把一系列形式上的论断串联起来，使它们相互之间联系得天衣无缝。这是时代的做法，也有他自己的特色。他学过这一套。他知道怎么与人吵架。与他同时代的人和他一样，也知道该怎么与人争执。他们的思路与我们的不一样。从一个简单的概念出发，突然得出与出发点完全相反的论点，他并不感到奇怪，而且我认为，他以路德的一种宗教学说为基础，最终为了反对路德，能够提出他认为可以接受的唯物主义和不信宗教的指责，因为他看得出来是通过何种逻辑上的推理，从相反的前提推导出这种指责的。我们对这种思维方式感到吃惊，当时的很多悲剧都让我们觉得十分神秘，当我们要解释这些悲剧的时候，这种状况会给我们造成很多困难。[2] 比如，我们只举一个例子，关于尚贝尔（Champel）的悲剧。

从前，在1920年的时候，依波利特·奥贝尔（Hipolyte Aubert）便在《法国天主教历史学会公报》（*Bulletin de la Société d'histoire du Protestantisme français*）第六十四卷上发表过一篇十分感人的文章：吉约姆·法雷尔（Guillaume Farel）在塞尔维的作品《论三位一体之谬误》（*De Trinitatis erroribus libri septem*）第

① 在他之前，另一个善于推理的人波斯戴尔也这样责备过路德：（De rationibus Spiritus Sancti lib. II, Gulielmo Postello Barentonio authore, I, VI, 16）voir："Nescio quide dicam de ea opinione quam invexere Cenevangelistae aut lutherani usque adeo absurda est. Aiunt vero animos beatorum ante diem judicii dormire, nec frui beatitudine"（我不知道我对于那种新福音传道者或路德拥护者所持有观点所说的是不是完全不合理的。他们承认动物的灵魂的确在审判日之前安眠，不会享受至福），等等。

② 我们后面会再谈到这一点。

一页上草草写了一段话。法雷尔在这段话中表达了他对塞尔维事件从整体上的判断，意思是说，他把受加尔文迫害的可怜的受难者塞尔维骂了个狗血喷头。说他是异端分子，说他诅咒三位一体，专写亵渎圣书的文章，与无神论者串通一气，得到他们的帮助，才从里昂逃了出来（ope et consilio eorum qui athei sunt）；如果这里面牵涉不到无神论者，那就奇怪了。他还说塞尔维是撒旦的帮凶，撒旦少了一个如此热忱的帮手，一定会感到绝望的（Satanas，tam selecto se videns privatum ministro）。总而言之，这犀利的笔锋与 1553 年 12 月 10 日法雷尔写给布洛莱尔（Blaurer）的那封有名的信的口吻一模一样。这表现了人们在下意识中的神奇和悲惨的一面。

那么多的谩骂，言辞是如此激烈，诅咒是如此恶毒。人们一点怀疑都没有，一点都不遗憾，一点都不后悔……然而，我们听听依波利特·奥贝尔是怎么说的吧。我们没有必要再证明奥贝尔的能力和公正。他说："至于塞尔维的理论，我们今天觉得这理论非常正统，几乎显得羞怯……好像他们（指加尔文的神学家们）当中的任何人都没有弄懂塞尔维的理论。然而，塞尔维不是极力在证明基督的神性吗？在三位一体的问题上，他不是得出结论说，实际上是一个上帝，以三个人的形式存在的吗？这种观点显然并不是特别大胆的。"[①]这话也许不错，但是法雷尔，但是加尔文考虑问题的

① 其他日内瓦的权威舒瓦齐（Choisy）1926 年在《加尔文，意识的教育家》（*Calvin，éducateur des Consciences*，149）写道："塞尔维既不是不信宗教，也不是纯粹的否认上帝，虽然他对三位一体的说法有所怀疑，对圣父上帝，他是深信不疑的。他明确说的是基督。上帝的话成就了肉身；他说圣母玛利亚是上帝的母亲。他坚持说，耶稣的身体从本质上是上帝的，可是向基督祈祷，如同向上帝祈祷一样。"

方法与我们不一样。他们从塞尔维的理论出发，推导出无数可能的结果，阐述出无数我们觉得没有多大意义的命题，甚至到了荒唐的地步。经过一系列的论理，他们得出的结论自然而然地会与他们的出发点一致。他们在 A 当中看到了 Z，因为他们从 A 推导到 Z，标示出所有的中间环节，然后便毫不犹豫地以 Z 的名义谴责 A。

这种推导性的逻辑，这种既讲究又幼稚的唯名论的游戏残酷地实行了很久。在世纪之初，很多人文学者和改革者讽刺过这种游戏。在读古人的作品的时候，他们赞佩的是另外一些思想活动，更加直接，也更加人道。因为古人总是让这样的人一比高下，这些人都在不知疲倦地想超越病态的机巧，想把现实裹在一张死亡的三段论的蜘蛛网中；他们不再总想让这样的人互相比试，而是要让敢于直视对方的人分出胜负，这些人敢于袒露一无遮拦的内心，他们蔑视伪装，天真地憎恨遮遮掩掩的行为。关于对话在 16 世纪的复兴，我们可以说出多少有用的东西啊！参与这种对话的人不仅仅具有理性的天赋，性情也是敏感的；柏拉图为我们留下的对话模式在艺术上显得多么自然啊。整整一代人对此佩服得五体投地，都在想方设法地把那种轻松的优雅，那种情深意切的礼貌，那种时而突兀，时而徐缓而柔和的对话艺术融进自己的语言当中。柏拉图是这样，琉善也是这样，只是艺术性要差一些，因此也就更容易模仿。我们知道，琉善的后人都是信奉伊拉斯谟或者拉伯雷的。就是宗教改革，开始时为了向世俗的人们宣传，也大量地运用了自由的、具有解放作用的对话，《卡冈都亚》和《庞大固埃》的创造者非常喜欢的对话。因为，古老的思想形式，旧时的论理模式不愿意自

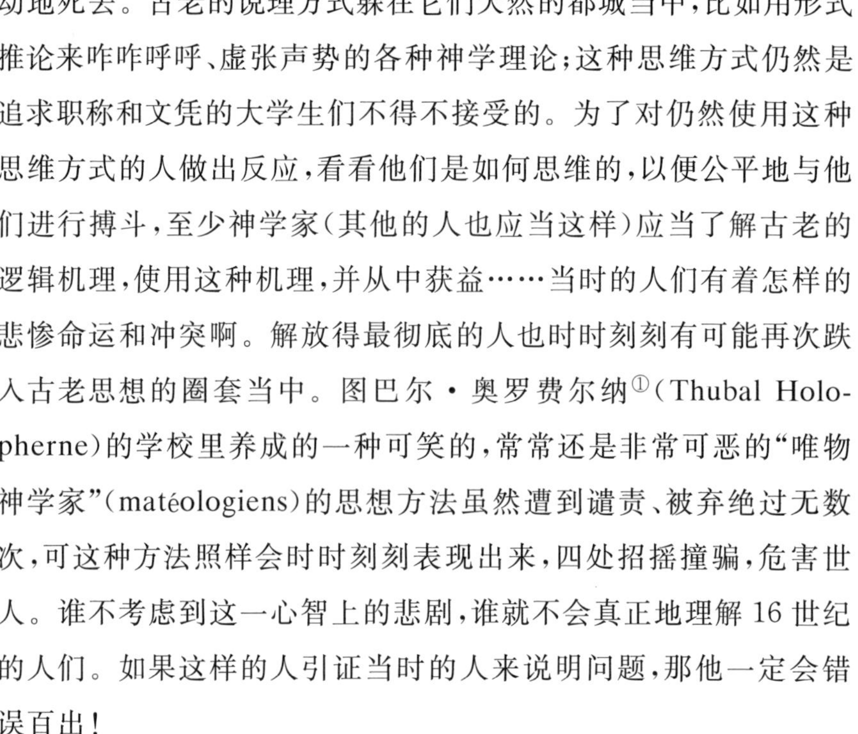

动地死去。古老的说理方式躲在它们天然的都城当中，比如用形式推论来咋咋呼呼、虚张声势的各种神学理论；这种思维方式仍然是追求职称和文凭的大学生们不得不接受的。为了对仍然使用这种思维方式的人做出反应，看看他们是如何思维的，以便公平地与他们进行搏斗，至少神学家（其他的人也应当这样）应当了解古老的逻辑机理，使用这种机理，并从中获益……当时的人们有着怎样的悲惨命运和冲突啊。解放得最彻底的人也时时刻刻有可能再次跌入古老思想的圈套当中。图巴尔·奥罗费尔纳[①]（Thubal Holopherne）的学校里养成的一种可笑的，常常还是非常可恶的“唯物神学家”（matéologiens）的思想方法虽然遭到谴责、被弃绝过无数次，可这种方法照样会时时刻刻表现出来，四处招摇撞骗，危害世人。谁不考虑到这一心智上的悲剧，谁就不会真正地理解16世纪的人们。如果这样的人引证当时的人来说明问题，那他一定会错误百出！

我们要小心从前的人们使用的字词。这些字词往往有两种意思。一种是绝对的，一种是相对的。第一种意义本来就很难确定。如果说，“无神论”就是否认神性，这话其实一点也不明确。但是除此之外，这个词相对的意义有了很大的改变。这一点在对16世纪的研究当中，导致产生了最为显著的错误。这是一般人们都能看得到的。但人们没有看到的是，一代人与一代人之间，人们的思维方法也变了。我们要对字词有所戒备；我们更要戒备从前的人们提出的一些理由和指责。

① 拉伯雷的小说《卡冈都亚》中的一个人物名。——译者注

结论 见证与思想方式

经过上述详细的批评论述，我们认为，17 世纪的自由思想家和 18 世纪的哲学家们一样，从 1532 年便把拉伯雷看成是反对基督的活跃分子、死硬分子，是一个无神论者，或者，如果不想使用这个模糊的、带有感情色彩的词，也可以说他是一个阴险而狂热的宣传家，专门传播理性主义的自然神论者，这种看法是错误的。我们没有权利说“是”，也没有权利说“不是”。我们得出的结论只能是：根据我们的前人或者我们自己所收集到的神学家或者宗教问题辩论家所提供的材料，任何人都不能肯定地说“是”，或者说“不是”。

实际上，上述材料没有一件是 1550 年之前的。我指的是有说服力的材料。因此，没有一件是针对《庞大固埃》的作者拉伯雷的。以后的拉伯雷姑且不说。加尔文写给达尼埃尔的信没有人们所说的那种意思。关于让·维萨吉耶 1538 年的文章，没有任何东西可以证明是说拉伯雷的；一切都好像在证明这篇文章说的是多莱。从《原谅尼哥底母的仿效者》(1544 年)中引的一段话，如果可以说指的是拉伯雷，那也可以说同时在指很多其他的人，而且所指的只是一种一般的态度，指有的人假装相信上帝的话，内心里却根本不在乎的态度。实话说，这种态度并不可怕，因为说到底，那些可怜的“愚民”根本看不出，《圣经》表面看起来毕恭毕敬的文字后面，究竟隐藏着什么鬼花招。而其他的人，如果他们能够嗅出一些什么味道，他们难道还不能自己有所防备吗？

波斯戴尔 1543 年把《庞大固埃》说成是大逆不道的书。但是，他的“大逆不道”的概念，适用于所有的宗教改革者。拉伯雷本来是基督徒圈子里的人，另外也被算作是宗教改革分子阵营里的人。最后，大家都一致同意说，在《泰奥蒂姆斯》当中，加布里埃尔·德·布依－埃尔博是在泄私愤。实际上，第一篇重要的文章，是《丑闻》。然而，当一个人在 1550 年读一本 1532 年出版的书，这本书的作者又是一个后来写过很多书，有过很多经历的人，我们可以提出的问题是，读书的人在读这本书时，用的是 1532 年的眼光还是 1550 年的眼光。

另外，人们所引证的所有材料都不是产生于自由思想家的，都不能作为历史资料，提供不偏不倚的证明。波斯戴尔，加尔文，艾思田，卡斯特里雍，这些人都是宗教问题辩论家，只是程度上略微有些差别而已。那么他们的判断有什么基础呢？以个人的印象为基础，而且他们的印象常常是（或者说总是）为利益所驱使。对于信徒来说，有他们提出的根据就足够了。可是对于历史学家来说呢？这些人都说《庞大固埃》是无神论的宣言，可是，他们读过这本书吗？布依松注意到卡斯特里雍是凭道听途说来谈论多莱的。那么为什么我们要假设他对拉伯雷的了解会更多一些呢？

那么这些话究竟有没有价值呢？如果从一些文章当中断章取义地拿出一些只涉及拉伯雷，只涉及多莱，只涉及戴佩里耶的段落，然后便虚张声势地提出控诉说：“有同时代的人所提供的证词为证……此案由此而做出判决！”这无异于歪曲。因为，亨利·艾思田的证词能够用来指控拉伯雷吗？就算是吧。可他的证词不能指控卡斯特里雍和波斯戴尔吗？波斯戴尔说，拉伯雷是个新福音书分子，整个身心都在露骨地反对宗教。就算是吧。可是他又用同样的说法攻击西蒙·德·诺夫维尔，我们不知道西蒙·德·诺夫维尔也曾支持宗教改革，而且他还随随便便就说，《论三个冒名顶替者》这本神秘的作品作者是西蒙·德·诺夫维尔。当他揭露拉伯雷的无神论的时候，让我们就相信加尔文说的话吧。我真想干掉他；拉伯雷这个凶恶的家伙，决心要“败坏人们对上帝的尊敬”，从基础上破坏所有的宗教。这是加尔文说的；加尔文知道，你怎么敢怀疑加尔文呢？对。的确如此。可是，当加尔文在反驳塞尔维，郑重其事地指责塞尔维，说他只有一个目的：“彻底地败坏宗教”（totam religionem evertere）[①]时，我们能够相信他的话吗？这是个信任的问题。当加尔文说阿格里帕具有显而易见的无神论时（如果的确是这样，那么1530年会有很多的无神论者，那么《庞大固埃》所谓的与众不同之处又在哪里呢？），我们难道就能够对全世界说，阿格里帕是无神论者吗？可是，就是这个加尔文，当他指

① 加尔文的怨恨已经让阿尔迪尼神甫（abbé d'Artigny）感到气愤，见于《新的历史回忆录》（*Nouveaux mémoires d'histoire*, Paris, 1749, II, 136），阿尔迪尼请德·拉洛施（de La Roche）帮忙，虽然德·拉洛施“是天主教徒”，以证明塞尔维“从来没有想过要败坏宗教”。塞尔维是这样，可是还有多少其他人也是这样的呢？1537年5月很多议事司铎在洛桑开教区会议，会议的主题是审议布里索奈（Briçonnet）在莫城（Meaux）时的工作人员，索邦神学院的博士皮埃尔·卡洛里（Pierre Caroli）对维莱、法雷尔和加尔文发出的反对三位一体论的控告。加尔文挺身而起，向卡洛里质询道：“我要问，他是否相信上帝，而且我以上帝和人为证，他心中的信仰并不比一条狗或一头猪更多！”维勒米耶（Vuileumier），《沃州改革教会的历史》（*Histoire de l'Eglise réformée au Pays de Vaud*, 607）。

责卡斯特里雍偷盗时，我们又该怎么想呢？[①] 他在亨利·艾思田之前，把卡斯特里雍当成小丑，说他作弄宗教（tu，tu，omnia pietatis principia ridendo，suaviter te oblectas）（你呀你，以嘲笑虔敬的所有基本法则来欣喜地自娱。）时，我们又该怎么想呢？可怜的卡斯特里雍，表情阴郁的可怜骑士，他的生活那么刻苦，行为那么刻板，精神那么忧郁，在他这里寄宿的吴当霍维斯（Utenhovius）的儿子绝望地乞求父亲，不想跟卡斯特里雍老师学习了，他是一个神圣的人，可他从来没有一点点笑容！[②]

当然，加尔文心中对卡斯特里雍有个人的怨恨。所有这些人心中都有恨，有积怨，有激情，所以才互相谩骂，或者先互相排挤，等以后有机会再想别的办法。然而，个人恩怨并不能解释一切。这些争吵的背后还有别的原因。

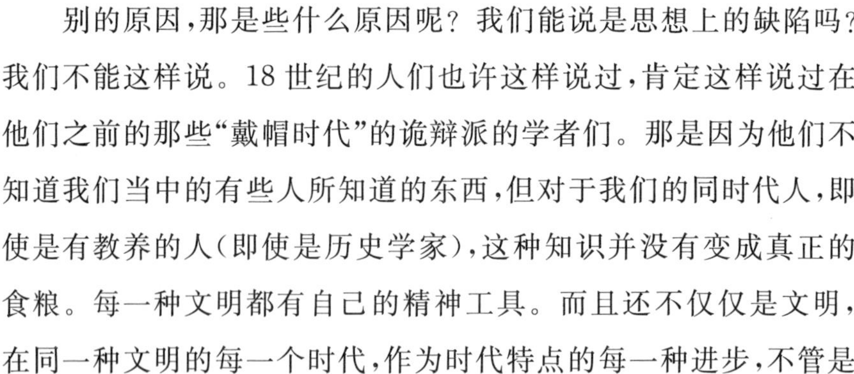

别的原因，那是些什么原因呢？我们能说是思想上的缺陷吗？我们不能这样说。18 世纪的人们也许这样说过，肯定这样说过在他们之前的那些“戴帽时代”的诡辩派的学者们。那是因为他们不知道我们当中的有些人所知道的东西，但对于我们的同时代人，即使是有教养的人（即使是历史学家），这种知识并没有变成真正的食粮。每一种文明都有自己的精神工具。而且还不仅仅是文明，在同一种文明的每一个时代，作为时代特点的每一种进步，不管是

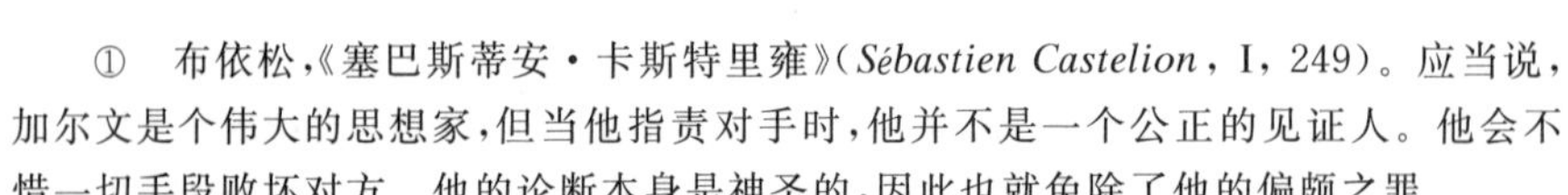

① 布依松，《塞巴斯蒂安·卡斯特里雍》（*Sébastien Castelion*，I，249）。应当说，加尔文是个伟大的思想家，但当他指责对手时，他并不是一个公正的见证人。他会不惜一切手段败坏对方。他的论断本身是神圣的，因此也就免除了他的偏颇之罪。

② 同上，II，89。卡斯特里雍在给贝兹的回信中的确也问道：“他为什么在解释我的书时说得还可以，对我的生活小节就胡乱说呢？”

技术的进步还是科学的进步，都会有一种新的工具，这一工具对于某些用途来说更加发达，对于其他的用途来说则差一些。一个文明、一个时代并不一定能够把这种工具传递给后来的文明和时代。工具可能会产生一些变异，会向后倒退，会出现重大的变形。或者相反，会有进步，会变得更加丰富，会导致产生新的麻烦。是文明造就了工具，工具对于这一文明来说自有其价值，对于时代来说自有其价值。但工具的价值不是永恒的，也不是对整个人类都有价值，甚至对同一种文明演变的有限过程来说，也不一定总是具有相同的价值……

说到 16 世纪的人，他们的思维方式和证明方法都与我们的不一样。甚至与他们的子孙辈的人，与笛卡尔、帕斯卡、惠更斯、牛顿的同时代人都不一样。要想从整体上来论述这些重大问题，时机还不成熟。从我们刚刚做的分析来看，好像不管怎么说，当时的人们在论述问题的时候，似乎并不像我们一样，他们并不特别需要准确，也不考虑客观。如果我们在强烈的激情推动之下，也会放弃对准确性的需要和考虑，我们会有一个放弃的借口，同时我们会觉得放弃之后会有一种缺憾。当时的人们在思辨的时候，对事物的矛盾对立关注得更多，而在我们的思想逻辑体系当中，已经没有这些矛盾的位置。我们已经看到，从前一章我们对诗的批评分析当中，似乎也可以得出同样的结论。从这些诗歌材料当中我们也可以得知，人与人不一样，而且人发生变化的程度之大，远远超出我们的想象，发生变化的时间间隔也比我们想象的要短暂得多。可以说，从这些材料当中我们看到的是，在拉伯雷时代，从自然规律上来讲，使逻辑和数学依赖于实验的大革命还没有发生，拉伯雷的时代

远远处在这场大革命之前；数学的飞速发展——笛卡尔从这一发展当中受益匪浅——也还没有开始。如果我们想正确地使用由人所提供的见证，我们怎么能不考虑这样的条件呢？

第二卷　愤慨与怨恨

第一章 拉伯雷的恶作剧

以上，我们从所有谈到过拉伯雷的人那里，包括人文学者、宗教问题辩论家或者写论战性文章的人，不管这些人说了拉伯雷的好话还是坏话，我们收集到了一些同时代的人对拉伯雷、对拉伯雷的感情的见证。我们像过筛子一样，尽可能仔细地分析了这些见证材料。我们也顺便指出了前人在对资料的理解上所犯的一些张冠李戴的错误。有些错误是严重的，而且关系重大，所以如果除掉这些错误，他们所构筑的体系能够站得住脚的，也就所剩无几了。

现在，我们该询问拉伯雷了，询问拉伯雷本人。我们想说的是他的作品，《庞大固埃》以及随后发表的《卡冈都亚》。好像这个任务很容易：谁想了解拉伯雷，那就去找拉伯雷吧。但实际上这个任务很是棘手。因为，我们能够通过一部作品来了解一个人吗？作者会不会在脸上戴一个假面具呢？这个假面具的表情粗俗、夸张、滑稽，真的能够再现讽刺作家的真实面目吗？我们可以在何种程度上合理地从作品推断出人品呢？也许这个问题提得并不是太好，因为说到底，从 1532 年到 1926 年，《庞大固埃》的读者所关注的，并不是人，而是作品，或者更准确地说，是这个人在作品当中倾注的心血。但是，分量如何把握？这个任务很是棘手。

证明就是，阿贝尔·勒弗朗在一篇文章当中便把人与作品的比例进行了调制，而正是这篇文章，引起我们对这些严肃的问题进行了思考。他写道[①]："我们从这本书的一开始便会遇到的是什么呢？一系列令人简直难以相信的声明……"在谈到《卡冈都亚》的成就的时候，作者指出说，读者在读过这些难能可贵的作品之后，就完全相信了，"正如读过《圣经》和《福音书》一样……"但把神圣的书拿来做这样带有侮辱性的比较，虽然表面上看起来像是在开玩笑，但我们也还是可以看出作者的胆子不小。后面不远处还有一句话，也采用了同样的比较，明确地告诉我们《卡冈都亚》受欢迎的程度："因为书商在两个月的时间里卖出去的这本书，比九年时间里卖出去的《圣经》还多。"阿尔高弗里巴按照水涨船高的逻辑，通过直接的谴责，马上就提到一个福音派分子的表示。他想通过滑稽可笑的理由证明他的消息和消息的真实性，平静地说："我像《创世记》中的圣约翰一样说：quod vidimus, testamur（我们所见的，我们见证）"。在对宗教的讽刺上，有谁曾敢于如此尖刻地嘲讽过吗？因此，从一开始就毫无疑问，这种琉善式的笑，掩盖着在多少个世纪当中，谁也不敢想象的奇怪的意图。

我们一遍遍地读这一段如此咄咄逼人的、充满了激情的文字，感到十分困惑：难道是人们对显而易见的事视而不见？我们有点担心地再一次拿起拉伯雷的作品。我们打开《庞大固埃》，边看边笑，再也想不到水涨船高的大逆不道了。当我们把这本书再放回书架上，我们恨不得发誓说：满篇都是放肆的玩笑，却并不恶毒，满篇都是戏弄人的笑话，近乎淫秽，都是古老的教士们的笑话，让人

① 阿贝尔·勒弗朗，《庞大固埃研究》（*Etude sur Pantagruel*, VLI）。

看了觉得不过如此，这些笑话肯定不是拉伯雷发明的，他只不过信手拈来，只不过在字里行间到处留下了他的天才的印迹；总之这一切没有任何秘密，一点也不可怕，也没有任何亵渎之处。拉伯雷到底该不该如此展示他的天才呢？

1　教士们的玩笑

要澄清这个问题，我们有必要一个个地审查和斟酌阿贝尔·勒弗朗所列出的令人愤慨的事吗？不过，愤慨根本是于事无补的，从前的《恶之花》，甚至《包法利夫人》都曾使帝国时期的检查员感到愤慨，但我们并不能因此就说这些书的作者诲淫诲盗。而且已经有人这样做过。1910 年，普拉达尔（Platard）便在《拉伯雷研究杂志》（*Revue des Etudes rablaisiennes*）仔细地分析过拉伯雷所引用的《圣经》中的话；普拉达尔反对以浪漫的方式解释拉伯雷的玩笑。而且中世纪哲学历史学家艾田·吉尔松（Etienne Gilson）对中世纪的经院哲学有着极好的了解，也为普拉达尔所捍卫的论点提供了其他的证据和理由。[①] 我们没有更好的办法，只能让读者去查阅这些令人信服的研究。

普拉达尔和在争论中采取了同样立场的塞内昂（L. Sainéan）[②]一样，清清楚楚地看到，拉伯雷的玩笑是教士们的传统，

① 艾田·吉尔松，《方济各会的修士拉伯雷》（*Rablais franciscain*）。

② 塞内昂，《拉伯雷的语言》（*La langue de Rablais*, p. 371）。勒贝克（Lebegue），《法国的宗教悲剧，初创时期，1514—1573》（*La tragédie religieuse en France. Les débuts, 1514—1573*）。

与艾弥尔·毕果(Emile Picot)从前提到过的那种“高高兴兴地布道”中的做法没有任何区别。[1] 里面有很多以各种粗俗的方式模仿的福音书中的话；而且不是普通的话。某句布道词[2]是圣体瞻礼仪式的原话：“喝呀，吃呀……”把基督最后说的话“一切都完了”(consummatum est)当成是冒昧的话，这其实是帕尼尔日说的，如果要讨好拉伯雷，也可以说是托马斯·阿奎那(Thomas d'Aquin)说过的[3]，而且喝酒的人那种饥渴样子，也让阿贝尔·勒弗朗觉得反感[4]。我们来听听1542年的酒鬼们是怎么说的吧。因为普拉达尔恰恰也指出说，《庞大固埃》最初的版本当中并没有这句令人感到愤慨的话。拉伯雷是在后来，在弗朗索瓦·朱斯特(François Juste)印行的版本当中才加进去的……而且据说在这个版本当中，他把所有冒昧的话都删除了！不过，有什么特别冒昧的话吗？

① 《关于法国古戏剧中的独白》(*Monologue dramatique dans l' ancien théâtre français*,《Romania》, 1886—1888)。

② 姆拉拉苏(Murarasu),《新拉丁诗以及古文学在法国的复兴(1500—1549)》(*La Poésie néo-latine et la Renaissance des lettres antiques en France*, *1500—1549*, II, 15)。

③ “他在里面点着火，把七鳃鳗都吃完之后说，‘一切都完了’，正像托马斯·阿奎那说这话时一样”，第三卷书，II，第41页。

④ “我说的是上帝说的话，sitio(喝吧)！”，《卡冈都亚》，V. 61。亦见于普拉达尔的《圣经和圣经文学》(*L'Ecriture sainte et la littérature scriptuaire*, 273)，里昂，1540年。其中提到一段让人喝酒的快乐的布道词。亦见于前面提到过的姆拉拉苏的作品，II，第15页：“而且上帝还告诉我们说，让我们好好喝酒，与我们交谈，而且对我们说了这么一句：喝吧！”在教士们当中流行的这句玩笑话持续了很长时间。帕西奥内红衣主教(Cardinal Passionei)始终是以作风刻板出名的，博卡日夫人(M m. du Bocage)让他产生了一种想讨人喜欢的感觉，本笃十四世(Benoit XIV)说了这么一句话：他是人(Et homo factus est 来自“信经”“为拯救我们世人，从天降临，因着圣灵，并从童女玛利亚成肉身，而为人”中的“而为人”)。没有任何人说这话是“反基督”的。见于格拉斯(Grace)、吉尔·马克(Gill Mark)的《博卡日夫人》(*Madame du Bocage*, 1927)。

拉伯雷并不比弗朗索瓦一世更冒昧，弗朗索瓦一世给路易·德·波旁红衣主教(cardinal Louis de Bourbon)起了个绰号，叫“sito”(喝吧)。克洛德·阿东(Claude Haton)神甫解释说：“因为红衣主教大人想喝他的好酒，说那是世界上最好的酒”。有些善良的人天真地唱道：“Ecce bonum vinum，—venite potemus”(那是好酒，来喝吧)，我们难道要把他们驱逐出教吗？[①]

吉尔松也强调说，凡是研究拉伯雷的思想形成的人，都必须确切地考虑到“现代法国散文的缔造者”在修道院生活的那些年头。他“作为方济各会的修士”，在修道院里“待了不下十二年的时间，也就是说，他在那里度过了青年时期最关键的一段时间”。由此我们可以得出好几个结论，其中有一个是我们现在就要指出的：“即使在方济各会的修道院中，修士们也不是整天都在读经文、思考司科特(Scot)的哲学；有的时候，在修道院里是可以随便聊天的，甚至可以很愉快地闲扯，所以我们需要考虑的是，中世纪方济各会的修士们一向激情迸发，而且都很大众化，拉伯雷是不是也把这些东西写进了文章当中；后来人们总是在想，拉伯雷是不是用这些东西暗中表达了什么思想，其实这本来就是无中生有的想法。”事实上，吉尔松轻而易举地找到了很多方济各会修士们的文章，虽然言语欢天喜地，但并不能因此而就怀疑他们是异教徒，只不过让我们哈哈大笑一通而已，像拉伯雷那样，他们坦率，但常常也带点下流的味道。

这还用说吗？有些人觉得教士们日常的玩笑和鬼心眼表达了这些人的恶毒和阴险的内心；但我和普拉达尔、吉尔松、塞内昂和

① 见于前面所引塞内昂《拉伯雷的语言》，第 371 页。

很多其他人一样,觉得这不值得大惊小怪。说这有伤风化,的确,不过那是按照我们的标准去衡量的。但我们的标准并不是16世纪人们的标准。纳瓦尔的玛格丽特写了《七日谈》(*Heptaméron*),当我们论述这个虔诚而神秘的女性时,我们就会接受这一点。我们也为《卡冈都亚》的作者而接受这一点吧。

* * *

回溯以往地看,拉伯雷说《圣经》卖不出去,而《卡冈都亚》又卖得特别好,我并不觉得愤慨。因为,虽然阿尔高弗里巴先生因《卡冈都亚》卖得好而高兴,但这并不意味着《圣经》卖不出去,他就会拍手称庆。而且,如果有人告诉他,并抱怨说[①],巴黎随便一个流浪汉在大街上胡说,招来的人会比教堂里一个福音书派的教士的听众多,我认为他的感觉和这个人会是一样的。

要不是萨莱诺的马苏丘(Masuccio de Salerne)或者阿尔诺·德·维尔诺夫(Arnaud de Villeneuve)在拉伯雷之前用过,我对巴黎妇人的"拉马撒巴各大尼"要反感得多[②]。卡冈都亚在《庞大固埃》第三章痛哭巴德贝克(Badebec):"她多好啊,至少她在天堂里

① 《卡冈都亚》第十八章,第157页。

② 在《庞大固埃》的第二十四章(勒弗朗、布朗日等等出版的评注版《拉伯雷全集》II,第253页),一个妇人送给庞大固埃一个环,上面写着"拉马撒巴各大尼"(Lamah hazabthani)。这是被钉在十字架上的耶稣发出的惊慌失措的喊声(《马太福音》,27章第46句)。关于拉伯雷对这句话的用法,详见普拉达尔在《拉伯雷研究》第八卷第269页上的文章。勒杜夏(Le Duchat)指出说,这是借用马苏丘的。亦见于托尔多(Tordo)在《法国文学史杂志》1904年第467期上的文章。

了,还有比这更好的吗?"在农民们的故事里,这是人们很喜欢的那种挖苦人的天真话之一。卡冈都亚的系谱是对宗教的亵渎,因为"由于上天的恩赐,这个系谱保存得比任何一个都完整。上帝的系谱我就不说了,因为这不该是我说的;魔鬼的我也不说了,因为反对会令人感到沮丧……"[①]这里说的是马太福音开始时基督的系谱吗?我不怀疑,更何况拉伯雷清清楚楚地告诉了我们。在《庞大固埃》的第一章,他还毫不犹豫地告诉我们说,他的小说主角的系谱不仅让人想起希腊人、阿拉伯人和异教徒传给我们的那些系谱,也让我们想到"《圣经》的作者,比如圣徒路加和圣徒马太"[②]。我们看得出来,弗朗索瓦先生并不掩饰,而且明明白白地承认了他是在滑稽地模仿。虽然过去的传统对于人们开玩笑的限度是很宽泛的。不过滑稽的模仿是不是超过了一定的限度呢?这就是问题的所在。如果说超过了一定的限度,那么人们为什么并没有责备拉伯雷下面这个大不敬的说法:在第二十三章,当卡冈都亚去"厕所排泄自然消化的结果"时,他的家庭教师不想让他浪费"白天的时间",趁他在厕所里的时候,也给他复习"已经读过的书"。然而,已经读过的书,他明确地、毫不含糊地说了,那就是"《圣经》里的几页书"。这是亵渎?还是虔诚之举?

① 《卡冈都亚》第一章(前面所引作品 I,22 页)。在朱斯特印行的 1535 年之前的版本(我们所知的第一个版本)以及朱斯特 1535 年的版本(第二个版本)上,以上所说的这个地方都是"上帝",后来就换成了"弥塞亚"(勒弗朗的文本)。拉伯雷还在"沮丧"一词处增加了"污蔑者的"一词。

② 在圣经中,除了"马太福音"中基督的系谱之外,还有其他的系谱。这些系谱是按照相同的模式设计出来的,所以也可以供人进行滑稽的模仿。"创世记"第五章有亚当的后裔(又生了该隐,又生了亚伯,又生了雅列,又生了以挪士……)。第十章有诺亚的儿子的系谱。关于拉伯雷的系谱中的人物,详见前文所引塞内昂的作品 478 页。

2 德廉美修道院没有教堂?

不过还有德廉美修道院,没有教堂的德廉美修道院……可怜的德廉美:这里的确是缺少生活当中必不可少的东西!比如厨房,比如散发着香味的烤肉馆和清凉而宽敞的酒窖。这在约翰兄弟的修道院中还不够让人吃惊吗?因此,好比享受主义者会对没有厨房感到愤慨一样,理想主义者们感到愕然的是,拉伯雷竟然让德廉美修道院没有教堂。不过,他为每个房间都安排了一个祈祷室,与房间连着。可是,在祈祷室里除了祈祷,还能干什么呢?

我们不要忘记,德廉美修道院是一个与“修道院”相反的地方。这是修士约翰明确说了的(I,LII):这个地方是有意地、系统地以“与所有宗教完全相反的方式”建立的。这里所说的宗教,就是指现有的教派。其他的修道院中有院长管事。德廉美修道院就没有院长:“我连自己都管不好,怎么能管理别人呢?”别的修道院有院墙与外界隔离,所以人们才会窃窃私语[①](LII)。在德廉美修道院就不一样,人们可以自由地进出,自由地来去。在修道院,如果有个假装正经的女人来过,那就要清扫被她污染的地方。在德廉美修道院,只要有修士或者修女来过,那就要清洁他们玷污了的地方。必要时,我们还可以重提一段重要的文字(LVII):“他们的生命不是消耗在法律、法规和制度上,而是想干什么就干什么,愿

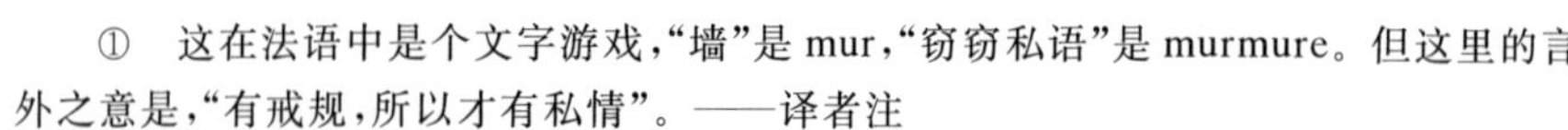

① 这在法语中是个文字游戏,“墙”是 mur,“窃窃私语”是 murmure。但这里的言外之意是,“有戒规,所以才有私情”。——译者注

意干什么就干什么。他们愿意什么时候起床就什么时候起床，想喝就喝，想吃就吃，想干活就干活，想睡觉就睡觉……他们的规矩完全可以归结成一句话：想干什么就干什么……"

最后，修道院都有一个教堂，一个大的附属教堂。随着无情的钟声响起，人们在一定的时候要到教堂里去，生活的节奏也就因钟声而分出了阶段。在德廉美，没有公共的日课，没有钟声，也没有钟表，"世界上最大的梦想就是随着钟声想干什么就干什么，而不是听命于理性和道理(LV)。"德廉美修道院的修士们只有在愿望和理智统一的时候，才起床，才吃饭，才睡觉，而且按照拉伯雷可能的思想，我们还可以再补充一个"才祈祷"，那他们怎么可能在固定的时候去教堂呢？他们是在个人的小教堂里祈祷，永远也不去望弥撒吗？因为，有人愤慨地补充说，德廉美修道院的修士们从来不望弥撒……①

谁说德廉美修道院的修士们不去望弥撒呢？首先他们可以到教区去参加弥撒，正如国王在最早的凡尔赛宫中生活时一样。最早的凡尔赛宫是没有小教堂的。或者他们也可以让人到他们的小礼拜堂来做弥撒。而且最后，我们在表示愤慨之前，先想一想。首先我们要考虑的是，拉伯雷不能"什么都说"，把讽刺变成枯燥无味的教条。其次，关于弥撒，我们不能假装不知道(我们不能不知道，不应当不知道)，拉伯雷时代的弥撒并不是"不信教的人"所诋毁的

① 勒弗朗，《庞大固埃研究》XXVI页："很清楚的是，德廉美修道院的修士们以及创办了这一修道院的卡冈都亚一样，是从来不去望弥撒的。"

那样，也不是贝鲁尔（Bérulle）时代及其以后天主教徒们心目中的弥撒：后来的弥撒成了典型的信教的行为，综合了所有天主教的祭祀——这当然是一场圣事，但更是一种牺牲，是宗教的牺牲，是公共祭祀的主要内容。17 世纪对弥撒发生了重大影响，使信徒更多地、更好地与教士的活动，与教士的话语结合在一起。16 世纪这一影响还没有发生，天主教徒从 16 世纪末才开始做出巨大的努力，急切地从整体上重新思考宗教，反对宗教改革分子们的宗教。也许与阿尔高弗里巴同时代的人，看到大老爷们预订上百场弥撒，不无理由地认为——虽然我们不这么认为——，在教堂里长时间地举行仪式是愚弄人，那些以举办了多少场弥撒为荣的人也在祈祷的过程中昏昏欲睡。伊拉斯谟与他们一样，也是这样认为的；我们不必更多地引用他的话了，我们只要想到他的秘书吉尔贝·古赞离开他，去诺兹鲁瓦（Nozeroy）当议事司铎[①]，他是多么轻蔑地撇了撇嘴：cantabit missam（他要做弥撒）！况且，德廉美修道院的修士们星期日和节日期间都要穿上“法国服装，因为法国的服装显得更体面，更能显示出女性的腼腆”。星期日和节日？什么节日？1532 年还没有发明世俗的节日，所以这里说的节日一定是宗教的节日。对于充满了奇思怪想和冲动精神的故事，我们的解释不能太牵强，这并不是因为神学家们的文字太晦涩难懂。

而且 1912 年，在为《卡冈都亚》写的绪论中（Introduction à Gargantua），阿贝尔·勒弗朗说拉伯雷“并不掩饰”对改革者的同

---

① 见于费弗尔，CXXXVII。我们从 DXLV 当中引了一个例子，说明当时的人们是如何对待弥撒的。

情，并以此解释德廉美修道院没有教堂的事。他甚至正是通过这一迹象和其他的一些蛛丝马迹，看到拉伯雷是一个信徒，“想表明他对宗教改革的关注和真诚的同情之心”。这标准也许并不完善：1532 年正是“宗教改革”取得胜利的时候，这时候并没有要求取消一些重大的文化规范，也没有要求以私下的祭祀来代替公共的祭祀。德廉美修道院的修士们如果是宗教改革分子，会把祈祷室（如果他们有过祈祷室的话）改成寺庙，并在里面参加祭祀。尽管如此，阿贝尔·勒弗朗 1912 年就提出过我们觉得完全符合事实的意见：“所谓圣书上的话，说的是福音书，这是德廉美修道院的修士们精神生活当中最基本的内容，是唯一的因素。”从 1912 年到 1923 年，使勒弗朗写出如此符合常理的话的文本资料消失了吗？德廉美修道院没有教堂吗？没有。不过也没有寺庙。我们就聊以自慰吧，德廉美修道院的修士们也许能从附近的城市里找到一个寺庙或者教堂？再说，既没有寺庙也没有教堂，那么这些人是无神论者？可是福音书呢，还有祈祷室呢？噢，那只不过是以防万一要祈祷时用的……不错，德廉美修道院没有避雷针。不过，在 1532 年的时候，九千三百三十二个避雷针[①]，这是不是太多了点？

3　卡冈都亚的出生

还有什么呢？我们要细心一些，不能漏掉任何细节。也许我

① “在那里有九千三百三十二个卧室，每间卧室带一个后堂间，有工作间，衣橱，祈祷室，并通到一间大厅里。”《卡冈都亚》第一卷第五十三章，《拉伯雷全集》阿贝尔·勒弗朗的评注版，406 页。

们会突然有什么灵感？卡冈都亚的出生多么奇怪[①]，他是从腔静脉和左边耳朵里生出来的。当然，从这种地方生出孩子来，让人觉得奇怪。拉伯雷用很有特色的夸张口吻描写了这件事。“一个懂事的人总会相信别人对他说的话，相信他在书上看到的话……无辜者相信一切的话……爱是凡事相信……（Innocens credit omni verbo... Charitas omnia credit...）索邦神学院的人说，信仰是未见之事的确据……对上帝，没有什么事是不可能的，只要他愿意，女人从今往后从耳朵里生孩子……”

勒弗朗先生写道：“毫无疑问，这段阐述适用于基督教信条中基督的降生。”是说降生吗？可是基督不是从腔静脉和左边耳朵生出来的！古时候一些神父，伊里奈乌（Irénée）、奥利金（Origène）、德尔图良（Tertullian）、阿塔纳斯（Athanase）、埃皮法纽（Epiphane）、哲罗姆（Jérome），根据他们的说法，基督是由于圣灵作用于圣女，在圣女的腹中成孕，经过正常九个月的孕育，才出生的，从生理上来说是最正常不过的了[②]。很多文章用古时候的那种坦率，明确说基督降生时身上带着血迹和污秽。直到圣安布罗斯（saint Ambroise），以及后来的圣奥古斯丁（saint Augustin），从四世纪末开始，散布了圣女分娩论。基督是通过关着的门来到世界上的，他不用打破屏障……圣母马丽亚的童贞论就是这样一步步形成的。圣母马丽亚是处女，她嫁给了一个人。有一天教会宣布她的丈夫

① 见于《庞大固埃》第六章。

② 见于瓦康（Vacant）、孟日诺（Mangenot）、阿曼（Amann），《天主教神学词典》（*Dictionnaire de Théologie catholique*）当中的“基督”词条。

是完完整整的处男，娶马丽亚为妻，就是为了保护她的童贞[①]。她怀孕了还是处女。她生了孩子还是处女。不过，路加指着她的胎儿说过话[②]，很多神庙中也有她的塑像，信徒们看到的，也是她有身孕的样子，但她的孩子不是从耳朵里生出来的。因此，我看不出卡冈都亚从母亲的腔静脉和左边耳朵这趟奇怪的旅行，怎么会让人想起圣母的分娩。多少个世纪以来，在各个国家所有的教堂里，我们从表现圣母分娩的艺术图画上看到的，都是正常的分娩方式，她身边围着一大群接生婆和专门照顾新生婴儿的老太太们……[③]

啊，如果是拉伯雷写一本卡冈都因(Gargantuines)记事史诗，那该有多好！卡冈都因就是普朗(Plan)曾经说过的"真正的完全被人忘记了的卡冈都亚"[④]！在这本书的开始，我们看到的是巫师梅兰(nigromancien Merlin)可怕的历史。梅兰没有父亲，因为他母亲是个侏儒，"夜里有鬼神来与之交，故有孕"。这个不同寻常的故事又会让精明的人产生何种奇怪的怀疑呢？我们能说这本书的

---

① "圣约瑟(saint Joseph)的使命第一要务，就是通过与未来的上帝的母亲缔结真正的婚约，保护圣母玛利亚的童贞。"见于前文所引瓦康等人的《天主教神学词典》中"约瑟"词条。

② 路加福音，第一章第42句："你在妇女中是有福的，你所怀的胎也是有福的。"

③ 克鲁佐(M. Clouzot)在《十六世纪杂志》(*Revue du Seizième Siècle*, IX, 1922, 219)当中说，他很后悔没有记下评注版的《拉伯雷全集》中这个亵渎宗教的小故事。博絮埃(Bossuet)一次传教的布道词(1661年3月13日)让他注意到了这一点。布道人说的是圣母玛利亚"首开先河，用听觉器官孕育了上帝的儿子"。可是，怎么样呢？难道人们不知道"约翰福音"开始时的话吗？圣言所云孕育器官的学说，就是从这里来的。还有很多其他的文本。"Gaude Virgo, mater Dei, quae per aurem concepisti?(欢庆上帝之母——经耳道受孕的处女)"可是，这都是些什么样的文本呢？耶稣的孕育，玛丽亚的生产，这两件事是分别的，不能混淆在一起。

④ 普朗(P. P. Plan)，《拉伯雷书目，从1532年到1711年发表的拉伯雷作品》No 4。

匿名作者阴险地故意嘲笑基督的孕育,说基督是“没有人父”,是圣女与神交,因此而受孕的吗? 我们在这里再说一遍,16 世纪的玩笑和风尚与我们现在的都不一样。不少人对圣母玛利亚的贞洁开些下流的玩笑[①],如果要把这些人都烧死,按照今天的标准去杀人,那么刽子手们会忙不过来的。1565 年的时候,在反对宗教改革的意大利腹地,圭恰迪尼(Guichardin)的侄儿路多维科(Ludovico)是个彻头彻尾的天主教徒,他写过《荷兰介绍》(*Descrittione delli tutti i Paesi Bassi*),在威尼斯发表了一本讲淫荡故事的小书,书名是《闲暇时刻》(*Hore di Recreazione*),当时读的人很多,也翻译成了各种文字。然而,路多维科解释说,他在饭前、饭中和饭后都要喝酒,因为上帝的母亲在生下我主之前、之中和之后都是处女。[②] 有人说这话没有恶意。我们同意这样说。不过,很奇怪的是,我们注意到,虽然已经经过删节和修改,这种潮流仍然保留了下来,教士们用宗教中的一些事开些古老而善意的玩笑,甚至用一些最为敏感的事开玩笑,而且尤其用这些最为敏感的事开玩笑。1532 年,正是这股潮流盛行的时候。

4　“爱是凡事相信”

不过,拉伯雷是自作自受……不是说信仰是“未见之事的确据”吗? 1542 年,拉伯雷在朱斯特印行的一个修改过的版本中,取

① 伊拉斯谟的玩笑不仅仅是下流。关于这一点,详见后文第二卷第三章。

② 前文所引作品,1594 年版第 108 页。

消了对信仰的一些下流玩笑。给信仰下定义的这句话本来是圣保罗说的[①]，拉伯雷却说是索邦神学院的人们说的，否则便让人们更为敏感。然而，好像1542年的删改主要的目的是为了减缓或者消除对索邦神学院的直接攻击。而且对这些删改该说的话也还不少。我们常常不理解其重要性。虽然拉伯雷于1542年消除了帕尼尔日与基督之间的联系（两个人都是被吊死的[②]），但就是在这同一个时期，他不是在文章中加进了一首讽刺诗（Satio）吗？普拉达尔戴着20世纪的眼镜，说这首诗是拉伯雷式的诗，最为胆大妄为[③]。我们可以说这是神职人员当中最老套的玩笑。"总之，爱是凡事相信……信仰是外表看起来什么都不是的事物的根据……而且还有那种令人感到惊奇的说法，'上帝想怎么样就能怎么样'：这难道不是谦恭的信徒们顺从教会的话吗？你还觉不出这其中的嘲讽吗？"我却对明明白白地觉得这是嘲讽的人有所疑虑。而且嘲讽是时间的女儿。上帝想怎么样就能怎么样吗？这句话让我想起另外一句话。那是伊拉斯谟用拉丁文说的："Deus sic potens est，ut quidquid velit，nutu valeat efficere.（上帝是如此强大，以至于他

① 圣保罗说："信就是所望之事的实底，是未见之事的确据。"（Fides est substantia rerum sperandarum，argumentum non apparentium.）（希伯莱书，第十一章第一句）。这是非常传统的说法。16世纪的作者只要一说到信仰，必然会提到这句话。比如波斯戴尔的《论理性》（*De rationibus*）第二卷第一章题目就叫"信"（Fides）；而且一开篇就是这句话："Est，inquis，fides sperandarum substantia rerum，argumentatum non apparentium."

② 《庞大固埃》第十七章；朱斯特1533年印行的版本第61页（阿贝尔·勒弗朗等人评注版的《拉伯雷全集》第四卷第206页）："你将被吊死在空中。""那你呢"，他说，"你将被埋入土里。哪种死法更体面呢，是死在空中还是死在土里？""唉，胖畜生！基督不是被吊死在空中了吗？"

③ 见于《拉伯雷研究杂志》第八期第273页。

能仅凭点头使任何他所希望的事情发生）”

巴巴修斯（Barbatius）在“信仰调查会议”（Colloque Inquisitio de fide）上就是这样说的。[①] 然而，伊拉斯谟还是说了巴巴修斯是个什么样的人：与马丁·路德完全一样——以严肃的态度讨论不带任何嘲讽意味的思想。这也从很大程度上是让·科莱（Jean Colet）在以“幼稚的爱”（Pietas Puerilis）为题的会议上所说的意思：“《圣经》和信经上的内容我都相信。在此范围之外的东西，我不去深究。”与路德完全一样的巴巴修斯声称说，我不会担心地想，我们个人的身体在与世界的本原交接之后，如何再复活成我们原来活着时的样子……我相信至高无上的圣灵：“上帝想怎么样就能够怎么样。”——而且，如果上帝愿意，女人也可以从耳朵里生孩子……

再说，是谁在1532年说信徒要谦恭地服从教会？无疑有诺埃尔·贝达，以及索邦神学院那些最爱闹事的导师们。除了他们呢？有些常规的天主教徒的典型，在很多论战性的著作中只是作为陪衬的，我们不要把它们说成是远古时候“新教”的常规典型。爱德是相信一切的。但是这种相信要经过核实，或者更准确地说，是出于本愿的一种行动。一般人的常识却不是说什么就是什么，是要经过选择的。而选择是对的。在“不是什么都信”和“什么都不信”之间，还有着很大的余地。当时人们称那些轻信的人是“可怜的傻瓜”。拉伯雷虽然嘲笑这些“可怜的傻瓜”，但他并没有说，他认为

---

① 奥卡姆（Occam）对这个话题十分熟悉，对此，方济各会的修士拉伯雷并非不知道。上帝想怎么样就能怎么样；因此，只要他愿意，他也可以恨上帝，偷别人的东西，放浪形骸，等等，这都是值得颂扬的行为。——然而，奥卡姆并不是加尔文喜欢的一条“狗”，加尔文是“要败坏所有的宗教”的。

轻信的极限在哪里。我们能够由此而得出结论说，轻信的极限就是激进的反基督教思想，就是完全的理性主义的限度吗？爱德是相信一切的。信德本来就应该相信一切。但是，我们已经不会认为“中世纪的人们”一个个都有爱德，而且永远有，所以他们什么都相信。可怜的“中世纪的人们”，我们在多少个世纪的时间里，为他们画出了一幅多么可悲的图画呀。幸亏这是并不存在的。我们也已经不会认为，教会会不偏不倚地鼓励信徒们相信一切的一切，或者一边说要有理智和理性，一边又无可救药的排斥理智和理性。拉伯雷并不相信一切。与拉伯雷同时代的成千上万的宗教信徒也不是什么都相信，他们每天都在奋起反对“滥用信仰”。难道这就意味着这些人是反对宗教，反对信仰的吗？他们的信念虽然有的时候很强烈，但并不盲目。法雷尔在1528年时写道：“对于不懂得的事，我怎么能相信呢？”[①]每个人都会列出一个自己的“未见之事”的名录。人与人不同，人们的思想也不一样，所以每个人列出的名录有长有短，有的内容多，有的内容少。谁能让我们说，拉伯雷的这份名录上列出了基督徒信仰的全部内容呢？

5　奥利金的胆量

应当说，我有点担心的是，阿贝尔·勒弗朗把基督徒的概念过于简单化了，也以为1530年的法国人都是轻信一切的，因而迷失

① 写给马丁·阿诺耶(Martin Hanoier)的信，见于艾明贾(Herminjard)的《法语国家宗教改革人士通信集》第II卷，第214页(Correspondance des Réformateurs dans les Pays de langue française, II, n°214)。

了方向。比如他十分看重拉伯雷拿巨人于尔达利（Hurtaly）和诺亚方舟为题开的玩笑[①]。他好像是在对我们说：这真是胆大包天。在那个时代，这胆量真是史无前例……其实不然，当时有一本对开本的书，印刷精美，上面就有一些这样的文章，里面对《创世记》的故事极尽嘲讽之能事，这是完全公开的，拉伯雷和所有同时代的人如果愿意，可以天天看："有哪个理性的人会相信，第一天、第二天和第三天的早上和晚上竟然会没有太阳，没有月亮，也没有星星。而且被称为第一天的那天，竟然连天空都没有。有谁愚蠢到会想象上帝像个农民一样，在东方的某个地方种了个伊甸园，并在里面栽了一棵招人眼目的生命之树，故意让人看见，用肉体之齿去啃，然后便有了生命？"

"……圣经中讲的事好像确有其事，其实从文字来看，那些事根本就不现实，只要不是没有常识，任何人都可以指出很多这种事来，那何必再多说呢？"[②]这个理性主义者是个什么样的人呢？这个没有廉耻的帕杜安，对大洪水和诺亚方舟的故事极尽嘲笑之能事，在那么个几肘长的小船上，怎么能把世界上所有的动物都装下呢？还有索多玛和蛾摩拉的故事，洛德和他的女儿的故事——作者在嘲讽这一切时言语随意，胆大妄为，恬不知耻，连后来的伏尔泰也望尘莫及。与这些直接的攻击相比，拉伯雷对于尔达利的嘲

① 《庞大固埃》第一章，见于勒弗朗的《卡冈都亚研究》第 XLII 页。

② 见于德尼（J. Denis）翻译的《论奥利金的哲学》（*De la phylosophie d'Origène*）第 39 页。如果不能直接读奥利金的作品，那就读伊拉斯谟的作品也是一样的。见于毕诺（J. P. Pineau）的《伊拉斯谟及其宗教思想》（*Erasme, sa pensée religieuse*）第 111 和 112 页。

讽显得多么苍白无力啊！

这些嘲讽其实就是奥利金的。奥利金的作品在文艺复兴时期反复印刷。巴黎的一个神学家，雅克·梅兰(Jacques Merlin)1512年将奥利金的作品译成四大卷对开本的拉丁文，“cum gratia et privilegio regis(以王的恩惠和特权)”，由让·普迪和约斯·巴德(Jean Petit et Josse Bade)的出版社出版。第三卷开头有一篇“颂辞”，以坚定的信念称颂伟大的异教徒。[①] 1532年，也就是《庞大固埃》出版的那一年，翻译的全文再版，仍然在让·普迪、约斯·巴德和龚拉·莱什(Conrad Resch)的书店里销售，这篇颂辞又一次出现在第三卷的开头处。1536年，雅克·吉安达(Jacques Giunta)又在里昂重印了雅克·梅兰的译本，还有一些伊拉斯谟的翻译节选[②]。还不用说在意大利、法国、瑞士、德国出版的其他版本。不过，我们为什么要谈到奥利金呢？

我们刚刚举例提到的那段话，有人一字不落地译成了拉丁文，而且随即印行在当时发行极其广泛的一本书里。我们打开伊拉斯谟的格言集“Sileni Alcibiadis(西利尼·阿尔西比亚斯格言)”，很容易便可以看到用很好的拉丁文翻译的这篇大不敬的文章。也许这可以说明一种传统的观念，说是在精神和肉体之间要有区别，以

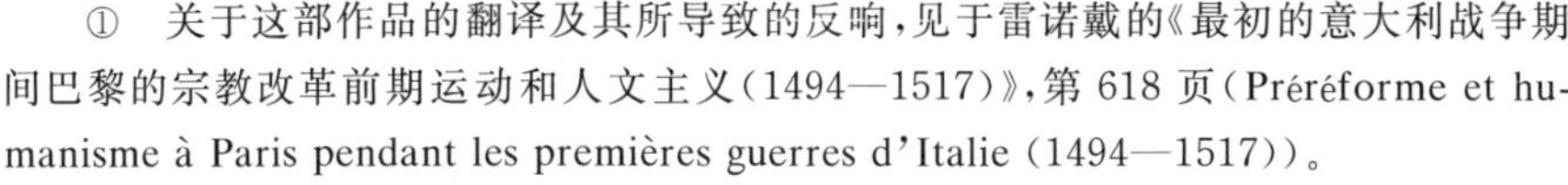

① 关于这部作品的翻译及其所导致的反响，见于雷诺戴的《最初的意大利战争期间巴黎的宗教改革前期运动和人文主义(1494—1517)》，第618页(Préréforme et humanisme à Paris pendant les premières guerres d'Italie (1494—1517))。

② CDLIV^bis。见于博德里埃(Baudrier)的《里昂书目》(*Bibliographie lyonnaise*)第六卷第171页，以及费弗尔(Fèbvre)的《奥利金和戴佩里耶，或者洋琴世界之谜》(*Origène et Des Periers, ou l'énigme du Cymbalum Mundi*)。

说明为什么要用比喻的方法来阐释圣经。但是，正如德尼在《奥利金的哲学》(第 33 页)中所说的那样，“面对人们仍然顶礼膜拜，认为表达了真理的文章，用比喻的方法来阐释就是一种思想的自由”。然而，在所有使用过这种方法的人当中，谁也没有《论原理》(*Traité des Principes*)的胆子大。所以，他经常与塞尔修斯(Celse)的意见是一致的，而且常常事先就说明 18 世纪的哲学家们反对圣经的意见是有根据的。然而，在 1506 年 3 月写于伦敦，1511 年在巴黎销售的《理性研究》(*De ratione Studii*)当中，伊拉斯谟在谈到奥利金时，毫不迟疑地说：“在神学方面，除了圣经之外，值得一读的好书恐怕只有奥利金的作品了”(ex theologia, secundum divinas litteras, nemo melius Origene)。如果我们知道这些文章，那就很难再认为拉伯雷是个胆大妄为的人。我们几乎可以说拉伯雷是个胆小怕事的人。

* * *

我知道：这是感觉的问题。我们始终无法“证明”拉伯雷在很多人之后，也讲过(因为这故事不是他发明的)一个下流故事，说是一个脑满肠肥的方济各会修士在做弥撒的时候[①]，让信徒们看着自己一张怪诞的脸，谁能说拉伯雷在讲这个故事的时候，内心里不

---

① 梅斯的袜商维尼厄(Ph. De Vigneules)的《故事百篇》中有类似的故事(CD-VIII，第 22 页)。其他类似的还可见于艾思田的作品 CXCIV，II，第 242 页。他的故事引自伊拉斯谟的作品，并让我们参照《圣经》的“传道书”第三卷，说里面讲述了莱切的方济各会修士卡拉克肖利(Caracciolli de Lecce)的笑话。

在孕育着反对宗教的阴谋：加尔文说得很客气，就像一条狗，装得摇头晃脑，目的是想打消上帝的担忧。可是又怎么样呢？从1530年到1550年，时间过得很快。1532年到1535年间出版《卡冈都亚》和《庞大固埃》的时候，有谁会为其中的玩笑而感到气愤呢？只是由于宗教改革的行动，这些玩笑才显得不合时宜，才变得可疑了。宗教改革的领袖们1545年大张旗鼓地批判说，拉伯雷心怀恶意，但拉伯雷在写书的时候并没有什么恶意。拉伯雷在书中所讲的事，人们本来认为是一些毫无恶意的玩笑，只是到了1545年，才有人开始认为那是恶意的。

这种变化在思想和习俗上是自然而然的。1540年7月25日，德浓维尔的夏尔·艾玛尔(Charles Hémard de Denonville)，马龚的主教(拉伯雷1534年在罗马认识他时，他是国王的大使)与让·迪·贝莱一起到了芒斯，后来又死在了芒斯。人们很得体地安葬了他。8月30日，人们在教堂里主教的墓穴四周修了一道防护栏杆。修栏杆的目的不是防止狗亵渎他的坟墓，当时人们还没有这种担心，如果有时候一群狗飞快地冲过教堂的偏殿，没有人会感到气愤，而是从实际考虑，为了防止让狗损坏了盖在棺墓上的布单子。[①] 又过了几年，再有狗进入教堂，人们就会感到气愤。但是，1540年左右讲故事的人讲到当时人们宽厚的习俗时，故事里的贵族一个个却像是厚颜无耻的滑稽鬼。他们的形象完全就是滑稽鬼。翻译《疯人的偏殿》(*Nef des Folz*)的人说，他们手里托着鹰，“就像行动迟缓的疯子一般”，来到教堂里，“手里托着戴铃铛的

① 见于LX，第178页，注2。

鸟，后面跟着汪汪狂吠的狗。”

这种例子很多。我们再举最后一个。这个例子可以使我们完全回到当时的气氛中去。戴佩里耶在《新的娱乐诗》（*Nouvelles Récréations*）当中[①]，记念了陪着国王弗朗索瓦开心的傻子特里布莱（Triboulet）的趣事笑谈。这种事的记载很多，这只是其中之一。一天晚上，国王到小教堂去听祈祷。主教开始念“圣歌篇”（*Deus in adjutorium*），安静的大殿里顿时响起一片唱诗声，唱诗班回应着，祈祷的仪式开始了。特里布莱对声音十分敏感，看到刚来时的圣寂被搅扰了，感到很气愤，便向主持仪式的主教扑过去，用拳头在主教身上捶击。我们可以想象如果是今天在我们的教堂里发生这种情况，那会怎么样……我们再来看看戴佩里耶的文章是怎么说的。根据戴佩里耶的记载，国王并没有动容，只让特里布莱过来，并“问他为什么要去打那个好人”。傻子特里布莱在教堂里正在举行仪式的时候是怎么回答的并不重要，重要的是人们的态度，是当时的气氛。

傻子特里布莱的故事和盖在棺墓上的布单子的故事都没有任何特别之处。我们从很多这类的故事当中举了这么两个，只是为了证明我们今天已经很难理解的一种态度。之所以很难理解，是因为从 1560 年之后，在我们的父辈面对宗教仪式的事务和场所的行为

---

① 除了戴佩里耶（CXLI，II，第 320 页）之外，我们还可以看到很多布道者的类似文章。见于 DCLXXXVIII 及其他部分，以及注 104。马雅也揭露了一些人，说这些人“aspectibus impudicis et procacionibus effrenatis sacra Dei templa et aedes tanquam publica prosti bula meretricum. prophanant!（以极为下流的外表和放肆的嬉戏亵渎神圣的教堂和上帝的圣堂，就像那里是公共妓院）”。

当中，发生了一场重大的变革。在庞大固埃的时代，古老的自由还是有生命力的。只是在不久之前，一个可敬的大主教府的教务会议（贝桑松大主教会议）才规定，凡不参加小丑节花车游行的人，一律罚款。我们还要再举一个例子吗？伊拉斯谟在1497年写给斯泰因修道院（Steyn）一个僧侣的一封信“*Religioso Patri Nicolao Wernero*（致尊敬的神父尼古拉·维纳鲁斯）”中，心平气和地向我们讲了一个令人意想不到的故事。[①] 三个月以来，天一直在不停地下雨。塞纳河水溢上堤岸，冲毁了一切。人们把圣热纳耶埃夫（sainte Geneviève）的遗骸盒拿下来，并决定把它庄严地送到圣母院去。主教和神学院的人在前边领头，神甫带着教士们赤脚跟在后面。遗骸盒由四个赤身裸体的男人抬着（*quatuor, toto corpore nudi, arcam gestabant*）。在仪式上要的是这种服装的效果吗？年轻的伊拉斯谟虔诚地说，“不，现在的天空一片晴朗了！”（*nunc, nihil est coelo serenius*！）

6　拉伯雷与布道者

可是，这些插曲有什么用呢？让我们打开这些有分量的见证人的书，再看一遍他们的布道词，他们都是当时的自由思想家，比如梅诺（Menot）、马雅（Maillard），他们是征服当时的恶习的人，坚强而勇敢。我们不要忘记，作为修士的弗朗索瓦·拉伯雷在修道院中随心所欲地读了他们的作品；我们不要忘记，拉伯雷年轻的

---

① 见于CLXXIV，第一卷，第165页。

时候听着讲道的人模仿他们，并能够从中听到以纠正时弊为己任的人那种有灵性的，带嘲讽意味的声音；我们不要忘记的是，拉伯雷自己也是教士，而且是方济各会的修道士，也许他也讲道——谁知道呢？——，他的文笔带有演讲的特点，口语化，节奏感强，好像写来就是让人大声朗读的，如果他也讲道，那他一定就是这种风格，带着有学问却又粗俗的方济各会修士所特有的欢快气氛……我们再读读梅诺和马雅的作品，便能从中看到，拉伯雷的很多玩笑、很多戏谑都是从他们那里来的。这些玩笑和戏谑使后来腼腆的人们感到气愤，但这并不是拉伯雷发明的，而是来自于当时的讲道者。

那是在文章里插入了一些词汇、一些成语吗？我们从梅莱(Méray)称之为"自由布道者"的那些人的文章里，可以找到多少拉伯雷式的话语！[①]"穿得像个摘苹果的"梅诺在拉伯雷之前就在使用这种说法。打扮得像个纵火犯，梅诺先前就知道这种说法。勇敢的利弗朗杜依(Riflandouille)上尉在《庞大固埃》(第二十四章)和《第四卷书》(第三十七章)中出现之前，梅诺就已经在斥责肥胖的利弗朗杜依了(奈夫，96)。帕尼尔日公开嘲笑"三次酩酊大醉的国王先生"(《庞大固埃》第三十一章)，梅诺嘲笑的是"三次酩酊大醉的神甫"。"'非要办'(Oportet)一来，便没有什么事是办不成的"，这是梅诺说的。《第三卷书》(四十一章)说："'非要办'一来，事情就非要办不可了。"梅诺说过："来吧死亡，滑稽剧也演了，游戏也做了。"与此相对应的，据说拉伯雷也说过："落幕吧，滑稽剧演完了。"同样，梅诺的作品中下地狱的人唱的歌只有可怜的六个音

① 关于这里所讲的内容，详见奈夫(Neve)CDXC。

符——不言而喻，这六个音符是：陀，雷，米，沙，索，拉——，变成了叫卖青酱油的阿纳什国王在帕尼尔日的命令之下唱的歌，同样也是“陀，雷，米，沙”。即使是拉伯雷计数的方式，这种数字的奇怪的精确方式，也是来自于马雅的。因为马雅知道究竟有多少滴神圣的血落在了地上：四万七千滴，一滴不多，一滴不少。马雅知道作为人的上帝身上一共有多少个伤口：五千四百七十五个，上下不会差一个。马雅知道，在走向十字架的痛苦之路上，我主走了一千三百步，耶稣受难的山坡上一共上去了十九万人。[①] 至于那些讽刺的玩笑……

梅诺在作品中列举了享有教皇授予的产业用益权的神甫（*commendatarii et potius comedatarii*，*quia omnia comedunt*（“commendatarii”或最好称为“comedatarii”，因为他们侵吞了一切）（奈夫，第 344 页）；说到戴主教冠的驴（第 343 页），说地狱的街道是用教士的冠冕作铺路石铺成的（第 354 页）；里面有庞大固埃非常喜欢的蟑螂（caffardi）和抬着残羹剩饭的挑夫（*isti latores rogationum*）（那些议案的提出者）。有人说“对不起”的时候，帕尼尔日拿人家开玩笑吗？可是他说的话都是梅诺说过的（奈夫，第 258 页），梅诺热衷于追逐那些欺骗了老百姓的“蟑螂”[②]，或者精明

① CDLXXXIX，第 156—157 页。

② “Soli caffardi eas predicaverunt cum infinitis mendaciis, ut populum decipiant; qui saepe surit parvi diaboli quando sunt in taberna, quia non est quaestio nisi de luxuria, de ludo, etc.”（宽容只是被伪君子以无尽的谎言来宣布，以蒙蔽公众；他们在小酒馆里是十足的恶棍，因为那完全是自我放纵、享乐等问题）CDXC，第 259 页，注 1。——拉伯雷从来没有露骨地说过：“Omnes abusus hodierni sunt in templo. Si quis vult tractare de mercantiis, de luxuria, de pompis, veniat ad ecclesiam.（在礼拜地点有的是今天的所有辱骂。如果谁要想探讨生意、娱乐和庆典，就去教堂）”（260 页。）

的人，他们把圣人的遗骸在山洞里弄丢了，便在浴室里去拿一块劈柴，对人宣布说：你们看，你们看啊，这是处死圣洛朗的火刑堆上的一块劈柴！帕尼尔日说的话，吉尔·贝班（Gille Pépin）也说过；吉尔·贝班谴责有些人，说这些人议价把天堂卖了，还叫喊说："我可以提供一种珍贵的食品！""是什么？""天国！""你要多少钱？"吉尔·贝班还斥责那些拉皮条的人，说他们用马或者马车把圣人的神圣遗骸拉来，欺骗头脑简单的民众。我们再说一遍，这正是那些布道者或者教士们干的事。拉伯雷的朋友，塞克斯的弗朗索瓦·安托万（Fr. Antoine du Saix），也就是在拉伯雷的书中，我们看到"请愿要吃猪肉"的圣安托万修会的"火腿骑士"（第一卷，第 17 章），在《戒规之艾斯佩隆》（*Esperon de Discipline*）（1532 年）当中，他谴责僧侣们说，"这些像十字军一样的蟑螂，这些专吃残羹剩饭的赶骡人，还有其他专门散布谎言的人，张开网要绊住小牛犊，在他们的掠夺（应当是"布道"）当中[①]，用了些不合时宜也不恰当的词语"。或者还有："粗俗的强盗先生们（应当是"常客"）[②]以及高级教士们"在吝啬上可以与"魔术师西蒙大师锱铢必较，刁钻的教士，专门沽名钓誉，而且诅咒有钱人"（奈夫，第 229 页）。庞大固埃和卡冈都亚从讲话的语调，从精神上与这些神职人员的文章难道有什么不同吗？不同之处只是在于，庞大固埃和卡冈都亚的话出自一个伟大的作家之手。

---

① 法文中的 déprédation（"掠夺"）和 prédication（"布道"）词形相差不多。——译者

② 法文中的 pilleurs（"强盗"）和 piliers（酒吧里的"常客"）词形也相差不多。——译者

＊ ＊ ＊

因此，我们很愿意认为，拉伯雷“亵渎宗教”的快乐态度根本就是没有恶意的。而且，情趣还相当高雅，比马丁·路德（这个反基督的家伙……）在《反对天国预言家的檄文》中斥责卡尔施塔特（Carlstadt）的话情趣要高雅得多了：“显然，你认为酒鬼基督因为喝得太多了，所以说了一大堆废话，说得信徒们浑浑噩噩！”至于其他的，虽然我们也与几个熟悉的，生活中完全值得尊敬，工作中极有尊严的教士来往过——虽然我们也参加过几次法国旧时候的“本堂甫的晚宴”——我们很快便注意到，拉伯雷的僧侣精神，拉伯雷的神甫精神，从很大程度上说是一种职业的精神：一个天主教的人的精神，他不把笑当作是一种罪孽，而且他自由地，和谈家常一般地谈论宗教信仰的问题，他没有谨小慎微的腼腆，没有胆小怕事的态度，新教徒和不信教的人才谨小慎微和胆小怕事。

就让我们直说吧：在阿贝尔·勒弗朗用来指责拉伯雷暗中反对基督教的材料当中，没有任何一点能够抵挡我们上述的理由。有两篇被指责有倾向性的文章值得我们细看。其中一篇是卡冈都亚写给庞大固埃的一封庄严的信，在第二卷第八章提出了一个问题，在 1530 年是十分有争议的，也就是关于灵魂和灵魂永生不死的问题。另一篇文章是帕尼尔日讲的哀庞斯特蒙（Epistémon）复活的故事，提出了关于奇迹的问题。让我们来看看拉伯雷是怎么说的，然后再看看阿贝尔·勒弗朗根据拉伯雷的这些说法得出了什么结论。

第二章　卡冈都亚的信以及灵魂的永生不死

我们知道卡冈都亚写给庞大固埃的这封信是怎么回事。这是一篇文艺复兴的宣言，表现了对文艺复兴所带来的繁荣的陶醉。在拉伯雷的全部作品当中，再没有比这封信更加著名的文章了。

信的开始是一段哲学和道德的阐述。从卡冈都亚的整个信来看，这一段有点长，但是文笔和用词极其优美。批评家们大概是被拉伯雷文笔的光彩所迷惑，对这封信的看法是仁者见仁，智者见智。图阿斯奈在一篇题为《卡冈都亚写给庞大固埃的信》（第189页）[①]的文章中告诉我们说，“信的第一部分主要以宗教和哲学为特点，一方面，与基督教的教条相联系，但也与新教的信仰证明说相联系。另一方面，与柏拉图的蜕变说相联系，柏拉图在好几篇文章中提到过这种理论。”基督教的教条，信仰的证明，柏拉图的蜕变说，还有什么呢？让我们就在这篇著名的文章中找一找，看看它究竟都说了什么。

① 见于XCVI，在CCLXXXVIII中也有重述。

1　一篇著名文章的意义

为此，我们先把这篇文章翻译出来。无疑，这篇文章本来就是法语，是很好的法语。我们把它译成不那么好的法语，但是让思想和我们一样的人一看就能懂。顺便说一下，这是一种很好的练习：只要是解释古旧的、不那么好理解的文章时，都应当这么做。[①]

卡冈都亚送亲爱的儿子庞大固埃去上学，鼓励他“好好利用”机会。为了点燃他学习的热情，为了让他在探索书卷的时候不知疲倦，精神健旺，一如火焰遇上干柴，他动员了一颗仁慈的心中最为深刻的情感：一个好父亲所能启发出身良好的儿子产生的爱和感激之情。因为卡冈都亚也承受着世俗凡人的一般命运：因为，他是亚当的儿子；上帝在造人的时候，本来是打算让人永生不死的，可是由于先祖亚当的过错，他可悲地失去了这种特权。他要死。而死亡是对亚当和夏娃的过错的惩罚。[②] 这当然是很严厉的惩罚。庞大固埃在可能的程度上缓解了父亲在这一点上的苦涩之心。因为上帝虽然由于人的堕落而剥夺了人的一部分寿命，却让

① 在后面的论述中，我们得到了吉尔松(Gilson)的帮助，LXXXVII，第 11 页及其以后部分。

② “人类诞生之初，在至高无上、全知全能的造物者上帝所赐的天赋品德和特殊恩典中最为难得而可贵者，我以为莫过于使人以速朽之身，而获享不灭不绝之名，以转瞬即逝之寿，而垂姓氏及种族于千秋万代之后，其事则由于夫妇居室而延续香火于后代子孙。古传有云，人类始祖不遵造物者天主的威命，犯下原恶大罪，因之生而有死，更由于有死而使天主所赐的昂藏之躯，形销迹灭，化为腐土。”《庞大固埃》第八章。(这一段的译文见于鲍文蔚先生所译《巨人传》，人民文学出版社 1998 年 2 月出版，第 206 页——译者)

人享有另一种虽然有限，却仍然让人羡慕的永生，由于夫妇居室而延续香火于后代子孙：在父亲的灵魂离开躯壳而去的时候，庞大固埃不仅仅使父亲觉得他的凡躯皮囊因儿子而得以延续，而且还要让自己的意识反映父亲的灵魂，闪现父亲灵魂的光辉：这样一来，卡冈都亚才会感觉到对死亡的那种自然而然的恐惧感平息下来，才会因想到第二个自己在人世间传承，而得到慰藉……

这就是创世者的意愿，虽然严峻，却不乏善意。正是为了缓解死亡的惩罚，才安排了这种代代传承，让父辈的生命通过子孙而延续，如此世世递嬗，直到最终审判之日。到那时，火焰将吞噬可以腐败的躯体和罪孽萌芽。到那时，作为罪孽的后果和对罪孽的惩罚的死亡才会停止。到那时，作为死亡的后果和补救措施的生殖延续才会终止。[①] 再也不用世世递嬗：世世递嬗的目的只是为了使繁殖与腐败联系在一起，拉伯雷指出过繁殖和腐败之间的密切关系。龙沙在拉伯雷之后也指出过这一点，而且恰恰是在拉伯雷的墓志铭上[②]：

如果繁衍生息的大自然
是以腐朽的尸体为基础
如果生命

① 同上，第八章："由于血统的延续，凡随父祖以同逝者，将保全于儿孙之体，伴儿孙以俱去者，得重见于重曾之身，如此世世递嬗，直至最终审判之日。其时耶稣基督将奉涤净一切危害及污染的和平天国，敬献于圣父天主的座前，从此一切腐德秽行将与人间死生同告绝迹；天地五行超脱无常，永停嬗变，万民翘望的升平世界亦将实现而告完成，人间万物将同时达到归宿与终结。"（译文出处同上——译者）

② 初版书中的文本，也就是 *Bocage* 版本（1554 年 11 月 27 日）。关于墓志铭，详见第一部分第一章。我们不用再说亚里士多德也论述过繁殖与腐败。

诞生于腐败，
那么一棵葡萄就是从
好心的拉伯雷的胃
和肚子里长出来的，
拉伯雷在不停地喝酒，
可是他却在生活……

大自然各种因素之间的战争结束了。彻底而完美的和平又一次主宰了天下，救世的耶稣将天下归还给上帝我父。庞大固埃的信第一部分用十分优美的语言所表达的，就是这些清楚的思想。这些思想是从哪里来的呢？字里行间所流露出来的，又是什么样的精神呢？

＊＊＊

从腐朽中诞生生命，自然界的生生息息，由因而果，周期循环：在读完《庞大固埃》中这段奇怪而诱人的文字之后，如果无数的读者和评论家说的都是一样的话，这又有什么奇怪的呢？作为一个在宿命论的黑暗中洒下光明的伟大思想家，拉伯雷在这里不是在用光彩夺目的语言表达了一种“科学哲学的普遍观念”吗？[①]

其实不是，我们已经不用再证明了：吉尔松已经很清楚地说

① 所用的语汇看起来都是当代的科学语汇：种子繁殖，传染，生成，腐朽，元素，变化，时期……

明，拉伯雷是个伟大的医生，充满激情地探索大自然，崇拜大自然；他通过独立的思考，通过实际的经验而形成了具有崇高抱负的自然哲学思想。我们不能从这封内容丰富的信中去寻找他与众不同的独特思想。这篇很难看懂的文章，这段有名的文字以极其华丽的方式所表现的，只不过是“一种特别的神学观念，或者说是中世纪的神学观念，也就是人们如何看待最后审判之后的世界的观念”。从总体上看，信的第一部分所包含的，是所有的神学家都非常熟悉的一系列思想，而且所有的信徒也都非常熟悉：也可以说是1530年的法国人都非常熟悉的思想。

我们认为这些说法当中饱含着丰富的科学思考，可是在艾田·吉尔松提供给人们讨论的圣托马斯（saint Thomas）和圣波纳旺图尔（saint Bonaventure）的文章里就有这些说法。而且他援引的，还是一些博士，一些很有名的博士的文本[①]……请允许我援引一些江湖术士的话……下面是一本大众化的小册子里面的说法，是大街上的书店在屋外的小摊上卖的，是流动的小商贩沿街叫卖的那种小图书。里昂的出版商每年都要出版数百份这种东西。博德里埃（Baudrier）提到过一本1533年由里昂两家专门从事“普及版本”图书出版的大出版商之一奥利维埃·阿尔诺莱（Olivier Arnoullet）印行的一本书（另一家大的出版商是克洛德·努利Claude Nourry，也就是《庞大固埃》的出版商）。1537年，同样是由阿尔诺莱印行的一本书保存在国家图书馆（编号：D 80054）。我们来看看题目吧，题目又长，含义又明确：《对未来世纪的预言，里面包括三篇短文。第一篇说明了死亡是如何首先来到世上的。第

① 吉尔松，LXXXVII，第12页及其以后部分。

二篇讲到已逝者的灵魂和天堂的冷漠。第三篇谈到基督最后的苦难，肉体的复活。最后的审判什么时候发生呢，这一天，是任何人都不知道的》[①]。这就是在卡冈都亚的信开头处所说的让人忧虑的周期循环。谁要是偶然翻翻博德里埃所说过的书，谁便可以从中找到取之不尽的珍贵资料，只是这些资料杂乱无序地堆在一起——博努阿·吉尔博(Benoît Gillebaud)这本不起眼的小册子，是对拉伯雷的文章所做的珍贵的注解。[②]

在亚当犯了原罪，根据《圣经》使徒书信中那篇有名的文章教育罗马人的说法(V，12)，死亡是如何首先来到人世间的呢？“如果人没有犯原罪，那就永远不会死了”，但是，“由此也就有了天使的永生不死，万代长存”；如果审判将是完美的，我们看到的“人世间的审判，也将在神之间”发生；耶稣如何把天国献给“圣父上帝”；最后，这个世界如何被一场大火，一场神奇的、超自然的火焰烧毁：这就是庞大固埃高尚的父亲在信中所影射的所有问题。[③]

* * *

另外，在拉伯雷的小说中，还有一段非常精彩的文字，可以让我们通过比较，衡量出在这段使人们产生过那么多争论的文字当

① 最后一句话“这一天，是任何人都不知道的”并不是讽刺，而是传统的说法。见于波斯戴尔 CCCLX，在《可兰经之和谐》(*Alcorani Concordia*)之后写的《即将到来的审判》(*De Judicio imminente*)第 116 页：“De die autem aut hora illa, nemo scit, nisi solus Pater.(有关日期和时间，除了创始者无人知晓)”

② 见于 XV 及 XXI。

③ 上述引文见于《对未来世界的预言》(2 v°；3；4v°；54 v°；55 等等)。

中，包含着多少重要的基督教和传统的神学内容。拉伯雷在《巨人传》第三卷书（*Tiers Livre*）第八章又一次提到通过后代繁衍确保人的永生的主题。帕尼尔日说："你们看，大自然创造了植物、树木、灌木、草和动物形植物，并让这些东西代代相继，与时间同存，虽然个体会死亡，但作为物种却是长生不朽，奇怪地让这些东西有了萌芽和种子，从而保证了物种的长盛不衰。"弱小而赤裸的人，不像植物那样有运气，不得不用锻造的武器自卫。这种自我保护始于何年何月呢？这一章的题目可以让我们看出端倪："阳具如何成了斗士的第一件武器"，拉伯雷用中世纪所特有的直爽说明了这一点。他说："因为阳具就像一个神圣的器具，是保持人类家世延续的种子。"

把这篇 1546 年的文章与 1532 年的《庞大固埃》相比，对我们不会有任何教益。如果我们不完全地滥用阿贝尔·勒弗朗关于拉伯雷无神论的论断，那会产生多么不同的结果啊！不言而喻的是，这两篇文章的基本思想是相似的。但是，拉伯雷在 1546 年所表达的，并不是基督教神学的陈词滥调。他改编了理性主义非常喜欢的一个作者——老普林尼（Pline l'Ancien）——一段著名的文章。"改编"一词用在这里恰如其分。因为在《第三卷书》当中，拉伯雷的乐观主义代替了老普林尼的悲观主义[①]。在这种模式的启发之下，可以说他把人与大自然融合在了一起。他把人与植物和动物相比，又恢复了人在自然造物序列中的位置。基督消失了，上帝不见了，个体的人让位给了世系的人。书中所谈到的，已经不再是造

① LXIV，228 页以及塞内昂（Sainéan）《十六世纪杂志》（*RSS*），1915 年，第 201 页。

物主好心地缓解人们私下里的痛苦。我们在这里所面对的,的确是一种“普遍秩序的科学哲学观”。人们再读到这些文字时,已经没有 1532 年时的精神——1532 年的精神当中至少从文字上充满了宗教的传统主义和正统思想。①

因此,卡冈都亚那封信的开头虽然令人难以理解,但对其意义,我们不应当有疑问。不过,这篇文章所表达的,究竟是世俗的、与宗教无关的科学哲学信念,还是一个真正的基督徒的信条呢?有谁敢说,这对于正确地解释一篇有争议的文章中的细节问题是无关紧要的呢?② 事实上,阿尔贝·勒费朗知道吉尔博在争论中使用过的这篇文章,也许他不知道该不该把卡冈都亚的信看成是一个不可辩驳的证据,证明拉伯雷 1532 年已经不是基督徒,因为拉伯雷否认“基督教的永生不死的信条”。

① 最后,让我们再来看看吉尔博(Gillebaud)的《对未来世界的预言》(*Prognostication*,CDLXX)是怎么说的:“主啊,使徒圣保罗教导我们说,第一个人,也就是我们的祖先亚当,是通过罪孽来到世间的,也是通过罪孽而死的。因此,所有的人都是通过犯下了罪孽才走向死亡的。我主创造了天使和永生不死之人……如果人不犯罪孽,就永远不会死,就会像天使一样永生不死,一样永恒”。

② 这种基督徒的信条,一个真正的基督徒,而且是被人怀疑为“行为不轨”的基督徒,尼古拉·波旁(Nic. Bourbon)在写给害怕死亡的朋友斯戴拉(Stella)的一封存信中阐述过(Nonne filius Dei moriens mortem nostram destruxit, eademque opera reconciliavit nos Deo et patri suo, ut eum aboleret qui mortis habebat imperium, nempe τ□ν διαβόλον; denique ut liberos redderet eos quicumque metu mortis per omnem vitam obnoxii erant servituti)(神之子——当他去世时——没有消除我们的死亡吗?他没有以同样行动使我们与神和他的父亲复交以致他能摧毁主宰我们死亡的人——我是说魔鬼——并使所有受制于对死亡的畏惧的人获得自由的生命)(CVII, f° A3)。

2　否认永恒的生命

你瞧，注解拉伯雷作品的学者说（前言第44页）：拉伯雷不如《对未来世界的预言》（*Prognostication du Ciècle advenir*）的作者言语明确，对“已经逝去之人的灵魂”之命运，没有只言片语……“在详细的阐述当中，没有关于灵魂永生不死的任何概念。就连只是影射到的最后的审判也显得十分奇怪。因为这里根本没有丝毫永恒的善恶报应的思想……我们只要掂量一下字词就行了，我们不得不承认，拉伯雷不赞成基督教关于生命永恒的信条。拉伯雷所想到的唯一的永生不死，只是相对的，由子嗣延续所保证的继承不灭。”

在这里提到的那段文字当中，拉伯雷真的全盘否弃了灵魂不死的观念吗？吉尔博并不是这样认为的。[①] 他的确曾指出说，灵魂长生的思想并没有以积极的和教条的方式表述出来，“因此我们只能假设拉伯雷排除了这一思想；可是果若如此，那就必须解释清楚以下几点：第一，什么是没有复活的最后审判；第二，耶稣－基督提出的这个灵魂并非永生的世界是个什么样的世界；第三，如果人并非不朽之人，那么繁衍中断究竟意味着什么，因为拉伯雷本人提醒我们说，繁衍没有别的作用，只是对死亡的一种弥补。拉伯雷之所以对灵魂的永生不死只字未提，最简单的解释就是文章的字里行间都包含了这种意思——除非认为拉伯雷的文章根本就没有任何意义。”这种说法本身是站得住脚的。但由此而提出的问题却非

① LXXXVII，第13页。

同小可；为解决这一问题而提出的方法又导致产生了重大的后果——所以如果可能的话，要通过其他的证据来支持自己的论断，就并非是多余的了。我们并不是为一种论断辩护；我们只想把一些本来模糊的问题搞清楚。那么哪些论据是最使人感到不知所措的呢？这些论据分为两类。对于拉伯雷没有提到的事，阿贝尔·勒弗朗指责拉伯雷闭口不说；对于拉伯雷说过的事，阿贝尔·勒弗朗又怪罪拉伯雷说了。

拉伯雷闭口不言的事。在1532年，拉伯雷用不着借卡冈都亚之口大声喊叫说："我相信灵魂的永生不死。"可是，如果他在1535年大声说过这种话，而且是用自己的声音说的呢？他在写了《庞大固埃》之后两年，在1535年写过整整一段关于个人永生不死的话，清清楚楚，明明白白。这段话白纸黑字，到处都有，有原来的版本，也有后来雅内(Jannet)、玛蒂-拉沃(Marty-Laveaux)、莫朗(Moland)或者克鲁佐(Clouzot)出版的版本。[①] 这段文字可见于1535年的年鉴，出版于里昂，"作者是医学博士，里昂大医院的医生拉伯雷大师"。年鉴已经找不到了。但是安托万·勒鲁瓦(Antoine Le Roy)在《拉伯雷传记》的手稿当中，为我们保留下了一段奇怪的文字。

《庞大固埃》的作者一开始先提醒读者说，亚里士多德在《形而上学》(*Métaphysique*)当中提到灵魂永生不死的证据之一是，"求知是人类的本性"。然而，他们求知的愿望在如过客一般的此生是无法得到满足的，因为(拉伯雷在这里引述了《圣经·传道书》中的

---

① LIII, t. I, lxx.—LII, t. III, 257.

话)，“求知的耳朵是百听不厌的，正如人的眼睛百看不厌，人的耳朵百听不厌一样”。但是，大自然的“一切都有因由，不会使人对不可能得到的事物产生愿望或者欲望”[①]。当然，拉伯雷并不是像个学究一样地说：“善良的人们，这个证据是不容置疑的。这一证据打消了所有的疑问，让人们深信不疑。”可是谁会替他这样说呢？有哪个哲学家曾经认为并声称说灵魂永生不死的“证据”是确定无疑的吗？我说的是理性上的确信无疑，而不是出自信仰的信念。再有，我们要注意到两件事。

拉伯雷说：“我说这话，是因为我看到你们想知道，你们在注意，你们想听我现在说一说 1535 年的境况和形势。如果你们想完全地满足这种求知的愿望，那你们就要希望(正如使徒圣保罗所说：我想融化自己，与基督在一起)你们的灵魂走出尘世的肉体这座黑暗的教堂，与耶稣－基督汇合在一起。到那时，人类的所有激情，爱情和不完善之处才会消失，因为，正如从前大卫王所唱的那样(*Tunc satiabor, cum apparuerit gloria tua*)(当我出现时，我会满足于你的荣耀)，有了他，才有充分的福乐，才有所有的知识和完美。换句话说，预言这一切，对我是轻浮，而你们如果相信这样的预言，那就是头脑简单！”这是一篇很重要的文章：拉伯雷在提到灵魂的永生不死时，是与他非常重视的一种理论联系在一起的，从 1532 年到 1535 年，他曾多次以多种不同的形式提出过这一理论，不管是在小说里还是在年鉴里。这就是未来的事件不可预言的理

① 拉伯雷采用的这个论据，也是笛卡尔、博絮埃、斯宾诺莎所采用并着重阐述的论据。

论,尤其是不能通过星相学的方法来预言。拉伯雷对星相学的态度是十分坚定的,也是十分理性的。弗朗索瓦大师已经铿锵有力、极其真诚地解释过多次[①]。他在论述这个主题时,怀着十分确定的信念;除此之外,他还论说了灵魂的永生不死:这显然是故作严肃,以使论说更为有力。当然,人们所说的话都可以被指责为谨慎的托词,或者是谎言。但是,拉伯雷用自己的真实姓名写于1535年的这篇文章所支持的,是拉伯雷十分珍重的一个论点;由于文章发表的日期,我们不可能怀疑说,这篇文章是经过巧妙构思,用以回答很久之后才有人对他提出的指责的。有了这篇文章,我们至少不能由于拉伯雷故意不提灵魂永生不死的事,就可以像亨利·艾思田一样,得出结论说:帕尼尔日觉得,“我们所读过的一切长生不老的故事,目的都是为了逗那些可怜的傻瓜们开心,让他们做做白日梦的”。更确切地说,我们不要谈论拉伯雷的“感情”。我们不能说他在文章中对灵魂不死这个十分严肃的问题只字未提。这样说是不准确的。

* * *

另外,我们在1535年的年鉴当中,看到拉伯雷引证灵魂永生

① 我们后面会再次讲到这一点。现在,我们只想提醒大家注意1532年的《庞大固埃预言记》(*Pantagrueline Prognostication*)第一章和第五章,安托万·勒鲁瓦所保留的拉伯雷1533年的年鉴中的片断,《庞大固埃》的一些段落,尤其是第八章卡冈都亚在信中提出的那个有名的建议:“但占卜星相之说,吕莲乌斯炼丹术,都是谬论空谈,不值一提。”(译文见于人民文学出版社,鲍文蔚译本,第209页)

不死的证据，这难道是值得大惊小怪的事吗？与灵魂的永生不死有关的问题，难道与他一般所忧虑的问题那么遥远吗？人难道只是为尘世生活而生的吗？人的生命本身不就证明人有着更高一级的命运吗？看到人生在世，不正如巴斯卡（Pascal）所说的那样，我们能够意识到人是为了永恒而生的吗？人所做的一切，所感觉到的一切，所梦想的一切当中，不都有永恒的观念吗？否则，如果不在天上飞，不随风直上星光闪烁的天穹（*Donec eo ventum est, ubi cœlum pingitur astris*）（直到他到达天空布满星辰的地方），为什么要长翅膀呢？长了翅膀的哲学家高高地坐在云雨之上，[①]苍天的主宰便在那里看着帆船云集的大海，广袤的大地和阴魂聚集的领地。吉尔贝·杜谢（Gilbert Ducher）1538 年之前，在一首诗中就是这样描写哲学的思辨是如何带着人们在天空遨游的（*In primis sane Rabelaesum, principem eumdem, Supremum in studiis diva tuis sophia...*（哦，神圣的智慧，在追随你的人中，处在最前沿的是拉伯雷——那最为高贵的君王）），而这首诗又恰巧是献给拉伯雷的（“献给哲学家弗朗索瓦·拉伯雷”）。[②]。

实际上，在拉伯雷的作品当中，这样的文章并不少见，大都见于 1535 年左右。甚至也有些文章写于 1535 年之后很久，比如《第三卷书》和《第四卷书》中的一些文章。根据诠释拉伯雷作品的专

① 那是博努阿·吉尔博所说的第三重天：第一重天是肉体之天，第二重天是精神之天，第三天重天则是“心灵之天，只能在冥想中看到，上帝之子便住在那里，世上的一切都是他创造的。” CDLXX，14 v°。

② 见于 CLXVIII 第 54 页。勒弗朗翻译，载《拉伯雷研究杂志》，1903 年，I，202。

论家们一致的意见，写《第三卷书》和《第四卷书》时的拉伯雷，不像开始时那样信服教会的传统方案。我们不要忘记，《第三卷书》（第十八章）当中有一段十分动人的文字，描述身体睡眠时，身体里的灵魂仍在警醒（第68页）。读到这里，我们情不自禁地想到达芬奇说过，想长驻于人的心中[①]——想找到真正的祖国（*ripatriarsi*），并想回到原生地。“就像蝴蝶飞向光明，人有着永恒的想望，有着快活而急躁的心情，总是企盼新的春天，新的夏天，总是盼着新的一个月，新的一年到来，总觉得所企盼的事物来得太慢——人没有想到的是，这样一来，他也在企盼着自己的死亡。但是，这种想望是自然的精灵，是禁锢在人的灵魂中的精华所导致的，是上天使这精华来到人的灵魂中，而这精华又时时想返回天上。”达芬奇如是说。那么拉伯雷又是怎么说的呢？身体睡了，“所有的地方都休息了”，灵魂似乎也休假了，“在身体醒来之前，它不必再干什么”。于是，“灵魂便活跃起来，又看到了它的祖国的天空；并感受到它那纯洁的、神圣的发源地对它的支持；它凝视着这个无限的精神领域，那里是中心，是宇宙间任何一个圆周的中心点……，那里不仅记载着所有过去之事，也记载着所有未来之事……”文字不同。心智的培养也不一样——拉伯雷是佛罗伦萨的艺术家、哲学家，图尔的僧侣、医生。但是，话音岂不是有共鸣之处？在拉伯雷这些有名的文章当中（不是在达芬奇的文章中），我们怎么能够看不到那种故作

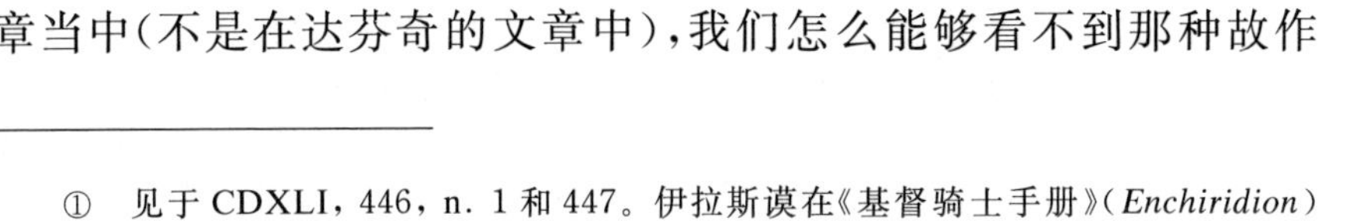

① 见于CDXLI，446，n. 1和447。伊拉斯谟在《基督骑士手册》（*Enchiridion*）中也没有忘记心灵的这个论据（*generis aetherei memor*），说心灵极力向往着天上的事物，说心灵是不死的，心灵喜欢天上的事。——他还指出了所有这些论述的来源，那就是柏拉图的《理想国》。

的谨慎,或者是拙劣的虚伪呢?不管是对伟大的意大利人,还是伟大的法国人来说,人的真正目的是思想,是具有解放作用的思想,这思想把我们从粗俗的快乐幻觉当中解放出来,并与我们的高贵的本性充分地呼应。这种感情在达芬奇心中是那么强烈,在拉伯雷的心中就没有那么大的力量吗?拉伯雷常常描写学习使人感到的痴迷之乐[①]——在俗称“卡龙”(Charon)的卡龙达斯(Charondas)讲到过,又恰恰是在阿贝尔·勒费朗整理阐述过的一场奇怪的哲学对话当中[②],拉伯雷从这种与热切的求知欲望,与人的痛苦和伟大联系在一起的“崇高的惬意”出发,提出了一种多么高尚的学说呀!但是我们也不要忘记,就在同一本《第三卷书》中(第二十一章),法国的老诗人拉米纳格洛毕(Raminagrobis)是怎么死的:他的眼睛盯着理想,任何卑鄙下流的行径都无法不让他凝望理想的泰然之美:“行了,孩子们,天上的上帝保佑,今天是五月的最后一天,也是我回家之前的最后一天……驱除了一堆可恶的烦恼……这使我想起我的伤口受到的温柔抚慰,我出神地凝视着,我看见了,我已经触摸到,已经领略到上帝为信徒和奴隶们在另一个世界,为灵魂的永生而准备的惬意、欢欣……”

① 尤其见于《第三卷书》第三十一章里那段有名的文字:“你看一个在学习的人,那神态是多么投入……”

② 见于CXXXIII第三场对话,对话谈的是“精神的安宁和崇高的惬意”。卡龙达斯(Charondas)在讲述一场对话时说,对话发生在圣德尼(Saint-Denis)的叔叔瓦尔东(Valton)家里,是在高特洛(Cl. Cottereau),一个叫莱斯高尔谢(L'Escorché)和拉伯雷之间的对话。拉伯雷问:“什么能让人快乐?”以发现某事的真理为宗旨的悟性使人产生的那种神奇的惬意和快乐,是要以最终发现真理,对真理的完全了解为目的的,只有达到目的才会感到满意。这时的快乐是如此之强烈,任何痛苦,“不管有多么剧烈,多么刻骨铭心,都不会扰乱这快乐”。任何肉体上的愉悦,都无法与这种精神上的欢欣相比。

在这篇文章里虽然没有明确地提到个人的灵魂永生不死的学说，虽然在庞大固埃的口中，在拉米纳格洛毕的口中，在卡冈都亚的口中，而且我还要说的是在1535年的拉伯雷本人的口中，虽然没有清清楚楚地说灵魂是永生的，但他说我们能领略上帝为“另一个世界，为灵魂的永生而准备的”欢乐——实际上，难道拉伯雷的法语格外地难以理解吗？

3　16世纪的心理：灵魂

如此看来，拉伯雷也许并不是如人们所说的那样，对非同小可的灵魂永生不死的话题闭口不言。他在说，甚至说得很多：在这篇文章中，有很多事情他故意没有说，但他还是用了两个很能说明问题的词。让我们再看一遍他的文章：“当主宰万物，统辖宇宙的主人圣心忽动，命令我的灵魂脱离这凡躯皮囊，我将认为它并未完全死灭而只是轮回转世，因为在你的身上，借你的躯壳，我的形象仍将存在于人世之间”①。完全死灭：从这里就看出，这个家伙招认了，人一死就一切都完了。这招认是多么彻底啊。

拉伯雷是在招认。但招认了什么呢？我们在提出这个问题之

① 本文引自我们所知道的《庞大固埃》第一版（1532年克洛德·努利，S. d. 版本）。文中用的是“*transmigrer*”（轮回转生）。所有其他的版本用的都是“*passer d' un lieu en un autre*”（从一个地点转入另一个地点）。正是这个“轮回转生”让图阿斯奈认为写给庞大固埃的这封信中有“柏拉图的变异学说”（la transmutation），其实根本不是那么回事（见前文所述）。在用 *passer* 代替了 *transmigrer* 的同时，拉伯雷有可能就是为了不让别人这样来理解他的意思。（译文为鲍文蔚的，只是在用到 *transmigrer* 一词时，我们做了改动。译文原文见于人民出版社版本第206—207页。——译者）

前，先提出另一个问题，也许并非无益。1532 年，拉伯雷以及所有与拉伯雷同时代的人虽然流派不同、感情不同、学说不同，可他们一般在人的灵魂问题上有什么一致的看法呢？我们说的不是人死后的命运，我们的问题首先是：灵魂的性质和组成是什么？

* * *

显然，拉伯雷并没有以教条的方式告诉我们说他是如何看待灵魂的。但是在很多地方，他提到了人们相当熟悉的一种观念，我们可以借助这一根根的标杆，很容易地重新画出他在推论中的传统思路。这种观念既没有什么独特之处，也不神秘：只不过是当时的医生们从古人——主要是亚里士多德和盖仑（Galien）——那里继承来的思想，形成了为日常所用的观念而已。我们知道，当时的医学首先是一种学说，而不是实验学。医学的基础是哲学。这种观念，我们不用细说，正是让·费尔奈尔在当时所传播，并波及下一个世纪的观念，是当时最为传统的医学观念。让·费尔奈尔来自蒙迪迪耶（Montdidier），是与拉伯雷同时代的人。

打开《第三卷书》第十三章和第三十一章。我们可以看到，拉伯雷十分清楚地提到继盖仑之后，文艺复兴时期的学者们无人不接受的这种精神理论。当然，费尔奈尔在他的《生理学》当中也是这么说的。[①] 在身体的不同部位有三种游动的精神，其等级是这

① 见于费加尔（Figard）CCCXXXIV 和吉尔松 CDXLVI（《笛卡尔，哈维和经院哲学》§ 1，第 192 页及其以后内容）（*Descartes, Harvey et la Scolastique*）。亦见于塞内昂，《十六世纪杂志》1920 年，第 17 页及其以后内容。

样划分的：自然之神，由肝脏生成，在静脉里游动；生命之神，或称因心脏的热量而得到升华的自然之神，在动脉里游动；最后是动物之神，或称与空气接触之后发生了变化的生命之神，在大脑的樊篱当中游历之后，又在神经中游动。[①]

与这一分类相对应的，是三种不同的灵魂（三种灵魂说在16世纪也与三种神的区分之说同样广泛）。正如费尔奈尔所指出的那样（除他之外很多其他的人也说过这样的话），由于灵魂首先是生命之根源，是有生命的肉体功能之根源和起因，所有的肉体，所有的生物都有适应其特殊需要的灵魂。植物有自然之灵魂，动物有感觉之灵魂；人除了有这两种低级的灵魂之外，还有一种高级神灵，是人所特有的：心智之灵魂。[②] 费尔奈尔指出，这些灵魂是如何先后出现在人身上的：在胎儿时，人只有自然之灵魂；在儿童时，人有了感觉之灵魂，与之相随的是自然之灵魂；最后人成年之后，又有了心智和理性之灵魂，智能和理性之灵魂又吸收了感觉之灵魂，感觉之灵魂当中又包含了自然之灵魂：各种灵魂的等级划分，

① 《第三卷书》，第十三章："哲学家和医生认为，动物之神在脑室下令人赞佩的樊篱中，在纯洁和完美炼制的血液中孕育、产生并活动。"亦可见于《第三卷书》第三十一章："脑动脉张开，以向大脑提供足够填充脑室的精神……并通过在解剖学中可以看到的管道，在作为动脉终点的樊篱网中快捷地奔跑：动脉血管从心腔出发，生命之神经过无数的迂回曲折，便成了动物之神。"

② 同上引书，1，V，第二章第87页："Tres viventium differentias mente complectimur: naturale, sentiens et intelligens; tres quoque animae species iisdem nominibus insignitas, quae sont naturalis, sentiens et intelligens; quibus haec respondent viventium genera, ... stirps, brutum, homo."（我们知道有三种生物：自然的、感觉的和才智的；同样也有三种灵魂，并以同样的名称命名，即自然的、感觉的和才智的；与此相联系的有三种生物：植物，动物和人）

从自然开始,从最初级的自然本能开始,渐渐上升到上帝,上升到神圣的观照。但是,每跨上一级,便会产生一种吸收和融合[①]。如同动物的灵魂一样,感觉之灵魂既主宰着这些动物与植物一样的功能,又主宰着动物所特有的功能;同样,在更高一级上,人的心智之灵魂也会按照自然、感觉和精神的模式同时表现出其能量……

在死亡时会怎么样呢?植物的灵魂、动物的感觉之灵魂会随着植物和动物的生而生,随着植物和动物的死而死,因为灵魂是植物和动物生命现象的根源。灵魂"抽象地综合了物质的,可以朽败的生物的功能及特点",也像这些生物一样是物质的,可以朽败的。[②] 那么人死后又会怎么样呢?我们在让·费尔奈尔的引导之下,跟随着他一直看下去。他是一个基督徒。而且是个十分正统的基督徒,他的正统性从来没有受到任何人的质疑……然而,他也走到了一个使同时代人都曾有所迟疑的十字路口。或者说,人在死后,他的灵魂按照各自的命运划分开来,包含着自然之灵魂的感觉之灵魂也死了,因为这两种灵魂直接依赖于肉体,并局部地驻留

---

① Dum fœtus utero fingitur.... primum naturalis anima emergit seque prodit; deinde, vitalis facultatis interventu et conciliatione anima sentiens comparet et elucet. Haec vero, quanquant simplex est ut in beluis, comitem tamen retinet vim illam naturalem, quae tum manens anima dici non potest, ne corporis unius... complures formas... fateri cogamur.(当胎儿在子宫中成形,自然灵魂首先产生并出现;随后,在生命官能的干预和运作下,感觉灵魂出现并显现。尽管它与动物中的一样简单,但它作为一种成分保留了自然力量,后者继续存在但不能被称作灵魂,除非我们被迫承认单个躯体有不同形式)(同上引文, V, xviii, p. 113.)

② CCCXXXIV,第35页。

于肉体之内，与肉体融合在一起，给肉体以生命，是肉体不可分割的一部分。但是心智之灵魂是不死的；因为它来自于肉体之外。在它所造访的肉体之内，它就像舵手在船里一样，或者，我们用能够表达费尔奈尔的精妙思想的话说，就像工人在他干活的房子里一样。[①] 但是，我们很难设想灵魂的一半是可以朽败的，另一半是永生不死的。把灵魂设想成一种双重的东西，这是多么谨慎的做法呀！如果是统一的，那就肯定是永生不死的，一种简单的物质不可能通过分解或者消失而灭失。最后，让人具有有效的，“与个体无关而绝对，与个人有分别，由个人所参与的”心智，从而永生不死，这岂不是幻想？因为人所有其他的东西，所有可以让人说“这就是我”，并使我的“自我”与别人的“自我”相区别的东西，都是必然会死的。那么我们就首先挽救灵魂统一的原则吧。费尔奈尔为此费尽了心机。他认为，绝对的心智真正吸收了低等的灵魂。对于人来说，这已经不是分别的、自主的灵魂；这是心智之灵魂，是人的唯一而真正的灵魂在肉体和灵魂之间所使用的一种能力。这些能力不是灵魂，而是灵魂的一种工具；不是肉体，而是肉体的推动力。有了这种能力，费尔奈尔便可以保持人的灵魂的统一和单纯

① 工人的比喻见于第五卷第十八章第 114 页：Ut opifex idoneis instructus instrumentis, si in tenebricosum aut arctum conclave contrudator nequit quae artis suae sunt efficere, sic anima vitioso corpore (quod est tanquam domicilium) coercita, quae sua sunt munia exequi non potest.（就像配有专有工具的匠人，如果他被迫处在一个又黑又窄的房间中，无法使用技艺，那么局限于有缺陷的躯体（可以说是它的住所）中的灵魂不能实现其功能）。如果这种妨碍令人难以接受，那就可以说 tantam illam discrepantiam perhorrescens nec ferre potens, de corpore decedit.（震惊于如此的衰退并且无法容忍，它离开了躯体）。

了。灵魂从根本上说是心智，而且不需要肉体便可以升华到本能和对永恒真理的观照，摆脱了低级灵魂的宿命，是不会死的。[①]

这种一半具有动物性，一半是永恒的能力[②]，只不过是人想出来的一种花招，一种可怜的花招而已，这种能力扮演了我们的祖先那种有名的“弹性调停人”的角色。但是，所有与拉伯雷同时代的人，以及拉伯雷本人，在遭遇到这种可怕的两难选择时，都不知该如何是好。然而亚历山大学派或者阿威罗伊学派评注亚里士多德的人是例外；他们轻松地赞成个人灵魂的完全灭失之说，只留下了一种幻想，认为人在死后只有一种有效的心智被人存放在了人的身体之外，存放在了上帝那里：这样一来，灵魂的永生不死不是别的，不过是上帝的永恒……至于想从另一道门出去，声称人的灵魂的各个组成部分都是永生不死的，这是连想也不能想的。这个奇怪的断语是我们从拜尔（Bayle）的字典里抄来的。拜尔的字典里

① Itaque simplex quum sit［anima］, nec secerni, nec dividi, nec discerpi nec distrahi potest. Nec interiore igitur.（因此，［灵魂］是简单的，不可分离，不可分裂，不可粉碎，也不可损坏。所以，它不会灭亡）（V, xviii, .44）

② 更何况除了人的灵魂这三个部分之外，费尔奈尔又安排了各自不同的位置，与亚里士多德的观点截然不同。亚里士多德认为灵魂的各个部分都坐落于同一个唯一的地方，那就是心脏（见于费尔奈尔的书第五卷第十二章，十三章，十四章）：Tres quae sunt, non essentia modo sed sedibus quoque et principatu disjectae sunt, neque in eodem possunt solio considere... Ex propriis operibus, ex medendique ratione, altrix vis et naturalis in jocinore; animalis seu sentiens in cerebro; reliqua vitalis in corde constituenda videbitur.（他们有三个，不仅仅是从本质上，而且从位置上也是。他们从起源分离并且无法居于同一位置……由于它的运转的修复功能，自然的滋养力位于肝；生气或感知力位于脑；其他重要力量将呈现出在心脏安置的状态）（同上引文，V, xiv, p. 107）。

有一段很是奇怪的文字[①]，告诉我们说，纳瓦尔的玛格丽特守候在一个快咽气的女仆身边，看她的灵魂出窍时，会不会伴有声响或呼哨之声。拜尔在这一段文字中说："认为人的精神像个东西一样，可以在人死的时候，局部地与人的身体分离开来，……这在那个世纪是神学家和哲学家一致的观念"。

事实上，费尔奈尔的道理从头到尾就是这样。与他同时代的人都是这样想的。费尔奈尔也有从前人那里继承来的观念，认为灵魂分为两级，都是永生不死的。这种观念到处都有。剧院的宣传招贴画上有，悲剧演员的台词里也有。

我们身上有三种本性，三种互相维持的本性，
激励着我们的生命，并使它保持活跃：
精神，灵魂，活力。如果失去了一个，
那整个生命就会突然间消失……[②]

① XXII, v°,"玛格丽特"。拜尔的故事引自博朗托姆(Brantôme)的《著名女士故事》(*Dames Illustres*)。故事的主要内容如下："……她不离开女仆的身边，目不转睛地看着她的脸孔，一直到她死都没有离开。她身边有些伴妇问她为什么如此专注地盯着这个死去的女仆看。她回答说，从前听那么多有学问的博士说到，人在死的时候，灵魂和精神会立刻从肉体里出来，她便想看看在灵魂从肉体里出来的时候，会不会有什么风声响动，或者其他的声响。但是她什么也没有发现。她还补充说，她的信仰是很坚定的，她不知道该如何对待肉体和灵魂的分离，但是，上帝和教会让她怎么想，她就愿意怎么想，不再对此抱有更大的好奇心。"

② 他又阐述道：我们之所以活着，是因为这种有生命的气——我称之为精神，不停地在呼吸的精神。但是灵魂(按照一般的说法)是最稳定的，灵魂从来不会因如此的激情而动荡。因为，如果灵魂也激荡起来，就像活力和精神那样，那它就会死……我们有活力(法国没有这样一个词)，这种活力使我们生长，使我们运动，使我们除了感情之外，还要笑和生气。

这是图坦(Ch. Toutain)在《阿伽门农的悲剧》(*La tragédie d' Agamemnon*,1557 年,第 31 页 v°)中的一段诗。"活力"(Anime)是当时人们造出来的一个词。一个很特别的思想家,指责拉伯雷不信教的吉约姆·波斯戴尔(这我们在前边已经说过)也用这样的词。然而,他的理论也许更复杂一些,但与费尔奈尔的理论并没有什么不同。在他的《新世界妇女奇妙的胜利》(*Très Merveilleuses Victoires des Femmes du Nouveau Monde*,1553 年)的开头①,有个摘要,可以让我们很方便地看到这一点:"所有的人,除了肉体之外,都还有另外两样东西:一个是高级的,名叫 *Animus*,也就是法语说的活力;另一个是低级的,称为 *Anima*,也就是法语所说的灵魂。对此,精神和心理从外部作用于我们的活力、灵魂和肉体,精神照亮活力,心理照亮灵魂。由此哲学家提出'心智动因和可能性,一个在我们的心中印下对真理的知识,就像光对我们的眼睛一样,代表的是可见的事物;当知识印下之后,另一个负责保住这知识,就像空气所代表的,为光所指出的事物一样……'然而,灵魂依赖于肉体,并在血液中形成。活力是不死的,是神创造的,并与灵魂结成一体,正如土的因素与水结合在一起一样。心理,或者高级品德,或者心智动因与火相对应,并与活力结合在一起。精神与气相对应,与灵魂结合在一起,好比气与土结合在一起一样。"

① 巴黎,鲁埃尔出版(J. Ruelle),1553 年。我们手头有这本书 18 世纪的重印本。引文见于该书的第 13 和 14 页。

波斯戴尔的理论体系比较复杂，而且从某种意义上说，是波斯戴尔所特有的，但是，准确地说，不管是在波斯戴尔的思想上还是在古典的费尔奈尔的思想当中，我们十分吃惊地看到都有这样一种概念，人的灵魂是由异质成分组成的。这些成分性质极其不同，波斯戴尔不得不造了一些词来指称这些成分。这些成分有物质的，有非物质的，有会死的，也有不会死的，这与我们的思想习惯有着很大的差别。应当说，我们的思想习惯是在笛卡尔之后形成的。因为，拜尔曾指出过这一点，而且他说得对[①]：在那个时候，神学家和哲学家都和纳瓦尔的玛格丽特的想法是一样的。大家都认为，人在咽气的时候，灵魂会局部地脱离人的躯体——大家都这么认为，除了有笛卡尔思想的人。拉伯雷没有笛卡尔的思想，而且不无缘由。他和所有的人一样认为，创造了人这个小型宇宙的上帝是想"把灵魂维持在里面，灵魂是客，是生命。生命就是血液。血液就是灵魂的栖息之所"。这样一来，认为灵魂是可以朽败的，便再自然不过了，我的意思是说，这个灵魂，是自然之魂，也是感觉之魂，不仅主宰着植物的功能，也主宰着感性和理性，理性是在感官提供的素材帮助之下，或者在使人想起这些素材的图像的帮助之下而起作用的。

总而言之，感觉所带来的东西是会消失的，包括外部的五种感官和内部的四种感官所带来的东西，这是忠诚于圣托马斯教诲的

① 在前面已经引过的纳瓦尔的玛格丽特的文章中，有这样一段话："这位公主是可以原谅的，她把人的精神设想成一种存在，在人咽气的时候能够局部地从人的身体里出来，因为这在当时是神学家和哲学家普遍的观念，而且今天，思想上没有笛卡尔的理性的博士们，也还持有这种观念。"

拉伯雷所承认的[1]:这是常识;想象和理解;推论和决定;记忆和温习[2]。这可不是小事一桩,因为说到底,这个感觉之灵魂,或者说灵魂的这个可以死去的感觉部分,几乎控制着使人在世间生活、感觉、行动的所有功能……要想活下去还有什么呢?心智之灵魂,或者说灵魂的心智部分。拉伯雷明确地说这个灵魂是永生不死的:只要翻开《第四卷书》,在那段有名的文字当中,我们看到,庞大固埃在英雄死亡的前一天看到征兆,说"友善的天很高兴地接收新来的那些飘飘然的灵魂",便叫道:"我想所有的心智之灵魂都能躲过阿特洛博斯(Atropos)的剪刀;所有的心智之灵魂都是永生不死的,天使,魔鬼和人……[3]"

天使和魔鬼——因为我们不要忘记(我们后面还会再提到的),不仅仅是对于拉伯雷,对于当时所有的人们来说,天使和魔鬼

---

① 费尔奈尔认为只有三种内部的感官。见于前面所引作品的第八章第66页:Sentiens anima duas cognoscendi facultates obtinet, externam, in sensus quinque tanquam in species distributam, et interiorem. Haec porro species habet, vim discernendi communem vim fictricem et eam quae meminit ac recondatur。(感觉灵魂拥有两种知晓官能,外部的——被分为五种感觉或表现——和内部的。后者如同其表现有辨别力、想象力以及记忆和记录的能力)

② 这一段话源自《第三卷书》第三十一章:"你看到大脑的所有动脉都涨起来,就像一张弩上的弦一样,以提供足够多的精神,填充常识腔室;想象和理解;推论和决定;记忆和温习。"

③ 《第四卷书》第二十七章。拉伯雷提出天使、魔鬼和英雄的干预,这种奇思怪想绝不是想极力讨好迪·贝莱,虽然有人会这样想。在费尔奈尔的 *De abditis rerum causis*(《论事物的隐秘原因》)(lib. I, cap. xi, p. 57)当中,我们就看到一整套关于天使、魔鬼和英雄的理论,以及他们的历史、出身、性质和功能。而且我们后面会看到,拉伯雷在马克里翁岛的故事(histoire de 1'Ile des Macréons)当中所写的,根本没有任何一点是他自己发明的。

既一样，也不一样（*unus ex multis*）——龙沙无数次地教导我们：

从天使去探寻
那些住在空中的
魔鬼的本质，等级
和所有的能力……

梦是通过魔鬼而生成的；魔鬼是神的信使。

那是神的职位，是上帝的神圣职位
为我们带来上帝的秘密。

4　“完全死灭”

以上只是顺便提一提。我们还是回到拉伯雷的文章上来吧。我们要努力把所有模糊的地方搞清楚。有两个地方，或者更准确地说，有两个说法让拉贝尔·勒弗朗提出了相同的反对意见：那就是“轮回转生”或者“从一个地点转入另一个地点”；还有就是“完全死灭”。[①]

我们还记得，卡冈都亚提出，在他死的时候，他的灵魂将“放弃

① 在我们前面引用过的拜尔写玛格丽特的文章中，有这样一段文字：“我承认这并不能够证明人们应当相信，人在死的时候，灵魂轮回转生时会像纳瓦尔的玛格丽特所认为的那样，伴有声响或啸叫。”我们还记得，拉伯雷在写“从一个地点转入另一个地点”之前，也用了“转回转生”一词。我们由此看出，他使用的是非常传统的词。

这具凡躯皮囊"[①]。为什么要放弃呢？显然是因为容纳灵魂的躯体要朽败了，而灵魂不会与之一起朽败。但是，人们会反驳说，不会是那么肯定吧。拉伯雷什么也不说。为什么要让他说话呢？他正是想让灵魂的命运显得不清不楚，所以他大概写的是，灵魂离开了人在尘世间的栖居之地，因此也就是离开了卡冈都亚的躯体。但是离开躯体并不意味着就能够继续活下去。在沉船时离开船的乘客并不一定就能够得救；他还完全可能在船的旁边，与船一起被大海所吞噬——这是老调子了，而且由于古老而受人敬重：圣托马(saint Thomas)便已经在取笑这种比较。但不管怎么说，比较并不一定就是理性。我们还是再想想为什么吧。卡冈都亚开始先对我们说到上帝。因为他弃世而去的时刻，正是主宰万物，统辖宇宙的上帝确定的，是上帝圣心忽动，命令我的灵魂脱离这"栖息之所"的。在这种情况之下，还有哪个理性的读者会想象，灵魂及其客居之所的躯体，本来就是由这个世界的万能的主宰者安排在一起的，现在他又来直接干预，以将两者分开，只是为了让灵魂离开躯体之后再彻底消灭它。就让灵魂待在肉体里，与肉体一起灭失，不是少费些事吗？更何况这个上帝就是最后审判的上帝。如果他先就把灵魂都消灭了，那他还审判谁呢？因此，我们这样理解是完全正确的：卡冈都亚开始声称说，他死时，他的灵魂会脱离在尘世间的凡

① 如何表示"habitation humaine"（直译"人的栖息处"，鲍文蔚先生译成了"凡躯皮囊"，也就是我们在文中所用的译法——本书译者）的意思呢？《拉伯雷作品集》的出版者们没有说。两种意思都是可能的。卡冈都亚想说的是他的灵魂将离开作为人的栖息之所的大地，或者将放弃人的躯体，是上帝将灵魂放置在了人的躯体之内，使其"客居"在那里的。我认为第一种解释更好一些。如果是第二种假设，拉伯雷会写成"*son* habitation"（他的栖息之所），而不是"*ceste* habitation"（该栖息之所），不是吗？

躯皮囊，在肉体朽败之后，仍能存活下去。

但是，他又补充说了些什么呢？只有庞大固埃的生存才能使他在这至高无上的时刻相信他从一个地点转入另一个地点，相信他并没有完全死灭。这就显得很可疑了。因为，如果卡冈都亚的灵魂没有随肉体一起朽败，如果灵魂脱离了肉体，以便在肉体朽败之后仍然能够生存下去，那么年迈的巨人国王就没有必要有个儿子，好在心里说："我从一个地点转入另一个地点了"，"我将并未完全死灭"。换句话说，并不是庞大固埃的存在，而是他的不死的灵魂的存在（如果他是基督徒的话），才可以让他满怀信心地说："我的死并不意味着我就完全灭失了，我不会完全死去。我的灵魂是不会死的。如果作为一个物质的人，我在尘世间不存在了，那么作为精神的存在物，我仍然生活在另一个世界。"对于两点基本的说明，我想这并不是背叛，而恰恰是说得更明确了，从而也就加强了这两点。阿贝尔·勒弗朗也以这两点为基础，说过："紧跟拉伯雷的思想。把那些为了招摇的话放在一旁。直奔深层次的内容。你会发现我首次揭示出的这种双重的、致命的模糊之处。"

但是我们并不同意这样说！如果这样去想，那就等于歪曲了拉伯雷某些词的准确意义——我想说的是，歪曲了 16 世纪语言的某些词的意义。"死"这个词就是这样。一个词所指的具体事并没有发生变化，其用法却在三个世纪的时间里发生了明显的变化，这种事可能会让人觉得有违常理[①]。然而……当我们表达精神上的

① 我们不用说，从来没有人想过写一本这种词汇和思想的变化历史。如果想到要写一本这样的历史，那就要把调查的范围限定在古代社会：人们不是几乎一致地默认，没有必要去写一部现代思想的历史吗？这部历史没有好处，甚至也没有用处。

观点时,可以说,人是不会完全死灭的。这只不过是一种说法,但只要我们定义了什么叫“存在”,那么这种说法就完全是正当的:“我们可以想到的事物,”也是我们称之为的存在着的事物,因为我们想到了这些事——但是我们可以把这种思想看成是更加真实的思想,因为它使其他的事物有了存在。以至于今天,我们很容易从“我不会完全死灭”过渡到“人不会完全死灭”。可是拉伯雷和与拉伯雷同时代的人是怎么想呢?

他们生活在笛卡尔之前,是用经院哲学和神学养育自己的。我们说,对于他们来说,人是不能对自身的存在进行反思的,这么说已经足够了。这是将两种元素联系在一起,这两种元素的源头、性质和用途都是不一样的,一个是肉体,另一个是“客居”在肉体里的组合的灵魂,这个灵魂有一多半是物质的,局部地存在于这一肉体之内,与肉体共同分布在一起。波斯戴尔用传统的说法说得很好(见于 *De rationibus Spiritus Sancti*, 1543):“灵魂并不是人。躯体并不是人。躯体和灵魂结合在一起,并在结合的这段时间里才成为人。”[①]这样一来,所谓死亡,那就是这一结合的中断。这不是一种“自然”的现象,而是上帝的作用,是一种分割。

换句话说,在无所不能的上帝的智慧所确定的那一时刻,肉体会完全灭失。当时的人们还没有伏尔泰两百年之后在《米克洛美加》(*Micromégas*)当中所表达的那种思想,《米克洛美加》是现代科学的、自然的死亡观念的标志:“将肉体回归大自然,以另外一种

① “Nam nec anima per se est homo, nec corpus est homo, sed una ambo homo sunt.” CCCLX, 9。

方式使大自然充满活力”，伏尔泰说，这“才是所谓的死亡”[1]。与拉伯雷同时代的人不会以一整套化学理论为基础来思考，他们认为肉体是会完全灭失的。[2] 肉体的死亡释放出灵魂。更确切地说，肉体在死亡的时候迫使肉体当中最为轻巧的部分脱离身体，也可说是让灵魂的精神本质与身体分离开来，而灵魂的其他部分则随着肉体一起朽灭。这就是死亡，也就是人这个“组合体”的分解。这样的死只能是“完全”的死。

---

① 见于伏尔泰的《米克洛美加，哲学故事》（*Micromégas*，*histoire philosophique*）第二章。让我们来看一看这篇文章以及这篇文章所表达的思想和龙沙《颂歌》（Hymnes）第二卷第九首之间的距离：

> ……存在过的会再次出现，一切都如流过的水
> 天下没有任何事可以完全重复：
> 但是形式换成了另一种新的，
> 这种变化便被称之为活在世上，
> 以另外一种形式而去时便是死亡。
> ……不过我们永生不死的灵魂仍然呆在一个地方
> 灵魂是不会变的，灵魂坐在上帝的脚旁，
> 灵魂是天国之都的永久公民
> 灵魂在肉体里的时候便久久地盼望回归天国。

诗的思想明显是世俗的，没有任何神学教导的意思。但是事实上，这些优美流畅的诗句后面，并没有任何明确、连贯、科学的思想。

② 拉伯雷是这样来定义死亡的（写给庞大固埃的信）：“天主所赐的昂藏之躯，形销迹灭，化为腐土。”（译文见于鲍文蔚先生的《巨人传》）费尔奈尔在《生理学》（Physiologie，V，XVI，iii）当中，对生命的定义已经很有生物学的意义（Est animantium viva facultatum actionumque omnium conservatio）（动物中的生命力是对所有官能和运动的保存）……他对死的定义也是一样的（Mors est vitalis roboris omniumque facultatum exstinctio）（死亡是生命力和一切官能的消失）。一种纯粹科学的观念慢慢战胜了神学的学说。但是需要指出的是，这种定义只适用于动物，费尔奈尔说这是亚里士多德的理论，而且说他对此有异议。

分解水的电流虽然没有破坏在分解的过程中释放出来的氢，但这也没有什么，水还是照样因为将两个组成部分完全地分开而“完全地死了”。人也是一样，按照16世纪正统的思想，上帝将灵魂安置于人的肉体之内，当灵魂与肉体分离时，人也就死了。至于灵魂会不会与肉体一样完全地灭失，这并不要紧。从灵魂离开在人世间临时的栖息之所的那一刻开始，人就算“完全地死了”。这就是上帝对人的惩罚，让人为所犯下的原罪付出的代价。这一死亡会不会是永恒的，那要看上帝怎么决定，要看上帝的正义之心，上帝的好心——或者人死后会有一种新的生活，永恒的生活，通过灵魂与复活的、不会朽败的肉体重新结合而得到的新生……因此，通过神圣的慈悲，上帝所选中的人经过尘世间死的考验，才会得到“永生不死，得到祥和的永恒”，这本来是上帝给人和天使的，只不过反叛的天使和所有的人都因犯下罪孽而堕落了。[①] 因此，从词的本义上说，并非对于所有的人，而是只对于那些义人来说，死亡是真正走向生的门户。人会真正地死亡。但是人不会彻底地死亡。在放弃尘世脆弱而短暂的生命的同时，他知道，如果上帝愿意，他会再生，得到真正的、永恒的生命[②]。那是绝妙的希望，是对信仰的奖赏，从而使神的惩罚——死亡——不那

① 见于我们前边已经引述过的吉尔博的作品，CDLXX，f° 2 v°：“我们的主创造的天使和人都是永生不死的……人……如果不犯罪孽，那就永远不会死了，就会像天使一样得到永生不死，得到祥和的永恒。”

② 加尔文保留了所有这些概念，他说过（DXIX，III，21），“上帝要罚入地狱的人，是不能进入生命之门的”。

么严酷。[1]

那么卡冈都亚又怎么样呢？他知道自己灵魂当中的精神部分不会与他的肉体一样朽败，上帝会召回他的灵魂。对此他并不担忧。因为他有信仰，因此他希望得到正义，能够获得永生。但是，尽管如此，想到要离开这个熟悉的世界，放弃现世的感情，放弃他在世间眷恋的人和事，他还是感到很伤心。这是他的一个弱点，但的确是人的弱点。不信教的人根据自己的原则，要求信教的人要有超人的心性。我们不要像他们那样毫不容情，急急忙忙便说，有这样的弱点，就不是基督徒。基督徒是人，而且是个可怜的人。他会因死亡而痛苦。正是上帝要他如此的。如果他不会死，那么死亡会是一种惩罚吗？对于好人来说，希望上帝给予好报，从而缓和了死亡让人感到的苦涩。可死亡仍然是一种磨难……，然而，尽管心智的灵魂在肉体死后仍然幸存，但这并不能补救卡冈都亚所感受到的苦难。不过他死后，他儿子仍然活着，这倒可以成为一种补

① 在伊拉斯谟的《信仰调查》会议上，巴巴修斯－路德所参照的就是这些观念：尘世间的死亡是双重的（*duplex mors est*：*corporis*，*bonis ac malis omnibus communis*—*et animi*：*mors autem animi peccatum est*）（这里的死亡是双重的，躯体的——对好坏都是同样的——和灵魂的。现在灵魂的死亡是罪愆）。可是在最终的审判之后呢？“Post ressurrectionem，piis erit aeterna vita tum corporis，tum animi；. . . contra，impios mors aeterna possidebit，tum corporis，tum animi；nam，et corpus habebunt ad aeternos cruciatus immortale，et animum peccatorum stimulis semper afflictum，absque spe veniae.”（在复活之后，对于虔敬者将有永恒的生命——既是躯体的也是灵魂的；……相反地，躯体与灵魂的永恒死亡将摄住不敬者；他们将拥有不死的躯体以承受永久的痛苦，还有被罪愆驱使永受折磨的灵魂，没有宽宥的希望）被罚入地狱的人所受到的，是一种奇怪的“永恒之死亡”，他们的肉体和灵魂会为赎罪而永远地活着。当时这些死与生的思想是多么缺乏生理学的内容啊。

救。由于儿子传承了他的品位、思想和情感,可以继承他的事业,并在人世间使他的事业得以传承。信里的话就是这意思:“我要死了。我将不再是一个生灵,一个人,一个在这世上生活、感觉、行动的人。朋友们曾经认识、曾经喜欢过的我就要死了,即将完全死灭,永远死灭……其实不是。这个人是不会真正死灭的。我不会死。我只不过改换了地方。或者说,我的感觉灵魂改换了物质的外壳,我还是我,卡冈都亚。明天,我就好像在你身上一样,庞大固埃,我的儿子……”

不。卡冈都亚在说“完全死灭”的时候,并不是在亵渎宗教。如果非要说是在亵渎,那么在16世纪、17世纪,说这种话的人,并不只他一个。要举个例子么?有个不信教的人有一天竟敢说出如下这种大胆的话:“肉体是会改变性质的,人的身体会有另外一个名字;即使成为尸体,时间也不会长久。戴尔图利安(Tertullien)说,我们的肉体会变成一种任何语言都不知道怎么说的东西:因为不管是什么,其本身都是会死的,千真万确,就连我们用来表达不幸的尸骨遗骸的那些可悲的词也是这样……”这话是什么意思呢?

这与卡冈都亚的“完全死灭”是多好的回应呀!……但是,在这种新的亵渎当中,我们都听到了博絮埃的口吻[①]。

5　拉伯雷的过错

因此,我们又一次看到,我们不能用20世纪的目光去读16世

① 博絮埃,“关于死亡的布道词”第一点。

纪的文章，并发出惊恐的叫喊，说这篇文章简直令人感到气愤。其实令人感到气愤的只有一件事，一件不大的小事，那就是，我们忘记了，同一句话，由 1538 年的人说出来，意思和 1938 年的人说是不一样的。四个世纪之前的人说的话，我们以为不用多想就理解，其实我们要经过努力，而且是经过巨大而艰难的努力，才能够弄清楚这些话对于四个世纪之前的人所具有的极其特别的意思。因为，从 1530 年到 1930 年，或者到 1940 年或者 1950 年，人们的思想发生了很多变化。导致发生这些变化的，首先是一次次的科学技术革命，其次还有作为这些科学技术革命的见证的笛卡尔，以及莱布尼茨、康德和 19 世纪、20 世纪的所有哲学家，他们为我们架起了一座桥，让我们从无知的彼岸跨过河流，来到了知识的此岸。

实际上，从这种意义上可以说，当我们简单地指责拉伯雷思想自由（或者称赞，指责和称赞在这里意思是一样的，因为我们也可以说他曾经“自由地思想”）的时候，其实拉伯雷只是一个神学的受害者（或者受益者）。他对神学非常熟悉。比如灵魂不死的理论所造成的困难，他知道得太清楚了。各个学派的人如何提出问题，当时的学者如何讨论这个问题，他都了如指掌。如果他和今天我们当中的大部分人一样——我的意思是说，如果他在当时的神学问题上是个完全无知的人，是个对当时的神学一无所知的人——他会轻而易举地做出见证。他会觉得永生不死的问题更加简单，他就不会把这个问题一次又一次地再分成十二三个不同的小问题，每个小问题的解答都有可能与其他的问题的解答矛盾。这就导致人们对这个问题的可能的态度不会只有两种：相信或者不相信灵魂的永生不死。问题要复杂得多，要大得多。

可是又怎么样呢:我们不是神学家,而16世纪的人们是。虽然他们并没有在神学院待过,比如拉伯雷。拉伯雷是个聪明人,热心于工作,他的上司一定逼他研究过不少神学。后来在与古代希腊哲学或者拉丁哲学接触的过程中,这些研究又为神学的发展提供了养分,使神学得到了发展,变得更加人道。古代的希腊哲学或者拉丁哲学也为基督教提供了大量丰富的养分。当时的人们是神学家。他们热情,他们考虑前人,尊重传统,有着强烈的好奇心,这对我们来说真正是闻所未闻的。当灵魂进入我们的身体的时候,是从哪里来的?灵魂是什么时候,怎么样来到我们的身体里面的?灵魂又是怎么样,是什么时候,是以什么形式从我们的身体里出去的?灵魂是如何与肉体结合在一起的?灵魂是通过什么东西作用于我们的器官,又是如何接受器官的作用的?每一个新来的博学之士都继承了悠久的传统,都会使这些问题变得更细、更丰富,对于每个博学之士来说,这些问题都是激动人心的,都会细分成十个、百个次要的小问题。

而且同时,还不仅仅如此,这些人都是亚里士多德的信徒。有人会说,并不是所有的人都是亚里士多德的信徒。如果有的人真正是,那他们会在相距遥远的几个教堂之间穿梭往来吗?也许会吧。但是,那些最坚决地反对亚里士多德提出的解决问题的方法的人,至少也会接受亚里士多德对问题的叙述。他们在基督教的各种教条之间,或者也可以说是在亚里士多德的教条之间手足无措,我们至少可以说,他们没有行动的自由。当代的唯灵论者对教条的学问知道得并不多,他们不了解传统,认为很多问题幼稚,或者无法解决,所以干脆抛开不管,没有好奇之心,对经院哲学的形而上思想毫无关联——正因为如此，当代的唯灵论者才会以比祖先自由得多的方式，来对待祖先的思想、梦想和希望。问题被简单化了。我们说的是灵魂的问题。我们把灵魂看作是生命的非物质的本原；我们满足于这种极其模糊的说法，或者其他几种相当的说法。对我们来说，这种灵魂是十分简单的东西。我们不知道灵魂是由几个部分组成的。我们以为灵魂是一个整体，不管是死还是不死。我们不会到血液、大脑或者松果体中去找灵魂的巢穴。而且我们也怀着同样无忧无虑的简单思想说，人死如灯灭。或者相反，说人在死的时候，不会一了百了。我们总是觉得我们是在自由的土地上，在希望和信仰上毫无限制——而且我们对前人所十分珍重的形式思维、鉴别、演绎逻辑的一整套思维方法没有任何期望，只有困惑和窘迫。

由此人们才会像阿贝尔·勒弗朗一样对拉伯雷有着那么严格的要求。庞大固埃认为自己有心智之灵魂，觉得只要把事情安排好，就能够挽救我们可以称之为的“灵魂之形而上的永生不死”；卡冈都亚只是简单地相信，在他的身体灭失的时候，某种本质，也就是他的心智之灵魂的存在，是不会消亡的。实际上，难道他们不是很容易满足的人吗？永生不死的本质对他们来说就是一种担保，因为人们想象不出，人们不可能想象得出这种本质究竟是什么。人们只能从感觉上，从意识上知道事物的属性、特征，而每种事物的本质，都是远高于属性和特征的东西，是远高于人的经验的东西，是远远超过了人可以认识的东西：那是某种东西，但是从来没有人说过那究竟是什么，你可以说它是某种东西，也可以说它什么都不是，怎么说都没有区别：那是空，那是梦，是“虚之实”（*bombi-*

nans in vacuo）……他们有个很好的担保，是啊……除非他们是在向我们提供这种担保。因为，我们觉得是十分明显的事物，他们怎么能看不见呢？总而言之，我们是跟他们一样的人，他们使我们感到迷惑的这种幻觉，对我们来说并不重要。一种与人无关的本质在人死后仍然存在，与人的身体偶然地结合在一起，与我们真正的人格没有任何关系，这种东西有吗？而且，而且，当他们这么说的时候，他们的思想是正统的吗？

这些怨恨会不会有假象呢？可是，需要批判的，那就不是拉伯雷，而是拉伯雷的整个世纪。拉伯雷怀着激情提出了灵魂永生不死的问题，不停地从各个方面思考这个问题，但他总是在亚里士多德的帮助之下提出这个问题的。有时候是圣托马斯的时髦的亚里士多德，有时候是阿威罗伊的亚里士多德，有时候又是亚历山大·阿弗洛迪齐亚（Alexandre d'Aphrodisias）的亚里士多德。但是，对于所有这些解读亚里士多德的人来说，答案虽然不完全一样，但提出问题的方式是一样的。这些问题对人们的思辨和希望形成了多么大的阻碍啊！在当时也许算得上是最为大胆的哲学思想家彭波那齐——谁不知道，彭波那齐的思想在很大程度上受到了经院思想的束缚，显得烦琐，缺乏影响……可是拉伯雷，当然，拉伯雷并没有用经院哲学的语言思维，但他所论述的问题，是传统已经提出来的一些现成的问题——可是彭波那齐能够充分地摆脱束缚吗？你责怪他，觉得他胆小，说他的思想有不足之处，不完整——你为他假设了许许多多私下里的想法，其实这也许根本就是子虚乌有的。拉伯雷也是这样。那么费尔奈尔呢？费尔奈尔并不是一个人，他代表的是成千上万的人，是成千上万有文化的学者，这些人

都顺从地追随了他，至少在一个半世纪的时间里，从他的《生理学》和论文“*De abditis rerunz causis*（论事物的隐秘原因）”当中汲取思想和学说[①]……然而，在很多有争议的地方，费尔奈尔的学说与拉伯雷的学说有区别吗？有人想到过因为费尔奈尔的学说实际上基础并不稳固而指责他是个不信教的人吗？

况且，最后一个错误是相信与费尔奈尔同时代的人不觉得他的思想根基不稳固。我们前边说过，当时人们的思想要巧妙得多，他们比我们更加熟悉哲学讨论。费尔奈尔是矛盾的，根据他的正式的学说，灵魂是一致的，具有生命的本原；可是费尔奈尔有时候会忘记自己的理论，会放弃自己的学说，接受（或者让人觉得他接受）活力论者在生命和灵魂之间的区别。他曾努力把生命和思想的二元论化简为统一的思想，但是显然并没有成功。他通过巧妙而专断的命名，将低一等的灵魂转化为心智之灵魂的能力，但在人死后这个低级的灵魂究竟会怎么样，费尔奈尔也谨慎地保持了沉默。但是所有这一切，与费尔奈尔同时代的人都是知道的。但是，他们相信的是他们愿意相信的东西——我们也是这样！这才是大实话。在我们前边引述过的一篇文章当中，拜尔以嘲讽的口气强调过这一点。他坚持说：“纳瓦尔的王后在有疑问的时候，会尽可能地谨慎。她会藏起自己的理性和好奇心，谦卑地听凭神的启示……”

我们以为有理由认为是属于拉伯雷的那些学说，很容易让批

① 关于费尔奈尔这种持续的影响，见于费加尔的 CCCXXXIV，尤其是书中的第一章。

评界抓到把柄，但我们不能因此而得出结论说："拉伯雷不信教，拉伯雷自己，或者通过巨人之口所宣传的那些东西，表面上看起来信誓旦旦，可他不可能相信这些东西。那都是琉善的伎俩，是嘲讽，是为天真的人布下的陷阱……"我们知道什么呢？这是我们必须明确的，当时的哲学家在如一团乱麻一般错综复杂的困难当中艰苦地讨论着，这些困难之所以存在，大都是由于他们想在教会的教导和亚里士多德的学说之间保持一致。从这样的荆棘丛中钻出来，他们的身上是不会毫无损伤的。我们能够以自己的思想来看待他们（再过三个世纪，我们的思想也会显得奇怪的），不花费任何努力去理解他们的思想，然后又指责他们，说他们不懂得"我思故我在"的道理吗？我们有资格借口说他们一定是"故意的"，才会在形而上学的综合理解上表现得如此之差，从而违背他们的意愿，把他们赶出基督徒的圈子吗？……对于某些个别的人来说，我们当然可以这样做，但理由是："这个人是个不信教的人。我们之所以这么说，不是有什么证据，而是我们对此深信不疑。因此，他不相信灵魂的永生不死。"如果我记得不错，这正是人们在逻辑上称之为的"预期理论"。

6　一人与众人

由此引出我们的最后一个思考。阿贝尔·勒弗朗在《导言》（*Introduction*）的很多地方盛赞作为自由思想家的拉伯雷有着极大的胆量。他在很多地方提到过拉伯雷"冒着危险大胆从事的事业"，提到过拉伯雷"普罗米修斯的隐喻"，以及拉伯雷那种"几乎令人难以置信”的宣言。通过“与琉善(Lucien)和卢克莱修(Lucrèce)进行比较”，我们在他身上看到的，是一个自由的思想家，他“在哲学和宗教逆潮流而动的道路上，表现得比所有当代作家都更为彻底”；从 1532 年开始，他便“不再是基督徒”，他那种琉善式的笑掩盖了“在很多世纪期间任何人都不敢想象”的意图。

我不想扮演一个板着脸孔审察别人的角色，我绝没有这样想过。这种极大的热情，这种充满青春活力的信念，很能使我们产生同感。但是，拉伯雷远远超越了当时最为大胆、最具创新意义的思想家。但是我感到吃惊的，不是他的孤独，不是他异乎寻常的大胆。恰恰相反，是拉伯雷从极大的程度上忠实地代表了与他同时代的人，代表了他们所熟悉的思想、感觉和思考哲学的方式。

因为说到底，当他写庞大固埃的时候，基督徒们接受亚里士多德的《物理学》和《形而上学》已经有三个多世纪之久。三个多世纪以来，亚里士多德所揭示的真理，在所有思辨的人们心中导致产生了一种具有特殊意义的精神危机。突然之间，博学之士们第一次看到了一个完整、完善的世界体系，并怀着种种感情发现，在“所谓自然的启示和真正的启示之间，出现了一个巨大的差距”。[①] 否认神圣天命的信条；否认上帝造人的信条；否认灵魂不死的信条，至少是否认个人灵魂不死的信条；归结起来，这就是亚里士多德的哲学对基督教所造成的主要损害。

然而，亚里士多德的系统思想在当时是无可比拟的，这一思想

① 吉尔松(Gilson)，《双重真理的学说》(*La doctrine de la Double vérité*)，见于 CDXLVI 第 53 页。

的重要性使一些人感到震惊，很多人并不打算把这一思想作为自己的信仰，某些晦涩的观念正好让他们在对上帝的信仰和亚里士多德的哲学思想之间架起沟通的桥梁。我们知道圣托马是如何把亚里士多德摆在自己的理论的中心，用亚里士多德的思想反对阿威罗伊的泛神论。阿威罗伊的泛神论同样有力地声称说，自己真正表现了希腊哲学家亚里士多德的思想。的确，有一派学说认为，阿威罗伊对亚里士多德的解释所表达的，是真理①。阿威罗伊的解释十分合乎理性，使世俗的思想在推论中得出的结论与阿威罗伊的思想不谋而合。而且毫无疑问，这些人又补充说："哲学是一回事，宗教是另一回事；哲学永远不会压倒宗教。这才是希腊大师的真正思想。他与教会的思想背道而驰吗？对于基督徒来说，基督的学说在任何事情上都应当永远占上风，这是不言而喻的。"有的人在这样说的时候是真诚的。也有的人在这样说的时候心怀鬼胎。对这些心怀鬼胎的人，当时的人们并没有上当受骗。从 1277 年开始，巴黎的主教会议便谴责了这些狡猾的人。但是传统不会很快就消失。我们只要打开拜尔的书，便会对这一点深信不疑。有人在讲授这些事。有人把这些东西印成了书。以至于到了 1532 年，当拉伯雷写《庞大固埃》的时候，我们必须想到，学校里所有的年轻人，所有的艺术大师，或者学医的学徒都知道亚里士多德的理论为信仰造成的困难，因为亚里士多德的理论说，除了自己，上帝什么都不知道。宇宙和上帝一样，也是永恒的；灵魂和肉体一样，也会

① 见于 CDLII，以及 CDXLVI，第 60 页至 63 页。

消亡，灵魂只是肉体的一种形式。那么“真正的拉伯雷”还能告诉同时代的人们什么事呢？人们以为“真正的拉伯雷”与传统的假拉伯雷是对立的。做学问的人懂得拉丁文，他们不用通过庞大固埃也知道，并不是所有的哲学家都赞成人在死后灵魂仍能幸存的学说。如果他们想了解这方面的情况，只要读一读彭波那齐的《生命论》(*De Anima*)就行。在1532年，这已经不是什么新鲜事。彭波那齐的书第一版出版于1516年，[①]在搞学问的人当中引起了很大的反响。自从这本书出版之后，又出过很多论述灵魂和灵魂永生不死的作品。意大利和其他国家的各个学派也对这场重大的争论发生了浓厚的兴趣，对此，我们可以参照亨利·布松的书(第32页及其以后部分)。一些重要的文章多次大量发表——尤其是亚历山大·达弗洛迪齐亚的《评注集》(*Commentaires*)。亚历山大·达弗洛迪齐亚启发了彭波那齐，彻底否认了个人灵魂的永生不死。[②]

① *De immortalitate animae*(《论灵魂的永恒》). Bologne, per Justinianum Ruberiesein, 1516, in-f°.—亦见于，*Apologia pro suo tractatu de Immortalitate Animae*(《为自己对永恒灵魂处理的辩护》), Bologne, 1518, in-f°.—*Defensorium, sive responsiones ad Aug. Niphium*(《辩护，或答阿高斯蒂诺·尼佛》), Bologne, 1519, in-8°. 等等。除此之外还有阿高斯蒂诺·尼佛(Agostino Nifo)的书：*De Immortalitate animae libellus*(《论灵魂永恒的小册子》), Venise, 1518, in-f°。

② 以下是几个版本：*Enarratio de Anima, ad mentem Aristotelis*(《有关灵魂的阐述——依亚里士多德思想》)，1495年印行于布莱西亚(Brescia)，四开本；1514年印行于威尼斯，对开本；1535年印行于巴塞尔，八开本；1538年印行于威尼斯，八开本；1528年印行于巴黎，对开本；此前先出版了戴米修斯(Themistius)的《评论》(*Commentaires*)。亚历山大·达弗洛迪齐亚对《形而上学》(Métaphysique)的《评论》由塞普尔维达(Sepulveda)翻译，1536年在巴黎科林出版社(Colines)用对开本出版；1561年在威尼斯出版。由瓦拉(Valla)翻译的 *Problemata* 1520年用对开本在巴黎出版。加扎(Th. Gaza)翻译的版本1524年，1539年在巴黎出版，1551年在里昂出版，等等。

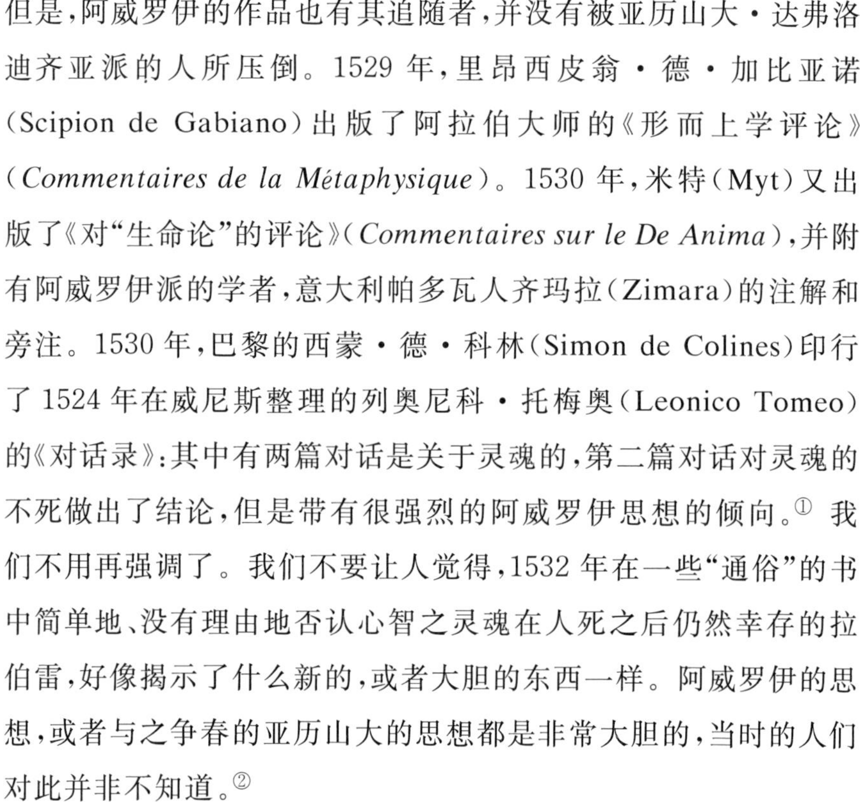

但是，阿威罗伊的作品也有其追随者，并没有被亚历山大·达弗洛迪齐亚派的人所压倒。1529年，里昂西皮翁·德·加比亚诺（Scipion de Gabiano）出版了阿拉伯大师的《形而上学评论》（*Commentaires de la Métaphysique*）。1530年，米特（Myt）又出版了《对“生命论”的评论》（*Commentaires sur le De Anima*），并附有阿威罗伊派的学者，意大利帕多瓦人齐玛拉（Zimara）的注解和旁注。1530年，巴黎的西蒙·德·科林（Simon de Colines）印行了1524年在威尼斯整理的列奥尼科·托梅奥（Leonico Tomeo）的《对话录》：其中有两篇对话是关于灵魂的，第二篇对话对灵魂的不死做出了结论，但是带有很强烈的阿威罗伊思想的倾向。[1] 我们不用再强调了。我们不要让人觉得，1532年在一些“通俗”的书中简单地、没有理由地否认心智之灵魂在人死之后仍然幸存的拉伯雷，好像揭示了什么新的，或者大胆的东西一样。阿威罗伊的思想，或者与之争春的亚历山大的思想都是非常大胆的，当时的人们对此并非不知道。[2]

但是准确地说，那些不懂拉丁文的读者又怎么样呢？对那些几个世纪以来人们都在激烈争论的学术问题一无所知的人们，卡

① 见于布松，CDXXXIX。我们只提到了阿威罗伊派和亚历山大派的一些文章。但是阿威罗伊的思想也因为一些正统派的作者而得到普及。比如纳瓦尔派的乌普朗德（Houppelande，1492）先阐述阿威罗伊的思想，然后再批驳他（1489年之后在巴黎出过很多版本）；再比如克洛卡尔（Crockart），*Acutissimae quaestiones*（《最犀利的询问》）曾多次印行，见于索引中的DXIII。

② “在整个文艺复兴期间，在意大利和法国，人们对灵魂永生不死问题的关注远远超过对奇迹的关注。我找出了那个世纪在法国发表的不下六十篇关于灵魂永生不死的专题论文或论述。”（CDXXXIX，43，n. 3）

冈都亚写给庞大固埃的信不能起到有所揭示的作用吗?揭示了什么呢?拉伯雷,急于打倒宗教,破坏人们的基督教信仰意识的拉伯雷,这个时候终于面对公众了:一个全新的公众,从来没有在神学院听过课,最多也只知道亚里士多德的名字的人们……拉伯雷将向他们灌输一种危险的思想,那就是,没有人能够证明灵魂是永生不死的。人的理性无法说明这一点。灵魂的永生不死只是一个信条,是要人们信仰,而不是让人批评的。但是,拉伯雷是第一个向这些人说这种话的人吗?

* * *

让我们想象这样一个有趣的、可能是确实的情景。一个天气晴朗的星期天,在旺代或者普瓦图的某个乡村教堂里,方济各会的修士、冯特奈勒龚特修道院的修道士、教士弗朗索瓦在本堂神甫吁请之下,走上讲坛。他布道的主题是什么呢?是基督教讲道时的永恒主题:死亡,以及死亡之后的一切问题,在基督徒的心中能够解释死亡,证明死亡的理由的问题。修士阐述了方济各会的天才神学家司各脱(Duns Scot)的纯粹理论①:"兄弟们,你们说

① 宗教改革发生时,司各脱(Duns Scot)是方济各会的正式圣师。特尼教务会(Chapitre de Terni)制定,亚历山大六世于1501年4月7日批准的普通教会法(Les Constitutions générales)把司各脱排在最前面,排名甚至在波纳旺图尔之前。见于隆佩(Longpré)的《司各脱的哲学》(*La philosophie du B. Duns Scot*),载《方济各会研究》三十五卷,1923年,第610页。我们明白《巨人传》第十三章(勒弗朗版本第一卷第138页)卡冈都亚为什么在列举了一大堆蹩脚的文章之后,惊呼道:"这就是苏格兰的约翰兄弟的意见!"这句话能够压倒一切,是无法抵制的理由。

灵魂永生不死的问题吗?我们要相信灵魂的永生不死,教会要我们相信。但是人的理性却无法让我们相信这一点……脆弱的理性如何才能向我们证明,用什么理由让我们肯定地相信理性的灵魂是一种自在的形式,一种不需要肉体便能够存在的形式呢?另外,如果有人对你们说:只有灵魂永生不死,坏人才能够受到惩罚,义人才能够受到奖赏,那么谁又能证明,怎么样才能够合理地证明真的有至高无上的惩恶扬善之人呢?没有,没有任何证据能够让我们确信个人灵魂的永生不死和神圣天命的存在。理性可以证明永生不死是可能的,是可信的;是令人无限希望的,而且在某些方面还是必须的。但是,其他的则需要由信仰,也只能由信仰承担起来。"

所有这一切,弗朗索瓦兄弟在变成阿尔高弗里巴之后,也完全可以带着像拜尔(Bayle)那样冷嘲热讽的笑,在《庞大固埃》中再说一遍。他可以用讽刺的方式,将佩罗·达布朗古(Perrot d'Ablancourt)对帕特鲁(Patru)所做的关于灵魂永生不死的《讲话》[①]再说一遍:"你之所以相信灵魂的永生不死,是由于你的理性是这样看的。而我,则与我的感觉相反,我之所以相信我们的灵魂是永生不死的,是因为我们的宗教要求我相信。请比较一下这两种感情,你一定会承认我的感情要好得多。你的感情不仅仅是天主教的感情……对于上帝让我们相信的东西,如果我们以理性为

① 重印于《帕特鲁全集》第二卷第345页及其以后部分。见于XXIII, v°,佩罗·达布朗古(Perrot d'Ablancourt),IV, 605, n. L.。

基础，那就是对上帝缺乏完全的信任……”总而言之，如果我们假设拉伯雷有那种传布信仰的热忱，那种向“可怜的傻瓜们”普及教理的激情——我们可以顺便说一下，正是这一点，使得拉伯雷成了一个与阿威罗伊完全相反的人——，那么拉伯雷用不着任何自己创新的东西。他只要使用人人都知道的，自由思想家们都曾使用过的手法：好心好意地阐述个人灵魂永生不死的学说所遇到的困难；然后再以信条做掩护：“你们看看，好心的人们，好好热爱这个神秘的东西吧。在理性的指引之下，去怀疑吧。在信仰的指引之下，去相信吧！”到时候做个鬼脸，露出个微笑，需要的时候再开开玩笑：这就行了。索邦神学院里也是这样的。

我们在哪里看不到这样的事呢？大胆的拉伯雷想说的是，灵魂会和肉体一起死亡，死亡不会给人打开任何其他的门，人死如灯灭；要想让老百姓相信这些，最好的办法就是写给卡冈都亚的那封信的开头部分所说的话，这是一段庄重、动人、理论正统的话。最大胆的地方，就在于这里只说了人在死后灵魂会离开尘世，却并没有再说灵魂是不死的，或者在他的文章中加了一句“从一个地方到了另一个地方”或者“完全死灭”，在整整三百九十年的时间里，没有一个评论家理解这些话真正的颠覆性的意义。拉伯雷的意图本来是十分清楚的，结果却是四个世纪之后，才被一个极其精明的人发现。这个拉伯雷可真够大胆，阿贝尔·勒弗朗让我们看到他的胆子大到使我们战栗的程度吗？算了吧！其实他是最为胆小的胆小鬼，或者是个最为拙劣的传教者。阿尔贝·勒弗朗感叹道：“那种潜在的、隐忍的嘲讽力量是多么强大啊！”其实“潜在”就是虚弱，“隐忍”不过是谦虚。拉伯雷的嘲讽，只有有信仰的人才看得到，至少在这里是这样[①]。1533年,巴黎有一个很了不起的意大利人,原来是克莱蒙七世的医生,后来改为法国国王效劳,而且后来保罗三世又把他召去了罗马;这个人专门以亚里士多德的《论灵魂》(*De Anima*)为题讲过课。这是一个热门的题目。然而,他给我们留下了一本二行诗集,有十首二行诗,是他用来表明自己的信仰的。他在波伦亚当着教皇克莱芒(Clément)把这些诗读给人听[②]。我们在里面能看到了什么呢?"灵魂"(*Mens*)坐落在天国辉煌的高处,并从那里给他创造的人以生命,使他们孕育,让他们充实。他也从那里看着,审查着人的所有行为。他把精神和低等的智慧在人身

① 我们只讲一件人们经常忘记的事。只不过,我们是改不了的,而且我们总是天才地相信,我们觉得是"自然而然"的事,对于我们从来不是难事,对古人也不会是什么难事。如果把基督教的人和人的命运看成是一个建筑,那么灵魂的永生不死就是这个建筑中一件基本的构件。我们认为这是显而易见的事,所以便自发地认为,各个时代的基督徒都像今天的基督徒一样,都有这种观念。然而,我们大概会让很多专断的博学家们感到惊讶,他们怀着不容置疑的自信,说拉伯雷反基督教;然而,我们不要忘记,对灵魂永生不死的信念,"在古时候某些神父们心中是极其模糊的,几乎是不存在的"。这是吉尔松说的(CDXLVIII, t. I, p. 177),他还说:"不相信灵魂永生不死的基督教并不是完全不可以想象的。曾经有人这样想过。"的确,重要的是,灵魂与肉体在最后的审判时一起复活,好让人——所谓人,不只是单独的灵魂,也不只是肉体,而是灵魂与肉体的结合——享受永久的福祉,或者永久的惩罚。人的肉体是会死的,灵魂则永生不死,肉体复活再与灵魂结合在一起,这种观念在人们的思想上产生了无数的困惑,而这种困惑被人说成是异端。16世纪的人们并不是不了解古时候的神父,这难道还需要说吗?16世纪的人们也读戴尔图利安的书,也读1521年由福洛本(Froben)印行的《论生命》(*De anima*);也读朱斯丁(Justin)的《与特里风的对话》(*Dialogue avec Tryphon*),也读伊里奈乌(Irénée)的作品,也读塔提安(Tatien)的《对希腊人的讲话》(*Discours aux Grecs*)。他们比我们有学问。我们无知,却占着优势,但他们是有真正学问的人。有关这方面的研究,请见于 W. Götzmann, *Die Unsterblichkeitsbeweise in der Väterzeit und Scholastik*, Karlsruhe, 1927, in-8。

② 关于贝尔米斯里(Belmisseri)及其理论,详见 CDXXXIX 第155页。

上交织在一起，让人学会引导那沉重的皮囊。“精灵”脱离了肉体，回归天国的位置，那里是适合永恒精神的地方（贝尔米斯里说的是“永恒的精神”，而不是“永生不死”……）。我们不用再说了。如果说拉伯雷写了给卡冈都亚的那封信，就是自由思想的英雄，那么贝尔米斯里呢？他先是当过教皇克莱芒的医生，后来又是教皇保罗的医生，他并不觉得自己与别人有天壤之别，但他作为一个很彻底的阿威罗伊分子，认为有效的心智（intellect actif）是不死的，或者更准确地说，是永恒的。

第三章　哀庇斯特蒙的复活和奇迹

我们来看一个最大的、最难办的问题，关于“奇迹的问题”，也就是说，在《庞大固埃》的第三十章所讲的事：“哀庇斯特蒙头颅被砍，经帕尼尔日救活，带来魔鬼及地狱里苦鬼们的消息”。

帕尼尔日刚刚在一对一的搏斗当中打败“人狼”。帕尼尔日想到“人狼”原来是魔鬼，便先把“十八担四十八斤海盐”扔向他的嘴里。后来又把他那巨大的身体当作大棒，抡将起来，将巨人们打得落花流水。胜利来之不易，但得来也是理所当然的。当他处在生死关头的时候，他向上帝许过愿，说如果他胜了，“在他的号令所到之处”，他将“一字不增，一字不减，一字不易地传布”福音圣书。说到这里，他听到天上有人呼道：“尔斯为，尔其捷哉！”

只是，在巨人完全溃败之后，庞大固埃的伙伴们清点人数。哀庇斯特蒙不见了……人们到处找寻。最后在死尸堆里找到了，他已经死了，“血染的头颅留在两臂中间”。帕尼尔日马上说：“儿郎们，大家不用悲伤。哀庇斯特蒙四肢尚温。我能把他救活，让他还像先前一样活蹦鲜跳！”

他清洗了伤口，将头仔细地安放在脖子上。用针缝了两三个地方，涂上一层他称之为起死回生膏的油膏，哀庇斯特蒙便又有了气息，睁开眼睛，打了一个喷嚏，放了一个响屁，显露出活过来的迹象，让帕尼尔日说："你看，这不是已经治好了。"

阿贝尔·勒弗朗叫道，这简直是令人感到愤慨的模仿。*Hoc fac et vinces*！（尔斯为，尔其捷哉！）不仅以滑稽的方式让人想到 *In hoc signo vinces*！（"有此迹象，你将胜利！"）这句话宣告了君士坦丁（Constantin）取得胜利的奇迹，而且我们绝对相信，这里所模仿的，是《新约》里两个最令人敬重的奇迹，也就是：睚鲁之女（la fille de Jaïre）的复活和拉撒路（Lazare）的复活。某些地方显然是从睚鲁之女的复活中借来的，也有的地方是从拉撒路的复活当中借来的。[①]

难道我们会"绝对不相信"这是滑稽的模仿吗？在谈到史实时，我们从来没有什么绝对相信的事。有人说过："信念是先验论当中最为奇怪的现象之一。人们只相信无法验证的事，人们所相信的，不是有关人的理性的事，而是有关人的信仰的事。"而我们是搞研究的。我们只在理性的指引之下研究。

1　故事来自《福音书》还是《阿孟四子》？

让我们先把"尔斯为，尔其捷哉"的问题放到一旁。这是根据康士坦丁的"有此迹象，你将胜利"改编的吗？显然是。但是，在拉伯雷的时代，人人都会拿这句话开玩笑的。《珍本收藏报》从前说发现了一本巴黎的或者安特卫普的小集子，大概是 1528 年的。书

---

① LXXXIX，p. xlvii。

的名字就很能说明问题："在这令人赞佩的一天，土耳其被神圣十字架的效能和威力所击败：本周五圣卢西日，一百八十万人死于战场"。题目上有个木刻的版画，画的是一个十字架，上面便是 *In hoc signo vinces*！（"有此迹象，你将胜利！"）然而，这只不过是通俗小报上的文章，讲的是一篇神奇故事，说的是土耳其遭到埃塞俄比亚的国王兼教士约翰（le Prêtre-Jean, roi des Éthiopiens），波斯王伟大的索菲（le grand Sophy, roi de Perse）和匈牙利国王同时攻打。

我们还可以再补充说，《庞大固埃》夸大其词的语言"背景"没有什么不恭敬的地方，恰恰相反。自天而降的声音鼓励庞大固埃，是为了回应崇高而美好的祈祷。它所回应的，不是"滑稽鬼开的玩笑"，不是让宗教显得可笑的话，而是一个国王庄严的诺言，让福音圣书在整个王国传布宣扬。我们要么为庞大固埃的祈祷而感到愤慨，可阿贝尔·勒弗朗说这是一篇美好的祈祷（第 xlvi 页），而且的确也很美好；要么我们承认使用模仿宣布奇迹的话语没有任何令人愤慨的地方，甚至算不上是"滑稽的模仿"……

还有最根本的一点：那就是《庞大固埃》第三十章。这一章本来可以向我们提供一些重要的、决定性的材料，让我们深信拉伯雷具有咄咄逼人的、战斗性的反基督教思想。然而，我们在这一章所看到的，是被丑化的福音书，而且拉伯雷写这一段文章的精神（和形式）都使我们无法怀疑他的用心吗？换句话说，拉伯雷是以讽刺的手法完全有意识地丑化了基督所实现的两次奇迹吗？这两次奇迹当中，一次是约翰福音中说的拉撒路的复活，一次是其他三本福音书中都多少提到过的睚鲁之女的复活。

让我们不带偏见地读一读福音书中的文章吧。[①] 拉伯雷熟悉这些文章。对于一个教会的人来说,这并不是什么奇迹。他要在书中描写治病救命的奇迹时,想到了基督救人的事;他内心有压力,担心这是某种形式的传统的"文学偶像";拉撒路的复活,睚鲁之女的复活出现在他的眼前:这都是完全可能的。他的故事有可能从很大程度上得益于他潜意识中的文学记忆。但是,我们有必要把拉伯雷的文章和福音书的文章细细比较,牵强地找出相似的地方来吗?这样做是徒劳的。差别触目皆是。

首先,拉撒路和睚鲁的女儿是"完全死了的人",是因病而死亡的人。哀庞斯特蒙的情况则更难。他的"头颅被砍了下来"。于是,帕尼尔日对这个被砍了头的重伤之人做了一场外科手术,作为医生的拉伯雷仔细地描述了手术的方式。"他用上等白酒仔细洗净哀庞斯特蒙的脖子和头颅,敷上一层收敛性的粪精散,这是他经常带在身边的药品,又涂上一层不知名的药膏,然后,筋对筋,血管对血管,关节对关节,一丝不差地拼好,以免日后脖子害关节痛……拼好之后,四周缝上十五六针……然后又涂上一层他称之为起死回生膏的药膏"……我们看到,拉伯雷之所以在1532年由格里夫印行了盖仑的《医学艺术》和其他论文,并不是无缘无故的(Cap. XC, *Curatio solutionis continuitatis in parte carnosa*; cap. XCI, *De solutione continuitatis in osse*)。同一个拉伯雷在其他的地方曾大胆地说过:哀庞斯特蒙被砍下来的头颅是"明显的

① 关于拉撒路,见于约翰福音第十一章第34句。关于睚鲁之女,见于路加福音第八章第52句以及马可福音第五章第39句。对此,马太福音第九章中的故事并没有增加什么新的内容。

连续性方案”[1]……

* * *

福音书的故事中根本没有这类的意思，这还用说吗？对拉撒路和睚鲁的女儿，基督使用的是极其简单的方法让他们复活的。拉撒路的复活，是基督在乞求了圣父之后，大声叫道：“拉撒路出来！”于是拉撒路便起来了。睚鲁之女复活时，他拉住那女孩的手说：“闺女，我要你起来！”于是那女孩便起来了。拉伯雷在故事中没有任何这类的模仿。但是反过来看，福音书中根本没有使阿贝尔·勒弗朗十分担心的“不知名的药膏”或者“起死回生的药膏”。也许，当基督让聋子听见声音、让天生的盲人看见东西的时候，是从自己身上发出某种带有他个人影响力的物质触及他们，比如他的唾液，但唾液不是药膏。

帕尼尔日使用的“起死回生的药膏”不是来自于《福音书》。塞内昂说过[2]：“这是假好汉（*Fierabras*）的！”撒拉逊的巨人马鞍上总是带着两只装满了香油膏的小桶，那是为基督熏香的油膏。他一旦受伤，马上喝上一口，伤口立刻就好。在与奥利维埃（Olivier）战斗时，如果他佩服对手的勇气，便大方地送一些给对手。

对这两者的比较，人们可以随便怎么想。我觉得阿贝尔·勒弗朗把拉伯雷的故事与福音书进行比较显得更加牵强。但是，塞

① 我们顺便可以提一提全集版本所提供的解释（第三卷第 180 页注 43）：“经院哲学的词汇”需要进一步说明。盖仑医学词汇，也需要进一步说明。

② CCCLXXIX, t. I, 335。

内昂把我们的思想引向了中世纪的文学作品，拉伯雷对这些作品了如指掌，神奇的起死回生的故事，奇迹般的药膏和治病法，死而复生的事在这些作品中俯拾皆是。在玛丽·德·法朗士（Marie de France）的《莱·艾丽杜克》（*Le Lai d'Eliduc*）当中，一个年轻的姑娘睡死过去，又被一枝花唤醒过来，这枝花曾用来使一只被打死的鼬复活。在《阿米和阿米尔》（*Amis et Amiles*）当中，死去的儿童被神的奇迹救活，这些孩子的血又治好了阿米尔（Amile）的麻风病。在《布莱夫的约当》（*Jourdain de Blaives*）当中，人们都以为一个妇女死了，可是她身上抹了神坛后面保存的药膏之后，又活了过来[①]。这些例子是从比较老旧的文本当中选取的。我们要读的，是根据这些旧文改编的中世纪小说的散文本。[②] 当时的资产者争相购买这种书，当时的书商，尤其是里昂的书商，也一次又一次地印行。拉伯雷知道这些书，读这些书[③]，也许还写过这种书。

他的出版商克洛德·努利（Claude Nourry）从世纪初以来不断印行的一本书，他肯定读过。博德里埃引述过 1526 年的一个四开本哥特式字体的版本，一本 1531 年的大四开本的版本，同样也是哥

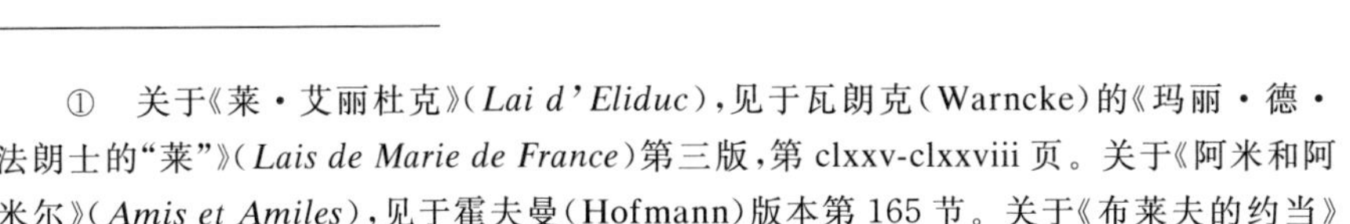

① 关于《莱·艾丽杜克》（*Lai d'Eliduc*），见于瓦朗克（Warncke）的《玛丽·德·法朗士的"莱"》（*Lais de Marie de France*）第三版，第 clxxv-clxxviii 页。关于《阿米和阿米尔》（*Amis et Amiles*），见于霍夫曼（Hofmann）版本第 165 节。关于《布莱夫的约当》（*Jourdain de Blaives*），见于霍夫曼版本第 91 节。

② CCCXCV，176 页注解及脚注以及 CDV，145 页。

③ 贝什（Besch）除外，CCCXCV，见于 LXIV。拉伯雷很愿意引述《阿孟四子》（*Quatre Fils Aymon*）的故事。见于《卡冈都亚》第二十七章："《阿孟四子》的武功诗里有个隐修士摩吉士，手提棍棒，击退萨拉逊人，那是何等威武；但是，比起这使十字架的约翰修士，差得太远了……"

特式字体的[①]。巴黎的出版社按照当时的方式,也印行了很多这种书。这种潮流持续了很久。我们小时候都读过“蓝色图书”系列(*Bibliothèque Bleue*)的《阿孟四子》……让我们像拉伯雷一样,打开这本书[②],翻到第十一章。我们会看到很多令人吃惊的东西。

勒内(Renaud)刚刚击溃法国人。但是他为胜利付出了沉重的代价。勇敢的弟弟里查(Richard)伤痕累累,死于非命。勒内找不到弟弟的尸体,伤心地叫道:“‘唉,我失去了好弟弟,我在世界上最好的好朋友,该怎么办啊!’说完,便从巴雅尔(Bayard)身上倒在地上,昏了过去。阿拉尔(Alard)和吉沙尔(Guichard)看到他们的兄弟倒了下去,便开始怀念里查。”

然而,勒内又从昏厥中醒了过来。“他开始因里查而对阿拉尔和吉沙尔悲痛万分,里查躺在地上,手里握着自己的肠子。”就像哀庇斯特蒙“血染的头颅留在两臂中间”一样,拉伯雷的小说自有其特色,描写极其夸张,像一幅漫画。——这时候帕尼尔日来了,我想说的是莫吉(Maugis),他“骑着宝马布洛瓦盖尔(Broyquerre)……莫吉看到里查如此伤痕累累,心里感到非常痛苦,他看看里查那可怕的伤口,因为身体里的肝都露出来了”。他向勒内说道:“你向我保证,要跟我一起来到查里大帝的帐前,帮我攻打他,为我父亲报仇”,如果这样,“我向你保证还你一个完好而健康,没有任何痛苦

① XXI,第 135 页到 136 页。

② 我们手头没有努利的版本。这里引述的是国家图书馆保存的里昂的让·德·纹格勒(Jean de Vingle)的版本(1497 年 11 月 4 日印刷)。让(1513 年)在印刷厂印行过好几次带有让·佩雷阿尔(Jean Perréal)装饰图案的《阿孟四子》。见于 I, t. XII, 194, 198, 199, 203, 306。他还印行了《假好汉和丹麦人奥吉耶的故事》(*Fierabras et Ogier le Danois*)。

的里查”。帕尼尔日也是这么保证的:“儿郎们,大家不用悲伤,哀庇斯特蒙四肢尚温,我能把他救活,还像先前一样地活蹦鲜跳。”——勒内答应了。莫吉跳下马来,开始施法作术。“这时他拿出一瓶白酒,清洗已经断了气的里查的伤口,洗掉四周的血迹。对他的法术,你不要感到奇怪,因为他是世界上最高明的巫师。洗过伤口之后,他拿起流出来的肠子,又放回身体里,拿了一根针,轻轻地缝上伤口,没有让他感到非常的疼痛。然后,他又拿了一种油膏涂在整个伤口上,伤口便立刻愈合,好像从来就没有破损过。在此之后,他又拿出事先准备好的一种汤药,让里查喝下去。里查喝了这药之后,便站了起来,不再觉得任何痛疼,对兄弟们说:‘奥吉埃哪里去了,还有那些人,从我们手中逃脱了吗?’”

拉伯雷描写的哀庇斯特蒙起死回生的奇迹,这里都有,他是原原本本从这里学的,他所使用的素材,都是来自于这里。[①] 我们不要忘记:帕尼尔日“拾起死人的头来,塞入自己的裤裆,以免着风受凉”,然后开始清洗伤口,洗的时候用的也是“上等白酒”。他一定是向拉伯雷医生学习过,在伤口上也涂了一层“粪精散”,讲故事的人并不是那么天真,还认真地说,“这是他经常带在身边的药品”,后来“又涂上一层不知名的药膏”,把头安在脖子上,也是在“四周缝上十五六针”。所有这些技术细节都与莫吉的一样。

① 阿贝尔·勒弗朗引述《圣经,路加福音第八章》的话:Flebant autem omnes, et plangebant illam. At ille dixit: Nolite flere, nonest mortua puella, sed dormit. Et deridebant cum, scientes quod mortua esset.(众人都在哭泣,为她悲伤,耶稣对他们说:“不要哭,她没死,只是睡着了。”众人都嘲笑他,因为知道她已经死了)。然而,我觉得只要把福音书中的话和中世纪小说中的描写进行一下比较,就可以知道,《庞大固埃》中的故事从词语的表达和内在的意义上都与福音书相去甚远。

但是到此为止还不算什么。帕尼尔日和莫吉所做的，不过是一个技术熟练的外科医生所做的事。剩下的是如何使这个包扎好了的尸体起死回生。头和身体虽然“缝合在一起”了，但那仍然是一具尸体……他们要怎么做呢？念咒？招魂？把带有气功的，或者沾有唾液的手在死尸上抚过？莫吉是让查里喝了一种神奇的药水，里查便站了起来。如果拉伯雷想以滑稽的方式模仿基督的奇迹，那就很难选择了：帕尼尔日该怎么办呢？拉住死人的手？向死人的脸上吹一口气？大声地呼唤他？用唾液去摸他，然后：“大声呼叫说：拉撒路出来！那死人就出来了”[①]。或者：“拉住她的手，呼叫说：闺女，起来吧！她的灵魂便回来，她就立刻起来了！”[②]应当说，如果拉伯雷这时候真的曾经想到过模仿福音书中基督的奇迹，那么他也隐藏得很好，让人根本看不出来。帕尼尔日根本就没有让哀庇斯特蒙喝什么神药：他的做法算不上是什么出奇的发明，只是在缝起来的脖子四周涂了“一圈他称之为起死回生膏的药膏”，哀庇斯特蒙便睁开了眼睛。

* * *

当我们对照着读《圣经》上基督的故事，莫吉奇迹般地治好里查的故事，以及帕尼尔日让哀庇斯特蒙起死回生的故事时，即使是治

---

① “*Voce magna, clamavit: Lazare, veni foras! Et statim prodiit qui fuerat mortuus!*”

② “*Tenens manum ejus, clamavit, dicens: Puella, surge! Et reversus est spiritus ejus, et surrexit continuo, et jussit illi dari manducare!*”

学极为严谨的人，也不会有丝毫的怀疑。如果读者去看看中世纪的小说原文，而且事先注意过贝什（M. Besch）在一篇文章的一条注解里所给予的说明，这是我们在前边提到过的[①]，那他就不会认为，就不会说《庞大固埃》的第三十章是在阴险地模仿基督的奇迹……

不管遇到什么样的困难，看了《阿孟四子》的故事，便都迎刃而解。拉伯雷用的是"治好了"，而不是"起死回生了"，对此，人们说得很是神秘。"拉伯雷不敢说'起死回生'，是不想让人们过分地注意这个故事的隐含意义，他觉得已经说得够清楚了，了解内情的人应该一看就知道。"拉伯雷说"治好了"，是因为他所模仿的样板说的是"我向你们保证，还你们一个治好了的，身康体健的里查"。而且他说得自然而然，天真烂漫，没有任何虚假的内心思想。如果"了解内情的人"很高兴地理解了这个故事，那他们是把本来有些愚蠢的思想理解成了壮举。因为说到底，我想谁也不会把拉伯雷当成是格里布（Gribouille），为了避雨会跳进水里去。说拉伯雷为了避免被人怀疑而用"治好了"来代替"起死回生"，少说也是一种十分奇怪的想法，因为两三行文字之后，他又顾不得谨慎，把从死人堆里将哀庇斯特蒙救活过来的神奇膏药称之为"起死回生膏"了……

拉伯雷在写《庞大固埃》的第三十章时，受了《阿孟四子》第十一章的启发，这并不是什么出乎意外的事。贝什的看法太过于简单化，我并不赞成。贝什写道（第 176 页）："我们可以说，《卡冈都

① 贝什写道："试比较《阿孟四子》中莫吉使里查起死回生的奇迹以及《庞大固埃》第二卷第三十章中哀庇斯特蒙起死回生的故事。拉伯雷的故事几乎是一字不易地模仿了《阿孟四子》"（CCCXCV，177，n. 1）。贝什在我们之前——也在勒弗朗写《导言》之前——就已经看到这篇确凿的文章。

亚》和《庞大固埃》完全模仿了中世纪的骑士小说，虽然不是从头至尾地模仿，但主要是在前两卷书中。”我们始终要注意“完全”这个词的用法，因为这种说法导致产生了很多夸大其辞的理解和错误。贝什用简单的一句话，便概括了很多东西，《卡冈都亚》和《庞大固埃》其实并不是像他说的那么简单。我甚至觉得模仿这一说法并不确切。但是尽管如此，拉伯雷在1532年写书时，的确是想让读者看到一种显然是新式的“巨人武功”小说。但这的确是武功故事，讲述了战争，失败——痛心疾首的情感——，因此也就有起死回生的奇迹故事。庞大固埃的谱系当中，从“假好汉”（Fierabras）到莫根（Morgant），再到费拉古（Ferragus），这些传奇的英雄都有，这还要我们说吗？哀庇斯特蒙死的时候到地狱里去转了一圈，不是也见到了很多这样的英雄吗？[①]

2　16世纪与奇迹

但不管怎么说，帕尼尔日使哀庇斯特蒙起死回生，究竟算是奇迹。拉伯雷在故事中所模仿的，究竟是奇迹。他在写这个故事的时候是不是想起了莫吉的奇迹，说到底并不要紧。要紧的是，拉伯雷想通过这个故事达到什么目的。你能说他的想法是纯洁的吗？

我们切记不能做出任何这类的担保。这并不是没有缘故的，因为谁也无法进入弗朗索瓦·拉伯雷意识的深处。但我们可以毫不犹豫地说的，是拉伯雷借了帕尼尔日的面具，在嘲笑那些天真的

① 见于《庞大固埃》第三十章。

人和轻信的人,他们把听到的蠢话一概信以为真,像傻瓜一样相信人们讲述的各种各样的奇迹("爱是凡事相信")——1532 年的拉伯雷不是神人、英雄和超人。

首先,那个时候的奇迹到处有,天天有,时时有,处处有,事事有。尽人皆知。在文学当中俯拾皆是。武功小说里的,我们刚才已经看到了。比这个更玄妙的,是大众读物,是专业出版者成千上万地印刷的宗教读物,里面讲的都是神奇故事,天象奇观,治病的奇迹,这些故事保留到今天的,只是九牛之一毛,我们的祖先喜欢这类神奇的际遇,毫不怀疑地相信这些故事,那些书便让他们感到很满足。[①] 奇迹!虽然上帝有上帝的奇迹——上帝和圣母,以及上帝的仆人们,也就是那些圣人——,但是大家都在制造奇迹。上帝的对立面魔鬼有奇迹。而且上帝的阵营和魔鬼的阵营在这方面一模一样,所以在问到那些艺术家,问到那些在奇迹和魔鬼方面都是专家的神学家时,他们都要戴上大眼镜,看两遍才能发表意见。[②] 在这一点上,我的意思是说,关于是否存在"撒旦的奇迹",神学家们在思想上没有丝毫的犹豫,有时候,撒旦的奇迹给他们帮了太多的忙,在他们遇到困难时,为他们提供了十分简单的办法。[③] 应当

① 比如 XVII 中多处提到。哥伦布在里昂游历时,就曾提到他买过的这些书。

② 拉伯雷在《第三卷书》第十四章当中提到了这一困难:"的确,我心想,如果人们私下里想了解圣书中所说的天使现身的故事是怎么回事(因为撒旦的天使经常变成光明的天使),那么解释圣书的神学家和玛索莱兹(Massoretz)会说,这两种天使的区别是,好的,能给人带来安慰的天使出现在人面前时,会使人感到高兴,满意。坏的,诱惑人的天使开始时会让人高兴,但最后会让人心慌意乱,让人感到气愤、迷惑。" LV,第五卷第 121 页。

③ 加尔文便经常利用这一点。为宗教而牺牲的人不胜枚举,时时都有;宗教改革派想以此为证据改革宗教,但是反过来,天主教也利用撒旦的天使来限制宗教改革派的证据所起的作用。宗教问题的辩论家们反驳说:"撒旦也有牺牲者。"见于 DXII。

说，上帝的奇迹显得更加正常，是伟大的奇迹，因为得到宗教机构的承认，朝圣的人会突如其来地蜂拥而至，因而成为神圣的奇迹。我们只举一个例子，圣母在拿撒雷住过的房子被天使们奇迹般地搬移到了洛雷特。我们知道[①]，这个传说是如何在15世纪末或者16世纪初形成的，当时法国有个国王，很幼稚地怕死，便让人到卡拉布里亚的腹地去找了一个会奇术的神人，带回法国，好借这人的神力让自己免死，这是个到哪儿都会制造奇迹，似乎具有虔诚的魔力的人。还有一些小的奇迹，在日常生活中不足为奇的奇迹，在讲理性的书和当时的年鉴当中描写得详详细细：经过游神、许愿之后下雨了；一场雾奇迹般地消解了霜冻；经过雨季之后，太阳幸运地再一次挂在天上，使小麦得以成熟；更加惊人的是一些得病的人不治而愈，困境中的人得救，上吊死了的人神奇地起死回生……

拉伯雷经常诙谐、风趣地嘲弄这一类神奇的故事，难道这也是“奇迹”吗？这样做的并不只他一个人！我们再一次重申不再相信，或者不再假装相信，我们1530年的祖先会相信随便什么人以虔诚的名义让他们相信的任何事情。1528年9月19日，克里斯托夫·布埃格(Christophe Bueg)在莫贝尔广场被绞死，行刑前求助于雷库夫朗斯圣母院的保护，行刑后从绞刑架上被放下来，又奇迹般地复活了，后来又得到了饶恕；整个巴黎为之轰动。《巴黎资产者报》说这是神的奇迹。但是圣维克多的教士皮埃尔·德利亚尔(Pierre Driart)(这个人可不是不信教的！)说的要更加谨慎些，“正如人们所言，是奇迹般的行刑”，在讲述了所发生的事后，又加

① 见于谢瓦利埃(U. Chevalier)议事司铎关于《圣屋》的作品。

了一句很能够说明问题的话，说奇迹是“*Quod pie creditur*（被虔敬地信仰的）”。而律师维尔索里（Versoris）干脆就认为，犯人根本就没有被绞死。[①] 如果在这个时候，一个死了的人出现在活人的眼里，并告诉他们说自己是被判了死刑的，索邦神学院的人会干涉说：当然，幽灵显形是可能的，但是万一搞错了，有可能会因为假奇迹的事，使人民群众对真正的奇迹丧失信仰（*ne falsorum miraculorum praetextu*，*veris miraculis detrahatur*）。

我们的神学家大师们就是这样以谨慎的态度说话的。在相反的阵营里，人们讲话的声音要高得多！我们不要忘记，基督教从一开始便搞了很多“人为的发明”，在戳穿这些“发明”的过程中，福音书派的传教士们所遇到的很多奇迹都是为他们所憎恨的流弊提供担保的。没有过多久，为了反对福音书派的传教士，基督教甚至开始制造全新的奇迹，并且不知羞耻援引这些东西。对此必须做出反应。福音书派的教士们很早就做出了反应，而且反应之强烈常常受到人们的责备。

我们前边提到过[②]，波斯戴尔的作品——《可兰经与福音和谐》（*Alcorani et Evangelistarum concordia*）——中讨论的某些问题是值得关注的。作者所列举的二十八条主张（他认为伊斯兰教和福音书传教士在这些主张上具有共同的意见）当中，有一条是这样的：“要确认宗教存在的理由是不需要奇迹的”（*nullis miraculis opus esse ad confirmationem religionis*）。波斯戴尔对此进行了讨

① 见于《巴黎资产者报》，XXXV，第 313 页。皮埃尔·德利亚尔（Pierre Driart）记事，XXXVI，第 135 页。维尔索里（Versoris）日记 XLIV，第 116 页。

② 第一卷第二章。

论。在讨论当中,福音书传教士借口说最近一段时间以来,教士采用纯粹的欺骗手段,愚弄了头脑简单的百姓,他们说,基督教会的奇迹是魔鬼制造出来的。尤其是在牺牲者的坟墓中所发生的奇迹,好像魔鬼有能力让死去的人复活,或者能把那些并不是由于魔鬼的原因而生病的人治好……如果魔鬼有这种本事,那他与上帝一样了。但是,波斯戴尔指出说,很多福音书传教士,或者前边所说的那种福音书传教士,不满足于这些托词(*qui primum pridemque imbuti ea opinione sunt*)(他们曾率先被那种观点所迷惑),便干脆地说,所谓的奇迹,只不过是魔术和幻象。在书的另一段文字当中,他奇怪地指责厄高朗帕德(Œcolampade)。这个福音教派的博士证实说,他是在说谎,因为他不相信基督从死人堆里复活之后,能够通过关着的城门,去与自己人汇合一处。波斯戴尔气愤地耸了耸肩,列举了很多"科学"论据,说明厄高朗帕德是在大放厥词。但别的不说,通过他的论述我们看到,16 世纪的人们对奇迹的看法比较随便,甚至很随便,他们不一定就是哲学上的理性主义者,而是自由的宗教改革派人士。他说的 *qui primum pridemque imbuti ea opinione sunt*(他们曾率先被那种观点所迷惑)颇能让人想起他说拉伯雷和戴佩里耶的 *authores olim Cenevangelistarum antesignani*(作者曾是新福音书分子的领袖)……

在这一点上,以及在很多其他的地方,加尔文把改革派的思想理论化了。在 1541 年的《基督教要义》当中,从"致国王的书简"开始,他便以司空见惯的决心,直面障碍。[①] 他说,我们的对手说奇

① DXIX,第 17 页及其以后部分。

迹证实了他们的学说是对的，也说明我们的学说是错的，其实那都是哄小孩子的把戏，或者是厚颜无耻的谎言。总而言之，这都不要紧。要么一种学说表示了上帝的真理。而且奇迹也可以证实这一点。要么这种学说是错误的，那么世界上的奇迹再多，也不能使这种学说成为真理。而且这也无损于一个尽人皆知的事实，也就是波斯戴尔所批判的"撒旦有他的奇迹"，并用这些奇迹愚弄老百姓。总起来说，加尔文从一开始就对奇迹抱有怀疑的态度。但是今天，谁也没有想到要把加尔文归到反基督教的行列。那当然是因为他没有触及真正危险的问题，据阿贝尔·勒弗朗说，拉伯雷是用亵渎的大笑解决了这个问题的：也就是上帝的奇迹的问题。

我们又回到了起始点上。1532 年的拉伯雷嫉妒莫吉的奇迹，开始制造更大的奇迹。巫师是让开肠破肚的人起死回生了。拉伯雷的手法更加高超，让脑袋掉了的人又站了起来：这才是真正的奇迹。于是便笑……你说什么？拉伯雷所做的，要厉害得多。的确，他所做的，是当时的任何人都没有想到要做的。他公开地嘲笑了上帝。他直言不讳地愚弄了基督。他用帕尼尔日模仿的是谁呢？他的帕尼尔日放浪，爱嘲弄人，下流，干坏事，是个骗子、酒鬼、流浪汉，而且是个十足的讨厌鬼——正是小说中这个最为人所诋毁的人物，拉伯雷却用他来模仿上帝的儿子，让他来做人类的救星，使睚鲁之女和拉撒路复活。就这样，以滑稽的形式，以令人难以想象的方式，对造物主主宰人的生死的能力进行了最为大胆的攻击，16

世纪的法国人——明确说，是1532年四十岁到五十岁的法国人在文章当中就是这样写的。

可是怎么说明呢？圣拉撒路复活的故事带有很大的悲剧色彩，多少个世纪以来，基督教以自己的信仰和激情为这个故事披上了一个莫大的光环，可是拉伯雷却胆大包天，只身一人面对基督徒的上帝，用嘲笑的方式，用滑稽笑话的方式来回应了这个故事。如何证明呢？如果不可能证明（而且也无法证明），那至少可以推断吧？"直接的"文章不能说明什么。那么其他的文章能不能说明点什么呢？我的意思是说，拉伯雷在1532年写哀庞斯特蒙的复活，难道就真的像人们所说的那么大胆，那么具有不顾一切的创新精神吗？应当说并非如此。

3　在"庞大固埃"之前提出的问题

关于奇迹的问题，并不是在《庞大固埃》的第三十章中提出来的。正如永生不死的问题一样，在人们的思想当中，这个问题早就提出来了。对此，旧时的作者起了不小的推动作用——其中西塞罗（Cicéron）比任何人起的作用更大。人们最近才注意到[①]，很多有名的人文主义学者之所以怀着热情和坚持不懈的精神读西塞罗的作品，恐怕不仅仅是由于他的拉丁语清纯、优美。

① 见于布松（Busson），CDXXXIX，17。关于拉伯雷从西塞罗那里所借用的东西，见于LXIV，第187页。普拉达尔指出了一个重要的事实，说拉伯雷在《庞大固埃》和《卡冈都亚》中实际上并没有引用西塞罗的东西；只在《第三卷书》（*Tiers Livre*）和《第四卷书》（*Quart Livre*）中才提到西塞罗。

一本像《论神性》这样的书，给 16 世纪的读者们讲的是意义极其强烈的理性主义。两个对话人中的一个，西塞罗的兄弟昆塔斯(Quintus)为保守的论断辩护——拉伯雷的书中也有类似的论断；昆塔斯相信预言的梦想，[①]他像拉伯雷一样宣称，既不过分地贪婪，也不过分地节制的人能够看到未来，其预见的清晰程度是无可争议的；他说快要死的人也有这种占卜和预言未来的能力，拉伯雷的故事当中朗晒(Langey)便是这样。尽管如此，在西塞罗的论述当中，在他给兄弟昆塔斯的回答当中，不是有很多原则不仅仅可以适用于异教的迷信的吗？"*fatum*"是一连串的原因(*Fatum appello ordinem, seriemque causarum, quum causa causae nexal, rem ex se gignat*(我称命运为秩序和原因的结果，因为与原因相联的原因使事物从其自身产生)，I，lv)[②]；这是对决定论的否定，是对占卜的否定，因为占卜是对一些偶然事件的预感和预言；将偶然的事件简单地说成是上帝从来就知道的事；宣称说，只要是产生于人世间的，必然有其自然的原因，这是一个不言自明的道理，有了

① 《论神性》(*De Divinatione*)I，XXIX，西塞罗说，很多虚假的梦想是"quia, onusti cibo et vino, perturbata et confusa cernimus"(因为当我们满腹食物和美酒时，我们看到的是混乱失调的事物)。后面紧接着是柏拉图在《理想国》(*la République*)中的一段话。见于前面所引第三卷书中的一段话。

② 这是一段重要的文字，全文如下："Fieri omnia Fato, ratio cogit fateri. Fatum... appello... ordinem seriemque causarum, quum causa causae nexa rem ex se gignat... Quod cum ita sit, nihil est factum quod non futurum fuerit, eodemque modo nihil est futurum cujus non causas ad id ipsum efficientes natura contineat."(原因迫使我们承认一切由命运实现。我称命运为秩序和原因的结果，因为与原因相联的原因使事物从其自身产生。正因如此，没有什么不会发生的事情而发生，同样的，只有在自然拥有能使该事物出现的原因时事物才会发生。)

这个道理，面对不正常的事件时，就去找自然的原因，是肯定能够找得到的；没有原因是不可能的，有可能没有找到，但是要深信原因是肯定存在的。[①] 没有什么神奇的事。也没有什么奇迹。归结起来就是：给宗教以和平，用战争来对待迷信。

很多类似的声明使当时一些名人走向了理性主义，非常坚定地反对超自然现象，这是不用证明的。彭波那齐 1520 年写的那本极其大胆的书便足以证明，这本书是过了很长时间，到了 1556 年才发表的，题目是《论令人佩服的自然活力之原因，或者咒语之书》（*De naturalium effectuum admirandorum causis*, *seu De Incantationibus liber*），但毫无疑问，书的内容早在 1556 年之前就已经为人所知了。[②] 他关于奇迹的理论都是从《论神性》（*De Divinatione*）而来的。或者奇迹是变戏法，或者是提供见证的人自己想象出来的，或者具有自然的原因，虽然我们不了解这原因，但并不意味着没有。因为所有的事，所有发生过的事，都是有原因的。无

---

① 见于 II，XXVIII："Quidquid oritur, qualecumque est, causam habeat a natura necesse est: ut etiam si praeter consuetudinem exstiterit, praeter naturam tamen non possit exsistere."（任何发生的事物——无论它是什么——必定有自然原因，因此即使它是不同寻常的，仍不能是不自然的。）同一章中还有一段话："Nihil fieri sine causa potest; nec quidquam sit quod fieri non potest; nec, si id factum est, quod potuit fieri, portentum debet videri. Nulla igitur portenta sunt."（任何没有原因的事物是不可能的；任何不可能的事物也是不存在的；如果任何可能的事物出现了，它也不应被视为征兆。因此不存在征兆。）II，LXXII；结论便是："Ut religio propaganda est, quae est juncta cum cognitione naturae sic superstitionis stirpes omnes ejiciendae."（由于要进行宣传的宗教是与自然知识相联的，每种迷信因素都应被摈弃。）

② 见于布松（Busson）在 CCCXLIX 开头处的引言（第 26 页）：《这本书在发表之前的神秘影响》。"然而，我们也无法证明 1540 年之前法国有人读过《论咒语》（*De Incantationibus*）"（第 28 页）。

因不会有果[①]……

让我们把这本大胆的书放在一边，因为书的发表日期不合适。不过，《庞大固埃》在昂维尔（Anvers）发表之前几个月，在1531年到1532年的1月份之间，出现过一本薄薄的对开本小书。里面有亨利－高乃依·阿格里帕（Henri-Corneille Agrippa）所写的《论神秘哲学》（*De occulta philosophia*）。亨利－高乃依·阿格里帕是个奇怪的人物，他的生活和思想中有很多神秘的地方。我们知道阿格里帕从1524年初到1528年在里昂当过国王的医生，任王后路易丝·德·萨瓦（Louise de Savoie）服侍。拉伯雷1531年底到里昂时，肯定听说过这个生活动荡而与众不同的人物，他的书在书店里不会不引人注意，这是可以肯定的[②]。然而，1532年在昂维

① 彭波那齐的文章很难理解，以上是我们的解读，我们认为是正确的："Non sunt autem miracula, quia sint totaliter contra naturam... sed pro tanto dicuntur miracula quia insulta et rarissima facta, et non secundum naturae cursum, sed in longissimis periodis."（甚至奇迹是不存在的，因为它们是违反自然的……但尽管如此，仍有事物被称为奇迹，因为它们是不同寻常而且极为罕见的事件——不遵循自然的普遍过程而是经过相当长的间隔才出现。）布朗谢（Blanchet）把这段话译成（CCCXX, 290, n. 4）："人们用这个名称所指的，并不是在实际上与天命和自然的进程相反的事件，而是一些超出常规，经过漫长的星相周期之后，难得一见的一些事件。"

② 见于CCCIV，勒弗朗提出说，阿格里帕在1535年再一次经过里昂时，被囚禁在当地。他到了格雷诺布尔，不久之后便死在了审判官瓦雄（Vachon）的家里。然而，拉伯雷也是1535年从里昂逃出来，躲在格雷诺布尔的，也是客寓瓦雄的家里。只是，勒弗朗声称说两个人出逃的原因是一样的，说阿格里帕之所以离开里昂，是因为他的 *De vanitate* 受到索邦神学院的谴责。勒弗朗把日期搞错了，所以在注解的末尾处驴唇不对马嘴。因为，索邦神学院不是在1535年3月2日谴责 *De vanitate* 宣传路德的思想，而是在1530年/1531年的3月2日。见于CDXCIX, II, 85："*Die Secunda Martii 1530*（1530年3月2日）"，也就是说，索邦神学院所看到的，是约阿纳·佩特鲁斯（Joannes Petrus）搞来的版本："*Parisiis, apud Sorbonam, opera et imprensa Joanis Petri, anno 1531, mense februario*（1531年2月，巴黎索邦神学院，约阿纳·佩特鲁斯的作品和费用）"。

尔发表的书虽然题目说的是“三卷本”，里面却只有论文的第一卷。但是在第一卷的第五十八章，阿格里帕恰巧提出死人复活的问题：“*De mortuorum reviviscentia, de longeva dormitione atque inedia*（论死亡的复活，论长期的睡眠和禁食）”。阿格里帕声称说他同意，法王（les mages）有可能让已经离开了肉体的灵魂再回归肉体[①]。他说，有些神草，有些神油（说到这里，我们别忘记了帕尼尔日）可以从很大程度上帮助人的复活[②]。请不要说这是神话。小鼬鼠被打死之后，它爸爸不是可以用气息和声音把它唤醒过来吗？小狮子被杀害了，它们的父亲不是也可以用自己的气息让它们死而复生吗？历史上，很多人死了，尸体已经摆在焚尸台上，却又活过来；有的人淹死了，后来又恢复了知觉；有的士兵在战斗中本来已经被打死了，后来又活了过来——比如哀庇斯特蒙——，而且有的时候是死了好几天之后才又活过来的[③]……这是奇迹吗？不

① 原文是：“Cum animae hominum omnes perpetuae sint, perfectis quoque animis omnes spiritus obediunt, putant Magi perfectos homines per suae animae vires alias inferiores animas jam quodammodo separatas moribundis corporibus suis posse restituere, rursusque inspirare, non secus atque mustela interempta spiritu et voce parentis revocatur in vitam atque leones inanimem partum inhalando vivificant.”（由于人的灵魂都是永恒的，所有的精神都从属于完美的灵魂，三贤人认为完美的人通过他们的精神力量能够向将逝的躯体恢复不知怎么业已离开它们的较少一些的灵魂，并且能够为它们恢复呼吸，就像死去的鼬鼠被它父亲的呼吸和声音还魂，以及狮子通过对之呼吸使死去的幼狮复活。）（CCXCV, l. I, chap. lviii.）

② 尤其是“ex cinere Phoenicis”（来自凤凰的灰）或者“ex serpentum exuviis.”（来自蛇皮）的复活（原文出处同上）。

③ “Nam plerosque aqua submersos, alios ignibus injectos et rogo impositos, alios in bello occisos, alios aliter exanimatos, post plures etiam dies revixisse legimus.”（因为我们读到很多溺入水中的人、被扔入火中以及放置在柴堆上的人、战死的人、以及以其他方式被杀死的人被复活，甚至在数日之后。）（原文出处同上）

是。所有的事都是有自然规律的。这里所说的死，一定是表面现象。灵魂并没有离开肉体。灵魂只是在肉体里面躲着，不能动了，在剧烈的冲击之下昏了过去。这时候便不再有生命，不再有感觉和动作；人躺在那就像死了一样[①]。但其实并没有死。

这是一篇出色而大胆的论文，以理性的方式解释了一些被认为是奇迹的现象。这是一个神秘学家的作品，如果只知道消除奇迹，对这本小书是会感到奇怪的，可是在整个16世纪期间，整个神秘哲学的趋势就是这样[②]。著名的《颂歌》1488年的时候在巴黎和罗马名声大噪，皮克·德·拉米兰多拉针对神学家们的攻击，为自己提出的可疑的第四论断辩护时说："任何科学都不能比法王和魔法师更好地向我们证明上帝的神性"，而且他在此提出来的，不仅仅是奇迹的问题，而是基督的奇迹的问题[③]。康帕内拉（Campan-

① 原文是"Oportet moribundas animas nonnunquam in corporibus suis latere vehementioribus extasibus oppressas et ab omni corporea actione solutas; sic ut vita, sensus, motus, corpus omne deserant, ita tamen quod homo vere nondum mortuus sit, sed jaceat exanimis et tanquam mortuus, etiam per diuturnum tempus."（有时将死的灵魂发现，当他们被强烈的移位压迫并从一切肉体活动脱离时，他们需要隐匿在其躯体中；这仿佛生命、感觉、动作和一切身体的事物都消失了，而人仍未真正死亡，他只是无知觉地躺着，看似死去，甚至持续很长时间。）说到这里，阿格里帕举了一些例子，说有的人昏过去几个月，甚至几年，还有的人很长时间可以不吃饭（原文出处同上）。

② 关于这一点，详见布朗谢（Blanchet）的CCCXX，布松（Busson）为彭波那齐的作品所写的前言CCCXLIX 20 sqq.。关于皮克·德·拉米兰多拉（Pic de la Mirandole）的《颂歌》，见于DXIII，第127—129页。

③ CCCXLII，167："Licet nulla sit scientia humanitus inventa quae nos certificare possit de Divinitate Christi, quia certificationem de divinitate ejus... non habemus, nisi ex modo faciendi miracula quae fecit; quae miracula et esse facta ab eo, et esse taliter facta non nisi ex testimonio scripturae scimus – tamen si quid ad hoc nos possunt adjuvare scientiae humanae, nulla est quae magis nos possit adjuvare quam Magia et Cabala..."（尽管人类还没有发现能够为我们证明基督神性的科学，因为我们

ella）也写文章，力图以自然法王的名义，组织起严密的因果关系，使超自然的行为没有任何立足之地[①]——康帕内拉因此而掌握了一条长长的链条的两端，彭波那齐和阿格里帕只是这链条上的两个环节。

可是拉伯雷——1532 年的拉伯雷，写《庞大固埃》第三十章的拉伯雷——也是其中的一环吗？拉伯雷想把同时代的人们从迫害当中解放出来，他在作品中表现出了解放的信念："没有什么奇迹！所有的奇迹都是不可能的，上帝也制造不了奇迹，上帝是自然规律的守卫者，就更不会制造什么奇迹。要么福音书中的故事是在骗人，要么就是拉撒路并没有真正死亡——因为如果他真的死了，造物主是无法把他从死人堆里救活的。规则是没有例外的。不管是活着的人，还是没有生命的物体：现象的存在条件都是以绝对的方式确定的。"拉伯雷在 1532 年时是可以这样想的。除了他以外的其他人已经开始这样想了。拉伯雷真的这样想了吗？我们不知道。但我们可以肯定的是，即使他这样想过，他也并没有这样写。他根本就不是得到了神启的使徒，手里拿着真理，只要张开手，真

只是通过他演示奇迹确定其神性而且我们只是从圣经的证据中知道他曾演示奇迹以及他如何演示奇迹，然而，如果人类科学在这件事情上对我们有任何帮助，除了魔术和魔法没有什么会有帮助。）亦见于同一出处第 546 页的 *In Astrologiam lib. IV*，l. IV 第十四章：皮克证明说，事物的自然发展是没有奇迹的。"Est enim ordo rerum a Deo pro naturali cursu institutarum，ita suis finibus inclusus sejunctusque ab his rebus quae，divina virtute et voluntate，fiunt praeter naturam，ut haec omnia si tollantur，nihil sit in rerum natura quod desit，nihil quod supersit"（因为有神按照自然进程设定的事物秩序，它有自己的界线而且与那些——通过神圣的力量和意愿——在自然以外出现的事物区分开来，以至于当所有这些被排除在外，宇宙中没有什么是不足的，没有什么是多余的。）

① CCCXX。

理便可以从手指间落下来，去找那些与他同时代的有资格接受真理的人。我们知道的更多。我们知道，拉伯雷从来没有怀疑过圣书的真实、神圣、效率，按照皮克·德·拉米兰多拉的说法，圣书是基督奇迹的唯一担保，而这些奇迹是基督神性的唯一担保……关于圣书，拉伯雷在《卡冈都亚》和《庞大固埃》当中，并没有多说，并没有主张人们去学习，去诚惶诚恐地尊敬。他冒着为自己惹来麻烦的风险，声称说，圣经是宗教唯一真正的基础。他用法语多处引用了圣经，他认为一个国王最紧急的任务，就是让人宣讲圣经，向所有的人讲授圣经。但是，他也在某些地方力图把超自然的事物简单化，说成是自然的事物，以理性的方式解释奇迹，认为奇迹本来就是自然的事物。拉伯雷在滑稽的玩笑当中加入了很多严肃的东西。他说过一个理性的人必须这样做，而且在什么样的基础上去做吗？没有。

然而，如果没有，那么1532年的拉伯雷就不会是宣布新时代到来的人，就不会是理性信仰超人的使者，理性主义的信仰生来就是要把宗教化为灰烬。一个伟大的思想家不会给同时代的人讲安着木头脑袋的残废人的故事，也不会讲帕尼尔日模仿基督的奇迹的故事，我说的是莫吉的故事[①]。一个彻底地反对神的启示的伟大的自由思想家就更不会这样做。

① 布松写道(CCCLIX，44)："如果法国的理性主义不仅仅只是注意到拉伯雷的笑，也能严肃地对待很多问题，有部分的原因是由于有了这一类的书(*De incantationibus*)(论咒语)。"讲拉伯雷的笑的那句话所表示的总体上的蔑视，我并不以为是针对我的。这难道还用说吗？

＊ ＊ ＊

我们的结论是否定的。我们还能不能做得更加彻底，得出结论说，拉伯雷是以赞成的态度对待奇迹的呢？

我们知道斯宾诺莎说过的那句话，拜尔(Bayle)在字典里便抓住这句话不放(V, 217^{b})：如果他能够说服自己相信拉撒路复活的事，他会拥有基督徒的一般信念，而不会感到厌恶。这是一种态度，这也是一种观点。很多人都赞成这种态度和观点：有些人用逻辑的方式看待基督教，认为信徒要么信教，要么不信教，绝没有其他的可能——这些人企图证明拉伯雷是基督教信条的死对头，并从事实上提出说，由于奇迹是基督教真实性的真正担保，拉伯雷当然是否认了奇迹，而且在否认奇迹的同时，他也就不再是基督徒。很好。可是，斯宾诺莎也表达过我们刚才说的观点。也有人在1528年9月1日写过这样一句值得我们记下来的话：今天的基督教不依赖奇迹(*non pendet religio Christianorum a miraculis*)。这个人就是伊拉斯谟①。我想伊拉斯谟应该是基督徒吧。如果有人不无道理地反对说：对不起！伊拉斯谟说的并不是所有的奇迹，在他的判断当中，他把人们称之为的基本的奇迹，把基督的奇迹排除在外了；他声称说，这些奇迹是应当相信的(*quae sunt in sacris literis tanto firmius credimus, si non quibuslibet hominum fabulas crediderimus*)(如果我们不相信人们在童话中所说的任何

① 写给艾毕斯科普斯(Episcopus)(约翰・隆格隆)的信，Ed. Le Clerc, III, ép. 974. Allen, VII, 第462页，85页。

事物，我们对圣经中事物的信仰始终是更为牢固的）。我们只不过注意到一个事实：那就是伊拉斯谟再一次不像路德（Luther）走得那么远。我觉得，路德不是理性主义者。路德年轻的时候没有冒失地去帕多瓦。路德在自己翻译的《新约全书》的前言里，曾写下这样一些值得记住的话："汲取基督教知识的最好的源泉，是约翰福音和保罗书信，尤其是罗马书，而且尤其是彼得前书。所有的基督徒都应当天天读这些书。因为这些书里没怎么提到奇迹。但是这些书中非常好地讲到了信仰如何救人于水火。这才是好消息之所在。"而且这个基督徒，这个性情激烈、心性如火的预言家，这个有信仰的人，又白纸黑字地补充说："如果我不得不做出选择的话，我宁可满足于基督的教导，我会放弃他的奇迹，对我来说，他的奇迹没有任何用处！正如他自己所说的那样，给人以生命的，是耶稣的话。[1]"

这是一段非常重要的文字。对于那些总想忘记的人，他提醒说，那些反对奇迹的人，不仅仅是布松非常重视的"帕多瓦人"，而且也有宗教改革家，而这些宗教改革家并没有败坏基督教的意思。那么路德呢？还有使波斯戴尔感到愤慨的是，厄高朗帕德（Œcolampade）也表示不相信基督能够从死人堆里活过来，走出关闭着的门，回到自己人一边[2]。还有多少其他的人呢？我们就

① 见于乐斯（Reuss）的翻译 CDXCVI，t. XVII，"引言"，第 18 页。

② CCCLX，第 15 页。后面是一个福音主义者对这篇文章的讨论"adstrictior legibus philosophiae quant Evangelii et rationis"（更多归功于哲学原则而非福音书和理性规定的人）。

不用再费力气去列举了。那些研究逻辑学的学者们说这事不合乎逻辑，就让他们说吧，他们还感叹说，他们是不顾常理去信仰，而如果按照正确的逻辑去思维的话，他们是永远也不会相信的。事实就是这样：有些人自认为是基督徒，成千上万的同时代人在信仰基督教的道路上也把他们当作领路人，这些人在16世纪的时候所宣称的基督教是不怎么看重奇迹的。伊拉斯谟的话给人留下了深刻的印象："*Qui non pendebat a miraculis*（他是不依赖奇迹的人）"。这是一些什么样的人呢？我们再一次注意到，当我们沿着拉伯雷的方向去看时，我们看到的是伊拉斯谟和路德。是那些与拉伯雷同时代的人，这些人想为古老的基督教提出一个新的、修改过的、适合时代口味的版本，这些人也认为奇迹是该扔掉的糟粕，甚至必要时也包括基督的奇迹，同时也该打破炼狱，解放关在那里的灵魂。今天的博学之士们说他们言行轻率，不合乎逻辑，可当时的人们根本用不着征求他们的意见。

拉伯雷之所以在自己的书中与相信奇迹的信仰搏斗，想动摇这一信仰，因为在他心目中，正是这一信仰决定着人们是不是相信基督教——他本来可以以别的形式写作，而不是滑稽的模仿。他对当时在哲学和神学上的论争知道得相当清楚，所以才写出了阿格里帕的那一章——也就是"特里帕先生"（Herr Trippa），他的《论神秘哲学》（*De occulta Philosophia*）是在《庞大固埃》之前出版的。可是拉伯雷没有采用其他的形式写作。也许，在他心目当中，这个问题并不重要，不像今天不信教的人们那么看重这一问题。今天不信教的人们以可笑的方式（只是在历史学家看来是可笑的）

教训说，信教者的思想一点也不合乎逻辑；可是信教的人并不需要他们的逻辑。

4 拉伯雷的地狱

还有一件事我们也要说两句。而且这件事的确只值得说两句。琉善有一本著名的小册子，书名是《美尼普或者通灵术》(*Ménippe ou la Nécyomancie*)。拉伯雷在这本小册子的空白处用铅笔画了一个奇思妙想的地狱，可这不正是他在《庞大固埃》第30章里描写的地狱吗？

教皇在地狱里，这岂不是令人十分气愤的事！教皇卜尼法斯八世(Boniface VIII)，教皇尼古拉三世(Nicolas III)（为证明愚蠢的文字游戏而下了地狱），教皇亚历山大(Alexandre)，长一蓬肮脏大胡子的教皇朱利厄斯(Jules)。对这种大胆的玩笑，我们不要可笑地表示抗议吧[①]，要是在弗朗索瓦时代，人们是不会像我们这样对这种事感到大惊小怪的。但是问题还不仅仅限于此，在拉伯雷的地狱中根本就没有惩罚，根本就没有肉体的折磨，根本就没有永恒之火的烧灼。魔鬼们都是好心的，样子并不凶恶。也许是这样。但是只有那些对16世纪的人们所关心、所关注、所忧虑的事十分

① 非难戴帽子的教皇朱利厄斯二世，这已经成为人们的惯例，连一般对世俗之事很少过问的吉尔贝·杜谢(G. Ducher)也不能免俗，见于 *De Julio secundo Rom. pontifice jocus*（《关于罗马教皇朱利厄斯二世的笑话》），CLXVIII，第109页。为什么对这些非难感到气愤，而对《卡冈都亚》当中所说的就可以放过呢？"可怜的教皇先生已经被吓死了！"而且尤其是，我们为什么没有提出这样一个问题：1515—1520年间法国教徒们心目中的教皇，和1940年天主教徒们心目中的教皇是一样的吗？

无知的人，才会认为拉伯雷在《庞大固埃》第三十章里那些滑稽的描写是大胆的。

因为，我们的博学之士们也许不知道这一点，但拉伯雷不会不知道。人们为此写过连篇累牍的文章[①]，而且早就有人写过。那么地狱里的酷刑又怎么样呢？很多毫无疑问地保持着正统思想的神学家，都明确地否认地狱里的酷刑有真正的酷刑的特点，比如火，比如冰冷的水，比如永远不死的咬人的虫子。有的人甚至认为，被罚入地狱的人，在地狱里的感觉和在人世间的感觉是一样的。人不会遭受整体上的折磨，根本就没有什么永恒的痛苦。因为没有上帝，一切超自然的事物也就都没有了。除此之外，撒旦所统治的地方也是有条有理的。

我们要知道，对于博士们来说，在这一点上有论争是合乎情理的。而且现在仍然是合情合理的。地狱是为堕落的天使们建的，那时人还没有造出来，一个基督徒当然会相信地狱是存在的。也相信地狱是永恒的。但是相反，关于地狱里的场所是怎么划分的，地狱在什么地方（是在地球内部，还是在别的什么地方？），人的灵魂和恶魔在地狱里是如何生活的，里面的灵魂能不能出来（不管是到地球上出差，去诱惑人的魔鬼，还是被罚入地狱，后来又回到人世间，让某些活人看到的魔鬼），所有这些细节问题虽然能够让细心而好奇的孩子觉得好玩，却也是神学家们自由讨论的课题。而且他们也会利用这点自由……拜尔（Bayle）在他编的字典里，在解释“*Patin*”这个词条（第四卷，第516页注D）时，不就表现得很有

① XXXII，v°《地狱》。

嘲讽的意味吗？他十分高兴地细细评论德林古(Drelincourt)的《对话》当中一段关于《耶稣基督降临地狱》(1664 年版本第 309 页)的话，论述了地狱里的四个部分：一个供进入地狱的灵魂等待复活节时肉体的到来，这里也是魔鬼所待的地方。与这里相连的第二个地方是炼狱。第三个地方是未受洗礼便死去的婴儿所待的地狱的边缘地带。第四个地方收留的是在我主启示之前死去的义人。说到这里，拜尔说，这些地方一定十分宽广，因为，哪怕只是那些“没有接受洗礼便死去的孩子们，恐怕也要占到人类总数的三分之二了”。有人提到一个传教士的说法。拜尔又反驳说：“哎，不就是一些胚胎，哪能占多大的地方……”难道他忘记了，这些胚胎，到了最后审判的时候，也是会变成人站起来的？

这是嘲讽。是一个不信教的人的嘲讽。但是拉伯雷对当时的争论并非不知道，他是在回应这些争论吗？他提出了这方面的问题吗？没有。他是在寻开心，我不敢说他的玩笑是天真的，但是，拉伯雷的戏弄，与拜尔的嘲讽比起来，又算得了什么呢？哀庞斯特蒙在地狱里看到了什么呢？真实存在过的人物很少，除了我们前边提到过的教皇。正如美尼普在地狱里看到欧里庇德斯(Euripide)和荷马(Homère)一样，哀庞斯特蒙也在地狱里遇到了两个作家，弗朗索瓦·维雍(François Villon)和贝尔日的约翰·勒梅尔(Jean Le Maire de Belges)，两个弄臣卡耶特(Caillette)和特里布莱(Triboulet)；除此之外便是普鲁塔克(Plutarque)所描写的一些人物，都是一些不信教的人，因此也就是该入地狱的人，从地米斯托克利(Thémistocle)到亚历山大(Alexandre)，从罗穆路斯(Romulus)到尼禄(Néron)，从汉尼拔(Hannibal)到西庇阿(Scipion),还不算恺撒(César)、庞培(Pompée)、图拉真(Trajan),以及德摩斯梯尼(Démosthène)和西塞罗(Cicéron);还有很多小说里的人物:阿孟的四个儿子,丹麦人奥吉埃(Ogier),波尔多的于勇(Huon)、摩尔根(Morgant)和梅吕西娜(Mélusine)。简直是一场各种人物的狂欢。当时已经有人提出异教徒是不是“好人”的问题。是伊拉斯谟提出来的——神圣的苏格拉底呀,为我们而祈祷吧!——慈运理(Zwingli)也提出过。但是拉伯雷才不管这些呢。他只是在笑。把西塞罗和爱比克泰德(Épictète)毫无分别地混在一堆被打入地狱的人们当中。

拉伯雷没有把小说《圆桌骑士》中的人物说成是被打入地狱的人。什么样的人是被打入地狱的人呢?我们不要招人笑话吧……拉伯雷没有把希腊和拉丁的英雄,把他喜欢的普卢塔克作品中的人物说成是被打入地狱的人。拉伯雷没有把维雍,没有把约翰·勒梅尔说成是被打入了地狱的人,尤其是如果约翰·勒梅尔像阿贝尔·勒弗朗所说的那样,是拉米纳格洛比(Raminagrobis)的原型,表现的是以教育人为目的的老诗人。拉伯雷并没有用这些来自四面八方的人物组成一个地狱的世界。他并没有为我们介绍一些注定了要永远受苦受难的灵魂,不管这些人该不该永远受苦受难(这是可以讨论的),也不管受苦受难究竟意味着什么(这也是可以讨论的)。他向我们介绍的是,在一场神奇而简短的“死人的对话”中,一些平静的人物,为了让我们开心而在魔鬼的大街上散步。胆子倒是不小。不过,坎布莱的大主教费纳隆(Fénelon)大概早就赦免了拉伯雷的罪过?实际上,如果真要从这场地狱的游历当中得到什么教益的话,那肯定不是古老的谚语所说的那样:“谁犯罪孽，谁就必定会受到惩罚”。而是圣经里的一句话：“谁起来，我们就把谁压下去。”后来大革命又把这句话重新接过来，用以形容自己。在地狱里，“国王和总督成了乞丐，为活下去不得不卖咸肉”；马其顿的菲利普（Philippe de Macédoine）躲在街角补破鞋；拉伯雷和琉善一样，对地狱的这种嘲讽心知肚明，这都是毫不奇怪的。方济各会的传教士们本来就有这种传统，这是拉伯雷知道的，因为他原来也是方济各会的传教士。如果把事情夸大了，我们可以说，他们的话中常常透出一种平等的气息，这种平等的思想从他们为了娱人也为了自娱而写的文章的字里行间流露出来，只是为了讨好人而扮演了法国的琉善的角色，根本没有想到用教理来论述基督徒的地狱该是什么样子——没有人会提出那究竟是地狱还是天堂的问题——，正好比两个世纪之后的高级教士们也不会想到让薛西斯（Xerxès）、莱翁尼达斯（Léonidas）、梭伦（Solon）、亚尔西比亚德（Alcibiade）、苏格拉底（Socrate）、伯里克利（Périclès）这些著名的不信教的人和路易十一世（Louis XI）、拉巴吕红衣主教（La Balue）、克西姆奈斯红衣主教（Ximenès）、教皇西斯特五世（Sixte Quint）、善良的亨利王（Henri）、黎塞留（Richelieu）甚至波旁的王室总管（这在波旁王朝时代可真是胆大包天的事）在香榭丽舍进行对话。

可是拉伯雷就是在嘲笑地狱，嘲笑魔鬼和下地狱的人们。正如加尔文所说，他就是在“通过小小不言的挖苦和玩笑”，竭力“颠覆信徒们心中对上帝的恐惧”。就算是吧。大家一定想得到，我们并不是为把拉伯雷列入圣品而进行调查。人们读《庞大固埃》的第三十章，是不会维持或者引起什么恐惧感的，因为，由于莫大而神奇的奇迹,1530年法国的人们根本不会对地狱感到恐惧,人们可以用这个民间百姓嘲弄人的话题开玩笑。不过,如果说拉伯雷致力于解除同时代人们的某种恐惧心理,如果说他的目的是让人们不再害怕上帝,那么当时这样做的只是他一个人吗?他有那么大胆吗?他一定是在与基督为敌吗?

我们不用到远处去找,只顺手打开伊拉斯谟的《基督骑士手册》(*Enchiridion Militis Christiani*)。火焰烧烤着福音书里说的有钱人(路加福音16—24);虫子啃噬着不信教的人:诗人们所描写的所有肉体痛苦,都被伊拉斯谟变成了精神上的折磨,都变成了寓言[①]。他也像哀庇斯特蒙一样,以自己的方式让读者不要担心,"魔鬼们都是好人",而且我们之所以认为地狱里的人会受到折磨,仅仅是,主要是由于我们有一种焦虑感,而这种焦虑感是与对原罪的根深蒂固的习惯联系在一起的。有个叫安布鲁瓦兹·卡塔兰(Ambroise Catharin)的多明我修会的修士,1542年在里昂发表了一本小书——*De bonorum praemiis et supplicio malorum aeterno*(《论对善的回报和对恶的永恒折磨》)——,书中还在支持这种论调。就连加尔文在经过深思熟虑之后,也宣称了这种论调,并没有想到他这样说会导致那些本来信教的人不信了……

在1532年,人们会说,会相信自己是基督徒,而且的确也是基督徒,但也会和伊拉斯谟一样认为,基督教并不依赖于,总之是不

① "...Ut qui injuste dominabatur in vita priori, vita alia in servilem relabatur statum; qui munus sanguine polluerit, talionem subite cogatur"(在前生不正当管理的人在下一世被打入处于奴役的国家;以血玷污其职责之人被迫忍受回敬),如此等等(F° 294)。

再依赖于奇迹！人们可以和路德一样，甚至可以说：奇迹吗？什么奇迹哟！在 1532 年，人们会说，会相信自己是基督徒，而且的确也是基督徒，但也会和伊拉斯谟一样认为，要想让人们保持信仰，地狱里的魔鬼，地狱里的叉子和烧红了的铁钳，地狱里永不熄灭的火焰根本不是非有不可的："*timor inferni*，*initium fidei*（对地狱的恐惧只是忠信的开始）"[①]……在 1532 年，人们会说，会相信自己是基督徒，但是会首先想到如何把忠实于基督教的人们，把头脑简单的信徒们从幼稚的恐惧和粗鄙的迷信当中解放出来。这是人们可以做到的，因为伊拉斯谟做到了，我们就不用再举例说其他的人。而且与他站在一起的，有一些真正的基督徒，我们不说那些帕多瓦的人，比如厄高朗帕德、茨温格利、路德，甚至加尔文。在这些人的背后，我们刚刚看到了拉伯雷。以后到了必要的时候，我们会再次提到这一点的。

① 波斯戴尔在《可兰经之和谐》（*Alcorani Concordia*）最后的"*Libellus de Judicio*（审判书）"中悲叹过。详见第 90 页："Quot autem hac tempestate Cenevangelistae volunt paria esse omnium in fide Jesu Christi e vivis decedentium praemia，seu impii，seu pii fuerint，seu boni，seu mali，et par ubique praemium ob solam fidem reponunt：quid aliud，rogo，quam iniquissimum deum constituant?"（现在有多少新福音书分子想要得到所有在对耶稣基督的信仰中去世的人均为平等的回报——无论他们虔敬还是不敬、善还是恶，他们将这种对每个人的平等回报只建立在信仰上：我问，树立一个不公正的神，他们在做什么？）亦可见于同一作品中："Si latro，si praedo，si fur，moechus，impius resipiscat extremo vitae suspirio erit par Petro，martyribus piisque omnibus. O blasphemiam inauditam！Si haec vera sunt，at quid leges dedit tam divinas quam humanas Deus?（如果强盗、土匪、窃贼、私通者和异教徒在弥留之际忏悔，他将与彼得及所有神圣殉道者平等。多么骇人听闻的亵渎！如果这是真的，神为什么给我神圣法则和人类法则？）"波斯戴尔所引福音史家的那些话，我们当然是有所保留的 resipiscere extremo vitae suspirio（在生命的最后一口气忏悔），等等。

第二部分

信或者不信

第一卷　拉伯雷的基督教

第一章　巨人的信经

我们用批判的眼光细细地分析了见证人和证词，但根本的问题仍然存在。拉伯雷在1532年如何思考有关宗教的事？我们来探寻一下所有的书，从这些书中来寻求一下答案吧。拉伯雷在他的作品当中向公众阐述的是什么思想？另外，他所参照或者所批判的哲学理论又都是哪些？

这样分别来看可能会让人感到吃惊。但是对于1530年的人，哲学观点和宗教信仰好像并不一定非要绝对地一致，并不一定非要从意识上取得一致。是加尔文和特兰托公会从各自的方面建立了两个非常协调的体系，才使哲学观点和宗教信仰变得一致了。在1530年的时候，人们还没有到这种程度。要想说明人们的这种态度，我们不用过多地引用著名的双重真理的理论，"正统的神学家企图用归谬法来对付其实并不荒谬的哲学家[①]"。在这一点上，我们必须考虑到人的某种精神状态。

然而，我们先不做推测和解释。我们先来看看《庞大固埃》(*Pantagruel*)的文本。这本书的第一部大概是1532年10月底印制完成的。第二部《庞大固埃预言记》(*Pantagruéline Prognosti-*

① CDXLVI，第68页。

cation)于1533年出版,1535年再版时又增补了很多内容。我们今天只保留下来一些残片的《年鉴》发表于1533年。《卡冈都亚》大概是1534年11月初上市销售的。最后是我们所拥有的1535年的《年鉴》,虽然是1534年宗教改革的揭帖事件之后不久出版的。在这一系列有内在联系的作品当中,我们来把所有与宗教和哲学有关的话都摘录下来。但是这里有一个很大的障碍。这种哲学,这种宗教,算是什么呢?是拉伯雷的哲学和宗教吗?还是庞大固埃的?甚至是帕尼尔日和约翰兄弟的?拉伯雷不是让每个人物都有自己的思想的吗?

当然,这是我们从小说中找到的一些文本,而且所有的文本,或者说几乎所有的文本都是借大肚量(Grandgousier)、卡冈都亚(Gargantua)或者庞大固埃(Pantagruel)之口说出的,这是三位国王,表达所有重要思想的任务,都落在了这三位国王的身上。但是首先,我们还可以把其他的一些文章与这些文章放在一起来看。拉伯雷在这些文章当中以自己的名义在说话。如果这些文章中的思想与他借三位国王之口所表达的思想是完全一致的,那我们怎么说呢?除此之外,如果我们发现的情况与所有的论断都不符合,那事情会变得更糟。如果我们认为:"当然,这都是些虔诚的话,是表达基督徒心声的话;但是这些话是庞大固埃或者卡冈都亚说的,庞大固埃或者卡冈都亚在小说里是威严的父亲",可是其他的人会反驳说:"那么奇迹呢?不过你看看,好像在嘲笑奇迹的,不是神圣的庞大固埃王,而是小偷,夜猫子,不信宗教的帕尼尔日。帕尼尔日就是帕尼尔日,他所表达的思想也只是他自己的。"那我们又该如何说呢?

让我们认真地来看一看。有些好心的人读了伊拉斯谟的《对话录》(*Colloques*)或者拜尔的《历史及批判词典》(*Dictionnaire historique et critique*)会真正地感到痛苦,我们就不要为他们的命运而动心了。我们从拉伯雷最初的作品当中摘录的一些话,所表达的不正是拉伯雷真正的思想吗?也许吧,但是重要的,不是在后世人心目当中有着或大或小的名气的某个人的思想,而是法国的三四个的确有威望的作家当中的一个向公众所传达的思想。是拉伯雷个人的思想吗?我不知道。但是,是拉伯雷常常说成是自己的思想。是读者们在多少个世纪期间从拉伯雷的作品当中所看到的思想,而且因读者的思想不同而多少发生了一些变化的思想,是随着时间变化而变化的思想。这才是根本的,也是真正的思想。

1　巨人的上帝:创世者与天命

古伊·巴丹(Gui Patin)在书房的壁毯上挂了一幅拉伯雷的画像。在谈到古伊·巴丹时,拜尔写道[①]:"从前,人们恨不得给他二十颗枪子。""他的象征并没有多少内容。"事实上,爱嘲弄人的医生"只接受《新约》里的东西,而且还补充道:*Christum Crucifixum*, *etc*. *De minimis non curat praetor*!(受难的基督等等。长官不在乎底层人)"我们本以为,很善于摘抄笔记的拜尔从拉伯雷的作品当中所摘录出来的有关宗教的文字也不会有多少内容。但令我们吃惊

① XXIII, IV, 518。在巴丹的书房里,拉伯雷的画像与伊拉斯谟的画像挂在一起:这样的摆放本身就很有意义。

的是，在拉伯雷最初的作品当中，有大段大段的文字都是通过直接或者间接地引述福音书和圣经中的文字组成的。在拉伯雷世俗味道很重的作品当中，时时刻刻都在提到上帝。在书中所描写的国王的思想当中，或者在作者的思想当中，好像不断地出现上帝的影子，而国王的思想又是以上帝为基础的，写书的作者也在不断地写到上帝，一而再，再而三，而且始终如一，这确实使我们感到吃惊。

这个上帝是谁呢？很可能就是基督徒的上帝，是最为正统的基督教所说的三位一体的上帝。因为他就是圣父，耶稣终有一天将把王国交给他[①]，“所有存在的事，所有做过的事都是按照他的决断，随着他的高兴而存在，而做的”。1533 年的《年鉴》在这样确定了上帝的作用之后，又说，上帝是“永恒之王”[②]；因为他就是圣子，是在人间为圣父代言的“亲爱的圣子”[③]：耶稣基督，基督耶稣，我主耶稣基督，基督，主，我主，活的上帝……拉伯雷小说中的人物或者拉伯雷本人用这种种名义称呼过上帝[④]，而且，虽然我

① 《庞大固埃》第八章：“当耶稣基督把天国还给圣父上帝的时候。”

② “不过那是只有永恒之王才知道的秘密。”1533 年《年鉴》LII，III，256。

③ “向着天主之子为我们指定的目标，奋力前进……才是有福的君子。”《卡冈都亚》，第 58 章。

④ “耶稣基督”(*Jesuchrist*)：《庞大固埃》第 8 章，《卡冈都亚》第 39 章；基督耶稣(*Jésus le Christ*)：《庞大固埃》第 8 章：“我借感谢基督耶稣来感谢上帝”，这是 1537 年朱斯特出版的版本上的话。从 1533 年到 1542 年所有其他的版本上都是：“我感谢保存了我的生命的上帝”。1535 年的《年鉴》：愿你们的灵魂与……耶稣相会。“我们的救世主基督”(*Christ notre rédempteur*)：《卡冈都亚》第 29 章。“我主耶稣基督”(*J. C. N. S.*)：1533 年的《年鉴》。“我主”(*Le Seigneur*)：《庞大固埃》，第 17 章，第 27 章；《第三卷书》，第 30 章。“我主上帝”(*Seigneur Dieu*)：《庞大固埃》第 14 章，第 19 章；1533 年的《年鉴》。“我主上帝”(*N. S.*)：《庞大固埃》第 8 章，《卡冈都亚》第 10 章；《第四卷书》第 4，19，20，24 章。“活的上帝”(*Le Dieu vivant*)：《庞大固埃》第 28 章。除此之外还有所谓的“天军之主”(*Sabaoth*)的说法：《第三卷书》前言。

们在16世纪初某些神学家的作品当中,比如在法雷尔最初的文章当中[①]看到,人们更喜欢热情地称赞和乞求圣父,而不是圣子,但在巨人的宗教当中,比如在伊拉斯谟的宗教当中,我们注意到更经常提到的是圣子。创世主,造物主,万物的保管者,万物的主有者,保护者,主宰者;守护者,控制者,公正的法官,救世主和救援者:这些名称都在拉伯雷的作品中从始至终反复多次地使用过。文中从来没有提到过耶稣受难[②]。但是基督在人世间的生活故事——死,复活,变容,升天——在书中都提到过[③]。同样,书中还提到上帝作为法官的作用,以及在主持了可怕的仪式之后,他如何将和平的,涤除了污秽的王国归还给圣父。[④] 相反,在当时很多理论当中,圣灵之说都占有重要的地位,比如在路德的理论当中就是这样。但圣灵在拉伯雷的作品中几乎没有出现过,只在《卡冈都亚》的第40章提到过一次:巨人国王教导伙伴们说,圣灵为基督徒祈祷上帝,并向上帝呼吁;而且上帝听从他的祈祷,宠爱他。为什么对圣灵提到得相对较少呢?伊拉斯谟在为圣伊拉尔(Hilaire)的作品出版写前言的时候说:因为在《圣经》当中,圣灵从来就没有被

① DXXIX,45—46。

② 马雅(O. Maillard)说,拉伯雷说过"只要一滴圣者的血,便足以使我们得到所有的圣宠和所有的祝福。"其实不对,这不是拉伯雷说的。

③ 《庞大固埃》第10章(勒弗朗版本的I,105):福音书中的见证会让你们满意的:马太福音第十七章说,我主变容时,脸面明亮如日头,衣裳洁白如光……这种颜色所表达的是普天下的天使对主复活(约翰福音第二十章)和升天(使徒行传第一章)的兴奋之情。

④ 《庞大固埃》第8章。关于最后的审判,亦见于《庞大固埃》第十四章:"即使再过三十七个普天同庆的大典,我们也见不到世界最后审判,而居萨努斯枢机主教的推算也将成为谬误……"

说成是上帝。[①] 因此,像法雷尔这样以圣书的话为养分的福音史家,觉得承认圣灵就是上帝本人,是有顾虑的。[②]

我们刚刚提到了伊拉斯谟。当然,如果让巨人接受和"信仰审判"会议上对巴巴修斯(Barbatius)一样的审查(我们知道,巴巴修斯就是路德),那么伊拉斯谟会让他们接受巴巴修斯向奥鲁斯(Aulus)提供的定义:"当你说上帝这个词时,你听到的是什么?""我听到的是一个无始无终的永恒精神的声音,我们无法想象那有多么伟大,多么贤明,多么好。他以自己无上的权力,只是一挥手,便创造了世间的万物,包括看得见的和看不见的。他那令人赞佩的贤明控制和治理着整个宇宙。他的善良养育并保有着所有的造物,他的恩宠将堕落的人扶起来……"[③]这的确是巨人的上帝,拉伯雷的上帝。但是其形式仍然与基督徒的上帝很相近,没有伊拉斯谟在传统的基督教仪式和乞求时所说的上帝那么撒脱。而且拉伯雷小说中的人物是有资格向基督徒的上帝乞求的,阿尔高弗里巴对此毫不掩饰。卡冈都亚和庞大固埃接受过洗礼,像厄戴蒙

① " Pater frequentissime Deus vocatur; Filius, aliquoties; Spiritus sanctus nunquam exerte."(圣父极为频繁地被称作上帝;圣子有时被称作上帝;圣灵从未如此。)

② 但相反,圣灵的作用在路德的学说中是很重要的。正是圣灵起作用,点燃人们心中的火焰,以让人们时刻做善良之事。是圣灵使人们对上帝虔诚。Will, DXXXVI, 236.

③ "Aulus. Quum Deum dicis, quid sentis? – Babbatius. Sentio mentem esse quandam aeternam, quae nec initium habuerit, nec finem sit habitura, qua nihil esse potest nec maius, nec sapientius, nec melius... quae nutu suo omnipotenti condidit quidquid est rerum visibilium aut invisibilium: quae sapientia mirabili moderatur ac gubernat universa, sau bonitate pascit ac servat omnia, atque hominum genus collapsum gratuito restituit."

(Eudémon)一样,发誓说:“信仰基督!”庞大固埃是在行洗礼的时候得到了一个富有意义的名字的(第2部第2章)。在他之前,他父亲刚刚一生下来,便喝了一大杯酒,“随即被抱到圣水池旁,按照天主教的教规,行了洗礼”(第1部第7章)。同时教士们唱着祷文和纪念经,把他可怜的母亲送到墓地去了(第2部第3章)(小说的反衬手法)……[①]

* * *

上帝的至高无上的权力,无限的权力,无所不能的权力:这就是拉伯雷的文章当中所首先赞美的,而且是以各种各样的方式赞美的。首先是上帝创造了世界。上帝在创世之初,“用他神圣的话语”创造了天空,并在天上安放了星辰和行星,安放了用来“在夜里引导世人”的月亮,在天上俯瞰人世的可见的宇宙。至高无上的造物主(《庞大固埃》第8章)在地上创造了第一个人亚当;并仍在制造着人,“这是天主的意志,天主动了圣心,要我们成为什么样儿,我们就会成为什么样儿,就像陶工制造瓦罐一样”(《卡冈都亚》第40章)。阿尔高弗里巴师傅夸张地说,天主是这样的人,如果“没有他的维持和治理,世间万物在一瞬间都会化为乌有,正如在万物被创造之前的虚无一样”。拉伯雷在1533年的《年鉴》中加了一句话,也明确地证实世界是从虚无中创造出来的,但《年鉴》中的说法

① 霹雳火(Picrochole)跟对手们一样,也是基督徒。他声称说,他会尽情尽义地接待巴巴鲁斯(Barberousse)……甚至会回答他的顾问们的问话,“只要他们接受洗礼!”(I, xxxiii, éd. Lefranc, II, 293)

不一样，说的目的也不一样："天不是按照我们的希望和要求形成的，而是按照我主耶稣基督所喜欢的样子"。他，至高无上的上帝，"正如圣保罗在《罗马书》第十一章中所说，所有的生物和世间万物，所有的生命，所有的运动都在他心中，都因他而变得更加完善"。他的意图是不可知的。谁也不能了解"永恒之王的秘密会议"①，"最好还是闭口不提，只默默地崇拜吧，正如《托比传》（*Tob.*）第十二章所言：保留着王的秘密是好的"，以及《诗篇》第113章先知大卫所说："天主上帝，在锡安寂静是属于你的。"而对理性，他说（《诗篇》，第17章）："因为他退向了黑暗当中。"总而言之，不仅是在《庞大固埃勋业记》出版的1533年，而是每一年，年复一年，一直到世界末日（因为世界是有始有终的："大自然中没有什么是永生不死的，凡是大自然生出来的，都有终结，有阶段。万物有生必有死，如此等等"），只要世界存在，那么这个世界"除了造物的上帝之外，不会有其他的统治者"。拉伯雷在这篇文章当中是以自己的名义，又一次说过这样的话（第1章）："我们的真正的决心告诉我们说，今年和所有其他年的年份一样，世界的统治者，也将是万能的上帝……"1535年的《年鉴》也说了这样的话，而且说得更加明确："万能的上帝根据自己神圣的心愿创造了一切，给予了一切。"

因此，上帝是世界的创造者和维持者。也是天命的上帝。对世人的祈祷，他不会无动于衷，不会坐视不顾，不会充耳不闻。他

① "秘密会议"的说法来自于纳瓦尔的玛格丽特（Marguerite de Navarre）。她在《七日谈》（*Heptaméron*）中第五十篇故事的末尾有这样一段话：热布隆（Geburon）说："上帝没有召我们参加秘密会议，我们并不知道原委……"

是好心的上帝，是世间万物之源[①]，他是保护者，“永远不会放弃将希望和思想寄托在他身上的人”(《庞大固埃》第28章)。上帝是救主，随着故事的展开，拉伯雷小说中的人物越来越多地把万能的上帝当作自己的救主来推崇。像这样的段落有很多，我们无法按照顺序，并以奇怪的方式来排列。[②] 总而言之，小说里所强调的，首先是他的仁慈。人们在遇到危难和疑问，遇到实际的或者精神上的危险时，会请求上帝救助，会乞灵于上帝。总之一句话，人们之所以向上帝祈祷，是因为他们知道上帝可以救危救难，谁乞求他的保护，他就可以，也愿意救护谁。

* * *

拉伯雷小说中的人物在祈祷，很多人都在祈祷，在很多事情上祈祷，庄严地祈祷。在听到霹雳火(Picrochole)进犯的消息时，大肚量说：“上帝啊，救主啊，帮助我，启示我，告诉我该怎么办吧！”

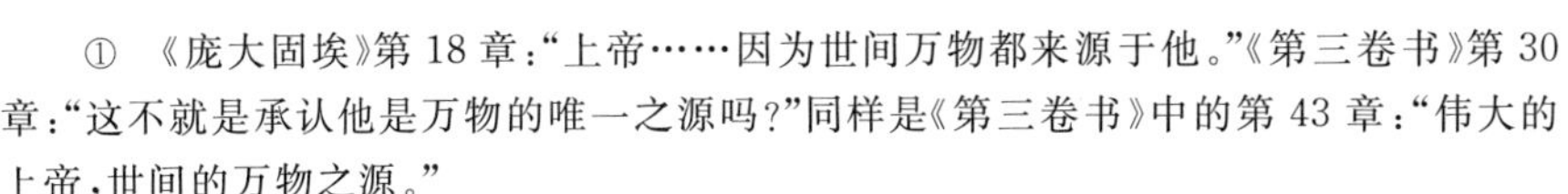

① 《庞大固埃》第18章：“上帝……因为世间万物都来源于他。”《第三卷书》第30章：“这不就是承认他是万物的唯一之源吗？”同样是《第三卷书》中的第43章：“伟大的上帝，世间的万物之源。”

② 的确，我们感到奇怪地注意到，这种“救主”的说法(mon servateur)在《庞大固埃》第29章只出现过一次：“天主上帝啊，你一向是我的护佑者，我的救主”。《卡冈都亚》当中一次都没有提到过。在第三卷书中提到过两次：第24章中说“作为救主的国王一来，所有的神示和预言便都告结束”。第48章中说：“救主上帝的保护”。但是，到了第四卷书中，这种说法才多了起来：“慈悲的救主”(第4章)。“这个海浪会把我们卷起，救主上帝啊！”(第18章)庞大固埃在第19章请求“伟大的天主救主的护佑”。第20章又说：仁慈的救主，救救我们吧！在第25章，“庞大固埃回答说这是全能的救主看见了他们的一片诚心”。在第65章：“仁慈的上帝，我们的造物主，救主，保护者。”

（第一部第28章，勒弗朗版本第二部第273页）。正直的贾莱（Gallet）去找霹雳火作说客无果，回来看到大肚量"没有戴帽子，跪在书房一角，祈求上帝"，想让上帝去平息敌人的怒火。杜克狄庸（Touquedillon）被打败之后，胜利者来到大肚量的面前，"他正在床上为得到拯救和胜利而向上帝祈祷"。庞大固埃也和上辈人一样，怀着同样的热情，也同样是常常乞求神圣的救主帮助。我们知道，在与"人狼"开始决战之前，庞大固埃是如何向上帝乞求的："天主上帝啊，你一向佑护我的平安，保全我的性命，你看我今天遇到危难……"在上天的帮助之下，庞大固埃得胜了，但是他知道，他的胜利

只有在
崇高的天主
光荣的时代
才能得到发扬。

上帝不惠顾"强者和崇高的人物"，

而从其所好，这些你必须相信，
唯有坚信天主的人
才能长享富贵与荣华。

庞大固埃就像阿尔高弗里巴一样，在《庞大固埃勋业记》当中说："如果上帝不帮助我们，我们就完了。相反，如果上帝和我们在

一起，我们就不会有任何损害……如果上帝和我们在一起，谁会反对我们呢！Ma foy，*nemo*，*Domine*；因为上帝太仁慈了，太伟大了。”上帝仁慈、伟大，在生命的过程当中不断地支持人们，保护人们，让人们免受灾难。“他比我们更加贤明，比我们更加清楚地知道我们需要什么。”贾莱也这样说过：“你以为，”贾莱对霹雳火说，“你这些越权行为能够瞒得过永恒的神明，执掌赏罚我们行动的大公无私的天主么？如果你这样想，那你就错了，因为任何事情都逃不过他的判断。”[①]

彭波那齐在《论咒语》（*Incantationibus*）当中奋起反对祈祷；他说神和所有的生物一样，为命运（*Fatum*）之法律所约束，是严正的，你无法通过祈祷来打动他。在拉伯雷的小说中，没有任何东西让人觉得他有这种傲视一切的情感。卡冈都亚和包诺克拉特（Ponocrates）每天都要敛心静气，“祈祷造物的天主，歌颂他，坚定自己对他的信仰，赞扬他无限的仁慈”。这是“原始教会”的习惯。《第四卷书》中有一段文字应该是在1546年之前写的，但拉伯雷在1546年毫不犹豫地又拿了出来。祈祷，“是神圣的基督徒值得赞美的习惯”[②]。是值得赞美的，也是有益的。因为巨人的上帝愿意保佑自己的信徒们。之所以愿意，是因为他能够。

① 这一段译文我们是从成钰亭的《巨人传》里引来的。见于网络版本 http://ebook.mumayi.net/29/wxls/ts029007.pdf。

② 请参照《卡冈都亚》第23章；《第四卷书》第1章。

2 上帝的无限威力与星相学家的决定论

拉伯雷的文章说过不只一次，而是无数次：任何规律，任何体系都不能阻止，或者限制上帝行使其至高无上的自由决断。而且拉伯雷的文章毫不含糊地否认星相，尤其是不承认星相对人的命运会有什么影响。

《庞大固埃预言记》（La *Pantagrueline Prognostication*）庄严地揭露卢万（Louvain）的预言家们“无限地滥用”了预言，用虚假的消息来愚弄世人。作者之所以那么激情满怀地坚持说，上帝是世界唯一的、独一无二的统治者，目的主要就是为了不让善良的人们以为，“土星，火星，木星以及其他任何星球上都没有天使，没有圣人，也没有人，没有魔鬼”，这些星球对世上的事物不会“产生什么效率，功能和作用，只有上帝才会，正如阿维森纳（Avicenne）所说，如果主要的原因不起作用，次要的原因是不会产生任何影响和行动的”。另外，他还在1533年的年鉴里说，我们不要力图探索每一天该发生什么事，“凡人”不该知道这些事，“圣父所决定在每个时间和每个时刻该发生的事，不该你知道。谁大胆犯此规范，谁就该受圣人所罗门所施加的无尽的刑罚。格言第二十五条：害人者必害己”。1535年的年鉴当中也有相同的论断：要预言将来发生的事吗？“自从亚当诞生以来，能够做这种事，同时也能够得到确定地同意和赞成的人，还没有出生。”

然而，这并不是承认自己无知。拉伯雷小心地告诉读者，和别人一样，他也会“观测天象，计算月亏月圆，编织一些神话，一些凭

着神思遨游天外的人,借着风势而动的人,想白日飞升的人,喜荫喜雨的人从来没有想到过的事",而且他还会"与恩培多克勒一起商议各种问题"。他也并不拒绝从希腊的,阿拉伯的和拉丁的作者那里把有关这类的论述找出来。但他仅仅是把这些说法找出来而已:"这是他们说的"。拉伯雷却没有说这些话。他一向反对"通过预言,以某种方式对将来所发生的事得出结论,就像那些用华丽的辞藻,详细写过自己的占星经验的人那样","断言"星相会和我们有什么关系。因为说到底,"引导着世界的,是上帝完全自由的意愿。上帝至高无上的自由决断是谁也阻止不了的。"因此,不要试图中止"万能的上帝不可改变的旨意,上帝按照自己神圣的决断创造了一切,安排了一切";卡冈都亚对庞大固埃著名教诲的宗教基础也正在于此:"其他几科,你都应全学,天文学的算法,不能遗漏一条。但占卜星相之说,吕莲乌斯的炼丹术,都是谬论空谈,不值一顾。"我们也可以引他本人的文章来说明这一点。拉伯雷 1536 年 12 月 30 日从罗马给马依裁(Maillezais)主教寄了一本名为《论欧洲的变化》(*De eversione Europae*)的预言书,在寄书的信中也表明拉伯雷是根本不信:"星相学",他说:"就我本人来说,我是根本就不信这些东西的。"很多事情都是由于拉伯雷的这一态度而导致的,虽然在这个时期,自然决定论这一重要概念完全是通过星相学,通过"天体影响"理论而逐渐引入科学和哲学领域的。上帝毫无保留的、无限的、绝对的最高权力,表示得最为明显,最为经常的,不仅仅是通过拉伯雷小说中的人物,而是在拉伯雷发表的以自己的名义直接表达意见的一些书里。

＊＊＊

这种观念在他心中是如此强烈、如此有力，有时甚至使他产生一些相当奇怪的想法。我们之所以说奇怪，是因为拉伯雷信奉人的力量，信奉人的不懈的努力，我们不习惯看到这个本来信奉寂静主义的人，却指望上帝来解决人类的一切问题。我尤其想到的是《庞大固埃》当中那段奇怪的文字，清楚地提出这样一种理论，民事权力不应干预信仰的事务。人要对上帝至高无上的权力怀有敬畏之心。但愿人们不要再怀着真正可笑的，几乎是具有亵渎意味的热情去帮助无所不能的上帝。国王要为保护自己的属民而斗争，为保卫属民的"妻子，儿女，国家和家庭"去斗争。国王要保卫信仰吗？不。

信仰是"上帝自己的事"。当人狼"耀武扬威"地向庞大固埃走来时，庞大固埃说，主啊，在这样的事情当中，"你不容别人代劳，除非为听取信徒的忏悔，和传布你的圣道，你才禁止我们，不得妄开杀戒，互相攻伐。你是无所不能的，遇到你自己的事情（就是信仰），牵涉到你自己的利害，你有自卫的力量，不是世人所能估量的"。话说得多好啊，反对君王和教士们不遗余力地迫害。这种思想来自于上帝无所不能的观念，上帝的力量是绝对的、无限的，所以能够产生这样自然而然的效果，是毫不奇怪的，伊拉斯谟在《论自由意志》（*De Libero Arbitrio*）的开头部分就说过，要否认人的自由决断（*Pugnat ex diametro Dei Omnipotentia cum nostro Libero Arbitrio*）（神的全能与我们的自由意志完全相反）。事实上，原文是这样的：庞大固埃在第 28 章说，"我不会像那些混账那样对你说：'自助者得上帝之助'，因为实际上是相反的，'自助者会被上帝扭断脖子'；我会对你说，寄希望于上帝，上帝是不会抛弃你的。"这是一段非常有力的文字：自助者会被上帝扭断脖子！毫无疑问，他的力量来自于大肚量在思考对手霹雳火的事时所表达的信念：他干了这么多的坏事，是因为"永恒的上帝让他按照自己的决断和思想去统治，他的决断和思想如果不能时时受到神意的指导，那就只能是糟糕的决断"。

幸亏拉伯雷的上帝心地极其善良，而且也无所不能。拉伯雷的上帝不会厌恶地对犯下罪孽的人们不管不顾，亚当犯了错，不能由他们承担恶果。条件是，犯下罪孽的人至少应当态度谦恭，应该得到原谅："我们都犯下了罪孽，而且永远在要求上帝抹去我们的罪孽"；因此，我们想要得到神的帮助，想要得到神的宽恕时，我们总是能够如愿以偿的。对于"那些想念上帝，把希望寄托在上帝身上的人"，上帝是不会弃之不顾的，上帝永远不会抛弃他们，让他们无助地任坏人摆布，一任乌列克·贾莱（Ulrich Gallet）所说的"诽谤人的恶鬼"来摆布。这些诽谤人的恶鬼"通过欺骗、诉讼，通过戏弄人的游戏"，不遗余力地愚弄人们。大肚量也怕那些"狡诈之人"所干的坏事。当霹雳火侮辱大肚量的时候，所使用的完全是恶人的招数。老国王也曾多次这样区分善恶，自由民兵的队长也便跟着说："如果你是上帝一边的，那就快说，如果你是另一边的，那就赶紧走开！"

而"对于放弃了上帝和理性，只一味追求邪恶的感情的人来说，没有任何东西是神圣不可侵犯的"。但是，人受到上帝的支持，得到上帝的眷顾，并且知道如何从中受益，人会气定神闲地等待上

帝的审判和判决时刻的到来，上帝是“公正的，会因我们的善举而善待我们”。人的灵魂从尘世肉体的“黑暗坚牢”里解放出来，会最终享受永福。人的灵魂“与耶稣基督联合在一起”，会在其创造者的怀抱中享受充分的喜乐，享受一切的知识和至福：只有见到你的荣耀，我才会感到满足……[①]

3　话语和精神的宗教

面对如此善良的上帝，人的第一责任，几乎是唯一的责任是什么呢？那就是阅读、思考和实行福音书。

福音书！拉伯雷最初的文章提到、引证、引用过无数次福音书，无数次地建议人们阅读福音书，向福音书表示敬意，颂扬福音书，而且每次都是那么真诚、激动，那么热情、庄严。卡冈都亚听人读完在德廉美修道院的墙基上发现的碑文后，叹然道：世间善士皈依福音圣教，“唯有志向坚定，向着天主之子为我们指示的目标奋力前进，不为肉体的诱惑所动，而误入迷途者，才是有福的君子”[②]。因为“此生只是过渡，但是上帝的话却是永恒的”。因此，人的第一责任，人的主要的责任就是：每天“读圣书”，如果可以的话，学习新的知识，“首先用希腊文来读《新约》和《使徒行传》，然后再读希伯来文的《旧约》”。每天早晨“听人读几段《圣经》”，不是像听人读天书一样云里雾里地听，而是听一段让人想深入了解其精

① 拉丁文：*tunc satiabor, cum apparuerit gloria tua ...*——译者注

② 译文见鲍文蔚先生的《巨人传》第170页。——译者注

神的美好的古文。

这并不是只有文人才能享有的恩惠。所有的基督徒都应享有天主圣言的好处。所以人民的牧师有义务确保真理的传布，该支持和鼓励的不是那些游手好闲的僧人，那些无知的教士，而是那些宣传福音书的讲道人，是那些用通俗而有学问的语言讲解圣书的传教人。巨人国王感觉到了这种义务的沉重。他们一定读过艾达普雷苏的勒费弗尔（Lefèvre d'Étaplesu）放在法译本《新约圣经》一开始的那封《写给所有基督徒的鼓励信》[1]。他们一定也认为，孩子们读"父辈留给他们的遗嘱"[2]，不是读一次，而是应该天天读，"讲耶稣基督的圣书应该是一座教堂，各个民族，不管是单纯的民族，还是有学问的民族，都应该团结在一起，倾听上帝的话，对上帝的话表示敬意"。他们一定想在各自的乌托邦式的王国里模仿"宽厚的国王，做一个从形式到内容都具有基督精神的国王……让上帝的话在整个王国宣讲，将光荣给予仁慈的上帝和上帝的儿子耶稣基督"！

我们知道，庞大固埃也操着相似的语言，宣称说，"那些成群的教皇，那些假预言家通过人的创造和堕落的发明，毒害了整个世界"；因此，国王有义务在所有的王国宣讲神圣的福音书，"单纯地，简单地，完全地"宣讲，以在真正基督徒的国家彻底清除这些教皇和预言家的影响。庞大固埃是赞成这种宣讲的。1534 年，阿尔高

① 巴黎，S. de Colines，1523 年；亦见于 DVII，I，nº 79，第 168 页。

② 法语中的"遗嘱"是 le testament，《圣经》新约旧约中的"约"用的也是这个词。所以此处有双关的意思。——译者注

弗里巴在再版1532年的《庞大固埃预言记》(*Pantagruéline Prognostication*)时，又在前面增加了关于季节的四章文字，并在里面首先对庞大固埃说：他和维护上帝圣言的人们一起，奋起反对那些不相信“上帝”，污蔑上帝的圣言圣语的人。后来，到了1535年，弗朗索瓦·拉伯雷本人作为“博士和里昂大医院的医生”，在以自己的名义写《年鉴》时，明确说：“我说的是，如果君主和基督徒的群体尊重上帝的圣言，并按照上帝的圣言来管理自己和臣民……你看天空将会多么蓝，你看大地会多么绿，人民会多么喜气洋洋，高兴善良，会出现五十年未遇的景象。”但是，我们还记得，在德廉美修道院的大门上，写着这样一句话：

莫进这里来，伪君子，假善人，
上别处去卖弄你们的伎俩吧。

因为对相信福音书的人实施迫害并非始自今日，所以我们也可以看到下面这样的欢迎辞：

请进这里来，不顾人们的反对，
正确传播福音圣言的人们。
本院有你们的栖身之所。

最后的结论就是：

请进这里来，让我们建立坚定的信仰，

然后用言辞和行动痛斥
福音圣言的一切仇敌！①

4　宗教崇拜和祭司

对圣言的崇拜与非常发达的公开祭礼显得很不协调。因此，拉伯雷在文章当中提到的，只是内心的崇拜。要尊敬、崇拜、祈祷和祈求上帝，同时颂扬上帝的无边的仁慈。要因“所有过去的事情而感激上帝，同时又为将来而请求上帝的宽恕”。没有人不让我们唱赞美上帝的歌，但是除此之外，除了“为上帝效劳，热爱上帝，恐惧上帝，把所有的思想和希望寄托在上帝身上，通过由仁慈而来的信仰一心一意地属于上帝之外，人还要做到永远不因罪孽而迷失方向”。信徒的责任完全局限于此。

那些让人们去朝圣的主张迷信的人，那些满嘴费话，宣传来世果报的人滚到一边去吧。一个基督徒只要有上帝就足够了，上帝不需要副理。比拉伯雷更加明显的是方济各会的修士，而且我们知道，方济各会的修士们对圣母是多么虔诚。《庞大固埃》和《卡冈都亚》一次也没有提到过圣母玛利亚。在第三卷和第四卷中也没有。拉伯雷小说里的一个主人公只提到过一两次圣母玛利亚。是哪个呢？软弱无能的帕尼尔日，在暴风骤雨中吓个半死，哭哭啼啼的帕尼尔日……没有圣母的上帝，没有圣人的上帝。当然，必须尊敬“上帝的义人和圣人”。但是，如果说这些人有给人治病的超人

① 这几段诗的译文见于鲍文蔚先生所译的《巨人传》。——译者注

能力，或者有使人生病的可怕本事，如果相信圣女玛格丽特能够减轻孕妇的痛苦，或者以为圣塞巴斯蒂安让普天下生了瘟疫；如果一遇灾难就向安日利的圣让(saint Jean d'Angely)求祷，向桑特的圣厄特洛普(saint Eutrope de Saintes)祷告，向谢农的圣梅斯姆(saint Mesmes de Chinon)求告，向"成千上万其他好心的小圣人们求告"，还不用说为了煮熟的苹果而牺牲了的圣郭德格林(saint Guodegrin)：这都是没有信仰的伪善者所做的愚蠢的荒唐事。[①]

有个朝圣者名叫"懒得去"(Las d'aller)，名字颇具象征意义。他结束了可笑的旅行，与伙伴们一起回到家里。他把"524年到圣依雅克肖"去朝圣的成群结队的愚民百姓一个个送回家。庞大固埃对这些人说，好好养家吧。"会干什么的就干什么，好好教育孩子，按照好心的圣徒保罗所教导的那样生活，只要这样，上帝、天使和圣人们就都会在你们身边。而且也不会有瘟疫，不会有任何罪恶来伤害你们"。不要再花钱去买宽恕，就是价钱便宜也不要买，那是后来成了教皇的让·勒梅尔(Jean le Maire)在地狱里叫卖的："买宽恕吧，你们这些没有用的东西，买吧！便宜卖了！"帕尼尔日在巴黎的教堂里要花招，价钱卖得更便宜：帕尼尔日只要一分钱，而且是"只要给钱就卖"。这意思并不是说，教会真正的学说是坏东西。约翰兄弟在批驳被修道院的僧侣们说教得放下屠刀的强盗们时，以嘲讽的口气，用心险恶地表达了自己的想法；他的话说得很对："这些人告解了，后悔了，而且也得到了宽恕。他们到天堂

① 关于拉伯雷和各位圣人，请参见 LXXXIV 和 CDLXXXIV。

去了，像镰刀一样的正直[①]。但是，与约翰兄弟相反，让·勒梅尔明知道，大部分人都认为他们之所以得到宽恕，是因为花了价钱，而不是因为对自己的作为感到后悔了。那么最后的结论就是：所谓宽恕，只能用来“赦免那些永远只能是一无是处的人”！

很多的事都是这样。人们以圣水为题开了无数的玩笑……卡冈都亚出生的那年正值大旱，各个教堂要保住圣水“就不是一件简单的事情”。信徒们蜂拥而来，想到圣水池中来喝水，“枢机主教和大教宗”不得不召开教廷会议，“特颁圣谕，每人只准沾一指，不得贪多”（《庞大固埃勋业记》，第二章）。但是，当霹雳火（Picrochole）让狄拉万（Tyravant）带领一千六百骑兵前去打探形势时，这些人出发之前“都是用圣水沾顶”的，而且胸悬“神功带”，以防“万一遇见魔鬼”（《卡冈都亚》，第四十三章）。这种措施根本不管用，好比战斗开始之前诵读一通祷告，说是“能够让人避开一切火炮”。约翰兄弟直截了当地说，这对我根本就不管用，“因为我根本就不信这些”。

最后还有一点：在这些文章当中，教士都是没用的人，是闲人。他们只会带着鼻音主持弥撒和念祷词，只会机械地念天主经：与那些“善良的，能够说得人心悦诚服的福音传教士”相比，他们会黯然失色。而且，让修士修女们，让所有邪恶的“恶贯满盈的人”都完蛋吧。时候不一样了，基督徒中的特权集团远离尘世，可以在有生之年，侵占对天主的供奉，还要拯救那些下贱的，整日庸庸碌碌忙于自己挣面包吃的兄弟们。大肚量说：“看呐，他们在为我们祷求上

① 法语里的一句成语（droict comme une faucille），文字的意思是“像镰刀一样的正直”，但其实镰刀并不直，是弯的，所以这里的意思是“自欺欺人”。——译者注

帝吗?”卡冈都亚说:“才不是呢。他们在嘟嘟囔囔地念些自己都不相信的传说和圣诗。他们念了无数的天主经,一会说一句‘圣母玛利亚’,根本不过脑子,自己也不知道在说什么。我说这不是在祈祷,而是在嘲笑上帝呢。”他们戴着假面具,以欺骗世人,假装“不是在忙于修行和祷告,就是在节制食欲和淫欲”,而实际上,他们都是些“淫荡之辈,酒肉之徒!”卡冈都亚的话表达了真正的学说:“各国各地,古往今来所有真正的基督徒都是向上帝祈祷的。神灵为这些人祈祷和吁请。于是上帝便宽恕他们!”因此,每个人站在造物主上帝面前的时候,都要为自己的过失负责,而且是直接为自己的过失负责。拯救是个人的事:这是非常有现代色彩的说法。

5　真诚的反驳

所有的材料都集中在一起了。我们没有别的目的,就是想把所有的证据都收集起来,不做任何选择。也许,结果给我们留下了深刻的印象?果然如此,那我们还是不要触景生情,过早地得出诱人的、简单的结论来吧。我们不能只靠一些表面现象来重建拉伯雷个人的学说。让我们来分析一下拉伯雷的各种影射所提出的种种问题。

首先,这些影射的弦外之音是什么?是基督徒的声音。虽然我们并不想去解释什么——这是我们不得不常常强调的。而且,如果说我们扩大了研究的范围,那么我们的结论一定会进一步得到加强。我们将指出,通过卡冈都亚、庞大固埃以及作为陪衬人物的霹雳火,拉伯雷向我们勾勒出的理想王国的图景是多么符合基督徒的理想。

巨人们并不是靠嘴说自己是基督徒的。我们随处可以看到他们一心一意按照基督教的学说和精神做事。大肚量拿起武器,前去救援自己的臣民时,说:“我们理应如此,因为,他们的劳动和汗水养活着我……,养育着我的孩子,我的家庭。”他说的是“理应如此”,但是,我们不要错误地看待这种政治上的“理性”特点。从其他的文本当中,我们也看到这样的理性。大肚量在受到霹雳火的攻击时说:“现在已经不是靠伤害他人来征服王国的时候了。”这话本来已经算是说完了。可他又补充说:不能“伤害基督徒兄弟”。老国王在这里所表示的,并不是人类团结统一的默认协约的观念,而是基督徒之间特别的团结统一的观念。同样,大肚量的特使乌列克·贾莱(Ulrich Gallet)言辞激烈地向粗暴的肇事国王霹雳火发表演说时,阐述了在各国君主之间建立神圣联盟,建立“神圣的友谊”的思想。大肚量只用一句话,便谴责了肇事的国王霹雳火的企图:“他是仿效从前的海格里斯、亚历山大、汉尼拔、西皮翁、恺撒之流的行径,是与福音书的教诲相违背的。”这就说明了拉伯雷在伊拉斯谟和《愚人颂》(*Éloge de la Folie*)之后,引述柏拉图那句话的用意:“当国王谈论哲学,当哲学家统治国家的时候,共和国将是多么幸福啊!”当拉伯雷笔下的国王谈论哲学的时候,我们应当看到,这首先是在圣保罗的帮助之下进行的。

那么反驳呢?我看到的有三条反驳的意见。我们首先要解决这三条意见,然后再来直接面对“巨人的教义”,以衡量其意义和影响。首先我们来看这一条反驳的意见:“你说的是基督徒思想的文章吗?拉伯雷不用到别的地方去找,他的记忆当中就有很多;那是他当僧侣时留下的记忆。只是对宗教事务的参照而已，其中很多并不说明一个人具有真正的信仰。其他的呢？我们不要那么天真。在那些令人心安理得的说法的掩盖之下，拉伯雷的真正意图，不正是要说出胆大妄为的话吗？"这就是第一种反驳的意见，第二种，是对真诚的反驳。

6　拉伯雷在哪些方面表现出基督徒的品质？

我们来看1532年的里昂庙会。那时，从各种可能性来看，《庞大固埃》刚刚面世。那是一部无神论者疯狂地反对基督的文章？但是，1532年11月30日（同一年的同一个月），拉伯雷这个基督的死对头向伊拉斯谟寄出了那封有名的"致萨里尼亚克"（Salignac）的信。我们已经看到，信中有拉伯雷指责斯卡利吉无神论的话。里面还有别的话，而且是一些令人感到十分纳闷的话。在这篇有名的文章一开始，拉伯雷用华丽的文笔写下的是什么呢？是："S. P. a Jesu-Christo Servatore"（救世主耶稣基督拯救我们并保佑我们的平安）。我们不会认为反基督的拉伯雷在这里是被迫以某种方式祈求基督保佑的吧？拉伯雷在写给"十分忠信于基督的布戴"（Budé，*Domino Gulielmo Budaeo*）的所有的信中，用的都是"*S. P. D.*"（上帝拯救和保佑），1521年3月4日的信中所用的，也是这种格式[①]。在写给伊拉斯谟的信中如果也这么说，伊拉斯谟是不会感到气愤的。有一个永恒的说法（这是一种十分方便的

① 见LXX中的复制件。

说法):“拉伯雷采用的是谨慎的说法”。如果有人这么说,那我的回答就是:“这是一封并非用来公示于人的信,事实上,这封信是在很久之后才用假名收进伊拉斯谟的通信集的。在这样的一封信中表明对救世主耶稣基督的信仰,对拉伯雷能有什么用,能起到什么样的保护作用呢?”

有些文章写了是为了发表,是为了在公众中传播的,我们可以说这样的文章当中会有虚伪的谨慎言辞——这样的例子并不少,我们可以举出很多。让我们打开 1533 年 1 月份出版的《庞大固埃预言记》的前言,我们就会看到:“愿耶稣基督拯救好心的读者,并保佑你们平安”。除了多一个“耶稣”之外,这与大肚量给卡冈都亚写信时的信末用语一模一样:“愿我救主基督保佑你平安”。斯达菲认为(第 380 页),这里使用的“基督”一词没有冠词,表明拉伯雷有新教的倾向。我们恐怕不能那么肯定[①]——但我们也要指出的是,与人们所说过的相反,“愿我救主基督保佑你平安”这种说法不管是用拉丁文还是用法文,在福音书派的人当中是常用的。1532 年,路德向萨瓦的查里(Charles de Savoie)致意时说:“*Gratia et pax in Christo Jesu Domino nostro*(愿我们的主基督耶稣宽恕我们,保佑我们平安)”;同一年,阿维尼翁的朗贝尔模仿这种说法,向萨克斯的选民写道:“*Gratia et Pax Christi Jesu*”(愿基督耶稣宽恕我们,保佑我们平安)。1526 年(12 月 7 日),鲁塞尔给法雷尔写信说“*Gratia et pax Christi tecum*(愿基督宽恕你,保佑你平安,与

① 关于这一点,详见普拉达尔,《拉伯雷研究杂志》第十卷(*R. E. R.*, X),1912 年,第 255 页。

你同在)”。同一个月,图森给同一个法雷尔的信中也有“*Gratia et pax domini nostri Jesu-Christi cum omnibus vobis*(愿我们的主基督耶稣宽恕我们,保佑我们平安,与你们所有人同在)”。至于大肚量所提到的“救主”一词(Rédempteur),我看到法雷尔 1532 年 11 月 18 日也用过,而且还发挥得淋漓尽致:“愿我们通过唯一的救世主和赎救者耶稣而得到上帝,我们的仁慈的天父的宽恕、保佑平安和慈悲!”①

所有这些文章都说明了一种气氛。我们从拉伯雷的另一本年鉴所保留下来的残片中所得到的,也是这样的气氛。正如已经失去了的 1535 年的年鉴一样,这本年鉴也是在里昂发行的,里面为 1533 年“按照高贵都市的南方人进行了计算”,“而且是由我弗朗索瓦·拉伯雷,医学博士和天文学教授编辑的”。我们在所有拉伯雷作品的版本当中,都可以看到一段相当短的文字,也是安托万·勒鲁瓦(Antoine Le Roy)保存下来的。这是一些用法文写的《圣经》摘编,很正统,其中有一段文字就可以让我们看出其基调②:“我们要……谦卑,要祈求[永恒的王],就像我主耶稣基督教导我们的那样:我们不求上帝实现我们所希望的和要求的事,愿上帝按照自己的喜好,按照他原先的计划,造出一片天空。唯愿他那光荣的名字事事处处得到赞颂。”一个惯于否定基督的人会这样热情满怀地向基督乞祷吗?

有人一定会反驳说:“那是为了卖钱,为了安全而说的话。”事

① 关于所有这些文章,详见 DVII, I, 112; 152; 478; 464 et II, 459。

② 见于玛蒂-拉沃出版社(éd. Marty-Laveaux)版本的第三卷第 256 页。

实上,为1533年写年鉴的,不是阿尔高弗里巴,而是拉伯雷博士,拉伯雷博士有什么必要在年鉴里说一些假扮基督徒的话呢?如果不引《圣经》里面的语录,如果不"用法语说些福音书里的好听话",说些嬉笑怒骂的话,不也一样可以起到预期的作用吗?而且对于拉伯雷个人的安全来说,不是还可以起到更好的作用吗?

最后还要说的是,1513年阿尔德版本的《柏拉图》[①]第一页上有拉伯雷手写的藏书签。这个版本是希腊文的主要完整版本,一本厚厚的对开本书,分为两部分,如今保存在蒙伯利埃。书名上面有 *Francisci Rabelesi*, *medici* σπουδαιτάου, καὶ τῶν αύτοὺ φίλων χριστιανῶν 字样(优秀的医生弗朗索瓦·拉伯雷及其基督徒朋友藏书)。阿贝尔·勒弗朗认为这句手书的题辞是拉伯雷在修道院的那些年写下的,是1520年拉伯雷在冯特奈(Fontenay)与皮埃尔·阿米(Pierre Amy)一起遭受迫害时写的。χριστιανῶν(基督徒)既是对自己的虔诚的表达,又是小心的措施。我对此有不同的意见。首先是:拉伯雷在《柏拉图》中有几分天真地重申了基督教的教义。如果拉伯雷希望人们停止对他的调查,那从《柏拉图》的第一页开始,一定会想方设法让他的敌人明白他说的话。拉伯雷的敌人不懂外语(尤其是不懂希腊文,因为希腊文是魔鬼的语言)。*Graecum est*, *non legitur*(那是希腊文,是不被阅读的):因此,他本来可以用拉丁文:*et amicorum ejus Christianorum*(他的基督教朋友的语言)。

---

① 引文见于《珍本收藏公报》(B.B.),1901年,第105页。亦见于《拉伯雷研究杂志》第一卷(*R. E. R.*, I),1903年,第28页。

另外，如果这句话是拉伯雷在修道院时写下的，那么其中的一个字会显得十分令人吃惊：*Medicus*（医生）。并不是因为这个词与方济各会修道士和医学大学生的身份不相容。可是说到底，冯特奈修道院里的拉伯雷不是当医生的弗朗索瓦·拉伯雷，而是费朗索瓦兄弟。我知道，据说在一本希腊文版本的新约圣经上，有人看到弗朗索瓦·拉伯雷的题辞：χινῶνος μὲν γένος, τὴν αἵρησιν δὲ φραγκισκανοῦ 'Ιατροῦ（出生于希农的方济各会医生弗朗索瓦·拉伯雷藏书）。这个写法很奇怪。阿贝尔·勒弗朗收集了拉伯雷所有手书的藏书题铭，可他没有看到这一条[①]。让我们谨慎地把这一条先放在一边。如果有人假设拉伯雷很早就有对医学的爱好，那我就要请他注意让·布谢（Jean Bouchet）写给拉伯雷的"诗体回信"，当时他从方济各会修士变成了本笃会修士，给约弗鲁瓦·戴斯迪萨克（Geoffroi d'Estissac）当秘书。然而，这个马依裁的主教（évêque de Maillezais），

> 虔诚而问心无愧的高级教士
> 对神学无所不知，
> 对经典和人文无所不知，

他根据自己的兴趣，寻找那些文人，

> 懂希腊文的，拉丁文的和法文的，

---

① 见于LXX。

好与他聊聊历史和神学。

布夏尔(Bouchard)肯定地对我们说,这正是拉伯雷的天才:

你就是这样的一个人。因为在神职人员当中,
你是专家,你有这样的能力。
你有表现这能力的大好时光。
你这样去做,善莫大焉,
你将很快受益无穷……①

希腊文,拉丁文,法文,历史和神学。在这封诗体的回信当中,一个字也没有提到拉伯雷的医学。如果拉伯雷从这个时期开始对医学就已经十分精通,可以自称为"拉伯雷医生",而对其他的身份不置一词,布夏尔却对此一声不吭,实际上这不是很令人吃惊的事吗?

* * *

还有其他的方面。拉伯雷有过孩子。先是有两个,最近人们找到了这两个孩子的踪迹②。后来又有了第三个,是人们早就知道的。拉伯雷的一个朋友,图卢兹的法学家兼诗人让·德·布瓦索内

---

① 见于玛蒂－拉沃出版社的版本,第三卷,第305页。布戴(Budé)的信中也没有提到拉伯雷学医的事。

② 见于 LXXbis,关于戴奥杜尔(Théodule),见于 LX,第107页及其以后部分。

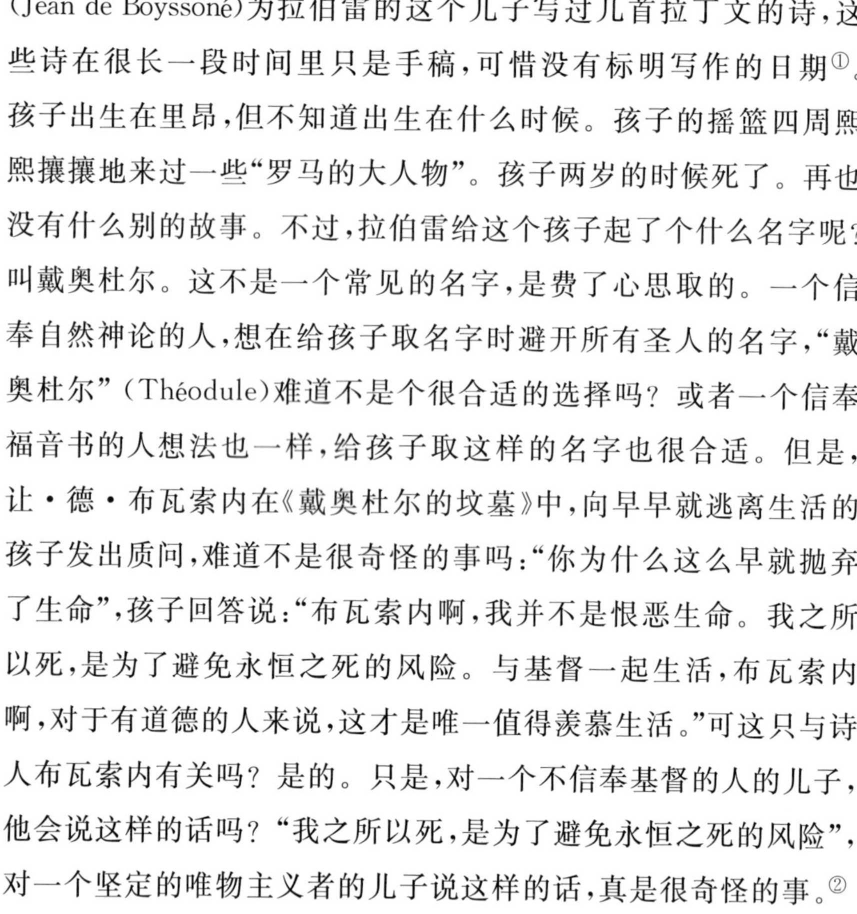

(Jean de Boyssoné)为拉伯雷的这个儿子写过几首拉丁文的诗，这些诗在很长一段时间里只是手稿，可惜没有标明写作的日期[①]。孩子出生在里昂，但不知道出生在什么时候。孩子的摇篮四周熙熙攘攘地来过一些“罗马的大人物”。孩子两岁的时候死了。再也没有什么别的故事。不过，拉伯雷给这个孩子起了个什么名字呢？叫戴奥杜尔。这不是一个常见的名字，是费了心思取的。一个信奉自然神论的人，想在给孩子取名字时避开所有圣人的名字，“戴奥杜尔”（Théodule）难道不是个很合适的选择吗？或者一个信奉福音书的人想法也一样，给孩子取这样的名字也很合适。但是，让·德·布瓦索内在《戴奥杜尔的坟墓》中，向早早就逃离生活的孩子发出质问，难道不是很奇怪的事吗：“你为什么这么早就抛弃了生命”，孩子回答说：“布瓦索内啊，我并不是恨恶生命。我之所以死，是为了避免永恒之死的风险。与基督一起生活，布瓦索内啊，对于有道德的人来说，这才是唯一值得羡慕生活。”可这只与诗人布瓦索内有关吗？是的。只是，对一个不信奉基督的人的儿子，他会说这样的话吗？“我之所以死，是为了避免永恒之死的风险”，对一个坚定的唯物主义者的儿子说这样的话，真是很奇怪的事。[②]

---

① 对这些诗的分析见于(共有七篇)CXIII 第 29 号，82 号，83 号，84 号，85 号，86 号和 167 号。

② 我们需要指出的是，拉伯雷至少有一次自称是“戴奥多尔”(Théodore)。在《卡冈都亚》第 23 章，巴诺克拉忒(Ponocrates)请教“一位名叫戴奥多尔大师的当时博学的医生”，问他有无办法，把卡冈都亚引入正途。然而，在 1535 年之前里昂的朱斯特版本当中(这是人们所知道的最老的版本)，这位大师不叫戴奥多尔(Théodore)，而是叫“卡洛巴西大天使”(*Seraphin Calobarsy*)。这其实是“弗朗索瓦·拉伯雷”(*Phrançois Rabelays*)调整字母顺序得出来的一名字，因此我们也就可以说：卡洛巴西 = 拉伯雷 = 戴奥多尔。

而且我们也来听听拉伯雷是怎么说的。不拘泥于社会束缚的拉伯雷，反基督教的拉伯雷在《卡冈都亚》，在《庞大固埃》当中不只一次，而是十次、二十次地谈到过福音书和那些好心的福音书传教士，其言辞无可指摘，甚至十分激动，明显带有激情的色彩。这些文字是人所共知，带有人为的庄重气氛，这还需要我们在此重新提起吗？比如庞大固埃发的宏愿（见于第 29 章），拉伯雷在历次出版时都原封没有动："我将命人将你的福音书一字不增，一字不减，一字不易地加以传布宣扬。反之，胆敢用人为的制度，卑污的造作流毒人世的一切伪法师和假先知，则将从我的左右，赶尽杀绝，一个不留。"[①]再后面，拉伯雷又以自己的名义抱怨巴黎人的精神状态。一个街头卖艺的，一头骡子，一个弹手摇弦琴的，都能比一个好心的福音书传教士在大城市的十字路口招徕更多的人群，福音书传教士与那些无所事事，只会用基督教的真理向世人说教的传教士们不一样。我们知道，卡冈都亚在下雨的日子就去听他们"有益的演讲"。由于他们，卡冈都亚才深入领会了有人在给他擦身子时，阿奈纽斯特（Anagnoste）字正腔圆地给他读的圣书的精髓。[②]

我们需要指出的是，说这样的话并不是没有危险。这会使人把讲这种话的人列入革新者的行列。人们会把这样的人交给国会去处理，而国会对"路德派"的人是不会心慈手软的。《庞大固埃》出版于 1532 年。但是，让·德·卡图斯（Jean de Caturce）也是 1532 年 6 月因为宗教异端而在图卢兹被火刑烧死的。实际上，是

① 译文摘自鲍文蔚先生的译本。——译者注

② 《卡冈都亚》第 17 章，40 章，23 章。

我不明白阿贝尔·勒弗朗所描述的拉伯雷及其矛盾之处吗？一个那么谨慎的人，怎么会干出这么多不谨慎的事来！拉伯雷强烈地反对基督教，能够不惜冒着莫大的风险，为他根本不在乎的福音书而不遗余力地拼搏吗？……除非我们认为他有这样一种有些违背常理的思想：用法语来读福音书，是对基督教这一毒药的解毒剂。

我知道，亨利·艾思田提议说：拉伯雷说的那些基督徒的话是算计好了要欺骗信奉福音书的人们的，这个可恶的家伙，想通过这些话去引诱人，让人们毫不怀疑地去读他的书，并因此而受他的毒害。这是不折不扣的背信弃义。但是，如果我们有一点点这种说法的证据也好呵……另外，圣水我们先不说，尚贝里（Chambéry）的神圣裹尸布被烧得连一个线头也没有留下，圣厄特洛普（saint Eutrope）让人患水肿病，圣女玛格丽特（sainte Marguerite）又没有办法减轻产妇的痛苦，最后，索邦神学院和神学院的教士们又能干什么？可是，我们再说一遍，那些多情地描写福音书的段落又说明了什么呢？

如果我要在各种文本中间做出选择，那也许我首先会选中第一个反对的意见。可我没有选择。将所收集到的文章分散在三年的文学生涯当中来看，这些文章让我们明显看出一定的稳定性，连贯性和统一性。这不是一些偶尔为之的无意识的行为。如果是偶尔为之的无意识行为，拉伯雷的话会完全是正统的。他不会嘲讽朝圣的人，也不会对圣母玛利亚只字不提。这是一个完整的体系。是一种宗教。在《庞大固埃》、《卡冈都亚》、《年鉴》和《庞大固埃预言记》当中，我们都可以看到这一体系和宗教有关的元素，而且到处都是一样的。在各个地方的说明都是一致的。让我们彻底明白他在写给伊拉斯谟的信中为什么说“救赎和平安属于仆从耶稣基督”(*S. P. a Jesu-Christo Servatore*),在《庞大固埃预言记》中为什么说“救赎和平安属于耶稣基督”,在大肚量写给卡冈都亚的信中为什么说“愿救世主保佑你平安”,在 1535 年的《年鉴》里和 1535 年的《柏拉图》藏书签上为什么恳切祈求“我主耶稣基督”。

那么第二种反驳的意见呢?

人们说,拉伯雷是个理性主义者,是个自由思想家,所以显然希望克服没有文化的人心中那种邪恶的宗教影响(我们不要忘记,拉伯雷是用法语写作的),多少个世纪以来,宗教在方方面面影响着教会和修道院,深入人们的思想,使人们满脑子都是宗教,通过习俗贯穿到人们的所有行为和所有的思想当中。拉伯雷想出来的方法,就是在他写的书中最为明显的地方,喋喋不休地说一些完全符合基督教思想的话。他所教导人们的生活准则,就是按照福音书里说的办,宣讲福音书,拥护福音书。当他为一般人写年鉴时,为了让读者抛弃基督教,他所采用的最好的办法,就是在每一页大量引用法文的福音书原文。对一个胆小怕事的人来说,这不都是一些十分奇怪的办法吗?因为,在使用这种办法的同时,拉伯雷会毫无价值地将自己暴露给敌人。有些人拥护的基督教是革新的、可疑的,拉伯雷认为自己是这些人当中的一员。让我们直截了当地说吧:拉伯雷在《庞大固埃预言记》一开始引用《诗篇第五》中的句子:“说谎言的,你必灭绝”;拉伯雷宣称说:“有分寸地说谎,欺骗可怜的世人,那只是轻罪而已”,拉伯雷在谈到《圣经》时,之所以那么恭敬、那么热情,却又说了谎话,那只是以当时人们会冒的风险为由,只是拉伯雷胆小怕事,不得已而为之,所以不能用道德法来谴责他;只是

这样说，那还不足以让我们佩服拉伯雷在说谎时的高明手段。[①] 应当用不带佩服的口吻地说——与我们同时代的人们总是习惯于把从前的“理性主义者”说成是说谎者和胆怯的人，我们与他们相反——应当不无蔑视地说：“这是个狡猾的大师。”而且还要补充说：“还是个自豪的傻瓜。”因为他的目的达到了。

7　巨人讲话时都引经据典，为什么？

还有第三条障碍，最重要的一条。老实说，我没有在任何地方看到有人提出这一点。但是，只要知道16世纪初哲学思辨的条件的人，都会感到有这种障碍。拉伯雷小说中的人物不是既给我们提供了毒药，又提供了解毒剂吗？“精明的读者啊，这是基督教的学说。甚至是非常纯正的基督教学说，清除了很多人认为是滥用的一系列东西。与此相对照的，是批判的理性主义。是自由思想家的学说。这一边是神启的真理。那一边是理性的真理。作者并不干预：让你一看就知道这两者之间明显是不能兼容的。”这是一种非常巧妙的战术。可我在文章中并没有看到任何这类的东西。

一定要把拉伯雷归在某种已知的学说的旗帜之下吗？会不会像波斯戴尔说彭波那齐那样（他说的是完全错误的），拉伯雷是个卢克莱修式的哲学家（*philosophus Lucreticus*）？不要忘记，有人

① 拉伯雷还写过其他的关于谎言的文字，比如在《庞大固埃》的序言当中，或者在《卡冈都亚》的第一章，第六章。但我们可以认为那是在虚张声势。还有就是他以自己的名义谈到过的谎言，有那么两三次，带有十分现代的口吻。关于路德的完全不同的态度，我们知道，德尼福勒（Denifle），格里萨尔（Grisar）和穆勒（Muller）之间发生过论战。

曾把拉伯雷当成是琉善式的人物，但还没有人把他说成是卢克莱修(Lucrèce)式的人物；指出这一点，那无异于使用毫无价值的论据。而且，如果我们没有搞错的话，在拉伯雷的全部作品当中，我们没有找到一处提到卢克莱修的地方。在普拉达尔(J. Plattard)所做的“拉伯雷引文资料来源”当中，根本就没有提到卢克莱修。卢克莱修以自然决定论的名义否认了奇迹。但是拉伯雷的决定论显得要宽松得多了。卢克莱修是作为悲观主义者否认天命的。但是拉伯雷是乐观主义者。卢克莱修以原子学说为基础，否定上帝创世说，但是拉伯雷的思想当中不可能有原子学说。最后，卢克莱修教导人们说，宗教是人造出来的，产生于人的无知和恐惧，被一小群狡猾的人所利用。可拉伯雷的文章当中有这样的东西吗？拉伯雷所说到的上帝，与伊壁鸠鲁和卢克莱修的神有什么相似之处呢？拉丁诗人让我们看到的神根本不关心自古以来便存在的世界，只待在与世隔绝的地方过自己的神仙日子，对世人的祈求和热爱根本无动于衷。拉伯雷是与卢克莱修一样的人吗？可是那么多人说，庞大固埃的父亲具有柏拉图的哲学思想，这又怎么解释呢？勒弗朗于1901年写道：“人们并不完全知道柏拉图的哲学是从何种程度上深入了卡冈都亚和庞大固埃的思想。”可是，我们不能到信奉柏拉图的哲学的人，或者文艺复兴时期那些信奉柏拉图哲学的新人当中，去寻找基督的敌人。这些人的学说如果没有那么多神秘学的想象和梦想的成分，其实离正统的宗教思想并不远。但不管怎么说，我们必须做出选择：是卢克莱修还是柏拉图？现在，我认为是柏拉图。

那么在帕多瓦时的拉伯雷呢？因为他在帕多瓦待过。这并不

完全是一个问题，我们顺便已经说到过，我们很难认为拉伯雷是帕多瓦的人。然而，拉伯雷是彻底反对基督的，可他反基督的思想总得以某种思想体系为基础吧。我认为他的思想基础有两个，因为卢克莱修的伊壁鸠鲁学说不能作为他的思想基础，那么只有两个送上门来的基础：阿威罗伊主义，亚历山大主义。而且人们事先还要做出选择，不要再对我们谈什么柏拉图：在这些帕多瓦的经院派人士当中，一个信奉柏拉图的人会是什么样子啊！但是一个阿维罗伊派的拉伯雷，那看起来不是很合适吗？阿维罗伊的上帝评说亚里士多德，指出那么多的问题，让人无法相信世界是从零开始创造出来的，让人很难相信拉伯雷所宣称的，所接受的神会怀着正义之心，给人以报答。阿维罗伊的上帝没有创造无始无终的宇宙，甚至并不了解这个宇宙，所以上帝的思想也不在这个宇宙上，宇宙间也就更没有上帝的天命。因此，阿维罗伊的上帝，就是卡冈都亚的上帝，就是庞大固埃的上帝吗？至于亚历山大，至于亚历山大的弟子彭波那齐，他们的文章在哪里，证据在哪里？如果没有文章，我们又怎么能不言而喻呢？是神秘主义吗？的确是。弗朗索瓦大师是个学者，有名的医生，他知道应该知道的东西。因此他完全可以建造对未来的预测。如果需要讨好有权势的老板，他是会这样做的。但是，他相信这些，正如约翰兄弟相信通过祷告可以免受火枪的伤害一样。他一遍又一遍清清楚楚地说，亨利－高乃依·阿格里帕（Henri Corneille Agrippa）在《论虚妄》（*De Incertitudine*）中丝毫不尊重神圣的王权，认为星相具有本来只属于王权的权力，让人的自由隶属于天上的星星，这都是不虔敬的行为。而且很久以来，皮克·德·拉米兰多拉（Pic de la Mirandole）便向所有的人提

供了所有的证明。

然而，这时候到哪儿去找基督教的敌人，至少是潜在的敌人呢？除了在这些主张神秘主义的人当中。拉伯雷是有常识的人，他不可能彻底地相信他们的学说。我们用不着再证明什么。布朗谢在《康帕内拉》当中已经提供了证明。

但是，阿格里帕已经看到了，已经说过了：个人占星术“使人们失去宗教信仰，消除奇迹，消除神意，并告诉人们，所有的事物都有赖于星星的力量和作用，一切变化都来自于星座必然的不可避免的宿命”。另外，“占星术有利于恶习，因为星相认为恶习是从天上降临到我们身上的，所以也就原谅了恶习……”①

以上是从整体上来说，我们不必讲细节。在1530年前后出现了一些问题，当代人非常关注这些问题的解决。不仅是学校里的学生在著名的博学之士的指导之下论述如何解决，善良的资产者们在讲道之后，或者在饭后茶余，也很愿意讨论这些问题。马雅、姆诺和一些其他的宣教者多次为我们做出这样的见证。但是，这些问题我们已经一一审视过。而且每次不管正确与否，我们都不得不得出结论说，虽然有些胆大的人针对许多棘手的问题提出了明显反基督教的答案，但拉伯雷在一开始写的文章当中，远没有表现出这种胆大妄为的迹象。在关于上帝创造世界的问题上，他一向只谈到过“从零开始”的创世，而且谈论的方式一向都很正统。在关于神意的问题上，拉伯雷的态度也是一样的。在关于奇迹的

① 《论虚妄》，第31章。法文的引文见于路易·图凯（Louis Turquet）和梅艾纳（Mayerne）的法译本。

问题上，帕尼尔日只是笑笑，而且是并没有什么特别意义的笑。在研究神意和人意的关系时所提出的问题是十分复杂的：是自由还是必然性，是天命注定还是自由决定，罪恶的来源和存在的理由是什么？奥利维埃·马雅在一本书里向我们描述了他那个时代的人，说这些人围住博士们，贪婪地就这些重大的难题提问。“犹大，上帝知道他将背叛吗？也就是说，犹大也不是完全自由的。那么，他要为自己的行为负责吗？”在所有这些有争议的问题上，拉伯雷要么只字不提，即使说了，也是以基督徒的口吻说的。

实际上，巨人的宗教就是基督教，我们没有必要再提出一种与基督教无法协调的拉伯雷的哲学。没有什么与宗教所申明的要义相违背的卡冈都亚或者庞大固埃的形而上学，更没有什么帕尼尔日的形而上学，这都是虚假的，不是不言而喻的虚假，而是清清楚楚，明明白白的虚假；巨人的宗教当中也许少了几条要义，但其说法还是正面的，是正统的——虽然这种正统不是完全符合特兰托公会的信纲，却也属于宽泛的正统基督教。用我们已经说过的话来说，那就是，从 1532 年到 1535 年，拉伯雷好像并没有在文章当中留下正反两个方面的东西让读者去选择：一边是毒药，一边是解毒剂。

* * *

我们又要面对文本了。我们所收集到的文本，我们从拉伯雷的早期文章当中选取的一些论述宗教的文章，形成了一个十分连贯的整体，这是我们已经看到了的。是基督教的文章吗？当然是，但那是什么什么样的基督教呢？这些文章中表现出的，是传统而保守的思想吗？我们不能这样说。能不能从中看到拉伯雷从形式上明显地参与了宗教改革呢？还是需要从其他的方面再考虑？

这都是十分棘手的问题。所有这一类的问题都是十分棘手的。涉及宗教学说，尤其是这个十分混乱的时期的宗教学说时，要想搞清楚思想的源头和影响，那是再困难不过的了。我们所面对的，是神学家广泛阐述过的神学理论，是对自己的个人思想毫不掩饰的博学之士明确翻译过来的一种完整的宗教学说。即使是这样，里面仍然存在着那么多的不确定性。比如，关于路德思想的来源，我们有那么多相互矛盾的文字资料。但是，问题涉及拉伯雷，涉及要在一本言辞放纵的小说，在小说中那些狂放不羁的话语里去寻找一些杂乱无章的话，那又该怎么样呢？我们不要灰心丧气，我们先把巨人的宗教与当时见证了巨人的宗教诞生的一些大的宗教进行一个比较。

第二章　拉伯雷，宗教改革和路德

我们知道，有一种传统的方法来解决我们刚刚提出的问题。好几个批评家一致把巨人的神学称之为“改革的”神学。

是好几个批评家，而不是所有的批评家。而且有些批评家的态度比较激进，有的则比较温和。温和派的人认为，拉伯雷不是一个真正意义上的宗教改革者。他怀着同情之心，参与了福音书派和宗教改革派最初的一些活动。他与他们共同做出了努力。但是对拉伯雷努力参与的程度，则各有各的说法。阿贝尔·勒弗朗在1912年的《卡冈都亚前言》中字斟句酌地说，“拉伯雷并没有完全地接受新的宗教学说，但他在这一时期想证明他对这些新的学说怀着关注而真诚的同情之心。他生活在一种知识分子的忧虑气氛之中，这就能够说明他的同情之心。”普拉达尔也说，“在这个时期，拉伯雷从思想倾向上与宗教改革分子是接近的。在索邦神学院，宽容，对圣人虔诚，宗教修行——他与法国最初的宗教改革派是一致的，勒费弗尔·戴达普勒表达了这些人的愿望和纲领。”[1]我们就只举这两个人说的话吧，虽然口吻上有些不一样，但意见还是一致的。

但是还有态度比较激进的批评家。“同情”，“倾向”，这些词的

① 《拉伯雷研究杂志》(*R. E. R.*)，VIII，1910年，第300页到301页。

意思都太模糊了——事实上，在一段时间里，拉伯雷配得上“改革者”这个称号。《法国的新教》再版时，应当收入拉伯雷的名字。让我们来听听一个神学家是怎么说的吧。他的话虽然比较散乱，但是信念是坚定的，言辞之中并没有什么“可能”和“大概”之类的话。他问道：拉伯雷的宗教思想是什么呢？“是法国最初的宗教改革的思想。我们可以这样归结：基督徒的准则只应该是福音书所教导的准则。教皇的权力是滥用的权力，是篡夺的权力。修道院的生活是反自然的生活，从社会的角度来看是危险的。对圣人的崇拜是与福音书相矛盾的，去朝圣是无所事事，是无益的旅行。对上帝的崇拜应当是内心的，个人的崇拜，是对上帝的热爱和祈祷。我们应当完全地信任上帝，只信任上帝。简单说，这就是他的作品当中所表现出的思想。”以上列举的内容并不是特别的严格，这是有意为之的。在此之后，这个神学家得出结论说，“拉伯雷是异端分子，本来应该被火刑烧死。”斯达菲（Stapfer）以前曾经说过，拉伯雷之所以该“被火刑烧死，并不是因为他嘻嘻哈哈地亵渎了宗教，中世纪的传统是允许这样做的，而且他并没有表达天主教会从深层意义上说的伤风败俗。拉伯雷之所以该被火刑烧死，是因为他说过纯洁的福音书高于所有其他的书，高于所有人类的评说——或者是因为他偏爱圣保罗，而圣保罗是宗教改革的使徒，在基督之前便创立了新教的学说”。

我们先把“天主教会从深层意义上说的伤风败俗”放在一边，这与路德学说中大家都知道的“不道德”观念是相对立的另一个观念。让我们把“创立了新教学说的圣保罗”也放在一边，让他去睡会儿觉，在从故纸堆中找来的争议的论据当中，圣保罗是最没有人

喜欢的一个:斯达菲提议使用两个明确的标准。其中一个标准的选择并不好。以圣保罗为例,以圣保罗为参照,以圣保罗为启发,并不能说明某人就是改革派,不管改革派的人们是多么偏爱圣保罗。很多天主教派的人保留了自己的信仰,这些文章曾经是他们的宗教思想的养料。因此,虽然人们十分巧妙地解释了圣保罗的文章的意思,但从中还是很容易地产生出了两种,或者说好几种根本就不同的思想体系。而且,真正的神学家从来就不缺乏这种巧妙的解释方法。

尽管如此,斯达菲仍然向我们指出了一条正确的道路。让我们跟着他一起走向前去,但是我们不能采纳他的偏见。

1　1532 年到 1535 年之间:什么是宗教改革派?

以什么为标准?可是,我们如何选择标准?《庞大固埃》是 1532 年出版的。《卡冈都亚》出版于 1535 年。1532 年和 1535 年时候,什么是宗教改革派呢?那要看是在哪个国家。

那时在欧洲,有些君主——集团的君主,城市的法官,地区的修会会议——或者作为个人的君主、亲王、领主已经从各种不同程度上彻底与罗马教廷断绝了关系,在各自国家改革了的教会管辖区内各自为政。在这些国家,毫无疑问,“改革派”是有的:一个臣民只要接受君主关于信仰方面的决定,便从事实上与国家的君主一起离开了罗马教廷。但是,这种人还不是很多!

也许,正如我们今天所说,瑞士在这方面的局势比较清楚。自从 1529 年以来，我们可以说，加入联邦的各个区形成了两个集团：在苏黎世、伯尔尼、巴塞尔、圣加仑，讲道代替了弥撒。虽然对于革新者来说，要想让一切都隶属于伯尔尼，让瑞士的整个宗教版图能够大致最终确定下来，还有很多事情要做，尤其是在瑞士的法语区。天主教徒和改革派人士都会坚持在需要的时候，使用暴力来发扬自己的信仰。1531 年 10 月 11 日，茨温格利（Zwingli）浴血倒在了卡佩尔战役（bataille de Cappel）的战场上，其尸体被天主教徒凌迟焚烧……

在德国情况又怎么样呢？德国的情况在很长时间里是不确定的，新教的君王不得不谨慎从事。在帕维亚战役之后，在罗马洗劫之后，皇帝的权势大如天！只是到了 1527 年，君主们才从斯皮尔议会（la diète de Spire）得到某种临时性的自由，在各自的国家按照自己的想法组织教会，而不至于担心与帝国议院没完没了地发生冲突。到目前为止，正是帝国议院搅乱了一切。在英国又怎么样呢？在英国，到了 1532 年，也就是《庞大固埃》发表的那年，亨利八世才开始掂量英国教士们的决定。但是，谁也不知道这个既反对罗马，又反对路德的英国君主在信仰方面持什么态度，又能走多远。英国的“国王至上法”是 1534 年颁布的。只是到了托马斯·莫尔被砍头之后，或者是在托马斯·克伦威尔的有力推动之下，开始清除英国的修道院的时候，《卡冈都亚》和《庞大固埃》才出版。

各种学说都受到些不确定因素的影响。这些学说很少，每种学说都是在一定的国家由官方的神学家确定了的，记录在公开表明信仰的声明之中，广为散播。我还想补充说的是，这些声明是所有的信徒们毫无私心杂念，也没有不同意见地一致接受了的。在德国，在路德的直接影响最大的萨克森选区，只是到了 1528 年，根据巡视各地教会的最初结果，才做出很大努力，整顿人们的修行和宗教的学说。1529 年，路德接连写出大小两本教理问答。但是多少年以来（尤其是自从 1525 年和 1526 年以来），路德、茨温格利、厄高朗帕德和其他的人之间就以最后的晚餐展开了激烈的争论。在君主站在宗教改革一边的国家，舆论也是五花八门。各种流派争奇斗艳。各种教派多如牛毛。至于那些对主子唯命是从的顺民，则对古老的思想和做法是多么眷恋呀，不管他们是有意还是无意的。

人们在等，等什么呢？说不清楚。实际上，很多人都认为事情会好起来。各处的人们都相信宗教评议会；德国也许比别的地方更加相信。这从人们欢迎保罗三世关于召开下一届基督教教徒会议的积极态度上，便可以看得出来。从敌对的君主们出于政治上的原因所做出的努力可以看得更加清楚。这些君主反对一切和解，不管是与斯马尔卡尔德同盟（ligue de Smalkalde）的成员的和解，还是与亨利八世或者与弗朗索瓦国王的和解。神学家在互相争论。有些君主今天追随这个，过了几个月又追随那个。信徒们从内心深处感到惶惑，表达出各种各样的意见，却无法在任何一种意见上取得一致。乡下的群氓还算得上是半个野人，只会相信迷信的事，各种杂乱的因素交织在一起，形成一片混乱的局面。

＊　＊　＊

在法国情况又如何呢？对国王的意图，人们根本摸不着头脑。

国王没有与罗马决裂。但是国王又与路德派的君主们意见一致：法国的国王立场不断变换。一天，他救了贝尔坎(Berquin)，让卫队的弓箭手从议员们的手中把他抢了过来；再一天，国王手里拿着一支蜡烛，又参加了1528年6月的赎罪游神会。先是救了贝尔坎的命，后来又看着他送命(1529年4月17日)，接着，到了1530年初，又建立了王室教授团。1531年4月，国王又邀请茨温格利来，向他公开表明信仰。然而，1533年的10月，他来到马赛，会见教皇克勒芒，让王储与美第奇(Médicis)家的一个女儿结婚。但是，到了1533年11月底，他在阿维尼翁商议了与路德派结盟的计划。1534年1月，他在巴尔勒杜克(Bar-le-Duc)与德国诸侯谈判，发生了"揭帖事件"(1534年10月18日)之后，《卡冈都亚》很可能已经发行销售了，国王才采取了最为极端的决定，当然是反对路德派的人，但是也反对文学，国王的一项法令说过要取消印刷厂，反对人文和古典语言。而且这还不是这个任性善变的国王在态度上最后一次三百六十度的大转弯。

对国王的意图，法国人根本摸不着头脑，对各种学说更是无所适从。法国没有马丁·路德。像勒费弗尔(Lefèvre)这样的一个老头子，根本起不到奥古斯丁(Augustin)那样的作用：奥古斯丁精力充沛，咄咄逼人，充满了民间百姓的活力。在人们称之为路德派的人当中，究竟有多少知道路德的学说，并准备接受1529年的教理问答的呢？各种观念之间有很多重大的区别，有的区别产生于人们的性格和经验的不同，有的产生于人们读过的书不一样，有的产生于邻国那些声音不和谐的博士们对人们的思想所产生的作用，比如路德、梅兰希通、布塞尔、茨温格利、厄高朗帕德。正因为如此，在法国比在德国和瑞士有着更多各种各样个别的学说，不是特别的明确，而且因为没有实行过，所以也没有是否与实际相适应的问题。而且，很少有哪种学说声称自己要与教会分离。与教会分离是多么可怕的事啊。模棱两可的说法却有着极大的诱惑！

主教会议还没有表态。只要主教会议还没有说话，谁敢说宗教的真正代表是索邦神学院的博士们，而不是在卢浮宫讲道的教士呢？

要想说清楚1530年到1535年间什么是宗教改革派的人，说实话，这事并不是那么容易呢。

2　信经与标准：文字

有个历史学家，叫亨利·奥塞(Henri Hauser)，他充分意识到这些困难，提出了一种方法。他说[①]，无疑不能让法国人认为，从1520年到1530年间，在法国人们称之为的“福音书教派的人士”，都采纳了唯一一种前后一致的、有连贯性的“宗教改革思想”体系，作为他们的“信经”(*Credo*)。一个重要的事实是，在福音书教派的人当中，有的人主张的某些论断，别人认为太超前，因此而遭到排斥。但是，恰恰因为如此，显而易见的是，这些论断当中有一些，数量不多，但这些论断必定会使拥护这些论断的人早晚成为真正的改革派人士。只有这些学说才是重要的，比那些次要的理论更重要，虽然这些理论在索邦神学院的文章中反复出现，像是戏剧中

① DV.

的配角，显得很扎眼。宽容，朝圣，圣人。

另外，关于法国和其他地方的宗教改革的关系，尤其是与德国的宗教改革的关系问题，不管我们打算表现得多么独立，在 1530 年时候，这并不完全是一个问题。当时至少已经有一种前后连贯的，作为一个完整的整体的宗教改革派学说，也就是具有活力的路德派学说，一些改革派的宗教人士开始有效地组织起来，公开宣称这种学说，而且也在明确的教理问答当中进行了阐述。然而，如果在这些说明的指引之下，如果我们想与亨利·奥塞一起，在所有公开对福音书表示信仰的文章当中，找出具有不可辩驳的价值、能够作为标准的文章，那只有两种：《圣经》是宗教的唯一的源头。人只能由其信仰来证实。让我们现在看一看拉伯雷的文章吧。

* * *

《圣经》是宗教唯一的源头，是学说和行为的唯一准则吗？拉伯雷早期的文章曾多次盛赞《圣经》的好处和有效作用。而且还不只是赞扬，拉伯雷大量引用了《圣经》里的话，而且还常常是用法文引用的。

当然，里面并没有明确地说，凡是圣书里没有正式说的，基督徒都应当弃绝。但是里面明确说，以纯粹、简单而完整的方式宣讲的福音书是不要任何附加的东西的，尤其是不要“教皇身边的人”（意思是指拥护教皇权力的人）以为可以加到上帝的话和教导里面的那些“人为的东西和堕落的发明”。所谓圣书，指的首先是《新约》。拉伯雷的小说中所引述的，主要是《新约》，而且，除了从《诗篇》里引的语录时常可见之外，几乎都是《新约》里的话。当拉伯雷以自己的名义讲话时，当他的小说中的人说话时，所提到的都是圣书中最为神圣的，基督也承认其直接来源的篇章：福音书和使徒书信。换句话说，在拉伯雷的文章中，只有基督的话[①]，只有不加解释的基督的原话，就连圣父的话也没有。基督是人之神，自从他在人世间露面之后，甚至在此之前[②]，我们都是通过他接受上帝的馈赠，我们都是通过他向上帝致以敬意；我们看看前面所引的文章就知道了。拉伯雷小说中的主要人物和路德一样，好像接受了奥古斯丁三位一体的观念。按照这种观念来说，实际上只有一个上帝。这好像就是拉伯雷小说中主要人物的观念，正如这也完全是路德的观念一样。

现在，我们还要小心地补充一点：我们所引用的本来就不是特别明确的文章，不是从神学概论中引来的，而是从一本粗俗的小说中引来的；由此我们至少可以提出一个没有明确答案的问题（而且是一个首要的问题）。仅仅说“向《福音书》回归”，并不能说明一切。对于提倡《福音书》的人来说，《福音书》所代表的，可以是一些千差万别的东西：可以是严格守法的上帝向人揭示的法典，我们对

① 就连经常提到的圣保罗也不例外。提到圣保罗时也是上帝借他之口在言说。勒费弗尔在圣经诗篇上写道：“耶稣基督是在借圣保罗之口说”。

② 甚至在此之前，路德就是这样说的：“基督是以色列的上帝”——而且就是这个路德（在16世纪，和路德持同一看法的基督徒有很多）觉得大卫的诗篇所表达的，就是一个基督徒最为根本的体验——，路德还说：“我们只能通过基督来赞美上帝。因为，我们是通过基督来接受上帝的一切的，所以我们也应当通过基督来向上帝表达我们的敬意。”（W.，I，p. 6，19—24）——这种状况到最后的审判之后才会结束。到那时，上帝会亲自统治。

其中的每句话，每个符号都应当敬若神明；也可以是“值得让人崇拜的基督教哲学之巨擘”所说的有声有色的话，伊拉斯谟就曾向他表示过敬意；可以是再浸礼派教徒们所嘲笑的“纸上的教皇”，再浸礼派的教徒们说过，路德之流只不过是嗜书如癖的人；也可以是上帝赋予子民的自由的宪章，好让他们当作行为指导和准则，当作尘世道德告诫。如果说我们所引的文章并没有说清拉伯雷或者卡冈都亚对《福音书》究竟是怎么看的，这也毫不奇怪。我们不能说这些文章所表达的对《圣经》的观念是不正统的。另外，可以肯定的是，拉伯雷并没有把《福音书》与古老的美文割裂开来。虽然庞大固埃“每天花几个小时”去读《圣经》，但他同样也很愿意读普鲁塔克（Plutarque）的《道德论集》（*Moraulx*），柏拉图的优美的对话，拉丁风格的巨擘西塞罗（Cicéron）的文章就更不用说了。虽然要从圣书当中剔除伪善者们喜欢的糟粕，但并不是不能用古代圣人的教诲去培育古代的崇高思想。

3　用信仰释罪

第二条规则：人们有时候说，被“核心的教条”或者宗教改革的“实际原则”所确认的，是“用信仰来释罪”。但是我们需要对这种说法进行解释，需要仔细地说明。在路德的忧虑当中，这种说法具有众所周知的地位，让路德来帮助我们完成这个艰巨的任务吧。既然不管是路德还是赞成路德学说的人都认为，这不仅仅是一种客观的神学说法，而首先是个人内心深处的心理状态，那我们就用这种尽可能“人道”的语言来表达我们的思想吧。

路德曾有过使自己的内心深处感到震撼的体验。他说，“上帝是唯一的拯救者。从完全和绝对的意义上说，只有上帝才能够拯救，因为人的确可以阻挠、支持或者帮助证实的行为，但是要想通过什么事参与这一行动，那是永远不行的。上帝是慈悲之父，将其恩泽馈赠于人，那完全是馈赠，不要代价，不求回报。即使是堕落的、根本不配接受馈赠的人，没有做过任何好事，因亚当的儿子们原始的败坏而生来就污秽的人，上帝也会将恩泽馈赠给他。与其自视甚高，用一些自负的功德装点自己，还不如在心中承认自己的所作所为是卑劣的，承认自己对自身的拯救根本就是无能为力的。这时候，上帝的恩泽会自然而然地降临到他身上。这种恩泽将唤醒信仰。这也不是人的努力所达成的结果，这也完全是上帝的馈赠；对于人来说，有了信仰才能够领会上帝的恩泽，才能够满足正义。有了这样的信仰，有良心的人内心深处便不再会感到焦虑和磨难。人不会再惴惴不安地思虑自己的拯救。人不会再没完没了地想自己行了哪些善，做了哪些恶，因为想到最后总是感到气恼。人从内心深处会感到十分踏实，再也不怕上帝的愤怒，他所感受到的，完全是上帝的仁慈。”

路德的这一学说，虽然只是简单的综述，[①]却占有极其重要的地位。我们说的不是在他的理论体系当中占有重要的地位，而是在他的基督徒的生活观念当中。我们能不能将这种观念与拉伯雷小说中的人物所宣称的观念进行一下比较呢？困难的是，在1535

① 详文请见费弗尔（Febvre），DXXXVII；斯特洛尔（Strohl），DXXXV[bis]；维尔（Will），DXXXVI。

年之前的文章当中，拉伯雷只提到过可以释罪的信仰。他从来没有从整体上谈论过有关善行的问题。他从来没有把信仰和善行对立起来。

当然，他嘲笑过。他嘲笑那些相信某些行为特别有助于自己的拯救的想法，比如朝圣。但是，写一首反对拉斯达莱(Lasdaller)之流的诗，并不意味着就是赞成路德所说的，人即使做点善事，也是从根本上就不配得到拯救的；并不意味着就是按照路德的方式解释圣保罗文章中所说的“善行”(*Opera legis*)之说。令人吃惊的倒是，拉伯雷大量地引用了圣保罗早期的文本，却从来没有引用过路德派、福音书派和加尔文派的人们借以说明善行无助于人的拯救的那些众所周知的文本。也从来没有引用过唯有信仰才能够释罪的说法。

4 由爱德形成的信仰

还不仅仅是如此。在《庞大固埃》中有一段显著的文字，表明了有关信仰的学说，很值得关注。但到目前为止，好像还没有任何人注意到这一段文字。也不是完全没有。艾田·吉尔松(Étienne Gilson)在《方济各会修士拉伯雷》(*Rabelais franciscain*)中便没有放过这一段文字。[①] 但他的解释只是对文字的解释。《拉伯雷全集》的博学的出版者并没有为这段文字加以特别的说明，因此人

① LXXXVII，单行本第15页。吉尔松在圣托马的帮助之下说明“这一段文字是如何尊重为人所接受的神学的”。他没有指出(也没有必要指出)他的话使人关注到对拉伯雷宗教改革倾向的“诊断”。

们也就可以认为这段文字没有什么特别的意义了。这段文字是这样的：卡冈都亚对儿子说，你要为上帝效力，要爱上帝，怕上帝，而且要“通过由慈悲形成的信仰，与他站在一起，永远不因罪孽而迷失方向”。“由慈悲形成的信仰”，这是什么意思呢？

这种说法——*fides charitate formata*（由爱德形成的信仰）——是经院学派十分熟悉的。这种说法是众所周知的。我们用不着去介绍它的历史。对于我们来说重要的只有一点，那就是，卡冈都亚在这样说的同时，也就等于说，他用完全正统的神学理论来理解信仰和慈悲之间的关系。路德用自己的方式解释了这一关系，结果是非常激烈地弃绝了这一理论。[①] 我们不管路德的解释正确与否。我们也不管他是不是错误地理解了别人的真正的学说，他感到气愤的是，人们使用“‘形成’这个可恶的词”（*maledictum illud vocabulum formatum*）——也就是说，根据他的说法，信仰使人受到激励的原则（*forma*）是爱德，但人们在谈到这种信仰时，认为信仰应当受爱德的“指引”，正好比身体应当受心灵的指引一样。这是神学家之间的争论。想了解这一点的人，只要认真读读德尼福勒（Denifle）的作品当中的某些文章和附注就行；路德的敌人用这些文章和附注来证明对方的错误，认为这些东西篡改了教会传统的学说。

我们只考虑“由爱德形成的信仰”（*fides charitate formata*），这与路德的说法是完全相反的。我们也可以说，这与加尔文的说法是完全相反的。在信仰和爱德的关系上，加尔文的感情与路德

① 见于维尔（Will），DXXXVI，第 91 页，251 页，257 页。

是一样的。让我们打开 1541 年的《基督教原理》(*Institution*),在第四章“论信仰”中,我们看到:“出于同样的原因,诡辩派的另外两个谎言也就不攻自破了。第一个谎言是,他们以为信仰是形成的,对上帝的认识是一种附加的良好情感……”更远处还有:“索邦神学院的教士们讲授说,爱德先于信仰和希望,这纯粹是梦话,因为有信仰我们心中才能够产生爱德。”第六章还有一个相同的注,“论释罪”:“他们徒然地寻求另一种巧言,认为只有信仰才能为我们释罪,而信仰是由爱德产生的。我们和圣保罗一样公开承认,除了与爱德在一起的信仰之外,没有什么别的信仰可以为我们释罪。但这信仰并不认为爱德可以具有释罪的作用。甚至根本就不会因为其他的原因而释罪,只能引导我们与基督的正义进行交流。”这些文章好像很能说明问题。[①]

然而,显而易见,拉伯雷十分用心地写了满满的十行字,非常正式地结束了卡冈都亚那封庄严的书信。如果他的头脑当中充斥着路德的学说,他会使用他明知道是非常正统的一种说法吗?而且,他毫无疑问地还知道,这种说法是与路德的思想无关的,相对立的。我们可以,我们也应该提出这个问题。而且还要谨慎,并在提出问题时考虑差别。我们只举一个例子:如果我们打开朱安·德·瓦尔戴斯(Juan de Valdès)的《对话》(*Diálogo*),马塞尔·巴塔永(Marcel Bataillon)有幸发现了一本,我们才得以看到,里面就提到了信仰(ala qual los theologolos llaman fe formada),而且明确证明,1529 年瓦尔戴斯还在宣传伊拉斯谟的学说,还没有

① DXIX,第 208 页和 212 页;第 360 页。

离开他的第一个老师，还没有向路德靠近。他认为，信仰是自己形成的（*fides formata*），并因爱德而变得更加丰富，是有功德的善行的源泉，这才是真正的信仰。[①] 关于这同一点，我们可以把马塞尔·巴塔永说的一句话用在拉伯雷身上。巴塔永在《对话》的引言中说："瓦尔戴斯不可能是路德派的，因为他把伊拉斯谟看成是一个很好的博士，一个真正的神学家。[②]"

由爱德形成的信仰？这句话没有路德的特点。一个宣传伊拉斯谟的福音书观点的人并不讨厌这种说法，朱安·德·瓦莱斯清楚地证明了这一点，虽然他另外也很欣赏路德。我们的分析得出这样的结论，这并不是第一次。是我们分析得过细了吗？但不管怎么说，我们的分析并不奇怪。人们有时候称这些人是宗教改革发生之前的改革家；我们可以举一个例子，有个叫让·普波·德·高什（Jean Pupper de Goch）的人，1473年写了一本书，《论自由基督教》（*De Libertate Christiana*），可是到了1521年才印行。这本书从书名到内容，好像从很多方面都预示了路德的思想。当神学家们仔仔细细地考察这些人的时候，当他们仔细分析让·普波·

① DXLI，f° liii r°。朱安·德·瓦尔戴斯（Juan de Valdès）的文章全文如下："mas os digo que porque esta fe de que yo hablo：ala qual los Theologolos Ilaman fe formada，es como un bivo fuego en los coraçôes de los fieles，con el qual de cada dia mas se apuran y allegan a dios... "

② 见于"引言"124页到125页。关于伊拉斯谟的说法是朱安·德·瓦尔戴斯的。详见《对话》f° xvii v°。马塞尔·巴塔永又补充说："从历史上来说，所有路德教派的人，不仅仅是与路德具有相同的关于圣宠的观点，因为关于圣宠的最终说法在圣奥古斯丁的作品当中已经有了，或者说在圣保罗的作品中早就有了。所谓路德派的人，就是与路德一样强烈地否认某些学说，这与他的思想的积极内容一样，为路德下了定义。在这一点上，伊拉斯谟是块试金石。"

德·高什的感情的时候，他们是以什么为基础，来看待两种神学理论之间真正的一致或者不一致的呢？第一种神学理论是受奥古斯丁学说启发的理论，在修道院这个天地当中，持有这种理论的不只是让·普波·德·高什一个人。他们通过分析，在表面看来完全是路德派的一些说法当中，发现了天主教派功德说的阴魂不散。“只有上帝的恩宠才能给人以功德。然而，上帝只愿意将恩宠给予那些能够将功德发扬光大的人。”[①]另外，当让·普波·德·高什区别 *fides informis*（未成形的信仰）和 *fides caritate formata*（由爱德形成的信仰）时，也就是说，当他区别“一种还不是信仰的信仰和一种已经不完全是信仰的信仰”的时候，他已经明显地脱离了改革者的观念。对于拉伯雷，这是一种人们还没有想到要使用的标准。谁使用了这一标准，谁就有根据得出结论说：*Fides caritate formata*（爱德形成的信仰）是与马丁·路德的思想完全无关的。这种说法充斥着天主教的本质。是 1530 年到 1536 年间很多福音书教派的人，是很多伊拉斯谟的虔诚信徒和读者们都很熟悉的说法。

5　善行的问题

让我们接着分析。人如何为拯救自己而合作的重大问题，关于善行的问题，在拉伯雷的小说中是如何处理的呢？不言而喻的是，这个问题与释罪、功德和圣宠是密切联系在一起的。然而，凡直接面对拉伯雷的文章的人，所得到的印象都不会太清楚。初一

---

① 关于普伯，详见 DXXXIX，DXXXIX[bis] 以及维尔（Will），DXXXVI，第 8 页。

看来，人们会认为，情况似乎是这样，天主教的学说是色调一致的背景，在这个背景上出现了两三个线条有力的路德派的“图案”。这种印象准确吗？

在拉伯雷1535年前的文章当中，我们可以看到一些有力的呼吁，求助于伸张正义的，奖掖善行的上帝，要考虑到人为了尽善尽美而付出的努力。逻辑学家和神学家——他们难道不是一样的吗？——会指出说，在这些说法当中，有一些与改革者完全无关的观念，甚至是为改革者所厌恶的观念。把上帝说成是内在的正义，认为上帝是最高的法官，每个人的罪孽都在账上记着，要求上帝对每个人给予惩罚，或者要求每个人赎罪：的确，在路德的心目当中，这是最为严重的错误，对于心中的安宁和整个基督徒的生活来说，是最危险的。然而，当乌列克·贾莱提醒霹雳火说，人所有的行动都会受到上帝的审判，任何行动都躲不过上帝的眼睛时，当他祈求至高无上的上帝（上帝会公平地奖惩我们的行为），让上帝对付粗暴和罪恶的国王时，好像这些话的声音明显是十分传统的。虽然我们说得太过分了。能让我们得出这种结论的文章还显得十分贫乏。而且还是小说中的句子……①

相反，也有我们上边已经援引过的一段十分奇怪的文字：伪善的人说：“自助者天助”。但实际上是，谁自助，魔鬼就会敲碎谁的骨头，这才是真理！这么心安理得，多么奇怪呀！我们想说，约翰兄弟的创造和发明，或者也可以说描绘了暴风雨的画家，会不会就

① 我们永远不要把论战的人写的文章当成是神学家的断言！下面是一篇很有新意的文章，《一百年前被隐藏的真理》（*La Vérité cachée devant cent ans*）（DXLIII）。要求信徒们把行善当作义务，“同时要和睦、爱人、与人为善！”

是卷起袖子，露出满是青筋的两只胳膊的使徒？拉伯雷的小说里另外还有一段写霹雳火的文字，说他说一不二、真诚坦白，说霹雳火“如果不是不断地受到神圣恩宠的引导，那就只能是个坏人”。我们很想说这是路德的悲观主义思想。德廉美修士是乐观的，能激励“自由和出身高贵”的人做善事，也激励着德廉美修道院的卫道士们表现出这种路德式的悲观主义，这难道不让人觉得很奇怪吗？

这是不是矛盾的呢？作为神学家的拉伯雷会像小学生一样地自相矛盾？但是首先，我们从这场争论当中所看到的，是关于信仰的问题。我们在这一领域所看到的，并不是纯粹的概念。而且我们不要以为，当时神学家在宣讲自己的思想的时候——我说的是古典的中世纪，12 世纪，13 世纪，14 世纪，以及思想没落和崩溃的 15 和 16 世纪期间——，我们不要以为当时神学家的思想会深入人们的直觉思想，而且我说的不仅仅是当时的信徒们，甚至也包括一些传教者，有时候也有神学家。这是矛盾的吗？可是让我们想想路德，想想论述那些愚蠢问题的路德吧。路德说话自相矛盾，思想飘忽不定……他曾十分肯定地断言说，人是不会不由自主地作恶的，人作恶是必然的，自发的，自愿的——人由于其腐败的本质，一定会作恶：他有的时候好像也承认，人的本性深处有着一种潜在的道德倾向（*recta ratio*，*bona voluntas*）（坦诚的理性，良好的意愿），或者像他在《罗马书》（*Épître aux Romains*）中所说的那样，上帝在人的内心深处都会发现一种自由向善的倾向。他在《教理问答》（Grand Catéchisme）中写到，十戒铭记在人的心中，由于人的本性而深入人心。当他把十戒看成是自然律法时，意思也是在

说，人的理性从本能上推动人做善事，使人想要得到拯救。而且，虽然他辛辣地嘲讽人具有亵渎神明的自负，自以为与上帝合作，共同致力于拯救的行动，但他有时也把我们看成是与上帝合作的人，上帝虽然可以单独行动，但也呼吁我们与他一起努力。因此，有个神学家说，好像“我们一般习惯于指出说，路德有个宗教的心灵，但除此之外，他还有另外一个心灵，能够接受人与上帝合作完成上帝的意图”。[①]

在同一个人身上同时存在着两种相反的倾向，将他向两边拉扯。但还不仅仅是如此。还有不同时代的人的不同理解所起的作用。这是一向如此的。因为最后，我们再来看拉伯雷，我们应当摘掉现代的眼镜、今天的眼镜，重新读一读他的文章，用过去的眼光来重新读他的文章，重新考虑我们对拉伯雷的很多文章的理解。首先是这一篇大家都知道的文章：“自由的人，出身好，受过良好的教育，与好人来往的人，从本性上就会积德行善，远离恶习……”——这是本性吗？

我们受生物学的思辨影响太深了，一看到这个词，就会激动起来。我们立刻赋予这个词一种特殊的意义。而且我们毫不迟疑地认为这个词所说的就是自然主义的自然，是一种神，是与神学家的上帝竞争的神，是生物学时代的偶像（生命也是）。我们是以特殊的方式随意地使用这个词的。我们想拖带着拉伯雷跟我们一样做，这就不妥当了。因为，当拉伯雷在我们注意到的那段文字当中写下“自然”这个词时，所想到的并不是科学作为结果或者说作为

① DXXXVI，第230页到233页，以及第244页注1。

目的来掌握和驯服的那些“自发的力量”。他并没有树立起一个偶像，与神学家的上帝对立，让自然篡夺上帝才应该有的权力，作为理想，给人提出我们称之为生活的愿望的需要和本能的组合。我们认为需要和本能是生活的愿望。但是拉伯雷不能，也不愿意这样说和这样想。

虽然在当时，他也算得上是一个自然主义者，虽然他很好奇地读普林尼（Pline）和德奥弗拉斯特（Théophraste）的书，收集些果实和种子，一边读着隆德莱（Rondelet）的书，一边看着加斯科尼湾的鲸鱼戏水，并通过经常不断的解剖，获得对另一个世界，也就是对人的越来越多的认识——他不可能按照斯宾塞（Spencer）的模式，或者也可以说是按照海克尔（Haeckel）的模式来谈论哲学。他只不过按照亚里士多德的模式谈论哲学。他和亚里士多德一样认为，品德是一种习惯，一种好习惯，一种按照人的身份行为做事的习惯，所谓的“第二本性”（*secundum naturam*）。这意思就是说，是一种按照“本人”的天性，而不是按照“人”的天性行为做事的习惯，而且天性这个女神是被捆着的，而不是“自由”的。我们还可以说，是按照“天性的规律”（loi de nature）行为做事的习惯，这意思并不是说是按照“自然的规律”（lois de la Nature）行为做事的习惯。对所谓“自然的规律”，拉伯雷和同时代的人都没有清楚和明确的想法。而且他断然拒绝承认星相能够影响这些规律，也不承认星相术士们“决定论”的天体观测……

拉伯雷的哲学是亚里士多德的哲学。但是，他也读过柏拉图的书。而且是一读再读。所以，他并没有像亚里士多德一样，因为人的本性从根本上来说就是理性的，因而把“按照本性”理解成“按照理性”——用亚里士多德的语言说，就是，因为人的形式，就是人的理性心灵。他和柏拉图一样，把“根据理性”理解成“根据上帝”，因为理性是上帝造就的。我们还可以说，“根据上帝本人的理性”。上帝是一意孤行的，正义追随着上帝，追随上帝的人也变得和上帝相似了，他们得到的报答就是在义人中体会到作为义人的幸福。但是，那些认为可以自己单独行事的人，上帝抛弃了他们。这些人开始时可能会有成就，或者会有表面上的成就，但是不久正义就会复仇，会抛弃他们，会抛弃他们的梦想，他们的拥护者，他们的祖国。正义抛弃了霹雳火：柏拉图的《法律篇》向拉伯雷做出了正式的保证(IV, 716, C. D.)。

这样一来，拉伯雷只是在宣扬古希腊哲学，没有说别的吗？当然不是！还有我们刚刚说过的那些段落，非常深刻地反映了拉伯雷的思想。还有别的。有关于圣宠的基督徒式的思辨，说只有圣宠才能使人的效果和举动，人自身的意义和自由意志有价值，有代价。再有就是几个世纪以来把“本性”用在人身上时一向就有的那种模棱两可的意思，这是贯穿一切的。一方面，本性，指的就是所有用来为这个词下定义的基本特性，以及这个词本身所带有的、本能的、自发的东西——或者在上帝看来是这样(由此而产生了腐败的本性和圣宠之间的对立)，或者在人看来是这样(由此而产生了自然状态和文明状态之间的区别)。总而言之，从这种意义上说，本性就是人身上成为人类特点的一切。另一方面，本性，是指每个人所特有的行为，使得某个人与其他人不一样，他就是他，是某个人，而不是一般的人……我们的分析证明了这是模棱两可的，我们对此保持警觉。然而，我们也在让这种模棱两可的意思延续下去，我们也在顺应这一点，我们天天都在说要“根据性质”来进行治疗或者教育，我们在这样说的时候混淆了本性（性质，个性）的两种意义，将一种意义掺杂在另外一种里面……更何况16世纪的人既没有像笛卡尔这样的哲学大师，也没有《方法论》（*Discours de la Méthode*）所培养出来的专门进行哲学分析的专家传统。他们只有柏拉图，只有亚里士多德，而且还是经过那些经院派的学者们改造过，按照基督教整理过的柏拉图和亚里士多德。对此做出了努力的人当中也包括拉伯雷。与拉伯雷同时代的人反对这一努力，同时却又无法从中摆脱出来。我们不要以为希腊文本中的 *Phusis* 或者拉丁文本中的 *Natura* 意义不像 *Nature* 这个词在我们的文本中那样具有某种多义性。但是16世纪的人无法辨别这些意义之间的矛盾。

矛盾……我们是鼓着腮帮子来说这个词的，带着卖弄学问的自豪。还不如从精神上放松一下，把各种倾向之间的冲突看成是一个混乱的、标新立异而丰富的时代的特点——也正是在这个时代，文艺复兴的自然宗教和宗教改革的神启宗教在混乱的动荡之中挣扎，企图尽可能地独立出来。

6　释罪，一个微妙的标准

让我们再回到标准的标准，也就是通过信仰而释罪，人们常说这是宗教改革的形式原则。拉伯雷是如何看待这一标准的？他提出了什么样的论断呢？

根据一些并不特别明确的文章来看，我们只能这样说：与我们称之为“释罪”的这个令人挠头的问题多少有点关系的，只有那么三四句话。但是，与有内在的联系而系统的神学学说相比——不是与路德抒发内心感受的宏篇大论相比，而是与勤奋的神学家们将路德的真情流露去粗取精，加工整理，磨去其棱角，消除其光彩，而后才称之为的“路德学说”相比——这几句话所带有的宗教改革的色彩只是断断续续、时隐时现的。只是，在 1532 年左右，正如加尔文后来所说的那样，是不是所有的宗教改革者都对路德的学说表明了自己的看法呢？

让我们把勒费弗尔放在一旁。勒费弗尔在评论保罗书简时，在信仰和善行之间进行了谨慎的调和：“因为，只有信仰还不配得到拯救，单是善行也不配。善行是在为拯救做准备，是在净化人的心灵。信仰为我们打开通向上帝的路。只有上帝才能够释罪和宽恕。善行使我们变得更好；信仰使我们转变；释罪使我们得到启迪。”[①]但是法雷尔(Farel)又是怎么说的呢？毫无疑问，在 1530 年和 1540 年间，宗教改革的思想之所以受到人们的欢迎，法雷尔的《简短声明》(*Sommaire*)起到了很大的作用。法雷尔声称说，人要有基督的正义保护，才敢出现在上帝的面前。但是，在路德心目当中如此重要的这一点，法雷尔却一带而过。艾耶(Heyer)用委婉的说法说：这就更加意味深长。他写道，“这个观点，虽然没有深入阐述，对法雷尔来说却并不陌生。他在《简短声明》当中劝告我们，要我们完全地相信基督，相信基督的正义。”这个劝告稍微简单了

① 雷诺戴(Renaudet)的译文，见于 DXIII 第 628 页。勒费弗尔的评论见于 *Rom.*, III, 28, f,°75 r°, et 29, f° 76 r°。

点，与路德言辞华丽的阐述相去甚远，是路德以他平时那种丰富的表达能力，把释罪这个赤裸裸的主题渲染了一番吗？让我们来看另一篇文章，这篇文章也十分有名，是以整页的篇幅印在1534年马丁·朗普勒(Martin Lempereur)版本《圣经》开头部分的内容简介[①]。看了这篇文字，人们一定也会提出同样的意见。

关于释罪的问题在这里也阐述得清楚而简短，而且用词也很通融。“由于通过慈悲善行而表现出的对基督的信仰和信心，我们的罪孽被开释了。也就是说，耶稣基督的父亲认为我们是义人，是他的恩宠的儿子，不认为我们的罪孽有多重，也不认为那是我们的罪孽。”这是对霹雳火说的，是回答乌列克·贾莱的话。但是我们顺便记下了通过慈悲善行表现出信仰的那种话。在当时，基督徒的生活当中非常重视善行和慈悲，这是很有法国特色的。《圣经》的内容简介很详细地阐述了这一点：“通过我们的善行(上帝让我们通过行善来做好准备)，表明我们一定能够得到上帝的恩宠。因为，凡是不行善的人，就是对耶稣基督没有任何信仰的人。”如果谢·施密特(Ch. Schmidt)的判断是正确的，那么法雷尔也表现出同样的倾向：“能够说明他的神学观点的基本原则是：人只有通过善行表现出信仰，才能够得到释罪”。热拉尔·鲁塞尔(Gérard Roussel)说的是“在善行中得到的信仰”，意思其实是完全一样的：“哪里有通过善行而得到真正的信仰，哪里就能遵守上帝所有的告诫”。[②]

毫无疑问，这不是圣保罗的学说，圣保罗申明(《哥林多前书》

① CDXCV.

② 谢·施密特(Ch. Schmidt)的《法雷尔研究》(*Études sur Farel*)第43页。《热拉尔·鲁塞尔》，第138页。

第13章第3句和第13句)说,慈悲高于信仰和希望(我们很奇怪地看到,在我们前边所引的一段话中,加尔文目空一切地把这一说法归在了索邦神学院的博士们身上)。但是,这好像的确也是圣奥古斯丁的学说:"没有慈悲,信仰可以存在,但却没有任何用处。"[①]总而言之,从这样的说法过渡到经院派的说法——过渡到卡冈都亚所说的 *fides caritate formata*(由爱德形成的信仰),有那么难吗?而且尤其是,如果这种说法不是像路德所说的那样,慈悲是对信仰的补充,没有慈悲之心,信仰就不完整,而是慈悲丝毫不改变信仰的本质,不改变信仰的实体,只是使信仰更加完善,使信仰与其最终的目的结合起来,使信仰变得更有功德。[②]

我们不要太严格。我们和亨利·奥塞(H. Hauser)一样,采取了两个标准,但我们不要毫无变通地严格使用这两个标准。而且需要指出的是,第一个标准明显高于第二个。福音书是信仰的唯一的源泉,这是对的。这才是最根本的。那么释罪呢?这是个有争议的问题,而且会在很长时间里存在争议。1541年,在拉蒂斯本会议上,龚塔利尼红衣主教(cardinal Contarini)向梅兰希通(Melanchthon)和布塞尔(Bucer)提出一种联合的说法,梅兰希通和布塞尔接受了。莫洛纳(Morone),艾克(Eck),格洛佩(Gropper),普弗拉格(Pflug)认为这种说法是天主教的说法。因此,在这一点上,路德的学说有可能起到缓和的作用——这是天主教的变化学说?我们只能谨慎地使用16世纪前半叶一个基督徒关于

① 圣奥古斯丁(Saint Augustin),《论三位一体》(*De Trinitate*),1. XV, ch. xvii, n. 33:Sine caritate quippe fides potest quidem esse; sed non et prodesse。

② DXXXIV,III,第322页。

释罪的申明来对人的观点做出判断。在遇到路德的纯粹学说,或者后来在遇到加尔文的纯粹学说的时候,会表现出明显的不同意见的,恐怕不仅仅是巨人的神学。我们不用再重复说的是,这就是1530年到1535年间的人们既大胆,有时候又十分胆怯的神学。这些人追随着具有强有力的思想的人,追随着极其渴望独立的世纪自由的性情,通过新的途径,在寻求新的道路。

7 拉伯雷与德国的那些事

幸而我们对这段困难的历史了解得稍微多些了。我们是从一本书中了解的,一本墨尔(Moore)的书。这本书接过纳达纳埃尔·韦斯(N. Weiss)所提供的可贵的说明,并给予了进一步的明确,而且也在另外一种背景之下进行了分析,使我们依稀看到了一项应当完成的、正在完成的伟大工作,只不过这项工作的特点是秘密的,所以很多人才不知道。[1]

路德的呼吁在德国之外,在讲法语的国度所产生的影响,所起到的作用,我们不再是没有一点资料说明,虽然这些资料我们觉得还不够。但是,总而言之,路德的强有力的声音在德国曾推倒了多少障碍啊。今天在德国,任何人都不能再断言说法国听不到其反应了。宗教改革家用拉丁文写的文章在法兰西王国到处传播,后来,知识界才进行了整理。今天,我们知道那些可疑的书商们是通过什么途径,小心翼翼地用酒桶将图书一桶桶从德国运进来的。

① 墨尔,DXXXVIII;韦斯,DXXXIV。

巴黎最重要的书商是让·夏伯莱(Jean Schabler),在里昂则是让·伏格莱(Jean Vaugris)。我们知道《巴塞尔的盾牌》(*Écu de Bâle*)所起的作用,福洛本(Froben)是多么活跃,公众是多么贪婪地抢着读有新意的文章,勒费弗尔·戴达普勒(Lefèvre d'Étaples)对这类文章的兴趣,墨城的小组以及在这个小组背后,像纳瓦尔的玛格丽特这样的公主对这类文章的喜欢。同时,与路德敌对的神学家们为了反驳这些人,传播了具有颠覆作用和反叛精神的奥古斯丁的思想。在德国和雷纳尼印制的图书遭到焚毁,有些人疯狂地要把这些书彻底清除,也有的人因能买到这些书而欢呼雀跃:这都证明路德的文章在这个时期的法国得到了广泛的传播。拉伯雷读过这些文章吗?回答是毫无疑问的。

我们只要看一看《庞大固埃》有名的第七章就知道了:这一章里列举了圣维克多图书馆里的图书。我们在所有的文章,或者说几乎所有的文章中都看到,年轻的拉伯雷承认,对德国所发生的事,他是十分关注的。

首先是罗伊希林(Reuchlin)事件。罗伊希林 1475 年在奥尔良教书。下面是术士之战的所有主角,不管是真实的还是想象的:著名的神学家奥图纽斯大师(magister Ortuinus),雅哥布斯·霍克斯特拉特大师(Jacobus Hocstrates);也就是科隆的多明我修会修士和宗教审判所的法官霍格斯特拉登(Hoogstraeten);《无名氏书简》(*Epistolae obscurorum virorum*)中说的路波尔图斯·费德福修斯大师(Lupoldus Federfusius)。这几个都是科隆的博士,国家图书馆收藏有他们的《科伦神师们对罗伊希林的愤怒》(*Tarraballationes advenus Reuchlini*)。另外,我们要注意的是,在《卡冈都亚》的序言当中，阿尔高弗里巴嘲笑证明奥维德（Ovide）在《变形记》（*Métamorphoses*）中象征性地预示了基督教圣事的那些人：首先是一个叫路宾的兄弟（Frère Lubin），一个真正的寄生虫，专门喜欢做这一类的比较。然而在《无名氏书简》当中（VI, 42），多尔考普菲尤斯（Dollekopfius）吹嘘说，他知道“*unum librum quem scripsit quidam Magister noster Anglicus de Ordine nostro... super librum Métamorphoseon Ovidii, exponens omnes fabulas allegorice et spiritualiter*（一部我们这类的某英国大师写作的书……有关奥维德的《变形记》，从寓言和宗教上解释每个故事）”。当捷诺图斯（Janotus）开始陈词的时候，归结说：“*Omnis clocha clochabilis... Ergo gluc!*”（凡是可以撞的钟，皆为钟楼上的钟……原因就是这样！）而《无名氏书简》（II, 69）则说：“*Quicquid ipsi non intelligunt, hoc comburunt: Ergo...*（他们不懂的，他们就烧掉：因此……）”[①]

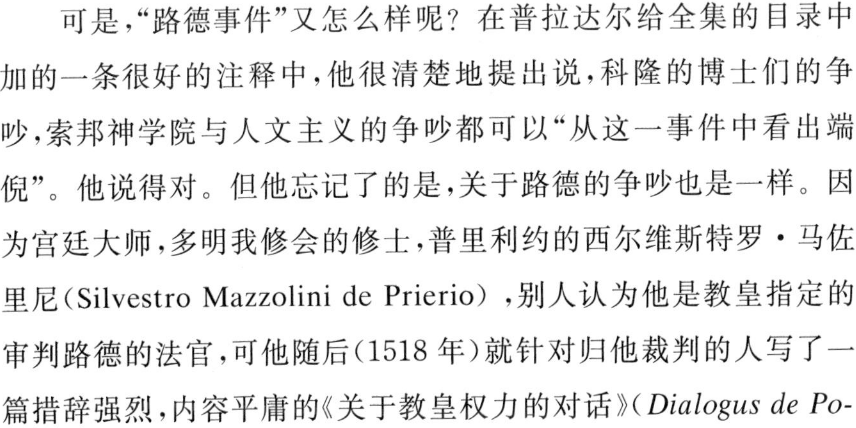

可是，“路德事件”又怎么样呢？在普拉达尔给全集的目录中加的一条很好的注释中，他很清楚地提出说，科隆的博士们的争吵，索邦神学院与人文主义的争吵都可以“从这一事件中看出端倪”。他说得对。但他忘记了的是，关于路德的争吵也是一样。因为宫廷大师，多明我修会的修士，普里利约的西尔维斯特罗·马佐里尼（Silvestro Mazzolini de Prierio），别人认为他是教皇指定的审判路德的法官，可他随后（1518 年）就针对归他裁判的人写了一篇措辞强烈，内容平庸的《关于教皇权力的对话》（*Dialogus de Po-*

① DXXVII.

testate Papae)。况且里昂的出版界在1524年和1528年发表了他的《金玫瑰福音》(*Aurea Rosa super Evangelia*)。同一家出版社大概也在1524年和1533年印行了他的《崇高的西尔维斯特里纳》(*Summa Silvestrina*)。[①] 拉伯雷在《目录》当中也说，让"我们的大师"去喝他的神学之酒去吧。

还有个更加值得注意的人物，那就是雅克·德·维奥·德·加埃特(Jacques de Vio de Gaète)，圣西科斯特的红衣主教，一个多明我修会的修士，而且也是个托马斯主义者：1518年，他试图让路德重新回到教会。法国的出版机构，包括里昂的和巴黎的，都出版了他的所有作品：他的《崇高的凯塔纳》(*Summa Caietana*)经过达尼埃尔(J. Daniel)的修订，于1530年7月在里昂出版；1533年和1539年又再次印刷；他的《大卫诗篇》(*Psalmi Davidici*)于1532年1月、2月之间在巴黎约斯·巴德出版；《评注版福音书》(*Evangelia cum Commentariis*)5月出版；5月份还出版了《保罗书简》(*Epistolae Pauli*)[②]：接二连三地出版了这么多。

最后，除了我们前边提到过的，而且同样也是与路德事件有关系的霍格斯特拉登(Hoogstraeten)——这个人1526年在科隆发表了《与路德派商榷》(*Disputationes contra lutheranos*)——，还有一个在开始时就是路德的主要对头，这个人也是多明我修会的修士；也许作为方济各修会修士的拉伯雷看到这些精英人物都是传教士，会感到特别高兴吧。这个人就是施瓦本昆茨艾格的汉

① I, t. VI, 114, 129, 152, 等等。

② I, VI, 138; XVI, III, 355—356页。

斯·马厄(Hans Maier),我们知道他的拉丁文名字叫艾克尤斯(Eckius),因格尔施塔特(Ingolstadt)的神学家,奥古斯堡(Augsbourg)的宣道者,为福盖一家(les Fugger)带息借款的争执而辩护的律师,而且还是1519年莱比锡(Leipzig)争吵中的英雄。跟他的兄弟们一样,图书馆的藏书当中也有他的作品。拉伯雷说有一本颇有象征性的清理烟道的论文《论烟道清理的方式》(*Manieres ramonandi fornellos*)是他写的。但是在此之前不久,吉尔·德·古尔蒙(Gilles de Gourmont)出版社于1531年出版了他的一本《路德错误言论集》(*Errorum lutheranorum CDIV Catalogus*),国家图书馆收藏有这本书(收藏编号:Rés. D 80059),仅仅是这本书的名字,就可以成为一项研究计划。

我们看得出来,普里利亚(Prierias)、加埃特(Caietan)、艾克尤斯在这出关于路德的悲剧当中响应了号召。拉伯雷也提到了巴黎的神学家们——他们都是路德公开的对头,而且都在文章中站在了敌对的立场上:从大肚子的诺埃尔·贝达——贝达写过一本具有实质性内容的《肥美的肚肠》(*De optimitate triparum*)——,一直到尼古拉·迪·谢斯诺(Nicolas Du Chesne)——《庞大固埃》的真正的对头——以及查尔特勒修会的修士皮埃尔·库斯突利耶,外号苏托尔(Sutor)——他写过很多作品:1525年的《论圣经的翻译》(*De tralatione Bibliae*)颂扬了通行本《圣经》(*Vulgate*),又照例谴责了一些罪犯(首先是伊拉斯谟和勒费弗尔),说他们讨好老百姓,把圣经压低到群盲百姓的水平上;1526年初发表的 *In Novos Anticomaritas*(关于对圣母崇拜的新反对者)不仅仅针对反对崇拜圣母的人,也针对那些否认圣人的人;后来(1531

年）发表的 *Apologia adversus damnatam Lutheri haeresim de votis monasticis*（对被定罪的路德有关僧侣誓言学说的抗辩）终于像是拉伯雷在圣维克多（Saint-Victor）的书架上看到的另一种颂歌的样本了。他对我们说：*adversus quemdam qui vocaverat eum fripponnatorem—et quod fripponnatores non sunt damnati ab Ecclesia*（反对叫他流氓的人，认为流氓不会被教会判刑）。然而，路德已经是 *damnatus ab Ecclesia*（被教会判刑的人），因为他老老实实地谴责说，上帝的宽恕是夹心巧克力酥球，罗马税务官员是群魔乱舞，没有下地狱的骗子，掌印的，抄写的，记录的，编缩写的，征询公众意见的，统计日期的，所有的人都在吵吵嚷嚷，拉伯雷早晚有一天要亲自对付这些人：哪一个都是从别人口袋里掏钱，积攒从宽恕中得来好处的高手，布达兰主教（évêque Boudarin）便在 *De emulgentiarum profectibus Enneades novem, cum privilegio papali*（以教皇授权有关挤乳收益的九个九日祷告）中，心醉神迷地向圣维克多描述了拿宽恕盈利的门道。拉伯雷就是这样表明立场的；拉伯雷不用戴上《去罗马朝圣者的眼镜》（*Lunettes des Romipetes*）就能看清基督教是怎么回事，《有的人说，教皇的驴是守规矩的驴；马弗利奥（*Marforio*）驳斥这些人的说辞》（*Apologie de Marforio contre ceux qui disent que la Mule du Pape ne mange qu'à ses heures*）也没有让拉伯雷改变看法：通过这些带有犀利的讽刺意味的书名，他清楚地表明自己站在了革新者的立场上。[①]

① 关于这些书名，请参见《拉伯雷全集》，第三卷《庞大固埃》第 76 页至 97 页以及注脚。这里并没有很清楚地说明这段文字所包含的路德哲学的味道。

而且十分奇怪的是，他略微有些客气地没有指出，法国反对路德最活跃的人，勒费弗尔·戴达普勒原来的弟子约斯·克利克托夫(Josse Clictove)明显地开始反击改革者——他什么也没有说，也不公开地嘲笑别人。但还有两个篇名显得意味深长。一个是《宇宙炼狱志》(*De Purgatorii cosmographia*)。在雅博莱努斯(Jabolenus)这本非凡的作品旁边，庞大固埃还发现了毫无宽容之心的《宜取消迷信》(*De Cagotis tollendis*)——还有，更加糟糕的是，竟然有一本吉尔森(Gerson)为分裂教会而写的《教会选举教皇法》(*De auferibilitate Papae ab Ecclesia*)。但是，卡冈都亚的儿子对这一说明并没有感到丝毫的窘迫——如果从绝对的意义上来理解这种说法，那这是什么样的计划呢？

事实上，这一目录中，想到在德国发生的事，我们的注意力不断变得更加警醒：我们不要忘记最后那句“在图宾根这座出名的城市里印刷”的话。对此我们要感到特别的吃惊吗？有了墨尔那本美好的图书(DXXXVIII)之后，当然就没有必要感到吃惊了。不是因为墨尔讲到拉伯雷的那些章节虽然简短，但是口吻十分准确(第十四章，第306页及其以后部分)；不是因为他把科德里耶(Cordelier)和奥古斯丁摆在一起进行比较——而是因为他明确地指出，在16世纪初期，法国和德国人文学者和神学家之间的关系是多么重要。然而，墨尔说得非常好(第318页)：路德的文章得到了广泛而出乎意料的传播，拉伯雷与受这一传播影响的人常有来往。[①]

---

① 也不要忘记迪·贝莱与德国的事是息息相关的，而他就和迪·贝莱一家人在一起，为他们的政治效劳，他在梅兹待过一段时间，如此等等。

“有一些书,如果他没有看过,你是不可能说他看过的,他的作品不仅反映了当时时兴的学说,而且也有宗教改革者的领袖所说的话。”

是反映吗?我每次作为历史学家重读《庞大固埃》和《卡冈都亚》时,不止一个句子让我吃惊地停下来,突然之间觉得拉伯雷的散文中流露出某种东西,好像是从远处吹来的一股风——并迫使我不得不转向原来的路德兄弟所在的维滕堡(Wittenberg)。

8　拉伯雷作品中的路德之风

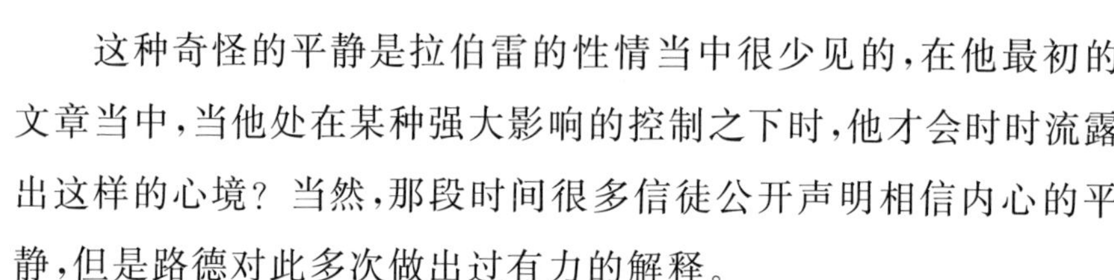

这种奇怪的平静是拉伯雷的性情当中很少见的,在他最初的文章当中,当他处在某种强大影响的控制之下时,他才会时时流露出这样的心境?当然,那段时间很多信徒公开声明相信内心的平静,但是路德对此多次做出过有力的解释。

然而,当庞大固埃不得不与“狼人”对垒时(第二卷,第二十九章,第296页),有一段十分奇怪的关于信仰的话,这段话引起了墨尔的注意(第315页)——信仰是个人的事,是上帝“自家的生意”——要保卫这一信仰,上帝根本不需要人的辅助,根本不需要君主拿出可笑而亵渎的热情,向万能的上帝提供懦夫的帮助。——庞大固埃的感情像这样满怀信心地,强有力地表达出来,让人觉得触目惊心,而且这种想法并不一般。拉伯雷是从哪里得到这种想法的呢?我只知道在这一点上,庞大固埃的想法相当明显地让人想起路德年轻时的思想。

宗教改革家路德在文章中无数次强调过:尘世的权力没有任

何资格来管理信仰的事。[①] 可以间接地帮帮教会的忙，让教会能够如愿，能够方便地自由活动，这还说得过去。但是，怎么能强迫人们相信上帝呢？路德明确说："只要让人们了解福音书，鼓励人们信仰就可以了。但是，应当让每个人自由地选择是不是回应这种呼吁……也不能强迫人们接受圣事。不愿意行洗礼的人就不要行。不愿意领圣体的人有权利不领。不愿意公开表明自己的信仰的人也有权利不表明。"而且他在 1523 年那篇著名的关于尘世权力的论文当中说："想强迫人接受一种信仰吗？那是发疯！信或者不信，每个人都只能对自己的良心负责。而且，因为他的决定不会伤害国家的利益，国家便不应当管这种事：国家应当管该管的事。"——但是，不应当防止人民陷入异端吗？不，路德大胆地说。要想让人们转变信仰，靠的是上帝的话，而不是剑。如果上帝的话起不到作用，那么武力更起不到作用。所谓异端，其实就是精神力量——而对于精神力量，你是不能用武器来打击，不能用火来烧毁，不能用血来淹没的。让上帝的话照亮人们的心，那么所有异端，所有的错误都会从人们的心中消失。——但是，巨人国的国王也宣称说："在这种事上，主啊，你不要人帮忙，你只要教徒的忏悔，你只要人们为你的话效劳……"[②]——只是，还是有一个差别。除了上帝的话之外，拉伯雷又补充了"你有上千万，上万万的天使队

① 关于下面的文字，请参见斯特洛尔 DXXXV^{bis}第 325 页和 412 页。

② 墨尔在 DXXXVIII 中写道（第 315 页）："在叠床架屋的一些元素当中，不可能看不到某些说法带有宗教改革的标记。这种说法很多，说得很明确，可以让我们猜得出来那都是的的确确从路德那里来的。"——当然，这里所说的不可能是直接从文字上的借用。

伍，即使最小的天使也可以杀绝人寰，随意把天地都翻过来，好像从前在西拿基立的军队里显现的那样”。[①] 若不是下一句话明显是认真的，我们会以为这是在讽刺。下一句说的是庞大固埃的愿望：传布神圣的福音，只准传布福音，永远传布福音。

但是，在卡冈都亚写给庞大固埃的长长的信中（第二部，第八章，第 100 页），他说，人们的生活整个都是由友谊和谈话编织而成的。卡冈都亚承认说，“我这些往来，依靠上天的恩惠和保佑，虽不能说毫无过错（因为我们每一个人都会犯罪，所以才不停地请求天主宽赦我们的罪过），但至少我认为是无可指责的”。我们在哪里已经读到过类似的东西了呢？在路德的“关于两条戒令的讲道”——拉丁文的文本发表于 1518 年（Werke，1883，i，394—521）。路德说，真正的基督徒知道他们是可怜的犯下了罪孽的人，并为此而忏悔。他们都把自己心中的善说成是自己的功劳所致，而不是上帝的恩宠。然而……如果他们的罪孽被宽赦了，那是由于上帝的恩宠，而当然不是由于他们自己的功劳所致……

还有，拉伯雷讲到战争与和平的一些段落也很美。朗松从前指出过，说这是用“法国方式”论述了这个重大的社会道德问题。也是个人道德问题。但是，路德在年轻的时候，也想过要把基督教的道德原则扩大到政治领域。在一段时间，这是一个相当棘手的任务，因为马基雅维里主义有那么多信徒，当时的政治和道德好像恰恰是完全脱离的。我们知道路德，尤其是路德，曾有力地谴责教皇支持了一种有害的思想，认为荣誉感和发誓效忠信仰在政治上

① 参见成珏亭的译本第 222 页。——译者

是行不通的。我们也知道，他对教皇大使们的做法感到非常气愤，说他们为了钱，时刻准备让一些不公正的财产合法化，让君王解除誓言，让人们废除盟约。“上帝要我们保持自己的誓言，坚持我们发过誓的信仰，哪怕是面对敌人的时候——而你胆敢解除我们的这个戒令！”但是，在关于慈善事业的讲道中，在关于世俗权力的论述中，尤其是1526年，在一本思考“武器是否与基督教的信仰相互兼容”的小册子里——，他以和大肚量一样的方式，解决了君主的权利和军事义务的问题。一切战争和征服的光荣都是罪行。唯一合法的战争，那就是自由的战争。“发动战争的人是错误的；打败他，惩罚他首先拔出了剑，这是正义的……神会驱散那些故意争战的人”（《诗篇》）。

还有其他的，卡冈都亚写道（第四十章）：“所有的基督徒，不管哪个国家，哪个地方，不管什么时候，都要向上帝祈祷。圣灵为他们祈祷和呼吁。而上帝会宽恕他们……”——《拉伯雷全集》出版者不无理由地说，这是圣保罗在《罗马书》当中说的话。不错，而且是法国的耶稣教徒所熟悉的那个圣保罗，除此之外，出版者还可以补充说，是勒费弗尔·戴达普勒1524年2月在与《诗篇》印在一起的“我们应当如何祈祷上帝”[①]当中明确参照的那个圣保罗。“耶稣基督在谈到圣保罗时说：我们不知道该怎么祈祷，但是圣灵通过难以表述的声音替我们祈祷。”只是，正是有了勒费弗尔援引的这句话，我们可以更好地衡量拉伯雷那段话的意义，并注意到十

① 洛纳（Laune）的《勒费弗尔的旧约法文译本》（*Traductions françaises de l'Ancien Testament de Lefèvre*，1895，p. 3）当中重印了这篇文章。

分特别的意味。我们在重读作者通过巨人国王说的那句长长的美好的话时，我们可以回想起，从1521年起，一个伟大的声音便宣布，要废除世俗之人和基督徒之间有害的区别。世俗之人生活在尘世间，而那些自愿的和被选中的基督徒则生活在法世之外，在特殊的地方和特殊的时候，以特殊的形式和仪式专门以祈祷上帝为业。

一个路德派的神学家罗贝尔·维尔(Robert Will)[①]在分析年轻的路德关于基督教徒圣职的学说时，写道："通过圣灵，也就是说通过了解基督而在心中唤起的冲动，基督徒可以自由地来到上帝的身边。他承认上帝是自己的圣父，上帝收养他。他祈祷。对于路德来说，祈祷是通过圣事表达的基督徒的自由……"在这样达到上帝的同时("达到"是拉伯雷的词)，得到证实的信徒分享了长子的权利，也就是主人的权利，他的王国的权利，他的圣职的权利。他让自己变成了上帝的主人，"完成那些害怕他的人的意愿，并满足他们的祈求"的上帝。这段文字，不正是相当明确地评论了拉伯雷的作品吗？

不管怎么说，这段文字当中还有其他的意思，而且比很多当代对僧侣的讽刺所包含的意思更多。在这段文字以及前面一段文字当中——在这段文字里，僧侣的社会作用等于零，他们不像农民一样种地，不像士兵一样保卫国家，不像医生一样给人看病，也不像称职的福音书传道士一样布道和宣传教理……

大肚量说："嘿嘿，他们为了我们而向上帝祈祷？"庞大固埃回

① DXXXVI第136页。

答说:“才不会呢……”[①]——这里所提出的,甚至不再是愿望的问题。而是更加具有根本意义的个别人为所有的人牺牲的问题,“功劳转换学说”便支持这种说法,在反对改革的时代,很多人的思想中都有这种学说:拉伯雷是讲究正义的,对此感到不快,以很有现代意味的个人主义抛弃这种说法。他的个人主义也带有路德的意味。正如战胜的国王对被释放的战败者所说的话让我们想到的意思一样:“好好养家,是干什么的就干什么,教育好自己的孩子,像好心的使徒圣保罗教导你们的那样生活。这样,上帝、天使和圣人就会和你们在一起。”

9　拉伯雷感受到了福音书,是通过谁感受的呢?

这样一来,我们希望问题的复杂性充分表现了出来。有赞成的。有反对的。有新教徒的表示。而且不仅仅是喜欢嘲讽的人以僧侣、宽恕和神甫的贴身女仆之类司空见惯的话来开玩笑;而是把福音书当作宗教的唯一源泉。人为的律法,教皇和主教会议的教理决定,神甫的见证,所有这些非同小可的东西都被不屑一顾地抛弃了。取消了律法的基督,福音书代表了与文字相对立的圣灵,基督基本上被看成是与上帝一样的。卡冈都亚说:上帝就是我们的

① 伏尔泰本来不喜欢拉伯雷,可是在《有钱人》(*Homme aux Quarante Écus*)当中,他好像想起来的就是这段话:“他们(僧侣)比我对祖国更有用?……他们种地吗?他们保卫国家吗?……”“不,他们替你祈祷上帝。”“那我替他们祈祷吧!让我们共同分享!”

拯救者。那些强大的中间人——圣母，圣人——则被放在了无关紧要的位置上……修道制度之所以受到谴责，并不是因为这一制度的流弊，而是因为这一制度的原则就不是天主教的原则。圣职制度也是以同样的原则受到批判的；一些人窃取权利，管理教会的事，并向人们分发上帝的宽恕；他们的统治受到威胁，并被推翻了。所有这一切原来都是宗教体制的重要内容，按照特伦托教规的精神，我们显然不可能把它们说成是天主教的。除此之外，还有这股拂面而来的路德之风……

正如加尔文所宣称的那样，拉伯雷感受到了福音书。而且他觉得是从 1532 年到 1534 年期间感受到的。他以令人无可怀疑的真诚，让自己和那些从精神上以此为生的人站在一起。他通过《庞大固埃》、《卡冈都亚》和保留下来的一些文章，为这些人的事业效劳；他用自己的一切才智，反映这一事业，为这一事业辩护。有一些重要的宗教改革的主题——虽不是所有的，但几乎无所遗漏——他都极其有力地给予了说明，进行了阐述。没有幻想吗？这是真正的问题之所在。因为在有些时候，人可以对真诚信仰的真正性质产生错误的认识——实际上是庞大固埃之父，是庞大固埃的创造者和忠实的信徒，却自以为是，自称是福音书的信徒……

拉伯雷可以自称是，自以为是福音书的信徒。在 1530 年到 1535 年间那些动荡的年头，他有可能站在宗教改革者一边。这些人在二十年之后，经过很多世事的变迁，仍然把加尔文的日内瓦看作是自己的精神故乡。如果他对自己做过准确的分析，在他的精神和意识的深处，他应该可以看到他与新教徒之间真正的差别。是言行的放浪？也许是。虽然这并没有那么可怕，在宗教改革的论战文章当中，很多作者的文笔都是相当自由的。——反而是他致力于彻底的道德说教，他非常重视道德完美的理想，那些爱争辩的人不断地宣称这种理想。尤其是，正如他对忏悔的精神一概不理解一样，他也不愿意念念不忘地惦记着沾污一切，并从根本上败坏了人的存在的罪孽说。巨人可以宣称上帝是无所不能的，但是，这些身材高大、思想沉着的巨人，在我主吓人的威严面前，从来不会被吓呆了，不会像路德一样，被吓得像“一只獾在石头缝里”逃走，躲避比盛怒的魔鬼更加可怕的，伟大而无限的上帝的正义。

于是便提出了一个问题。福音书是信仰的唯一来源。人为的法律被废除了。我们在上面所提到的宗教改革计划的条目都是严格而准确的。除了宗教改革家之外，我们在1530年左右其他人的作品当中，会不会也看到这些内容呢？拉伯雷感受到了福音书。但是，是谁引导他在一段时间里成了福音书的报春使者的呢？他只是在宗教改革和改革家的影响之下，并只是通过宗教改革和改革家的行动才感受到福音书的吗？

第三章　拉伯雷，伊拉斯谟和基督的哲学

在1520年左右，当拉伯雷在冯特奈勒龚特修道院（couvent des Frères Mineurs de Fontenay-le-Comte）当修士的时候，学了希腊文，并试着用这种语言写信。他有个伙伴叫皮埃尔·阿米。这个皮埃尔·阿米后来引见他认识了吉约姆·布戴。皮埃尔·阿米“躲过了精灵的圈套”，在修道院之外度过了晚年，很有可能参加了宗教改革——人们关心宗教问题，关心被认为是必需的变革的方式，这些人的活动在两极之间摇摆不定，在路德和伊拉斯谟之间来回往复。

这是一个重大的事实，却被人们遗忘了；但这一事实却能说明当时很多作品和事件的原因。但是，一般说来，16世纪后半叶人们很少关注伊拉斯谟。16世纪的人们没有理解伊拉斯谟，因为人们对他的了解很少，或者根本就不了解他。为什么人们在如此长的时间里对他不感兴趣呢？也许是由于人们对成就的崇拜，由于人们倾向于支持胜利者，这是一个物质力量重于精神力量的时代的历史特点。

1　今天的伊拉斯谟

从历史的角度来说，伊拉斯谟给人的印象是一个被战胜了的人。路德和卢瓦约拉给人的印象是战胜者：这是事实。一方面是经过改革的宗教，路德怀着极大的热情宣讲这种改革的宗教，加尔文又将其做了严密的组织；另一方面是我们可以称之为特伦托教务会议规定了形式的天主教——也就是伊拉斯谟的人道主义的宗教，伊拉斯谟的“基督的哲学”是在突然之间完全没落的，虽然在不久的将来这种宗教学说还将东山再起。更加准确地说，分裂教会的罪名，罗马教廷对路德的谴责，沃姆（Worms）那决定性的场景，为伊拉斯谟的伟大计划敲响了丧钟。他没有打算在激烈地互相对立的宗教之间，以明确选定的立场，在离交战双方不远不近的地方，建立一个由明智的圣人组成的学派；圣人只靠古代的精华和福音书的精髓养育，并通过奇迹，在他们身上调和了传统的天主教，改革的新教，以及尽可能少的批判理性。他想让精英人物受他的思想启发，帮助他努力，不是为了预防血腥的宗教分裂，当他开始发表——远在路德为人所知之前——他那些伟大的宗教文章的时候，还没有涉及宗教分裂的问题，而只是为了痛苦地将两种精神分别开来，据他说，这两种精神是互相补充，互相穿插，并最终融合在基督哲学有生命的统一之中，这种哲学将来如何发展和变化还不知道；这两种精神是：从文艺复兴中产生的自由而批判的思考精神，以尊重和信任的态度赞成教条的精神，教会传统的力量和统一正是来自于此。

直到分裂出现，直到他的调节努力最终失败之前，他始终在宣讲，始终相信教会从精神上的改革，让各种派别的基督徒觉得互相都是兄弟，互相之间不要对立，不要排斥，摒弃自恋的神学那种无用的烦琐、多余的好奇、演绎、解释和结构，那都是武断的，也是偶然的；以为数不多的模式为基础，将具有良好愿望、正直思想的人团结在一起：不要别的，只要在福音书文本的指引之下，从真诚地解释《使徒行传》中所得出的一些模式。而且还要对这些模式的作用和准确价值达成一致。问题不是要怀着好奇之心去阐述这些模式，并因此而慢慢地重新恢复与人们声称说摧毁了的神学一模一样的另一种神学。在这一点上，伊拉斯谟的思想看起来是幻想，因为，如果某种烦琐思想不是某个社会等级的特权，而是无数的人所共同拥有的，那人们是不会以此自诩的。圣灵来自于圣父，或者圣子，或者来自于圣父和圣子，这又有什么要紧呢？重要的是，让圣灵在自己心中开花结果：爱心、快乐、善良、耐心、信仰、谦虚——并让道德生活在自己心中自发地维护着生机勃勃的源泉。

一个美好的梦想，与伊拉斯谟的朋友，托马斯·莫尔在一本有名的小书当中所描写的一样。托马斯·莫尔在这本书中同时也简略地勾画出幻想乌托邦的人所信仰的那种自由、简单而极具宽容之心的宗教。但是伊拉斯谟津津乐道地提出了第二种梦想；这种梦想也许更加美好，但至少是更难实现：那就是让这些模式在广泛而人道的理解作用之下，慢慢消融，虽然这些模式为数并不多，是真正最为根本的，是他要求信徒们一致地赞成和同意的。正如在解释旧约全书的时候，他摒弃文字的意义一样，通过当时的人们敢于说的最为大胆的一句话，他还说，新约全书——从外表看来很有历史意义的新约全书——除了文字的意义之外，除了可以腐朽的骨肉之外，还有一个生机勃勃的精神。同样，他让思想真正高明的人依稀看到，终有一天，对信经的条文所代表的更高一级的真理，人们将可以用更加深刻，更具有个人特点，更加人道方式进行解释，以代替那些强迫人接受的条文。

2　伊拉斯谟和拉伯雷

这样一来，在多少年期间，很多精英人物都对伊拉斯谟的思想有所体验，这就毫不奇怪了。他的思想充满了才智和知识，细致而明晰。很多人都读过他的书：《基督骑士手册》(*Enchiridion*)、《愚人颂》(*Encomium Moriae*)、《格言录》(*Adages*)、《对话录》(*Colloques*)。这个新约全书的著名版本带有大量的争议及其与此相关的解释；有人向整个欧洲的学者写过大量的书信，这些书信向别人展示，被人抄写，到处流传：从1500年到1530年间在所有基督教国度传播的这些书信，成了人们的思想和精神生活的深刻源泉。

然而，远在1517年之前，伊拉斯谟的思想在很多有重大影响的作品中得到阐述和表现，后来又出现了路德——这是拉伯雷知道并感受过的，如果我们不知道这一点，那我们也可以假设是这样。万事俱备，可以创造出一种同情和事先就令人喜爱的潮流，使一个初来者成了得意的大师。我们要想到的是，两个人的生活令人吃惊地相似。伊拉斯谟是斯泰因修道院圣奥古斯丁教派的修士，1492年4月在这家修道院接受了神甫的职衔。拉伯雷是冯特奈勒龚特修道院方济各会的修士，也在这家修道院接受了神甫的职衔。伊拉斯谟在斯泰因修道院时，与几个朋友，尤其是与他最亲密的塞尔维·罗吉(Servais Roger)一起，在夜间偷偷读过拉丁的经典作品，包括诗人、哲学家和学者的作品。渐渐地，他心中产生了这样一种想法，觉得他首先应当是个文学家——后来他写道：*velut occulta naturae vi rapiebar ad bonas litteras*(似乎我被某种神秘的自然力量驱向文学)——，而且他对自由的渴望越来越强烈——*vellem eam mihi vitae libertatem fata sinerent natura quant contulit*(我希望命运准许我拥有同等程度的自由，就像自然赋予我的那样)，这样的叹息意味深长——，而且他内心里产生了一种反感的情绪，不喜欢精神上的空虚和周围人的粗俗，他当时就已经称呼这些人是"野蛮人"，同时便开始准备1520年出版的《反对野蛮人》(*Antibarbares*)。[①] 伊拉斯谟在斯泰因修道院时是这样。拉伯雷在冯特奈勒龚特修道院时，与他的伙伴皮埃尔·阿米，与当地的学者，比如蒂拉果法官(le juge Tiraqueau)，裁判所长官布夏尔，也在暗中悄悄地读了古希腊和古拉丁的作品。拉伯雷甚至学了希腊文，因为从伊拉斯谟走出斯泰因修道院以来，时代变了：庞大固埃的时代取代了卡冈都亚的时代。

总而言之，蒂拉果写了一段赞美拉伯雷的话，这段话里的字字句句都可以用来说斯泰因修道院的奥古斯丁派修道士伊拉斯谟："一个高于其时代的人，高于他的方济各会修士的身份，而且还可

① 关于塞尔维·罗吉(Servais Roger)，请参见CLXXIV，I，p. 77。伊拉斯谟在1488年左右时写的文章，就是写给他的。关于伊拉斯谟在修道院时的生活，请参见CLXXIII，第二章，第24页。

以说，高于他作为僧侣的地位。”[①]反过来，伊拉斯谟在1561年写给教廷大使馆的辩护词中，讲了他最初的经历，如果拉伯雷在修道院读到这份资料，也会感同身受的吧[②]：正如未来的《对话录》(*Colloques*)的作者一样，在冯特奈勒龚特修道院观察世事的拉伯雷除了学习的激情之外，不也十分讨厌花费大量时间的各种仪式吗？他也同样讨厌那些一心只想着吃吃喝喝的僧侣们。经过这样的一段生活之后，伊拉斯谟不声不响地离开了修道院(*permissu atque adeo jussu episcopi ordinarii*)(经允许甚至在教区主教的命令下)。然而，拉伯雷感受到促使“自由和出身好的人”满足自己的本性的愿望，也不声不响地离开了布依圣马丁修道院(Puy-Saint-Martin)；而且他也是得到主教的允许，进了马依赛的圣皮埃尔本笃会修道院，这里的僧侣在大教堂里充当议事司铎。

生活有相似之处，境遇也相同。不过，两个人之间还有更为深刻的相同之处。他们都是在很早的时候，便感觉到在基督教和古代的智慧之间，有一条神秘的通道。他们都愿意把神学建立在神圣的文本和世俗文本的基础之上。他们都反对开始时受到的教育，反对愚蠢的经典书籍，“帕皮亚姆，乌古提奥姆，艾博拉尔，卡托利龚，约纳姆，卡尔兰多姆，依西多罗姆”[③]：伊拉斯谟先是这样列

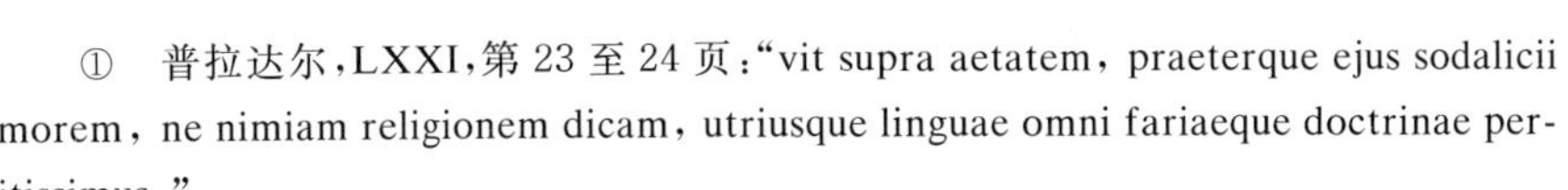

① 普拉达尔，LXXI，第23至24页：“vit supra aetatem, praeterque ejus sodalicii morem, ne nimiam religionem dicam, utriusque linguae omni fariaeque doctrinae peritissimus.”

② 所谓写给朗贝尔·格鲁努斯(Lambert Grunnius)的信，详见阿兰(Allen)的注，CLXXIV, II, p. 292。

③ *Papiam, Hugutionem, Ebrardum, Catholicon, Joannem Garlandum, Isidorum.*

举过这些十一世纪中叶的学者们，拉伯雷后来也这样列举过（《卡冈都亚》第十四章），瓦拉也这样列举过（《优雅的拉丁语》，第二卷）。最后，对于两个人来说，人道主义并不是文字的游戏，也不是形式上的完美。那是驱散黑暗的光明。两个人当中，年少的拉伯雷对年老的伊拉斯谟颇有好感，便一点也不奇怪了。我们在拉伯雷的文章中能找到一些这种好感的蛛丝马迹吗？

3　几处仿效的文字

很久之前，人们首先在《对话录》（*Colloques*）这出百幕喜剧中找过。这是一部杰作，里面有讽刺，有辩证（辩证是从两个方面来思考的），有时常带点狡诈意味的谨慎，有假装成天真的大胆，老谋深算而且掩饰得很好。拉伯雷读过《对话录》，大量地、无所顾忌地引用过里面的东西，这是人们很早就发现了的。伊拉斯谟在《对话录》里谴责了思想监狱“蒙太古”（Montaigu），说里面都是肮脏的东西和无以言状的痛苦。在拉伯雷的作品当中，蒙太古受到国王的判决，遭到国王的憎恶，但拉伯雷本人并没有像伊拉斯谟那样亲身体验过，也不像伊拉斯谟那样有理由怨恨蒙太古。关于僧侣的习俗，伊拉斯谟指出了主题，拉伯雷展开来进行了阐述。在福努斯（*Funus*）的对话中，在方济各（*Franciscani*）的对话中，黑色的大鸟贪婪地落在快死的人床上；法国的老诗人拉米纳格洛毕想保证自己能够平安度过生命的最后时刻，所驱赶的也是这样的大黑鸟。伊拉斯谟在《食鱼者》（*Ichtuophagia*）中讲了一个故事：一些小修女在宿舍里被人搞了，却也不叫人，因为在宿舍里不许大声喊叫。

拉伯雷的书里(第三卷第十九章)也有这么个小修女,他甚至知道她的名字,而且这个名字也是拉伯雷式的。原来的奥古斯丁教派的修士歌颂修道院的至福极乐(《对话录》),说修道院的门槛都要被方济各修士的草鞋踏破了,因为那里是能让人生孩子的地方。冯特奈勒龚特的原方济各会修士说得更夸张(第一卷第四十五章):“修道院钟楼的影子也会叫人生孩子……”写《对话录》的伊拉斯谟嘲笑神甫,因为神甫严格禁止僧侣们学习(*Abbatis et eruditae*)(院长与博学的妇人):*nollem meos monachos frequentes esse in libris*(我不希望我的僧侣埋首书本)。拉伯雷的作品中也有这么一个神甫;他说:“一个修士成了学者,那是最可怕的事情。”而且他不让手下的僧侣们读书,“怕他们得耳痛病……”伊拉斯谟的作品表达了气愤和个人的特色,反对强迫人的意志。拉伯雷对此也有回应……《对话录》中的“海难”描写了在海上遇难的乘客和船员,有的向圣母和圣人祈求,有的不祈求。拉伯雷记住了这个故事。他在写《第四卷书》里的暴风雨时又想起来了。圣人们又如何呢?伊拉斯谟说他们报复心重,让那些忘记了崇拜他们的信徒患了可怕的病。我们知道拉伯雷是如何看待这样的迷信思想的。那么朝圣呢?伊拉斯谟讥笑那些人,说他们抛弃妻子、孩子、家庭和职业去朝圣是发疯。大肚量让这些疯子回家,去照看他们的妻子、儿女,管好自己的利益(第一卷,第四十五章)。——行了,我想已经不少了,足以说明法国的琉善没有忘记读《对话录》。而且从中受益匪浅。

拉伯雷是法国的琉善。但是在他之前,伊拉斯谟也是琉善,虽然不是巴达维亚的琉善,却是主张全体教会团结一致的琉善。而

且，拉伯雷之所以这么容易就成了琉善式的人物，不就是因为伊拉斯谟为他提供了手段——或者至少是为他铺平了道路吗？在他发表的作品目录中，也就是1523年建立的 *Catalogus Lucubrationum*（作品目录）当中[①]，我们可以看到他翻译的希腊作家的作品：二十四本对话，十七本各种作品。他还非常喜欢地不断致力于这方面的工作。到了1506年的11月，他在巴黎约斯·巴德出版社出版了一批琉善译本的书：《论友谊》（*Toxaris*），《蒂蒙》（*Timon*），著名的《公鸡》（*Coq*），小册子《关于为大人物所雇用的那些人》（*Sur ceux qui sont aux gages des grands*），《假预言者》（*Pseudo-Mantis*）。托马斯·莫尔和他一起致力于这一普及工作，也翻译了《刺杀暴君者》。伊拉斯谟对琉善的兴趣持续不减。他把这种兴致传给了所有与他有接触的人。琉善的第一部带全本拉丁文和注释的希腊文全集——16世纪和17世纪初这本书经常重印——是人文学者吉尔贝·古赞1563年在巴塞尔的亨利·佩特里（Henri Petri）那里搞到的。吉尔贝·古赞是弗朗什孔泰的诺兹鲁瓦人（Nozeroy en Franche-Comté），是伊拉斯谟最后在世时，也就是1530年到1533年间的秘书。[②]

然而，虽然伊拉斯谟不仅仅注重琉善的文章的形式，虽然他是受这些文章的写作精神所启发，而且用好心的贺拉斯的赞美来形容希腊的作家：*Omne tulit punctum, qui miscuit utile dulci*

① 形式上是写给让·德·博兹埃姆（Jean de Botzheim）的信，详见阿兰第一卷第38至39页。

② 详见毕杜（Pidoux）的《吉尔贝·古赞的作品参考书目》，《现代图书爱好者》，1911年，n° 58。

（能把愉快和有益结合起来的人是值得赞许的），但是，当我们想搞清楚伊拉斯谟和拉伯雷之间在思想上的关系时，我们没有必要超越《对话录》以及他们可爱而风趣的琉善主义吗？如果伊拉斯谟真的向当时科学家和学者提出了一种与路德的宗教明显不同的，更加适合人文学者的特殊需要和自然倾向的宗教形式，那就应当去寻找拉伯雷受到启发的更加深刻，更属于内心的其他源泉，尤其是到《基督骑士手册》（*Enchiridion*）和《格言录》（*Adages*）中去找，因为《基督骑士手册》是 16 世纪人们读得最多的一本书，而《格言录》则是古代智慧的宝藏，由一个从深刻的意义上具有人道精神的现代人使之返老还童了。

4　伊拉斯谟的大胆，拉伯雷的大胆

然而，当我们对《卡冈都亚》和《庞大固埃》略知一二之后，再想通过那些充满了古人思想的精华和生机勃勃的内容的小书，了解伊拉斯谟的思想时，一个明显的事实立刻就会使我们感到吃惊。如果只从大致内容来看，巨人的信条正是伊拉斯谟在《基督骑士手册》、《疯狂颂》、《格言录》中所表达的信条。

文章并不多，也比较散乱。在神学上没有任何巧妙之处。基督是宗教生活的中心——用善良的信念来解释的基督和福音书。在上帝和人之间，根本没有无用的中介：圣女、圣人都有各自的位置，只起次要而飘缈的作用。没有悲观主义。原罪的污点被巧妙地减轻了。信任终于被放在了第一位。圣事仪式的数量少了，尊严和价值都有所降低。仪式和修行被认为是无效的，而且由正直的意识统领。修道院的生活终于从原则和效果上受到了无情的审判。这就是伊拉斯谟的《基督骑士手册》、《疯狂颂》、《格言录》、《对话录》当中表达的宗教的本质。这也是，我们已经看到，巨人和拉伯雷的宗教的本质……《庞大固埃》或者《卡冈都亚》中任何一句话，都可以用伊拉斯谟的大量语句作为评注。我们故意用一个荒唐的词说，就是，拉伯雷的所有哲学说法，也都可以从伊拉斯谟的作品当中找到注解。

我们前边分析了如何解释《卡冈都亚》中关于德廉美修道院生活准则的一段著名的文字（第五十七章）——“他们的会规，就只有这么一条：随心所欲，各行其是。因为自由的人，先天健壮，受过良好教育，来往交谈的又都是些良朋益友，他们生来就有一种本能和倾向，推动他们趋善避恶，他们把这种本性叫做品德。”在分析这段文字时，我们只把它当作拉伯雷作品当中的一段文字来看待，没有故意提出任何有关其来源的问题。然而，我们知道这段话的来源。翻开伊拉斯谟 1527 年 9 月出版的第二个以路德为矛头所指的《反论》（*Hyperaspistes*）。关于这第二本《反论》，雷诺戴写道：[①]“伊拉斯谟的圣宠是明智而自由地奉献给所有心灵的，由于他的理性和心性，他从本能上厌恶路德关于上帝粗暴和动不动就生气的思想；伊拉斯谟的宗教从来没有表达得如此人道。”他还补充说：“伊拉斯谟的理性主义从来没有如此直接面对路德的非理性主义。”然而，我们可以从这本书中看到（拉伯雷仔细研究过这本书，这是很能够说明问题的）这样一段话：“*Fateor in quibusdam ingeniis bene natis*

① CXCII，第 281 页。

ac bene educatis minimum esse pravitatis. Maxima proclivitatis pars est non ex natura, sed ex corrupta institutione, ex improbo convictu, ex assuetudine peccandi, malitiaque voluntatis[1].（我坦承在出身高贵有教养的思想中很少有邪恶。这种倾向最重要的要素不是源于自然，而是源于腐败的教育，恶劣的团队，惯于犯罪和不良意愿）”我们不用翻译这段拉丁文。拉伯雷的法语就是很好的翻译。我们只是要指出，伊拉斯谟的这段话，说明我们对拉伯雷所说的话提出的解释是正确的。

况且，这段文字并不是孤立的。如果我们再看伊拉斯谟1529年刚刚在弗雷堡（Fribourg）定居下来便发表的《*De pueris statim ac liberaliter instituendis*（论儿童应从小被有教养地养育）》，我们可以从中看到他重申说，人的本性从根本上是善良的。无疑，基督教的学说，基督教的哲学（*Christiana philosophia*）告诉我们亚当的错误所导致的结果，就是从那以来，作恶的倾向便在我们的心中扎下了根。不错。但是，我们不要过分地指责孩子的本性（*praeter meritum accusare naturam*）。孩子的本性本身是向善的，而不是向恶的。而且伊拉斯谟明确说：“狗生来会打猎，鸟生来会飞，马生来会跑，牛生来会耕地。因此，人生来就是热爱智慧和善行的。”因此，我们可以这样来定义人的本性：“一种从深刻的本能上向善的爱好和倾向”。有个批评家引了这段文字，并惊叫道[2]：“还有比这更有违于基督教学说的吗！”而且他还引述了加尔文的一句话：“我们的本性当中含有各种各样的恶，所以它是不可

---

① CLXXIII, X, 1454 E。

② CLXXXIII，第11页注48。

能不作恶的。”他还指出很多德尼福勒从这种意义上所引证的路德的文章。但是说到底，加尔文的学说、路德的学说，难道不是“基督教的学说”吗？那只是加尔文的学说，不错，那只是路德的学说，仅此而已。如果我们查阅一下圣托马斯(saint Thomas)的学说就知道，他赞同说，在因原罪而堕落的本性当中，存在着一种向真和向善的天然倾向。这是圣托马斯说的，但是，也许不仅仅是圣托马斯吧？至于拉伯雷，早先是圣弗朗索瓦的可怜的小兄弟，是不能与法学博士们相提并论的——至于拉伯雷，很奇怪的是，人们经常指出，人们经常引用的一句声明，而且据说是最能够表达拉伯雷的思想特点的声明，却是如此明显地来自于伊拉斯谟的。那是伊拉斯谟的，以自然主义的方式违背基督教的要求，不是基督徒的人对此常常感到惋惜，但最终应当为这错误负责任的，是伊拉斯谟……他们是这么说的。

还有别的。这样一来，拉伯雷的大胆言辞，竟然都是出自伊拉斯谟的笔下。只是从形式上强调得更加清楚，没有那么多的嬉笑怒骂，不那么村野，却更加尖刻。我们可以顺便举几个有关文笔的例子。巨人于尔达利和关于诺亚方舟的玩笑。我们已经看到，与奥利金在讲《创世记》的“幼稚”故事时的随意性相比，这些玩笑倒是显得苍白无力了。但是，这个充满激情和异端的神父，他之所以如此直白地嘲笑“圣经寓言”，那是为了得出结论说，从中是得不出什么思想上的深刻意义的。伊拉斯谟读过奥利金的书。路德在贝达之后，对他的责备已经够多的了。方济各会的修士维特里耶(Vitrier)对伊拉斯谟产生过很大的影响，所以他才写了《基督骑士手册》第一稿。正是维特里耶鼓励他读奥利金的书的。塞尔斯的对头开的玩笑有点过分，但是他把这玩笑接了过来。在寻求思想的意义方面，他却不那么热衷，而且正如人们所指出的那样，伊拉斯谟的确是“从奥利金出发，只是为了超越奥利金”。我们打开《基督骑士手册》[①]，或者再读一读西利尼·阿尔西比亚斯格言（*Sileni Alcibiadis*），就知道，亚当只不过是一个作为雕刻师的神用湿胶泥塑造的，后来又赋予了他心灵；夏娃是用第一个人的肋骨造的；伊甸园里有一条会讲人话的蛇，还有一棵神奇而幼稚的树，上帝在花园的围墙里乘凉，一个天使带着一把亮闪闪的剑站岗：伊拉斯谟叫道，这岂不是神话！岂不是和古老的荷马贩卖的那些天真至极的寓言差不多？可怜的于尔达利在同情心的驱使之下变得天真了！如果拉伯雷通过帕尼尔日那不尊重的声音，也提出这样的评价，那我们法国的批评家们该怎么说呢？那不是幻想中一个可怜的巨人孩子骑在诺亚方舟上玩，通过滑稽地模仿蒂特里夫（Tite-Live）（*totam orbis conditi historiam*）（世界被建立的所有历史），伊拉斯谟无情地嘲讽的，是整个《创世记》。与伊拉斯谟相比，拉伯雷又怎么样呢？不过是一个胆小而谨慎的正统分子而已。[②]

① 规则第五，第 62 页：区别创世记故事的字面意义和思想意义。*Alloqui, si sine allegoria legeris, Adae simulacrum de argilla uda formatum, elque inspiratam animam; Evam de costa subductam, etc... non video quod ita multo magis operae precium sis acturus quam si cantaveris luteum simulacrum Promethei, ignem dolo subductum*, etc（另外，或者你打算歌唱普罗米修斯的泥像以及火种如何以诡计被盗等等，或者你阅读时不以寓言诠释亚当从潮湿土地中被塑造并通过被呼气而获得灵魂以及夏娃从取下的肋骨而形成，……我看不出你做哪种努力是更加值得的）。

② 勒南在《内心的片断》（*Fragments intimes*）第 32 至 33 页写道：“要想成为天主教徒，必须相信创世记前面几章所说的，认为那是一段真实的历史。但是，我敢以死二十次作为赌注，打赌说，那只不过是神话而已。”“要想成为天主教徒”这几个字在 1530 年和 1840 年的意义是不一样的。

拉伯雷其他的大胆言行：卡冈都亚出生的故事，他是从左边耳朵里来到人世的。而且一般来说，他对“圣母”不太尊重。可是，让我们读一读伊拉斯谟的文章吧。首先要指出的是，如果说拉伯雷只是一谈到圣母，便会直接地，公开地批评人们传统上对圣母的崇拜，而伊拉斯谟的胆子则要大得多，他根本没有那么审慎。关于圣母的名誉称呼，他毫不留情地出异议。她是上帝的母亲？不是。她只不过是耶稣的母亲。一代代的信徒们为她披上了不少的光环，而且一代比一代有过之而无不及，她的这些名称、声誉、功劳在福音书中并没有提及，那都是人们给予她的。如果我们将这些去掉，那她还剩下什么呢？伊拉斯谟归结说，一个普通的女人而已，有尊严，有道德，但是并不要求传道者在讲道时都以祈求她的保护开始，可是传道士们并不祈求圣灵或者基督的保护，也不要求信徒们崇拜他的画像，在正中午的时候给他献蜡烛，向他许些比琉善——和拉伯雷[①]——的朱庇特（Jupiter）所听到的更加不同寻常的愿。还有那些放浪的玩笑，在《对话录》的“海难”当中，刮起暴风时，船员们吓坏了，不知该祈求谁来保佑，便祈求玛丽亚的保护，便哼唱起了圣母祷词。[②]《庞大固埃》第四卷书当中遇到海难的海员们就没有那么虔诚了。他们只任凭帕尼尔日自己去呼吁圣母崇高

---

① CLXXIII, IX, 942。参见毕诺，CLXXXIII. 254。

② 圣母祷词是故意选的。我们知道圣母祷词引发了一场论争。详见苏托尔，DXLI，第三章 f° vii v°以及第六章到十一章的整个论述。亦可参见热罗姆·唐吉斯特（Jérôme d'Hangest），*Adversus Antimarianos Propugnacula*（《与反圣母崇拜的抗辩》），1526：chap. i，*Novorum Antimarianorum articuli*（《圣母崇拜的新反对者部分》）。在拉伯雷的作品中没有任何地方提到这场论争，没有任何地方提到“圣母祷词”（“圣母经”，“圣母痛苦经”也没有提到，这些经自然也是免不了要受批评的）。

的好心。然而,《对话录》中有人嘲笑说:"圣母和大海之间有什么共同之处呢?我想圣母从来没有航过海吧。"另外一个回答说:"从前是维纳斯负责保护海员,人们不是说她是海里出生的吗?她不管事了。这个母亲不是处女,人们让圣母代替了她,圣母玛利亚是母亲,又是处女。"[①]也许这种玩笑是相当冒险的:我们不从悲剧的角度去看待这个玩笑,也不去扣大帽子,但可以认为伊拉斯谟晚年真可以为洛莱特的圣母(*Virgo Lauretana*)做一场弥撒,以为他年轻时候的不敬赎罪……

后面的口吻也是一样的:这次针对的是圣母的骑士圣贝尔纳(saint Bernard),为了奖赏他的热忱,圣母有一天将喂养过上帝儿时的乳房伸给了他。伊拉斯谟嘲笑说,圣贝尔纳是酿蜜的博士?还不如说是摸奶的博士吧!另外还有一个场景也是意味深长的……受到一位要人费里·卡隆德莱(Ferri Carondelet)的邀请,伊拉斯谟从巴塞尔来到贝桑松;费里·卡隆德莱是教务会的主教代理,伊拉斯谟的保护者和朋友之一,巴勒莫的大主教让·卡隆德莱(Jean Carondelet)的兄弟。在一次弗朗什-孔泰式的晚餐之后——晚餐期间喝了不少好酒,这让伊拉斯谟脆弱的胃感到很难受——,人们终于从餐桌边站起来,这时,有人开始背诵"饭后经"。但是诵经的时间比晚饭的时间还长。人们背了又背,"天主经","弥撒经",连"哀悼经"也背了……诵经的人终于停了下来,声嘶力竭。伊拉斯谟以为可以解放了,便戴上了帽子,正要走。可是突然间,诵经的人喘了一口气,大声地叫喊道:*Et beata Viscera*(还要

① *Suffecta est huic matri non virgini virgo mater.*

保佑脏器)！面对着愕然发呆的议事司铎们，绝望的人文学者呻吟道："怎么又唱起这个来了！"这一下惹了众怒，有谴责的，有抗议的，像对待淘气鬼一般大闹一通[①]……实际上，当拉伯雷向我们描写卡冈都亚不同寻常的出生时，虽然有些私下里的想法，但这并不是他自己编出来的。他对有些问题的大胆描写，已经有先例，那就是捣蛋的伊拉斯谟(Érasme de Rotterdam)。

所有的故事都是这样。拉伯雷熄灭了地狱之火？这不是什么费力气的事。因为伊拉斯谟在他之前已经将火熄灭了。甚至根本就不用通过编故事做掩护。他干干脆脆地说，魔鬼之火只不过是福音书里的一种修辞说法而已。走基督的路，那就是让自己准备进入至福的天地(*felicitas*)，但他并没有说这种至福天地是什么性质的：他的天堂缺乏想象力。脱离基督的道路，那就相反，是准备让自己接受另一个世界的惩罚。谁要怀疑这一点，那他就既不是基督徒，也不是人。但是，这一惩罚的性质是什么呢？惩罚完全是道德上的。不信教的人骨肉会遭到虫子的啃噬，那些虫子所代表的，是悔恨，不用等到人死，悔恨便开始折磨人。《圣经》中让有钱人备受煎熬的火焰，以及诗人们向我们描写的所有机巧的酷刑——我们知道，对地狱的描写是诗人们的老套子(*de quibus multa scripsere poetae*)(关于这些，很多诗人描写过)。这都是形象的词，我们不能从字面上去理解，这些词指的其实是醉心于作恶

① 阿兰(Allen)，CLXXIV，t. VI，ép. 1679，p. 288。伊拉斯谟对诺埃尔·贝达讲这个故事是为自己开脱(1526年3月13日)。圣母日课经里说："*Beata viscera quae meruerunt portare filium Dei*"(保佑应盛放上帝之子的脏器)。关于伊拉斯谟在贝桑松逗留的时日，参见CLXXIX。

的人所感到的永恒的焦虑。这样的文字真是大胆得让人产生争议，因为有人看了会叫起来的。[①] 索邦神学院指出了这一点，伊拉斯谟 1526 年不得不说他根本不怀疑地狱之火的存在。他不怀疑，他只是将地狱之火做了比喻。

我们还要继续吗？实际上，这没有什么意思。因为如果说伊拉斯谟的这些大胆言行（要明显得多）与人们谴责的拉伯雷作品中最为大胆的言辞是相当的——对伊拉斯谟来说，这种胆量也只不过是腼腆而已。他的真正的胆量要大得多。而且从拉伯雷的作品当中根本找不到任何相当的地方。这样的话，我们就不用说了，但是，我们不是想将拉伯雷的宗教与当时其他的宗教进行比较吗？有几个例子可以让我们判断什么是“基督徒式的放肆”，伊拉斯谟在 1526 年左右就是这样放肆的。极端的放肆，以至于索邦神学院和其他地方的贝达之流已经认为是异端邪说了。以至于今天一些精明的博士在一些其实很诱人的书里，为伊拉斯谟描画出一幅“已经不再是基督徒”的画像，意思和人们说拉伯雷的一样；这些博士太想表现出他们实际上没有的精明，而且对年代的错误根本无动于衷。不用说，我们不能追随这些人，因为我们认为，所有这些书的目的，除了歪曲拉伯雷之外，还旨在歪曲思想和宗教的历史。

5　谁是最大胆的？

人通过洗礼而成为基督徒，洗礼是人的第二次诞生——圣事

① 详见毕诺，CLXXXIII，第 130 页至 131 页。

仪式抹去了他的原罪，让人从罪孽的死亡过渡到圣宠的生命，让人摆脱了地狱的必然之苦，成为上帝的孩子，使人有权利进入天堂。对此，伊拉斯谟说：算了吧："你接受了洗礼，可是别以为你就是基督徒了！"[①]人是不是基督徒并不取决于仪式，而是取决于诚实的愿望。如果你没有真诚的愿望，即使接受了洗礼，你也不是基督徒。如果你有真诚的愿望，即使你是无神论者，那你也是基督徒……说到这儿，我们会不会带点夸张地问道：那仪式怎么办呢？圣事怎么办呢？信条呢？教理最根本的知识告诉我们说，作为一个好的基督徒，只接受洗礼是不够的。另外还要相信基督教的学说，实行基督教的学说所要求的义务。不要问为什么，不要强词夺理：那是没有用的，雷诺戴的书里有那么一章，马塞尔·巴塔永专门有过论述，都是讲这个的。[②] 我们只是指出雷诺戴竟敢大胆地把我已经提到过的比较接过来，说是伊拉斯谟的现代主义。然后我们再回到前面已经提到过的拉伯雷的文本：哪里是大胆的，什么是真正的、深刻的胆量？

基督徒的食粮，他的信仰的元素，是圣体圣事。通过圣体圣事，基督徒在接受面包和葡萄酒的同时，也接受了基督的肉体、血液、灵魂和神性。可是伊拉斯谟怎么说的呢？我们在这里不要有任何虚假的感情色彩。我们不要叫喊说，信仰上帝的人对圣事的赞美是无话可说的，他对圣体的渴望，对绝对信仰的证明是说不完的，在圣事仪式当中，上帝，他的上帝是真真正正地与他在一起的。

---

① 《基督骑士手册》(*Enchiridion*)说："*Baptizatus es：ne protinus te christianum putes*。"请参见毕诺，CLXXXIII，第 123 页。

② 雷诺戴，CXCII，章节的题目是："伊拉斯谟的现代主义"。亦请参见马塞尔·巴塔永，CXC，整个关于《基督骑士手册》(*Enchiridion*)的一章，尤其是第 221 页。

如果这样，我们就会以相同的理由犯下我们前边在谈到德廉美修道院时，已经说过的同样的错误，同样的年代错误，关于“弥撒圣祭”，正如我们所说过的那样，也正如德廉美修道院的修士们肯定不会说的那样。圣体圣事有一段历史。我们不要忘记，从千禧年到16世纪初年，那些非常虔诚的人，天主教中的第三品，隐修院的修女，甚至是痴迷的人，每年至多也就领三四回圣体。有价值的宗教虔诚历史书不多，其中有一本是达奇·纹图利（Tacchi Venturi）教授的《意大利耶稣会的故事》（*Storia della Compagnia di Gesu in Italia*），便明确证明了这一点。[①] 只是从特伦托教务会议（Concile de Trente）开始，如果不把话说得那么抽象，并同时想到法国，我们可以说，从《虔诚生活入门》（*Introduction à la vie dévote*）开始，领圣体的次数才变得频繁起来，关于圣体圣事的神秘思想才开始变得越来越深入人心，安托万·阿诺德（Antoine Arnauld）才最终定义了基督徒可以通过圣体圣事完善自己，可以一天天更加接近上帝的儿子……

我们在表明了这一保留之后，现在来看伊拉斯谟是怎么看待圣体圣事的，与我们同时代的一些人会感到气愤——因为这些人不习惯仔细地思考圣事，认为谈论圣事是否有效是不妥当的。的确，这是相当使人感到吃惊的事。对伊拉斯谟来说，圣体圣事让人想起古代的一些事。对于古人来说，面包是友谊的象征，当人们想建立本质神圣的联系时，才互相分享面包，基督和弟子们就是这样做的……伊拉斯谟甚至说得更多。他说，基督的行为就是源于此（*unde*），他向弟子们分发面包，就是想让他们之间的友谊天长地

① 亦请参见布莱蒙在 CDLXXXVI, t. IV 中关于这个主题的一则“附记”。

久(*unde et Christus, princeps noster, distributo pane, perpetuam inter suos consecrabat amicitiam*)……——为什么是友谊呢？我们知道伊拉斯谟在别的地方在谈到基督教时,有过一句非常动听的话:*nihil aliud quam vera perfectaque amicitia*①(除了真正完美的友情,无他):这句话无疑既不平淡,也不贫乏吗？这是显而易见的:一个今天的人,借用当代虔诚的语言,会很容易地叫起来。这样一来,真正存在于圣体饼里的上帝还怎么给人以神秘之感呢？上帝用他的肉、他的血、他的本质来养育信徒贪婪的心。圣事的有效作用又会怎么样呢？

伊拉斯谟马上会回答说,啊,圣事的作用吗？"一切要看领圣体的人是什么心情"。基督本人没有说:如果除了肉体的领圣体之外,没有精神上的领圣体,那会是多么令人鄙视的事啊,吃人的肉,喝人的血？圣体圣事？如果一个人的心境不合适,那这可是很危险的事……——当然,我们可以很容易地在这里写道:茨温格利在听老师讲,记下他的话,并立刻使他的话僵化了。主张圣体形式论的人运用伊拉斯谟的这些话。不管是洗礼(从某种意义上说,洗礼并不一定就能洗掉原罪),还是原罪(所谓原罪,不过是一种向恶的

① 阿兰,I, ép. 187. CLXXXIII,第115页。我们应当拿伊拉斯谟的简短的定义和尼克·波旁的定义进行一下比较,CIX,第345页:Deo servire ex animo et liberaliter—Et credere Christum meruisse acterni ut Patris—Gens electa simus et haeredes Filii;—Crucem suam ferre et parere regibus,—Prodesse cunctis et nocere nemini—Hoc Christianismo quid Christianius?(自由且发自内心地侍奉神和信仰基督从永恒之父那里获得许可——我们成为被选出的人类和他儿子的继承者;承受他的苦难并遵从国王,对所有人行善而不对任何人作恶,——有什么比这样的基督教精神更像基督徒?)

倾向，但是人可以克服这种倾向），或者是有着正直的愿望，但是没有接受洗礼的人（这些人也将可以得到拯救），或者最后，圣体圣事纯粹是一种象征，这些东西阐述了伊拉斯谟的看法，将他的看法系统化了，使之成了一种学说的主体。但是，有些人除了感受到自己的存在之外，再也没有什么别的感受，他们不也明确地有着信仰的急迫需要吗？那些思想自由的，更多地受到古代文本的养育，而不是基督教的教导的人，会因解释的愿望而走得更远吗？他们难道不会觉得，他们难道不会得出结论说，圣事的伟大作用并不神秘，那只不过是一种纪念吗？

还有，基督教是基督的宗教。可基督是什么？我们该如何去想象他呢？我们知道，有信仰的人怀着多大的热情极力模仿拯救者，希望时时能够看到他，在尘世生活的境况中，在可悲的死亡时想起他。我们知道有信仰的人以多么令人揪心的同情，拿着十字架思索，瞻仰为他而受难，而死去的救世主，亲吻着他的上帝流着圣血的伤口。伊拉斯谟呢？关于十字架的神秘，人们有时候说，那些精英基督徒虽然用圣经来养育自己的思想，但他们并不是从圣经里，不是到他们年轻时待过的修道院中去寻求解释的，而是向苏格拉底，这个有些出人意料的权威，去寻求解释。而且他们找到的解释也是出人意料的。出于对精神事物，对不可见的事物的爱，要蔑视外部的事物，让心灵战胜肉体——这就是十字架给人的教益。[①]这个教益是很抽象的，也完全是道德上的。至于模仿那些一般的

① 阿兰，I，ép. 187. CLXXXIII，第116页。关于伊拉斯谟所指责的，实实在在地领会耶稣的困难，请参见雷诺戴，CXCII，第162页。

基督徒,他们天天读耶稣的受难史,天天跪在十字架前,身上佩戴了无数个十字架的标记,在家里崇拜那么几件被认为是圣人吉贝(Saint Gibet)的遗物,或者在几个小时的时间里一遍遍地体会或者思考基督所遭受的酷刑,以借完全是肉体的怜悯来激动自己——这怎么能行。基督不是那个痛苦地被钉在十字架上的人,那个可怜的受害者,不是要通过教堂里成千上万的画像或者雕像而展示给跪拜的信徒们,感动他们。基督不是某个人,也不是一个人物。人们有时候说,伊拉斯谟把旧约全书故事的文字意义和思想意义之间的区别,也扩大到了新约全书,把耶稣受难和救世主之死也当成了由精英解释的寓言——但是,一般的百姓注重的是具体的事物,从中看不出深刻的意义。基督是一种教育,一种道德学说,不是别的,正是他所宣讲的品德:慈悲、简朴、耐心、纯洁(*Christum... nihil aliud quam caritatem, simplicitatem, patientiam, puritatem, breviter quicquid ille docuit*)①。

请读者明白,对一种丰富的思想如此从字面上进行简单的解释,对这种做法,我们不会没有权衡,不做修改就说成是我们的做法。而且这种做法也随着时间的推移而发生了变化。我们知道有其他的文本,与我们上述说的文本是对立的,而且是一些真正的不可指摘的正统文本。我们知道,一个句子脱离了上下文,意思很容易受到歪曲。而且各种说法都可以有各种不同的翻译。比如“*Res tanta nihil est* [*Eucharistia*] *imo perniciosa, nisi adsit*

---

① 阿兰,I, ép. 187. CLXXXIII,第 115 页。参见伊拉斯谟的另一篇文章:《*Christus a nobis, praeter puram simplicemque vitam, nihil exigit*(基督不要求我们什么,除了纯洁、简单的生活)》(CLXXIV, III, ép. 858)。

Spiritus”，该怎么翻译才不违背其思想呢？“价值如此之大的圣事圣体，如果不能从精神上产生效果，那就只能是一种危害”：圣事的概念本身就是这样变得烦琐，就是这样被败坏了的。但是，如果我们说：“如果做好充分的准备，这种可靠的圣事圣体能产生人们所指望的所有良好效果，而不会带来有害的作用吗？”——这样便尊重了正统，因为教会教导我们说，圣事只能使以良好的心境参与的人变得圣洁。在这些敏感的问题上，伊拉斯谟所用的说法，没有一句是不能以完全不同的思想做出两种解释的。这就等于是说：我们现在和当时一样，从伊拉斯谟的作品中所看到的，是我们心中已经有的：正统教派的人从中看到的是正统，宗教改革派的人从中看到的是改革，怀疑派的人从中看到的嘲讽。尽管如此，伊拉斯谟的思想还是存在的，正如拉伯雷的思想也是有的一样。那么基督的思想呢？路德说没有。贝达也说没有。但是，对这些狂热分子，或者心有神启的人的弃绝，我们知道该怎么想。但是伊拉斯谟是以其全身心的力量说，有一种基督的思想。与伊拉斯谟站在一起的，不仅仅是他的弟子茨温格利，不仅仅是主张圣体形式论的那些人，不仅仅是各个基督教的国度里都有的成千上万的精英人物，除了这些人之外，还有成千上万的西班牙人，只是他们，便让《基督骑士手册》（*Enchiridion*）和《仿效》（*Imitation*）成了所有虔诚书籍当中人们读得最多的书，人们从中汲取重视精神的基督教的纯粹本质——那是一种圣保罗式的基督教，“想以一种新的信任和自由的感情与上帝相会”。

6　拉伯雷从何种程度上追随伊拉斯谟

我们从伊拉斯谟的作品中所看到的，是我们心中已经有的……拉伯雷从中看到了什么呢？他没有告诉我们。只是有一天，他用充满激情的话，对伊拉斯谟喊出了他从精神上的感激之情，说他从思想上的的确确是伊拉斯谟的儿子。这就是那封著名的致萨里尼亚克的信，我们已经分析过……是他在卖弄？是独特的风格使然，不值得我们认真地对待，否则就是过于天真？这样说太草率了。应当指出的是，当拉伯雷把这封表示感激的信寄给伊拉斯谟时，不管怎么说，他已经不再是会有幼稚热情的年龄。我们还应当指出的是，他写这封信的时候，伊拉斯谟已经到了晚年，正在受人打击，来自四面八方的人都在诽谤他，他也正是垂头丧气的时候，已经不再是光彩夺目的英雄，基督的捍卫者，路德唯一可能的继承人——有个叫杜莱（Dürer）的人，1521 年听到有人伪传说，宗教改革家伊拉斯谟死了，在日记中呼天抢地，这我们是知道的……只是，显而易见的是，写给萨里尼亚克的信只是从一般的意义上说的。我们不能强词夺理。

然而，从拉伯雷的文章来看，这我们已经说过，与伊拉斯谟的文章相比，使我们感到吃惊的，是拉伯雷的胆怯。与伊拉斯谟哪怕是最保守的文章相比，拉伯雷的文章从胆量上都要差得多。而且拉伯雷在任何地方都没有说过，他觉得一个有心机的人可以对伊拉斯谟的话进行大胆的解释，认为伊拉斯谟是在提出某种建议，是对某些问题有着令人感到惶惑的保留，从而使思想细腻的人因有所疑虑而惶恐不安。

所有这些，当然都是假设拉伯雷是基督的对头，假设拉伯雷是“战斗的自由思想家”，企图给予基督教以可怕的打击。实际上，不管是不是自由思想家，拉伯雷发现，伊拉斯谟的话经过巧妙的安排，可以起到很大的作用，震撼神启说，使福音书的历史变得理性、人道，用人道主义友爱的基督教代替赎罪的基督教？我不认为拉伯雷以及任何与他同时代的人，能够像20世纪的人一样清楚地看到，四个世纪的哲学、语文学和历史学的研究使我们将一些说法推向极致，并从某种意义上推导出一系列的后果。无论如何，拉伯雷的任何文章从来没有表达过这样的意思。我们所知道的大部分从伊拉斯谟那里借来的东西针对的是什么，这我们前边已经说过：关于对话的思想，辩驳，滑稽的词语，对习俗所做的显而易见的讽刺。但是拉伯雷的文章当中根本没有那种影射，没有那种一旦开始便停不下来，让人永远不知道开口讲话的人要达到什么目的的影射。如果不接受阿贝尔·勒弗朗提出的对卡冈都亚所说的完全死灭的解释，对哀庇斯特蒙的死而复生所做的荒唐解释的话（对此，我们是不接受的）……

还不仅仅是如此。如果对伊拉斯谟的伟大的宗教文章所做的简单分析，使我们觉得拉伯雷的胆量与“基督的哲学”比较起来相形见绌，那么这种看法也让我们更好地领略，更认真地看待巨人虔诚的声明，更认真地看待传记作者所说的一些话。是悖论？但是有一种拉伯雷的声音与宗教改革者的声音是不一样的……那么是伊拉斯谟的声音吗？

当然，拉伯雷和拉伯雷小说里的主人公和伊拉斯谟一样，都关心道德,这使他们与路德不同。关于拉伯雷,我们用不着再证明这一点。关于伊拉斯谟,我清楚地知道,他最为关心的,首先是为人们提出一些健康而正直的生活准则,为此他愿意把神学,把所有的神学①都作为祭品,献给他唯一感兴趣的祭坛,也就是伦理的祭坛。聪明的梅兰希通注意到了这一点,毕诺也不失时机地做出见证:"我们对神学的要求是什么呢?路德的朋友回答说,是两件事。是对死亡和最后审判的慰藉?路德对我们说了。伊拉斯谟认为是一种道德和文明的教诲。"说到这儿,我们想到一句正面的回应:"可是那些异教徒不是已经对我们说过了吗?基督和哲学家互相之间有什么相干呢?……"结论就是:追随伊拉斯谟的人宣讲的是慈悲,而不是信仰。然而,如果慈悲不是出自信仰,那只不过是假仁假义,算不上是真正的慈悲。

很好。虽然不用说,梅兰希通并不是一个公正的研究思想的历史学家,而是为他的教会而斗争的宗教问题辩论家。但是无论如何,如果说拉伯雷的道德说教自然而然地与伊拉斯谟的道德主义相一致,但我们也不要把巨人的学说仅仅简化成单一的道德说教。他们还有基督教的学说。我们还远没有完全梳理清楚。我们好奇地注意到,《卡冈都亚》和《庞大固埃》表明了一种尤其是对神圣的最高权力的思虑和尊敬,这在伊拉斯谟的思想当中是没有的,至少是没有这种形式。拉伯雷的国王表达的美好祈祷和大量基督

① 参见他对龚拉·佩尔菲冈(Conrad Pelfican)说的话(1526 年 8 月)。他抱怨改革派的神学家,说他们与天主教的神学家一样缺乏宽容之心:*Est mihi cum conjuratis theologis omnibus bellum internecinum*(我与所有阴谋联合的神学家有殊死之战)(CLXXIV, VI, ép. 1737, p. 38)。

徒式的鼓励，我们也不敢肯定在伊拉斯谟的作品中曾经有过。

宽厚热情，令人颇有好感的影响：这些词不属于伊拉斯谟的语汇。[①] 伊拉斯谟的天地自有其中心，在某个地方，在他的思想当中。圆周离圆心并不远，半径很短。我们不要把他看成是感情外露的人，他不是那种心性敏感，轻易流露出强烈感情的人……伊拉斯谟对耶稣受难有过直截了当的讽刺，即使在今天看来，不信教的人看到这样的讽刺也会感到不快。他有一种自己的方式，专门嘲笑圣灵时时让人产生的感悟，嘲笑神秘主义者受到的神启，这与拉伯雷的方式，与那种"终曲"的口吻相去甚远，比如："而圣灵在祈祷……"——《对话录》的作者是个纯粹的知识分子，他不会动情于衷。也不会克制自己说说俏皮话。他仍然是在斯泰因修道院时那个把圆滑的微妙言辞，把泰伦斯（Térence）喜剧中的主角那种在客套掩盖下的精明，那种微妙的敏感当成是唯一的乐趣的人。而拉伯雷在冯特奈勒龚特修道院读的却是柏拉图。

7　巨人的宗教，伊拉斯谟的宗教

细微的差别还是有的，但是我们千万不能把这种差别说成是带有强烈反差的不同色调。尽管如此，虽然我们还不能说巨人的虔诚显得比伊拉斯谟的虔诚更加真诚，但是却更加充实，更加有内容，更加热烈，有时候也更加甜蜜。我们不要忘记，有那么两三次，

---

① 参见 CLXXXIII，第 23 页注 37：伊拉斯谟从来没有用过真诚的基督徒笔下自然而然会流露出的这些宗教言语。

我们好像觉得拉伯雷的话从某些方面反映了路德本人那种预言家的，诱人的声音，直截了当，而且带有某种肯定无疑的心理现实的意义，由此而让我们看到，在他的虔诚和伊拉斯谟的虔诚之间，存在着根本不同的反差。① 另外，在好几个重要的政治和宗教问题上，和伊拉斯谟的思想相比，拉伯雷的思想看起来与路德的思想更一致。拉伯雷不是个以四海为家的人。他是法国人，是爱国者，他忠诚于他的国王，他恨那些从帕维亚逃跑的人，这我们是知道的。我们从词的历史意义上说，他是“民族主义者”，他主张和平，用伊拉斯谟所没有的力量宣称，必须保卫国家，反对侵略，这是至关重要的。伊拉斯谟和拉伯雷从个性和性格上都有着明显的差别。这是必须指出的。但我们不能夸大这一差别的重要性。

总的来说，与改革的宗教相比，巨人的宗教更接近伊拉斯谟的宗教，这话指的是从文字上来理解伊拉斯谟的宗教，不要过分地深究。是出于他对道德的考虑，这一点我们已经看到了。是出于深刻的人道。出于乐观主义，出于对一切苦行，对人的本性所施加的一切暴力的弃绝。关于细节，我们可以重新指出的是，拉伯雷嘲笑、批评、抨击神学家、僧侣、修女，抨击所有的流弊和修行。这在伊拉斯谟的作品中都有，这本来就是伊拉斯谟的思想，虽然在当时的宗教改革派以及“福音书派”的文章和思想当中也已经有这些东西。巨人的信条？对于其基本的内容，伊拉斯谟和宗教改革派的人以及福音书派的人都是一样的。我们可以说，他早就承认了这些信条……要想知道一种学说是不是从充分的意义上是“改革”的

① 参见费弗尔，DXXXVII，第一卷，第二章，第128页及其以后部分。

学说，有两条标准。一条是把福音书当作宗教的唯一源泉，这一条适用于路德、伊拉斯谟和拉伯雷。另一条是通过信仰来证明，这是路德本人提出来的，路德又传给了加尔文，但是不适用于伊拉斯谟，也不适用于拉伯雷……

我们不是要通过一些能够判断或是或非的说法来自我满足。也不能声明说——因为我们什么也不知道——，拉伯雷的宗教思想来自于伊拉斯谟的，而不是来自于别人。我们只是要注意到，一个用伊拉斯谟的思想养育的人，要想掌握巨人的信条的内容，根本不需要飘缈的路德，也不需要更近的勒费弗尔、鲁塞尔、法雷尔。要说信条当中一条条的内容都来自，或者几乎都来自伊拉斯谟，也没有什么不合适。也没有什么使我们非要相信都是来自伊拉斯谟。这都是可能的。至多是可能性很大，但并不是确定无疑的。我们不倾向于减少“改革的成分”，要说明拉伯雷的宗教从 1530 年到 1535 年间的形成过程，这是一种权宜的说法，其实并不准确。相反，他的早期作品有一些段落完全是讲宗教的，其中有一种严肃、庄重、深思熟虑而且动人的信念，让人想起法国的宗教家，勒费弗尔的信徒，鲁塞尔的学生，也包括法雷尔。我们甚至相信，这是人们到目前为止从来没有注意到的，这些段落当中有相当明显的路德的影响。拉伯雷对福音书有过感受：这是肯定无疑的事实。但是我们不知道他读过什么书，与什么人有过来往，我们不要把功劳都记在法国或者德国的“宗教改革派人士”身上。我们不要忘记写给萨里尼亚克的信，要想到伊拉斯谟，至少也要同样想到路德，或者是法国的“路德派的人士”们。

8　拉伯雷是彻头彻尾的伊拉斯谟信徒吗?

而且我把这一点看成是长处。为了找出《第三卷书》和《第四卷书》中有关"宗教"的段落,我们用不着做很多的卡片。对于早年修道院里的事已经不记得多少的人来说,他所写的作品里宗教日课经的内容也就少了。从《新约全书》和《诗篇》里援引的语录并不多。有关哲学的离题话却很常见。1546 年,1548 年和 1552 年的拉伯雷好像与 1532 年和 1534 年的拉伯雷相去甚远。

另外我们不要忘记,《第四卷书》中,在帕尼尔日和丹德诺(Dindenaut)的对话当中,他也许滑稽地模仿了"是"(*Voire*),加尔文的法文版《教理问答》中反复出现的"是"[①],而且不管怎么说,在他杜撰菲齐斯(也就是自然之神)和他的死对头安提菲齐斯,马塔哥特、卡哥特和巴波拉尔的母亲的神话中,他肯定用毫不掩饰的言辞对日内瓦的宗教改革家说了实话:"比斯多亚的疯子、日内瓦的骗子、加尔文的狂人、普泰尔勃斯的癫汉、布利弗、卡发尔、沙特米特、卡尼巴以及其他的丑妖魔和违反自然的怪物。"[②]这样一来,在放肆和拘谨之间,他表现出了一种颇有哲学意味的无动于衷?为了重版《庞大固埃》,他已经在重读,1542 年在前言里的"骗子"和"诱惑者"之间,又加了一个"宿命论者"。这是影射加尔文的命运前定的学说,这种变化无疑并不是没有引起日内瓦的注意。

---

① 正如厄拉尔所要求的那样,LX,第 252 页。

② 见于成钰亭译本《巨人传》第 452 页。——译者注

总而言之，这是拉伯雷与宗教改革者明确而公开的决裂，先是由第三者宣布，然后才由有关的双方说明，也就是加尔文和拉伯雷。

然而，当我们打开这本对“马塔哥特”们极尽讽刺之能事的《第四卷书》，我们会看到在《第三卷书》中所没有的一系列与基督教有关的文字。其实也不算很多，但不是一点也没有了。在原来的前言当中，我们看到有向上帝的祈祷：“无论是什么，也不能阻止上帝的神圣名字首先得到赞美。”新的作者前言提到了福音书，对此，我们已经不习惯了：“这是至高至善的天主之圣意，我恭敬它，顺从它，尊重福音书中神圣的言语。”《路加福音》第四章对一个忽略自己的健康的医生，就有这样尖刻的讽刺和一针见血的嘲弄：“医生，你先治治自己的病吧！”而且巨人的国王也恢复了一点基督教总理府的习惯，也更加相信祈祷的作用。庞大固埃说：“我希望上帝听得见我们的祈祷，看得见我们的信仰是多么坚定。”卡冈都亚说：“愿永恒的上帝的平安与你同在。”并不多。由于这种审慎，像“塔拉梅日旗舰”(Thalamège)这样的故事(第四卷，第一章)便显得更加令人吃惊。

庞大固埃登船要去远航。在扬帆起航之前，全体船员都集中在旗舰上。首先，庞大固埃向他们做了“一番简短而神圣的鼓励，说的话全部都是用《圣经》上有关航海的典故作为资料”。在此之后，“又以洪亮的声音向天主作祈祷，塔拉萨港的全体市民都听得清清楚楚，他们是赶到码头上来看他们上船的。”在祈祷之后，他们又和谐地唱了大卫王的诗篇，开始的一句是：“以色列出了埃及。”诗篇唱完之后，“立刻在甲板上搭起长台，迅速地摆上食品。塔拉萨人也跟着唱了上面的诗篇……大家一齐为他们干杯……”

阿贝尔·勒弗朗写道："这与信徒们在改革派的庙里集会的情形完全一样……拉伯雷[对宗教改革]的同情因此而明显地表现了出来，与新近一些评论家对第四卷和前面三卷的说法相反。"(第46页)前面三卷？我个人倒是想说"前面两卷"，因为在第三卷中，我根本没有看到拉伯雷对宗教表示好感的文字。还有，我很能够想象出"新近一些评论家"的顾忌。当时是1548年。在这个时候，人们在谈到拉伯雷对宗教改革的同情时，早就用过去式了。波斯戴尔1543年在谈到这一点时用的就是过去式，我们不用举别人的例子。日内瓦人完全把庞大固埃的创造者看成是敌人。可是突然之间，因为要描写一段上船起航的故事，他便无可争议地描写了在福音书派的港口发生的一段福音书派的教徒们上船启航的故事？是矛盾吗？

我们可以更加简单地把这种做法看作是一个不肯悔改的老福音信徒，为了反对加尔文为宗教改革所确定的新的方向而表示的抗议，是对不宽容、开除出教、火刑堆等等行为的憎恨，是默默的、强有力的恨，也是对一种不人道的学说从严格意义上的恨。这种新的学说既没有减轻原罪对人的必然的压力，也没有缓解神秘的前生命定论的不公平。拉伯雷好像是在说，不，加尔文，我不接受你的学说。这是1530年的人们心中的美好理想。塔拉梅日旗舰所表现的，是拉伯雷始终不渝地忠实于年轻时的梦想，表现出他坚持热爱人道主义的基督教，他所追求的是，在如父亲般的上帝面前的，是自由的芸芸众生，他们向着上帝唱出的和谐的歌声表达的是平静的信仰，不要仪式，也不要中介。这是可能的。但是这种忠诚，我能更好地理解——在《第三卷书》表达了哲学上的大胆之后，也在他沉默了一段时间之后——，我不能将这种忠诚说成是在宗教改革之前就有的改革学说，而是在伊拉斯谟的帮助之下所普遍形成的一种思想上的理想！

要说这是一个老福音书派信徒的抗议，我同意。可是这种福音书派的思想是从何而来的呢？是来自于莫城小组（groupe de Meaux）？在1548年，莫城小组早就是遥远的记忆了，他连这个名字都没有提到过。布里索奈、勒费弗尔、鲁塞尔的宗派信徒们，有的归顺了越来越不妥协的天主教思想，这可以让他们平静地了此一生，代价是要从外部和形式上做出让步。别的加入了日内瓦的教会，对他们来说，庞大固埃的思想已经是十分遥远的事，如果说他们也曾有过这种思想的话……但是拥护伊拉斯谟的思想的人，那些被《基督骑士手册》、《颂歌》、《格言录》和《对话录》养育的人，还是存在了很久。

的确，伊拉斯谟从1521年便依稀看到的时代终于成了现实，他当时便预见到，由于宗教分裂，信徒们头上的枷锁将比过去更加沉重，神学家原本只是可以成立的观点会变成信仰的真理，你必须公开宣示这种信仰，否则只有死路一条。两种互相对立的信经都想得到人们的认可，如果你不属于这其中的一派，而又想宣讲福音，那就很危险，那就会让人冒无益的危险。宗教战争一触即发。伊拉斯谟的信徒们不吭声了，伊拉斯谟也不吭声了。但在思想深处，他们仍然忠实于年轻时所了解的伊拉斯谟的思想，聪明而仁慈的思想。在重读基督哲学家（伊拉斯谟）的作品的时候，他们感受到一种强烈的快乐，因为伊拉斯谟的思想非常简单，丝毫没有教条的色彩，是用细腻的语言表达的，其精神实际上所宣称的，是厌恶一切断言，是推崇嘲讽，讲究适度，而且尤其是一种腼腆而大胆的机会主义——伊拉斯谟的思想能够巧妙地适应时代的必然要求，而在这个时代占上风的，是互相竞争的宗教，也是官方的宗教，你只能在这种宗教公开表示的学说所规定的框架之内，来表达自己的思想。

第二卷　16世纪无宗教信仰的极限

第一章　宗教对生活的影响

再次踏上征途之前，我们要小心别走错路。比如，我们不要首先提这样的问题：与基督教的决裂——与我们刚才列举的各种形式的基督教的决裂——是否容易？将自己置于贪图容易的境地，那是愚蠢的行为。因为，各个时代都有一些英雄或者爱冒险的狂热分子，然而16世纪会把这些爱冒险的狂热分子送上火刑台。但是这种前景吓不倒他们。大量的牺牲者就证明了这一点，他们勇敢地面对折磨：有的人为宗教改革而牺牲，也有的人为反对宗教改革而牺牲；有的人为再浸礼教派而牺牲，也有的人为反对三位一体论而牺牲；有的人为各种宗派学说而牺牲，甚至还有的人为当时人们称之为的无神论而牺牲。我们不要问决裂是不是"容易"——我们要问的是，让这样的决裂成为可能的条件是不是得到了满足。为此，我们首先来衡量一下，事实上，基督教在人们的生活当中仍然占有什么样的地位。

这个工作不容易做。对于16世纪，我们没有一本像《法国宗教感情的文学史》(*Histoire littéraire du sentiment religieux en France*)第九卷——也就是亨利·布莱蒙命名为《旧制度下的基督徒生活》(*Vie chrétienne sous l'Ancien Régime*)那样的书。这里说的旧制度下，指的是17世纪。对16世纪的虔诚历史和修行，我们没有任何整体上的研究。这是一片完全的空白。而且我还可以补充说，有关的资料极端匮乏，要想了解当时的人和事，这里是一个深渊。因此，我们在此只能提供一个概略，也许可以提出一些研究的题目，总而言之是提出两三个总体上的看法。

今天，所谓基督教，也就是很多教派中的一种：在我们西方人的眼中，是最重要的一种，不过也就是在我们看来是如此而已。我们很愿意把它定义成是一系列明确的信条和信仰，相应的还有一些修行的方法，一些早就确定下来的仪式。对此，我们并不完全是对的。因为不管我们愿意不愿意，西方社会的气候从深刻的意义上说，一向就是基督教的气候。从前，尤其是在16世纪，在我们称之为的欧洲，在这片基督教的领地上，基督教就是人们呼吸的空气，是一种气氛，人们生活在这种气氛当中，要生活一辈子，而且不仅是他的思想生活，也包括他的各种行为组成的私生活，他所从事的各种事务组成的公共生活，在各种框架之中的职业生活。一切，从某种意义上说是自然而然的、不可避免的，不管从他明确表达的愿望上看，他是个一般的信徒还是天主教徒，是只接受宗教，还是参加修行……

因为今天，我们可以选择。我们可以信教或者不信教。但在16世纪，人是没有选择的。人在事实上就是基督徒。你可以在思想上远离基督去漫游，但那是想象中的游戏，没有现实作为有力的支持。你不能不修行。不管你愿意不愿意，不管你是不是明确地想到了，人一生下来，便沉浸在基督教的润泽之中，即使死了，也无法从中逃脱出来。因为，从社会的角度来看，从谁也躲不过的仪式来看，人的死也必然是基督徒之死——即使面对死亡，他奋起反抗了,即使在生命的最后时刻,他嘲笑了,他表现得玩世不恭。人从生到死,一系列的仪式、传统、习惯、实践便在等着他——这些仪式、传统、习惯、实践都是基督教的,或者基督教化了的,所以人不由自主地被这些东西捆了起来,即使他声称自己是自由的,他也是在这些东西的囚禁之下。而且这种基督教的氛围首先禁锢的,就是他的私生活。

1　私生活

一个孩子出生了。你要马上带他去教堂,一刻不能耽搁,在钟声中给他行洗礼,教堂的钟也是经主教行过洗礼的,上面涂了圣油,用香和没药熏制,宣布世俗的事务时,是不能敲响圣钟的。如果孩子来得不是时候,如果出于某种重要的原因,需要"赶快"办,那么该办就办:教士宣读圣事词,或者如果没有教士,那就由一名亲属,或者家里的一个朋友代替教士来宣读;按照规定,手续就算办了,世上又多了一个基督徒。我们说的是"按照规定",因为不可能不这样做。给新生儿取的名字,他的"洗礼名"就是基督徒的名字:在天主教的人家,孩子的名字往往是一个圣人或者一个圣女的名字,这个圣人或者圣女便是他在天上的主保圣人。后来,在改革派的人家,是从旧约全书中找个希伯来名。毫无疑问,在 16 世纪,在我们这些地方,每个人除了他个人的名字之外,都还有一个名字,我们称之为"姓"。但是在很多情况之下,洗礼名还在姓的前边。你翻翻当时一些作者的目录,比如传记作家光荣的祖先,吉斯奈尔老人向我们提供的那份目录,你就会看到,作者的名字不是按

照姓的字母顺序排列的，而是按照名：先是雅各布斯（*Jacobus*），然后是约拿（*Johannes*），保鲁斯（*Paulus*），皮特鲁斯（*Petrus*）……况且这个名字，教堂不仅仅是让家长选择的；教堂给你一个名字，也用这个名字为新生儿登记。本堂神甫，或者住持教士，在“天主教徒”名录上为新诞生的教区教民登记，同时登记的还有孩子的教父和教母的名字。

这是一个孩子的出生。但是如果一个孩子生下来就死了，或者在接受洗礼之前就死了，那他会不会就没有着落了呢？他会不会遭受最为残酷的惩罚，也就是永远没有上帝呢？父母们会说，不会。他们怀着执着的希望，仍然会把孩子带到教堂去，把他放在某个受崇拜的“暂时的神坛”上。[①] 在这里，夭折的孩子通过有势力的圣人代为求情，圣克洛德（saint Claude）或者圣日尔维（saint Gervais），圣女克里丝蒂娜（sainte Christine）或者圣乌尔（saint Ours），更经常的是专门祈求圣母玛利亚代为求情，上帝当然不能让死去的孩子复生，谁也不敢抱有这样的希望，但是，也许上帝会发善心弄出一个奇迹来，让这孩子在短暂的一忽儿回到人间，只要够给孩子实行简单的洗礼就行，这就可以让他免受没有着落之苦。于是，孩子的母亲、孩子的亲属怀着焦虑和紧张，看着孩子的眼睛或者小腿会不会动一动，或者小小的尸体会不会出现几滴汗。他们认为这就足以证明孩子活了，可以给他行洗礼——而且这洗礼往往也就行了，虽然教会当局发出谨慎的警告。这是轻信一切吗？当然不是。但是万一自己遇到这种情况，有几个人能忍住不去试

① CDLXXXI，第五章，第167页及其以后部分。

试运气,万一要是出现奇迹呢?

＊＊＊

一个人死了。不管他是否通过遗嘱确定了葬礼的细节(很少有人能够逃脱这种义务),他都会“按照规定”,以基督徒的方式葬在自家的墓地里,一般是在修会的教堂里,天主教多明我教派的教堂,方济各修会的教堂,加尔默罗修会的教堂。这是不分社会地位的,不管你是男爵还是个普遍的手艺人。自己拒绝基督徒式的墓葬?那是不可能的,也是不可想象的。

生病的人一旦觉得自己快不行了,便让人通知教士。如果病人意识不到自己的状态,忽视了这个虔诚的义务,那他的亲人就要代替他履行义务。如果亲人不这样做,医生就要做。这是医生的义务,而且这种义务变得越来越严格。在路易十四时期,如果医生忽略了向病人发出通知,从第二次或者第三次开始,他就要好好想想,这是严重的错误,对于惯犯,有可能被吊销执照。[①] 我们不要忘记,一直到大革命,法兰西科学院的终身秘书也要在他的同事遇到危险时,承担同样的义务。[②] 因此,教士到时候就会来。有时候,他带给病人一些圣物,让病人触摸。但总而言之,他庄严地为

① 参见杜朗·德·马雅那(Durand de Maillane),《教规法词典》的“病人”词条。

② 的确,也有的终身秘书,比如迪克鲁(Duclos),也会忘了承担义务……请参见伊沃那·贝扎尔(Yvonne Bézard)发表的德·布洛斯院长(Président de Brosses)写给洛班·德·吉默(Loppin de Gémeaux)的通信集中,德·吕贝尔小姐(Mlle de Lubert)1772年4月5日写给德·吉默的一封信。

病人带来了圣体，两旁的信徒跪成两排，一个唱诗班的孩子摇着铃。信徒的门前聚集起一群人。亲属，朋友，邻里，有时还有过路人；陌生人也上楼来，大家都挤进马上就要成为停尸房的屋子[①]；人们之所以如此，是在回应基督徒团结一致的呼吁，回应整个教会所有信徒神秘的一致，这也是伊拉斯谟在《死亡的准备》（*De Preparatione ad mortem*）中所提到的。

人终于咽气了，当送葬的队伍进入教堂时，圣铃再次响起。背诵祭礼祷词，为死者举行"追思弥撒"。追思弥撒可以举行一次或者好几次。因为在被埋进常规教堂自己的墓地之前，常常有死者事先提出过要求，让自己的遗体首先到教区的教堂里去陈列一下，由多明我修会的修士、小兄弟会修士、加尔默罗会的修士组成的游神队列陪着死者。在教区教堂，要举行追思弥撒，各种级别的追思弥撒；在教堂墓地，还要再做一次弥撒，或者几次弥撒，一次圣灵弥撒，一次圣母弥撒，一次追思弥撒。第二天，以后一些天还要组织其他的弥撒，有大弥撒，有小弥撒，到了晚上，是九首圣诗和九段日课的祭礼。可以说，所有这一切都是有仪式的。所有这一切都是按照习惯和传统举行的。都有规定。任何人从来也没有想过要避开这些责任中的任何一项，人们的生活与这些责任的联系是如此之密切，好像根本就是分不开的。

由于欠债而被开除出教的人是不能葬入基督徒的墓地的，我

---

① 关于17世纪为死亡做准备的机巧，请参见CDLXXXVI，第五章《好好死去的艺术》，关于15世纪《死亡的艺术》，以及16世纪的流行模式——以及关于坟墓的事，请参见CDXXI，第381页及其以后部分，第391页。

从前说过，在某些地方像这种情况很多——尤其是在弗朗什-孔泰[①]——，这使信徒们感到愤愤不平，因为他们觉得，有的时候就是因为欠了一点点债，便被开除出教，遭受如此巨大的惩罚和屈辱。但这种做法却很普遍：我们翻开《巴黎一个资产者的日记》(*Journal d'un Bourgeois de Paris*)，不用到远处去找，便可以看到有这样的例子。[②] 同样，被判死刑的人，因招人恨恶的罪行而受刑的人，自杀人的尸体，有时候被示众，在受到百般侮辱之后，被弃在公共场所。[③] 但是，当时已经有人奋起反对这些做法。这些做法向我们表明了基督教丧葬习俗的力量。拒绝为被判死刑而死的人举行圣体圣事：如此严峻的决定看起来是不人道的。在17世纪，让·谢夫莱(Jean Chifflet)在议论这个问题时，甚至表示了反对习俗的意见[④]——他是从人道的立场上这样表示的，他比16世纪的人们更加人道。16世纪的人是很残忍的。

* * *

出生，死亡。在这两个极限之间，人正常活着所做的一切，都带有宗教打上的烙印。

人要吃饭，而宗教对人的吃饭问题做出了规定，有仪式，有禁

① 费弗尔，DII。

② XXXV，第374页。

③ 另外，被开除出教的人的尸体埋在土地中是不腐烂的，否则会让恶鬼抓去。反过来说，尸体不腐常常被认为是圣人的一种标志。请参见CDLXXXI。

④ CDLXXXVII.

忌。坐下吃饭之前，家长要诵读祝福经，不管以什么形式，天主教徒要念“垂怜经”（*Agimus gratias*），胡格诺教派的人要念“天主经”（*Père Éternel*），大家划十字。在此之后，父亲拿起面包，用刀在面包皮上划个基督教的十字。吃完饭后，一个孩子念感恩词，划完十字后再离开饭桌。

那么吃的东西呢？只有教会规定的东西才能吃。根据教会的建议，人们准备点心或者正餐，是吃荤还是吃素，是吃还是不吃黄油，是可以吃鸡蛋还是要节制。即使是餐具，有时候也受禁忌的影响。费利克斯·普拉戴尔（Félix Platter）告诉我们说，在蒙伯利埃，封斋期开始时，要把煮过肉的容器打碎，买来全新的器皿，盛放封斋期的饮料和吃食。[①] 另外，在这一点上，民事法加强了宗教法。在封斋期吃猪油，星期五煮阉鸡，这都是犯罪的事，要受到世俗法官的重罚，要挨鞭子，打板子，要在弥撒时当众谢罪，献一个大蜡烛；要被没收财产，被放驱，有时甚至要被判死刑。而且不要相信会有例外。在动乱时期，这一类的规定，这一类的惩戒是正常的，也是常见的。[②] 当时的司法文本都能够证明这一点。

要结婚了。对于天主教徒来说，结婚是圣事，能给人以圣宠。人们一般认为结婚是由新郎新娘主持的圣事，但是教士的参加，可以使这一圣事具有宗教仪式的好处，使新婚的夫妇受到祝福。这个仪式之前还有另外一种仪式，也就是订婚仪式。在遭到特伦托

① XLIII，第 38 页。

② 比如马洛就做过这样的坏事：真见鬼，这是克勒芒，把他抓去吧，他吃猪油了，参见《写给曾经是他的女朋友的人》（*Ballade contre celle qui fut s'amye*），1525 年。关于司法案例，可参见费弗尔，DI，尤其是 208 页，232 页，240 页，275 页，等等。

教务会议禁止之前，订婚的仪式非常重要，按照当时人们的说法，这是“通过礼物表达的诺言”，只有通过这个仪式，真正有效的婚姻才得以形成。只要未来的夫妻在一个教士面前互相交换信物，就能形成有效的婚姻，并不要求得到父母的同意。[①] 无疑在 16 世纪，教会已经不是唯一能够解决婚姻所提出的法律问题的机构。但教会仍然积极地关注这些问题。总而言之，婚姻的记载，应当在教会的登记记录上，到“天主教徒名录”上去寻找，好比人的出生和死亡一样。

有人生病了。人们害怕生病。当然，医生是有的，医生可以减轻病人的痛苦。但是真正治愈人的病，那要靠上帝，直接依靠上帝，或者通过天堂的圣人们间接地依靠上帝。要是碰到瘟疫，尤其是鼠疫，那该怎么办呢？那就要赶紧去朝圣，赶紧向圣塞巴斯蒂安(saint Sébastien)许愿：上帝不是让他避免了那么多罗马弓箭手的箭所造成的伤害吗？所以他也能挽救鼠疫之箭对人的伤害。赶紧去朝圣，赶紧向圣阿德里安(saint Adrien)，向冈城的圣马凯尔(Macaire de Gand)，向圣克里斯托弗(saint Christophe)许愿，甚至要向圣路易(saint Louis)许愿，因为圣路易就是死于鼠疫，所以他应当了解鼠疫是怎么回事，或者向蒙伯利埃的圣罗什(saint Roch de Montpellier)许愿。[②]。若是关于个人的疾病呢？那就赶紧去朝圣，并由个人向某个世界著名的大神庙许愿——龚波斯戴

① 所以才有所谓的秘密婚姻，拉伯雷也参与过这样的婚姻。请参见普拉达尔，XCIV。

② 见费弗尔，D，第 29 页及其以后部分。亦请参见马尔(Male)，CDXXI，第 185 页及其以后部分。CDXXII，375 及以后部分。

尔的圣雅克教堂或者海上圣米歇尔大教堂，洛莱特圣母院或者罗马的圣彼德大教堂——，或者向本地的某个地方去朝圣，这也能引起人们极大的热忱，对于老百姓的好处是，不同的地方可以治不同的病。如果治不好，那就要考虑如何立遗嘱了。把公证人找来。必要的时候本堂神甫也可以代替公证人。这时就要立下自己的最后意愿。

* * *

遗嘱：在所有的基督教国度，凡遗嘱都要从祈祷和划十字开始："以神圣而不可分的三位一体，圣父、圣子和圣灵的名义，阿门。第一，我现在的灵魂，当它与肉体脱离时，我将它归还并托付给创造并救赎了它的至高无上的上帝，给它的母亲，光荣的圣母玛利亚，给我主和我的主保圣人圣马丁，给天堂的整个天庭……"这是弗朗什－孔泰的遗嘱的模式。"我知道，根据自然的过程，每个人终究不免一死……为了造物主上帝，为了光荣的圣母玛利亚，为了天堂的所有圣人和圣女，克洛德本人证明并愿意将上帝借给他、给予他的财产、权利和股票甘心情愿地……第一，如同所有善良的天主教徒一样，划十字，念诵'以圣父，圣子和圣灵的名义，阿门'，将他的灵魂一而再，再而三地托付给造物主上帝和天堂的整个天庭。"这是萨瓦地方的遗嘱模式。[①] 我们不用把法国各省的遗嘱样本都一一列举在此，那就太单调了；基督教的修辞太一般了。但是

---

① 参见 DLI，第二章，第 208 页。以及 DXLVII，第 200 页。

谁也躲不过这种模式。甚至谁也没有想过要躲开它。

在此之后，立遗嘱人要花钱买下基督徒的墓地。然后是葬礼：指定弥撒，支付周年纪念的费用，一系列虔诚的捐赠和慷慨的解囊，公开说明是为了上帝的施舍，有时候还要赔罪。在巴黎，1527 年，有个将军杀了他的岳父，被砍了头。议会命令从他的财产当中拿出四百利弗，为被他杀死的人举办弥撒[①]……在贝桑松宗教裁判所的遗嘱合集当中，四栏中至少有两栏是基督教的格式和规定，这是正常的。

我们用不着强调。所有的行为，一天天一日日，都被宗教填得满满的。经常居家的人和出门在外的人，他们的思想无一不是宗教的思想。记载的外国新奇怪事也不例外。阿特金森（Atkinson）整理和分析了法国从文艺复兴时期到 16 世纪的地理文学，发现从 1480 年到 1609 年间，共计出版了 35 本去耶路撒冷的游记，到新大陆去的游记有 40 本。这个比例告诉我们人们内心深处的愿望，持续不断的愿望：在耶路撒冷的大街上走一走，瞻仰圣墓，或者至少是在阅读圣地游记故事的同时，在想象中满足这样的梦想。[②]

一句话，看来一切都决定于教会。就连时间也不例外。当时还不是人人都有可以携带的表，在当时那还是极少见的稀罕物。也还没有民用的挂钟，可以将时间分成一段段的等份。当时教堂的钟声从早到晚，向人们宣示时间，通告该祈祷和举行圣事的时刻。夜里，钟声不响了，寂静的街道上又响起忧郁的歌声，为人们

① XXXV，第 307 页。

② 阿特金森，CCCLXXXII，第 11 页。参见费弗尔，D，第 30 页至 31 页。

的休息划定节奏。这是宗教的呐喊，是提醒人们基督徒的信仰：“醒来吧，醒来吧，睡着的基督徒们！为死去的人们祈祷，愿上帝原谅他们！”比如在贝桑松，在16世纪中叶，喊夜的人就是这样做的……就连日历，也在讲述着基督教的规定……11月13日法院是不上班的：那是圣马丁节的第二天。手工艺人开始干活的时间不是10月9日，而是圣雷米(Saint-Rémy)日。乡下人的日历又怎么样呢？圣玛蒂亚(Saint-Mathias)日开始结冰，圣莫里斯(Saint-Maurice)日开始破冰，天放明光预示着圣梅达(Saint-Médard)日要风雨交加，如果白天下雨，那雨就会不停地下40天：360天当中，有100天都是用圣人的名字命名的，而不是用一个抽象的几号来指称……

2　职业生活

“为了取悦和赞美造物主上帝，和上帝极其神圣的母亲，极其光荣的圣母玛利亚，以及我们极其尊敬的保护主，我主圣太田(saint Estienne)，以及天堂整个天庭，我汇集并积累了该项艺术多名专业大师的精华……再加上我本人在实践当中略有发明并实验的一点点贡献。”《1516年出生于罗讷河上里昂维尔弗朗什区洛什的艾田大师新编著的数学》(*L'arisméthique nouvellement composée par maistre Estienne de la Roche, dict Villefranche, natif de Lyon sur le Rhône*)，就是这样开头的。这是给商人使用的一本经典数学书。这种形式，有的简略些，有的烦琐些，但当时所有讲术数的书，以及大部分讲科学的书都是这样开头的。很少有不以这种话开宗明义的。

至于大学的生活，我们知道在16世纪，大学的仪式还没有世俗化，而且重要的机构或者机构的组成部分，系，专业团体，学院，等等，总是半世俗、半基督教的，这不仅有当时经常与这些地方有联系的人所做的见证——甚至，像费利克斯·普拉戴尔，像吕卡·吉茨高福莱（Lucas Geizkofler）这样从相当程度上走在世纪前面的人——，而且大学里的一些正式文件也说明了这一点。在大学的人员组成当中，世俗的人还部分地保留着教士的特点，教士又部分地世俗化了，但我们不能得出结论说，16世纪的大学是基督教的机构。应当认为，法兰西学院，王家学院只不过是基督教学府，因为在1775年的时候，一门化学课的招贴一开始是这样说的："在上帝的帮助之下，让·达尔塞（Jean d'Arcet）……将为化学课的开讲发表演说……"相反，我们可以肯定的一点是（这对于我们来说是很重要的），这些大学作为社会的机构，仍然浸润在基督教的气氛当中，谁也无法清除这种气氛，无法随意让这种气氛消失于无形。

学士、博士：对于我们来说这意味着考试。可是对于16世纪的人来说，这不过是一些十分庄严的行为。在埃普拉戴尔的蒙伯利大学，或者在吉茨高福莱的多罗兹大学（Doloise），[1]在管风琴的音乐声中，考试十分郑重地在教堂举行，在弥撒和感恩仪式之间，被考人面对祭坛，侃侃而谈——哪怕他是路德派的信徒。教育，教

① 参见吉茨高福莱，XXXVII，第182页及其以后部分。在布尔日（Bourges），考试首先在圣太田大教堂进行；"但是由于教堂常常被吵嚷声搅扰，所以很早便决定教堂里只进行学士和博士的授予仪式。"见冈迪隆（Gandilhon），CDXIII，第8页。需要指出的是，吉茨高福莱是宗教改革派人士，普拉戴尔也是。

堂，这两者之间的联系在当时十分密切，1521年，弗朗索瓦一世打算在奈尔公寓（hôtel de Nesle）建一个学校，专事教授希腊文，学校里设一个小教堂，里面有四个议事司铎，四个管理小教堂的神甫，对于古希腊文化来说，这种环境真是出人意料。

但是，一个大学“团体”的生活又是怎么样的呢？这个团体有个主保圣人，与大学的其他主保圣人不一样，团体的印章上有主保圣人的头像。在16世纪，这种团体的生活节奏是由一些定期的宗教节日和宗教仪式决定的，在举行这些节日和仪式时，所有的老师、学士以及团体的决策人员都要在教堂聚齐——教堂里保存着团体的圣器柜，里面装着祭祀用品，圣瓶和文化装饰物品。教堂里还有带有团体徽章的地下墓穴，是为在这里学习期间死去的人准备的坟墓。[①] 而且参加圣事、宗教仪式、节日与感情无关，这一点是不用向我们指出的。在教堂举行完仪式之后，紧接着还要在小酒店里举行活动（*fieri festum in ecclesia et in taberna*）——这是巴黎的英国-德国团体的全部安排——首先，但是首先是宗教的仪式。而且人们对参加这种仪式感到很得意，既然这是普遍的，非参加不可的仪式——是受到普遍的尊敬的，所有的人都可以接受的仪式？

* * *

这里的形式太美好了。我们看看别处的。首先是职业行会。

---

① 冈迪隆，CDXIII，第8页，以及图鲁兹（Toulouse），CDXIII[bis]，第137页。

所有的行会都同时还有一个宗教善会，成立的目的是通过对上帝和行会主保圣人的虔诚感情，把行业的所有成员都团结在一起——但是实际上也是为活着的和死去的人们举行弥撒，并向需要的会友和穷人发放施舍和救济。这是自不必说的。当然，这些行会的宗教活动有时候也有纯粹世俗的目的：我们还记得，从1358年的一项法令中看到，织布工借着极其虔诚地举行唱弥撒的仪式，拖延开工的时间。这种可能性很快便被制止了，因为宗教善会是由老板控制的。但是当时也出现了一些伙计善会，是共济会的摇篮。开始时，其框架也是由教会提供的。一些行会的会员负责用公共开支维护小教堂里的照明，而且他们也常常是先听完小教堂的弥撒，才去与伙伙计们一块儿吃饭。所以如果没有小教堂和小教堂里的弥撒，伙计善会是不可能成立起来的。而且，伙计善会的选举，就是在弥撒之后，在小教堂里举行的。神职人员并不反对。在18世纪的时候——亨利·奥塞在《17世纪和18世纪弟戎的手工艺伙计行会》（*Compagnonnages d' Arts et Métiers à Dijon aux XVIIe et XVIIIe siècles*）当中这样指出——教会，查尔特勒修会，本笃会，方济各会都想成为行会伙计的保护者。[①] 各个教会这样做也许是有好处的，但总之大家都在坚持这样做……而且还不仅仅是这样。

这项工作本身就是在基督教的框架之内做的。星期天严禁聚会，违反者会受到严厉的处罚，但这种规定并不是出于世俗的考

① DXLVIII，第23页及其以后部分。亦请参见DL，第231页："宗教与职业"。以及艾斯毕纳(Espinas)，"手工业和善会"，载《经济和社会历史年鉴》，X，1938年，第437页及其以后部分。

虑，想让人有时间休息。节庆日也同样禁止行会组织活动。而且不仅仅是我们称之为的重大节日，比如圣诞节，复活节，耶稣升天节，圣灵降临节，圣母升天节，万圣节，等等；比如在巴黎，禁止举行活动的有1月份的圣热纳维埃夫日和主显节，2月份的圣母献耶稣于主堂瞻礼节，3月份的圣母领报瞻礼节，5月份的小圣雅克日和圣菲利普日，寻获十字架日，6月份的施洗圣约翰日，7月份的圣玛德莱娜日，大圣雅克日和圣克里斯托夫日——我们不用再一一列举，但是还要补充说的是，善会主保圣人的纪念日和教区圣人的纪念日也是禁止举行任何活动的日子。再加上所有的星期六，节日和瞻礼节的前一日，以及宗教的节假日。限制是时时刻刻都有的，而且气氛也都是基督教的。[①]

3　公众生活

但是公众生活又怎么样呢？我们还需要再重复说，国家是从何种程度上，从本质、精神、结构上被基督教浸润到饱和的吗？在16世纪，所有操纵人的人，只要一考虑到政治问题，便自然而然地倾向于建立僧侣政治。即使是，尤其是那些以最顽强的方式摆脱了周围的环境，似乎表现出某种坚定的革新精神的人。在日内瓦加尔文的基督教国家[②]，所有的人不是都要屈服于上帝和耶稣基督的最高权威吗？在每次选举之前，一个圣言的使者在向上帝祈

① 关于劳动时间，参见DXLIX，第136页。DL第261页列举了除星期天之外的六十多个节假日。

② 舒瓦齐，DXXV，第60页及其以后部分。

祷的同时，都要告诫国家议会，提醒市民和资产者不要忘记上帝给他们的恩惠，催促他们敬服于上帝至高无上的权威。凡是想成为日内瓦资产者的人都必须发誓，要“按照神圣的福音书的改革”生活。所有生活在日内瓦的人都必须在每个星期天参加公众的祭祀活动，每年必须参加四次圣体瞻礼。在天主教国家，虽然形式不同，世俗国家和宗教国家都是这样融合在一起的。

作为法国领袖的国王，用一只鸽子奇迹般地带来的圣油，为克洛维(Clovis)行涂圣油的洗礼。[①] 国王并不“纯粹是世俗”的国王，国王的手触摸一下，便可以再现奇迹，治好人的病；只要相信奇迹，就会认为这种事是真的。国王当然不会让他的政治永远以种种形式为教会效劳，而是与所有同时代的人一起，把教会看成是真正的公共服务机构，如果宗教的使者行为不轨，不管是修会的使者还是在俗的使者，国王会警告他们，让他们遵守教会的规矩。而且国王确实保证人们对正统宗教的遵守，惩处违反宗教的人，把亵渎宗教作为犯罪来镇压，而亵渎圣物则是罪中之罪。世俗的法院和教会之间，法官和教士永远是一致的，双方时时刻刻都是互相支持的。神职人员用不着要求法院的帮助，而且法院常常有很多神职人员当顾问。互相的帮助是自然而然、不言而喻的。如果一个人犯了大罪，犯了危及作为神圣之母的教会的戒律，那么世俗的法律在判刑之前，首先会将犯罪人带到教堂去，手里拿一支沉沉的大蜡烛，在整个弥撒期间感谢上帝，感谢光荣的圣母玛利亚，感谢天堂的所有圣人和圣女，感谢教会和司法。在世俗法律的一般惩罚当中，常

① 布洛什(Bloch)，CDLXVII。

常包括到罗马去朝圣，或者去洛莱特圣母院，或者龚波斯戴尔的圣雅克教堂，或者巴里的圣尼古拉教堂去朝圣[①]……

* * *

因此，教会参与一切事务，或者说一切事务当中都有教会。鼠疫横行？那就组织游神。组织圣塞巴斯蒂安的弥撒。由城市出资，在市民的义务帮助之下，举办圣洛什弥撒。地里的收成受到威胁，发生了干旱或者涝灾？也要组织游神。将神像抬出教堂。在圣人的遗骸盒前祈祷。乡下发生虫害、鼠害、田鼠猖獗？主教发出罪行检举命令书，将虫鼠驱出教会，教会的严厉惩处让人们低下了头，因他们从前所犯的过错而处罚他们，强迫他们弥补过失，不让他们重蹈覆辙。因为教会愿意成为法律的助手，成为教会之法和国王之法的助手。如果想搞清楚是谁窃取了资财，要让人支付欠债，或者归还由第三者篡夺的权利，人们会要求教会的法官出具信函，这些信函会在主日讲道时公之于众，或者张贴在教堂的大门上：以驱逐出教作为威胁，便能够达到（也许会达到？）目的。

无论如何，重大的集体事件都是以教堂为中心的。节庆日，仪式，弥撒和游神。甚至娱乐活动也常常在教堂里举行。戏剧起源于宗教，事实上也常常是讲宗教的。拉伯雷的作品当中充满了有关魔法，有关粗俗的民间神秘的故事，这些故事的目的，是想在娱乐中起到教育的作用。纳瓦尔的玛格丽特让人给她手抄了一份

---

① 凡高文柏格（Vancauwenberg），CDLXXXIV[bis]。

《使徒行传的秘密》(*Mystère des Actes des Apôtres*),并在她的家乡布尔日(Bourges)隆重地上演。她的戏剧也完全是宗教的。假面舞会也是在神圣的地方一次次地举办着。贝桑松的教务会议决定处罚那些在狂欢节的时候拒绝骑马上街的议事司铎,这样的时代并不遥远。[①] 况且,教堂是消息的中心。人们是在教堂里听到有关教区的消息的,洗礼,订婚,结婚,死亡。人们不分社会地位的高低,都是在这里为自己最为隆重的行为举行圣事,或者举办纪念活动,庆祝自己或者家人生活中最为重大的事件。一些应当知道的公共事务,人们也是从教堂,从教区得知的:签订和平协议了,或者宣布战争了,国王胜利了,或者国王失败了。国王生了儿子,国王生病了,国王去世了……每次举行游神、祈祷、敲钟、唱感恩赞美诗、举行葬礼、望弥撒或者举办各种各样的仪式时,都是人们交流消息的时候,在城市是这样,在乡下也许更是这样。

教区的钟楼既是教区群体的象征,又是教区的警钟。一直到今天,我们还在说"钟楼的精神"——但是我们并不是特别理解这个正在变得过时了的说法所表达的深刻意义。所谓"钟楼精神"是什么意思呢?是很多十分强烈的感情,很多已经成为过去了的现实:教堂,剧院和游乐中心。教堂是用石头盖的,是乡下唯一坚固的建筑,是村子里唯一美丽的建筑,有时候可以和教堂的坚固和美丽相比美的,还有当地小贵族家的房子。教堂是人工建设的,常常无数次地修补过,由附近城镇上的瓦匠改建过——是按照昨天或

① 1437 年 10 月 31 日,教务会议要求那些在狂欢节期间没有骑马上街的议事司铎道歉,详见杜伯斯(A. D., Doubs, § 179)。1444 年 1 月 8 日,议事司铎和管理教堂的神甫因逃避上述同样的义务而被罚款十个苏和五个苏(同上 § 180)。

者前天的模式改建。如果是灾害不太多的年头，教堂里有灯光、画像、绘画、歌声、香烛、镀金——举办一场仪式向农村的收费很少，向市镇收得多一些，与城市生活配合得十分协调。有时候，在节庆活动上，教士的讲道就像是一锅杂绘的荤菜，有滑稽的玩笑，有对当时大人物们的嘲讽，权当是在杂烩菜里加了些调料，撒了些胡椒面。

那么教堂呢？在战争期间，教堂是人们的庇护所和避难之处。教堂的墙壁厚实，钟楼上有时候筑有雉堞，可以保护当地的居民，保护他们的财产，甚至可以保护他们的畜群，让他们免受暴徒的劫掠。教堂是集会的地方，人们在这里举行选举，召开各种会议，有时候教堂还可以当学校。教堂里的钟是所有信徒共有的财产，人们休息的时候要敲钟，人们开始干活要敲钟，人们祈祷、议事、举行洗礼和葬礼时都要敲钟——生活中大大小小的事情都有钟声相伴，包括使他们高兴的事，他们的节日，或者让他们害怕的事。有雷击的危险，钟声是乱敲的，敲钟人将钟敲响是为了让人们防备暴虐的灾害。着火了，钟声又变成可怖的警钟，呼吁教区的人们赶来救援。有强盗来抢劫，或者扰乱治安了……钟楼里的钟是教区群众的象征，有时候，钟楼里的钟要代替教区的群众领受惩罚，这种做法一直延续到18世纪。1737年，一个波旁的总督便让人把钟楼里的钟卸下来，让刽子手用鞭子抽，这些背信弃义的钟，背叛了自己的职责，国王卫队与武装的私盐贩子战斗，它们却敲了警钟……

这一切都证明，教堂是人们生活的中心，是人们的感情生活和职业生活的中心，用一句夸张的话来说，教堂还是人们的“美学生

活”的中心：他们无法控制的一切，与他们有联系的一切，他们的伟大激情，他们的渺小利益，他们的希望和梦想，无一不与教堂有关联……这一切都再一次证明，人在不知不觉当中被宗教完全地控制了。因为，这一切都是在人们不知不觉当中发生的。没有任何人觉得这是有问题的，没有任何人想过能不能有另外一种生活方式，是否应该有另外一种生活方式。事情就是这样。在人们的记忆当中一向就是这样。这些事情对人的影响是如此强大、如此必然，以至于谁也没有想过：“我们的生活，我们的整个生活，都是由宗教，都是由基督教主导的——与宗教所控制、所主宰、所塑造的一切相比，生活中世俗的部分是多么微薄啊！”所谓宗教，所谓基督教，就是我们在教堂里经常可以看到的仁慈的圣母的披风。所有的人，各种状态的人，都躲在这披风之下。想从中摆脱出来吗？那是不可能的。人们躲在她那母亲般的衣服褶折里面，从来没有感觉到自己是被囚禁的。要想反抗，人们必须首先对这种状况感到吃惊。

4　先驱者的问题

我们假设有一个人是异乎寻常的。是那种难得见到的人之一，他比同时代的人思想超前一个世纪；他提出的真理到了50年、60年以后，或者100年以后才会被人所接受。他要得到什么样的支持，才能够从宗教的普遍主宰当中，从宗教多种形式的主宰当中摆脱出来呢？他从哪里可以得到这样的支持呢？从哲学当中？从当时的科学当中？这是必须首先提出的第一个问题。因为，如果在经过研究之后，我们的结论导致我们认为，一个与拉伯雷同时代的人（或者拉伯雷本人，如果我们把他当成是具有不同寻常的精神力量的人），在16世纪的哲学和科学当中，都不能找到有效的支持，以获得如此的解放，那我们就必须同意两种结论：

第一个结论，从历史的角度来说，这个人所说过的反对宗教的话并不重要。因为，仅仅以个人的冲动，个人的情绪为基础的否定不会具有社会的意义，没有榜样的价值，对于听他讲话的人来说，也不具有强制性的力量。否定，有效的否定，不管否定的对象是什么，并不是用一句话，出于任性，出于离奇的念头，或者想与众不同的自豪愿望说："我否定。"所谓否定，是庄重地、平静地说："出于所有的人，所有思想正常的人都会接受的这种或者那种原因，我认为某种体系是无法接受的，在实际上是不可能接受的。"我们在这里说的，是出于这种或那种原因而否定像基督教这样巨大而强有力的体系——在多少个世纪的时间里，这一体系主宰了人们的道德生活、感情生活、美学生活，主宰了政治和社会生活的体系，其影响遍及整个从历史的角度不无道理地被人称之为的"基督教国度"（la Chrétienté）——，那么这些原因就不应该是，就不能是零零散散的。那一定是些特殊的原因。应该是一系列真正有内在联系的理由，是相互支持，互为基础，并以一系列相互有联系的科学发现为基础的理由。如果不能形成这一系列的理由，如果不能够发现这些相互一致的理由，那么这种否定就是没有意义的。这种否定就不会有结果，就不值得讨论。好比在小酒馆里，你对一个喝醉了酒的人说，他脚下的地球是在动的，是跟他一起动的，只不过速度不快，所以他感觉不出来而已，这时酒鬼发出的嘲笑是不值得讨论

的一样。

拉伯雷是 1532 年否定基督教的人？如果拉伯雷不能以这一系列的理由和确实的发现（而且我们不管对这些发现是不是能够做各种解释）为基础，那么拉伯雷 1532 年的否定就是他从思想上随意而发的，那么拉伯雷的思想就是没有任何意义，没有任何价值的，没有任何历史和人文的意义的。那么历史学家也毫无办法，只好放手，只好放弃拉伯雷。

第二个结论呢？第二个结论也同样是清楚的。在谈到理性主义和自由思想时，涉及某一个时代，最为聪明、最有学问、最为大胆的人，在反对具有普遍影响的宗教时，如果他无法真正从哲学或者科学中找到一种支持，那这无异于是在谈论幻想。更加准确地说，这便是以响亮的大话做掩护，犯下最为严重、最为可笑的时代错误。在思想领域内，那就是让第欧根尼（Diogène）打雨伞，让战神玛斯拿一挺机关枪。或者也可以说，那就等于是将奥芬巴赫（Offenbach）及其“美丽的海伦”引入宗教和哲学思想的历史。这完全是风马牛不相及的事。

第二章　不信教的基础是不是哲学？

在我们的哲学家看来，16世纪的哲学名声并不是特别好。最优秀的哲学家们坚持认为，这个时期的哲学是天主教哲学，是幼稚的哲学。布里依耶（Bréhier）在最近出版的《哲学史》[①]当中说："我们看到在整个中世纪，大量的学说和思想如雨后春笋般涌现，这些学说和思想都是在此之前受到压抑的——各种思想混合在一起，我们可以称之为混乱的'自然主义'，因为一般来说，当时的哲学并没有用任何超验性的规则去统领或者引导宇宙，而是只寻找宇宙的内在性规律。"而且这位哲学历史学家带着蔑视的表情撇了撇嘴（不过，蔑视是一个历史学家该有的反应吗？），把中世纪的哲学归结为"混乱的自然主义"，提出了令人感到愕然的价值判断。因为，说到底，历史学家是不是只能从整体上做出判断，否则便很难理解呢？他说，这种大杂烩里包含着"极有生命力，极其丰富的思想，也有极其糟糕的思想"。仅此而已。

事实上，在提出困难的问题，综览文艺复兴时期的哲学——如果我们能够综览一切的话——之前，我们最好不要忘记这样一点：科学和理性的历史都是由具有很大反差的图形和色调组成的，也

① 布里依耶，CDXXXVI，第六章"文艺复兴"，第739页。

就是说，是由一系列的论断和态度组成的，这些论断和态度不仅相互之间是有差别的，也是互相对立的、互相矛盾的。要考虑到当时的环境、地点、社会结构和思想文化，这些因素决定着每种论断和态度的产生和内容，每种论断和态度都有其真理，都会被别的论断和态度所代替。只要我们能够说明为什么会有这些反差和对立，我们才能够理解为什么环境变了，这些论断和态度也为其他的论断和态度所取代。只有这样，我们才能够评价人类的智慧是如何持续地做出努力，以对事件的压力，对环境的冲击做出反应。这才是历史学家的真正责任。

1　思想工具

因此，作为开始，我们先提出几个关于环境、条件和机会的问题。为了切入正题，我们先提出一个问题。这个问题表面上看来简单，但因为是关系到 16 世纪的，却没有任何人想到过搜集回答问题的有关资料。那就是，当我们开始思考哲学问题的时候，我们的笔下自然而然地就会出现一些词汇，如果没有这些词汇，我们不仅会感到不便，我们的思想就会发生缺陷，会出现空白。当时的人，当时的法国人，在思辨时没有这些词汇，那么他们的思想能够清晰到什么程度，能够深入到什么程度，说到底是能够有效到什么程度（当然是按照我们的标准来判断）。

(1)缺乏的词汇

“绝对”，“相对”，“抽象”，“具体”这些词当时都没有。“混乱”，

"复杂"也没有;斯宾诺莎那么喜欢的"适当"一词也没有,虽然拉丁文里有。夏普兰(Chapelain)用过"虚拟"一词,但那是在1660年;没有"无法解决的"、"意愿的"、"本质内在的"、"固有的"、"隐藏的"、"原初的"、"感觉的",这都是18世纪才出现的词汇。当时也没有"超验性",这个词是在1698年从博絮埃开始使用的,16世纪的词汇当中没有这个词。为了让人大致有个想法,我们这样说吧,我们根据布鲁诺的词典只是随意地列举的上述这些词,当时词汇最为丰富的人之一的拉伯雷的词汇当中都没有。

以上只是一些形容词。只是个别的一些形容词。那么名词呢?当时缺乏的有哪些呢?"因果关系","规律性"这些词都没有;"概念","标准"没有,"条件"一词也没有;在《波尔-鲁亚尔的逻辑学》(*Logique de Port-Royal*)之前,没有"分析"以及与之联系在一起的"综合";没有"演绎"(当时这个词只是"叙述"的意思),也没有"归纳";"归纳"这个词出现于19世纪。"直觉"是在笛卡尔和莱布尼茨的作品当中产生的。"协调"或者"分类"也没有;1787年费罗(Féraud)的字典还说"这是个不久前才形成的野蛮的词"。这都是些常用的词,要想思考哲学,我们真的是离不开这些词汇,可是这些词在与拉伯雷同时代的人的词汇当中都没有。他们甚至没有从16世纪中叶以后,人们才开始称之为"体系"的词所表达的意思,而且当然也没有用来标识,或者用来列举这些系统的词汇(因此也就是无法在思想上同时并有效地动员起这些系统),这些系统对于当时的人来说,首先是对于人们称之为"理性主义者"的人来说,是如此之重要。当时的理性主义只是开始,真正的理性主义其实出现于很久之后的19世纪。"自然神论"在博絮埃之前几乎不存在,

博絮埃是最初使用这个概念的人之一。18世纪提出的“一神论”开始时是向英国人借来的一个词。“泛神论”是在摄政时期向托兰德(Toland)借来的一个词。“唯物主义”要等到伏尔泰(1734年)时才出现,到了拉梅特里(La Mettrie)和百科全书时代,才有了立足的地位。“自然主义”只是出现于1752年特雷沃(Trévoux)的字典中,在此之前,在拉梅特里的书中也出现过(1748年)。“宿命论”一词也出现于拉梅特里的书中,但狄德罗只是到了1796年才开始在小说里使用“宿命论者”这个词。“决定论”出现得更晚,是康德的一个词。“乐观主义”及其反义词“悲观主义”见于1752年特雷沃的作品,但是“悲观主义者”只是到了1835年才被收入法兰西科学院的词典,而且“悲观主义”这个词出现得更晚。“怀疑论”在狄德罗的作品当中才开始代替巴尔扎克和帕斯卡非常喜欢的古旧词汇“皮浪主义”。“信仰论”是1838年从一次神学家的思想冲突当中产生的词汇。别的还有很多:“理想主义”(特雷沃),“斯多葛主义”(拉布里耶尔),“寂静主义”(尼高尔,博絮埃),“清教主义”(博絮埃),等等。我们在做出判断之前,首先要想到,所有这些词,1520年、1530年、1540年、1550年的法国人都没有,如果他们想思考,然后把自己的思想为法国人翻译成法语的时候,他们没有这些可以使用的词汇。[①]

当时不因循守旧的人(“因循守旧”是博絮埃的一个词),甚至没有一个词来指称自己,使自己成为一个单独的群体。“放纵的不

① 我们指的至少是有规律地,并且在这些词汇的哲学意义上使用。在某个先驱者的笔下,我们可以找到这些词中的一两个。但那是孤立的,还不属于常用词汇。

信教者”出现于16世纪晚期，“放纵主义”(*libertinisme*)只出现于拉努(La Noue)和夏隆(Charron)的作品中。“不信教的人”(*Esprit fort*)是到了18世纪，当艾尔维修斯(Helvétius)关注到这个词时，才开始被人使用起来，“自由思想家”是伏尔泰在出版了《论宽容》(*Traité sur la Tolérance*,1763)之后使用起来的。但是“宽容”一词是到了“宽容主义”的世纪中叶才为人所接受(也是由于伏尔泰)，这是18世纪初的事了。不宽容的“排斥异己”倒是在此之前，在孟德斯鸠和达让松(d'Argenson)的作品中就有了。我们要想到，“不信教的人”是波尔－鲁亚尔的词汇，而“宗教辩论者”则是帕斯卡的用法。“正统”一词首先出现在诺戴(Naudet)的作品中，而“异端”一词则是首先出现在福尔梯耶尔(Furetière)的书里。

还要补充的是——这是不言而喻的——路易十三时期的放纵者的祖先，在16世纪的时候，他们的语言当中，既没有(原因自不必说了)“天文台”，也没有“望远镜”，没有“放大镜”，也没有“镜片”，没有“显微镜”，也没有“压力表”、“温度表”、“发动机”这类的词汇。是啊，当然没有，因为，对于人来说，历史的每一个时刻的思想在当时似乎都能够有效地解释事物，因此在当时也就是真理，这种思想是与人在当时为了改变和预见事物的进程而掌握的技术手段相一致的。科学为他们提供了这样的技术手段。因此，我们不无根据地强调，与《庞大固埃》同时代的科学词汇的定义还不是很明确，不管是化学(当时的化学还与炼金术交织在一起)，还是生物学(生物学到了19世纪才取得了飞跃的发展)，还是天文学(当时的天文学仍然与星相学不分你我)，在17世纪之前，而且大多数情况之下，在18世纪之前，法语里还没有“引力”(这个词是贝日拉克的西拉诺最先开始用的)、“轨道”、“蚀”、“抛物线”、“回转”、“旋转”、“星座”、“星云”等等这些词汇。而且,法语的数学词汇——我说的是最简单的、最常用的数学词汇——还很不明确,很贫乏,很模糊,所以帕斯卡才在 1654 年 7 月的一天,在写一封信时,觉得用法语无法把一个问题说清楚,才改用拉丁文来写。因为,他清清楚楚地说,“法语在这方面一无是处”。

我们注意到的这个现象会产生严重的后果:当这些人用法语思考科学,或者思考一般的问题时,他们所想到的字词,并不是适合用来进行思考、解释和证明的词汇。不是学者的词汇。法语的语汇是大家都在用的,日常生活的常用语汇。从某种意义上说,是一些像拉手风琴的风箱一样的词汇,字词的意义可宽可窄,变化和发展都很随意,而科学的词汇已经不是这样可以随意变化的。科学的词汇是像标杆一样一动不能动的。有人责备说——我们说的是查理·尼果尔(Charles Nicolle)——法语的词汇可以造就虔诚的信徒和奴隶,最终将人束缚和捆绑了起来。也许是吧。但是如果没有这种严谨,如何让思想具有真正的哲学所该有的那种严格、坚实和清晰呢?

(2)句法和视角

词汇是这样。那么句法呢?[1]

当然,古法语,12 世纪那种具体的、印象派的、天真的法语,主

---

① 关于本段的论述,请参见参考书目当中所列出的布鲁诺(Brunot)作品的各卷,CCCLXXI,以及于盖(Huguet)的作品,CCCLXXVI,和塞诺(Sainéan)的作品,CCCLXXIX。

导的动词处于次要的位置，并在这个位置上看着其他的成分像卫星一样围着它转；16世纪的法语和这种古老的法语相去并不远；16世纪的语言自由、随便，结构混乱不堪，简单时态和复合时态乱成一团，我们觉得对理解很有妨碍[①]：

夫人想留住他，
她拉住他的披肩，
在捆绑时撕破了……

这样的文字给人一种跳跃感，一种支离破碎的感觉。让我们想到新手拍摄的录像，他们扛着摄像机跳来跳去，在需要拍摄的场景前面跑来跑去。如果写作的人想到（而这是中世纪的人常常想到的）使用同一种时态，讲述并不一定都是，并不一定总是发生在同一个层次上的故事时，那感觉也不一定更加舒服……

总而言之一句话，没有视角，因此，古时候作者的意图是混乱的，让人理解起来很困难。他们用几个不太明确的词描写一件东西、一个人、一个场景。剩下的就是读者的事了。如果读者觉得有必要，那他自己去分类，去排列和说明吧。

然而，毫无疑问，15世纪末有了很大的进步。各种各样的形式通过相似性而被拉平了。两格（主格和宾格）的系统被废除了，由此导致的结果就是，在句子中引入了更加严格的结构性顺序，主语和谓语的划分更加可靠。动词慢慢地将其主宰地位让给了主

---

① 关于这些，请参见布鲁诺，CCCLXXII，以及CCCLXXIII。

语，总而言之，表现在语法当中，那就是思想的渐进式组织象征更加清晰，综合性的变化既反映了这种组织，又为这种组织提供了方便。视角也是一样——*che dolce cosa*[①]——，对于艺术家来说，视角慢慢变成了一种需要，后来又成了一种本能。正好与他的整个世界观一样，正好与我们的整个世界观在不知不觉中发生了变化一样，时态的使用也更加规律、更加协调，这让作家们渐渐在自己的思想中引入了秩序、视角，从而可以说，他们的故事也因之而变得更加深刻了。

显而易见，并不是一切都完成于 15 世纪末和 16 世纪初。费尔迪南・布鲁诺（Ferdinand Brunot）很喜欢引用高米纳（Commynes）在讲蒙特勒里战役（la bataille de Montlhéry）开始时所说的一句很美好的话。专栏作家并不感到奇怪地写道："这一阵排炮打坏了一只小号，同时把一盘肉菜送来放在台阶上。"（第一卷第九章，卡尔梅特出版社，第一卷第 61 页）同样是在高米纳的作品当中，我们还可以收集并列举出很多其他的例子。比如再翻过几页，还有这么一句："这种想象让他们想到时间的黑暗。"（卡尔梅特出版社，第一卷第 73 页）或者这句印象派的实录："一天早上，国王从与我们面对面的东边水上来了，河岸上一群马。"（同上，第 75 页）但是，我们不要以为，在 16 世纪，一切都是清清楚楚、分门别类地排列好的：

让娜，在吻你的时候，你对我说

① 意大利语，"甜蜜的笑"。——译者注

我的脑袋是半醉了的。

这是龙沙的诗(《颂歌》IV，31)。下面是博朗托姆(Brantôme)作品中的话:“我还打算,当我与罗什福科伯爵谈起这事的时候,只是通过我的一个朋友向国王告假,好别让人说我是叛逃,我好到别处去,比在他的王国得到更好的待遇。”从这句话可以看出,他在思想上分门别类的能力并不强……

时态的配合?时态的配合是不规律的。有的时候还是很不规律。“他们说他们将不去”[①],这类的句子不会吓倒什么人的。让·都东(Jean d'Auton)的句子简直令人难以置信:“国王的上尉寄给他的那些信,他为此很激动地反对布隆尼瓦,说他要去把他们干掉,如果需要带着武器去那里,真该好好地惩罚他们……”(《编年史》第四卷,第85页)好像一个孩子拿着一个单筒望远镜在玩儿,一会儿从大头看过去,一会儿又从小头看过去,而且不停地变换焦距。同样,词的顺序也不总是严格固定的。动词还常常在主语的前边:“引起他的儿子和女儿”(这是他的儿子和女儿招致的),这是戴佩里耶写的;还有,拉伯雷也写道:“在那贪婪地吃着等僧侣神甫”(神甫在那儿一边贪婪地吃着,一边等僧侣)。同样,谓语也常常在动词的前边:“相同的颜色晨曦玫瑰”(一抹晨曦的颜色如玫瑰一般),这还是戴佩里耶的。下面是斯图雷尔(Sturel)在普卢塔克(Plutarque)的译者流畅的散文中找出的一个句子,说明16世纪

① 所谓时态配合是现代法语中的一个语法要求:如果主句是过去时,从句也一定要用过去时。但是由于这有时候纯粹是形式上的一种要求,所以用中文很难表示出来。——译者注

的法语，即使在当时最好的作家的笔下，也仍然倾向于将一切，将主要的思想和次要的细节，都放在同一个水平上。之所以如此，是由于当时根本没有从属关系：

> “当罗马人打败了昂蒂奥舒斯（Antiochus）之后，他们开始渐渐侵入并占领希腊人的土地，渐渐地，他们的帝国已经从四面八方将阿开亚人围了起来，即使是各城市的总督们也站在他们一边，臣服于他们，以得到他们的好处，在运气的帮助之下，罗马帝国的势力开始向普天下的君主国扩张，几近于达到神转变一切的目的。”

冗长的语言，累赘，常常缺乏节奏感，没有气度。是很少说话的农民的语言；但是，农民一有机会讲话，便说起来没完没了，详详细细地解释，对事情的描述反反复复，一五一十，时时事事，因为他们不善于把思想上复杂的东西梳理清楚，因为他们有时间，有很多的时间，想要多少就有多少；最后（我们后面会再提到事物的这一面），因为语言中的一切都是重要的，都会产生后果，都包含有神秘的魔力[①]……由此，他们认为自己没有能力简洁地复述出古代的文章；相反，他们会把简短的文章拖长，会反复说，这我们就不会感到奇怪了。当阿米奥在文章当中发现“δύναπιν”时，反复翻译了很多次，说成“他的力量和他的军队”，同样，“οἶκον”也翻译成了“他

① 详见后面第三章第三节。亦可参见《法国百科全书》，t. XVI，里查－布洛什的说明（16—50—8）：“实用语言，诗的语言。”

的房子和他的财产”……总而言之，工作仅仅是开始，最终达到了朗松所说的那种路易十三的风格，那种有着坚实的基础、慢慢展开的句子：努力清楚表达思想的句子，想首先表现出其联系，而句子当中的字词在由关系词、连接词和现在分词结构而成的逻辑框架之中，相互之间显得十分紧密，让人想到“王宫房子上砖砌的墙四周的大石头”。[①]

对于思想来说，这是艰难的限制，是沉重的障碍，是谁也躲不过的。于盖在谈到拉伯雷时，有些天真地提出这样一个问题[②]：“这个伟大的作家为什么没有像对待词汇一样，在句法上也随意一些呢？”因为他不能。不是因为像于盖所说的那样，“一般在句法上是不能寻求与众不同的”，这并不能说明什么；因为句法不决定于一个人，即使是一个天才的人；句法也是某种方式上的社会机制，是一个时代和一个群体的事和反映——而不是一个个别作家的反映。每个时代，每个群体在很大程度上都有自己应该有的句法，我的意思是说，每个时代、每个群体都有与其思想和科学知识的发展程度相应的句法。

行动和反行动。语言的状态阻碍着思想的发展，但是，思想的推动会不顾一切地撑开语言的框架，打碎它，扩大它。16 世纪的人们，即使他们拥有适合进行哲学思考和宗教思辨的语言，可是如果没有科学更深、更好的发展，语言又有什么用呢？有些好心的人最近指责哥白尼，说他想让自己的系统更加精确，从而破坏了这一

① 朗松，《散文的艺术》（*L'Art de la prose*），第 56 页。

② 于盖，CCCLXXVI，“引言”。

系统。其他一些同样有资格的人则强调“不精确的好处”，同时补充说，“如果开普勒(Kepler)的研究更精确些，便无法发现他的规律”[1]。显然，各个时代的思辨条件是不一样的。有的时候就是要冒险、发明、不顾一切地向前进。然后再审视(或者反复审视)自己的行为是否合理。语言，思想：这就好比是裁缝所面对的一件穿不坏的衣服，客户的身体在不断地成长，所以裁缝要不断地修改这件衣服。有的时候是衣服太大了，有的时候是客户觉得太紧。然而，客户和衣服无论如何也要互相适应。客户和衣服总是互相适应的，虽然先有不适应，经过调整之后才适应了。语言常常充当了栏杆的作用，或者大坝的作用。所以在思想的历史上，很多被拦住的水总有一天突然冲垮障碍，卷走一切。

(3)拉丁文的异议

有人也许会说：你是在玩弄文字吧！16世纪的人不是有拉丁文吗？如果他们要思考哲学，他们可以用西塞罗的语言啊，作为老师，西塞罗不仅教他们如何写作，不也是教他们如何思想吗？

毫无疑问，当时所有搞思辨的人，所有的，或者说差不多所有从事思辨的人——我们这里之所以说“差不多”只是出于顾忌，或者是为了顾惜贝尔纳·帕利西(Bernard Palissy)——，都是双语的。或者如果不是，那是很丢脸的事。有的人总是不忘提醒人们注意这一点，比如龙沙：

① CDXXV，第85页，库瓦雷(Koyré)。

读我的诗的法国人
如果不懂希腊人和罗马人的语言，
那他们手中，就不是书
而是一个沉重的负担了……

他们会讲拉丁语，因此也就可以用拉丁语思考吗？但是，即使他们努力使拉丁语重新复活，让这种语言在他们之间尽可能地活跃起来，但拉丁思想仍然是死去的思想。如果他们不得不用这种语言，那么这种语言便会阻碍他们的思想产生飞跃。拉丁语会让他们受制于古老的、过时的思想和感觉方式，或者也可以说是已经被超越了的、与现实不协调的思想和感觉方式。因为我们在前面已经说过，他们的文明已经充斥了基督教、基督教的思想和感情，已经达到了饱和的程度。他们会拿出一切努力、一切热情，艰难地进入部分地与他们自己的思想相矛盾的思想和感情当中，或者也可以说，是与他们本来可以有，他们本来能够有的思想和感情当中。

再说，让我们试试把16世纪法语在表达中所没有的大部分概念翻译成拉丁语。“绝对”（Absolu）？拉丁文的absolutus意思是“结束”、“完成”，仅此而已，没有哲学上的用法。“抽象”（Abstrait）？拉丁文的abstractus意思是“孤立”或者“心不在焉”。西塞罗无疑会提出一种“专门折磨人的玩意儿”（*Quod cogitatione tantum percipitur*）。这样说也对，也不对。再说，当人们在说话和写文章的时候，那就好比是在赶集一样：与其一个个地数一百个一法郎的硬币，还不如一下子拿出一张一百法郎的纸币来省事……对于“相对”（relatif）来说也是一样，翻译成pertinens ad？

可那是另一个意思了，后期罗马帝国及中世纪拉丁语中的 relativus 只有一种语法上的意义。我们也不要说“超验性”（transcendental）（更不用说从哲学上指“卓越的”、“优越的”、“崇高的”等意思的“transcendant”）。——那么以 isme（—主义）结尾的一系列系统名词呢？

我知道，我们可以“转而”寻求等值词，使用解释性的句子，用二十个词来翻译我们用一个词便可以清楚、客观地表达的东西：但是我们要注意的是，要想翻译一种思想，你首先必须掌握它；而在这方面，掌握一种思想的标志，就是字词；在通俗法语中所没有的字词，你怎么用拉丁语去表示呢？而且说到底，如果严格说，我们可以用一个长长的句子来表达“决定论”所表示的意思——好心的高尔泽（Goelzer）在他的《法语—拉丁语词典》中便在努力这样做——，那是因为我们，19世纪和20世纪的法国人，我们上过哲学课，我们的老师在把哲学的字词传达给我们的同时，也把这些字词所表达的概念教给了我们。可是，16世纪的人既没有读过哲学业士，也没有读过数学业士，他们根本没有办法通过解释来翻译这一概念，而且单靠他们自己的努力，“决定论”这个共有的、常用的，而且几乎是通俗的概念，这个我们从十六岁的时候便毫不费力地知道了的概念，在他们来说却是永远得不出来的，因为这需要不止一个人的努力。

我们仍然来看新知识的获取：指南针，大炮，印刷术——为了用拉丁文指称这些东西，16世纪研究拉丁文的学者们费尽了九牛二虎之力，挖空心思，甚至不惜以扭曲拉丁文为代价。这里面有很多的夸张和幻想。实际上，无论是在中学还是在大学，我说的当然是老师，在面对这种情况时，谁都可以毫不费力地用通俗话，用他最为通俗的话，给这些词汇穿上一层拉丁文的外衣，做出像这样的句子来："*Placuit nationi remediare et obviare abusibus commissis vel committendis per nuntios nationis*；*vult specialiter quod fiat una distincta tabula omnium dioceseon*"（同乡会愿意改正并回避他们的使节从前和现在的恶习；特别希望主教辖区都能制定一份名单。）——这是老师的拉丁语；或者："*capis me pro alio*；*parvus garsonus bavat super sese*；*ego bibi unum magnum vitrum totum plenum de vino*；*etc.*，*etc.*（你在另一个之前抓到我；小幼儿在他自己身上流口水；我喝了满满一大整杯酒；等等）"这是学生的拉丁语[①]。我们只简单地指出，学生的这种做法有可能让拉丁文失去其国际语言的特点。庞大固埃听到利穆赞的学生说这些像天书一样的话，会感到奇怪，而图宾格（Tubingue）的学生们听到 *bavat super sese*（在他自己身上流口水），或者 *faciam te quinaudumI*（让他丢脸）也一定同样会感到奇怪。但是，真正的困难并不在这里。正如《怀念》的作者所说的那样，当需要"到隐秘的思想围墙里面"去转一圈的时候，那才是真正的困难。

"贝雷帽"（béret）从前是有的，学生的话是"*birettus*"或者"*birrus*"；"射石炮"（bombarde）在讲兵法的人口中是"*bombarda*"，"带鞋带的鞋"是"*solutares ad laqueos*"，"毡帽"用纳瓦尔中学的高雅说法是"*capellae de fultro*"。这些实实在在的东西都是有的，是确实存在的，你只要给它个名字就行，不管是什么样的字

① 关于这一切，请参见马斯比奥（Massebieau），CCCLXXVII，第 27 到 210 页。

词。但是思想呢？概念呢？也是像东西一样在那儿摆着的吗？是思辨的人拿来就可以用的吗？这成了一种恶性的循环：的确，如果思想和概念是现成的，至少是潜在地存在的，是哲学意识伸伸手就可以摸得到的——作为一种语言，拉丁语只适合表达一千多年前就已经死去了的文明的思想——拉丁语能够产生处在朦胧中的思想吗？

当然，神学家和经院哲学家用拉丁语表达了拉丁人和希腊人不曾有过的思想，虽然这些思想一经表达出来，便极力又想回到古老的巢穴中去，并极尽所能，躲在亚里士多德的羽翼庇护之下。但是，当时出现了一些新的需要，当时的人们需要一些纯粹和正确的观念。一种属于"野蛮用语"的严格概念，与另外一种也同样是十分严格的"语法错误"的概念联合在了一起。语文学家开始了琐碎的审查工作；我们当然可以对他们的工作感到遗憾，可这种遗憾颇为天真。他们知道自己在做什么，我说的是洛朗·瓦拉(Laurent Valla)、伊拉斯谟和布戴之类的人。说到底，在迫使同时代的人回归古典拉丁文的纯粹和正确的同时(同时代的人巴不得如此，十之八九会甘愿与他们的意图默契配合)，他们清除了一种模棱两可的状况。他们将古典哲学放在了古典的位置上，使之回归过去。他们平整了土地，为新的建筑做好了准备。他们于无意之中，为有生命的、充满活力的新语言的诞生提供了方便。他们为"现代"的哲学打开了大门。

(4)一个例子：无限

对于16世纪的人们所遇到的困难，我们只举一个例子，但这是一个很有价值的例子。我们知道马勒伯朗士(Malebranche)在《探究真理》(*Recherches*,III, 11, 6)上的断言:"上帝存在的最有力,最强烈,最坚实和最原初的证据,是假设的东西最少的证据,是我们对无限的认识。"

无限:当然,用拉丁语我们可以说是"infinitas"或者"infinitio"。西塞罗在《论善与恶之定义》(*De Finibus*, I, 6)中说:"*infinitio ipsa quam* ἀπειρίαν *vocant*(无限本身——人们称为'ἀπειρίαν[无边界的、无限制的]')"。可以这么说。但是,让我们更仔细地来看一看。[①]

希腊人是一个极端。然而,至少是自从埃利亚学派以来,希腊人便说,空间有尽,范围有限,以及由此而来的完美和完善,这是存在唯一可以想象的形式,因为思想,知识永远起着决定性的作用。拉丁人也这样认为:在所有的人心中都有着同样的感觉,宇宙是有限的,在时间上有限制,因为一系列的原因都源自于没有原因的原初项。在所有人心中,都有着一样的对无尽和无限的厌恶,无限也就是不确定的,并由此而带有不完善的标志:完善的主宰就是有限的主宰——而且古代的神,为了完善,也是有尽和有限的。总的来说,无限,两千年来便是缺陷和不完善的标志,是虚拟性的标志。

另外一个极端是经院派哲学家和他们的"无限的上帝"的思想——这种思想是由另外一种思想产生的结果,也就是"宇宙无极

① CDXXV,利佛(A. Rivaud)的阐述,第260页。以及塞鲁斯(Ch. Serrus)的意见。

限”的思想，以及围绕着宇宙的无限之“空”的思想。这种思想对于希腊早期的思想家来说，也许并不是陌生的，但只是到了基督纪元之前不久，才为人所接受。这种思想引入了一种无限存在的概念，自从1世纪以来，形而上学和神学对这一概念不断进行思考；不仅从数量上，而且从力量上也是无限的存在，这一概念有着极大的活力和力量，超越了我们所能想象的一切。首先其规模、力量、智慧、意愿也都是无限的。由此出发，经院派的思想开始提出一种论据，康德把这种论据称之为本体论的论据；17世纪，这种论据的使用导致形而上学的思辨产生了令人惊奇的飞跃。然而同时，怀疑派也利用“无限”这个概念所包含的模糊的内容，企图挫败理性。

然而，16世纪的人们之所以仍然小心翼翼地踩着12世纪、13世纪、14世纪人们的脚印走，16世纪的人之所以像从前的人们一样，使用距离经典的拉丁语越来越远的经院派的拉丁语字词——从身和心方面来说都越来越远——，像经院派的人一样表达思想，他们之所以没有向父辈和祖父辈的思想方式和写作方式宣战，他们之所以不愿意与父辈和祖父辈的思维模式决裂，与被认为是野蛮的语言决裂(实际上是已经决裂了，但那是另一个问题)，他们之所以没有超越基督教、神学和经院派哲学，回归源泉，回归真正古代思想的源泉，首先是西塞罗——作为哲学家，当时思考他的人很多，跟着他走的人也很多，作为作家，当时研究他的人很多，模仿他的人也很多：他的作品没有什么困难，或者说困难不多——他们之所以没有这样做，正是因为他们当时需要的是别的东西。他们梦想着一场完全的革命。他们格外有力地向过去宣战了。他们以不合逻辑的想法——但他们好像自己根本就没有注意到自己的想法是不合逻辑的——，想越过最近的过去，以创造新的事物，想越过基督教的中世纪的过去，以直接地、完全地沉浸在更遥远的过去，沉浸在不信教的古代当中。

实际上，只有一种办法可以走出如此多的窘境。有一个人没有看错。笛卡尔说："法语是我的祖国的语言，拉丁语是我的诸位导师的语言。我之所以用法语写作，而不用拉丁语，那是因为，我希望那些只用纯粹的天然理性的人，比那些只相信古书的人能够更好地判断我的观点。"这是《方法论》(*Discours de la Méthode*)的最后一句话。传统的思想禁闭在拉丁语的枷锁当中，必然是贫乏的；而"纯粹的天然理性"使用的，是与其需要相适应的工具，所以能够产生革命性的结果。当然，我们不能用后者的丰富与前者的贫乏相对立。但是必须有人把这个工具锻造出来。而且如果只是到了 1600 年，哲学界才有了两个用法语来表达的重要的人物——迪瓦尔(Du Vair)和夏隆(Charron)——，这不是偶然的。真正的哲学家是后来才产生的，比如笛卡尔。从笛卡尔以后，法国就再没有用拉丁文写作的哲学家……

神学在当时已经注意到这个巨大的变化。因为福音书派的人，以及后来 16 世纪宗教改革派的人坚持要让每个信徒都有权利用自己的语言，用自己的"通俗法语"来阅读最为神圣的、最为根本的《圣经》，而不仅仅是用拉丁文——他们是如此顽强执着，有时候会使我们感到吃惊和奇怪。实际上，他们的执着表现了一种不自在的情绪。这些人隐隐觉得，在神圣的话语——他们想让这话语成为人终生的话语——和活着的人——他们想让这些人接受神圣的话语——之间，可能会有其他的障碍，不仅仅是已经死去的语言所造成的屏障，更加准确地说，是语言的屏障，在多少个世纪里，这种语言表达和承载的思想，与神圣的话语从深刻的意义上所宣讲的思想完全相反：那是迫害基督教的人才有的思想，是想把初生的基督教彻底窒息而死的人才有的思想。

2　两种思想

说完这一点之后，我们现在有了更多用来理解的手段，可以再回过头来看 16 世纪的哲学，摆脱那些略显简单的否定话语，并提出几个与此有关的明确的问题。

如果是明确的问题，那就不会是有多大奢望的问题。我们不说“文艺复兴时期的哲学”是什么，这样说，便相当于用简单的一句话来说明一个大问题，一个很大的大问题。我们要说的是：15 世纪末和 16 世纪初在西方“大量涌现”（这是布里依耶的原话）的哲学有什么共同点？即便是这样划定范围，即便是放弃一切“综合”的梦想，我们的问题仍然显得很大，好像没有什么意义。但既然问题已经提出，那就不要不认真分析便把它排除掉。看完这个问题，我们再看另一个同样是非同小可的问题。从实际的角度来看，这个问题提得很简单，虽然解决起来格外不容易。但这次是逻辑和理性上的复杂，而不是心理和感情上的复杂。那是一个关于真诚的大问题。

如果可能，我们将试图找出这些哲学的共同趋势，并提出它们的方向——我们前边已经说过，基督教对当时人们的生活，对这个基督教时代的人们有着持续的影响。但是当时出现的哲学是如何与基督教取得一致的呢？我们说的不是理论上的一致，而是实际上的一致。如果说在原则上，这些哲学并不是基督教的哲学，那么宣扬、宣传这些哲学的人，怎么能把哲学上的思辨与作为一个信徒对教会的顺从协调在一起的呢？要不要不讲道理地说，他们是通过虚伪将这两者协调在一起的，他们是在撒谎，他们表面上服从基督教，那只不过是怯懦，是谨慎和假装？

(1)希腊思想和基督徒的信仰之间的冲突

我们可以想见，一切想将“文艺复兴时期”的哲学进行综合研究的努力都是不容易的。有个研究哲学历史的历史学家，他叫雷翁·布朗谢，也许对他的研究来说，他死得太早。布朗谢 1920 年在《康帕内拉》(*Campanella*)中就已经写道(第 126 页)，如何用一句话来归结“一个过渡时期的思想呢？这种思想正在寻找其道路，还不能将以组织和平衡为特色的时代所特有的秩序以及和谐体现在其观念当中”。

但还是有人试图这样做了，而且不止一次。尤其是在对文艺复兴的表现自然而然地特别关注的意大利。比如从 1868 年开始对彭波那齐的研究，从 1872 年开始对泰勒齐奥的研究，两卷本的《历史研究》(*Studi Storici*)，对意大利文艺复兴时期的自然思想进行了分析——费奥朗蒂诺(Fiorentino)通过对整个中世纪各个方面的研究，注意到“一种具有一致性的努力，那就是要到另一个世界去寻找一切：个人之外的类和种；物质和形式的联系之外的物质和形式；事物之外的上帝。灵魂之外的理解力——还有生命之外的真正的品德"[①]。一句话,费奥朗蒂诺把中世纪定义成超验性的体制,而相反,他把文艺复兴定义成内在性的复归或者建立。在一幅广阔的画卷当中,他向我们展示了一系列的思想家,我们可以称这些人为中世纪的思想家,从古人普洛克鲁斯(Proclus)一直到奥卡姆(Ockam),这些人极力在为了精神而消除自然。然后,从15世纪开始,通过一种相反的运动,文艺复兴的思想家们出现了,他们宣称精神在自然的怀抱之中。

一架大机器,既真又假,正好比那些浊重而分析得并不透彻的概念一样:"中世纪","文艺复兴",以及,我们不说别的,只说"超验性"以及与之相对立的"内在性"这些概念。一般来说,这些概念的功劳至少是提出了问题,激励人们思考,要求人们对问题拿出答复,或者进行阐述。比如在意大利,吉奥瓦尼·让蒂勒(Giovanni Gentile)在一本关于泰勒齐奥的新的论文当中,在针对经院学派和哲学家们的关系提出的问题所做的一次整体性的研究当中,提出说,冲突其实并不是在"内在性"和"超验性"这些理性的存在之间发生的,而是在希腊哲学和整个基督教的观念之间。[②]

* * *

这是历史学家的观点,而且,既然是历史学家的观点,我们看

① 布里依耶,CDXXXVI,第741页。

② 费奥朗蒂诺,CCCLI,第143页。

了是不能无动于衷的。有一个事实，那就是“文艺复兴时期的人”——这是一个常用的词，可是用起来很方便——凡是在谈到哲学的时候，无不把古人，首先是希腊人，当作他们的哲学大师，而且言必称古希腊。所谓的古希腊人，我们通过罗马人对他们独到的体系所做的解释性的翻译可以看出，指的也就是卢克莱修接受并改编了的伊壁鸠鲁的物理学和心理学，西塞罗的优美对话以华丽的言辞所传达的学院派的折衷主义（*verba tantum affero, quibus abundo*（我如此传达词汇——这些是我大量掌握的）—*Fam.*，VIII，63），最后是塞涅卡普及的斯多葛派的道德，但他巧妙而人道地缓和了这一道德的严酷。除此之外，还有的人本来便渴望扩大视野，回归源泉，想从原文了解真正的柏拉图，真正的亚里士多德；这些人通过希腊文的原作直接领会了希腊古人的哲学。对于这些人来说，古希腊人的存在并不是一个突然的发现。无疑，我们用不着再说，经院哲学的系统里早就充斥了古希腊的思想，而且艾田·吉尔松揭示说，文艺复兴不是希腊思想对基督教教条的报复，而是在伊拉斯谟的思想及其《基督骑士手册》、《劝世文》（*Paraclesis*）的帮助之下，企图清理基督教。基督教被希腊人的各种哲学侵犯得太过分了：柏拉图的哲学，毕达哥拉斯的哲学，学院派的哲学和斯多葛派的哲学[①]……但是，伊拉斯谟的话恰恰证明人道主义者无畏追求的好奇心是多么广大。而且这些好奇心也超越了当时眼前的目标；因为这些人，法国16世纪这些刻苦的人——从他们不顾一切地进行研究的愿望，从他们自学成才的那种惊人的苦

① 吉尔松（Gilson），CCCLXXXVIII，第185页及其以后部分。

修精神，从他们战胜一切障碍、一切痛苦、一切匮乏的精神上来说，他们是刻苦的——，他们到《道德》(*Moraux*)[①]或者《九章集》(*Énnéades*)[②]，《工具论》(*Organon*)[③]或者《提迈欧》(*Timée*)[④]中去寻求的，不会是亚里士多德或者柏拉图，普鲁塔克或者爱比克泰德：他们在这些既清楚又难懂、既神秘又光彩的作品当中寻找的，是他们自己。是他们自己以及他们的生活的理由，在一个为他们、在他们面前、由他们而建设起来的世界上，他们相信和行动的理由。掌握古希腊的文化，不错，但目的是为了向前走得更远。我们不要责备他们把恩培多克勒(Empédocle)的综合当成自己的学说；他们接过这种认为万物均由四种元素组成的理论：水，气，土和火，还不算爱和恨，同时又在其中增加了四种基本对立的品质的观念：干和湿，冷和热，在多少个世纪期间，这种观念标志着质量战胜了数量。我们不要因此而责备他们，因为，近两千年来，人们在物理学和宇宙学，或者在化学上所援引的，都是这种思想。而在未来的两个世纪期间，这种思想将继续——一直到拉瓦锡(Lavoisier)——支配着化学，统治着医学。我们不要责备他们，但是我们应当看到，像哥白尼这样的寻求创新的人，也是向他们，向希腊人那里去寻求他的假设的最初萌芽，他的思考的出发点的。向前走得更远，对。但是首先要让古希腊人承载着自己，一直走到他们的宇宙的尽端头。

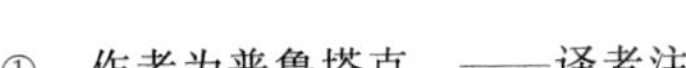

① 作者为普鲁塔克。——译者注

② 作者为普罗提诺。——译者注

③ 作者为亚里士多德。——译者注

④ 作者为柏拉图。——译者注

* * *

然而，“文艺复兴人”的古希腊哲学提出了一个很大的问题。也正是艾田·吉尔松提出的问题。艾田·吉尔松告诉我们说，伊拉斯谟看到自己周围都是希腊人，而很少有基督徒时，他感到难过了[①]，并对人们以亵渎的态度把亚里士多德和基督相比较而感到气愤。他的气愤还由于古希腊文化的精神败坏了基督教的智慧。圣保罗说，基督教的智慧说服了尘世的智慧，让世人免于疯狂。艾田·吉尔松提出的这个问题，吉奥瓦尼·让蒂勒在我们前边提到过的研究当中已经极力提出过。而且也论述过。

他写道[②]，希腊的哲学，就是“在自己之外看自己的思想（*il pensiero che si vede fuori di se*），并因此而通过现实的感性，把自己看成是自然，或者把自己看成是观念（Idée）。但是观念[对于希腊人来说]并不是正在思想的思想行为。这是一种事物，思想专注于此事物，而且把此事物当成是一切现实和知识本身的永恒的真理，永恒的理性，与事物的兴衰并行。不管是哪种假设，这种观念是一种现实，而这种现实就是它本身，与思想在认识它的时候和它保持的关系无关”。

吉奥瓦尼·让蒂勒指出说，这是一种可悲的观念，“是人的心灵对其自身在世界上的存在所能形成的观念当中最为痛苦的观

---

① 柏拉图，CCCLXXXVIII，第 188 页。

② 吉奥瓦尼·让蒂勒，CCCLXVIII，第 12 页。布朗谢翻译。

念”，因为，这个心灵是靠真理活着的，或者也可以说，心灵之所以活着，是因为它相信，它所思想和声称的东西是真实存在的。然而，在希腊的观念当中，真理，真正的真理，真正存在的真理，并不在人的心灵当中。它是在人之外，而人又像柏拉图的厄洛斯神话中所说的那样，有着巨大的愿望，想抓住，想拥抱其真正的本质，但是，这种本质摆脱了他的控制。这一本质对现实来说是陌生的，似乎因为那永恒的完善而使人无法企及。

于是作为结果，就有了科学，亚里士多德的逻辑学以奇妙的方式分析了这一科学的条件，这种科学不是我们的那种科学，不是人所取得的知识，不是积极的，旨在征服的智慧所锻造的认识和压迫的工具。不是在历史上反复形成的科学。那是一种产生于直接原则的科学，直接原则当中包含着相互完美地联系在一起的所有概念，这些概念的汇合形成了可以认识的事物。这是一种不会演变的科学，不会增长，也不会消退，而且会排斥历史。因为，从一开始一直到永远，它在绝对的完美当中是始终如一的。

然而，如果仔细看，我们便会发现，基督教揭穿了这样的观念。在让上帝降临人心，让人落在世上的同时，基督教让人恢复了其充分的价值。基督教将上帝置于世间万物之中，从而让世间万物也参与了神的本质。上帝本身也变成了人，也忍受人的所有痛苦，直到最后的死亡。爱已经不像在柏拉图的神话中一样，是贪婪地凝视着无法传达的东西，而是人的一种努力，是人不断地造就自己。爱所表示的，已经不是一个存在着的世界心醉神迷的欢乐，而是人正在反复造就的世界的勤奋之乐；这里说的人不是智慧和知识，而是爱和意愿；人创造了属于自己的真理，这真理与善混合为一，而且它远没有外在于我们，当我们用一颗纯洁的心，一种良好的愿望，真诚地、质朴地寻求它时，它就是我们的。这是一个巨大的变化。人已经不再是观众。人是行为者。人就在基督教的内部，人再一次回到了基督教的内部。

因此，是对立的吗？这是两种学说，或者也可以说是两种观念。而且互相之间并不协调。要在这两种学说当中做出选择吗？不，因为，这不是两种哲学，而是同一种哲学。面对这种哲学的，只有一种信仰。这种信仰揭示了一种并不一定以自然而然的方式，立刻就能纳入思辨的思想体系当中的真理。以至于有一种折衷是可以的。而且折衷也发生了。于是，与其从亚里士多德的逻辑中解放出来，基督教的思想在整个中世纪期间都被希腊人的观念所束缚。

基督教的思想本来首先应该参照的，是以人的面目出现的上帝，是圣子。然而事实上，它更喜欢参照的，是圣父。基督教的思想好像心甘情愿地一而再、再而三地落入亚里士多德形而上学的圈套，这个圈套将现实本身的原则维系在现实之外。而且，它徒然地想把深渊填满，可是深渊总是张着大口，变得越来越深，深渊的一边是运动之原因，而这原因并不是运动，另一边是从自身找不到足够理由的运动。一边是永不发生的变化之原则，另一边是从自身找不到其生成和腐败之原因的自然，总而言之一句话，一边是心灵，另一边是肉体，在心灵之中，一边是作为行为知性的可理解之心灵，另一边是自然的心灵，只是作为一种可能的感知能力、而其自身却又没有任何认知能力的心灵。

物质是一切之力量，而形式又是一切之现实；这两者之间分离了。生命和对生命的愿望分离了。不管是亚里士多德学派或者柏拉图学派，不管是唯名论还是唯实论，不管是阿维罗伊学派还是托马斯学派，中世纪的人们都在竭力设想现实，但是他们都被自己反反复复地提出问题的方式所迷惑，都没有达到目的，他们无法达到目的。对于所有这些人来说，这种分离都是一种无法解释的痛苦……老实说，所有这些人在不断地努力，却永远也达不到目的，这对他们是一种精神上的折磨。因此，在中世纪，一方面是神秘主义的倾向，神秘主义宣称上帝和真理存在于人的精神之中，但同时又否认科学和对科学进行阐述，作为科学的系统的知识；另一方面是理智主义(intellectualiste)哲学的倾向，这种倾向假设在精神之外还存在着一种现实，人的精神在寻求这一现实；这种哲学倾向竭尽心力地建设的东西不可能是真理，虽然从形式上是丰富的，但从实质上却是空洞的。虽然中世纪做出了极大的努力，却永远无法使这两种倾向协调起来。

(2)希腊哲学和基督教信仰之间的交流

这样一来，我们便可以很容易地说：文艺复兴的任务是很清楚的，也可以说是很方便的。那就是化解逻辑学、心理学和经院派的物理学，在人的心灵之中不仅树立被承认为时间之子的真理，还要树立人所获得的，并根据人而塑造出来的品德和完美。文艺复兴的任务是要宣布，是要申明自然和人道的绝对价值。当然，我们甚至可以补充说：文艺复兴很有魄力地承担起了这一任务。有魄力，但是也极其清醒吗？按照我们今天的精神来看呢？那就是另外的事了。

只要一涉及人，任何事都不简单……所以我们要当心不能简单化地看待问题。我们不要说，或者不要相信文艺复兴在基督教的对面树立了与基督教相对立的一种竞争的系统，好比一架战争的机器。这样说是歪曲历史。

不仅是因为——我们再回到我们自己提出讨论的说法上来看——不仅是因为那无异于认为当时的人可以毫无困难地，可以通过一种奇妙的奇迹，让他们的思想，他们的感受能力和愿望与基督教束缚着他们的千丝万缕的联系决裂，而且还因为更加严重的是，那就相当于把基督教及其与哲学的关系——我们这里不说是与古希腊哲学的关系，姑且说是与古希腊所产生的思想的关系吧——当成是一种极其基础的观念。那就相当于拒绝理解哲学和基督教之间从不间断的交流和相互借鉴。这种交流和借鉴将哲学和基督教联系在了一起，而人们却把它们看成是互相对立的两个方面。这就相当于看不到一些重大的综合，比如马尔西利奥·费奇诺(Marsile Ficin)或者皮克·德·拉米兰多拉(Pic de la Mirandole)所做的综合，我们认为这都是对古希腊文化的综合，是受亚里士多德或者柏拉图的启发而做的综合，但这些综合深受基督教的影响，而且，虽然在教会圣师的眼中，在正统的守卫者看来，这些综合常常是可疑的，但在希腊的文化特点当中却因福音书的精神灵感而充满了活力。那就尤其等于在中世纪思想的没落，在现代思想的初起阶段的这段历史当中，对柏拉图思想的复兴所起到的作用视而不见。这一作用并不合乎逻辑，但是在这些问题上，我们不需要逻辑，而拉伯雷正是这个时期柏拉图思想复兴的推动者和主角之一……

* * *

因为，的确——这是布里依耶的一种说法，让我们觉得与吉奥瓦尼·让蒂勒的思想相差不远——的确，“虽然有种种差异，尽管多种多样，但整个中世纪期间只有一种形象，或者也可以说只有一种系统，人们对宇宙的各种可能的想象都自然而然地归结成了这一种形象，都纳入了这一种系统”——而且布里依耶把这种模式命名为“神学中心主义”(Théocentrisme)，他是这样描写的：“源于上帝是原则，通过有限的存在而归于上帝是目的和终结”。他说[①]，这种说法可以适用于“最为正统的神学和最为异端的神秘学，因为自然的秩序和人的行为的秩序都以某种必然性，来置身于这一原则和这一目的之间”——，在文艺复兴时期很多哲学家思想当中都有这种向柏拉图的回归，这使我们前面所说的概念变得更加活跃，使得这种概念在他们心中变得更加坚固，那就是：“哲学的伟大任务，就是把事物和精神排列在作为原则的上帝和作为目的的上帝之间”。

新的要素和极其活跃的力量养育了他们的思想，而恰恰就在这时，他们的思想当中出现了这一概念。也正是在这时，为了继续他们作为奥卡姆信徒(occamistes)——他们从 14 世纪便坚决地开始研究以自在自为的方式所捕捉到的自然事实——，由探索和发现而产生的大量新的知识如潮水般涌现，于突然之间以强有力的方式扩大了“世界之镜”的古老观念，扩大了中世纪人的整个“世

① 布里依耶，CDXXXVI，第 741 页。

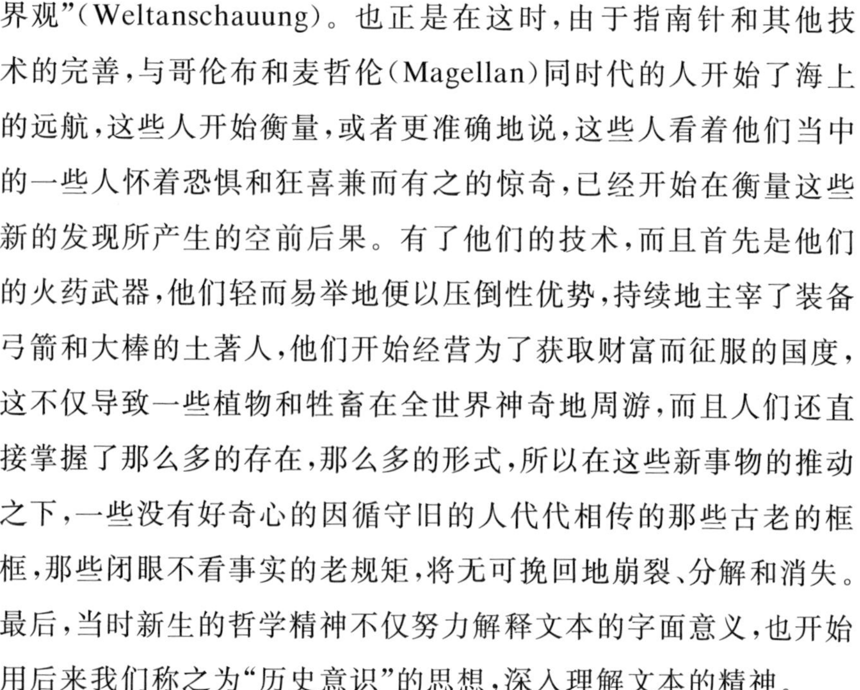

界观”(Weltanschauung)。也正是在这时，由于指南针和其他技术的完善，与哥伦布和麦哲伦(Magellan)同时代的人开始了海上的远航，这些人开始衡量，或者更准确地说，这些人看着他们当中的一些人怀着恐惧和狂喜兼而有之的惊奇，已经开始在衡量这些新的发现所产生的空前后果。有了他们的技术，而且首先是他们的火药武器，他们轻而易举地便以压倒性优势，持续地主宰了装备弓箭和大棒的土著人，他们开始经营为了获取财富而征服的国度，这不仅导致一些植物和牲畜在全世界神奇地周游，而且人们还直接掌握了那么多的存在，那么多的形式，所以在这些新事物的推动之下，一些没有好奇心的因循守旧的人代代相传的那些古老的框框，那些闭眼不看事实的老规矩，将无可挽回地崩裂、分解和消失。最后，当时新生的哲学精神不仅努力解释文本的字面意义，也开始用后来我们称之为“历史意识”的思想，深入理解文本的精神。

这是矛盾，或者更简单地说，是妥协。因为当时，任何人都没有从中看到矛盾的存在。那时，我们可以称之为“自然”的资料与古代的美文所形成的“人文”的资料正在融合。那时，人们开始觉得，技术不仅是可以用来挣饭吃的工具，而且也可以用来加工现实，捕捉并解释自然现象，以让自然现象服从于人的年轻的力量。那时，人们终于可以有效地开始，而且人们也切实地开始组织对自然的伟大调查，从而建立起与布里依耶所说的神学中心主义无关的一些系统。也正是在那时，在尽心竭力地进行调查的人之中，有那么几个热情极高的人，比如拉伯雷，仍然固执地以所谓古老的模式为基础，来组织他们的思想，那就是，上帝就是原则。上帝就是目的。而且，所有的事物和所有的精神，都在这一原则和这一目的之间仔仔细细地排列开来……

拉伯雷为什么会有这种特别的精神态度呢？为什么会有这种不合逻辑的做法呢？我们可以援引很多原因来说明这一点。其中一个原因就是，当时的哲学只不过是一些人的观点而已。一堆混乱的，矛盾而漂浮不定的观点。我们之所以说那些观点是漂浮不定的，是因为这些观点还缺乏一种稳定而坚实的基础。能确保这些观点稳固的基础就是科学。

第三章　不信教的基础是科学？

我们有时候嘲笑当时的科学。我们嘲弄这个人所说的麒麟角，嘲笑那个人的民间验方，认为当时的人无非是迷信、无知、轻信。有时候，我们又显得很恭敬，认为当时人们的英勇努力是了不起的，又与文艺复兴时期的古老神话站在一起了。我们这样摇摆不定是对的。

1　文艺复兴时期的古老神话

文艺复兴时期的古老神话仍然是有生命的，虽然受到很多的批评。首先是古人的时代和科学。古希腊人有过很多的发明，他们创造了欧几里得的几何，希波克拉底和盖仑的医学，托勒密的宇宙志和地理学，亚里士多德的物理学和博物学，这一系列的科学从希腊人传给了罗马人。然后便消失于深深的暗夜，中世纪的黑暗之夜。古代的宝藏迷失了，也许是失踪了。在多少个世纪的时间里，除了三段论式的论述和没有结果的推导之外，什么也没有。没有一种可以产生结果的学说，没有一种重要的技术发明。

一直到有一天，到了15世纪末，一场革命就要开始了。在这场革命中，人们意识到思想的贫乏，开始寻找失去的宝藏，一本本地找回迷失在阁楼里的图书。为了使用这宝藏，他们做出了极大的努力，开始学习真正的拉丁文，学习古典的希腊文，甚至也学希伯来文；希伯来文对于掌握科学知识来说是没有用的，但在解释《圣经》时必不可少。于是，人们陶醉了。当时的人文学者于突然之间得到了大量古代的精神食粮，便又开始活跃起来。刚刚出现的印刷术帮助了他们。他们刚刚得到的新的地图也帮助了他们，猛然开阔了他们的精神和物质视野。哥白尼发展了毕达哥拉斯的学说。开普勒又发展了哥白尼的学说。伽利略又发展了开普勒的理论。而安德列·维萨尔（André Vésale）以希波克拉底的传统为基础，又补充了新的实验成果……

这一切表面看起来是合乎逻辑的、简单的、具有内在联系的。可是我们已经不大相信这一切。[①] 对于古代的文化，“中世纪的人”并非一无所知，我们知道这一点，并因此而感到满足。多明我修会或者古老的本笃会的约翰兄弟或者马丁兄弟，在1280年的时候是不是早就知道古代某个文本残片的手抄本，这对我们来说并不重要。重要的是约翰兄弟或者马丁兄弟是如何解读这一残片的，是如何能够读到这一残片的。他们和我们一样吗？当然不一样。他们的基督教不会让他们只局限于提出自己的办法，以平息信徒们心中那些重大的形而上学的不安感。科学使当时的重要作品具有了活力，这些作品也从科学中得到了灵感，比如《世界之

① 见于《法国百科全书》，第十五卷的两篇文章，一篇是贝迪埃（J. Bédier）的《中世纪》（*Le Moyen-Age*，16—10—3），一篇是费弗尔（L. Febvre）的《文艺复兴》（*la Renaissance*，16—10—13）。

镜》、《世界的面貌》，等等；同时，科学完完全全地把人掌握在手中，一步不落地紧紧跟着他，追随着他的公共生活和他的私生活、他的宗教生活和他的世俗生活。科学用一些有内在联系的概念武装了人，让他认识自然、科学、历史、道德和生命。人正是通过这些概念来阅读、解释和掌握古代文本的，并没有想到从历史上来对这些文本进行分类，这些文本具有令人相当惊奇的偶然性，所以人们有时候理解的是这个而不是那个片断，是这份而不是那份文本的残片。

另外还有人文主义的革命……但是，准确地说，人文主义在文艺复兴时期对科学观念以及科学观念的更新起到了什么样的作用和影响呢？很多行家——我们在这里只举一个例子，那就是托恩迪克（Thorndike）①——，很多行家都认为这一作用等于零。或者几乎等于零。他们主张一种可能的论断，说人文主义和科学是分别发展起来的，互相之间没有直接的作用。一方面，人文主义是以文本和作者为养分的，而且仅仅以文本和作者为养分。人文主义者读大普林尼的书，也读小普林尼的作品，他们怀着崇拜的心情援引大普林尼和小普林尼，非常恭敬地提到叔叔的学识和侄子优美的文笔，在最著名的出版社争相一再出版的英国人巴戴勒米（Barthélemy）和撒克斯的阿尔贝（Albert de Saxe）之流的经院传统旁边，又创造了一种古典的传统，而且首先是亚里士多德学派的传统，这个传统没有更新自己，也没有更新任何东西。另一方面，是现实。是新发现，新发明，技术。随着这些而出现的人的品质和

① 托恩迪克（Thorndike），CDXXXIV。

思考，在后来变成了真正的学者的品质和思考。

然而，在书本知识和实际知识之间，很少有，或者几乎没有接触。地图绘制术是个例子，在地图集中，罗盘地图（les portulans）——从 13 世纪到 16 世纪的航海杰作——所提供的详细和准确的海岸线图，和托勒密以坐标网络为基础绘制的学者地图之间，是风马牛不相及的。这个例子应当对当时的人是一种激励吗？其实没有。或者几乎没有。当人们在一本讲 15 世纪航海术的书中[①]，出乎意料地看到在世纪之初，有人曾企图将理论和实践结合起来，而且更加令人惊奇的是，书中提到有人成功地将理论和实践结合在了一起的时候，人们只是感到惊奇，只是佩服。在 1525 年和 1526 年，威尼斯的参议院讨论什么类型的船能够摧毁海盗船时，有个很有实践经验的老师傅，马蒂奥·布莱桑（Matteo Bressan），提出了一种圆形的船。但是，在圣马克的城市担当希腊雄辩术公共朗读官的维克多·福斯图斯（Victor Faustus），人文学者，熟知古希腊数学和亚里士多德的机械学的维克多·福斯图斯，大胆涉足实践领域，向参议院提出一艘五列桨船的学者图纸。奇迹是，在竞赛当中，五列桨船竟然战胜手艺工人造的船，得了奖。我们可以想到，这件事激起了人文学者们的极大热情，大家激情满怀地赞美新的阿基米德。

这差不多是唯一的例子，一直到有一天，维特鲁威（Vitruve）开始指示泥瓦匠们怎么干活，而这些泥瓦匠也一下子变成了“建筑

① 拉纳（Lane），DLIV。亦请参见费弗尔，《经济和社会历史年鉴》（*A.H.E.S.*），第七卷，1935 年，第 80 页。

师”。罗贝尔·艾思田把这个词收进他的词典里，使这一演变过程最终得以完成。① 维克多·福斯图斯的五列桨船受威尼斯海员们青睐的时间并不长，可是这不要紧：一种传统建立了起来。后来，威尼斯的参议院再次提出问题时，那就不是提给手工匠人了，而是提给作为学者的数学教授了。这个教授名叫伽利略（Galileo Galilei）。

* * *

时代不同了。在等待新时代姗姗到来的时候，没有任何变化发生。勇敢的发现者，大胆的海员早就多次穿越赤道（1472 年到 1473 年）；博学的医生阿尔贝蒂·卡拉拉（Alberti de Carrara）死于 1490 年，从 1483 年到 1490 年间，他在《论世界的形成》（*De Constitutione Mundi*）中，始终教育人们说，在赤道上有一个荒无一物的区域，而且是没有办法住人的，可以说，过了这个区域，就是完全由水覆盖的南半球。无所不知的阿莱桑多·阿希利尼（Alessandro Achillini）也是这样说的。阿莱桑多·阿希利尼死于 1512 年；他严肃地与人讨论赤道地区是否有人住的问题，而且在引述了古人和中世纪人——亚里士多德，阿维塞纳，阿巴诺的皮埃特罗（Pietro d'Abano）——的语录，根本没有参照葡萄牙探险家所得

① 在此之前，勒梅尔·德·贝尔日（Lemaire de Belges）于 1510 年用过这个词，约弗鲁瓦·托利（Geoffroy Tory）于 1529 年用过。拉伯雷在《庞大固埃》中用上了这个词。弗朗索瓦一世于 1541 年赏赐给塞尔利奥（Serlio）建筑师的称号。参见费弗尔，《社会历史年鉴》（*A.H.S.*），1941 年，第 51 页。

到的成果，便冷静地得出了结论。还有，雅克·西尼奥(Jacques Signot)1539年在阿兰·洛特里昂(Alain Lotrian)出版社出版了《世界的描述》(*Description du Monde*)。这本书于1540年、1545年、1547年在巴黎和里昂再版，在1572年和1599年都有重印；这本书里没有提到美洲。1539年，有人翻译出版了一本博埃姆斯(J. Boemus)的书，《世界三大洲故事杂记》(*Recueil de diverses histoires des trois parties du monde*)：题目说的就是"三大洲"。在这本多次重印的故事集当中，根本就没有美洲的影子。关于赤道地区的问题，到了1548年，龚塔利尼死后才出版的《元素论》(*De elementis*)问世后，才根据经验得到解决……

办公室里的地理学家和宇宙志学家落后于风吹日晒之下的地理学家和宇宙志学家。但是同样，迪昂(Duhem)的确指出，在当时一个还很不明确的词——物理学——所指的领域，人文学者实际上落后于巴黎的经院派学者。经院派的学者，比如让·布里丹(Jean Buridan)，撒克斯的阿尔贝等等，以丰富的原则为基础，创立了动力学研究。这是因为，人文学者仍然言必称亚里士多德。他们只满足于亚里士多德的物理学，在法国，勒费弗尔·戴达普勒及其同伙就是这样。如果需要支持(支持是必需的)，他们便引用库萨的尼古拉(Nicolas de Cues)的形而上学。后来，在遇到同样的需要时，梅兰希通的弟子们便援引《圣经》文本，把混乱的时代又向后延长了一段时间。

尽管如此，事实俱在。今天，我们已经不大说中世纪的黑暗，我们说得越来越少(而且这种情况已经有一段时间了)。文艺复兴也说得少了。胜利的弓箭作为文艺复兴的象征，永远地驱散了黑暗。之所以这样，是因为常识占了上风，实际上我们已经不再相信过去人们说的“完全的空白”：人的好奇心是空白，观察精神是空白，而且发明也可以说是空白。因为我们认为，说到底，那时有过那么多伟大的建筑家，他们设计和建造了我们现在可以看到的罗马大教堂，克鲁尼大教堂（Cluny），维兹莱大教堂（Vézelay），圣斯兰大教堂（Saint-Serain），等等，还有哥特式的大教堂，巴黎的、夏特来的、亚眠的、兰斯的、布尔日的；还有伟大的男爵们如铜墙铁壁般的要塞，库西（Coucy）、皮埃尔丰（Pierrefonds）、盖拉得城堡（Château-Gaillard）；修造这样的建筑会用到很多几何问题、机械问题、运输问题、吊装问题、搬运问题，完成这些工作需要，而且也提供了多少成功的经验，需要记下多少失败的教训啊！对这样的时代，全盘地，毫无鉴别地否认它的观察精神和创造精神，那是多么可笑啊。如果我们细细想想，我们会发现，在西方的文明当中，有人发明了，或者是从古人那里接过来，或者采用和设立了从马的胸部套车，钉马蹄铁，马镫，纽扣，水磨，风磨，刨子，滑轮，指南针，火药，纸，印刷术，等等这些东西①。这些人称得上是有发明精神和人道主义精神的人。

2　印刷术及其效果：道听途说

因此，当有人对我们说：“文艺复兴时期再次出现了观察的精神”时，我们可以回答说：不，观察的精神用不着再次出现，人们用

① 参见 DLIII，第 634 页，以及一般来说，所有有关技术的专号。

不着回归所谓的观察精神。这种精神从来就没有消失过。也许只不过是采取了新的形式，而且十分肯定的是，这时候，这种精神以理性为工具了。这是因为，要想建立起大规模的整体，比如理论、体系，等等，首先必须有材料。要有很多很多的材料。中世纪从来不曾有过这些材料。

古代人辛辛苦苦积累起来的东西，中世纪好像都给丢失了。有一些手稿倒是保留了一星半点，而且这些手稿也只是少数人知道。一百里之外，也许还有一份手稿，可是当时的人没有办法把分散在各地的材料汇集成册，编辑在一起，进行比较，除非有人冒险出门去旅行，而且即使冒险也未必会有收获。

这时候，出现了印刷术。一些零零散散的古代知识可以同时出现在各地了。于是，印刷术开始起作用。通过印刷术，知识得到了汇集、摘录、传播。从 1449 年开始，阿尔德・玛努斯（Alde Manuce）在威尼斯发行了一本古代天文学家的基础文集（*Astronomici Veteres*），汇集了希腊和拉丁天文学家的一些文章。从 1495 年到 1498 年，同一家阿尔德・玛努斯出版社以对开本的形式，印行了五本亚里士多德的希腊文文章，第三卷是《动物志》（*De historia animalium*），第四卷是戴奥弗拉斯特（Théophraste）的《植物志》（*Historia plantarum*），以及《疑难问题》（*Problemata*）和《机械论》（*Mechanica*）。1475 年，托勒密的《宇宙志》（*Cosmographie*）就已经出版了不带插图的版本，后来在罗马，1478 年又出版了带有非常好看的铜版插图的版本。在巴塞尔，艾尔瓦吉奥斯（Hervagius）1533 年出版了欧几里得的《几何原本》（*Éléments*）第一个版本，1544 年又出版了阿基米德（Archimède）的第一本作品。盖仑的作品1525年以五卷本的小对开本形式，在阿尔德·玛努斯出版社用希腊文面世，1526年，阿尔德·玛努斯出版社又用希腊文出版了希波克拉底的第一本作品。阿维塞纳的书在此前就已经出版过(1473年，1476年，1481年)，普林尼1469年在威尼斯的约翰·德·斯皮尔(Jean de Spire)出版了作品(后来又于1470年、1473年、1476年、1479年等等多次出版)。就这样，几何学，机械学，宇宙志，地理学，物理学，自然历史和古人的医学，便成为人人触手可及的知识。人们有了学习的工具。人们能够以稳固的知识为基础进行研究了。从此，人们可以解释、补充、评论古代大师们的思想。或者更准确地说，若不是当时的人们对古人是如此之崇拜，他们本来是可以解释、补充、评论的。

修改、补充、改编的工作开始了。苏黎世的吉斯纳(Gessner)怀着狂热却又冷静的激情，开始调查所有他看到有记载的动物。这是一项巨大的工作，没有什么回报，也有点天真，因为他把真实的动物和神话传说中的动物统统放在一起。他整整写了对开本的四大本，于16世纪中叶(1551年)在苏黎世出版。和他同时代的人怀着同样的激情调查了植物。1530年，在斯特拉斯堡出版了最古老的插图本植物志：奥托·布兰费尔斯(Otto Brunfels)的令人赞叹的《百草图谱集注》(*Herbarum Icones ad naturae imitationem effigiatae*)。

后来，1547年在巴塞尔又出版了列奥纳德·福奇斯(Léonard Fuchs)的《植物志》(*Historia Stirpium*)。此后不久，博学的隆迪毕利斯(Rondibilis)的《鱼》问世——隆迪毕利斯又名隆德莱(Rondelet)——，当然先是出版了拉丁文版本(1554年)，后来又出了法文版本(1558年),都有极美的木刻版画插图。几乎在同时(1555年),芒斯的皮埃尔·贝隆(Pierre Belon)也发表了他的《鱼》(*Poissons*)与《鸟》(*Oiseaux*),对每种鱼和鸟都有“描写和仿真画的天真图画”。出版的图书囊括了整个有生命的大自然。乔治·阿格里科拉(Georges Agricola)又补充了无生命的自然:矿物。1546年,他的《矿石的性质》(*De Ortu*),《坤舆格致》(*Causis Subterraneorum*)在巴塞尔出版。1555年,对开本的《金属冶炼》(*De Re Metallica*)也在巴塞尔出版。博学之士们现在可以整日整夜地工作了。他们知道,现在,他们的辛苦工作不会是徒劳的。印刷术可以让他们的劳作在全世界开花结果。拉伯雷也勇敢地进入了这些积累知识者的行列。拉伯雷在罗马很想调查所有的遗址,所有古代的遗存物,在《卡冈都亚》和《庞大固埃》中颂扬科学,赞美了人的无尽的知识。

拉伯雷在《卡冈都亚》和《庞大固埃》中是这样做的。但是,1564年,庞大固埃的《第五卷》出版了。我们也许永远不知道这本书是在怎样的构思基础之上写出来的。在这本《第五卷》的第三十章,有一个令人吃惊的“道听途说”的比喻。“道听途说”是一个弯腰驼背、又瞎又瘫的小老头。头上和身上到处都是耳朵;他长了七个舌头,这七个舌头在大嘴里一齐动着。他身上所有的耳朵都在听,他所有的舌头都在说,四周贪婪的听众呆呆地听着,不鉴别,不检查,不审核,不批评,对杂七杂八的知识一概收览,而且还拿着很多图书和杂志。“都是道听途说来的”这句话反复出现,像是莫里哀喜剧中反复出现的台词,也很有拉伯雷的特色。是十分勉强的讽刺吗?不。是恰如其分的讽刺。因为当时的人之所以是在编纂，首先是编纂，而且几乎仅仅只是在编纂，那是因为，为了了解世界的秘密，为了逼迫大自然后退，他们手中一无所有：既没有武器，没有工具，也没有一张总的平面图。他们只有热切的愿望，而且仅仅是愿望。

3　工具和科学语言的缺乏

关于物质的工具，我们今天最常用、最熟悉，而且也是最为简单的一些工具，当时的人没有。要想观察，他们只有自己的两只眼睛，在需要的时候，最多可以利用望远镜，而且当时的望远镜也是十分初级的。光学和对镜片的知识都还不能给人帮上什么忙。当时还没有放大的镜片，不管是玻璃的，还是水晶的，不能让人看到像天体那么遥远的东西，也不能帮助人看到昆虫和病菌那么小的东西。只是快到 17 世纪的时候，荷兰人发明了天文望远镜，伽利略才得以观察星体，发现月球上的山，看到越来越多的星星，看到昴星团（Pléiade）不是由七颗星组成的，而是三十六颗。这时，人们才可以观看土星的光环，或者木星的几个月亮。但是同样，只是到了 17 世纪，同样是在荷兰，德尔夫特的列文虎克（Leuwenhoeck de Delft）才用放大镜，后来又用初级的显微镜对组织的内部结构进行了最初的研究，向愕然的博物学家们揭示了纤毛虫令人吃惊的繁殖过程。只是，观察是观察了，用什么来进行衡量呢？当时既没有清楚和明确的术语分类，也没有使准确性得到保证的、大家都愿意接受的标准，各个城市之间、各个村庄之间都有不同的测量系统，系统繁杂，相互之间没有联系。不管是长度、重量，还是体积。

温度的记录也是不可能的，因为当时还没有温度计。温度计是很久之后才诞生的。

当时的科学由于没有工具，也就没有自己的语言。[①] 无疑，希腊的天才在息灭之前还创造了代数学。但那只是计算用的代数，只是为了确保计算方便的学问。然而，只是从次要的角度上看，这样的代数学才是一种用来解决问题的机械的方法。只能从次要的角度上才是对符号的一种计算。只有到出现了数学的时候，代数才有了明确的定义，才纯粹从关系上来考虑问题，除了关系的符号之外，没有别的依托，算法变成了逻辑，比辩证学家的逻辑更加精确、更加丰富、更加深刻。可是在拉伯雷时代，这种代数还没有出现。到了 16 世纪结束的时候，随着弗朗索瓦・韦达（François Viète）的《分析方法入门》（*Isagoge*）出版，这种代数才问世。韦达是普瓦提埃人，出生于冯特奈勒龚特，拉伯雷也在这里的修道院中待过很长时间。然而，韦达以一种艺术，一系列实用的规则，一些数学业余爱好者的办法所创造的，其实并不是一种真正的科学——真正科学的代数学是由意大利人塔尔达格利亚（Tartaglia）、卡尔丹（Cardan）、费拉里（Ferrari）、蓬贝利（Bombelli）这些人创造的——，韦达当时只是创造了一种与科学有关的语言，使科学的进步必然导致语言的进步。而且语言的进步也会导致科学的

① 对下文的论述请参见康托（Cantor），CDXXIV，第二卷，1200—1668（尤其是关于计数装置的第五十三章，关于帕西奥拉（Paciola）的第五十七章，关于舒凯（Chuquet）和勒费弗尔（Lefèvre）的第五十八章，关于韦达（Viète）的第六十八章）。亦请参见巴尔（Ball），CDXXXIII，I，xi 和 xii 以及库尔诺（Cournot），CDXLII，第一卷第三章和第二卷第一章。

进步。

无疑，我们只要打开卢卡·帕乔利（Luca Paciolo）1494 年 11 月在威尼斯出版的《算术·几何·比与比例概要》（*Summa de Arithmetica, Geometria, Proporzioni e Proporzionalita*）——第一本大众化的数学论文——，就会发现一些代数的概念，代数，*Algebra*（代数学），*Almucabala*（炼金术），*Arte Maggiore*（大术），这些概念都是作为算法和几何当中必然的计算模式提出来的。但是，那是多么奇怪的代数啊，当时连数学符号（+，-）也没有，数学符号是用字母代替的；x 和 y 的用法多么方便啊；一些概念也很实用：x，x^2，x^3，x^4 都是用词来表达的，*cosa* 表示未知数，用 *censo* 来解释一个未知数上升为平方。[①] 韦达的贡献是用字母来表示已知数量和未知数量，同时也采用一种实用的办法表示乘方。同时，帕西奥罗用简单的方法教人们解二次方程，甚至解一些更高层次的方程。但是他不知道三次方程的一般解法。一些伟大的意大利人经过先后努力，才提出三次方程的解法，其中包括塔尔达格利亚（Tartaglia）和卡尔丹（Cardan）。

当时没有代数语言，甚至连方便的、有规律和现代的算法语言也没有，我们现在称之为的阿拉伯数字（其实是印度的），来自西班牙或者西欧蛮族的高巴尔（Gobar）数字都还远没有普遍地使用，虽然意大利人从 13 世纪和 14 世纪就知道了这些数字。虽然这些方便的记数符号在宗教日历，星相和医生的年鉴当中很快普及开

① 这些词简写成 *co*（cosa），*ce*（censo）和 *cu*（cubo）。雷吉奥蒙达努斯（Regiomontanus，1436—1476）把未知数称为 *res*，把未知数的平方称之为 *census*。解题时如果说“*per artenm rei et census*”是指用二次方程解题。

来，但在日常生活当中受到罗马数字的强烈抵制；或者更准确地说是人们称之为的“金融数字”，是对小写的罗马数字略加修改而成的。这些数字按类别分为组，用点分开：十或者二十，上面有两个 X，百位上面有一个 C，千位上面加一个 M。从整体上对任何十分初级的运算都很不方便。

因此，当时的人不能用笔进行计算。今天我们觉得十分方便、十分简单的运算，对于 16 世纪的人来说，还是难于上青天，计算还只是数学精英们的事。我们不要笑，要知道，巴斯卡（Pascal）在 1645 年，也就是在《庞大固埃》出版一个多世纪之后，在把他的计算机献给塞吉耶大臣（chancelier Séguier）时，还强调了用笔进行计算的极端困难。在计算时不仅要时时“记下或者借用一些必要的和数”，所以会出现很多的错误（他还补充说，正是由于这些错误[①]，阿拉伯人才想象出了用 9 来验证）。但是另外，运算时又要求计算的人“付出极大的注意力，过不了多长时间，就会觉得筋疲力尽”。事实上，在拉伯雷的时代，人们首先，而几乎完全是用棋盘（所以在英国，“棋盘”是财政大臣的另一个名称）和筹码来计算的；在法国旧体制之下，不管好坏，这种办法都在用，一直到渐渐没落。[②]

另外，这些人用心算比用笔算得更好吗？我永远记得一个可

① 杜塞（Doucet），《1523 年的金融状况》（*L'État des Finances de 1523*）第 12 页：“计算错误是常见的；加法的结果无误倒是例外情况。差距经常很大，有时会超过 100.000 里弗。”

② 关于用棋盘和筹码计算，除了康托（Cantor）的说法之外，另可参见杜蓬（Dupont），CDXXXI。算术，甚至基本的代数的整个发展，是和会计的发展联系在一起的。关于这一点，请参见德·鲁佛（de Roover），CDXXVI。

笑的故事，说的是审计法庭一个庭长秘书的事。夜里突然有一群人要他开门："如果你不开，我们这儿共有五十个人，每个人将打你一百棍子。"秘书马上惊恐万状地回答说："好家伙！要打我五千棍子！"讲故事的人佩服得五体投地地说："真是佩服这个人的精明，也只有审计庭庭长的秘书，才算得这么快！"100×50，这在当时要计算起来已经难得不得了了。

更何况笔算的技术和方法还远没有统一。加减法是从左到右算的。我们现在的做法到了1600年前后才开始部分地使用起来。非常权威的帕西奥罗（Paciolo）在自己的书中为读者提出三种可以选择的做减法的方法、八种做乘法的方法，每一种方法都有一种或几种名称。这些方法都非常难，以至于人们想方设法地找到一些机械的办法，让新学的人便于掌握。比如17世纪初有名的纳皮尔小棍法（baguettes de Neper）。除法在所有的计算当中，是最令人头痛的。各种方法互相竞争，都说自己是最好的方法，而我们今天的除法在当时还远不是最时兴的。

方法还没有固定，符号也不够用。1489年约翰·维德门（Jean Widman）和艾吉（Eger）的商业算术当中就有了加号（+）和减号（-），但当时是作为缩略符号使用的，而不是运算符号。1484年，巴黎人尼克·舒凯在里昂为商人工作，在《算术三编》（*Triparty*）当中还用p表示"加"，用m表示"减"。[①] 实际上，韦达是我们所知道的第一个以固定的方式，从1591年开始使用这些符号的

---

① 关于舒凯（Chuquet），详见杜蓬（Dupont），CDXXXI，第318页；以及马尔（Marre），布尔（Bull），蓬龚巴尼（Boncompagni），XIII，585（《算术三编》（*Triparty*）的抄本）。

人，并将这种用法渐渐推广开来。罗贝尔·雷考德（Robert Recorde）1557 年在一篇论文当中引入了等号“=”，但这篇论文在很长时间里只是手稿，等号“=”到了 17 世纪才变成了常用符号。乌格特雷德（Oughtred）1631 年开始使用乘号“×”，可是当时这并不是占主导地位的符号。莱布尼茨还用“⌒”表示乘号。除号“:”产生于 1631 年。到了 1614 年，耐普才发明了对数符号。而所有这一切，与拉伯雷同时代的人是一无所知的。

我们不要笑他们，并且说：难道真的需要拥有这些符号才能够正确地思考吗？当然，并没有什么神圣的权利来规定用一个正十字符号表示“加”，斜十字表示“乘”。也可以约定反过来表示。但是，如果没有这些符号，那就不可能有正确的算法和代数。没有这些符号的人，因此也就是生活在数学还十分初级的环境中的人，他的理性与生活在当今习惯了严格的数学思维、准确的计算模式、证明严谨的社会上的人就会不一样，哪怕当今社会的人是个无知的人，不会，也不懂得解什么方程或者各种难题。

“我们的整个现代生活都好像浸透了数学。人的日常行为和建设都带有数学的痕迹，甚至我们的艺术欣赏的愉悦，我们的道德生活都受到数学的影响。”对保罗·蒙戴尔（Paul Montel）所注意到的这一点，任何一个 16 世纪的人都不会同意的。我们对此不会感到奇怪，但是 16 世纪的人是根本不会相信的（而且也可以不相信）。

4　漂浮的时间，静止的时间

让我们用这些想法来思考时间。当时人们还常常满足于以农民的方式来评价时间，靠看太阳来估计一天到了什么时候；夜里，或者在夜要结束的时候，靠听鸡鸣来知道是不是该起床了。1564年，洛桑的宗教改革家维莱（Viret）用生花的妙笔歌颂公鸡，[①]出去打仗的军警总是不忘带着公鸡："夜里好给他们当钟表"。

那是因为，真正的钟表是很少的：大部分都用于公益。而且能够自豪地装备得起一座真正的钟表的城市是少之又少，一般的钟也不打点，能打点的钟那就更是神奇之物，比如查理五世于1370年订购并安装在王宫钟楼上的那座元老钟，直到今天，沿河街的名字仍然保持着这座钟的名字。钟表的结构结实、简单，二十四小时期间要上好几次弦。从弗鲁瓦萨（Froissard）和他喜爱的那座钟，我们得知，从14世纪开始，城市的档案中记载了很多"钟"的事，很多钟所使用的润滑油脂，铁丝，木材和绳子，钟锤，齿轮，那是因为：

一座钟不能自己走，也不能自己动，
如果没有人看守和照管，
如果没有看钟人勤奋地
管理它，拉起钟锤，让它发挥作用，

---

① 《阐述基督教》（*Exposition Chrestienne*），第二卷，日内瓦，Rivery，1564，对开本，《对话第九》，第179页。

让它好好运转，那怎么行……[1]

不用说，这些钟是不报时的。只是每次当时针到整点时，固定在动轮上的销子便将一个连杆释放开来，操动一个钟锤，敲打一下，值班的听见响声，便拿起一个大锤子，是几点，便在警钟楼的钟上敲几下。但是一个小时里面的分钟是没有办法报告的。而且在很多情况之下，小时也只是通过漏壶或者沙漏测量个大概，夜里值班的人要自己记着翻转漏壶或者沙漏，在钟楼上按照漏器的指示，高声喊叫着告诉人们，街上值更的再重复着喊给人们听。至于个人，在庞大固埃时代，有多少人能够有个"报时表"呢？除了国王和亲王之外，有表的人非常少。这种称之为"钟表"的东西，不是沙子推动的，而是水动的，能够拥有的人非常自豪，觉得自己享有特权。约瑟夫·斯卡利吉(Joseph Scaliger)在第二本《斯卡利吉文集》中，以夸张的言辞赞美过(Scaligerana：horologia sunt valde recentia et praeclarum inventum)(时钟是一项新的杰出发明)这种东西。[2]

总起来说，农民社会的习惯是不知道准确的时间也没有关系，听听钟楼敲的钟也就行了(假设钟楼的钟声报时是准确的)，其他的就看庄稼，看牲畜，听某种鸟的叫，或者某种鸟的飞来确定时日。在诺曼底的贵族吉尔·德·顾贝维尔(Gilles de Gouberville)的日记的记载当中，最常见的是"大约在太阳升起来的时候"，或者

① 参见弗兰克林，DLV。

② "水钟，也就是水动钟表，我见过一台……使用的时间短一些，但是可靠性更好，因为沙子有时候会堆积起来，或者会受潮……细碎的珐琅比沙子好……"斯卡利吉，CCLXIX，第五"钟表"。

“大约日落时分”[①]。但他也很奇怪地以他称之为“维特高克”(vitecoq)的鸟的习惯为参照，大概就是现在我们说的“山鹬”。他说：“我到来的时候，正是维特高克飞走的时候”(1554 年 11 月 28 日)；1557—1558 年 1 月 5 日，在晚祷之后，教区的师傅们开始“叫喊着打趣”结过婚的男人，一直到“维特高克飞走的时候”[②]。然而，顾贝维尔是有一座钟的，1563 年 1 月他把这件极其稀罕的东西送到迪高维尔(Digoville)一个军械师那里修理。他很得意地记下时间，但他在记下的时间前面总是放一个“大约”：他们“大约天亮前一小时”回来了。或者“我们看他们做玻璃，大约半个小时”——这已经是精确得不得了的了。

因此，想象的事、大概其的事、不准确的事是普遍存在的。很多人甚至不知道自己究竟多大年龄。这个时期的很多历史人物都有三四个出生日期，有的时候两个出生日期之间可以相差好几年。伊拉斯谟是什么时候出生的？他自己也不知道，只知道他是在圣西门日和圣朱德日前一天出生的。勒费弗尔·戴达普勒是哪一年出生的？人们试图根据一些十分模糊的标志进行推断。拉伯雷是哪年出生的呢？他自己也不知道。路德是哪年出生的？我们说不清楚。月份，人们一般是知道的，但是，一年里的月份也规定得不是特别清楚。因为春分慢慢从 3 月 21 日退到了 3 月 11 日。家里的人，父母还记得起来。孩子是在收饲草的时候，收小麦的时候，或者收葡萄的时候来到世上的；当时在下雪，或者麦子在抽穗，“当

① 参见 XXXVIII。“大约在太阳升起后一小时”第 28 页，1553 年 8 月。“当我们到达时，太阳几乎要落了……”第 34 页，1553 年 9 月，如此等等。

② XXXVIII，第 139、398 页。1562 年 1 月 4 日，顾贝维尔送给朋友“一对维特高克”(第 857 页)，当钟表使，请参见 XXXIX。

麦子开始冒芽，……麦秆开始长高的时候”；这种与农活有关的精确性，也是加尔文很熟悉的。[①] 于是家庭的传统便固定了下来；弗朗索瓦出生于11月27日，让娜出生于1月12日：给孩子去行洗礼的时候天气真冷！常常还知道孩子出生的时间了，至少是大致的时间，正如顾贝维尔老爷说的那样，“大约”是什么时候。孩子出生的时候，母亲是忘不了的；而年份是个抽象的概念，往往超出了一般人所关心的范围。要想看看合乎规定的出生证，那要去找那些大人物——或者是医生和有学问的人家的孩子，去找那些用星相占卜的人，有关这些人出生的情况，那会非常详细：不仅知道是哪年、哪天、哪个时刻出生的，还知道是哪年、哪天、哪个时刻受孕的；如果不知道，那就是星相术士没有告诉。这是纳瓦尔的玛格丽特通过母亲和祖母认识的博朗托姆（Brantôme）告诉我们的[②]：公主出生于“1492年4月10日晚上10点，宝瓶座十度，土星与金星分开四分之一时于昂古莱姆城堡——受孕于1491年7月11日上午10点17分”。多么详细！卡尔丹对自己出生的情况，知道得也没有这么多。他只知道年、日、时，但是时间可以有一刻钟的误差。[③]

① DXVIII，第二十七卷，第371页。很奇怪的倒退。在讲究科学精确性的世纪，在测量地球的经度线，发明并确定严格的米制的世纪，我们再次通过法布尔·戴格朗迪纳（Fabre d’Églantine）优雅的文笔，看到“量化的”日历，以及用红花绿草表示的月份：花月，牧月，穑月。而且每旬的十天都有了一个村味十足的名称：葡萄，番红花，栗子，马或者水仙……

② 博朗托姆，CXXII，《贵夫人传记》（*Vie des Dames Illustres*）。

③ 卡尔丹，CCCXXII，第4页。小时下面的分钟规定不明确。各种系统说法不一，拉班·莫尔说是4点，10分，15部，40动，60闪，22560原。利特里词典引述13世纪的一篇文章说是4点，40动，480昂斯，5640分（“分”词条中的第五义项）。约翰·米卡埃尔·阿尔贝说是4点，10分，40刻，22560原（1450，CDXXXIV，II，221。关于“分”，参见CDXXVIII，IV第52页及其以后部分）。

除这些之外，一般大众根本不考虑那么精确。托马斯·普拉戴尔(Thomas Platter)在《回忆录》(*Mémoires*)中说，“我生活中每个事件的确切时期，都是不能准确确定的。”尽管如此，他还是给我们讲了他母亲的父亲的动人故事，母亲的父亲活了126岁，到了一百多岁，还娶了一个30岁的大姑娘，还生了个儿子：但是，这个孩子的出生日期，我们当然是不知道的……[①]对于瓦莱(Valais)的一个山民来说，要那么精确有什么用？我们是要严格地遵守时间，所以事事准确：民事的时间，宗教的时间，学校的时间，军事的时间，工厂的时间，铁路的时间，如此等等，最终搞得每个人都不得不有一块手表；但当时的人们还没有被逼到这个份上。我们要想到，在1867年举办万国博览会的时候，法国还只有不到四百万块手表，全世界也就有两千五百万块。不多，但是也不少了，因为需要战胜多少抵制，多少反抗的本能啊。德廉美的神甫，约翰兄弟庄严地宣告说：“我绝不会受制于时间：时间是为人服务的，人不能为时间服务。”(《卡冈都亚》第四十一章)但是相隔一百年，弗朗西翁·德·索莱尔(Francion de Sorel)在描写去利西耶中学(Collège de Lisieux)上学的情景时说：“我不得不在规定时间，一听到钟声便去参加圣事，吃饭，上课，所有的事都是由钟声严格决定的。”

实际上，16世纪，在人们经历的时间和测量得出的时间之间，存在着一场漫长的冲突；在这场冲突当中，人们经历的时间占着上风。在《卡冈都亚》第二十三章：“在巴诺克拉忒的教导下，卡冈都亚不虚掷一刻光阴”……不虚掷一刻光阴，新时间的可怕理想！善

---

① XLIII。

良的查理五世要幸福得多；有人给他点着一根分为二十四个部分的蜡烛，并时时有人来告诉他，“蜡烛已经烧到哪里了”……

编年学，这是一个很难的抽象规则。就是我们，我们能自夸说我们是完全地、严格地遵守这一规则的吗？当我们想到过去，然后再将我们的回忆与日历进行对照，我们会发现有很多地方不一致！这是显而易见的，我们是按照自己的心情重新塑造了过去——使各个年份互相冲突，常常把前后相差很远的一些事件组合成我们喜欢的一些有联系的整体。我们这些今天的人没有表就没法生活，而我们的表又是按照天文时间仔细调节的。那么在16世纪呢？有多少人仍然是真正用天文历衡量时间，调节时间的呢？即使是在宗教的事务中。事实上，人们以为当时的农民在衡量时间，把时间分成段的时候，除了群体生活的一些重要的、能在人心中引起极大的情感或者激情的事件之外，还有其他的测量和标记办法吗？

我们要想到，即使在今天，时间的概念很容易变得混乱，虽然我们有那么多衡量时间的严格的标志点。在孩子心目当中，时间的概念是慢慢才建立起来的，生病的人很容易丧失掉这种概念。我们花了十二代人的时间，而我们现在正处在漂浮时间的时期。之后，之前，这两种概念在没有文化的人心中并不是严格地互相排斥的。人死了，可是死去的人仍然可以活着，仍然可以回到活人之间。空间的概念不也是一样的吗？在拉伯雷时期，人们很容易认为一个人可以同时在一个空间的两个地方，占两个位置，当时的空间概念还不是特别明确，每个事物还不是只能在每个可以标志的时刻，确切地占有一个固定的唯一的位置？

在此基础之上，我们就不应当对当时的人缺乏历史意识感到吃惊。我们只举一个例子，当时的人们从来没有提出过世界的年龄有多大的问题；从世界的创造到基督出生之间，相距4004年，这个数字从来没有引起过任何争论；[①]最后，在画家的画中，围困耶利哥（Jéricho）的人画成穿着马利涅（Marignan）军警的服装，或者让各各他（Golgotha）的人物穿上划破了的紧身短礼服，他们看了并不觉得尴尬。人类的大倒退，大规模地向后运动，以渐渐重新占领出发时的战壕，以征服人类所称之为的进步。这场伟大的运动当时还没有开始，这场运动现在仍然在我们眼前进行，每天都在取得战绩。可对于当时的很多人来说，历史甚至与神话混合在一起。在人们并不严格地称之为“从前”，或者“以前”，或者“很久之前”的不明确的过去，很多人都可以毫无困难地认为有一些神话人物和一些可以说是被“神话化”了的历史人物混在一起，你中有我，我中有你，这让现在的我们觉得愤慨，可是当时的人们并不觉得这有什么妨碍。在很多方面都是这样，涉及整个生活和一个时代人们所有的行为……

还需要最后一个标志吗？对时间的测量并不是很严格，人们并不想留住时间，计算时间，准确地思考时间，人们怎么会把时间作为一种精确的食粮，要贮存，要顾惜，要节省呢？事实上，16世纪和15世纪一样，在建筑工程上是最浪费时间的世纪。在这个世纪修建的教堂、城堡和宫殿里，建筑师们安排了非常复杂的装饰物，石头的绠带、点饰，这些都花费了漫长的时日，需要多少个月、

① 阿特金森（Atkinson），CCCLXXXII，第270、416页。

多少年才能够建成。当时的火焰式建筑和勃艮弟式的雕刻旅行箱，以及当时裁成细条、小块，然后再缝起来的衣服，甚至当时吃的菜在烹制的时候，都极其耗费时间，这些东西都像是一个个的保险柜，当时的人们把一沓沓不生息的时间金钱放在里面。[①] 这与我们今天光秃秃的房子相差太远了，我们的墙到处都是赤裸裸的，没有墙裙，没有雕刻，用三个星期的时间就可以高高地矗立起来。一座摩天大楼三个月就高耸入云，而圣雅克塔楼以及上面那些垂花饰和华盖却在多少年的时间里，一层层地修建，一天天一年年变得越来越复杂，雕琢得越来越细致。

我们需要花很多时间，还要做很多研究，我们需要很多研究的工具，才能完全了解这个世纪的思想条件，我们需要的工具没有人向我们提供，而我们想了解的这个世纪是我们以为近在咫尺的，但是从思想习惯和社会结构来看，已经那么遥远！但是，现在我们所了解的已经够多的了，可以毫不冒失地认为，在这样的条件之下，当时人们的思想不可能真正地有说服力，他们的科学也不可能真正地具有限制力。

① 德尼奥(Deniau)告诉我们说，路易十一世(1476 年)下令在里昂皮埃尔·西兹城堡(château de Pierre Scize)关押尼莫男爵(duc de Nemours)的笼子，不算里面的花费最多的铁器，共花费了 139 个木工师傅和工人的工时日。详见克莱恩克劳斯(Kleinclausz)，《里昂的历史》(*Histoire de Lyon*)，第 348 页。亦请参见阿道尔夫·鲁斯(Adolf Loos)刊载在《今日书简》(*Cahiers d'Aujourd'hui*)上的《装饰与罪恶》(*Ornement et crime*)，卷一，1921-13，第 247 页及其以后部分：这在当时是怪事，今天看来是不言而喻的。

5　假设与现实：世界的体系

当时的哲学也就是一些人的观点，持有某种观点的人在信徒或者是批评者心目当中价值几何，那他的观点便价值多少。不用通过事实进行检验，不用通过现实的检验，在互相竞争的两种观点A与B当中进行有效的选择，因为两种观点都可以支持。那当时的科学呢？当时的科学也同样是一些人的观点。

我们只举一个例子，但这是一个重要的例子。天体的一般运动是一个人们讨论了几千年的问题，而与拉伯雷同时代的人所面对的便有好几种不同的理论。为了说得简单些，不至于涉及没完没了的细节，我们可以说，当时的人可以拥护托勒密（Ptolémée）或者阿威罗伊（Averroès）的强硬派的宇宙论——这里有《天文学大成》（*Almageste*）及其用来解释太阳和行星运动的巧妙的几何建构，复杂的等圆轨迹离心圆——也可以选择拥护阿尔·毕特鲁吉（Al Bitrogi）的理论；阿尔·毕特鲁吉与阿威罗伊是同时代的人，也与阿威罗伊一样，反对托勒密把问题复杂化：他和亚里士多德一样认为，九个同心圆的球体，九个球面层，准确地一个套一个，围绕地球的中心转动。而且它们的运动形式是一致的，因为希腊的形而上学家们假设是这样。通过观察发现，某些星球有时候离地球近，有时候离地球远。这还不算阿拉伯学派的那些人。

在阿拉伯人的现实主义和希腊人的想象之间，我们应该做何选择，我们应当如何选择？我们会天真地说：选择符合真理的。16世纪的人绝大部分人会回答说，选择是不是符合真理的，或者说得更谦虚一些，是不是看起来像是真的事物，在这里并不重要。对天文学家提出的问题，迪昂在 1908 年一篇杰出的回忆录当中已经很好地提了出来[①]。这是个数学问题。他认为是要“挽救现象”。很久之前，辛普利舒斯（Simplicius）在评论亚里士多德四卷本的《论天》（*De Cœlo*）时写道：整个问题，其实就是柏拉图已经向数学家提出过的问题，就是他所说的“我们应当如何假设运动是圆周形的，一致的，而且是完全有规律，以能够‘挽救表面现象’”。他们如何表现现实——那是另外的问题。当然，虽然能够提出几种令人满意的、都能够“挽救表面现象”的假设，显而易见的是，只有其中的一种是真的，也就是说，只有其中的一种与事物的深刻本质是一致的。但是，这种一致性对于天文学家来说又有什么要紧呢？这是与物理学家有关的。要由物理学家，只能由物理学家在提出假设之后，确定哪种假设“是最适当的”，别人对现象的挽救都只能是偶然性的……

我们不要对这样的态度感到吃惊。因为说到底，我们刚才说过，那些几何天文学家所宣称的数学假设的作用和价值，与我们现代的科学是相符的。伯特兰·罗素（Bertrand Russell）说，“数学是唯一我们不知道自己在说什么，也不知道我们所说的东西对不对的科学。”当时的人们已经隐约感觉到贝尔特朗·鲁塞尔这句风趣话是有根据的。当然，16 世纪的学者还不能像哈达玛尔（Hadamard）在《法国百科全书》的数学“导论”[②]中一样阐述这个

① CDXXVII.

② 《法国百科全书》，第一卷，1-52-2。

主题。但是他们的态度是合乎理性的，而且另外，现实的问题提出之后，当时的物理学家也不能以有效的理由在假设当中进行选择，也就是说，根据我们的评价，他们不能根据观察和实验的理由进行选择。

事实上，与拉伯雷同时代的人在涉及这样的问题时，会不知所措。因为，托勒密无疑用离心圆和同心圆很好地挽救了表面现象。用他提出的复杂而又有学问的系统，可以进行计算，因此也就可以进行预测。阿拉伯人也做得很好，但是因为阿拉伯人没有推导出可以用来进行计算和预测的数据表和观测记录，所以他们申明的东西是否有效，是有疑问的。所以人们不得不以物理学家的身份进行讨论。而与庞大固埃同时代的人，那些心中有着深刻的现实主义需求，坚定地拥护他们以为是亚里士多德的物理学，这些人选择的是阿拉伯人的理论，比如帕多瓦的阿威罗伊学派的人。其他的人都停留在困惑当中，对托勒密感到十分佩服，同时又觉得他们的物理学与这些建构是有抵触的，感到两相牵扯。但是抵触的程度又没有达到使他们最终不能赞成《天文学大成》(*Almageste*)的宇宙论的地步。

6　哥白尼的观点

在这本书中，我们可以到此为止。因为，通过自己的天才使这些理论出现新的面目的人，对这个世纪中叶之前一般的思想运动没有产生任何影响。但是，从科学“冒险”中提出的教训却是我们不能不要的。

哥白尼是第一个证明运动的地球绕着不动的太阳转的人。也就是把地球从王位上拉了下来的人。在这样做的同时，他又确保了"真理的胜利"。——就算是吧。但是，我们听听他是怎么说的。在他的书的最前边，有一封他写给教皇保罗三世的信。哥白尼用一句话说明了他的出发点：在阿威罗伊学派和托勒密学派之间，他该如何选择？他选择了与两派都保持距离，提出一种新的假设。在物理学家看来，这种新的假设也许是"不可能"的。但是在几何学家心目当中，没有什么假设是不可能的，只要提出这种假设，并以此为基础，能够挽救天上的表面现象，并能够进行严格的计算。

这种假设，哥白尼谦虚地保证说，是向古人那里借用来的。事实上，古人把这种假设传给了各种毕达哥拉斯学派的人，但是在他们心目当中，这种假设令人感到愤慨，所以在这些大胆的人之后，再没有人提起过：那就是太阳是不动的，运动着的地球绕着太阳转。哥白尼对教皇说："这种观点看起来是荒唐的。但是我知道人们给予我的前人以自由，让他们想象出一些虚拟的圆形，以挽救天上的表面现象。因此我想，是不是也给我同样的便利，让我也试一试，也试试看，看能不能让地球以某种运动的形式出现，以在天体轨道旋转的问题上，找到一些比我的前人更站得住脚的证明。"的确，这一假设因所有的表面现象而得到证实，"所有的现象都得到了解释"。人们最终的判断是：这种假设是可以接受的。

因此，哥白尼是以天文几何学家的身份在讲话。但是在内心里，他又补充了一个意思。也就是，这种假设在1515年之前便在他心中形成，并在这个时期具体体现在一篇手写的《天体运行注解》(*Commentariolus*)当中。后来,在1523年到1532年间,他再次进行了思考,在1540年到1541年《天体运行论》(*De revolutionibus*)发表之前,又最后修改了一次。这个假设是经过36年勤奋研究、思考、计算、观察的结果,是“真实的”假设,因为这个假设比以前的假设可以更好地说明人们所观察到的现象,而且,比以前的假设更简单。因此,哥白尼是站在注重现实的人一边的。阿贝尔·雷(Abel Rey)不无道理地说,哥白尼在意大利待了九年,花在医学上的时间比数学多,这与他作为一个医生的精神状态是有关的,医生们从14世纪以来便很有实验的精神,虽然很初级,但已经是很注重行动的[①]。而且,哥白尼只是点到为止的态度,他的弟子拉埃梯库斯(Rhaeticus)从1540年开始便明确地表达了出来。拉埃梯库斯解释说,他的老师想的不仅仅是更好地解释表面现象。事实上,他建立了一种新的物理学,就是亚里士多德本人在世,也会加入到这一阵营里来的………[②]

哥白尼是这样想的,拉埃梯库斯是这样说的。但他们两个人都是坚信而已。因为当时并没有证明。不仅仅没有证明,连建立证明的手段都没有。因此,《天体运行论》一发表,很多十分佩服这一学说的人,仍然表示说,他们并不一定确实相信地球是运动的,而太阳是静止的。但在他们心目当中,哥白尼的天才仍然伟大,虽然他的假设只不过是一种奇妙的想象出来的东西,是一种解释表面现象的无可比拟的方式。正是由于这一点,神学家,首先是梅兰

① 阿贝尔·雷,CDLX,第453页。“所有伟大的先驱,所有文艺复兴时期最早的学者都是医生”,等等。

② CCCXXIV.

希通，才呼吁年轻人要保持谨慎。梅兰希通 1549 年在物理课讲稿——《物理学入门》(*Initia doctrinae physicae*)——中说，"那些头脑敏锐的科学家愿意讨论一些能够表现他们的神思妙想的问题，但是年轻人要知道，这些学者并不想确认这些东西。"

虽然谨慎，但梅兰希通仍然向哥白尼的月球轨道理论表示了敬意。这种谨慎也导致天文学家莱茵荷尔德(Reinhold)在 1551 年拒绝以新的星历表《普鲁士星表》(*Prutenicae tabulae*)支持新的体系；这个新的星历表是他算出来的，对新理论的传播起到了很大的作用。但是对于这些人以及当时很多其他的人来说，解释现象是一回事，理解现实的真理是另一回事。可是除此之外，他们又能如何思考呢？

他们不可能走在时间的前边。他们不可能弥补天体物理学和月下物质物理学之间的鸿沟；天体物理学是亚里士多德以来根据简单物质，对天体和天球进行的研究建立起来的，简单的物质分为四种元素，这些元素既不会生成也不会腐败；而月下物质不是永恒的，受生成和腐败的规律所制约。当然，在一些先驱者的思想当中，这两种物理学之间的区别几乎是没有的。库萨的尼古拉(Cusan)、达芬奇已经大胆地将地球视同于行星。这仍然是人们的一些观点，纯粹而简单的观点而已。要真正取得进步，必须有实验的、决定性的证明。必须通过观察，明确地、无可争议地建立起行星和地球在形成上的相似之处。然而当时还没有望远镜。对天体运动的机械解释不得不变得更加复杂，哥白尼的圆形轨道变成了椭圆形，柏拉图古老的同一形式的运动概念，不得不让位给另一种速度的概念，也就是根据一个行星离太阳的距离，行星的运动速度成反比例变化。所有这一切，都是开普勒的贡献。后来发现了太阳黑子，伽利略才驳斥了亚里士多德学派所说的天是永恒的学说。伽利略亲眼看到月亮上的山，才填平了天上的世界和月下的世界之间的深渊。总而言之一句话，两种在那么长时间里有所分别的物理学合二为一了。[①]

当两种物理学合二为一的时候……我们不要想象对于所有人来说，一切都会变得清楚明白——我说的是对于所有科学家和哲学家。有个叫康帕内拉的人，却迟迟不肯赞成新的体系。但是，当伽利略让他转变了看法，当伽利略让他在 1632 年 8 月 5 日心悦诚服地说，他的发现是一个新时代的起点——是他的《新世纪的原则》(*principio di secolo novo*)[②]——但从 1604 年到 1611 年，他并没有因此而放弃他的理论，他仍然说，太阳是爱的中心，正在快速赶向作为恨的中心的地球，以消耗自己的爱，他认为太阳赶向地球的速度是可以确定的。我们觉得好笑。可康帕内拉并不觉得好笑，他周围的人也不觉得好笑。他并不要求科学成为科学，而是要求科学证实他对于人的命运的看法，他对于世界末日的预言，证实他关于大灾难和至福千年的梦想。

① 库尔诺远在杜海姆之前便已经简短地、很好地说过(CDXLII, I, 110)，"……从其他的方面来看，我们可以说哥白尼和迪肖(Tycho)只是改进，并没有创新，因为对于他们和他们的前人来说，天文学没有别的目的，就是要研究天体运动的几何理论，是对一种几何假设的阐述，或者是用一种几何假设代替另一种，但并没有接触到天体力学，产生天体运动的力学理论，对此，只是做了一些并不科学的猜测。因此，人们也就并不能提供假设是真是伪的决定性的证据。"写于 1868 年，发表于 1872 年。

② 布朗谢(Blanchet)，CCCXX，第 241 页：康帕内拉面对新的天文学的态度。

7　世界的体系，是确信还是恐惧？

我们不要低估了这些事实的价值。不管 16 世纪的人是否“关注”这类的天文学和宇宙学问题，这里所涉及的，是其他的事，而不是某种特别的科学的进步。有谁为了社会的健康成长和良好运转，为了社会内部的信念和社会的平衡，也为了社会的活跃，而准确地衡量过这个社会的世界体系从多大程度上在人们心目当中是稳固而可靠地以不变的基石为基础的呢？

拉普拉斯的体系给予三代人以某种信念，某种安全感，某种着实令人感到吃惊的道德上的稳定性。货币体制在一个多世纪的时间里保持了固定不变，这是不正常的。他使这种不变的货币体制成了可靠、稳定的道德气候的主要动因之一，因素之一。但那种可靠是虚假的，那种稳定也是虚假的。当时的欧洲便沉湎在这种虚假的温婉气氛中，一直到从血腥的杀戮中醒来。这是拉普拉斯的体系。可是与拉伯雷同时代的人连哥白尼的体系也没有。不仅因为我们知道《天体运行论》的发表日期，我们知道他向贪婪的读者们允诺的所有新的作品问世传播的日期，而且也因为，当同时代的人能够得到这些综合了一生的研究努力的天才结果时，他们对此的审慎态度是很能够说明问题的。这本书到了 23 年之后，也就是 1566 年，才需要再版；到了 17 世纪初，才在荷兰连续出了两个版本，1617 年和 1640 年。

好心的普拉达尔从前有点天真地对如此平庸的影响感到吃惊。他本来可以认为，最近三四十年以来，物理学在我们眼下所发

生的如此彻底，如此深刻的变化，还没产生任何影响——更加准确地说，是没有在我们同时代人的思想体系上产生任何有意识的回响。而且布莱蒙神甫(abbé Bremond)会告诉他，需要时间，需要一个世纪的时间，贝鲁尔的祈祷室才以天文学为榜样，在信仰领域也实行了一场迟来的“哥白尼式的革命”，《法国宗教感情的文字历史》(*Histoire littéraire du sentiment religieux en France*)[①]对此有过非常天才的描述。

在此之前，在16世纪的30年代，我们的捷诺图斯大师(Maître Janotus)坐在那里坚守对上帝有利的标准，坚定地确信太阳是围着他转的，而且晚上的天空是一个布满星星的穹顶，划定了世界的范围。他和伏尔泰一样，与无限的自然相比，他能够更好地设想有限的自然。谁会因此而责怪他呢？好听的论断总是好听的。如果在读学位的时候在班里是第一名，选择一个论断，以证明它可以批驳另一个同样可以证明的论断，这总是很有意思的事。事情不会向更深里发展，也不可能向更深里发展。要向更深里发展，必须等实验的方法问世。不仅要有关于方法的话语，也必须有方法的实施。当时并不是这样。当时还不是批判精神的时代。当时仍然是轻信的时代。也是恐惧的时代。

因为恐惧是无知的女儿，恐惧仍然包围着那些不信神的人的心。“大约是夜里十一点钟，当天气晴朗，天空无云时，在要塞最高的塔楼上，天上是那么红，像燃着了大火一样，让我们感到非常恐怖。”这是《日本意见》(*Avis du Japon*)中耶稣会的神父们的感觉，

① 布莱蒙，CDLXXXVI，第三卷第25页及其以后部分。

是弗洛埃斯(Froës),罗吉耶(Rogier),卡布拉尔(Cabral),等等人的感觉。而且不是在1520年或者1530年,而是在1587年。有人会说,嗨,也就是耶稣会的神父们会这样……但是不仅仅是他们,大家都是这样,整个人民都这样,所有的文学当中都是这么说的:"勃艮第的弗朗什孔泰地区圣阿莫城上空出现了各种神奇的形状和人形",这是里昂利高(B. Rigaud)1575年出版的书中说的事。"对勃艮第的弗朗什孔泰地区圣阿莫城附近奥贝班城堡上空出现的可怕的流星,以及从前看到的神奇景象所作的简单描述",是英贝尔·德·毕利(Himbert de Billy)说的,他是利奥奈的夏利耶当地人,外号叫布洛克朗(Blockland)的著名的高乃依·德·蒙弗德(Corneille de Montford)的弟子。在里昂,利高在1577年出版的书中说:"1577年11月12日有可能出现彗星,这颗彗星今天在里昂和其他地方仍然可以看得到。"在里昂弗朗索瓦·迪迪耶(François Didier)出版的书中也有"关于看到彗星及其预兆的讲话",等等。我们可以继续列举。在四到五年的时间里,在法国这个小小的角落,就有二十到三十个罕见的小册子:征兆,异象和神奇的迹象,对披头散发的星星或者长胡子的星星的描绘,对"天空出现巨大而可怕的火"的说法,或者"勃艮第弗朗什孔泰夏戴尔夏隆上空出现两支军队的异象"(1590年)。这一切都是星相学家和著名的占星术士们说的,他们以学者的面目出现,一些相信他们的道术的领主花大价钱养着他们,可他们和领主一样怕得发抖:这让我们看到了一个已经消失了的世界,这个世界极其恐惧,这个世界极其轻信,而轻信是建立在对权威的天真崇拜的基础之上的,道听

途说的事具有不可动摇的信誉。[①] 但是为什么会有这些罕见的文本呢？

拉伯雷在第四卷第二十七章里说："我一想到英勇博学的德·朗惹骑士的伟大神勇的灵魂，一想到我们在他归天之前几天所看到的情形，在他死前的五六天所看到的骇人奇事，还是浑身颤抖，还是心不由己地抖个不停。"面对这些"骇人的奇事"，这些"不合乎自然规律的征兆"，吉约姆（Guillaume）的医生迪·贝莱为我们描写了濒临死亡的人如何惊愕，他"家里的人"，他所有的亲戚、朋友和仆人都被吓呆了，都面面相觑。所有的人都被吓得弯下腰——名声卓著、仁慈和勇敢的灵魂"出壳和死亡"之前几天，人们"在天上看到彗星"时感到的莫大恐惧……

这是拉伯雷。但龙沙在做了噩梦之后，在《戴蒙的颂歌》(130)中也说：

> 巨大的恐惧向我们心中袭来，
> 毛发倒竖，额上的汗珠

① 我们不要以为17世纪就没有恐惧。布希耶（Bouhier）在1676年写道："对日蚀月蚀的恐惧使普天之下的人们惊惶失措，很少有例外的。有的人被吓死了，还有的人被吓得躲在告解座的下面。"雅盖（Jacquet），《勃艮第的文学生活》（*La vie littéraire en Bourgogne*），第42页。拜尔（Bayle）的《关于彗星的书简》（*Les Lettres sur la Comète*，1680）推荐了如何克服这些恐惧的办法。多莱（Dolet）在1539年的《生日与天象》（*Genethliacum*）当中有一篇非常好的文章证明说，16世纪时，这些恐惧并不绝对是普遍的（His notis securus ages, nec territus ullo—portento, credes generare cuneta sagacis—naturae vi praestante, imperioque stupendo）（如果你知道这个，你将远离恐惧，也不会为任何预兆所恐吓，你相信任何事物都产生于智慧天性的卓越力量——压倒一切的力量）。

一滴滴一直滴到脚跟。

如果是在床上，我们连手也不敢抬，

在被子里连动也不敢动……

这只不过是可怕的幻想，裹尸布里的死人，河里淹死的人，咬人的熊，吃人的狮子，杀人的强盗：一系列荒唐的恐惧，但都能吓得人肝胆俱裂。

这些恐惧也有传记。一系列的恐惧。我们读读托马斯·普拉戴尔的回忆录就会知道。人们怕神灵，老太太们不断地讲述神灵的故事。人们怕夜里闹鬼。人们怕在一道光线中跳荡的灰尘，怕得要死：那是不是专门用牙齿咬下孩子脑袋的那些怪物之一种啊？人们总是怕，到处都怕。读年鉴就是一种恐惧的来源。16 世纪的"宣传"已经注意到这一点。我们再读一读蒙田的作品（第一卷，第十一章）：他讲到萨吕斯侯爵在看到历书中的预测之后，被吓坏了，甚至改变了自己的党派，离开国王，转而拥护皇帝。但是皇帝也不干净，也花钱，花很多钱，做出不祥的预测，宣示法国国王要垮台。圣德的蒙田得出结论说："我见到有人研究并收集预测未来的年历，并以过去的事来说明这些预测是多么准确。说得多了，那些话当中必然有真有假。"但这是圣人蒙田说的。

8　16 世纪的怀疑

我们细细分析了马尔盖尼版本的作品，耐心地数出当时最为独立的人之一，安布鲁瓦斯·帕雷在作品当中有 2274 处以别人的文本为根据，引述了301种各种不同权威，最主要的权威盖仑被引述了543次，排在第二位的是希波克拉底，被引述了426次。然而，帕雷写道："虽然知识是重要的，但条件是经验中要有灵魂。"但是他也荒唐地论述过猫的毒液。[①]

可怜的人们在互相矛盾的忧虑当中不知所措。他们被逼无奈，不得不像祈祷神龛一样，祈求在我们看来简直就是常识的东西。比如约翰·德·勒里（Jean de Léry）说到他见过的一个轮船驾驶员[②]："虽然大字不识一个"，却"有着多年使用海图、星盘和天象观测棒（bâtons de Jacob）的经验，对航海的技艺了熟于心，让一个在理论上总是很有一套的很有学问的人物哑口无言"。说到这儿，约翰·德·勒里仍然是恭恭敬敬的，并没有谴责"从书上，在学校里获得的、学会的科学"。他只是简单地、谦逊地要求人们，他并不针对某个人的意见而言，"永远不要以任何理由反对某种具体事物的经验"。

这是1578年的事。远在拉伯雷之后。当时（相差不会超过两年）一个普通的工匠，也一样没有读过什么书，"对拉丁文根本就是一窍不通"，却在《关于水和泉的性质的令人赞佩的论述》（*Discours admirable de la Nature des eaux et fontaines*，1580）之后的各种论文当中，让两个永恒的对头，让理论和实践进行了对话，[③]

---

① 肖萨德（Chaussade），CCCXL，第37页。

② 阿特金森，CCCXXXII，第38页到39页。

③ 帕利西（Palissy），CCCXXXVII，第二卷，"前言"，第6页和第7页。《关于石头的令人赞佩的论述》（*Discours admirable des pierres*）第160页到161页（关于卡尔丹），第186页（硬石论）。

而且奋起反对“在书斋里凭想象的理论杜撰出来的科学”，或者“毫无实践的人凭着想象从一些书中抄来的”科学，反对那种“理论产生了实践”的有害学说。

他甚至大胆地反对像卡尔丹这样的博学之士，“著名的医生，在托莱特呼风唤雨，写过好几本拉丁文书的人物”；但是，有的人会说：“一个人，如果没有读过哲学家们写的拉丁文的书，他怎么可能有知识，怎么能谈论自然的作用呢?”他不得不为自己辩解，让这些人“闭口”。

帕利西从前言开始，就这样表现出豪放的气概，表现出天不怕地不怕的气势。而且这也是正当的，虽然他很快便达到了极限，他有的，也就是一般的常识，只是常识，他没有别的知识的帮助。他的论断是：“如果没有大量的水，石头便不能是硬的。而且一般情况下，最硬的石头出现在寒冷而多雨的国家。”证据：比利牛斯山有一种很好看的大理石，这地方流水潺潺，天气寒冷，多雨水；迪南(Dinant)也是这样的地方，也是默兹河流经的“寒冷而多雨的地方”；最后一个证据：我们知道，在布里斯果的弗里堡(Fribourg-en-Brisgau)，“几乎永远被雪所覆盖的山上出产十分漂亮的水晶”。所以这个地方的女人头发都是红棕色的……

有的说法是确定无疑的，有的说法是不确定的……现在，我们不要认为——我们这样说是为了结束对当时道德气候的描写——，我们不要想象，当16世纪的人们明确意识到自己不确定的时候(当然不会总是这样的)，他们会受到严重的影响，或者会深受触动。萨瓦的副本常神甫以极好的口才抱怨了怀疑对人的折磨。“对于我们很想了解的事，如果有所怀疑，那对于人的精神来说是一种太过于强烈的折磨。人不可能长时间地保持在这样的状态之中。他会不由自主地以种种方式获得确定的心态——人宁肯相信错误的东西,也不愿意什么都不相信。”在这一点上,我们所有的人都有点像这个副本堂神甫的儿子。16世纪的人跟他不是一个世袭的。我说的是那些喜欢怀疑的人。但是,并不是所有的人都不喜欢,远远不是……

比如我们那些神学大师,大部分都是很教条、很死板的人,长期以来,形成他们的思想定式的,一方面是建立在一致性原则和矛盾原则之上的逻辑,另一方面则是建立在排除第三项的原则之上的逻辑;因此,他们的思想方法本身就导致他们在一切争论当中,自发地采取断然的立场。他们只会提出非此即彼的选择:或者这样,或者那样……我们知道,或者说,我们不知道。我们不说:人们说的对,或者错;这些真理和错误的问题——哥白尼已经向我们证实了这一点——比看起来要复杂得多,而且我们一会儿还会再回来谈到这一点。让我们更简单地说:在论证当中,没有中间项,在相互矛盾的两个项当中,一个必然是对的,另一个也必然是错的。人们习惯了这种决斗。而且还习惯了变换角色,以同样的轻松自如和同样的信念,一会儿肯定某一论证的人,一会儿又否定这一论证的人。这些心肠硬如铁石的斗士,虽然他们并不总是在心里承认,但是最终他们更喜欢的(而且是从很大的程度上更喜欢的),是那种像路德一样强暴、猛烈的对手,他们把这样的对手看成是自己人中的一员,对手当然是变成了一个不忠的人,但究竟还算得上是自己人;他们不会喜欢花言巧语、变化多端、态度闪烁的伊拉斯谟。伊拉斯谟让人无法捉摸,像条鳗鱼一样,这是惹他们愤怒的主要原

因。卡瓦加尔(Carvajal)在1528年为了反对伊拉斯谟而写的《僧侣等级辩》(*Apologie pour les Ordres monastiques*)[①]当中说,“路德直言快语,能引得他愤怒起来。而伊拉斯谟则埋伏在阴影里。一个像狮子一样暴烈,什么人都不怕。另一个像蛇一样狡猾,总是把自己隐藏起来,以更加准确地喷出毒液。”卡瓦加尔没有再补充说(但他心里是这么想的):“以对话作掩护,对话是可恶的,是只有魔鬼才使用的文体。”

两种方法的冲突:一方面是古老的推论的教条方法,另一方面是辩证的方法,一种是谈话的、讨论的艺术,在柏拉图的《对话录》中运用得如此纯熟、如此生气勃勃、如此彬彬有礼——时而是简短的一问一答,时而是双方等你说完我再反驳的长长的独白。这种对话以另外一种形式在萨莫萨特(Samosate)嘲讽和风趣的散文中再次得到了体现,伊拉斯谟正是从这里发现了这种形式,在拉伯雷之前受到了这种形式的启发。拉伯雷将希腊的对话如此完美、如此独特和活跃地改编在了自己的小说里;他的小说是最具有法国特色的两三本小说之一。神学家们对此恨之入骨,气得暴跳如雷,他们红着眼睛看到的,不是教务学校里学了满脑子的三段论,脑满肠肥的笨家伙,而是一个身手敏捷的标枪手,穿着世俗之人的紧身短上衣,激情满怀,红彤彤的脸膛,矫健的身躯,在他们面前逃脱,跳跃,嬉笑,知道如何在客气地打个招呼,以嘲讽的意味笑笑之后抽身而退,他们时时遇到这个标枪手,却永远抓不住他。

有喜欢常规和传统击剑的人:两个人面对面,站在击剑台的两

① 第34页和35页。

端，手里拿着旗鼓相当的武器；也有的人喜欢三人拼搏，四人拼搏，多人打斗，混战，用各种武器搏斗；有的人冷静而传统，也有的人喜欢担忧；有的人对形式的美好十分敏感，也有的人对此无动于衷，用西塞罗在《图斯库勒论辩》（*Les Tusculanes*）中的话来对付敌人——卡瓦加尔对付伊拉斯谟的信徒们的话：*Saepe est*，*etiam sub pallio sordido*，*Sapientia*[①]（那通常是——甚至在粗俗的外表下——智慧），一份给人以慰藉的说明，多少还是有些忧郁——也有的人关起门来，安安静静地待在自己家里，声称说是在家里享受不被搅扰的平安；有的人喜欢冒险，而且把窗户大大地敞开着，迎接阳光为他们带来的新鲜的东西，一切敏感的东西，一切簌簌战栗的东西；阳光中的这些东西先是穿过永恒的寂静，然后又穿过尘世的喧嚣气氛才来到他们身边的。如果我们仔细看看的话，这些人称之为怀疑的，不是卢梭的副本堂神甫（Vicaire de Rousseau）所描写的痛苦，而是对最为矛盾的各种观点所具有的相同的兴趣，只要这些观点介绍得好，能够自圆其说。这种学术上的怀疑并不以真理为依靠，而是指望看起来是真的，而且最终解决起来不费力气，不用努力，如果最终需要做出决定，采取行动的话，如果为了活下去要做出选择的话，那就要遵从习惯和传统了。

况且，怀疑就是学习。学习是多么令人高兴的事，这样一来，怀疑岂不也是乐事！在安布鲁瓦斯·费明·迪多（Ambroise Firmin Didot）的《阿尔德·玛努斯》（*Alde Manuce*）当中，有马克·姆苏鲁

① 巴塔永（Bataillon），CXC，第 345 页。一个自鸣得意的三段论论述得很好的例子，第 347 页。

斯(Marc Musurus)写给他姐夫格利高罗普罗(Gregoropoulo)的一封十分美好的信。他在信中描写了在保护他的大领主身边的生活之温馨:虔诚,人道,绝无作恶之心。当马克在领主身边完成了一天一次的读书人的工作之后,他便自由了,可以回到自己的房间里。他写道:“我在房间里享受各种各样论述赞成和反对的书籍,读完一本再读别的,越读越多。”如果有人对他的思想状态表示奇怪,他一定会回答说,谁会学富五车之后,就不再怀疑了呢?如何确认,为什么要确认?有多少人把手中的武器当作最高的理由,强烈地,无情地确认过?不,我们不要让自己变得如此狭隘。让我们好奇吧。让我们广收博取吧。在好奇给我们带来的如此多的快乐当中,我们不要像狂热分子那样,进行严格的选择。

9　16 世纪的真实

不过,这些人怎么会因科学的不确定性而感到痛苦呢?我们的很多思想他们都没有,其中有一个,他们是永远也不会有的。

那就是,真理是所有人的公共财产。这些人当中的每一个人,如果他掌握有真理的一部分,不管是多么小的一部分,只要能够,他便应该马上通报给所有的人,毫无保留,也不应当有所算计。如果他不这样做,那么他对于集体来说就是负有罪责的。这是我们的想法,至少是我们那些完全无私的,对自己的贡献毫不计较的学者们的想法。这个想法,16 世纪的人是没有的,或者还没有提出来。据我所知,一直到帕利西,也就是大约到了 1580 年,才找到一篇有关这方面的明确而且也很奇怪的文章。“理论”和“实践”是对头，这两者在永恒的对话中，“实践”说：①：“我知道，治疗瘟疫或者其他传染病的药不应当藏起来。农业的秘密不应当藏起来。航海中的风险和危险不应当藏起来。上帝的话不应当藏起来。为整个群体共同服务的科学不应当藏起来。但是我的关于土地的艺术，以及好几种其他的艺术，都不在此列。”而且帕利西说了为什么：玻璃不是秘密，结果：到处都有人在做玻璃，玻璃工匠师傅，虽然是师傅，“却比巴黎用钩针纺织的人生活得还机械”。珐琅纽扣开始时三个法郎买十二个，但是发明这种纽扣的人并没有保密。结果今天做这种纽扣的人太多了，谁的衣服上再有这种纽扣谁会感到羞耻。利莫日的珐琅器也是一样。三个索尔就可以买一打加工精致的铜制帽花……

从经济上考虑，一些行业及其行业的“秘密”成了单独的、专门保留的领域。但是帕利西至少宣称说，一定不能隐藏“对整个群体共同有利的科学”。这是新的考虑。我认为这表现了新教的思想，在阿特金森引述过的一封 1545 年的“印度书简”当中，我们看到圣弗朗索瓦·克萨维耶（saint François Xavier）突然对遥远的巴黎大学的人感到愤怒，并谴责说，有些人搞研究不是为了知道得更多，而是想“通过他们的科学，去赚那些没有科学的人的钱”。这种思想几乎已经是相同的了②，但也是由一个不管事的人表示的。那么学者呢？也是老生常谈。好像没有哪一个学者有使徒的性情。他们都像戴佩里耶《洋琴世界》（*Cymbalum mundi*）第四对话

---

① CCCXXXVII，第二卷，《关于土地艺术的令人赞佩的论述》（*Discours admirables de l'Art de terre*），第 202 页到 203 页。

② 阿特金森，CCCLXXXII，第 45 页至 46 页。

中的庞发古斯狗(le chien Pamphagus)一样,大家都不愿意开口说话。哥白尼在写给保罗三世的前言中,声称说他迟疑过很久,不知要不要写这本书,或者像毕达哥拉斯学派的信徒们那样,只口头向朋友们传达哲学的秘密,他不知道这样对他来说是不是就已经足够了。那些宇宙志的专家,在维斯普斯(Vespuce)的游记用法文发表四十年之后,是不是仍然犯同样的错误,是不是继续在描写地球的书中,仍然闭口不提南美洲和北美洲——这片新大陆,我们总是愿意相信,这片新大陆的发现在整个欧洲引发了一场史无前例的思想和哲学的革命。就好比我们也相信——当然这是错误的——与伽利略同时代的人一旦发现新的天空是广漠无边的,一定会立刻便感到了非常激动一样。后来有了帕斯卡,有了他的"寂静的无限",有了他的"我看到宇宙可怕的空间将我关闭起来",才有了这种新形式的巨大恐惧……可是又怎么样呢?莫里哀(Molière)并没有嘲笑那些反哥白尼的人,虽然(这是孟德斯鸠告诉我们说的)"莫里哀不得不让迪亚福瓦鲁斯(Diafoirus)站出来说话,才让医生们相信了血液的循环:滑稽的描写当中却有着莫大的力量"。16世纪的时候还不这样。与西班牙征服者(Conquistadores)同时代的人,与哥白尼同时代的人,以及后来与开普勒同时代的人,再后来与伽利略同时代的人,大家都闭口不言美洲,大家都不知道美洲,不知道南美洲和北美洲,至少在书上是这样。大家都不知道地球是在动的。

再说,真理……多么高雅的忧虑啊。但是,对于这些人来说,难道只有一种确定无疑的、独有的真理吗?在经院派的对决当中,我们已经简单地说过,互相敌对的人时时准备改换立场,角色和论

断。这是游戏的规律。话语的形式，论理的结构，反驳的速度，用词的响亮，所有这一切比内容更加重要。那是一种竞赛，而不是殊死的决斗。而且这些受过这种训练的人自然而然地会歪曲事实，我们有时候在律师身上会注意到这种职业上的歪曲。他们很愿意在一种伪饰起来的真或者假当中感到自足，真假都是可能的，在他们的三段论和已知的论据的掩护之下，都显得有些似是而非。只要辩护得好就行……

他们甚至根本没有觉得他们的论证与他们的深刻思想需要完全一致。鲁斯洛（Rousselot）教授在论述圣贝尔纳（saint Bernard）和维克多兰（Victorins）时写道[①]："那时的思辨还完全是经院式的，所定义的概念很容易与深刻的直觉不一致。布道或者教育性的作品当中流露出虔诚的感情，里面包含着未明言的哲学思想，而这种哲学思想与作品中明确表示的学说并不一致。"

而且这种情况持续了下来。那么真理呢？谁发现了真理，那是谁的运气。那就成了他的乖乖宝贝。把它捂在自己的心口上，关起门来，唯恐有失地好好爱抚它。后来的笛卡尔，马勒布朗什，斯宾诺莎都不例外。更何况 16 世纪的哲学家们。他们知道夺取真理的艰难，知道真理的代价。他们会领略成功的胜利，孤独地享受智慧，这种享受是强烈的、难得的。智慧需要花费极大的气力，几乎没有向导，没有老师，要靠自己去找。他们也知道，欢乐和成功都是属于精英的，是对精英的报答。虽然精英阶层的成员们会

① 《中世纪的爱情史》（*Pour l' histoire de l' Amour au Moyen Age*），Munster，1908 年，第 4 页至第 5 页。

对同事们，对与他们竞争的人玩些花招，会向对手隐藏这样的结果。[①] 如老顽童一般的狡猾：一些档案学家，图书馆管理员在整个 19 世纪期间，都还从中去寻求一些荒唐的乐趣。那么 16 世纪呢？哥白尼等到生命的最后才发展了他的体系；一个世纪之后，惠更斯(Huygens)仍然为他设想土星光环的方式保密；只是偶尔在一份陈情书的下面，以一种只有他自己才知道的神秘方式，记下了日期：

A. C. N. C. A. E. I.

这意思就是：*Annulo Cingitur Nusquam Cohaerente Ad Eclipticam Inclinato*(它被圆环围绕，圆环与之没有任何接触且倾向于黄道)……是出于谨慎吗？是自己保守着秘密而感到的满足吗？到了 18 世纪，出现了劝人入教的热忱，事情才多少有些变化。那么 16 世纪呢？让我们再读一读安布鲁瓦斯·帕雷写的《论独角兽》(*Discours de la Licorne*)，这是查理九世的医生，小教堂神甫的故事。帕雷不相信独角兽的角能够治病，查理九世的医生也不信。他被责令对此做出解释，利用他的权威为真理服务。他回答说："只要我活着，我就绝不让那些嫉妒的人和医生们来占我的便宜。"但他又补充说，等他死后，"人们会找到他留下来的文章……"

真理：等到有一天，在科学领域，人们能够用事实对两种"意

① 在蒙伯利埃，费利克斯·普拉戴尔趁夜里潜入客人的房间，客人是个药剂师，在屋子里藏了很多药方(XLIII，第 82 页)。

见”进行验证，证明一种得到了验证，另一种没有得到，或者没有通过验证的时候，才会有真理。在16世纪，这一天还没有到来。甚至到18世纪初的时候，这一天也没有到来。孟德斯鸠在《手记》（*Cahiers*，第二版第11页）中写道：“我不会顺应人们的看法，欧几里得（Euclide）的书中所表达的看法除外”，我们看到，孟德斯鸠从自身出发，与“意见”的主宰划清了界限，不过这个界限是数学的，而不是实验的。只有克洛德·贝尔纳（Claude Bernard）才能写道：“我不顺从人们的意见，除非是在事实中受到验证的意见。”这个说法是正确的，但是在人们的口中，这种说法又最后一次被歪曲了。“受到事实的验证”最终被表达为“真”。这是概念的位移，是漫长变化的终点。我们不由自主地滑了过去。自从有了具备证明设施的科学以来，自从有了“科学”以来。

10　手工业的思想

最后，我们如何解释这些态度——不是几个人的态度，而是当时所有学者的态度？我想从根本上，可以用科学研究所具有的个人特点来解释。我称之为——我们可以称之为科学的小手工业时期，而当时正是这个时期最美好的时刻。学者先设想出一个想法，制订一个计划，然后便关起门来，自己关在书房里研究自己的东西，就像鞋匠在自己的铺子里干活一样，用的是自己制造的工具，没有帮手，与外界没有联系，没有合作者。他最关心的是什么呢？雕刻真理，正如塞利尼（Cellini）为法王弗朗索瓦雕刻盐罐子一样，并在这件手艺人的杰作当中，展示其所有的技能，所有的艺术和天才。集体工作的时代还没有出现——为人类谋取莫大幸福的合作和团队研究的时代还没有到来。团队的工作培养了好伙伴，需要好伙伴，伙伴之间不能有所隐藏，也不能故意出错，不能骗人，不能弄虚作假。团体的工作使得真实性成了一种品德，而这种品德在科学研究领域是值得称道的，也是必要的；同样，在契约和法律规定领域，或者在司法见证和提交证词方面也是必需的。但是，为了让这一变化得以完成，为了让真理在学者的心目当中超越所有其他的利益，哪怕是最为个人的利益，还有很多必须的事情要做：要向大众传播知识的神秘，让大家知道知识是好事；要宣传科学力量的新概念，这种思想对我们 16 世纪的祖先们还是十分陌生的，宣传知识就是力量：不仅是对自我的权利，对自己的行为，自己的脾气，自己的激情进行控制的权利——（苏格拉底说：你要有自知之明；与拉伯雷同时代的人并不排斥这个建议）——，也是对事物的权利，要了解事物，才能掌握事物。还有就是技术通过科学慢慢深入生活，拉伯雷是看到了这一点的，但仅仅是远远地看见，而且只有他一个人，在“造物的人”和“智慧的人”之间进行协调，使科学最终有了社会的作用。

科学：1941 年，我们不用费力气，就能把这个用单数来表示的词说出口。或者更准确地说，我们需要费力气的，是在谈到拉伯雷的时代时，避免使用这个单数的词。因为只有他一个人是不合时宜的。科学，我们不要以为古人的知识当中，也有这种现代的观念——这是不可能的。在 2000 年期间，古老而有限的，传统的科学只是在某种哲学的田地里种植，只有这种哲学护佑着科学，也就是观念的哲学。而在 16 世纪，革命刚刚开始，这场革命将会分为几个阶段，在知识的各个不同的领域进行，而且真正的革命其实到了 19 世纪才发生。

当时这一切都还没有。学者们都还关起门来自己享受自己的真理。只是这一点，便足以使阿贝尔·勒弗朗认为拉伯雷是新教徒的论断——说他策划并引导了一场大的阴谋，要粉碎无耻的行径——成为幻想。

第四章　不信教的基础是神秘学？

我们刚才简单地回顾了16世纪的科学、理论和科学实践的状况，现在我们可以很好地领会和理解当时人的命运有哪些痛苦和不完整的地方——当然，我说的是当时最聪明的人，最有学识的人——，并由此而避免判断的错误。虽然这些错误是常见的，但并不因此而不是十分危险的。

1　先驱者的世纪

在《对现代思想和事件发展的思考》(*Considérations sur la marche des idées et des événements dans les temps modernes*)当中(II, ii, 132)，库尔诺便已经指出这一点：我们很容易颂扬帕多瓦的阿威罗伊学派的现代性，比如以十分诱人的方式来介绍他们关于理解力的观念，他们认为，有一种积极的、普遍的理解力，在整个人类中，在人类的集体中延续和存在着。这种智力的圣火是永不熄灭的，每个人在他个人的、有限的生存当中，都会受到这一圣火的照耀。这一圣火是靠每个人的存在之火炬而点燃的，也是靠消耗每个人而得以维系的。我们从中不是可以预感到一种现代的伟大思想，也就是人类的集体生活的思想吗？当然可以这么说，但是重要的是要注意到，当时他们没有任何科学根据来建立他们的观念，在当时所知道的生物学（当时连这个词也没有）领域没有这样的基础，在人文科学领域也没有，因为当时人们对社会结构和人类的发展阶段都还一无所知[①]。阿威罗伊学派的人关闭在逍遥派空洞的本体论的小圈子里，最终的结果只能是语言上的巧妙思辨，不可能有什么出路和现实的意义。

因为，当时的政治哲学家，首先是思想最自由、最好奇、最聪明的那些，意大利学派的哲学家们（彭波那齐是其中的一个，在彭波那齐之前的马基雅维里以及之后的卡尔丹或者康帕内拉都在其列）——这些哲学家头脑当中都没有人类历史的总体想法，没有进步运动的总体论述。历史对于他们又意味着什么呢？是偶然所导致的一系列的循环，或者至少是天体的神秘影响主宰着帝国和宗教的形成，导致出现一些不同寻常的人物，让他们对一般人有或大或小的影响力[②]。在此之后，他们建立的机构则顺应盛衰有命的一般规律——因此，所有的政治秩序，所有的民事道德，所有的宗教信仰都会消失，都会沉沦在混乱和腐败之中。直到有一天，在有利影响的作用之下，新的秩序和新的信仰再次出现。这是一种简单的理论，在当时却大行其道，因为不管怎么说，不是有维柯（Vico）吗？但是并没有关于历史的理论。然而，如果没有历史，那是不可能有政治学说的，或者即使有，也会迷失在不属于它的路上。

① 库尔诺，CDXLII，第一卷。

② 关于马基雅维里的看法，请参见雷诺戴的 CCVII，第一部分第五章第 153 页及其以后部分。

对这一原则，有很多说明，人文的历史无疑是最为杰出的一条。

而且，一切都是这样。16 世纪的人头脑中的思想在沸腾，他们的整个世纪也在沸腾。但是，他们的思想是模糊的，他们无法清楚地表达自己的思想，他们没有清楚地表达这些思想的字词。他们只有一些简短的思想，他们无法让这些简短的思想变得丰富起来，变得更长、更协调。有时候，他们会灵机一动，会有天才的念头闪现。那是夜里的一点火花，然后便又熄灭了。黑暗便显得更加的深沉。

16 世纪是先驱者的世纪，先驱者是没有后代的人，他们什么也产生不出来。列奥纳尔、帕利西被一个球体的神秘之处所吸引，到目前为止，这个球体的深刻结构好像对任何学者都没有提出任何问题，他们引发的希腊思想在两千多年的时间里没有得到任何回应。这些思想让人预感到将来有一天会出现的地质学，古生物学。当时还太早。这些思想到了两百年之后，才恢复生命，才产生出其他的思想。塞尔维（Servet）、萨尔皮（Sarpi）在巨大的秘密周围徘徊，这个秘密已经引起当医生的拉伯雷的强烈好奇：血液循环。我们不用再重新提起第三卷令人赞佩的画卷，帕尼尔日在颂扬血液交流时的那种令人吃惊的抒情。当时还太早。哈维和《心血运动论》（*De Motu Cordis*）的时代终究会到来的，但那是以后的事，是 1628 年的事。在乔达诺・布鲁诺的一系列思想当中，有一个是使我们感到吃惊的，也是我们的思想：世界的无限性，或者更准确地说，有着无限多的世界。当时还太早。要等到出现了伽利略，和伽利略的望远镜，等到出现了赫歇耳（Herschel）及其天文望远镜，到了那时候，只有到了那时候，冯特奈尔（Fontenelle）才会

写出《世界的多重性》(*Pluralité des mondes*)。

列奥纳尔，塞尔维，帕利西，布鲁诺，以及很多其他的学者，都是充满了预感的先驱，但他们并没有得到公众的拥护。他们只不过证明了一个时代的力量、严格和沸腾的精力，这个时代的一些有思想的人在摸索，在一次次碰壁，像是被关在黑暗的监牢里。由于他们缺乏一种光明而无法找到，而不能找到他们要找的东西，只有科学能够给他们带来这一光明。但是，他们的父辈和祖父辈感到满意的东西，却无法让他们再感到满足，他们惴惴不安，要从思想的监牢中逃脱出来。为了生活，由于没有“清楚”的科学，这一科学还没有出现，他们便兴高采烈地沉浸在神秘科学的浑水之中。

2　气味、滋味和声音

这种浑水让我们感到厌恶，而不会吸引我们。自从笛卡尔提出了清楚明白的条件之后，我们并不是轻易就接受了的。这些思想的工具——先是分析，然后是综合——对于我们，不仅仅是熟悉，而且是自然而然的；有人说，要是把我们放在一个无法应用这些工具的地方，那会怎么样？我们会感到处处不便、别扭、惊惧。16世纪的人就不会，这是必须说明的。“凡是思想混乱的地方，必须作为混乱来介绍”——这是历史学家的第一责任。这是亨利·拜尔(Henri Berr)说的，他说得对。从表面上看不管离我们有多近，但与拉伯雷同时代的人从所有的思想归属上距离我们是很远的。他们的思想结构与我们的不一样。

我在别处说过[①]：我们是温室里的人。他们是露天地里生长的人。他们是接近土地和乡下生活的人。他们即使在城里，也能看到乡下，乡下的牲畜和庄稼，乡下的气味和声音。他们是生活在旷野里的人，他们看得见，也感觉得到，他们用自己的整个身心去嗅，去听，去摸，去期望大自然。

味觉，触觉，眼睛，耳朵和鼻子
如果没有这些，我们的身体就是大理石做成的

而且在这些负责联络和安全的器官之间不愿意做出明确的决断，

要主宰非凡的部分，这一切会有
莫大的作用和更加尊贵的品质……[②]

但是我们称之为“情感”的意识，也就是他们的“味觉，触觉”，以及听觉（虽然迪·贝莱歌颂聋子）比我们的得到了更好的锻炼，比我们的更加发达（或者说受到的伤残更少），这使他们的思想保

① 请参见费弗尔，CCCLXXXVI。我在那本书里所写的，与米耶（Millet，LXI，第 85 页）的正确意见并不矛盾；米耶揭示对 16 世纪诗歌的影响，说是“虚假的理想”。他写道，一些血腥的人“打斗起来不要命，穿着华丽，用肉体、眼睛和思想来生活——可是一旦写起东西来，便既没有眼力，没有感觉，也没有触觉了”。

② 迪·贝莱，《乡村诗集》（*Divers Jeux Rustiques*），CLXV，第五卷第 187 页：“聋子颂，致旺多姆的皮埃尔·德·龙沙”（*Hymne de la Surdité，A Pierre de Ronsard Vandomois*）。

持在一种更加混乱，却不那么纯洁的气氛当中。

我们来看龙沙的一首颂歌的开头：

我被气愤所搅扰，
毛发因恐惧而倒竖，
心中充满激情，
胃也如同被惊呆了，
嗓子里几乎
无法发出声音。

或者《致加利奥普的颂歌》（*Ode à Calliope*）写得也很形象：

嘴巴让我心中满意
你那甜蜜的声音
如同蜂蜜一般，
让我的嘴巴，
在巴纳斯山
贪婪地喝下
贝卡斯之水……①

当然，没有人说这是视觉的诗歌。但是，我们不要忘记里面提到的鬼魂：颜色苍白，出现在漆黑的背景里，就像在虚构的石版画

① 迪·贝莱，《乡村诗集》（*Divers Jeux Rustiques*），CLXV，第二卷第2，I，175.

里那样？不，只有声音和啸叫：[1]

夜里，鬼魂在飞翔，
生硬地喙发出咔咔的响声，
啸叫着，让我魂飞魄散……

这已经让我们看到勒梅尔·德·贝尔日（Lemaire de Belges）在"绿色情人"的口述之下写的地狱，里面充满了"可怕的叫声"：

可怕的野兽发出傲然的嚎叫……
锤子、铁链、器械发出各种声响，
山崩地裂，房倒屋倾，
狂风呼啸……[2]

在提到亲吻的时候，我们仍然可以引龙沙的一句诗：

亲吻，是两片闭着的嘴唇生出的儿子？

因为诗人想提示，这并不是纯粹的嘴的图画，两片唇的颜色，一排雪白的牙齿，而是有违常理的声音和芬芳：

---

① 迪·贝莱，《乡村诗集》（*Divers Jeux Rustiques*），CLXV，第三卷第 8，II，18。

② 见于《插图》（*Illustrations*）卷一末尾处的《绿色情人的两封书信体诗文》（*Les deux Epistres de l'amant vert*），参见 CCCLXXIII，第 173 页。

我常常在嘴里感觉到
他的风发出的叹息之声……
将倒挂的灵魂再吹到
唇口来，她在那里等你，

充满了芬芳的嘴巴
用你的气息产生出
到处开满了鲜花的草地
你的气味到处飘溢……[①]

就这样，这种诗歌里充满了声音，蕴涵着芳香，歌颂着“大海发出响声，与深渊相对”[②]，像一片森林一样，充满了种种声音，

圣加斯蒂娜，幸福的秘书，
是她管理着我的烦闷，她在你的树林中应答，
那声音时而高，时而低，

① 《卡桑德勒的亲吻》(*Le baiser de Cassandre*)，“颂歌”，第三卷，第十六；同上 ii，43。稍远处：《蜜蜂，到卡桑德勒的嘴上去采花》(*Aux mouches à miel, pour cueillir les fleurs sur la bouche de Cassandre*)，“颂歌”，第二十卷，第55页：在她甜蜜的嘴上/我吻过那么多次……/请参见(这都是我们随便引来的)第四卷第十四首“颂歌”(第127页)：“眼睛美丽的仙女，在你的嘴上吹气/一个越来越近的阿拉伯半岛/给我一万个吻吧/给我吧，让我贪婪地吃下。”或者“颂歌”第二卷第七首(洛莫尼耶出版社版本第197页)：“卡桑德勒的吻/不给我，但是……/琼浆仙露，甜甜的糖一样的吻/像桂皮和香油一样的吻”，如此等等。

② 龙沙，CCXLII，《博卡日》(*Bocage*)，第八卷，第 II，181。(请参见“颂歌”第四卷，第十五；ii，133：通过湿润的上颚/呼唤奈雷伊德姐妹/她们在浪涛声中打着呼噜)。关于圣加斯蒂娜(Sainte Gastine)，请参见《爱情》(*Amours*)第四卷，第128页。

那是长长的叹息，让我听了于心不忍

或者在提到乡村的散步时，诗中会出现气味和声音：

我喜欢那些散发着野味的花园，
我喜欢在岸边发出咿哑声音的水波……

我听到有人从品质和日期上提出反对的意见：龙沙，1560年，1570年……龙沙是一个真正的诗人，一个伟大的诗人。由于他的个人性格，个人特点……其他的诗人呢？我们不用到远处去找。只要读一读玛蒂—拉沃版本的《书信体回应诗》（*Epistre responsive*）就会知道。那是好心的布谢（Bouchet）在世纪初写给"弗朗索瓦·拉伯雷大师，伟大的希腊和拉丁人"的诗。用一个很能够说明问题的题目来说，就是，诗里"描写了一座美丽的房屋"。因此，应该有线条，颜色，布局，远景，所有视觉的快乐？没有。只有声音，风声，人声，只有听觉欢歌。各种各样的水神和林神轮流出现：漂亮的身条，让·古戎（Jean Goujon）的仙女在大自然中活跃起来？没有，没有一句话是描写她们的身段、外形和体态的……我们听得见她们的声音，仅此而已：

因为，一方面奈雅德水神都在那儿，
在温馨的小河克兰的上面，

奈雅德水神在水边与她们的姐妹依姆尼德嬉戏；另外，在那里

“闹腾”的还有：

其他的大声吵闹者，
林神德里亚德，
……山神奥雷阿德声音更大，
人们常常听到的，倒是他们轻声的说教。
和气的纳佩断断续续地
唱着歌，表达着他们
对花园里小树丛的恼火，因为
小树丛在向着叮咚的小河唱歌……

不过，晨曦露了出来，“在绿色的影子下走着”，诗人如何驱散烦恼呢？是看着仙女们嬉戏？不，是听着她们的声音：

为了忘却恼人的烦心事，
你可以听到树林、草地和
田野里充满了的仙女们温柔的歌声。

那么其他的呢？

在吃了美果，喝了美酒之后，
我们普瓦提埃人是多么相爱啊……

没有一个字表示可见的东西的。都是听觉的美……而且所有的诗都是这样。当马洛描写丘比特神庙的花坛时，里面种的不是颜色鲜艳的花朵，不是悦目的景致，而是使鼻子感到无限愉悦的地方，因为那里散发着花香：

雏菊，百合和石竹，
绒花，香香的玫瑰，
迷迭香，紫蕾花，
芬芳扑鼻的薰衣草，
以及所有其他的花朵，
都散发着十分温馨的香气……

相对来说，在所有的诗中，具有视觉特点的还十分少见！迪·贝莱有一首描写“活泉”的诗，写的是：

自然和艺术好像费了很大的力气
将所有使眼睛感到快乐的东西组合在一处……

但他又补充说：

而那里发出令人昏昏欲睡的声响，
比美人鱼的歌声更加温柔和谐……

令人感到纳闷的是，在他流放罗马的日子里，他怀着激情想起的法国从来没有以物理的形式出现过，他没有想到过一个人的身

体、面孔、形象。他想到的，永远是声音，完全是声音，而且那是多么温和的声音啊，

法国，法国，回应我可悲的争吵……

他就这样向着“母亲”呼喊，罗马的寒冬

以战栗的恐惧让人身上毛发倒竖。

然而，诗中并不是没有造型的意义，也不是不能让人感到真正的伟大，他写道：

那并不是你的图画上的我的像
也不是米开朗琪罗画的双面人。

但是又怎么样呢？我们记忆当中的他不会令我们想到线条，而总是声响，或者是他记下的“守卫着的狗发出的长长的吠叫声”，或者是他在倾听波平如镜的水上“两只天鹅哀鸣”的声音在水面上的回响，而不是天鹅在水上拍打出的波纹。

是诗人性情所致？然而，不仅仅是诗人们如此。[①] 一个叫帕

① 不管是世俗的还是神圣的。因为，我们在这里应当引用《旧约全书》里的呼吁：“听啊，天空，还有你，土地，侧耳倾听吧”，或者诗篇里的鼓励：“我将说的话，你要好好听。”或者“我的上帝啊，请大发慈悲，听我说……”应当提到的还有在路德之后，所有的宗教改革者是如何用耳朵来倾听上帝的话的。

拉塞尔斯(Paracelse)的人,要求医生的关键品质首先是要有敏锐的观察,在说明中却使用了一堆对于我们来说,是出其不意的声音和味觉的形象,这不是很奇怪的事情吗?他要求“医学要在我们耳边回响,好比莱茵河的瀑布一样,或者像大海里的浪涛一样”;他想让医学也用鼻孔来“分辨研究的对象”①。还应当指出的是,当时的人们在很多情况之下常常都是通过耳朵来学习的。他们不是自己看书,而是听人读书来学习。伟大的人物身边总是围绕着一些谈话的人,这些人向他们传达口耳相传的知识。

但是,让我们再回到抽象的领域。阿贝尔・雷从前在一页很精彩的文字当中很好指出,希腊的数学是如何“仅仅通过几何的道路”而形成的。他说,希腊人的造型直觉,希腊人所有建筑学当中最杰出的东西,以及希腊结构中的奇迹促使希腊人将他们最喜欢的一切都放在了其中:“完全的理解,完全的领会,思想的清晰和分别,思想之间的联系在证明中的力量”,而不是像我们常常会做的那样,从没有形象的思想,纯粹的逻辑方面去思考,而是相反,从几何方面,从形式方面去思考:形式是“唯一对他来说清楚的和有分别的,因为形式可以看得见,并且通过看,变成可以感知的,变成精神的东西,由此而进入所有结构的深处”。②

然而,这是一个事实,研究 16 世纪数学的历史学家都强调这一点,康托指出过,鲁兹・巴尔(Rouse Ball)也强调过。16 世纪的

① 布朗谢,CCCXX,第 194 页注 2。

② 阿尔贝・雷,CDLX,第 38 页。亦请参见第 27 页,而且尤其是阿尔贝・雷的 CDLIX,第 445 页及其以后部分讲到眼睛所看到的东西在精神发展中的作用。“从品质到数量的过渡在根本上是与视觉感知的主导性进步联系在一起的。”

人们首先不是看，而是听，是嗅，是闻气息，是捕捉声音。只是到了很晚，到了17世纪，人们才开始认真地、积极地关注几何。人们与开普勒(1571—1630)和里昂人笛沙格(Desargues)(1593—1662)一起将注意力集中在各种形状上。从这个科学的领域得出他对世界的看法，正如他从知觉的表象，也从美的领域中得出对世界的看法一样。①

3　音乐

因为，音乐不也是一样吗？音乐还没有上升到具体的事物、眼前的事物之上，只是再现战争的万千声响，大炮轰鸣声，云雀的叫声，或者巴黎的各种喊声？而且音乐，我们不要把它当成是我们的猎获物，我们新近征服的东西，我们的发现。浪漫派的诗人们知道，他们的说法也相反。1837年出版的《光线与阴影》(*Rayons et des Ombres*)的作者维克多·雨果(Victor Hugo)，在第三十五首诗《音乐始自十六世纪》中说：

> 强悍的帕莱斯蒂纳，年老的大师，古老的天才，
> 我在这里向你致敬，你是谐音之父。
> 因为，正如养育了人类的一条大河一样，
> 所有的音乐都是从你的手中流出来的！

《文艺复兴》(*Renaissance*)的作者米什莱也回应说(第二卷，

① CDXXXIII，第263页。DXXIV，第七十一章，第608页及其以后部分。

第五章)："的确，一个新的人类之母来到了世界，迷人心魂，慰藉人的心灵：音乐诞生了。"①事实上，16 世纪的人和我们一样，也许比我们更深刻地体会着音乐。他们不仅对音乐有兴趣，而且只要有办法，便选择一些歌者和乐师围绕在自己身边，他们接受着声音对自己的影响，而且毫不抵抗地任凭自己天真的心灵被歌声和琴瑟之声所俘获。有很多事情可以证明这一点。美丽的莉默(Limeuil)大姐，女皇卡特琳娜(Catherine)的一个女儿，不是唯一一个在临死的时候让自己最喜欢的音乐家到身边来的人："于连，拿起你的琴来，给我弹弹，不要停，直到你看着我死了为止，因为，我觉得我快死了，《瑞士之溃败》，尽你之所能吧；等到了'一切都完了'那一句时，你就弹个四五次，要尽可能悲悯"……于是音乐家便照办，她也用声音帮着他。当弹到"一切都完了"的时候，"她连着念诵了两次，头偏向另一边……咽气了。"这是博朗托姆在《第五场谈话》(*Cinquième Discours*)中向我们讲述的情景；虽然语言粗略，我们从中看到的是"快乐而让人高兴的死"。诺埃尔·迪·法伊(Noël Du Fail)在《厄特拉佩尔的故事和谈话》(*Contes et discours d'Eutrapel*)中也描写了相同的故事。在这本书的第十九章("厄特拉佩尔"的音乐)中向我们讲述了发生在王宫

① 米什莱也提到帕莱斯蒂纳(Palestrina)，但同时也提到了帕莱斯蒂纳的老师，马洛的《诗篇》(*Psaumes*)的配乐，弗朗什孔泰人古迪梅尔(Goudimel)。而且他把音乐的发展一直回溯到路德。"由路德开始，于是整个地球上都唱了起来，所有的人，新教徒和天主教徒。从路德产生出了古迪梅尔，古迪梅尔又是帕莱斯蒂纳的老师。那是真正的歌，自由的、纯粹的、发自内心深处的歌……"当然，我不会把浪漫派诗人的看法当成是我的看法。今天我们知道，从宗教素歌中解放出来的复调，也就是"音乐"，至少可以回溯到"亚当·德·拉霍尔"(Adam de la Halle)。

里的故事[①]，“当人们在伟大的弗朗索瓦面前，为他战败瑞士人的胜利而唱起雅那坎(Janequin)所做的战争之歌的时候，人人都要看看自己的剑是否在鞘里，人人都会踮起脚尖，好显得更勇敢，更高大”。事实上，我们可以在勒鲁·德·林西(Le Roux de Lincy)的《历史歌曲集》(*Recueil de Chants historiques*)中读到一篇关于著名的马利尼安战役(Bataille de Marignan)的文章，或者文章的片段，克勒芒·雅那坎(Clément Janequin)所做的伟大的音乐画卷，从1527年开始，阿泰尼安的版本(éditions d'Attaignant)开始普及。不用音乐的帮助，这篇文字本身便有着中了魔一样的节奏，那节奏让人想起黑人在战争中情绪激昂的舞蹈：

吹笛吧，弹琴吧，一直吹啊，
转啊，旋啊，快快转起来呀，
把笛子吹起来，吹啊，敲鼓啊……

转啊，转啊，喊啊，转啊，
矮胖子和雄鹰啊，
让团队高兴起来，
让伙伴们高兴起来……

痛快地打啊，啪，啪，啪，
呼，呼，呼，呼，

① 关于博朗托姆，详见CXXIII，II，86，或者拉拉纳版本(édition Lalanne)IX，416。关于迪·法伊，详见CLXIX，II，第214页。

啊，呼，呼，呼，
唰，嗖，火炬，望远镜，
嗖，嗖，挨紧，挨紧，挨紧……

贵族啊，跳上马鞍吧，
拿起武器，系紧铠甲，凉爽而灵巧
长枪在握，英勇而敏捷……

在此之后，听说16世纪的人都热衷于音乐治病，大家便不会再感到奇怪了。第五卷（第十九章）里的“第五本质”（La Quinte Essence）“能够用歌来治好病人的病”：的确，这是为了比国王做得更好（“你在你们的王国有国王，国王只要用手摸一摸，便能神奇地治好某些病，比如瘰疬、骶骨痛、三日热”）。这里面多少透出一些政治的意味。但是在波尔塔（B. Porta）的《自然魔法》（*Magia naturalis*）（那不勒斯，1588年）第二十卷的第七章，却没有丝毫的政治意味（*De lyra et multis quibusdam ejus proprietatibus*）（有关诗歌及其许多属性种类）。他甚至更讲究，连做乐器的各种木材的特性都要考虑在内。病人，医生。但是，有多少健康的人理解、赞成艾田·多莱在1536年的《评注集》（*Commentaires*）中所说的：“我的生命和我的文学努力的所有成就都是多亏了音乐……如果不是音乐的力量驱除了我的疲劳，我永远无法忍受像编辑这本书这种不停的、大量的、无限的工作……”[①]龙沙为1572年在巴黎出版的《古今歌曲混编》

① 科普莱－克里斯蒂，CLVII，第282页。

(*Mellange de Chansons, tant de vieux autheurs que des modernes*)所做的序言中回应说:“先生,一个人听到和谐的乐器声,或者天生优美的嗓音而不感到高兴,而不动心,而不会整个身心地战栗,好比因温柔的情谊而不能自已,而不知如何躲避,那就说明这个人的心灵是扭曲的,是邪恶的,是堕落的,对这样的人要提防,好比生来就不幸的人一样。”但是音乐超越了个人的范畴,对音乐的志趣是普遍的,所以音乐是各个民族的人们之间一种强有力的联系,各个民族的人们都会因音乐而从内心深处感到高兴。不管是在法国,还是在法国以外。马塞尔·巴塔永在对《达米奥·德·高依斯的世界主义》(*Cosmopolitisme de Damião de Góis*)进行的研究中,写过一些很深刻、很精辟的话。[①] 又有多少人由此而加入了创新的运动,不管是在新教的国度还是在天主教的地方,最终导致在宗教仪式中引入比宗教素歌更加动人的音乐?

4　视觉的落后

我们不要害怕强调所有这一切。对各个时代的思想的感性基础,有一系列非常诱人的研究可以做。当我们读多了16世纪的作家的作品,有一件事是无论如何都会让我们感到吃惊的:除了极少数的例外,16世纪的作家都不会画草图,他们抓不住事物的相似性,不会活灵活现将一个人物展现在读者的面前。但拉伯雷不是这样。拉伯雷就是拉伯雷。他在《第四卷》(第十三章)中,让我们

---

① CXCVIII,第35页及其以后的部分。关于龙沙,CCXLII,VII,337。

看到“一个肥头大耳、面色红红的老执达吏。穿着一双又大又笨的长统靴，骑着瘦弱的老母马，腰里拴着一个塞满状纸的布袋，戴在左手大拇指上那个又粗又大的银戒指尤其引人注意”，像这样的人物描写，显然是不缺乏视觉感的。但是除了独一无二的拉伯雷，还有谁呢？又有谁来描写他呢？谁又想到把他描画给我们看？人们咒骂他，却没有人画出他的一幅画像来。

要是有一幅拉伯雷在饭桌上的画像该有多好啊，好比列昂·高兹朗(Léon Gozlan)所画的餐桌上的巴尔扎克一样，而且是根据实景绘制的。不管怎么说，有谁知道呢？也许会出乎我们的意料，拉伯雷也许根本就不讲卫生，阴沉着脸，是个不懂酒的人；很多美食家都是这么一副不招人喜欢的样子，不管他们是不是公认的美食家。我们要是有一幅由速描大师画的纳瓦尔的玛格丽特的铅笔画就好了，简单几笔勾勒出她的形象，让我们想到她，看到她，并且说：“一看就知道是她！”可是又怎么样呢？圣西门是后来的人……玛格丽特呢？没有任何一个人能够写得比弗朗索瓦国王的妹妹更多，没有任何人能够比她见过的贵夫人和重要人物更多，她见过的人都是我们也非常想见的。可是她的文笔丝毫不能引起人的想象，不管是君主、国王、她的兄弟、她的母亲、她的两任丈夫，还是《七日谈》(*Heptaméron*)中七十二篇故事里那些想象出来的人物(总共有好几百人，没有一个有着清晰的面目)。我们还可以补充说：就连风景也是一样，哪怕是比利牛斯山的风景，也是叠床架屋，支离破碎。虽然 16 世纪的人动不动就写，相互之间讲了很多很多的事物，但在整整一个世纪期间，留给我们的活灵活现的图景屈指可数。博朗托姆？一些老生常谈的东西，王后仁慈，夫人们美

丽完好，贵族勇敢多情，仅此而已。当人们援引令人相当吃惊的戴奥多尔·德·贝兹老头的作品的时候，提到他用那双瘦瘦的老人的手，将被子紧紧裹在怕冷的身上；这是弗洛里蒙·德·拉埃蒙颇有天才地勾画出来的，拜尔在一篇文章（*Ochin*）里说，弗洛里蒙是“为所有谈论宗教改革的天主教作家提供弹药的总供给师”。概括得几乎可以说是很全了。[①]

当时的人听觉灵敏，嗅觉发达，毫无疑问，视力也一定很锐利。但是，他们还没有把视力与其他的感觉器官分别开来。他们还没有通过一种必然的联系，将一些材料与认识的需要联系起来。如果的确“从质量到数量的过渡从根本上是与视觉感知的主导性联系在一起的——也就是我们称之为的对感知的视觉表现”，那么，这问题就很严重了。这是阿贝尔·雷所提出的，而且他在后面不远处还补充说[②]：“视觉，并通过视觉的图形，形成了最好的科学意识。”

总而言之一句话，我可以大胆地说，在16世纪，“美景”旅馆（l'hôtel *Bellevue*）还没有出现。“美丽景点”旅馆（l'hôtel *Beau Site*）也还没有出现。只是到了浪漫主义时代，才会出现这样命名的地方。文艺复兴时期也就出现了一些诸如“玫瑰”旅馆，“野人”客栈，或者“金狮”旅社之类的地方。这是纹章学的学问堕落到旅馆的命名上来了……

① 其他非常生动的描写还有主持仪式的波斯戴尔。详见前文。

② 关于视觉和精神的发展，详见阿贝尔·雷，CDLVIII，第445页及其以后部分；第448页。CDLX，第27页。亦请参见《法国百科全书》，第一卷，10页至11页。

5　对不可能的事物的意识

文艺复兴时期有文艺复兴时期的情况，而且常常也不一定都符合当时的潮流。一切都是联系在一起的。作为最好的思想意识的视觉还没有取得第一的位置，别的感官走在了前边。但是，“思想”(intellectuel)和“理解力”(intelligence)这些词都需要明确地定义，至少是要明确它们出现的年代。我们读过琉善·列维－布吕尔的精彩的著述，不需要别人颐指气使地向我们指出这一点。

琉善·列维－布吕尔的书里的确讲到过这些[①]，但是，只要你花过一些时间来研究 16 世纪的人，在思考他们的思想和感觉方式，在思考他们身上会让人想到“原始的精神状态”的品质的时候(哲学家们十分奇怪地为我们再现了这种“原始的精神状态”)，你是不可能不感到吃惊的。那时的世界是流动性的，没有任何东西是经过严格界定的，即使是生物也没有边界，转眼间便可以改换形式、外表、大小，或者是从我们所说的“动物界”转换到“生物界”，而且这种变化也不会引起人们的反对：有很多故事讲石头活了，有了生命，动了起来，而且还会变得越来越精明。很多树也活了起来；很多人读过奥维德(Ovide)的书，可没有哪个人会对书中的事感到奇怪[②]：

① 当然，我们引用这些书，并不意味着就表明我们在他的“反逻辑的抗辩逻辑”的论断(*antélogique antilogique*)，或者至少是“非逻辑”(*alogique*)论断所引起的争论中采取了什么立场。这是哲学家的事，关于这一点，请参见阿贝尔·雷，CDLVII，1.10—7。

② 从这种角度来看，奥维德的《变形记》(*Métamorphoses*)在 16 世纪流行，是十分值得研究的问题。

听着，樵夫，停一下你手中的活，

你砍倒的，那可都不是木头啊……

有很多永远年轻的古老传说，从贝壳里生出一只鹅的故事，某种有着特殊的孕育方式的水草的故事，麦锡尼的花瓶上已经用这样的故事做装饰[①]；到了16世纪，这种传说仍然很有生命力，正是这种传说向我们解释了那些常听人们讲到的故事，比如树叶子掉在河里，在水中变成了鸟。最后还有野兽的行为和人一样，人也可以随意变成野兽。典型的例子是狼人的故事，一个人可以同时在两个不同的地方：在一个地方是人，在另一个地方是狼，可是没有任何人对此感到吃惊[②]。这些人习惯了在不明确的事物当中游走，在一些混乱的、模糊的、不太明确的情形当中，很容易将就（即使在我们要求必须有严格规矩的领域），我们觉得这很荒唐，我们甚至觉得不像话。比如法国就没有明确的界限，边境线上到处是飞地、属地，四周的村子有的分成两半，有的分成三半，对自己究竟属于哪边，并不明确。面对这么多不明确的事，我们很快就会觉得不可忍受，可是与拉伯雷同时代的人并没有感到任何不便。

但是，有人会说：那都是一些穷人，那些人以为是在参加子夜巫魔会，实际上却是待在自己家里的火炉旁边，或者躺在床上生

---

① 乌塞（Houssay），CDLXXII—IV。关于石头活了，走起路来，喝水，洗澡，等等的故事，详见圣伊夫（Saint-Yves）的调查，尤其是《民间传说故事》（*R. du Folklore*），1934年，第五卷第213页到216页。

② 琉善·列维－布吕尔，CDLXXVI，第192页及其以后部分。还没有从这个角度研究巫术的有价值的书。关于变兽妄想，参见尼诺尔（Nynauld），CDLXXX，以及肖文古（Chauvincourt），CDLXVI。

病；你选的就是这样的人……是穷人？那他们的法官呢？法官可不是穷人，也不是文盲。和巫师相比，他们从狼人的故事当中能看出更多的不便之处吗？不会。他们也会跟着看。他们也会上文字的当。唯一的区别，是他们看到巫师的表现，有时候会感觉到——也许？——某种思想上的气愤。巫师当然是不会有这种感觉的。巫师有可能被吓坏了，但他对自己所作、所说、所承认、所解释的东西不会感到吃惊。《宗教性质七人对话录》（*Heptaplomeres*）的作者，当时思想最为开放，最为聪明的人之一让·博丹，也是《巫师的魔鬼妄想症》（*Démonomanie des Sorciers*）的作者，可就是这样一个人，也真诚地相信巫师的作用。

与同时代的人相比，我们不能说一些知名的、受人尊敬的法官，比如博盖（Boguet），雷米（Rémy），德·朗克勒（De Lancre）都是特别轻信的人，特别愚蠢，思想低能；这些人不仅都是年鉴的作者，而且还是审判官，而且都在他们管辖的范围之内，在弗朗什孔泰，洛林，拉布追杀过巫师。他们在事实面前的反应与我们是不一样的[①]。有些相似的地方他们会非常关注，而我们会觉得没有意义，不值得关注。有些相像的地方，我们会认为是偶然的，或者形式上的，或者是随意性的而忽略，但他们会从中看到很多神秘的关联。他们不仅仅局限于接受这些东西，他们还会奇怪地去寻找这些东西。神学家早就让他们习惯了的，是费尔迪南·洛特（Ferdinand Lot）在一本精彩的书《古代世界的终结》（*Fin du*

① 当时的司法在人和野兽之间是没有界限的。猪杀了人或者吃了孩子要像个罪犯一样受到审判，要通过司法形式被吊死。

monde antique)中称之为的“可怕的疯狂”(我可不是因为这一点才认为他的书精彩的!)。他们便在这种“可怕的疯狂当中”毫无困难、毫不费力地游走。洛特在书中从数百个例子当中只选择了几个,并且暂时忘记了作为一个历史学家的角色而坚持说,这些例子让人觉得“同样好笑,或者说同样可悲”[①]。“疯狂”,这个词是没有意义的。他们的思想方式与我们的不一样,仅此而已。到了16世纪很晚的时候,一些有思想、有知识的人仍然以一些对于我们来说是出乎意料的比较为基础,进行荒唐的推论。比如福谢(Fauchet),写《法国语言的起源》(*Origines de la langue française*)的福谢,便声称说经他证明[②],“温带地区是最早有人居住的”,证据就是美索不达米亚和巴勒斯坦。因为这是可能的,“正好比心脏和肝脏(据很多医生的说法)在人的身体上比四肢形成得早,所以地球中部是最先有人居住的”。

老实说,当时没有任何人会意识到有什么事是不可能的,大家都没有“不可能”这个概念。

如果有人对我们说,一个被砍了头的人用两只手拿住了自己的脑袋,在大街上走了起来。我们耸耸肩,不会再细问怎么回事,否则我们就会显得太可笑了。1541年的人不会说:这不可能[③]。他们不会怀疑一件事实的可能性。对于他们来说,没有任何专制的,绝对的,有限制性的规律阻挡自由创造、生产万物的大自然的

---

① 洛特,CCCXC。

② 《法国语言的起源》第534页。

③ 关于“死人捧头术”(céphalophorie)以及“被砍了头的人用自己的双手捧着头”(céphalophores)的圣人,请参见圣伊夫,CDLXXXI,第219页及其以后部分。

无穷威力。对事实的批判正是在这种规律的概念普遍生效之后才开始的。有了规律的概念，同时“不可能”的概念也就有了意义，虽然这个概念从表面上看是否定的，但却具有非常丰富的作用。同时，对于所有人的思想来说，“不可能”便产生了“没有意义”。

在 16 世纪，这一天还没有到来。一个预言未来的梦；一个幽灵的出现；一个远距离的行动或者传言：这都是事实，怎么能怀疑事实呢？我看到那个鬼，那个魂了。在我睡觉的闹鬼的屋子里，我听到了铁链声音，吱吱嘎嘎的声音，哭叫的声音。晚上，从潜伏打猎的地方回来的时候，我看到天上“海勒坎的猎队”闹闹嚷嚷地过去了[①]。这都是事实，无可怀疑的事实：我看见了，我听见了，我发抖了。朋友们，他们怎么会怀疑呢？我的见证是有效的。我从来不乱说。而且，我真诚地以我的体验而感到自己很了不起……

西拉诺说过：“不应当相信一个人说的所有的东西。因为一个人什么都可以说。我们只能相信一个人所说的合乎人道的事。”[②]这是多么精彩的话。但这话是在 1641 年时候说的。16 世纪，这些十分深刻的话，这些很人道的话还没有说。

我们讲到过“实验”。我们为什么没有关于这个词的历史呢？“实验”，对于我们来说，是一种技术，实验室里的人尤其熟悉。是在未经加工的原始事实领域，事先经过漫长的思谋和算计的行动。是一种选择的结果——而且进行选择是为了核实已经提出的一种假设，或者提出一种新的假设。可是对于他们呢？是对自己产生

① 顾贝维尔(Gouberville)的日记中有很多地方记述了“海勒坎的猎队”(Chasse Hellequin)的事(1553 年 4 月 14 日，第 210 页，等等)。

② XLIII，第 146 页至 147 页。

的，不由人干预，与任何特别的意愿无关的一个现象，是对一个事件按照原样进行证明，进行观察，进行记录。

6 自然和超自然

正如16世纪的人没有与“不可能”相对的“可能”的概念一样，他们也没有与“超自然”相对的“自然”的概念。或者更准确地说，对于他们，自然和超自然之间的交流是正常的，不间断的。他们对宇宙有一种神秘学的观念，一种原始的观念，他们不会像我们一样到亲身经验的材料中去寻找原因，想着把每个事件都用现象的网络去定位，用这一事件之前的事件去解释它，把它想成是一定的条件产生的必然后果和同样具有必然性的原因，是很容易预见到的后果。16世纪的人认为，简单而潜在的原因，要到根本就是无法体验的世界去寻找，到充满了看不见的权威、力量、神灵、影响的世界去寻找，这些东西从四面八方围绕着我们，向我们进攻，并决定着我们的命运。

天上打了一个雷：这可不是“自然现象”；而是神故意的、有意识的行为，是对人间事务的突然的干预。[①] 天上出现了一颗彗星：这也不是“自然现象”；而是一个征兆，是预示，说明某个人要死了。1600年在鲁昂，奥斯蒙(Osmont)出版社出了一本达依皮耶(Taillepied)的书，题目是《论神灵出没，亦即与肉体分开的灵魂，

① 1554年1月在蒙伯利埃处决了一个胡格诺派的教徒。普拉戴尔记述道：“发生了一件异乎寻常的事。行刑之后，天上立刻响起了雷声。我亲耳听到了。很多人也跟我一样听到了。”(XLIII，第67页)

鬼，神迹和神奇的事件，这往往出现在伟大人物的死之前，或者意味着公共事务的改变》，这本书将拉伯雷关于朗晒（Langey）之死的一章一直延长到17世纪，这我们一会儿还要讲到。发生一次月蚀，天上掉下一块陨石，太阳西下时略显苍白：这都是前兆，都是上天对人间的干预。

在每个人的生命过程中，自然和超自然的力量永远相互交叉着，没有任何人对此感到奇怪，觉得不舒服。正如当时的宇宙志一样，不合逻辑的事与可能的事混合在一起，真实与神奇联系在一起，动物寓言中的荒诞野兽的子孙与按照实物画的"真实"的野兽待在一块：一边是"低头兽"（le catoblépas）蠢呆呆地啃自己的脚丫子；另一边是一只真正的猴子鬼头鬼脑地抓痒痒。

一切都是这样。当他们宣称说，将受害者的尸体放在谋害他的人面前时，尸体会立刻流血，我们以为他们是在信口胡说。但是在16世纪很晚的时候，费利克斯·普拉戴尔还在蒙伯利埃让人这样做，他可是博学的医生，而且不是开玩笑[①]。据雅贝·迪瓦尔（Jobbé Duval）所说，在布列塔尼，死去的人在面对杀人犯的时候，尸体上的伤口会再次裂开流血，在一些重要的法院，这种认识一直持续到17世纪，在其他的法院一直持续到法国大革命。[②] 我们不理解的是，既然被抓了现行的罪犯，当时的法院为什么还需要认罪和招供——招供会破坏，或者至少会阻碍被招供的事实所产生的有害影响。犯罪的人认罪，在消除罪恶所产生的神秘感的同时，会

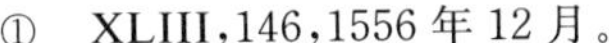

① XLIII，146，1556年12月。

② 雅贝·迪瓦尔，CDLXXV。

化解他做的坏事。当拉伯雷突然对一些下流的人大发脾气，因为这些人竟然觉得是圣人先让人患病，受到人的乞求之后，再同意给人治好的时候，我们会想，拉伯雷这是和谁，和一些什么样精神低能的人生气呢。但是，那是因为对于我们来说，疾病不过是人肌体发生的紊乱。可是16世纪的人认为，那是因为人受到了诅咒。正好比对于思想简单的人来说，治疗不是一种“自然”的行为，而是要靠完成药草采摘的形式[①]。当时所有的药方都是魔法和经验的混合。要喝某种汤药，要抹某种油膏，但是同时，而且尤其是要做某种动作，念某个咒语；只有这样，药才管用。“一个人之所以能治好一种病，之所以有这种能力，会不会是因为他能让人得这种病”：这不是读《卡冈都亚》的读者写在书的页面边缘上的评论，而是琉善·列维-布吕尔在解释先民的感觉。[②] 这句话让我们再次潜入我们在幻想中以为摆脱了的一种环境。

事实上，今天我们所有有教养的人，我们一般是游移在已经经过思想处理的自然当中，这个自然的各种现象是以一些相当于概念的必然规律和固定形式的架子作为支撑的。那么16世纪的人呢？他们很随意地生活在一个特殊的世界上，这个世界上的现象并没有准确地标识，在事件和存在之间，没有一个严格的时间先后的顺序，已经停止了的现象也可以继续存在，死亡并不能阻止一个人仍然存在于世，不能阻止他退而成为其他的生物，只要这些生物

① 在16世纪(及其以后)，德拉特(Delatte)所描写的残存的精神状态是不算数的(CDLXIX)。关于草药(圣约翰草)的采摘仪式，请参见圣伊夫，CDLXXXI，第246页及其以后部分。关于让人患病的圣人，请参见瓦加奈，CDLXXXIV。

② 琉善·列维-布吕尔，CDLXXVIII，第172页。

与他之间有着某些相似性。16 世纪的人多少都有些这样的想法，不仅仅是那些没有文化的人，那些傻子，蠢汉，无知的人。16 世纪的人不是时时处处像我们一样，从本能上确信存在着一些规律。因此，他们，学者们还不认为自己的任务，自己的职业就是要发现规律，深入一些表面上看来没有联系的事实，在其中引入秩序，进行分析，划出等级，不这样，他的思想便得不到满足。我们称之为的神秘现象，在我们的语言当中，就是无法将一个事实与一种规律对应起来。对于 16 世纪的人，是没有神秘现象的。一些他们根本解释不了的事情表达了某种意愿，一个好人或者一个坏人的意愿，一种行善或者做恶的意愿。我们不要忘记，这也是一种进步。吁请超自然的事物：这是淹没在事实中的人所做出的第一个努力，而且是很大的努力，以控制这些事实的混乱秩序——以在其中整理出一些人的秩序。

7　到处是恶魔的宇宙

这样一来，他们的宇宙——根据各自的功能，在地球四周排列开来的小小的宇宙——，与我们的令人无法理解、令人头晕目眩的宇宙又怎么能相提并论呢？这片未知世界所形成的无尽的星海，其概念我们大家都是熟悉的，可他们根本想不到会是这样。他们的星空，是他们可以想象的空间，可是他们的想象并没有努力摆脱自我；他们让这片空间布满了奇奇怪怪的东西：

当永恒的主建造世界这所大房子的时候，

他让鱼生活在水中，让人生活在地上，
让魔鬼生活在空中，让天使生活在
天上，这样一来，宇宙间便没有
无主的地方，各处生物根据性质
各司其职，各造其物……

这是龙沙在《戴蒙颂》(*Hymne des Daimons*)中的诗句，诗的节奏好像是从雨果的诗中借来的[①]。是诗人的幻想吗？当然不是。他只不过是将皮克·德·拉米兰多拉在《论人的尊严》(*De Hominis Dignitate*)中的论述进行了改编而已："圣父上帝，崇高的建筑师，亲手建造了我们看到的这所伟大的世界之屋，这座最为庄严的、基于他的秘密智慧之律法的庙宇。他让天上有了神灵，他让太空星球上有了永恒的灵魂，他让尘世有了各种不同的动物……"[②]但是，在16世纪，有谁不知道天使和魔鬼呢？谁的心中没有一片奇怪的、魔幻般的、充满了种种怪物的宇宙呢？

有人会说：龙沙是诗人，皮克是幻想家。就算是吧。但是费尔奈尔(Fernel)是医生公会的著名代表，这个公会过去曾经让一个研究思想的历史学家说[③]："文艺复兴时期所有伟大的先驱者，最早的学者都曾经是医生。"就是这个费尔奈尔，经典的经典，希波克拉底的多少后代子孙的灯光和向导，让我们打开他的伟大的集大

① 龙沙，CCXLIII，第57行诗及其以后部分。评论见第14页。

② CCXLII，第一卷，第314页。参见CCXLIII，第15页。

③ 雷(Rey)，CDLX，第453页。以及后面的论述都是关于医学对实验科学的形成所做出的贡献。

成之作《医学总论》(*Universa Medicina*)里面的《论隐秘世事之原因》(*De abditis rerum causis*)①:其中有很多“隐秘的原因”要向我们揭示……但是他提到了,他也提到了在全世界到处游荡的无数精灵鬼魂。游神野鬼,用来说明一切,解释一切,是很有用处的,是很好的！它们开始时是善良的,是按它们的创作者的形象造就的。但是有一天,魔鬼吕西费(Lucifer)狂妄自大,忘乎所以,说了些亵渎神明的话,所以地狱收留了他,收留了跟他一伙的魔鬼。从那以来,堕落的天使便与忠诚的天使光辉的队伍形成了对立,忠诚的天使在神圣的宝座四周排成九个唱诗班……这是基督教的神话。但是,费尔奈尔作为文艺复兴时期好心的哲学家,警告我们说:这一神话在源头上是无神论者提出来的。而且除了天使,除了魔鬼之外,他还补充了英雄——柏拉图在《法律篇》第四(IVe Livre des Lois)中向我们描写的英雄。这些都是上帝和人之间的中间使者。因为上帝不会亲自去管人间的事。

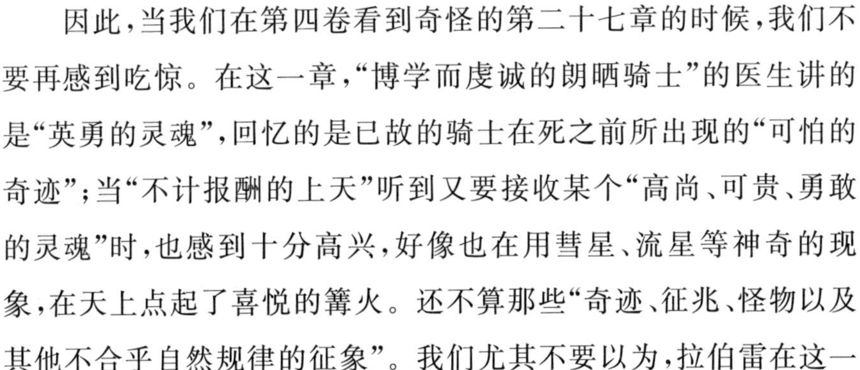

因此,当我们在第四卷看到奇怪的第二十七章的时候,我们不要再感到吃惊。在这一章,“博学而虔诚的朗晒骑士”的医生讲的是“英勇的灵魂”,回忆的是已故的骑士在死之前所出现的“可怕的奇迹”;当“不计报酬的上天”听到又要接收某个“高尚、可贵、勇敢的灵魂”时,也感到十分高兴,好像也在用彗星、流星等神奇的现象,在天上点起了喜悦的篝火。还不算那些“奇迹、征兆、怪物以及其他不合乎自然规律的征象”。我们尤其不要以为,拉伯雷在这一

① 费尔奈尔,CCCXXXIII,l. I,第九章,第 57 页。《论隐秘事务之原因》是 1548 年的作品。

章言谈轻率，是在开心说着玩。他用的是非常严肃的口气，这是不会有错的。他让当时在场的“德·阿西耶公爵、舍芒公爵、独眼马伊、圣爱尔、维尔那勒·德·古雅尔、萨维里亚诺的医生伽布里埃尔大师、拉伯雷”……以及很多其他朋友作证：“如果我说了一句假话，那就让我去见上帝……”

很奇怪的一章；而且这是我们这样说。但当时的人们怎么说呢？看到“天使的队伍”默默簇拥着上帝的，不只是龙沙一个人：一些没有肉体、没有激情的天使，天上真正的公民，而且“和上帝一样，也是永远不会死的”，

> 因为，他们只是神灵，他们神圣、完美而纯粹。[①]

而魔鬼的队伍却嘈杂混乱，在月光下四散在各处：

> 在空中，蠢笨，糊涂，到处都有，
> 总是带着风、雷和暴雨，[②]

诗人不是唯一看到这支队伍在云层中经过的，这些魔鬼身体轻盈，是空气做成的，而不是泥土，但还是有重量，“多少有点”重量，以便他们在飞得高的时候，也不会离开“上帝为他们划定的场所”……

① 龙沙，CCXLIII，第 66 句诗。

② 同上，第 73 句诗。

魔鬼真是奇怪的东西，既像上帝又像人：说他们像上帝，是因为他们是不死的，说他们像人，是因为他们“充满了各种激情”：

> 他们有愿望，有恐惧，他们愿意想象，
> 他们有爱和蔑视，可是除了身体之外，
> 没有任何东西是他们自己的。

他们有的善良，有的邪恶：

> 善良的来自空中，一直来到下边，
> 来让我们知道神的意愿，
> 然后又将我们做的事和祈祷带给上帝，
> 并从我们肉体里将囚禁的灵魂解放出来。

给我们送来梦的也是他们，令人不可捉摸的预言和艺术也来自于他们，

> 通过鸟来预测未来。

邪恶的却相反，为尘世间带来

> 瘟疫，热病，委靡，暴雨和雷电。
> 他们在空中发出声响，好让我们恐惧……

他们还干别的事：天上出现的所有可悲迹象，两个太阳，月亮发黑，血雨，总而言之，空中出现的所有可怕的事情，大家都知道是他们干的。同样，闹鬼的屋子里也是他们在作怪。在我们的住处附近不停转悠的梦淫妖、虫妖、鬼魂、灶神、女妖魔、吸血刀郎和蛇妖女都是他们。淘气的小妖精，鬼火，挪威的宅神(les Kobolds)是他们，平息大浪或者挑起暴风雨的水神和水怪也是他们。而且有的还很腼腆，很容易被吓跑：他们怕光，怕火炬的亮。他们什么都怕，尤其是怕剑器，见到剑就会逃走。

> 害怕他们的联系被割断。

事实上，魔法师经典的形象表现为手持一把裸剑。龙沙也向我们讲述说，有一天晚上，他去见情妇，

> 孤身一人去卢瓦河的那边，

他看到空中“魔鬼的猎队”(la Chasse infernale)经过，险些被吓得倒地而死，幸亏他想到

> 抽出剑来，挥舞着，把四周
> 的空气削得片片翻飞……

我们不用再拿其他的文章来支持、证明和扩大这些诗文的例证。我们只简单地提出自然而然地会出现在我们思想中的问题：

这是在科学地认识现实吗？而且，难道这首先是一种客观地研究“大自然中”有生命和无生命的物体，以及关于这些物体的结构、功能和行为的无数秘密？但是，与拉伯雷和龙沙同时代的人是如何满足于这些的呢？如果说知识是由空中飞翔的魔鬼传达给人的，那么这些信使、这些驿站的马车夫：

神圣的岗位，上帝的神圣的岗位
是他们把上帝的秘密带给了我们，

魔鬼是中间人，负责告诉尘世间的人们什么是

自然的道路，
天上的音乐，①

而且这些魔鬼只是为人类服务的，为了让人类能够在为其需要而创造的自然当中，主宰事物和现象，通过他们进行的神奇的干预，而不是通过机械的艺术行动，让人类掌握宇宙。

因此，所有的人，所有在文艺复兴中得到更新的古老的魔鬼理论的大师们——所有的，从马西尔·菲辛(Marsile Ficin，1499)，到亨利－高乃依·阿格里帕(Corneille Agrippa，1536)，到帕拉塞尔斯(1541)，或者到龙沙(1547)，所有的人，无一例外地都沉浸在日常的魔幻当中，他们的宇宙到处充满了神灵、魔鬼、半人半神的

① 《给王后的颂歌》(*Ode à la Reine*)，CCXLII，I，第 69 页。

怪物。这些神灵鬼怪是因果关系的因由和工具，他们用手操纵自然的力量（当时机器还没有诞生），导致产生现象，又将现象相互之间联系在一起。在不断变化的各种形式之下，人和物的形式也是不断变化的，因为

物质存在，而形式会失去

同样的现实既是同一的，又是多重的，是物质的又是精神的，不断地按照他们的意识而存在，而流动。深刻的感觉，斯多葛学派的世界的灵魂，文艺复兴时期的人们那么珍重的观念，恰恰可以提出一种哲学的形式，这种形式不仅是可以承认的，而且还是十分有名望的。

8　神秘主义和宗教

在人文科学的边缘上，在星相学者、医生、寻找点金石的人推动之下，发展起来一种“神秘科学”；最近一些年来，人们对这一神秘科学的作用、价值、尊严多有争论。有人指出（而且是从十分对立的很多方面指出），这些人交叉盘缠在一起的努力，他们的混乱的思想，他们的带有冒险色彩的、与梦想交叉在一起的思辨，在某些领域也许为现代的科学帮了很多的忙，与那些大学里制造出来的博士们经典的知识相比，为现代科学的出现和形成做出的贡献更大。我们在这里所提出的问题是完全不一样的。我们的问题是要知道，我们所力图描述的思想状态是不是促使 16 世纪的人从宗

教的控制之中解放出来——与他们由于出身、环境和选择所属的天启的、有组织的宗教决裂。

我们从直觉上相信是这样。我们 20 世纪的人，一日复一日地由学者们给予了我们一系列经过事实认证，经过经验检验的奇迹，与此相比，神秘学家的奇迹，假设的或者幻想的，宣示的或者预言的奇迹，便都显得苍白了：至少我们认为他们是天真的。我们不需要人们再从外部告诉我们说，我们的科学并不是什么都知道，什么都说，而且随时都有可能因为新知识、新思想的出现而改变。神奇的事物总是出于人们的口口相传，是啊——但是，要通过一种很特别的旅行，现在掌握这一诀窍的，已经不是圣王、炼金术士、星相学家；现在的情况远非如此了，现在掌握诀窍的，是公认的、有资格的、官方的学者，再由这些学者提供给公众。今天的魔幻比从前的魔幻更加具有魔力，因为今天的魔幻是从实验室里走出来的，披着荣光，戴着勋章和花环，被认为是最真实的真理。除此之外，就只有天真的人，或者是在认真的人心目中没有信誉的江湖骗子。这样一来，我们自然而然地便会觉得，16 世纪的那些“边缘的思辨者”，神秘学家，会炼金术的神秘学者，各种各样的秘术学者，必然会与正统的科学或宗教作对，建立起使教会和大学都感到可怕的一些小教堂。我们觉得完全可以把这些人当成是 17 世纪被人们称之为“不信教”的大军的先驱者。

这仍然是幻觉。显然，当今天我们在面前一边摆开各个时代和各种来源的泛神论学说的大杂烩，犹太教的神秘哲学，赫尔墨斯密传的书，以及很多保留至今的混沌杂乱的资料，另一边是教条明确的，与人的需要相适应的基督教；人的文化和生活环境使人具有

了逻辑和理性的精神。我们会觉得不一致的地方非常明显，妥协是不可能的。此或者彼。必须做出选择。我们必须做出选择。但是他们是不选择的。其根本的原因总是一样的。

他们不会对矛盾感到吃惊，不会觉得说不过去，不会在自己面前摆出无情的非此即彼的问题。我们会说，他们是尽力地将两难的问题协调起来？是这么说。有人指出说，他们总是在忙着让柏拉图和亚里士多德妥协，让希腊的哲学和福音书妥协。妥协，这在我们来说是不允许的。因为妥协，按照我们理解的意思，还是，仍然是受逻辑上的影响。实话说，16 世纪的人是不妥协的。索拉(Saurat)说得很好，他们是在"综合愿望"[①]。像神秘学家的思想一样，人们的欲望也是反对教条的，只不过反对的方式不同；教条主义的神学太喜欢逻辑，而且神学的定义一天天地变得越来越严格，不让倔强的人们自由地遐想，不让他们去追求晦涩的、令人不知所措的、诱人的神话，而这些神话本来是可以满足他们饥渴的原始思想的。因此，通过神秘主义，他们贪婪地、如饥似渴地满足着自己的需要，他们知道这种需要没有得到很好的调节，他们只是按照自己的渴望来调节这种需要。他们只顾吃，并不计算吃进了多少卡路里。他们就像吃不饱饭的人一样吃，他们身体里没有什么储备，他们在犹太教的神秘哲学，在伟大的神，在普罗克洛斯(Proclus)的故纸堆里，在伪狄奥尼修斯(Pseudo-Denys)、赖蒙·吕肋(Raymond Lulle)和莱茵河边那些神秘学者的书里去寻找自己的梦想。他们寻找精神的食粮，到处找，他们渴望感觉，渴望相信，更甚于渴望论理、批评和判断。大家都是这样。从皮克·德·拉米兰多拉

① 索拉，CDLXIII，第 11 页。

开始。皮克·德·拉米兰多拉无疑让正统派感到担心，而且是强烈的担心；他在人文领域散布了一大堆外来的思想，或者说是与基督教作对的思想，然后又虔诚地裹着萨沃纳罗尔(Savonarole)穿过的教袍入葬了。他在一本本厚厚的书中表达了他的梦想，如果有人问他是否感觉到自己是个基督徒，我想他会感到奇怪的。也许和我们的虔诚的勒费弗尔一样(我们只举法国的这一个例子)，勒费弗尔是圣保罗的出版者，福音书的评论家，而且从很大程度上还是法国宗教改革的先驱：勒费弗尔怀着与对保罗书简中一样的热忱，主张、翻译、出版、普及“伟大的赫尔墨斯的作品”，并为此写了一篇精彩的前言，以及其他很多东西……

后来，也许……自由思想家是故意以神秘学的大师们为参照，以他们的混乱的学说为借口，好推销自己的怀疑论。或者他们讨厌经典学说那种按部就班的无情的面孔，也到神秘学中去寻求黑暗的情投意合，寻求浑水中的营养。要反对太过于文明的宗教，反对太过于逻辑化的基督教，这是自然而然的反应。在16世纪，出于我们已经说过的深刻的原因，改变的时刻还没有到来。人们尽可能地孕育着自己的梦想。人们力图在别人的思想当中找到自己，并没有过多地考虑逻辑的一致性和非矛盾的规律。这个时候的马丁·路德发现了《日耳曼神学》(*Théologie germanique*)，并发现在其中的每一页上，在每一行文字当中，都有马丁·路德的思想。于是他怀着满腔的激情，在整个德国出版、发行和普及了这本书。这本神秘的论著当中与路德的思想不相容的地方，与他的思想相反的地方，他根本就没有看到。这也是“视觉的落后”。他只满足于“感觉”——这与他的世纪是一致的。

结论　一个愿意相信的世纪

在此之后，我们可以再回到本书想提出的问题上来。那就是无信仰的问题，既然涉及16世纪的人，那么这个问题的影响及其手段如何。

信或者不信：从与天真的思想，与简单化的思想相对立的角度来看，这个问题并无秘密可言；从与反历史的思想相对立的角度来看，我们可以以相同的方式，为16世纪的人们，也倾向于为我们自己提出这个问题。我们之所以写这本书，就是为了反对这种幻想，理清在年代上发生的认识混乱。然而，让我们把第一个词放到一边：信。但是第二个呢？

* * *

不信：好像问题很简单——一个人，而且我们可以想象他是个不太因循守旧的人，要想与习惯、风俗决裂，与他所在的社会集团的法律决裂，那是多么轻而易举的事情啊，虽然这些习惯，这些风俗，这些法律在当时的社会上正是行之有效的。而相反，企图摆脱桎梏的“不信教的人”却如凤毛麟角。而他的知识，当时人们的知识，无法让他形成有效的怀疑，也无法让他在有了体验的基础上，使支持这些怀疑的证据具有真实的、真正的信念的力量。

但是，我们不要停留在抽象当中。只是“不信”这种说法还不够。我们现在所要思考的，从某种意义上说不是抽象的无信仰；一个人不相信上帝的存在，不管你给这个上帝什么样的属性，不管你用什么样的形容词来形容他：造物主，世界的守护者（拉伯雷说是“保护者”），或者天命、正义和善良，而且是他所规定的一种道德的守卫着。我们所要思考的，不是这个人的态度。我们首先要关注的，是这样一个人的态度：他生来就是基督徒，他以自己的整个身心参加了基督教，又从精神上从中摆脱出来，摆脱了共同的桎梏，摆脱了与他同时代的人几乎是众口一词地公开宣示的宗教的桎梏，毫不犹豫，毫无限制。

然而，要摆脱共同的桎梏，总归是需要理由的。要有很好的理由，我的意思是说，对于以此理由来行事的人来说，那理由应当是十分重要的。如果假设当时的人几乎可以无理由地做这种事，是出于一种思想上的玩玩闹闹，是想嘲笑别人以开心，是想出风头，那这无异于认为宗教革新者思想轻率，那么他们所倡导的东西也就失去了一切价值。所以必须有理由：但那是什么方面的理由呢？我们作为 20 世纪的人，我们首先会说，是历史的理由和科学的理由，形而上学的理由只排在第三位。

* * *

出于历史的理由而不相信：这对于拉伯雷和与拉伯雷同时代的人来说，是可能的吗？但是，在那时候，是谁认真地阅读了福音书，好比读一个作家的文章一样——或者更准确地说，好比将几个不同作家的文章排列在一起读一样，一边读一边想着要核实，要标注日期，要建立其相互之间的关系？没有任何人想到过这一点。或者说，虽然有些人，有几个思想特别敏锐和深刻的人有过这样的想法，那么这种想法也只停留在未加核实的状态，是不确定，没有产生作用的想法[①]。当时只能是这样。

只要福音书在人们看来是一个整体；只要神圣的启示没有受到异议；只要日期、来源、前后联系的问题没有得到审查；只要基督教起源的历史没有作为世俗的历史进行论述；——那就在任何地方，任何人都不可能撼动基督教，至少从历史的资料出发，对基督教无从下手。当时的人们只有艾维麦的宗教起源说(évhémérisme)，是由西塞罗的热忱的信徒们从西塞罗那里接过来的学说，而且这种学说把各种各样的神当成是神化了的人[②]。1550年前后，法国有过一些不信教的人，后来从异教徒的神悄悄地过渡到基督教的上帝，并且把这种简单而经济的学说不仅仅应用于朱庇特(Jupiter)(也应用于维纳斯，和很多其他的神，艾维麦的宗教起源说并不特别看重女性的神)，因为这种学说不需要任何证明的材料；有一些思想特别大胆的人将这种学说应用于耶稣，至少是在少数人，极少数人参加的秘密会议上：对此我们并不怀疑，因为加尔文的《丑闻》明确说了，从年代上来说，安托万·福梅的一封信在加尔文

① 关于伊拉斯谟的批评，请参见雷诺戴，CXCII，第136页及其以后部分。

② 关于16世纪艾维麦的宗教起源说(évhémérisme)，请参见布松(Busson)，CDXXXIX，尤其是他关于《奥利金和戴佩里耶》(*Origène et Des Périers*)的研究，特别是第129页及其以后部分。

之前也提到过这种事。但是说到底，那时是16世纪中叶，这种事走得了很远，能够走很远吗？

有人会说，不会比勒南的《耶稣》(*Jésus*)走得更远——似是而非的比较。因为勒南在出版《耶稣》之前，对福音书的历史和哲学进行过多少年的研究。而在1550年的“非基督”的话语背后，什么也没有，除了一些不是理由的理由，一些对基督的道德所说的没有根据的话，人们以为这些话是从福音书上来的，对其历史和资料价值没有提出任何具有批判性的怀疑，或者其他一些对福音书的风格同样是没有根据的意见，说是迁就了神圣的柏拉图的风格。什么也没有，除了加尔文和一些宗教辩论家自然而然地称之为骄傲、狂妄和自负的一些带有情绪的论断。什么也没有，甚至在拉伯雷的时代，人们以为会被哥伦布(Colomb)、科戴兹(Cortez)、卡布拉尔(Cabral)和马日朗(Magellan)所利用的那种论据也没有——基督教没有发展成普世的教会，在教会所掌握地域之外，在教会的善行，尤其是教会的拯救，永恒的拯救之外，还有航海家们突然向旧大陆所揭示的大量的人和民族……

基督教还不是惠及天下的宗教——我们会说：那些新发现的土地，那些不知道基督存在，基督也不知道其存在的陌生的土地，怎么能不在他们的思想上引发反对基督教的意见，怎么能不引发一些严重的，无法辩驳的意见呢？可是他们怎么样呢？这些发现在他们的救世主般的心灵当中导致产生的，是一种古老的、令人惊异的劝人改宗的热忱。葡萄牙人，西班牙人，意大利人，法国人：所有的人在一些年期间，在几十年期间，都在争先恐后地吹嘘自己的航海和战斗经历，说他们首先不顾一切地冒了各种风险，以扩大基督教的领地。他们不说自己是作为商人周游了世界。他们让刚果的国王成了基督徒，让阿比西尼亚（Abyssinie）的伟大国王向罗马派驻了大使，探讨如何重新在他的信奉基督教的人民和教皇之间建立关系；最后，是让印度洋沿岸向神圣的主人的教导开放，印度，印度群岛，更远处的中国和不久以后发现的日本……

可是他们不是我们，这些事让他们感到不安。当然不是指所有的人，有些人很快、很早便想到了不利的方面：比如最早的人里面有一个叫圭恰迪尼（Guichardin）[①]的人。其他的人，即使是很聪明、很有教养的人，又怎么样呢？他们首先觉得一股宣传、改教、劝人改宗的热忱从心中升起。开始时便燃起这种热情的，有罗耀拉（Ignace de Loyola），及其最初的伙伴们，同样的热情促使弗朗索瓦·克萨维耶（François Xavier）来到印度。他们不是批评家，而是一些喜欢行动的人。他们和我们前边说过的波斯戴尔一样，念念不忘的是基督教世界统一的伟大梦想，一心只想将那时还不了解基督教，并与基督教为敌的人民纳入到基督教当中来。他们对拉普人（Lapons）、埃塞俄比亚人、印第安人感到担心，然后才从他们的宗教历史中找了些理由，反对基督教。至于其他的方案：他们的好奇心与我们的不一样，正如哥白尼的体系在很长时间里没有哲学的意义一样，正如在好几十年的时间里，新世界的发现，世界“第四部分”的发现并没有让人们感到

① “Per queste navigazioni si è manifestato essersi nella cognizione della terra ingannati in molte cose gli antichi, e ha dato qualche anzietà agli interpreti della Scrittura Sacra.”（在对地球的认识上，航海揭示了古代人在很多的方面都受到了蒙蔽。他们对《圣经》的解释者心怀疑虑。）*Storia d'Italia*, IV, pp. 107、111.

特别的关注一样。这是事实。但是却很能说明当时人们的一种思想状态。[①]

* * *

至于以科学为基础的无信仰，需要指出的是，这种无信仰所针对的并不是基督教（而且事实上，当这种无信仰出现时，它是不会针对基督教的）。它所针对的，这种无信仰所针对的，是一切宗教，因为宗教首先教导人们说，在宇宙当中，一切都有赖于上帝，上帝是造物主和立法者。

以科学为基础的无信仰以规律的强大概念为武器，竭力渐渐地化简像这样的上帝的权力，并首先证明说，即使从严格的意义上说，可以接受有一个原动力（*primum movens*）在一开始时的干预，有最初的神圣的推动力，但一旦机器启动了，在这一切当中，便再没有干预一切的上帝的位置，再没有上帝的奇迹的位置，或者简单说，就再没有上帝的天命的位置。在此之后，这种以科学为基础的无信仰所反对的，便是一切宗教，因为一切宗教都提出，一开始时，作为造物主和立法者的上帝的原初行动是必要的——并以各种形式提出具有自主性、而且只服从自己的规律的自然的概念，并以此反对宗教。但是，我们已经看到，规律的概念和自然的概念恰恰都不在16世纪所提出的概念当中。并不是因为16世纪没有必要的规律性的意识，没有对世界合理排列的好奇心——但那只是

① 阿特金森，CCCXXXII。

为了善，以及后来的美。

那么剩下的还有什么呢？绝望的无信仰，受到伤害的可怜的人发出的喊叫所表达的绝望，可怜的维雍发出的焦虑的呐喊，

我在遥远的国度，
任由烈火发出战栗，
赤身裸体，披着总统的长衫，
又笑又哭，无望地等待……

或者对胜利的非正义表示反抗的无信仰："如果有个上帝，如果上帝是善良的，那他怎么能任凭恶行猖狂？"但是，这个问题真的有很深的意义吗？不管怎么说，这个问题属于那些宗教（首先是基督教）早就准备好了回答的问题，而且是令人哑口无言的回答。

作为历史学家，我们由此而产生了一种非常清晰的感觉：无信仰是随着时代而变化的。有的时候变化很快。正如有些概念的变化，有些人以这些概念为基础进行否认，而旁边的人则利用其他的概念来支持他们的受到威胁的体系。速度很快，而且这我们是知道的：在 1940 年的时候，学者在面对自然规律决定论时，已经不能再采取克洛德·贝尔纳（Claude Bernard）的态度，或者也可以不往回追溯那么远，也不能再采取 1900 年有权威的学者们的态度。

因此，16 世纪人们的无信仰，因为这是事实，如果假设这种无信仰可以从某种程度上与我们的无信仰相比较，那是荒唐的、幼稚的。荒唐，而且也是从年代上张冠李戴。如果列一个单子，列上一系列的人名，把拉伯雷排在最前头，最后面是 20 世纪的"自由思想家"

们(而且假设这些人能够形成一个整体,他们相互之间从思想方式、科学经验和个别论据上没有深刻的差别),这也是发了疯的标志。我们整个这本书都在说明这一点,要不然这本书便毫无价值。

* * *

拉伯雷在当时来说是一个自由的思想家。他是一个非常聪明的人,有着坚强的常人意识,摆脱了在他四周十分流行的很多偏见。这我是相信的,我也希望实际情况正是这样。但是我说的是“在当时来说”。这就从相当的程度上要求,在他的思想自由和我们的思想自由之间,不仅仅存在着程度上的差别,而是具有性质上的差别,可以说这两者之间毫无共同之处——共同的只是某种精神状态、某种性情、某种行为。那么他的思想呢?我们千万不要把他的思想放在排头,作为我们的思想的源头。一个野人可以是个十分精明的人,可以用一要棍子在一块干木头的凹槽里摩擦取火。如果他想象出了这样的技术,那他就是个天才的野人。但尽管如此,我们也不会把他放在电烤炉的发明者的名单上。

因此,对于开始时我们提出的两个问题,我们可以毫不犹豫地回答。一个像拉伯雷这样的人,即使我们假设他具有神奇的先驱者的聪明智慧——一个像拉伯雷这样的人,究竟是不是开展了人们所说的这场反对基督教的疯狂的战争:不,他不会把这种事真正当成严肃的事去做的。否则他脚下的地面会塌陷。他的否认至多只能是一些看法而已——一些怪诞的思想和感觉的方式,从外部不会有任何东西支持他,真正地、实实在在地支持,不管是当时的科学还是哲学。而且另外,一种前后一致的合理性,一种组织得很好的理性的体系,并因此而也是危险的体系,因为是以哲学的思辨为基础的,以有价值的科学成果为基础的体系在当时还不存在。在《庞大固埃》的时代,还没有这种基础。当时还不可能有这种基础。

因为当时人的野心,最大的野心,就是将自己放在从属于希腊人和罗马人的地位上。他们有时会顺路采集一些这种或者那种古人所不知道的新的事实,而且如果仔细想想,这些新的事实进入他们的思想体系是不无损失的。但是出于一种意愿上的悖论,他们拒绝看到这种矛盾。他们仍然忠实于古老的学说——而这些学说的价值对于他们来说,只是一种看法,或者是一些看法——而且这些学说相互之间并不一致:有的带有唯物论的色彩,有的是唯灵论的,有的引人走向自然神论,有的则干脆引人走向无神论,有的是乐观主义的,有的则是悲观主义的。拉伯雷也在其中,与他所有同时代的人一样,他也任凭这些矛盾的声音一直传到他的耳中。那些动听的声音,吸引人,柔软,雄辩而具有诱惑力。如何选择呢?让自己成为一种学说的冠军,成为别人的疯狂的对头?为什么,怎么做呢?

所有的看法都是一样的,都是以印象、偏见或者模糊的相似性为基础的。面对着这些看法,拉伯雷和同时代的人都还没有检验的标准,唯一可以让他们做出选择的标准,对各种看法进行衡量的一架准确的天平,那就是有力的科学方法。这种方法的两个名字就是:实验的方法和批判的方法。他们在犹豫。他们在摇摆,最终站在一边,紧紧地抓住,以强攻猛打来对待另一边的人。而在他们上面,“听说”在“贪图简便”的祭坛上胜利了……

在文艺复兴时期，当这些热烈而好奇的人面对古代哲学矛盾而强烈的呼唤时，他们感到有些喘不过气来，有些不知所措。从谁开始呢？先听谁的呢？是亚里士多德还是柏拉图，是伊壁鸠鲁还是马克·奥勒留(Marc Aurèle)，是卢克莱修还是塞涅卡？这让人多么困惑啊！最好还是有所保留，一笑了之——说一句“也许？”就完事。那么其他的呢？将精神意义放在文字意义旁边，好比伊拉斯谟出版的《旧约全书》那样。而且在解释的时候使用比喻，以及比喻所允许的所有改写。

这一切，据我们的意思来看，都不是特别清楚，不是太有决定性的意义，而且我们很愿意把这种做法说成是虚伪。其实不是！我们要正确地对待当时的人：正确地对待他们，就是要理解他们。他们想怎么样，他们试图干过什么，这就是复原精神的统一，复原所有人的梦；就是在他们对自然事实的越来越多的知识和他们的神性的概念之间建立一致的关系。但是这种一致的关系，在当时的科学和哲学阶段上，他们是如何实现的呢？试图不顾一切地做这项事业的人沉浸在矛盾当中，我们可以可怜他们。面对任务而退缩了的人，是那些猛烈地驳斥伊拉斯谟的方法的人，断然停止(至少是尽他们所能地停止)其事业的发展。而且这些人有个名字，那就是宗教改革者。

* * *

最后一句话。想把16世纪说成是一个怀疑的世纪，一个不信教的世纪，一个理性主义的世纪，并把16世纪作为这样的世纪去颂扬,那是犯了最为严重的错误,那是最为严重的幻觉。恰恰相反,由于这个世纪最优秀的代表的愿望,16 世纪是一个神启的世纪。一个在所有的事情上首先会寻找神的影响的世纪。

这是美学吗?在充满了柏拉图主义的文艺复兴时期,有多少秘密的热情啊!班博(Bembo)给让-弗朗索瓦·皮克·德·拉米兰多拉写信说:“我想,正如在上帝身上有着某种正义、节制和其他品德的神圣形式一样,也有某种完美风格的神圣形式(*recte scribendi specient quamdam divinam*)(他们拥有某种公正书写的神圣风格)——一种绝对完美的模式,色诺芬(Xénophon)和狄摩西尼(Démosthène),尤其是柏拉图,比所有的人更为明显的是西塞罗,当这些人写文章的时候,他们从思想上尽可能地奉为楷模的,正是这种风格。他们从思想上设想了这种形象,便从特点和风格上去接近。我觉得我们应当像他们一样:尽我们的所能,尽量地,尽可能地接近这种美的形象。”尽量地——但是,作为对我们的努力的回报,我们希望与这种神圣的形式进行神秘的沟通。因为,据德波泰尔(Despautère)说,如果没有上天的特别帮助(*non sine divino numine*),彼特拉克(Pétrarque)“既不会向野蛮人宣战,也不会从流放的地方将众位诗神(les Muses)召回,也不会再次引起对雄辩术的崇拜”。

是哲学吗?问题是同样的。当然,他们是在思考。而且有的时候不只是用理性在思考。我们可是说,他们一直思考到无理性的程度。一种激情澎湃的经院派学术风格为他们所有的人打下了烙印。他们都在这种风格的培养之下,学会了与人吵架,而且一旦经过培训,就很难改了。但是,他们对此感到满意吗?

经过很多很多的努力之后，他们终于找到了一种巧妙的方法，不仅让亚里士多德与柏拉图妥协了，也与普罗提诺(Plotinus)妥协了。他们将形而上学浸润在神秘学当中，让纯粹的思想有了肉体的坚实和生命的热量。以至于他们当中的有些人被一些乱七八糟的感性的理想主义所吸引，使异教对人的诱惑当中又增添了某种新的邪恶；有的人想入非非地轻信，受到梦想的引诱，盲目地进入了神秘主义的迷宫。大部分人从精神和愿望上，不是待在感官的庸俗而吵闹的天地里，甚至不是待在经过纯化的理性的天地里，一味地思考理论——而是待在第三种天地里，那是上帝所在的天地，上帝让他所创造的人感觉得到的天地，有时候，怀着纯洁的精神寻找上帝的人，在不那么寒冷，不那么彷徨的时候，隐隐看到了上帝的影子——当然，他们所看到的影子是一种更高的光明影射出来的。

由此才有了他们无可争辩的崇高。由此也才有了他们的弱点，当他们的道德生活仍然停留在物质层面的时候，他们在精神上的努力使他们得到了升华，成了心醉神迷的享乐者，一直升华到了冥想的境界。不管怎么说，也有一些例外。他们当中大部分人信奉的根本上的神秘主义，往往始终都处在正直和健康的道路上。如果我们说的是 16 世纪在一开始时的代表人物，比如伊拉斯谟——其嘲笑世人的态度有点伏尔泰的风格——，我们可以说他的道路几乎是正直和健康得过分了。总而言之……

总而言之，这就是创造了现代世界的大部分学者都有的深刻的宗教观，这种说法可以适用于笛卡尔，但我希望通过本书已经表明，这种说法首先在一个遥远的世纪，同样适用于拉伯雷。也适用于拉伯雷极其出色地表达了“深刻信仰”的那些人。

参考书目

说明

我们的主题是一个很难确定界限的主题。以下的参考书目并没有穷尽这个主题所有的参考图书。我们在这里所列出的，只是我们确实参考和引用过的一些图书。而且更加准确地说，是我们在这部作品的主体部分确实引用过的一些图书。当然这里指的是图书和杂志：有的虽然只有四页，却比四卷本的宏篇巨著所起的作用更大。因此，请不要指责我们轻率地遗忘了什么。有意的遗忘是有的：有很多对我们实际上并没有什么用处的书，我们便故意没有引用。

我们尽力将参考书目的标记简单化。除了古旧书和外国的图书之外，我们只指出所引用的图书的出版地点、出版日期和图书的版式。如果出版地点是巴黎，那么我们连出版地点也免了，如果是八开本(in-8)，那么连版式也不说明了。

但对古旧图书的说明要更加完整。因为这是些珍稀版本的图书，有时候还是十分珍稀的版本，往往会有些相似的版本，所以不能混淆。如果有可能，我们甚至指出我们所使用的是哪个版本，并附带了我们借书的巴黎或者外省图书馆的编目号。有一两本书没有标注这些信息，那是因为现在情况不允许我们核实；从前这却是如儿戏般简单的事。

参考书目大纲

I　研究工具及一般图书

A　文献集和文献汇编；印刷商和书商

B　字典，百科全书，文献汇编

C　使用过和引用过的一些文章和资料文集

D　有关方法的一些图书和笔记

II　拉伯雷，作者及其作品

A　拉伯雷的文章：文献，出版物

B　作者与作品，总体研究

C　细节研究：传记及插曲

D　细节研究：作品与关系

III　先驱者，同时代人，对头

A　作家和人文学家（按字母顺序排列）

B　哲学家和学者（按字母顺序排列）

IV　拉伯雷的时代

A　意识问题和思想生活

1　16 世纪的语言及语言问题

2　中世纪，文艺复兴，人文主义

3 文学历史

4 机构和环境

5 艺术及图像研究

B 科学与哲学

1 16世纪的科学

2 文艺复兴时期的哲学及其先辈

C 宗教问题

1 信仰,传统,遗留

2 宗教生活和虔敬生活

3 宗教改革及改革者

a) 圣经文本

b) 宗教改革,宗教改革之前,反对宗教改革的思想

c) 宗教改革者,宗教改革之前的学者,反对宗教改革的学者

D 其他问题

I.研究工具及一般图书

A. 文献集和文献汇编;印刷商和书商

BAUDRIER (J.), *Bibliographie lyonnaise*. Recherches sur les imprimeurs, libraires, relieurs et fondeurs de lettres de Lyon au xvie s. 1re s^{ie} Lyon,

Brun, 1895; 12e s^{ie}, Lyon, Brossier, 1921. 12 v …………………… I

BRUNET (J. CH.), *Manuel du Libraire*. 5e éd., 6 v., 1860 – 65. Suppl^{t}, 2 v., 1878 – 80 …………………………………………………… II

CAILLET (A. L.), *Manuel bibliographique des Sciences psychiques ou occultes*, 1913. 3 v ……………………………………………… III

CLOUZOT et MARTIN, Tables générales de la *Revue des Etudes Rabelaisiennes*, t. I à X (1903 – 12), 1924 ……………………………… IV

COYECQUE (E.), *Recueil d' actes notariés relatifs à l' histoire de Paris au XVIe S.*, 1, 1498 – 1545, 1905, in-ii ……………………… V

GIRAUD (Jeanne), *Manuel de Bibliographie littéraire pour les XVIe, XVIIe et XVIIIe s. français* (1921 – 35). 1939, in-8 (P. F. L., Lille) … VI

LANSON (G.), *Manuel bibliographique de la littérature française moderne*, n^{lle} éd., 1921 ……………………………………………… VII

MAITTAIRE (M.), *Annales tipographici ab anno MD ad annum MDXXXVI continuati. Hagae Comitum, apud Fratres Vaillant et Nic. Prevost*, 1722, in-4° ………………………………………………… VIII

PICHON (baron J.) et VICAIRE (G.), *Documents p. s. à l' histoire des libraires de Paris*, 1486 – 1600, 1895 ……………………………… IX

RENOUARD (Ph.), *Imprimeurs parisiens, libraires, fondeurs de caractères et correcteurs d' imprimerie depuis l' introduction de l' imprimerie à Paris (1470) jusqu' à la fin du XVIe s.*, 1896, in-12 …………………… X

RENOUARD (Ph.), *Documents sur les Imprimeurs, Libraires, etc. ayant exercé à Paris de 1460 à 1600*. 1901 ……………………………… X^{bis}

RENOUARD (Ph.), *Les marques typographiques parisiennes des XVe et XVIe s.*, 1926 ………………………………………………… X^{ter}

REPERTOIRE *des ouvrages pédagogiques du XVIe s.*, 1885 ……………… XI

REUSCH (F. H.), éditeur de: *Indices librorum prohibitorum* des XVI^{ten} Jhdts. Bib, des Stuttgarter liter. Vereins, Bd. 176, Tubiugen, 1886 …………………………………………………………… XII

SHORT TITLE CATALOGUE *of Books printed in France and of French books*

printed in other countries from 1470 to 1600 now in the British Museum, Londres, 1924 ………………………………………………… XIII

SILVESTRE (L. C.), *Marques typographiques*, (1470 - fin XVIe s.), 1867, 2 v ………………………………………………… XIV

ARNOULET (Ol.), *Bibliographie de ses publications* dans *Baudrier*, I, série 10, 1913 ………………………………………………… XV

BADIUS (J.), RENOUARD (Ph.), *Bibliographie des impressions et des œuvres de* J. Badius Ascensius, 1462 - 1535; 1908, 3 v ………………… XVI

COLOMB (F.), BABELON, La Bibliothèque de Fernand Colomb …… XVII

COLINES (S. de), *Bibliographie des éditions de S. de C.*, 1520 - 46 par Renouard (Ph.), 1894 ………………………………………………… XVIII

ESTIENNE (les), *Annales de l'imprimerie des Estienne*, p. Renouard (A. A.), 2e éd., 1843 ………………………………………………… XIX

GRYPHE (Seb.), *Bibliographie de ses publications* dans *Baudrier*, I, 8e s^{ie}, 1910 ………………………………………………… XX

NOURRY (Cl. dit le Prince), *Bibliographie de ses publications* dans *Baudrier*, I, 12e s^{ie}, 1921 ………………………………………………… XXI

B. 字典，百科全书，文献汇编

BAUDRILLARD, AIGRAIN, RICHARD et ROUZIES, *Dictionnaire d'histoire et de géographie ecclésiastiques*, 1912. En cours de publication …… XXII

BAYLE (P.), *Dictionnaire historique et critique*. 5e éd. revue, corr. et augm. de remarques critiques. A Amsterdam, par la Cie, des Libraires, 1734. 5 in-f^{os} ………………………………………………… XXIII

EUBEL, *Hierarchia Catholica medii et recentioris aevi.*, 2e éd., 3 in. f^{o}, Munster, 1913 - 23 ………………………………………………… XXIV

FLEURY-VINDRY, Les Parlementaires français au XVIe s. 1909 sq … XXV

GAMS (P. B.), *Series episcoporum Ecclesiae catholicae*, Ratisbonne, 1873, in-4° (Rééd., Leipzig, 1932) ………………………………………………… XXVI

HAAG (Eug.), *La France Protestante*, 1846 - 58, 10 v. - 2e éd., par

Bordier, inach., 1877–88, 6 v. (de A à G.) ………………… XXVII

HURTER (H.), *Nomenclator literarius theologiae catholicae*, *theologos exhibens aetate*, *natione*, *discipiinis distinctos*., Ed. tertia, Oeniponte (Innsbruck), 1903 sqq., t I, 1903 (ad 1109) t. II, 1906 (1109–1563) t. III, 1907 (1564–1663) ……………………………………… XXVIII

MARCHAND (Prosper), *Dictionnaire historique*, La Haye, Pierre Hondt, 1758, t. I et II, in-f° ……………………………………………… XXIX

PICOT (E.), Les français italianisants au XVIe s., 2 vol., 1906–07 …………………………………………………………………… XXX

REALENCYKMOPÄDIE *f. protestant. Theologie u. Kirche*, pp. Herzog, 3e éd., revue par Hauck, Leipzig, 1896–1913, 24 vol ………… XXXI

SOCIETE FRANÇAISE DE PHILOSOPHIE, *Vocabulaire technique et critique de la philosophie*, p. p. Lalande, 4e éd., 3 v 1932 ………………… XXXII

VACANT, MANGENOT, AMANN, *Dictionnaire de Théologie Catholique*, in-4°, 1903 sqq (en cours) ……………………………………………… XXXIII

C. 使用过和引用过的一些文章和资料文集

FRANÇOIS Ier, *Catalogue des Actes de François Ier*, 1887–08, 10 in-4° ………………………………………………………………… XXXIV

BOURGEOIS DE PARIS (le Journal d'un), éd. Bourrilly, 1910 …… XXXV

DRIART (P.). *Chronique parisienne*, 1522–32. p. p. Bournon, M. S. H. P., XXII, 1895 ……………………………………………………… XXXVI

GEIZKOFLER (Luc), *Mémoires* (1550–1620), trad. p. Ed. Fick. Genève, J. G. Fick, 1892 ………………………………………………… XXXVII

GOUBERVILLE (Gilles de), *Le Journal du Sire de G.*, éd. Robillard de Beaurepaire, Caen, Delesques, 1892, in-4° ………………… XXXVIII

TOLLEMER (l'abbé), *Journal ms. d'un Sire de Gouberville*, Rennes, Oberthur, 1850 ……………………………………………… XXXVIIIbis

GRIN (Fr.), *Journal de Fr. Grin*, religieux de S. Victor, 1554–70, p.p. de Ruble, M. S. H. P., XXI, 1894 ………………………… XXXIX

HATON (Cl.), *Mémoires*, éd. Bourquelot, 1857, 4° …………………… XL

LERY (Jean de), *Histoire d'un voyage faict en la terre du Brésil dite Amérique* [La Rochelle], pour Ant. Chuppin, 1578, pet. in-8 … XLI

LE ROUX DE LINCY, Recueil de chants historiques français depuis le XIIe au XVIIIe s., 1841, 2 in-12 ………………………………………… XLII

PLATTER (F. et Th.), *Félix et Thomas Platter à Montpellier*, Montpellier. Goulet 1892 ……………………………………………………… XLIII

PLATTER (Th.), *Memoires*, trad. Fick, Genève, 1866 ………… XLIIIbis

VERSORIS (N.), *Livre de raison de Me N. V.*, avocat au Parlement de Paris (1519 - 30) p.p. Fagniez (M. S. H. P.). XII, 1885 ………… XLIV

D. 有关方法的一些图书和笔记

BERR (H.), *En marge de l'histoire universelle*, 1934 (Coll. E. H.) ……………………………………………………………………… XLV

FEBVRE (L.), *De 1892 à 1933. Examen de conscience d'une histoire et d'un historien*, R. S., VII, 1934 ……………………………… XLVI

FEBVRE (L.), *Quelques philosophies opportunistes de l'histoire* R. de Métaphysique et de Morale, 1936 ……………………………… XLVII

FEBVRE (L.), *Les recherches collectives et l'avenir de l'Histoire* R. S., XI, 1936 ……………………………………………………… XLVIII

FEBVRE (L.), *Psychologie et histoire*. E. F., VIII, *La Vie Mentale*, 1938, fasc. 8 - 12 ……………………………………………………… XLIX

FEBVRE (L.), *La sensibilité dans l'Histoire*. A. H. S., 1941 … XLIXbis

II. 拉伯雷,作者及其作品

A. 拉伯雷的文章:文献,出版物

PLAN (P. P.), Bibliographie rabelaisienne. Les éditions de Rabelais de 1532 à 1711, 1904, 4° ……………………………………………… L

BOULENGER (J.), Etude critique sur les rédactions du Pantagruel, R. S. S., VI, 1919, an tête du t. III, des Œuvres ……………………………… LI

RABELAIS, Les Œuvres. éd. Ch. Marty-Laveaux, 1868 – 1903, 6 v … LII

RABELAIS, Œuvres, p. p. L. Moland. N[lle] éd., précéd. d'une notice biogr. par Clouzot, 2 in-16 ……………………………………………………… LIII

RABELAIS, Œuvres complètes, p. p. Plattard (S. T. F. M.), 1929. 5v ……………………………………………………………………………… LIV

RABELAIS, Œuvres, éd. critique p. p. Lefranc, Boulenger, Clouzot, Dorveaux, Plattard et Sainéan. I et II, Gargantua, 1912 – 13 III et IV, Pantagruel, 1922; V, le Tiers Livre, 1931, 5 in-4° parus ……………… LV

B. 作者与作品，总体研究

BIBLIOTHEQUE NATIONALE, *Rabelais*, Exposition organisée à l'occasion du 4e Centenaire de Pantagruel, 1931 ……………………………………… LVI

BOULENGER (J.), *Rabelais à travers les âges*, 1925 ………………… LVII

FEBVRE (L.), *L'homme, la légende et l'œuvre*. A propos d'une biographie de Rabelais, R. S., I. 1931 …………………………………… LVIII

GEBHART (E.), *Rabelais, la Renaissance et la Réforme*, 1877 ……… LIX

HEULARD (A.), *Rabelais, ses voyages en Italie, son exil à Metz*, 1891, in-4 ………………………………………………………………………… LX

MILLET (R.), *Rabelais*, (Coll. Grands Écrivains français, 1892) … LXI

STAPFER (P.), *Rabelais*, 1889, in-16 ………………………………… LXII

THUASNE (L.), *Etudes sur Rabelais*, 1904 ………………………… LXIII

PLATTARD (J.), *L'œuvre de Rabelais. Sources, invention, composition* 1909 (Th. Paris) ………………………………………………………… LXIV

PLATTARD (J.), *La vie de François Rabelais*, Paris-Bruxelles, Van Oest, 1928, 4° ……………………………………………………………………… LXV

LOTE (G.), *La vie et l'œuvre de Français Rabelais* (Bibl. Univ. Aix-Marseille), Aix-en-Provence, 1938 ………………………………… LXVI

C. 细节研究:传记及插曲

CLOUZOT (H.), *Chronologie de la Vie de Rabelais*. LV, I, 128 ……………… LXVII

GRIMAUD (H.), *Généalogie de la famille Rabelais*, R. E. R., IV, 1906 ……………… LXVIII

LEFRANC (A.), *Les autographes de Rabelais*, R. E. R., III, 1905 ……………… LXIX

LEFRANC (A.), *Le visage de Fr. Rabelais*, R. S. S., XIII, 1926 ……………… LXIX bis

LESELLIER (J.), *L'absolution de Rabelais en cour de Rome*, H. R., III, 1936 ……………… LXX

LESELLIER (J.), *Deux enfants naturels de Rabelais légitimés par Paul III* H. R., V, 1938 ……………… LXX bis

PLATTARD (J.), *L'adolescence de Rabslais en Poitou*, 1923 ……… LXXI

BOURRILLY (V. L.), *Rabelais à Lyon en août 1537*, R. É. R., IV, 1906 ……………… LXXII

DE SANTI (L.), *Le cours de Rabelais à la Faculté de Montpellier* 1537–38, R. É. R., III, 1905 ……………… LXXIII

PICOT (E.), *Rabelais à Lyon en août 1540*, R. É. R., IV, 1906 ……………… LXXIV

DE SANTI (L.), *Rabelais à Toulouse*, F. S. S., VIII, 1921 …… LXXV

ZELLER (G.), *Le séjour de Rabelais à Metz*, R. S. S., XIV, 1927 ……………… LXXVI

LEFRANC (A.), *Rabelais et le Pouvoir Royal*, R. S. S., XVII, 1930 ……………… LXXVII

D. 细节研究:作品与关系

BERTHOUD (G.), *Marcourt et Rabelais*, Musée Neuchâtelois, 1929 ……………… LXXX

MARCOURT (Ant.), *Le livre des Marchans*, fort utile à toutes gens, nouvellement composé par le sire Pantapole, bien expert en tel affaire, prochain voysin du Seigneur Pantagruel. -F° 23 vo.; *Imprimé à Corinthe le XXIIe d'aoust l'an mil cinq cens XXXIII*. [Neuchatel, P. de Vingle], pet. in-8 goth ...... LXXXbis

BUSSON (H.), *Rabelais et le Miracle*, R. C. C., 1929 LXXXI

CHAMARD (H.). Note pour le commentaire:《*L'enfant sortit par l'aureille senestre*》. R. S. S., 1922, 219-20 LXXXII

DUBREME (CL.) *L'accouchement de Gargamelle par l'oreille sénestre*. Chronique médicale, 1933, p. 74 et 157 LXXXIII

FOLET (Dr H.), *Rabelais et les Saints préposés aux maladies*, R. É. R., IV 1906 LXXXIV

FUSIL (C. A.), *Rabelais et Lucrèce*, R. S. S., XII, 1925 LXXXV

GILSON (É.). *Notes médiévales au Tiers Livre de Pantagruel*, R. H. F., II, 1925 LXXXVI

GILSON (É.). *Rabelais franciscain* R. H. F., 1924 LXXXVII

LEFRANC (A.), *Etude sur le Gargantua*, en tête de LV. I, 1912 LXXXVIII

LEFRANC (A.). *Etude sur Pantagruel*, en tête de LV, III, 1922 LXXXIX

LEFRANC (A.), *Étude sur le Tiers Livre*, en tête de LV, V, 1931 ... XC

PLATTARD (J.). *L'Écriture Sainte et la Littérature Scripturaire*, R. É. R., VIII, 1910 XCI

PLATTARD (J.), *Rabelais réputé poète par qq. écrivains de son temps*, R. E. R. X. XCII

PLATTARD (J.), *Les publications secrètes de Rabelais*, R. E. R., II, 1901 XCIII

PLATTARD (J.), *L'invective de Gargantua contre les mariages contractés*《sans le sceu et adveu》*des parents*. R. S. S., XIV, 1927 XCIV

PLATTARD (J.), *Rabelais et Mellin de Saint Gelais*. R. E. R., IX, 1911 XCV

TALANT (L.), *Rabelais et la Réforme*, Th. Fac. Théol., Paris. Cahors, 1902 ······ XCVI

THUASNE (L.), *La lettre de Gargantua à Pantagruel*, R. B., 1905 ······ XCVII

III. 先驱者,同时代人,对头

A. 作家和人文学家

ARLIER (Ant.).

—Puech, Dr, *Un ami d'Et. Dolet*, R. du Midi, 1892 ······ C

—Gerig (J. L.), *Antoine Arlier, and the Renaissance at Nimes*, New-York, 1919 ······ CI

BÈZE (Th. de).

—*Poemata*. Lutetiæ, Conrad Badius, 1548, p. in-8 ······ CII

BOUCHET (J.).

—Hamon (A.), *Un grand rhétoriqueur poitevin: Jean Bouchet* (1476–1557), 1901, Th. Paris ······ CIII

—Haskovec (P.), *Rabelais et Jean Bouchet*, R. É. R., VI, 1907 ······ CIV

—Plattard (J.), *Une œuvre inédite du Grand rhétoriqueur J. Bouchet*, R. S. S., IX, 1922 ······ CV

BOURBON (Nic).

—*Nicolai Borbonii Vandoperani Nugae. Parisiis, apud Michaelem Vascosanum*, MDXXXIII, in-8. B. N., YC, 13221 ······ CVI

—*Nicolai Borbonii Vandoperani Nugae. Eiusdem Ferraria. Basileae, per And. Cratandrum, mense Septembri, anno* MDXXXIII Bib. Besançon, 223.017 ······ CVII

—*Nicolai Borbonii Vandoperani Opusculum Puerile ad Pueros de Moribus, sive Paidagogeion*. Lugduni, apud Seb. Gryphium, 1536, pet. in-4° Bib. Besançon, 265.118 ······ CVIII

—*Nicolai Borbonii Vandoperani Lingonensis Nugarum libri octo*. Apud Seb. Gryphium Lugduni 1538. Bib. Toulouse, 19.601; Bib. Besançon, 223.018 ………… CIX

—Carré (G.), De vita et scriptis N. Borbonii Vandoperani, 1888, 8°(Th. Paris) ………… CX

—De Santi (L.), *Rabelais et Nic. Bourbon*, R. S. S., IX, 1922 … CXI

BOYSSONE (J. de).

—*Les Trois Centuries de Maistre Jehan de Boyssoné, d^r régent, à Tholoze*, p. p. H. Jacoubet. Bib. Mérid., Fac. L. Toulouse, 2e s^ie, XX, 1923 ………… CXII

—*Les poésies latines de J. de B.* (Ms. de Toulouse, 835) résumées et annotées par H. Jacoubet, Toulouse, Privat, 1931 ………… CXIII

—*Lettres inédites de J. de B. et de ses amis*, p. p. Buche. R. Langues Romanes, 1895-6-7 ………… CXIV

—*La correspondance de J. de B.* (Ms. de Toulouse, 834) résumée, classée et annotée par H. Jacoubet, Toulouse, Privat, 1931 ………… CXV

—Bousquet (F.), *Trois lettres inéd. de J. B. et de Melanchton. Bull. Soc. Sc. et Arts Tarn*, n°s 1-12, Albi, 1921-23 ………… CXVI

—Mugnier (F.), *La vie et les poésies de J. de B.*, 1897 ………… CXVII

—Jacoubet (H.), *Jean de Boyssoné et son temps*, Toulouse-Paris, 1930 ………… CXVIII

—Jacoubet (H.), *Quelques conjectures à propos de Boyssoné*, R. S. S., XI, 1924, 302 ………… CXIX

—Jacoubet (H.), *Les dix années d'amitié de Dolet et de Boyssoné* (Toulouse 1532, Lyon 1542). R. S. S., XII, 1925 ………… CXX

—Jacoubet (H.), *Alciat et Boyssoné, d'après leur correspondance*, R. S. S., XIII, 1926 ………… CXXI

BRANTOME.

—*Œuvres complètes*, éd. Lalanne, 1864-1882, 12 v., (S. H. F.) ………… CXXII

—*Les Dames Galantes*, éd. Bouchot 2 v., s. d …………………… CXXIII

—Bouchot (H.), *Les femmes de Brantôme* 1890, in-4 …………… CXXIV

BRITANNUS.

—*Roberti Britanni Epistulae*.—*Roberti Britanni Carmina*. Tolosae, 1536, in-4 …………………………………………………………… CXXV

—*Rob. Britanni Atrebatensis Epistol. libri II*. Parisiis, G. Bossozeius MDXL. Bib. Lyon, n° 317.817 ………………………………… CXXVI

—*Roberti Britanni De optimo statu reipublicae liber. Huic adjuncta Gul. Langei Bellaii deploratio*. Parisiis, ex officina Christiani Wecheli. MDXLIII. In-8 ………………………………………………………… CXXVII

BRIXIUS (Germ.).

—*Germani Brixii Altissiodorensis gratuiatoriae IV Ejusdem epistulae IV*, Paris, 1531 (Bib. Mazar., 11.399) ………………………… CXXVIII

BUDE (Guill.).

—*Répertoire analytique et chronologique de la correspondance de Guill. Budé*, par Delaruelle (L.), 1907. Th. Paris ………………… CXXIX

—Delaruelle (L.), *Guillaume Budé, les origines, les débuts, les idées Maîtresses*, 1907, B. H. É., fasc. 162 et Th. Paris …………… CXXX

CHAMPIER (Symph.).

—Allut (P.), *Etude biographique et bibliographique sur Symphorien Champier*, Lyon, 1859 ………………………………………………… CXXXI

CHAPPUYS (Cl.).

—Roche (L. P.), *Claude Chappuys, poète de la cour de François I*[er], 1929 ……………………………………………………………… CXXXII

CHARONDAS (Louis Le Caron).

—*Les Dialogues*, A Paris, chez Jean Longis, 1556, 8° ………… CXXXIII

—Pinvert (L.), *Un entretien philosophique de R.*, rapporté par Charondas (1556) R. E. R., I, 1903 ……………………………… CXXXIV

CHESNEAU (Nic.).

—*Nic. Querculi Epig-ammatum libri II*.—*Ejusdem Hendecasyllaborum liber unus*. Parisiis, T. Richard, 1553, 4° B. N., Yc 1658 CXXXV

Cousin. (Gilbert).

—*Gilberti Cognati Nozereni Opera multfarii argumenti*.—Basileae, Henri Pierre, 1562, in-f°(Bibl. Besançon)........................ CXXXVI

—Febvre (L.), *Un secrétaire d'Érasme: Gilbert Cousin et la Réforme en Franche-Comté*, B. S. H. P., VI, 1907 CXXXVII

Des Masures (L.).

—*Œuvres poétiques de Louis des Masures*, Lyon, J. de Tournes et G. Gazeau, 1557, in-4° (B. N. Res, Ye 366) CXXXVIII

—*Vingt pseaumes de David traduits selon la vérité hébraïque et mis en rime Françoise par Louis des Masures*, *tournisien*, Lyon, J. de Tournes et G. Gazeau 1557, in-4° (B. N. Res. Ye 368) CXXXIX

—*Ludocici Masurii Carmina*, Lugduni, apud J. Tornaesium et G. Gazeium, 1557. 4°(B. N. Res. m. Yc, 807) CXL

Des Periers (B.).

— *Œuvres Françaises*, éd. Lacour, 1856, 2 in-12 CXLI

—*Le Cymbalum Mundi*, Réimpr. en fac simile de l'éd. de Paris, Jean Morin, 1537. Introd. par P. Plan. Soc. de Anciens Livres, 1914, in-16 CXLII

—Chenevière (Ad.), *Bonaventure des Periers*, *sa vie*, *ses poésies*, 1886 (Th. Paris) CXLIII

—Becker (Ph Aug.), *Bonaventure Des Periers*, als Dichter u. Erzähler (Akad, d. Wissensch. in Wien, Phil hit. Kl., *Sitzungsb.*, 200. Bd.), Vienne et Leipzig, 1924 CXLIV

—Walser (Fr), *Der Sinn des Cymbalum Mundi*: Eine Spottschrift gegen Calvin. *Zwingliana*, 1922, IV CXLV

—Febvre (L.), *Une histoire obscure*: *la publication du Cymbalum Mundi* (R. S. S.), XVII, 1930 CXLVI

—Febvre (L.), *Origène et Des Periers*, *ou l'énigme du Cymbalum Mundi*,

1942 ·· CXLVI bis

DOLET (Ét.).

—*Stephani Doleti orationes duae in Tholosam. Ejusdem Epistolarum libri II. Ejusdem Carminum libri II. Ad eundem Epistolarum arnicorum liber*. S. l. n. d., (Lyon, Gryphe, 1534). in-8 (. N, Inv. Z 1942)··· ·· CXLVII

—*Stephani Doleti Dialogus De Imitatione Ciceroniana adversus Desid. Erasmum Roterodamum pro Christophoro Longolio*. Lugduni ap. Seb. Gryphium, MDXXXV, in-4° ·· CXLVIII

—*Commentariorum Linguae Latinae Tomus primus*. Lugduni, apud Seb. Gryphium, 1536. f°. —*Tomus Secundus*, ibid 1538 (Éc. Norm. Supre) ·· CXLIX

—*Stephani Doleti Galli Aurelii Carminum libri quatuor*. Lugduni. [Gryphe], anno 1538, in-4° ·· CL

—*Stephani Doleti Galli Aurelii liber. De Imitatione Ciceroniana adversus Floridum Sabinum. Confutatio maledictorum, et varia Epigrammata*.
628 Lugduni, ex officina Autoris, 1540, 4° ····································· CLI

—*Procès d'Estienne Dolet*, Paris, Techener, 1836, in-8 ·············· CLII

—Maittaire, *Annales Typographici*, La Haye, 1719 - 25, t. III. pie I, pp. 9 - 113, Dolet ·· CLIII

—Bayle et Des Maizeaux. Art. *Dolet*. Dict., II, 647 - 49 et II, 984 - 87 ·· CLIV

—[Née de la Rochelle], *Vie d'Etienne Dolet*, Paris, Gogué et Née de la Rochelle, 1779 ·· CLV

—Boulmier (J.), *Estienne Dolet. Sa vie, ses œuvres, son martyre*, 1857, in-12 ·· CLVI

—Christie, Copley (R.), *Etienne Dolet, le Martyr de la Renaissance*. Trad. Stryenski, 1886 ·· CLVII

—Douen (O.), *Étienne Dolet, ses opinions religieuses* (B. S. H. P.), XXX. 1881 ·· CLVIII

—Sturel (R.), *Notes sur Ét. Dolet d'après les inédits*, R. S. S., I., 1913 ………… CLIX

—Chassaigne (M.), *Étienne Dolet, Portrait et Doc. inédits*, 1930, in-8 ………… CLX

—Febvre (L.), *Dolet propagateur de l'Évangile* (Humanisme et Renaissance, t. VI, 1944) ………… CLX^{bis}

Du Bellay (Guill.).

—Bourrilly (V. L.), *Guillaume du Bellay, Sgr. de Langey*, 1904 ………… CLXI

—Bourrilly (V. L.), *Rabelais et la mort de Guill. Du Bellay*, R. E. R., II, 1904 ………… CLXII

Du Bellay (Jean).

—*Jo Bellaii Cardinalis... poemata aliquot*, 1546 (V. à Macrin, S., CCXI) ………… CLXIII

—Bourrilly (V. L.), *Le Cardinal Jean du Bellay en Italie* (juin 1535-mars 1536), R. E. R., V, 1907 ………… CLXIV

Du Bellay (Joachim).

—*Œuvres Poétiques*, éd. Chamard (S. T. F. M.), 1906–19, 7 vol. in-12 ………… CLXV

—*Joachimi Bellali Poematum libri IV*, Paris, Fred. Morel, 1558, in-4 ………… CLXVI

—*Deffence et illustration de la langue française*, éd. Chamard, 1904 ………… CLXVII

Ducher (Gilb.).

—*Gilberti Ducherii Vultonis Aquapersani Epigrainmaton libri duo*. Apud Seb. Gryphium, Lugduni, 1538. Pet. in-8. (B. Besançon, 223009) ………… CLXVIII

Du Fail (Noël).

—*Œuvres facétieuses*, éd. Assézat, 2 v., 1874, in-12 ………… CLXIX

—Philipot (E.), *La vie et l'œuvre littéraire de Noël du Fail*, 1914 (Th.

Paris) ………………………………………………………………… CLXX

Du Saix (Ant.).

—Texte (Jos.), *De Antonio Saxano* (Th. Paris, 1895) …………… CLXXI

—Plattard (J.), *Frère Antoine de Saix. Commandeur jambonnier de Bourg-en-Bresse*, R. É. R., IX, 1911 ………………………………… CLXXII

Érasme (Didier).

—*Des. Erasmi Roterodami Opera Omnia*, éd. J. Clericus, Leyde, 1703-06, 10 in-f° ……………………………………………………… CLXXIII

—*Opus Epistolarum Des. Erasmi denuo recognitum et auctum*. Oxford, t. I, 1906; t. VIII. 1934. (En cours de publication)…………… CLXXIV

—Forstemann et Günther, *Briefe an Des. Erasmus* (Beihefte z. Zentralblatt f. Bibliothekswesen, XXVII), Leipzig, 1904, 8° …………… CLXXV

—Érasme, *Colloquia Familiaria*, Leipzig, O. Hoitze, 1872, in-16 ……………………………………………………………………… CLXXVI

—Smith (Preserved), *A key to the Colloquies of Erasmus*. Harvard theolog. Studies. Cambridge Mass., Harvard Univ. Press, 1927, 8° ……………………………………………………………………… CLXXVII

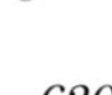

—Ziesing (Th.), *Erasme ou Salignac?* 1887 …………………… CLXXVIII

—Heulhard (A.), *Une lettre fameuse, Rabelais à Erasme*, 1904, 4° ……………………………………………………………… CLXXVIII bis

—Boussey (A.), *Erasme à Besançon*, B. Acad. Sc., B. L. et Arts, Besançon, 1896 ……………………………………………… CLXXIX

—Delaruelle (L.), *Ce que Rabelais doit à Érasme et à Budé* R. H. L., 1904 ……………………………………………………………………… CLXXX

—Smith (W. F.), Rabelais et Érasme, R. É. R., VI, 1908 ……………………………………………………………………… CLXXXI

—Mestwerdt (Ph.), *Die Anfänge des Erasmus. Humanismus und Devotio Moderna* (Studien z. Kultur u. Gesch. der Reformation, hgg. vom Verein f. Reformations-gesch., 1917) ………………………… CLXXXII

—Pineau (J. B.), *Érasme, sa pensée religieuse*, 1924, 8° (Th. Paris) ……………………………………………………………… CLXXXIII

—Ferrère (F.), *Érasme et le cicéronianisme au XVIe s.* [Spécialement Scaliger], R. de l'Agenais, 1924 …………………………… CLXXXIV

—Renaudet (A.), *Érasme, sa pensés religieuse et son action d'après sa correspondance* (1518–1521), 1926 ……………………………… CLXXXV

—Bataillon (M.), *Érasme et la Cour de Portugal. Arquivo de historia* (Coimbra, Univ.). II, 1927 ………………………………………… CLXXXVI

—Bataillon (M.), *Les Portugais contre Érasme à l'assemblée théologique de Valladolid, 1527*. In Memoriam de Carolina Michaelis de Vasconcellos, Coimbra, 1928, 4° …………………………………………… CLXXXVII

—Febvre (L.), *Crises et Figures religieuses: Du Modernisme à Érasme*, R. S., I, 1931 …………………………………………………… CLXXXVIII

—Mann (Marg.), *Érasme et les débuts de la Réforme française*, 1934 ………………………………………………………………… CLXXXIX

—Bataillon (M.), *Érasme et l'Espagne, recherches sur l'histoire spirituelle du XVIe siècle*, 1937 ……………………………………………… CXC

—Febvre (L.), *Une Conquête de l'Histoire: l'Espagne d'Érasme*, A. H. S., I, 1939. Cf. également: *L'Érasmisme en Espagne*, R. S. H., XLIV, 1927 ………………………………………………………… CXCI

—Renaudet (A.), *Etudes Érasmiennes* (1521–1529), 1939 ……… CXCII

—Febvre (L.), *Aug. Renaudet et ses Etudes érasmiennes* A. H. S., I, 1939 ………………………………………………………………… CXCIII

Estienne (Henri).

—*Apologie pour Hérodote*, éd. Ristelhüber, 1879, 2 v ………… CXCIV

—Clément (L.), *Henri Etienne et Son œuvre française*, 1898 (Th. Paris) ………………………………………………………………… CXCV

—Lefranc (A.), *Rabelais et les Estienne. Le Procès du Cymbalum de Bonaventure Des Periers*, R. S. S., XV, 1928 ………………… CXCVI

Estienne (Robert).

—*In Evangelium secundum Matthaeum, Marcum et Lucam, commentarii ex ecclesiasticis scriptoribus collecti*. Genevas, Oliva Roberti Stephani,

1553 …………………………………………………………… CXCVII

GOES (Damien de).

—Bataillon (M.), *Le Cosmopolitisme de D. de Góis* …………… CXCVIII

GOUVEA (André de).

—Bataillon (M.), *Sur André de Gouvea, Principal du Collège de Guyenne*. Univ. de Coimbra, O Instituto, 78, 1929 ……………………… CXCIX

GOUVEA (Antoine de).

—*Antonii Goveani Lusitani Epigrammaton libri duo*. Lugduni, ap. Seb. Gryphium, 1539, 4° ……………………………………………………… CC

—*Antonii Goveani Epigrammata. Ejusdem epistolae quatuor*. Apud Seb. Gryphium, Lugduni, 1540, 8°. Bib. Bes. 223,032 ……………… CCbis

—*Antonii Goveani pro Aristotele responsio adversus Petri Rami calumnias*. Parisiis apud S. Colinoeum, 1543, in-8 (Bib. Besançon) ………… CCI

—*Antonii Goveani Opera juridica, philologica, philosophica ed. Jacobus van Vaassen*, Rotterdain, 1766, f° ………………………………… CCII

GOUVEA (Diego de).

—Bataillon (M.), *Un document portugais sur les origines de la Cie de Jésus*, 1930 …………………………………………………………… CCIII

HEROET (Ant.).

—*Œuvres poétiques*, éd. crit. p. F. Gohin (S. T. F. M.), 1909, in-12 ……………………………………………………………………… CCIV

—Larbaud (Valéry), *Notes sur Antoine Héroët et Jean de Lingendes*, 1927. Repris dans: Domaine Français, 1941 ……………………………… CCV

LA BORDERIE (B. de).

—Livingston (C. H.), *Un disciple de Marot*, B. de la Borderie, R. S. S., XVI, 1929 ……………………………………………………………… CCVI

MACHIAVEL.

—Renaudet (A.), *Machiavel*, 1942 ……………………………………… CCVII

MACRIN (Salmon).

—*Salmonii Macrini Juliodunensis Lyricorum Libri dew. Epithalamiorum liber unus*. Parisiis ex officina Gerardi Morrhii Campensis, MDXXXI, 8°. (Mazarine 44.870) ………………………………………… CCVIII

—*Salmonii Macrini Juliodunensis*, *Cubicularii regii*, *Odarum libri VI*. Seb. Gryphius excud. Lugduni, a° 1537, 8°. (B. N., Yc, 8327) …… CCIX

—*Salmonii Macrim Juliodunen*. *Cubicularii Regii*, *hymnorum libri sex ad Jo*. *Bellaium S*. *R*. *E*. *Cardinalem ampliss*. Parisiis, ex officina Roberti Stephani MDXXXVII. In-8. (B. N. U. S., Cd 102.902 p. 238: Excudebat R. S., a° MDXXXVII, VII Idus febr.)……………………… CCX

—*Salmonii Macrini Juliodunensis Odarum libri tres ad P*. *Castellanum Pontificem Maticonensem*.—*Jo*. *Bellaii Cardinalis*... *Poemeta aliquot*... *ad eundern Matisconum Pontificem*. Parisiis, Ex officina Rob. Stephani, MDXLVI, pet. in-8. (Bib. Besançon, 223.024)………………… CCXI

—*Salmonii Macrini Juliodunensis Cubicularii regii Epigrammatum libri duo*. Pictavii, ex officina Marnefiorum fratrum, MDXLVIII, in-8. (Bib. Besançon, 223.025) ……………………………………………… CCXII

—*Salmonii Macrini Juliodunensis Cubicularii regii Epitome vitae Domini Nostri Jesu Christi ad Margaritam Valesiam*. Parisiis, ex typographia Matthaei Davidis, via Amygdalium, 1549, pet. in 8. (Besançon, 223.025) ……………………………………………………………… CCXIII

MARGUERITE DE NAVARRE.

—*Les Marguerites de la Marguerite des Princesses*, éd. Frank, 1873. 4 in-12 ……………………………………………………………… CCXIV

—*Les dernières poésies de Marg*. *de Navarre*, p. p. Abel Lefranc, 1896, in-8 ……………………………………………………………… CCXV

—*L'Heptameron*, éd. Leroux de Lincy, 1853, 3 vol ………… CCXVI

—Jourda (P.), *Répertoire analytique et chronologique de la correspondance de Marguerite d'Angoulême duchesse d'Alençon*, *reine de Navarre*, 1930 (Th. Paris)……………………………………………… CCXVII

—Jourda (P.), *Tableau chronologique des publications de Marguerite de Navarre*, R. S. S., 1925 ……………………………………… CCXVIII

—Lefranc (A.), *Marguerite de Navarre et le Platonisme de le Renaissance*, B. É. C., 1897 et 98 ………………………………………… CCXIX

—Lefranc (A.), *Les idées religieuses de Marguerite de Navarre d'après son œuvre poétique*. B. S. H. P. F., t. XLVI, 1898 ……………… CCXX

—Becker (Ph. A.), *Marguerite Duchesse d'Alençon et Guillaume Briçonnet, évêque de Meaux* (1521-1524), B. S. H. P., 1900 ……………………………………………………………… CCXXI

—Jourda (P.), *Marguerite d'Angoulême*. (Th. Paris), 1930, 2 ……………………………………………………………… CCXXII

—Jourda (P.), *Le Mecenat de Marguerite de Navarre*, R. S. S., 1931 ……………………………………………………………… CCXXIII

—Febvre (L.), *Autour de l'Heptaméron: Amour sacré, amour profane*. Paris, Gallimard, in-16 ……………………………………… CCXXIV

Marot (Clément).

—*Les Œuvres de Clément Marot*, éd. G. Guiffrey. T. II et III, 1876; T. I, 1927; T. IV et V, pp., J. Plattard, 1929. 4° …………… CCXXV

—*Marot, Œuvres complètes*, éd. Jannet, 4 vol., 1873 ……… CCXXV[bis]

—Villey (P.), *Tableau chronologique des publications de Marot*. R. S. S., 1920-21-22 ……………………………………………… CCXXVI

—Becker (Ph. A.), *Clement Marots Psalmen-Uebersetzung*. (Sächs. Ak. d. Wissensch. Leipzig, Berichte), 72, 1921 …………………… CCXXVII

—Becker (Ph. A.), *Clement Marot, sein Leben u. sene Dichtung*. München. Kellerer, 1926, 8°. (Sächs. Forschungsinstitut, Leipzig, Romanische Abteilung, I) ……………………………………… CCXXVIII

—Pannier, *Une première édition (?) des psaumes de Marot*, imprimée par Et. Dolet. B. S. H. P., 1929 ………………………………… CCXXIX

—Plattard (J.), *Marot, sa carrière poétique, son œuvre*. (Bib. de la R. C. C.), 1938 ……………………………………………………… CCXXX

More (Thomas).

—*L'Utopie ou le traité de la meilleure forme du Gouvernement*. Texte latin

éd. p. Marie Delcourt, 1936, in-12 ······························ CCXXXI

—*L' ile d' Utopie ou la meilleure des Républiques*, 1516. Trad. P. Grunebaum-Ballin, 1935, in-12 ·· CCXXXII

—Bremond (Fl.), *Thomas More*, 1904 ························· CCXXXIII

—Dermenghem (Ém.), *Thomas Morus et les Utopistes de la Renaissance*, 1927, in-12 ·· CCXXXIV

OMPHALIUS, Jac.

—*De elocutionis imitatione as apparatu liber unus, auctore Jar. Omphalio jurecons*. Ad Cardinalem Bellaium Episco. Parisiensem. Parisiis, apud Simonem Colinœum, 1587, (Strasb., B. N., 114.308) ······ CCXXXV

—*Epistolae aliquot familiares*. A la suite de: *De eloculionis imitatione ac apparatu liber unus*, Cologne, Théod. Baumianus, 1580, 8°. (Strasb. B. N., 114.309)·· CCXXXVI

PASQUIER (Et.).

—*Les Œuvres contenant ses Recherches de la France*, etc., Amsterdam, aux dépens de la Cie des Libraires, 1723, 2 in-f° ················ CCXXXVII

PELLICIER (Guill.).

—Zeller (J.), *La Diplomatie française d' après la correspondance de Guill. Pellicier*, ambassadeur à Venise, 1881 ························ CCXXXIX

PUY-HERBAUT (Gab. du).

—*Gabrielis Putherbei Turonici, professione Fontebraldaei, Theotimus sive de Tollendis et expiengendis malis libris, iis praecipue quos vix incolumi-fide ac pietate plerique legere queant, libri III*. Parisiis apud Joannem Roigny, 1549, pet. in-8 ·· CCXL

RONSARD (P. de).

—*Œuvres complètes*, nouv. éd. p. sur les textes les plus anciens p. P. Blanchemain. (Bib. Elzevir.) 1857–1866, 8 in-12 ·············· CCXLI

—*Œuvres complètes*; éd. critique p. P. Laumonier. S. T. F. M., 1914–1937, in-12, 10 vol. parus ·· CCXLII

—*Hymne des Daemons*. éd. crit. et commentaire par A. M. Schmidt.,

1940 ··· CCXLIII

—Laumonier (P.), *L'épitaphe de Rabelais par Ronsard*. (R. E. R.), I, 1903 ··· CCXLIV

—Vaganav (H.), *La mort de Rabelais et Ronsard*. (R. E. R.), I, 1903, 143 et 204 ··· CCXLV

—Schweinitz (M. de). *Les épitaphes de Ronsard, étude historique et littéraire*. (Th. U. Paris), 1925 ································· CCXLVI

—Busson (H.), *Sur la philosophie de Ronsard*. (R. C. C.), 1929-30 ··· CCXLVII

Rousselet (Cl.).

—*Claudii Rosseletti jurisconsulti Patritiique Lugdunensis Epigrammata*. Lugduni apud Seb. Gryphum, 1537 ························· CCXLVIII

Rosset (Pierre).

—*Petri Rosseti Poetae Laureati Christus, nunc primum in lucem editus*. Parisiis apud Sim. Colinæum, 1534. (B. N., Yc, 12.220) ······ CCXLIX

—*P. Rosseti, Poetae Laureati, Paulus denuo in lucem aeditus, et emaculatius explicatus a F H... Sussannaeo*, Parisiis, ap. Nicol. Buffet. MDXXXVII ··· CCL

—*Petri Rosseti poetae laureati Christus. Secunda œditio*. Parisiis, ap. Simonem Colinaeum, 1543, in-8 ······························· CCLI

Sainte-Marthe (Ch. de).

—*La poésie Françoise de Charles de Saincte Marthe, natif de Fontevrault en Poictou, divisée en trois livres... Plus un livre de ses amys*. Imprimé à Lyon chez le Prince, MDXL, 8° ······························· CCLII

—Lefranc (A.). *Picrochole et Gaucher de Sainte-Marthe*. R. É. R., III, 1905 ··· CCLIII

—Lefranc (A.), *Rabelais, les Sainte Marthe et l'enragé Putherbe*. R. É. R., IV, 1906 ··· CCLIV

—*Pièces relatives au procès de Gaucher de Ste-Marthe avec les marchands fréquentant la rivière de Loire*, R. É. R., IX, 1911 ·············· CCLV

—Ruutz Rees (C.), *Charles de Sainte-Marthe*, trad. fr., s. d. [1918] ………………………………………………………… CCLVI

SCALIGER (J. C.).

—*Julii Caesaris Sealigeri oratio pro M. Tullio Cicerone contra Des. Erasmum Rot*, s. 1. Venundantur a Vidoveo, 1531, in-8. (B. N. Res. 2445) ………………………………………………………… CCLVII

—*Julii Caesaris Scaligeri novorum epigrammatum liber unicus. Ejusdem Hymni duo. Ejusdem Diva Ludovica Sabaudia*, Parisiis apud Michaelem Vascosanum. MDXXXIII. (B. N. Yc 1.751) ……………… CCLVIII

—*Julii Caesaris Scaligeni adversus Des. Erasmi Rot, dialogum Ciceronianum oratio secunda*. Lutetiae, P. Vidouaeus, 1537, 8°. (B. N., X, 17.729) ………………………………………………………… CCLVIII bis

—*Julii Caesaris Scaligeri in luctu filii oratio*. Apud Seb. Gryphium, Lugduni, 1538. (B. N., Yc, 7.852) ……………………………………… CCLIX

—*Hippocratis liber de Somniis cum Julii Caesaris Scaligeri Commentariis*. Lugduni, apud Seb. Gryphium, 1539 …………………………… CCLX

—*Julii Caesaris Scaligeri Heroes*. Lugduni, apud Seb. Gryphium, 1539. (B. N., Yc, 1.124) ………………………………………………… CCLXI

—*Julii Caesaris Scaligeri Liber De Comicis dimensionibus* Apud Seb. Gryphium, Lugduni, 1539, in-8. (B. N., Yc, 4.616) ……………… CCLXII

—*Julii Caesaris Scaligeri De Causis Linguae latinae Libri tredecim*. Lugduni, apud S. Gryphium, 1540 (B. N., Inv., X, 2.031) ………… CCLXIII

—*Julii Caesaris Scaligeri Poematia*. Lugduni apud G. et M. Beringos fratres, MDXLVI, in-8 (Besançon, 222.937) ……………… CCLXIV

—*Julii Caesaris Scaligeri Exotericarum exercitationum lib. XV de subtilitate ad Hier. Cardanum*. Lutetiae, Fred. Morellus, 1554, in-4°, (B. N., R. 8.514) ………………………………………………………… CCLXV

—*Julii Caesaris Sealigeri, viri Clarissimi, poemata in duas partes divisa*. S. 1., 1574. 2 pièces en 1 vol. in-8. (B. N., Yc, 7.858 60) ………………………………………………………… CCLXVI

—*Julii Caesaris Sealigeri Epistolae et orationes, nunquam ante hac excusae*. Ex officina Plantiniana, apud Christophorum Raphelangium, 1600. (B. N., Z 13.960) ………………………………………… CCLXVII

—*Julii Caesaris Scaligeri adversus Desid. Erasmum orationei duae eloquentiae romanae vindices*. Tolosae, typ. R. Colomerii, 1620 4 p[ies] en 1. (B. N., Z 3.413.16) ………………………………………… CCLXVIII

—*Electa Sealigerana. h. e. Julii Caesaris Scaligeri sententiae*. Hanovriae, 1624, in-8. (B. N., Z 17.745) ……………………………… CCLXIX

—*J. Caesaris Sealigeri Epistolia duo*... nunc primum edita cura Joach. Morsi. Schelhorn, Amoenitates, 1726, t. I, p. 269.—Epistolae nonnullae. ex Bibliotheca Zach. Conr. ab Uffenbach; ibid., t. VI, 508 et t. VIII, 554 ………………………………………… CCLXX

—*Scaligerana ou bons mots... de J. Scaliger*. A Cologne, chez***, MDCXCV ………………………………………… CCLXXI

—Magen (M.). *Documents sur J. C. Scaliger*, Agen, 1873 … CCLXXII

—De Santi, *Rabelais et J. C. Scaliger*. R. É. R., III, 1905 et IV, 1906 ………………………………………… CCLXXIII

—De Santi, *Le diplôme de Jules César Scaliger*. (Mém. Acad. Sc., Inscript. et B. lettres de Toulouse), 1921, p. 93-113 ……………… CCLXXIII[bis]

SCEVE (M.).

—*Œuvres poétiques complètes*, p. p. B. Guégan, 1927, 8° … CCLXXIV

—*Délie, object de plus haulte vertu*. Ed. crit. p. E. Parturier. (S. T. F. M.), 1916 ………………………………………… CCLXXV

—Baur (A.), *M. Scève et la Renaissance lyonnaise*, 1906 …… CCLXXVI

—Larbaud (Valéry), *Notes sur Maurice Scève*, 1925.—Reprises dans Domaine Français, 1941 ………………………………………… CCLXXVII

—Parturier (E.), *Maurice Scève et le Petit Œuvre d'amour de 1537*, R. S. S., XVII. 1930 ………………………………………… CCLXXVIII

SUSSANÉE (Hub.).

—*Dictionarium Ciceronianum authore Huberto Sussannaeo Suessionensi*.

Epigrammatum eiusdem libellus. Parisiis, apud Simonem Colinaeum, 1536, in-8. (B. N.) ………… CCLXXIX

—*Huberti Sussannei, Legum et Medicinae doctoris, Ludorum libri nunc recens conditi atque aediti*. Parisiis, ap. S. Colinaeum, 1538. (B. N., Yc 8.677; Besançon, 223.014); in-8 ………… CCLXXX

—*Quantitates Alexandri Galli, vulgo de Villa Dei, correctione adhibita ab Huberto Sussannaeo locupletatae.—Additus est Elegiarum eiusdem liber*. Paris, S. de Coline, 1542. (B. N., Yc 4.602) ………… CCLXXXI

TARTRAS.

—P. Courteault. *Le premier principal du Collège de Guienne*. Mél. Lefranc, CDVIII, p. 234 ………… XCCLXXII

TIRAQUEAU (André).

—Bréjon (J.), *Un jurisconsulte de la Renaissance, André Tiraqueau* (1488-1558), 1937 ………… CCLXXXIII

—Barat (J.), *L'influence de Tiraqueau sur Rabelais*. R. É. R., III, 1905 ………… CCLXXXIV

—Polain (M. L.), *Appendice bibliographique à l'influence de Tiraqueau sur Rabelais*. R. É. R., III, 1905 ………… CCLXXXV

—Plattard (J.), *Tiraqueau et Rabelais*. R. É. R., IV, 1906 ………… CCLXXXVI

VILLON.

—*Œuvres*, éd. Thuasne ………… CCLXXXVII

—Thuasne (L.), *Rabelais et Villon*, 1911 ………… CCLXXXVIII

VISAGIER (Jean, Vulteius).

—*Joannis Vulteii Remensis Epigrammatum libri II*. Lugduni, apud S. Gryphium, 1536, 8°. (Bibl. Mazarine, 21.217) ………… CCLXXXIX

—*Joannis Vulteii Remensis Epigrammatum libri III. Ejusdem Xenia*. Lugduni, apud Michaelem Parmenterum MDXXXVII ………… CCXC

—*Jo. Vulteii Rhemensis hendecasyllaborum libri IV*. Parisiis, ap. Simonem Colinaeum, 1538, 8°. (Besançon, 223.3013; B. N., Inv. Yc, 8.753) ………… CCXCI

—*Joan. Vulteii Rhemi Inscriptionum libri duo. Xeniorum libellus.* Apud Sim. Colinaeum, 1538, 8°. (Bib. Besançon, 223.016) ········ CCXCII

—Bourrilly, *Documents inédits. J. Voulté et le Cardinal du Dellay*, R. R., II, 1902 ········ CCXCIII

B. 哲学家和学者

AGRIPPA (H. Corn.).

—*Splendidae nobilitatis viri et armatae militiae equitis aurati ac Utriusque Juris Doctoris Sacrae Caesareae Majestatis a Consiliis et archivis Inditiarii Henrici Cornelii Agrippae ab Nettesheym* de Incertitudine et Vanitate Scientiarum et Artium atque excellentia Verbi Dei Declamatio.—In fine: Joan-Grapheus excudebat, a° a Christo nato MDXXX, mense Septemb. Antverpiae. 4° (B. N. U., Strasbourg, B. 101.295) ········ CCXCIV

—*Henrici Cor. Agrippae ab Nettesheym a Consiliis et Archivis inditiarii Sacrae Cesareae Majestatis De occulta Philosophia libri tres.*—In fine: *Joan. Grapheus excudebat Antverpiae anno MDXXXI, mense februario.* In-4. (B. N. U. S, B, 101.295) ········ CCXCV

—*H. Corn. Agrippae... Opera in duos tomos digesta. Cum figuris.* Lugduni, per Beringos fratres, [1531], 8°. (B. N U. S B 111.772) ········ CCXCVI

—*Henrici Cornelii Agrippae ab Nettesheym a consiliis et archivis inditiarii Sacrae Cesareae majestatis. De occulta philosophia libri tres.*—F° CCCLXII: Anno MDXXXIII, Mense Julio. [Coloniae] in-f°, (B. N. U. S., B 10.495) ········ CCXCVII

—Chapuys, Eustache. *Correspondance avec Henri Cornelius Agrippa de Nettesheim*, pp. Charvet, Lyon et Genève, Georg. 1875, gd in-8 ········ CCXCVIII

—Agrippa (H. C.), *La philosophie occulte ou la magie de C. Agrippa.* (Trad. franç.), 1910, 2 vol ········ CCXCIX

—Prost (A.), *Les Sciences et les Arts occultes au XVIe s. Corneille Agrippa*,

sa vie et ses œuvres. 1881–82, 2 vol ………………………………… CCC

—Saint-Genois (J. de), *Recherches sur... Corneille de Schipper*. Gand, 1856 ………………………………………………………………………… CCCI

—Daguet (A.), *Agrippa chez les Suisses*, 1856 …………………………… CCCII

—Orsier (J.), *Henri Cornelis Agrippa, sa vie et son œuvre d'après sa Correspondance*, 1911 ……………………………………………………… CCCIII

—Lefranc (A.), *Rabelais et Corneille Agrippa*. Mél. Picot, II, 477 ……………………………………………………………………………… CCCIV

—Maillet-Guy (L.), *H. C. Agrippa, sa famille, ses relations avec S. Antoine en Viennois*. Bull. Soc. Arch. et Statistique Drôme, Valence, 1926 ……………………………………………………………………………… CCCV

Belon (Pierre).

—Delaunay (D^r^), *L'aventureuse existence de P. Belon, du Mans*. R. S. S., IX, 1922 ……………………………………………………… CCCVI

—*Les idées religieuses de P. Belon*. Bull. Comm. hist. Mayenne, 1922 ……………………………………………………………………………… CCCVI^bis^

Bérault (Nic.).

—Delaruelle (L.), *Nicole Bérault* R. B., XII, 1902 ……………… CCCVII

—Id., *Nicole Bérault*, *Le Musée Belge*, 1909, Louvain et Paris (complète et rectifie le précédent article) ……………………………………… CCCVIII

—*Notes complémentaires sur deux humanistes* (Bérault et Lascaris) R. S. S., XV, 1928 ……………………………………………………… CCCIX

Bodin (Jean).

—*Colloque de Jean Bodin des Secrets cachez des choses sublimes entre sept sçavans qui sont de differens sentimens*. Trad. française partielle du *Colloquium Heptaplomeres* par R. Chauviré. Th. Paris, 1914 …… CCCX

—Diecmannus (L. J.) *De naturalismo cam aliorum, tum maxime Jo. Bodini Schediasma inaugurale*. *Lipsiae*, 1684, in-12 (cf. Bayle, *Nouvelles de la République des Lettres*, 1684; *Œuvres diverses*, éd. de la Haye, 1737, in-f°, t. I, p. 65) ……………………………………………… CCCXI

—Chauviré, *Jean Bodin auteur de la République*, 1914 ………… CCCXII

—Von Bezold (F.), *Le Colloquium Heptaplomeres de Jean Bodin et l'athéisme au XVIe siècle*. Histor. Zeitschrift., juillet 1914 …… CCCXIII

—Ponthieux (A.), *Quelques documents inédits sur Jean Bodin*. R. S. S., XV, 1928 ……………………………………………………………… CCCXIV

—Hauser (H.), *Un précurseur: Jean Bodin, Angevin* (1529 ou 1536 - 1596) A. H. É. S., III, 1931 ………………………………… CCCXV

—Chauviré (R.), *La pensée religieuse de J. Bodin* (La Province d'Anjou, 1929) ……………………………………………………………… CCCXVI

—Mesnard (P.), *La pensée religieuse de Bodin*. R. S. S., XVI, 1929 ……………………………………………………………… CCCXVII

—Febvre (L.), *L'universalisme de Jean Bodin*. R. S, VII, 1931 ……………………………………………………………… CCCXVIII

BOUELLES (Ch.).

—*Liber de Sapiente*. Ed. Klibansky, à là suite de: Cassirer, CDXL ……………………………………………………………… CCCXIX

CAMPANELLA.

—Blanchet (L.) *Campanella*, 1920 ………………………………… CCCXX

CARDAN (J.).

—*Hieronymi Cardani Mediolanensis rnedici De Subtilitate libri* XXI. Basileae, Ex officina Petrina, 1560, 8°. B. N. Res., R 2.775 (exempl. de Ronsard) ……………………………………………………… CCCXXI

—Cardan (J.), *Ma vie*. Trad. Dayre, 1935, 8° ………………… CCCXXII

COPERNIC.

—*De Revolutionibus Orbium Coelestium libri VI*. Nuremberg, Job. Petreius, 1543, p. in-f° ………………………………………… CCCXXIII

—[Rheticus (G. J.)], *Ad clariss. v. D. Jo. Sehonerum de libris revolutionum Nic. Copernici narratio prima*. Gedani (Danzig), 1540, in-4° ……………………………………………………………… CCCXXIV

—Nicolas Copernic. *Des Revolutions des Orbes Célestes*. Trad. A. Koyré,

1934 …………………………………………………………… CCCXXV
—Prowe (A.), *Nicolaus Coppernicus*, Berlin, 1884, 2 v …… CCCXXVI
—Plattard (J.), *Le système de Copernic dans la littérature française du XVIe s*. R. S. S., 1913 ……………………………………… CCCXXVII

Cusa (Nic.).

—*Liber de Mente*, p. p. Joachim Ritter, à la suite de: Cassirer, n° CDXL ………………………………………………………… CCCXXVIII
—*De docta Ignorantia*. Ed. P. Rotta (coil. Classici della filosofia moderna), Bari, 1912 ……………………………………… CCCXXIX
—*De la docte Ignorance*, trad. Moulinier, Introd. d'Abel Rey, 1930 ………………………………………………………… CCCXXIX bis
—*De concordantia catholica libri III*. Faksimiledruck, Bonn, Ludwig Röhrscheid, 1928, gd in-8° ………………………………… CCCXXX
—Vansteenberghe (E.), *Le Cardinal Nicolas de Cues*, 1920 ………………………………………………………… CCCXXXI
—Rotta, Paolo, *Il cardinale Nicolo di Cusa*. La Vita ed il Pensiero. Milano [1928], in-8 (Publ. della Univ. cattol. del Sacro Cuore. Sc. filos., vol. XII) [1928] ……………………………………………… CCCXXXII

Fernel (J.).

—*Universa Medicina*, 1567, in-f° ……………………………… CCCXXXIII
—Figard (L.), *Un médecin philosophe au XVIe s*. Étude sur la psychologie de Jean Fernel, 1903 ……………………………………… CCCXXXIV

Ficin (Marsile).

—Pusino (Iv.), *Ficinos u. Picö's religio.-philosoph. Anschauungen*. Z. f. Kirchengesch., XLIV 1925 ……………………………… CCCXXXV
—Festugière (Jean), *La philosophie de l'amour de Marsile Ficin*. Riv. da Univ. de Coimbra, VII, 1923 – 2e ed., Paris, 1941 …… CCCXXXVI

Palissy (Bd.).

—*Les Œuvres*. Éd. Filon. Niort, 1888, 2 v ……………… CCCXXXVII

Pare(Amb.).

—*Œuvres*, p. p. J. F. Malgaigne, 1840, 3 v …………… CCCXXXVIII

—Chaussade, *Ambr. Paré* B. Comm. h. et arch. Mayenne, 1927 et 1928 ……………………………………………………………… CCCXXXIX

—Chaussade (A.), *La méthode scientifique d'Ambroise Paré* R. S. H., t. XXXIV, 1927 ……………………………………………………… CCCXL

Paracelse.

—Koyré (A.), *Paracelse* R. H. P. R., 1933 …………………… CCCXLI

Pic de La Mirandole.

—*Opera omnia J. Pici item, J. Fr. Pici Opera Omnia*. Basileae, Henric Petri, 1572, 2 in-f° ……………………………………………… CCCXLII

—Dorez (L.) et Thuasne (L.), *Pic de la Mirandole en France*, 1888 (Bib. litt. Renaissance) ……………………………………………… CCCXLIII

—Liebert (A.), *Giovanni Pico de la Mirandola*, Jena, 1905 ……………………………………………………………… CCCXLIV

—Semprini (G.), *Pico della Mirandola*. Todi, 1921 ………… CCCXLV

—Pusino (Ivan), *Der Einfluss Picos auf Erasmus*. Z. f. Xirchengesch., XLVI, 1927 ……………………………………………………… CCCXLVI

Pomponazzi.

—*Pomponatii Opera*. Bâle, Henric Petri, 1567, f° ………… CCCXLVII

—*De immortalitate animae*. Ed. Gentile, Messine, 1925 … CCCXLVIII

—*Les causes des merveilles de la nature, ou les Enchantements*. 1re trad. fr. avec introd. et notes par H. Busson. [1930] ……………… CCCXLIX

—Busson (H.), *Pomponazzi*. R. L. C., 1929 ……………………… CCCL

—Fiorentino (Fr.), *Pietro Pomponazzi, Studi storici su la scuola bolognesa e padovana del secolo XVI*, Firenze, 1868 ……………………… CCCLI

Postel (Guill.).

—*De originibus, seu de Hebraicae linguae et gentis antiquitate deque variarum linguarum affinitate Liber*. Parisiis, apud Dionysium Lescuier. Excudebat P. Vidoveus, vigesima septima Martii, anno a partu Virgineo 1538, ad calculum romanum. (B. N., 4° X 530) ……………… CCCLII

—*Grammatica arabica*. Veneunt Parisiis apud P. Gromorsum; s. d. [1538] 4°(B. N. U. Strasbourg, C 106.967) ························ CCCLIII

—*De rationibus Spiritus Sancti lib. II, Gulielmo Postello Barentonio authore*. Parisiis, excudebat ipsi authori P. Gromorsus, 1543, in-8. (Besançon, 201.454) ·· CCCLIV

—*Quatuor librorum de Orbis terrae Concordia Primus, Gulielmo Postello Barentonio Math, prof. regio authore*. Excudebat ipsi authori Petrus Gromorsus. S. d. [1543], in-8 (Besançon, 201.454) ··········· CCCLV

—*De Orbis terrae Concordia libri quatuor..., Gulielmo Postello Barentonio, Mathematum in academia Lutetiana professore regro, authore*. S. l. n. d. [Bale, Oporin, 1544], in-f°(Besançon, 50.604) ········ CCCLVI

—*Eversio falsorum Aristotelis dogmatum, authore D. Justino Martyre... Gulielmo Postello in tenebrarum Babylonicarum dispulsionem interprete*. Parisiis, apud Seb. Nivellium, 1552 ·························· CCCLVII

—*Liber de Causis seu de Principiis et originibus naturae utriusque... Contra Atheos et huius larvae Babylonicae alumnos qui suae favent impietati ex magnorum authorum perversione*... Authore G. Postello. Parisiis, apud Seb. Nivellium, MDLII ·· CCCLVIII

—*Cosmographicae disciplinae compendium, in suum finem, hoc est ad Divinae Providentiae certissimam demonstrationem, conductum*. Bâle, Oporin, 1561 (Strasbourg, B. N., U. D 100.293) ··········· CCCLIX

—*Alcorani, seu legis Mahometi, et Evangelistarum Concordiae liber, in quo de calamitatibus orbi Christiano imminentibus tractatur. Addities est libellus de universalis conversionis judicio*. Parisiis. Excudebat P. Gromorsius, 1543, in-8, (Besançon, 201.453) ······················ CCCLX

—Des Billons, *Nouveaux Eclaircissements sur G. Postel*, Liége, 1773, pet. in-8 ··· CCCLXI

—Weill (G.), *De vita et indole G. Postelli*, 1892 (Th. Paris) ·· CCCLXII

—Kvacala (J.), *Postelliana. Zur Gesch. der Mystik im Reformationszeit-*

alter. Jurjen (Dorpat), 1915, gr in-8 CCCLXIII
—Kvacala (J.), *Wilhelm Postell. Seine Geistesart u. seine Reformgedanken* (Archiv. f. Reformationegeseh. de Friedenburg, 1911 – 12, 1914, 1918, Leipzig) CCCLXIV
—Ravaisse (P.), *Un ex-libris de Guill. Postel*. Mélanges Picot, t. I, p. 315 – 33 CCCLXV
RAMUS (P.).
—Waddington (Ch.), *Ramus et ses écrits*, Paris, 1856 CCCLXVI
TELESIO (B.).
—Fiorentino (Fr.), *Bernardino Telesio, ossia studi storici su l'idea della natura nel resorgimento italiano*. Firenze, 2 in-8, 1872 – 74. [Cf. Franck, Journal des Savants, 1873, pp. 548 – 60 et 687 – 701] CCCLXVII
—Gentile (Giov.), *Bernardino Telesio*; Bari, 1911 CCCLXVIII
VINCI (Léonard de).
—Duhem (P.), *Léonard de Vinci, ceux qu'il a lus, ceux qui l'ont lu*, 1906 CCCLXIX
—Séailles (G.), *Léonard de Vinci*, 1912, 4e éd CCCLXX

IV. 拉伯雷的时代

A. 意识问题和思想生活

1. 16 世纪的语言及语言问题

BRUNOT (F.), *Histoire de la Langue Française*, t. II, *Le XVIe s.*, 2e éd., revue, 1922, in-8.—T. III, *La Formation de la Langue classique*, 1re partie (1. II, Le Lexique), 2e éd. revue, 1930.—T. IV, *La langue classique*, 1re partie (1. IV, Le Vocabulaire), 2e éd., revue, 1925.—T. VI, *Le XVIIIe s.*, 1re pie *Le mouvement des idées et les vocabulaires tech-*

niques, Fasc. I et II, 1930 ······································ CCCLXXI

BRUNET (F.), *La pensée et la langue*, 2e éd., 1926 ··········· CCCLXXII

DARMESTETER et HATZFELD, *Le Seizième Siècle en France* (2e partie, Tableau de la langue française au XVIe s.), 1878 ·············· CCCLXXIII

ESTIENNE (Robert), *Dictionnaire français-latin*, 1539 – 40, f° ·· CCCLXXIV

HUGUET (E.), *Dictionnaire de la Langue française du XVIe s.*, 1925, in-4° ·· CCCLXXV

HUGUET (E.), *Étude sur la syntaxe de Rabelais*, 1894 (Th. Paris) ·· CCCLXXVI

HUGUET (E.), *Le langage figuré au XVIe siècle*, 1933 ······ CCCLXXVIbis

MASSEBIEAU (L.), *Les Colloques Scolaires du XVIe s. et leurs auteurs*, 1480—1570. 1878 (Th. Paris) ···························· CCCLXXVII

NEVE (J.), *Proverbes et néologismes dans les Sermons de Michel Menot*, R. S. S., VII, 1920 ·· CCCLXXVIII

SAINEAN (L.), *La Langue de Rabelais*, 2 vol ················ CCCLXXIX

STUREL (R.). *Jacques Amyot, traducteur des Vies de Plutarque*, 1908 ·· CCCLXXX

WARTBURG (W. von), *Évolution et Structure de ta langue française*, 1934 ·· CCCLXXXI

2. 中世纪，文艺复兴，人文主义

ATKINSON (G.), *Les nouveaux horizons de la Renaissance française*, 1935 ·· CCCLXXXII

BLOCH (M.), *La Société Féodale. I. La Formation des Liens de dépendance* (É. H., 1939) ·· CCCLXXXIII

BLOCH (M.), *La Société féodale. II, Les classes et le gouvernement des hommes* (É. H., 1910) ······························ CCCLXXXIV

BURCKHARDT (J.), *La civilisation en Italie au temps de la Renaissance*, trad. Schmitt, 1885, 2 v ·································· CCCLXXXV

FEBVRE (L.), *Une civilisation, la première Renaissance française*. R. C. C., 1924-25, II ······ CCCLXXXVI

FEBVRE (L.), *La Renaissance* E. F., XVI, Arts et Littératures, 1935, fasc. 16 ······ CCCLXXXVII

GILSON (Et.), *Héloïse et Abélard, Étude sur le Moyen Age et l'Humanisme*, 1938 ······ CCCLXXXVIII

HUIZINGA (J.), *Le déclin du Moyen Age*. 1932 ······ CCCLXXXIX

LOT (F.), *La fin du monde antique et le début du Moyen Age* É. H., XXXI, 1927 ······ CCCXC

MICHELET (J.), *Histoire de France. La Renaissance* ······ CCCXCI

NORDSTRŒM (J.), *Moyen Age et Renaissance*, trad. Hammar, 1933 ······ CCCXCII

STROWSKI (F.), *La philosophie de l'homme dans la littérature française* R. C. C., 1924-25 et 1925-26 ······ CCCXCIII

RENAUDET (A.), *Préréforme et humanisme à Paris pendant les premières guerres d'Italie* (1494-1517), 1916 (Th. Paris) ······ CCCXCIV

3. 文学历史

BESCH, *Les adaptations en prose des chansons de geste* R. S. S., III, 1915 ······ CCCXCV

TILLEY (A.), *Les Romans de Chevalerie en prose* R. S. S., VI, 1919 ······ CCCXCVI

IIVONEN (Eero), *Parodie des thèmes pieux dans la littérature française du Moyen Age*, 1914 ······ CCCXCVII

LEBEGUE, *La tragédie religieuse en France*. Les débuts (1514-1573), 1929 (Th. Paris) ······ CCCXCVIII

VIOLLET LE DUC, *Ancien Théâtre français*, 1854-1857, 10 in-16 ······ CCCXCIX

GILSON (Ét.), *Les idées et les Lettres*, 1932 ······ CD

LEFRANC (A.), *Les grands Écrivains français de la Renaissance*, 1914 ······ CDI

VILLEY (P.), *Les grands écrivains du XVIe s.*—I, Marot et Rahelais, 1923 ······ CDII

SAINEAN (L.), *Problèmes littéraires du XVIe s.* Le 5e livre. Le moyen de parvenir. Les joyeux devis, 1927 ······ CDIII

CHINARD (G.), *L'exotisme américain dans la Littérature française du XVIe s.*, d'après Rabelais, Ronsard, Montaigne, etc., 1911 ······ CDIV

VIANEY (J.). *Les grands poètes de la nature en France.*—I. Ronsard, La Fontaine, R. C. C., 1925-26, I, p. 3-19 ······ CDV

VIANEY (J.), *La nature dans la poésie française au XVIe s.* Mélanges Laumonier, 1935 ······ CDV^bis

DELARUELLE (L.), *L'étude du grec à Paris de 1514 à 1530* R. S. S., IX, 1922 ······ CDVI

MELANGES offerts à M. Émile Picot, 2 vol., 1913 ······ CDVII

MURARASU (D.), *La poésie néo-latine et la Renaissance des lettres antiques en France* (1500-1549), 1928 ······ CDVIII

4. 机构和环境

BulÆus (Du Boulay), *Historia Universitatis Parisiensis*, Paris, Noel et de Bresche, 1665-73, 6 in-f° ······ CDIX

COLLEGE DE FRANCE 1530-1930. *Livre jubilaire*, 1932 ······ CDX

COLLIGNON (A.), *Le Mécenat du Cardinal Jean de Lorraine* (1498-1550) (Ann. de l'Est, 24e année, 1910, fasc. 2) ······ CDXI

DAWSON (J.-Ch.), *Toulouse in the Renaissance*, Columbia University, 1923 ······ CDXII

DE SANTI (L.), *La réaction universitaire à Toulouse: Blaise d'Auriol.* M. Acad. Sc. Toulouse, 1906 ······ DXII^bis

GANDILHON (R.), *La nation germanique de l'Université de Bourges*, Bourges, 1936 ······ CDXIII

TOULOUSE (Mad.). *La nation anglaise-allemande de l'Université de Paris*, 1939 ······ CDXIII^bis

GAULLIEUR (E.), *Histoire du Collège de Guyenne*, 1874 ………… CDXIV

IRSAY (St. d'), Histoire des Universités françaises et étrangères, t. 1, Moyen âge et Renaissance, 1933 ……………………………… CDXV

LEFRANC (A.), *Histoire du Collège de France*, 1893 …………… CDXVI

LEFRANC (A.), *Les Commencements du Collège de France*. 1529 – 1544, 1926 …………………………………………………… DXVI bis

PLATTARD (J.). *A l'Ecu de Bâle* R. S. S., XIII, 1926 ……… CDXVII

QUICHERAT (J.), *Histoire de Sainte Barbe*, 1860 – 1864, 3 v … CDXVIII

5. 艺术及图像研究

DAVID (H.), *De Sluter à Sambin. Essai critique sur la Sculpture et le Décor monumental, en Bourgogne au XVe et au XVIe s*. I, La fin du M. Age. II, La Renaissance, 1933 (Th. Paris) ……………………………… CDXIX

FAURE (É.), *Histoire de l'Art: l'Art renaissant*, 1924 ………… CDXX

FEBVRE (L.), *Histoire de l'Art. Histoire de la Civilisation*; R. S., IX, 1935 …………………………………………………… CDXXI

MALE (É.), *L'art religieux de la fin du Moyen Age en France*, 1925, in-4° …………………………………………………… CDXXI

MALE (É.), *L'art religieux après le Concile de Trente*, 1932. in-4° …………………………………………………… CDXXII

LA MUSIQUE FRANÇAISE, *du Moyen Age à la Révolution* (Bibl. Nat.), catalogue rédigé par A. Gastoué, V. Leroquais, A. Pizzo, H. Expert, H. Prunières et p. p. E. Dacier, 1934 ……………………………… CDXXIII

B. 科学与哲学

1. 16 世纪的科学

CANTOR (M.), *Vorlesungen über Geschichte der Mathematik*, 3e éd. Leipzig, 1899 – 1908, 4 v ……………………………………… CDXXIV

C. I. S., 8e semaine: *Le Ciel dans l'Histoire et dans les Sciences*, 1940 ………… CDXXV

De Roover (R.), *Aux origines d'une technique intellectuelle: la formation et l'expansion de la comptabilité à partie double* A. H. É. S., IX, 1937, 171 et 270 ………… CDXXVI

Duhem (P.). Sozein ta Phainomena. *Essai sur la notion de théorie physique de Platon à Galilée*, 1908 (Extr. des Ann. de Philo. Chrét.) ………… CDXXVII

Duhem (P.), *Le système du monde. Histoire des doctrines cosmologiques de Platon à Copernic*, 1913–17, 5 v ………… CDXXVIII

Duhem (P.), *Les origines de la statique*, 1905 ………… CDXXIX

Dupont (A.), *Contribution à l'Histoire de la Comptabilité: Luca Paciolo* (Public. Soc. Comptabilité de France, 1925) ………… CDXXX

Dupont (A.), *Formes des Comptes et façons de compter dans l'ancien temps* (Public. Soc. Comptabilité de France, 1928) ………… CDXXXI

Encyclopedie Française, t. I, *L'Outillage Mental*: 1re pie, Évolution de la Pensée (A. Ray) 2e pie, Le Langage (A. Meillet) 3e pie, La Mathématique (P. Montel) ………… CDXXXII

Rouse Ball (W. W.), *Histoire des Mathématiques*, trad. Freund, 1906, 2 vol ………… CDXXXIII

Thornidke (L.), *Science and Taught in the XVth Century*, New-York, Columbia Univ. Press, 1929 ………… CDXXXIV

2. 文艺复兴时期的哲学及其先辈

Bouche-Leclercq (A.), *L'astrologie grecque*, 1899 ………… CDXXXV

Brehier (É.), Histoire de la Philosophie; I. *L'antiquité et le Moyen Age*, 1928 ………… CDXXXVI

Brehier (É.), *La philosophie du Moyen Age*, É. H., XLVII, 1937 ………… CDXXXVII

Brunschvicg (L.), *Les progrès de la conscience dans la philosophie occi-*

dentale, 1927, 2 v ………………………………………… CDXXXVIII

Busson (H.), *Les sources et le développement du rationalisme dans la littérature française de la Renaissance* (1533－1601), 1922 ……………………………………………………………… CDXXXIX

Cassirer (É.), *Individuum u. Kosmos in der Philosophie der Renaissance*, Leipzig, Taubner, 1927, 4° ………………………………………… CDXL

Charbonnel (J. R.), *La pensée italienne au XVIe s. et le courant libertin*, 1917 ……………………………………………………………… CDXLI

Cournot (A.), *Considérations sur la marche des idées et des événements dans les temps rreodernes*, Éd. Mentré, 1934, 2 v …………… CDXLII

Desjardins (A.), *Les sentiments moraux au XVIe s.*, 1886 … CDXLIII

Febvre (L.), *L' histoire de la philosophie et l' histoire des historiens* R. S., III, 1932 ……………………………………………………… CDXLIV

Fusil (C. A.), *La Renaissance de Lucrèce au XVIe s. en France* R. S. S., XV, 1928 ………………………………………………………… CDXLV

Gilson (Et.), *Etudes de philosophie médiévale* (P. F. L. S.), 1921 ……………………………………………………………… CDXLVI

Gilson (Et.), *La philosophie au Moyen Age*, 1922, 2 in-12 ……………………………………………………………… CDXLVII

Gilson (Et.), *L' esprit de la philosophie médiévale*, 2 v., 1932 ……………………………………………………………… CDXLVIII

Jundt (A.), *Histoire du Panthéisme populaire au Moyen Age et au XVIe s.*, 1875 ……………………………………………………………… CDXLIX

Lasserre (P.), *La jeunesse d' Ernest Renan*. T. II: *Le drame de la Métaphysique chrétienne*. T. III: *L' initiation philosophique d' Ern. Renan*, 1925 et 1932 ………………………………………………… CDL

Lefranc (A.), *Le Platonisme et la littérature en France à l' époque de la Renaissance* (1500－1550). R. d' Hist. litté., 1896. Repris dans: Les Grands Écrivains français de la Renaissance …………………… CDLI

Mandonnet (R. P.), *Siger de Brabant et l' Averroïsme latin du XIIIe s.*,

Fribourg, 1900 ·· CDLII

MESNARD (P.), *Du Vair et le Néostoïcisme* (R. d'Hist. de la Philosophie, avril-juin 1928) ·· CDLIII

ORIGENE. *Operum Origenis Adamantii tomi duo priores.—Tertius et quartus tomi, quorum tertius complectitur Apologiam*. Paris, Jo. Parvus et Jod. Badius Ascensius, 1512, in-f° ································· CDLIV

—*Origenis Adamantii operum tomi duo prieres cum tabulis et indice generali*. Lyon, Jacques Giunta. 1536, 4 in-f° ························· CDLIV bis

DENIS (J.), *De la philosophie d'Origène*, 1884 ······················ CDLV

RENAN (E.), *Averroès et l'Averroïsme*. Paris, 1852 ou 1866 ······ CDLVI

REY (Abel), *De la Pensée primitive à la pensée actuelle*. Encyclopédie Française, t. I, *L'outillage mental*, 1934 ······················ CDLVII

REY (Abel), *La Science Orientale avant les Grecs*. E. H., 1930 ·· CDLVIII

REY (Abel), *La Jeunesse de la Science grecque*; ibid., 1939 ······ CDLIX

REY (Abel), *La Maturité de la pensée scientifique en Grèce*; ibid., 1939 ·· CDLX

ROUGIER (L.), *La mentalité scolastique* R. philosoph., 1924 ··· CDLXI

ROUGIER (L.), *La Scolastique et le Thomisme*, 1925, 8° ········ CDLXII

SAURAT (D.), *Littérature et occultisme*, 1929 ···················· CDLXIII

SCHMIDT (A. M.), *La poésie scientifique en France au XVIe s.*, 1939. (Cf. FEBVRE, *Cosmologie, Occultisme et Poésie*, AHS, I, 1939) ·· CDLXIV

ZANTA (L.), *La Renaissance du Stoïcisme au XVIe siècle* (Bibl. litté. de la Renaissance, N. S., t. IV), 1914 ································· CDLXV

C. 宗教问题

1. 信仰，传统，遗留

BEAUVOIS DE CHAUVINCOURT, *Discours de la Lycantropie ou de la transmu-*

tation des hommes en loups, Paris, J. Rezé, 1599, in-12 (B. N. Res 27.963) ········ CDLXVI

Bloch (M.), *Les Rois Thaumaturges*, Strasbourg (P. F. L.), 1924 ········ CDLXVII

Bloch (M.), *La vie d'outre-tombe die roi Salomon*, R. Belge Ph. et H., IV. 1925 ········ CDLXVIII

Delatte, *Herbarius*. Recherches sur le cérémonial usité chez les anciens pour la cueillette des simples et des plantes magiques, B. Acad. R. Belg. Lettres, XXI, 1936 ········ CDLXIX

Gillebaud (Benoît), *La prognostication du ciècle advenir. Contenant troys petis traictez*. On les vend à Lyon, cheulx Olivier Arnoullet. F° h v°: achevé de imprimer le XVI de apvril mil CCCCC et XXXIII. 8° goth ········ CDLXX

Hansen (Jos.), *Zauberwahn, Inquisition u. Hexenprozess im Mittelalter*, 1900 ········ CDLXXI

Hansen (Jos.), *Quellen sur Geschichte des Hexenwahns und der Hexenverfolgung im Mittelalter*, 1901 ········ CDLXXI bis

Houssay (Fred.), *La légende du Lepas anatifera, la Vallisneria spiralis et le Poulpe* (C. R. Acad. Sc., 1901) ········ CDLXXII

Houssay (F.), *Les théories de la Genèse à Mycènes et le sens zoologique de certains symboles du culte d'Aphrodite* (R. Archéol., 1895) ········ CDLXXIII

Houssay (Fréd.), *Nouvelles recherches sur la faune et la flore des vases peints de l'époque mycénienne* (R. Archéol., 1897) ········ CDLXXIV

Jobbe Duval, *Les idées primitives dans la Bretagne contemporaine* (N. R. H. D., 1910 et 1911) ········ CDLXXV

Levy-Bruhl (L.), *L'âme primitive*, 1927 ········ CDLXXVI

Levy-Bruhl (L.), *La Mentalité Primitive*, 1935 ········ CDLXXVII

Levy-Bruhl (L.), *Le Surnaturel chez les Primitifs*, 1937 ········ CDLXXVIII

NISARD (Ch.), *Histoire des Livres populaires ou de la littérature de colportage*, 2e éd., 1864, in-12 ………………………………………… CDLXX

NYNAULD (J. de), *De la lycanthropie, transformation et extase de sorciers*, Paris, Millet, 1615, 8°(B. N. Res., 45.251) ……………… CDLXXX

SAINT-YVES (P.), *En marge de la Légende dorée*, 1931 ……… CDLXXXI

SAINT-YVES (P.), *L'astrologie populaire, étudiée spécialement dans les doctrines et les traditions relatives à l'influence de la Lune*, 1937 ………………………………………………………………… CDLXXXII

TAILLEPIED (F. N.), *Traité de l'apparition des Esprits*, à sçavoir des âmes séparées, Fantosmes, prodiges et accidens merveilleux, qui précèdent quelquefois la mort des grands personnages ou signifient changement de la chose politique, Rouen, Osmont, 1600 in-12 (B. N., Rés 2.695) ………………………………………………………………… CDLXXXIII

VAGANAY (H.), *Les saints producteurs de maladies* (R. É. R., IX, 1911) ………………………………………………………………… CDLXXXIV

VANCAUWENBERG (Ét.), *Les pèlerinages expiatoires et judiciaires dans le droit communal de la Belgique au Moyen Age*, Louvain, 1922 ………………………………………………………………… CLXXXIV bis

WAGNER (R. L.), *Sorcier et Magicien, contribution à l'étude du vocabulaire de la Magie*, 1939 (Th. Paris) ………………………… CDLXXXV

2. 宗教生活和虔敬生活

BREMOND (H.), *Histoire littéraire du Sentiment religieux en France depuis la fin des guerres de religion jusqu'à nos jours*, 1920–36, 11 vol. dont 1 d'Index (cf. notamment T. IX, La Vie Chrétienne sous l'ancien régime, 1932) ……………………………………………… CDLXXXVI

CHIFLET (Jean), *Joannis Chifletii J. C. Vesontini Consilium de Sacramento Eucharistiae ultimo supplicio afficiendis non denegando*. Bruxellae, Typis Mommartianis, 1644, in-12 ……………………………… CDLXXXVII

MAILLARD (O.), *Œuvres françaises, sermons et poésies*, p. p. La Borderie, 1877, 4° (Bibliophiles bretons) ………………………… CLXXXVIII

SAMOUILLAND (abbé), O. Maillard, sa prédication et son temps 1891 ………………………………………………………………… CDLXXXIX

NEVE (J.), *Sermons choisis de Michel Menot*, 1508 – 1510, 1924 ………………………………………………………………………… CDXC

GILSON (Et.), *Michel Menot et le technique du sermon médiéval*. R. H. F., II, 1925 ……………………………………………………… CDXCI

MERAY (A.), *Les libres prêcheurs devanciers de Luther et de Rabelais*, 1860 ……………………………………………………………………… CDXCII

POURRAT (P.), *La spiritualité chrétienne*, 4 v., 5e éd., 1930 (t. II, le Moyen Age; t. III, les Temps modernes, de la Renaissance au Jansénisme) ……………………………………………………… CDXCIII

WATRIGANT (H.), *La méditation fondamentale avant S. Ignace*, Enghien, 1907 ………………………………………………………………… CDXCIV

3. 宗教改革及改革者

a) 圣经文本:

La Saincte Bible en Françoys translatée selon la pure et entière traduction de S. Hiérome. En Anvers par Martin Lempereur, an MD et XXXIIII, in-f° (B. N. U. S., E 123) ……………………………………… CDXCV

La Bible qui est toute la Saincte Escripture. [F° 106. r°: Achevé d'imprimer en la ville et comté de Neufchastel par P. de Vingle, dict Pirot Picard, l'an Mil DXXXV, le IIIIe jour de jung.] In-fº (B. N. U. S., E 124, exempt. d'Ed. Reuss) ……………………………………………… CDXCVbis

La Bible. Trad. nouvelle avec Introd. et Commentaires par Ed. Reuss. 1874 – 1879, 18 v. dont 1 de tables (1881) (N. T., t. XI-XVII) …………………………………………………………………… CDXCVI

b) 宗教改革,宗教改革之前,反对宗教改革的思想:

CLERVAL (A.), *Registre des Procès-Verbaux de la Faculté de Théologie de Paris*, t. I, 1505 – 23, 1917 ······ CDXCVII

DELISLE (L.), *Notice sur un registre des Procès-Verbaux de la Faculté de Théologie de Paris pendant les années 1505 – 1533* (Notices et Extr. des MSS de la Bibl. Nat., t. XXXVI), 1899 ······ CDXCVIII

DU PLESSIS D'ARGENTRE, *Collectio judicioruns de novis erroribus*, Paris, 1724 – 1736, 3 in-f° ······ CDXCIX

FEBVRE (L.), *Une question mal posée: les origines de la Réforme française et le problème général des causes de la Réforme*. R. H., CLXI, 1929 ······ D

FEBVRE (L.), *Notes et Documents sur la Réforme et l'Inquisition en Franche-Comté, extraits des archives du Parlement de Dole*. 1912 (Th. Paris) ······ DI

FEBVRE (L), *Philippe II et la Franche-Comté, Etude d'histoire politique, religieuse et sociale*. 1912 (Th. Paris) ······ DI^bis

FEBVRE (L.), *L'application du Concile de Trente et l'excommunication pour dettes en Franche-Comté* (R. H., CIII et CIV, 1910) ······ DII

FEBVRE (L.), *Un bilan: la France et Strasbourg au XVIe s*. (La Vie en Alsace, 1925, n° 12 et 1926, n° 2) ······ DII^bis

FERET, *La Faculté de théologie de Paris et ses docteurs les plus célèbres*. L'Époque moderne, 1900 – 07, 5 vol ······ DIII

GAULLIEUR (E.), *Histoire de la Réformation à Bordeaux et dans le Parlement de Guienne*, Bordeaux, 1884 ······ DIV

HAUSER (H.), *Etudes sur la Réforme française*, Paris, 1909 ······ DV

HAUSER et RENAUDET, *Les débuts de l'âge moderne. La Renaissance et la Réforme*, 1929. (Coll. Peuples et civilisations, t. VIII) ······ DVI

HERMINJARD (A. L.), *Correspondance des Réformateurs dans les Pays de Langue française*, 9 vol., Genève, 1871 – 97 ······ DVII

HYMA (A.), *The Christian Renaissance. A history of the Devotio Moderna*,

s. l., 1924 ·· DVIII

IMBART DE LA TOUR (P.), *Les origines de la Réforme*. I. La France moderne, 1905; II. L'Eglise catholique, la Crise et la Renaissance, 1909; III. L'Évangélisme, 1914; IV. Calvin et l'Institution Chrétienne, 1935 ·· DIX

PATRY (H.), *Les débuts de la Réforme protestants en Guyenne, 1523 - 1559, Arrêts du Parlement*. Bordeaux, Féret, 1912. 4° ·············· DX

PIAGET (A.). *Les Actes de la Dispute de Lausanne* (1536). Mém. Univ. Neuchâtel, 1928 ·· DXI

RAEMOND (F. de), *L'Histoire de la Naissance, progrez et décadence de l'hérésie de ce siècle*, Rouen, 1624, in-4 ···························· DXII

RENAUDET (A.), *Préréforme et humanisme à Paris pendant les premières guerres d'Italie* (1494 - 1517), 1916 (Th. Paris) ················· DXIII

VUILLEUMIER (H.), *Histoire de l'Eglise réformée du pays de Vaud*. T. I, Lausanne, 1928. 4° ·· DXIV

c) 宗教改革者,宗教改革之前的学者,反对宗教改革的学者:

BEDA ou BEDIER (N.).

—Caron (P.), *Noel Beda* (Ec. des Chartes, Pos. Th.), 1898, pp. 27 - 34 ·· DXV

—Hyrvoix (N.), *Noel Bédier*, d'après des documents inédits (1533 - 34), R. Q. H., 1902 ·· DXVI

—Barnaud (J.), *Lefèvre d'Étaples et Bédier*, B. S. H. P., 1936 ·· DXVII

CALVIN (Jean).

—*Joannis Calvini Opera quae supersunt omnia*, éd. Baum, Cunitz, Reuss et Erichson. *Corpus Reformat.*, 59 vol., in-4°, Brunschwick, 1860 - 1900 ·· DXVIII

—*Institution de la Religion Chrestienne*, texte original de 1541 réimp. sous la direction d'A. Lefranc par H. Chatelain et J. Pannier, B. H. É., 1911 ………… DXIX

—*Des Scandales*, Genève, J. Crespin, 1550 ………… DXX

—*Le catéchisme français, publié en 1537*, réimprimé pour la première fois.., avec deux notices par A. Rilliet et Th. Dufour, Genève-Paris, 1878, in-16 ………… DXXI

—*Sermons de M. Jean Calvin sur le V. livre de Moyse nommés Deutéronome*. A Genève, de l'imprimerie de Thomas Courteau, 1567, f° ………… DXXII

—Doumergue (E.), *Jean Calvin, les Hommes et les Choses de son temps*. T. I-V, *Lausanne*, *Bridel*, 1899 - 1917, in-4°; t. VI, *Neuilly*, *La Cause*, 1926, in-4° ………… DXXIII

—Doumergue (E.), *Iconographie calvinienne*, Lausanne, 1909, 4° ………… DXXIII bis

—Jarry (L.), *Une correspondance littéraire au XVI*e *s.*, Pierre Daniel et les érudits de son temps d'après les doc. inéd. de Berne (M. S. Arch. Orléan., XV, 1876) ………… DXXIV

—Choisy, *Calvin éducateur des Consciences*, Neuilly, 1926, in-16 ………… DXXV

Castellion (Séb.).

—Buisson (F.), *Sébastien Castellion, sa vie et son œuvre*, 1515 - 1563, 2 v., 1892 ………… DXXVI

Epistolae *obscurorum virorum*, éd. Aloys Böhmer, 2 vol., 1924 ………… DXXVII

Farel (G.).

—*Sommaire et briefve Declaration*, Fac.-Simile de l'éd. originale, p.p. A. Piaget, 1935, pet. in-8 ………… DXXVIII

—Heyer (H.), *Guillaume Farel, Essai sur le développement de ses idées théologiques*, Genève, 1872 ………… DXXIX

—*Guillaume Farel*, 1489 - 1565, Biographie nouvelle... par un groupe

d'historiens, professeurs et pasteurs. Neuchâtel et Paris, Deladhaux et Niestlé, 1930, in-4° ······ DXXX

GARASSE (S. J., Le Père).

—*Le Rabelais réformé par les ministres, et notamment par le P. Du Moulin*, Bruxelles, Chr. Gerard, 1620 ······ DXXXI[a]

—*Les Recherches des Recherches et autres œuvres de M[e] Estienne Pasquier*, Paris, Seb. Chappelet, 1622 ······ DXXXI[b]

—*La doctrine curieuse des beaux esprits de ce temps, ou pretendus tels*, Paris, Seb. Chappelet 1624, 4° ······ DXXXI[c]

LEFEVRE D'ÉTAPLES (J.).

—*Commentarii initiatorii in IV Evangelia*, Meldis, impensis S. Colinaei, a° Salutis humanae MDXXII, Mense Junio ······ DXXXII

LUTHER (Martin).

—*M. Luthers, Werke, Kritische Gesamtausgabe*, Weirnar, 1883 sqq., 60 vol. in-4° ······ DXXXIII

—Denifle-Paquier, *Luther et le luthéranisme*, 1910－1916, 4 v ······ DXXXIV

—Strohl (H.), *L'évolution religieuse de Luther jusqu'en 1515*, Strasbourg, 1922 ······ DXXXV

—Strohl (H.), *L'épanouissement de la pensée religieuse de Luther de 1515 à 1520*, Strasbourg, 1924 ······ DXXXV[bis]

—Will (R.), *La liberté chrétienne, Etude sur le principe de la piété chez Luther*, Strasbourg, 1922 ······ DXXXVI

—Febvre (L.), *Un destin, Martin Luther*, 1928. － 2e éd., revue. Paris, Presses Universitaires, 1945, in-8 ······ DXXXVII

—Moore (W. G.), *La Réforme allemande et la littérature française. Recherches sur la Notoriété de Luther en France*, P. F. L. S., Fasc. 52, Strasbourg, 1930. Cf. Febvre, R. Critique, 1930, 315－18 ······ DXXXVIII

—Weiss (N.), *Notes sur les traités de Luther traduits en français et imprimés*

en France (B. S. H. P., 1887) ································ DXXXVIII^bis

PUPPER (Jean, de Goch.).

—*Bibliotheca Reformatoria Neerlandica*, *t. VI Geschriften*, *van Joann. Pupper van Goch*. La Haye, Nijhoff, 1909 ····················· DXXXIX

—Clemen (O.), *Johann Pupper von Goch*, 1896 ·············· DXXXIX^bis

ROUSSEL (Gérard).

—Schmidt (Ch.), *Gérard Roussel*, Strasbourg, 1841 ···················· DXL

SUTOR (P. Cousturier).

—*Apologeticum in nocos anticomaritas praeclaris beatissimae Virginis Mariae laudibus detrahentes*, Venundatur Parisiis in officina Joan. Parvi, 1526 ·· DXLI

VALDES (Juan de).

—*Dialogo de Doctrina Cristiana*, reprod. en fac-similé avec une introduction par Marcel Bataillon. Coimbra, Imprensa da Universidade, 1925 ··· DXLII

VIRET (Pierre).

—*Pierre Viret d'après lui-même*, Pages extraites des œuvres du Réformateur. Lausanne, Bridel, 1911 ·· DXLIII

—Barnaud, *J. Viret*, *sa vie et son œuvre*, Saint-Amans, 1911 ··· DXLIV

—*La Vérité cachée devant cent ans*, *faicte et composée à six personnages*, *nouvellement corrigée et augmentée avec les autoritez de la Saincte Escripture*. Genève, J. Michel, 1544 (Bibl. Soc. Hist. Protest.) ········ DV

D. 其他问题

ESMEIN (A.), *Le mariage en droit canonique*, 1891 ················· DXLVI

PEROUSE (G.), *Etude sur les Usages et le droit privé en Savoie au milieu du XVIe s.*, Chambéry, 1913 ·· DXLVII

ROBERT (Ul.), *Testaments de l'officialité de Besançon. 1265 – 1500*, Coll. Doc. Inéd., 2 in-4°, 1907 ·· DXLVIII

HAUSER (H.), *Les compagnonnages d'Arts et Métiers à Dijon*, XVIIe-XVI-

IIe s. (R. bourg., Univ. de Dijon, XVII, 1907) ……………… DXLIX

MARTIN SAINT-LEON (É.), *Histoire des Corporations de métiers*, 3e éd., 1922 …………………………………………………… DL

COORNAERT (É.), *Les corporations en France avant* 1789, 1940 …… DLI

VAISSIERE (P. de), *Gentilshommes campagnards de l' ancienne France*, 1903 …………………………………………………… DLII

BLOCH (M.), *Les inventions médiévales* (A. H. É. S., 1935) …… DLIII

LANE (Fr. Chapin), *Venetian Ships and shipbuilders of the Renaissance*. Baltimore, John Hopkins Press, 1934 (cf. L. Febvre, A. H. É. S., 1935, p. 80) …………………………………………………… DLIV

FRANKLIN (A.), *La Vie privée d' autrefois*: *la Mesure du temps* 1888, in-12 …………………………………………………… DLV

致　谢

本书正文及注释中拉丁文引文后面括号中的译文，均仰赖于张强先生的译笔。本书译者谨在此表示诚恳的感谢。

闫素伟

图书在版编目(CIP)数据

十六世纪的无信仰问题：拉伯雷的宗教/(法)吕西安·费弗尔著;闫素伟译.—北京:商务印书馆,2017
(汉译世界学术名著丛书:120年纪念版:珍藏本)
ISBN 978-7-100-14235-9

Ⅰ.①十…　Ⅱ.①吕…②闫…　Ⅲ.①文艺复兴—基督教史—研究②拉伯雷(Rabelais,Francois 1494-1553)—宗教信仰—研究　Ⅳ.①B979.5②K835.655.6=331

中国版本图书馆CIP数据核字(2017)第138861号

汉译世界学术名著丛书
(120年纪念版·珍藏本)
十六世纪的无信仰问题
——拉伯雷的宗教
〔法〕吕西安·费弗尔 著
闫素伟 译

商务印书馆出版
(北京王府井大街36号　邮政编码100710)
商务印书馆发行
北京中科印刷有限公司印刷
ISBN 978-7-100-14235-9

2017年12月第1版　　开本710×1000 1/16
2017年12月北京第1次印刷　　印张42
定价:218.00元